JN154523

映画がなければ生きていけない 2016-2018

十河進

水曜社

二十年目の最後の挨拶

十河　進

六巻目の「映画がなければ生きていけない」をお届けします。最初から宣言するのもナンですが、本の形にまとめるのはおそらくこれが最後になると思います。足掛け二十年、毎週、コラムを連載してきました。ブログの更新は今後も続けるつもりですが、そろそろペースを落としたいと思っています。

メールマガジン「日刊デジタルクリエイターズ」に「映画と夜と音楽と…」と題してコラムを連載したのは、当時、デジタルデザイン誌の編集長をしており、その宣伝になるかと考えたからですが、それがずいぶん長く続くことになりました。書き始めた時は四十代でしたが、すでに出版社を完全リタイアして数年経ち、六十代後半になりました。四年前からはブログでの掲載ですが、連載回数は八百三十回を迎えました。

最初の二巻をまとめて出したのは、二〇〇六年の暮れのことでした。翌年の春には思いがけず日本冒険小説協会特別賞「最優秀映画コラム賞」を受賞し、内藤陳会長に「読まずに死ねるか」と言っていただきました。二十年続けることができたのは、その言葉が励みになったこともありました。しかし、内藤陳会長も亡くなり、すでに七回忌を迎えようとしています。本当に、月日が過ぎるのは早いと実感します。

「映画がなければ生きていけない」は、三年に一冊のペースです。この三年間で僕に起こった最大の出来事は、第六十二回江戸川乱歩賞の最終候補四篇に残ったことでしょうか。「キャパの遺言」という長編ミステリでした。恋人ゲルダ・タローの死に打ちひしがれていたロバート・キャパが、映像作家ヨリス・イヴェンスから日中戦争の記録映画製作に誘われ昭和十三年に中国大陸にいたこと、また、戦後、昭和二十九年に毎日新聞社の招きでキャパが来日したことから発想した作品でした。

しかし、選考委員の今野敏さんには「事実に即した物語を書きたいのならノンフィクションを書くべきだし、政治的な思想を述べたいのなら論文を書くべき」と評され、湊かなえさんには「物語の構成も文章も上手いと思いました」と書いていただいたものの、「物語を書きたいのではなく、世の中を批判したいだけではないか」と指摘されました。僕は政権のメディア政策を批判したかったので、ご両所の指摘は当たっていたわけです。

ただ、その作品を書くためにいろいろ調べたところ、ヨリス・イヴェンスがコミュニストであり、政治的な人だったと知りました。中国共産党とは特別な関係だったようです。四十年も前になりますが、八ミリ専門誌の編集部にいた二十代の僕はイヴェンスの短編映画「セーヌの詩」を一眼レフカメラで全カット撮影し、誌上で採録する仕事をやりました。そのせいか、イヴェンスは抒情的な映像作家だと思っていたのです。

毎月一度、銀座和光裏の試写室を独占して、フランソワ・トリュフォーの「あこがれ」、アルベール・ラモリスの「白い馬」や「赤い風船」、ロベール・アンリコの「ふくろうの河」など短編映画の名作を上映してもらい、全カットを撮影して誌面に掲載し、解説を映画評論家で日大芸術学部の学部長を務められた登川直樹先生にお願いしていました。登川先生に試写室でいろいろと教えていただいたことを思い出します。

小学生の頃は父に連れられて、中学生になって以降は自分の好みで映画を見続けてきましたが、あの心躍る仕事も僕が「映画がなければ生きていけない」人間になる要因だったのかもしれません。

二〇一八年　晩秋

目次

2017

2018

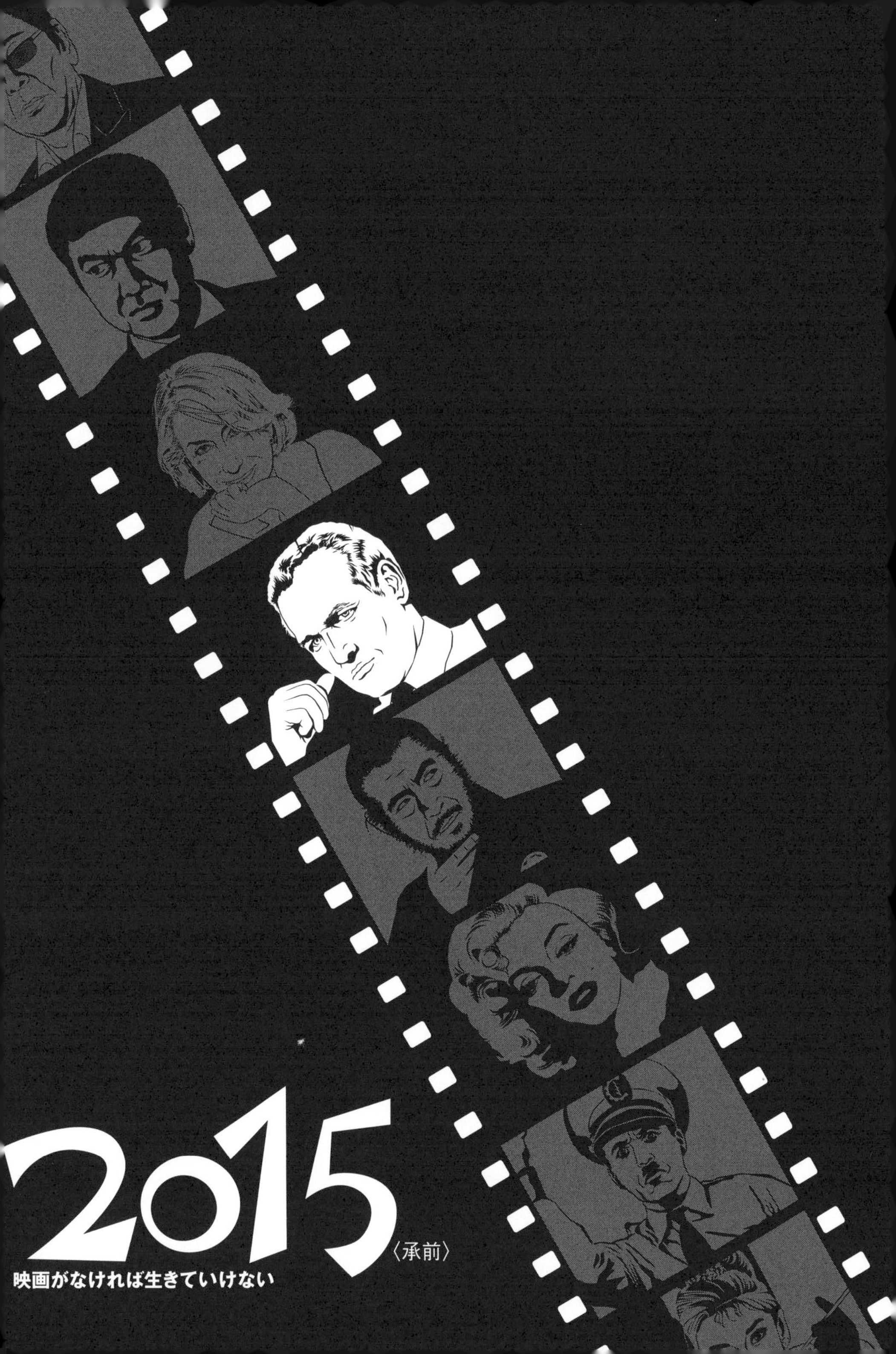

2015〈承前〉

映画がなければ生きていけない

ちゃんと伝える難しさ

ちゃんと伝える／愛のむきだし

●親は子供にとっては自由を縛る抑圧者でもある

若く結婚したものだから、九月末になると結婚四十年を迎える。かみさんと初めて会ったのは十六の時だから、そこから数えると四十八年くらい顔を見ていることになる。

ただ、そんなに長くつきあっているのに、未だにかみさんが何を考えているのかはわからない。僕も肝心なことをきちんと話してこなかったけれど、いつの間にか（あまり）話をしない夫婦になってしまった。たまに話しかけても、返事がない。あるいは、聞いていない。（聞きたくない）可能性もある。

まあ、長く一緒にいる夫婦なんて、みんなそんなものかもしれないな、と慰めるのだけれど、「あっ、今日、一泊旅行にいくからね」と連絡先も目的地もスケジュールも告げずに娘と一緒に出かけられてしまうと、「何だかな……？」と首をおとすこともある（自業自得かもしれないけど）。

こんなんでいいのか（責任者出てこーい）、と心の中では思うけれど、互いに干渉しないということで……と波風を立てないようにしている。なんだか、ボヤいているみたいだが、向こうも同じように思っているかもしれない。

子供たちとのコミュニケーションは、もっと少ない。あるいは、口をきかない。三十を過ぎた息子と娘がまだ家にいるのが、ちょっと困りものではあるけれど、少なくとも顔を合わせば口くらいきいてもいいと思うのだが、こちらも言うことがなくてつい沈黙のままだったりする。

まあ、親と子というのはややこしいもので、自分の経験からいっても子供が親の立場にならないと理解できないことが多い。成人するまで、親は子供にとっては抑圧者なのだ。自由を縛る存在である。

これも、昔から家族にちゃんと伝えてこなかったからだよなあ、と自問自答する。僕は仕事の場でもきちんと伝えていないことが多く、よく誤解された（と当人は思っている）。何かをスタッフに説明している時、せっかちな僕は相手が理解していないと思うと、「まあ、いいや」と話を切り上げてしまう。

ある時、スタッフから「話、途中でやめるのやめてください」と言われたことがある。僕にしてみれば「こんな当たり前のこと、わかってて当たり前じゃないか」と思ってしまうところがあり、人を使えない上司だった。

ちゃんと伝えることはむずかしい。だいたい、人間は理解し合えないというのが、僕の本音である。どんなに言葉を尽くしても、人はわかってくれないことが多い。あるいは、誤って受け取る。ある言葉を逆の意味で受け取られ、陰でひどい言われ方をしていると、まわりまわって耳に入ることがあった。

えー、そんな風に受け取られたのかとがっくりし、「モノ言えば唇寒し秋の風」なんてつぶやく。それでも、人とコミュニケーションをとらないと組織人としての仕事はできない。

昔から職人に憧れるのは、父が職人だったこともあるが、口もきかず人とコミュニケーションもとらずに生きていけそうではないか、と思っていたからだ。たとえば木地師。ただ、ひたすら木を彫って生きていけそうな気がする。

やっぱり、人とのコミュニケーションがとれなくてもやっていけそうなのは、工芸品の職人ではないか。もっとも、それは端から見ているだけで、職人は職人なりのいろいろな苦労があるに違いない。隣の芝生は青く見える。だいたい家族とコミュニケーションがとれない人間は、どんな仕事をやろうと同じだろう。

●暴力もセックスも前面に出てこない園子音監督作品

園子温監督作品では「愛のむきだし」(二〇〇八年)が初めて見たものだった。自主映画みたいなケッタイな撮り方をしているなあと思いながら見ていたら、いつの間にかそのパワーに圧倒され、三時間を越える作品ながら引き込まれてしまった。

安藤サクラと満島ひかりという新人女優も発見できた。破天荒な監督だなあ、という印象が残った。その後、「冷たい熱帯魚」(二〇一〇年)といった問題作もあり、性と暴力をテーマにする監督だと思っていた。

ところが、園子温監督は「愛のむきだし」の翌年に「ちゃんと伝える」(二〇〇八年)を作っているのである。主演は人気グループEXILEのAKIRAだから、きちんとコマーシャル・ベースを考えた映画だ。「愛のむきだし」と比べると、同じ監督が撮ったとは思えない、オーソドックスで正統的な画面作りをしている。夜の商店街がよく出てくるが、ライティングもきちんと設計され、画面全体がはっきり写っているのに、街頭や店先の灯りが雰囲気よく描写されている。

そういう映画的スタイルと同時に、内容は暴力もセックスも前面に出てこない「家族愛」の物語なのである。何しろ主人公の史郎(AKIRA)と高校時代から十年になるつきあいの恋人ヨーコ(伊藤歩)は、手も握らない。父(奥田瑛二)に母(高橋惠子)が添い寝するシーンもあるが、それも深い夫婦愛を感じさせるだけである。そういう驚きで見始めた映画だったが、なるほど実力のある監督が撮ると、いつもと真逆のようなテーマでもよい映画になるのだなと感心した。

いや、「愛のむきだし」だって主人公が変態に走るのは、父が狂信的な神父で「罪」を異常に意識させられた結果だったなと思い出した。父と息子の関係が濃密に描かれたのは、「愛のむきだし」と「ちゃんと伝える」の共通項ではないか。また、父と息子の関係は「ヒミズ」(二〇一一年)では極限に至り、父親殺しがテーマになる。父を殺し母と交わると予言された「オイディプス王」の昔から、父と息子は敵対する関係で、息子が最初に出会う異性である母は憧憬の対象なのかもしれない。

「豊川いなり表参道」と右から左へ書かれたアーチがある商店街が映る。夜である。くっきりと美しい商店街だ。古い看板などがかかっている。その商店街の近くだろう、「北」と表札のかかった家がある。

家の中では床についた女性（高橋惠子）が、隣の無人の床を愛おしむようになでている。眠れないのか、そのまま起き上がりリビングのソファに座っていると、向かいの部屋から息子らしき若い男（AKIRA）が出てくる。ふたりの会話から、父親が入院しており、息子が毎日、仕事を抜け出して見舞いに通っているのがわかる。

翌朝、母親と息子はふたりで食卓に向かい、父親を話題にする。父の席である無人の椅子が映る。ふたりが、父の不在を強く意識していることが伝わってくる。妻は、夫がいないのに二人分の寝床をいつものように敷き、その床を愛おしむ。長くなじんだ夫婦愛を感じる。

息子が父のいない食卓の椅子を気にしていることから、彼が強く父を意識して育ってきたことがわかる。三人家族の中で、彼は父とどのように関わってきたのだろうか。やがて、彼の語りで父と息子の関係が明らかになる。

父（奥田瑛二）は高校の体育教師で、サッカー部の鬼コーチだった。息子の史郎は子供の頃から厳しく鍛えられ、高校ではサッカー部に入部させられた。家で息子として叱られ、学校では生徒としてサッカー部員として叱られた。自分の息子だから容赦はない。何かを指導されるときに、生け贄になることも多かった。学校で「父さん」と口にすると、「学校では先生であって父ではない」と叱られ罰金を取られた。息子は父に逆らえなかったが、それがイヤでしかたがなかったのだ。

その父が、ある日、倒れた。ガンの宣告を受ける。しかし、回復して復帰する可能性もあるという。二十七になった史郎は、改めて父と向かい合おうと決意する。自宅に遊びにきたヨーコを父の書斎に案内し、父が退職したら始めようと思って買っていた釣り竿を見せる。史郎は、父が回復したら一緒に美しい湖に釣りにいくことを約束したのだ。自分でも釣り道具を揃え、ヨーコを誘って釣り堀にいったりする。そして、ヨーコにこうつぶやくのだ。

――親父の気持ちがわかってきたよ、俺にも。

●「親父の気持ちがわかってきたよ」と言うときはくるか？

僕が父親の気持ちがわかったと思ったのは、初めて子供が産まれたときだった。三十のときである。それは、「人間は経験しないと理解しない」ということが真理だと悟った瞬間だった。僕が生まれたとき、父も同じ気持ちになったのだろうと僕にはわかった。

それから三十数年、今度は僕が父親としての人生を送り、今、息子や娘とのディスコミュニケーションをボヤいている。いつか、息子が「親父の気持ちがわかってきたよ、俺にも」とつぶやくときはくるのだろうか。

史郎がその言葉をつぶやいた本当の意味が、回想によって語られる。父親が自宅で倒れ、救急車で運ばれる。その手の中から蝉の抜け殻が落ち（その意味はラストシーンでわかる）、史郎はそれを拾い大切に保管する。史郎は厳しかった父が倒れたことで、父との会話を持とうとする。「ちゃんと話すことがなかった。父がガンになって倒れるまでは」という悔いが彼にはあるのだ。

人は相手の死を現実のものとして意識したとき、ようやく本気になる。逃げるのをやめる。向き合うべきものに対峙する。だが、物語はとんでもない展開になる。この設定に僕は驚いたし、監督の着想に感心した。

史郎は親しくなった医師（吹越満）に軽く「僕も胃が痛いんです」と漏らしたのだが、医師は「検査しましょう」と答えて胃のレントゲンを撮る。その結果を見て胃カメラを勧め、史郎にガンの告知をする。父親よりたちの悪いガンにかかっており、父親より先に死ぬ可能性がないとは言えないという。親父より先に死ぬ親不孝は絶対にできない、と史郎は思う。それは父に、「俺より先に死んでくれ」と願うことだ。

映画は、最初のシーンに戻る。釣り竿を見せた後、ヨーコを送って夜の商店街を歩く史郎は、「もしも、俺がガンだったら」と口にして、ヨーコに「そんなわけないじゃん」と本気にされず、そのまま口を閉ざしてしまう。だが、再び同じシーンが現れたとき、その言葉は新たに深い意味を持って響くのだ。ふたりは「ちゃんと伝え合いましょう」と言って別れる。別れた後、史郎は「ちゃんと伝える。ちゃんと何を伝えるか」とつぶやくしかない。伝える内容が重すぎるのだ。

幸い、父は息子の死を見ずに死ぬ。史郎の心は複雑だ。自分が先に死ぬという、親にとっての最大の悲しみを味あわせなかったことでホッとすると同時に、退職前の五十八で逝った父に深い悲しみを感じている。その気持ちが、父と果たせなかった釣りの約束を実現させようとする。

告別式を終えて火葬場に向かう霊柩車を運転し、史郎は美しい湖に向かうのだ。その異常な行動に母を含めて人々は戸惑うが、ヨーコだけが理解し人々に頭を下げる。棺から遺骸を出して湖のほとりのベンチで父と並んで釣り糸を垂らす史郎は異常だが、死を自覚した人間なら理解できる。

カルト宗教の集団に洗脳され、自らの意志を持たなくなった満島ひかりが主人公に馬乗りになり、胸を晒し、聖書の言葉（だったと思う）を叫ぶ「愛のむきだし」の長いシーンには、正体不明の感動で僕の胸はいっぱいになったが、まさか園子温監督の映画を見て涙を流すことになろうとは思ってもみなかった。しかし、暮れてゆく美しい湖に釣り糸を垂れる息子と死んだ父親、さらに迎えにやってきた母とヨーコが並んだとき、僕の頬を涙が伝った。

●改まって「ちゃんと伝える」こともなくなる日常生活

家族は近すぎるから、ときにストレスになる。ひとりになりたい、自由になりたいと、家族を疎んだことが一度もない人はいないだろう。また、生まれてから毎日顔を合わせていると、改まって何かを「ちゃんと伝える」こともなくなる。

しかし、「ちゃんと伝える」のように、互いに死を意識してからようやく、ちゃんと伝えようとするのでは手遅れだ。結局、父と子は死を前にしてしかコミュニケーションがとれないのか、と思う。では「おまえは、ちゃんと伝えているのか」と問われると、「すでに手遅れです」と答えるしかない。

しかし、かみさんはいいとしても、息子とは理解し合いたいものだと、どんな父親も思っているのではないか。僕もそう思う。「ちゃんと伝える」の父親は網戸に引っかかっていた蝉の抜け殻を手にして、「ちゃんと伝えてるよな」としみじみ口にする。

蝉の抜け殻を見て、何年も地中にいて育ち、抜け殻を置いて飛び立ってからは七日間しか生きられない蝉の生涯に思いをはせたのだ。蝉は、ちゃんと伝えている。「俺も、ちゃんと伝えないとな」とつぶやきながら彼は倒れる。だから、意識が戻った後、息子との釣りを夢に見る。

ちなみに、ヨーコを演じた伊藤歩がすごくいい。岩井俊二監督の「スワロウテイル」（一九九六年）の人（そのときは十六歳だった）だよねと思いながら見ていたが、上手だしきれいだった。父の死後、史郎はヨーコに自分の死をちゃんと伝えなければならない。一体、ヨーコはどうするのだとハラハラしながら見ていたが、伊藤歩の説得力のある演技で救われた。

こんな救いのない設定なのに、気持ちのよい後味だった。本当に、園子温監督作品としては珍しいことである。そう思っていたら、映画が終わるとすぐに、おそらく監督の自筆であろう筆文字で「わが父　園音己に捧ぐ」と出た。なるほど、そうだったのか。だとすると、「ちゃんと伝える」の舞台になった豊川市や豊橋市は、監督の故郷なのだろう。

フィックスの画面を基本として、きちんとしたライティングで隅々まではっきり写し込み、出演者の表情もちゃんと捉えるオーソドックスで美しい映像は、故郷の美しさを見せたかったからかもしれない。

——僕も、ちゃんと伝えないとな。

観念派の巨匠と呼びたい

ろくでなし／エロス＋虐殺／人間の約束／鏡の女たち

●吉田喜重監督が小津作品を分析した「小津安二郎の反映画」

以前から気になっていた、吉田喜重監督が小津作品を詳細に分析した「小津安二郎の反映画」を読んだ。芸術選奨文部大臣賞とフランス映画批評家協会賞を受賞し、アメリカ、フランス、イタリア、ブラジルなどで翻訳されて出版されているのは知らなかった。吉田喜重監督作品はフランスで大規模な回顧上映が行われるほど、海外での評価は高い。映画監督としては著作も多く、昔から何冊も本を出している。

誰かの文章に「吉田喜重監督と岡田茉莉子夫妻は、文学青年と文学少女が結婚したみたい」と書かれていたが、吉田喜重監督の著作を読んでいるとそんな感じがする。監督作も観念的で、難解である。ただ、僕の世代は若い頃に「難解なものは素晴らしい」という価値観を刷り込まれているので、吉田喜重監督の作品は好きだし、その文章にも魅力を感じている。七〇年前後に多感な青春時代を送った人間の性（？）である。

もう入手できないと思うけれど、大学生の頃に竹内書店から出ていた「アラン・レネ」と題した本があった。著者は吉田喜重監督だ。僕はその本を読み、ほとんど理解できなかったが、アラン・レネ監督の「去年マリエンバートで」（一九六〇年）の移動撮影について、吉田喜重監督が詳細な分析をした文章の魅力にはまった。なぜ、レネが移動し続ける画面を撮ったか、何となく理解できた気分になった。

四十五年近く経っても、その文章を読んだときの気分が残っているのは、すごいことだと思う。したがって、僕にとって吉田喜重監督は、大事な文章家でもあるのだ。先日、四方田犬彦さんがまとめた「吉田喜重の全体像」というぶ厚い本も読んだのだが、その巻末に吉田監督への長いインタビューが載っていた。理論派の吉田監督は語る言葉も難解だったけれど、まるで哲学者のようなかっこよさだった。白い髭を生やした風貌も思索する哲人である。

吉田喜重監督と小津安二郎監督とは、あるエピソードがよく知られている。一九六三年の正月、松竹大船監督会の新年会が鎌倉の料亭で開かれたとき、最年長の小津監督は床の間を背にして座り、最年少の吉田監督は末席にいた。

しかし、宴会が始まるとすぐに、小津監督は吉田監督の前にきて座り無言で酒を注いだ。宴会が終わるまで、何も言わず酒を注ぎ続けた。宴席はお通夜のようになったという。その前年、吉田監督がある雑誌に「小早川家の秋」（一九六一年）の批判的な文章を載せ、それに小津監督が反応したのだ。

その宴席の様子は他の監督も回顧談として書いているが、小津監督は最後に吉田監督に「しょせん映画監督は、橋の下で菰をかぶり、客を引く女郎だよ」と言った。それから数年後、岡田茉莉子と共に入院中の小津監督を見舞ったとき、吉田監督の帰り際に「映画はドラマだ。アクシデントではない」という言葉を小津監督はつぶやく。

それを小津監督の個人的な遺言として受け取った吉田監督は、宴席のときの言葉と共に長く身のうちに留め、その意味を考え続けてきた。そして、長い年月をかけて書き上げたのが「小津安二郎の反映画」だった。その力作を僕は十数年も読んでいなかったので、詫びるつもりでじっくりと読んだ。

相変わらず難解な言葉が頻出するが、それが心地よい。決してわかりにくい文章ではない。明晰で、小津作品を分析する視点は鋭く、何度も目から鱗が落ちた。頭のいい人なのだ。さすが、東大仏文科である。生年から推測すると、仏文科では大江健三郎の先輩になる。僕の大学の鈴木先生が大江の一年先輩だと言っていたから、鈴木先生より先輩なのかもしれない。

●吉田監督と岡田茉莉子は木下監督と小津監督の仲人を望んだ

一九六三年の新年会だとすると、その時点で吉田監督は「ろくでなし」(一九六〇年)「血は乾いている」(一九六〇年)「甘い夜の果て」(一九六一年)「秋津温泉」(一九六二年)を撮っている。特に、前年に公開された「秋津温泉」の評価は高く、主演の岡田茉莉子は主演女優賞を総なめにしていた。一方、巨匠として名高かった小津安二郎監督は、東宝に招聘されて撮った「小早川家の秋」の後、遺作となった「秋刀魚の味」(一九六二年)が公開になったばかりだった。

岡田茉莉子の主演女優賞受賞の記念パーティが開かれたのは、監督会の新年会からひと月ほど後の二月十五日だった。岡田茉莉子は自伝「女優　岡田茉莉子」の中で多くの監督が出席してくれたことを喜び、「とりわけ小津さんは、数週間前に起こった新年宴会の折りの、吉田監督とのトラブルのこともあって、お見えにならないのではと、心配していた。その小津さんも、いつものような穏やかなお顔で、『お嬢さん、おめでとう』と声をかけてくださった」と書いている。

岡田茉莉子は、若くして死んだサイレント期の映画スター・岡田時彦の娘である。岡田時彦は「東京の合唱」(一九三一年)など、何本も小津作品に出演している。若き小津監督の盟友だった。だから、岡田茉莉子を「お嬢さん」と呼んでかわいがった。しかし、このパーティの時点で、岡田茉莉子と吉田喜重は結婚していない。この後、ふたりは急速に接近し婚約する。ふたりは佐田啓二の結婚式と同じように、木下惠介監督と小津監督に仲人を頼むことにした。

吉田喜重監督は、木下組の助監督だった。小津安二郎監督は岡田時彦の娘である岡田茉莉子を「お嬢さん」と呼び、「秋日和」(一九六〇年)「秋刀魚の味」(一九六二年)に出演させた。だから、二人に仲人を依頼するのが自然だったのだ。しかし、小津安二郎監督はついに回復せず、その年の暮れ、自身の六十歳の誕生日に永眠する。ちなみに、岡田時彦の名付け親は谷崎潤一郎であり、その娘がデビューするのだからと「岡田茉莉子」の名を付けたのも谷崎だった。もっとも、岡田茉莉子のデビュー作は川端康成原作の「舞姫」(一九五一年)である。

それにしても、松竹ヌーヴェルヴァーグの若手監督は、なぜか主演女優と結婚する。大島渚と小山明子、篠田正浩と岩下志麻、そして吉田喜重と岡田茉莉子である。どの監督も独立してプロダクションを作り、妻を出演させて作品を撮る。夫と妻は、監督と女優として盟友になる。小山明子は大島渚を支え、岩下志麻は夫の作品で渾身の演技を見せる。そして、吉田喜重監督にとっては、岡田茉莉子が創造の女神になった。

吉田監督の二十七歳での監督デビュー作「ろくでなし」で、ヒロインを演じたのは高千穂ひづるだった。しかし、岡田茉莉子の自伝によると、吉田監督は「ろくでなし」のシナリオを岡田茉莉子に送り、プロデューサーを通じて出演依頼をしている。

岡田茉莉子は「ろくでなし」のシナリオに夢中になり、出演をオーケーする。しかし、スケジュールの調整がつかず、岡田茉莉子は完成した「ろくでなし」を見て、自分が出たかったと悔しがる。吉田監督にとっては、最初から岡田茉莉子がミューズだったのかもしれない。

●ラストシーンを勝手にカットした松竹を辞めた

僕は、小学四年生で見た「ろくでなし」の予告編を憶えている。鮮烈な印象だった。しかし、吉田喜重という名前を刻み込んだのは、「エロス+虐殺」(一九七〇年)だった。十八歳で上京し、アート・シアター・ギルド(ATG)の作品がいくらでも見られるのに喜んで、すべての公開作品を見ていた頃である。

当時、吉田喜重監督はATGを拠点に作品を作り続けていた。「さらば夏の光よ」(一九六八年)「エロス+虐殺」「煉獄エロイカ」(一九七〇年)「告白的女優論」(一九七一年)「戒厳令」(一九七三年)である。六年間で五本、最も充実した時期だった。

吉田監督が松竹を辞めることになったのは、「日本脱出」(一九六四年)のラストシーンを会社が勝手にカットして公開したからだった。吉田監督と岡田茉莉子がドイツで挙式し、ハネムーンにいっている間の出来事だった。帰国した吉田監督は、松竹を離れる決意をする。

岡田茉莉子も松竹を辞めると言い出し、木下恵介監督が松竹との間に入り、調整しようとする。しかし、「数日後、木下さんより電話をいただき、『僕も、松竹を辞めることにしました』と聞かされ、私たちは唖然と」するのである。その後、木下恵介はテレビに進出し「木下恵介アワー」を持つことになる。

新婚早々、フリーになったふたりは苦闘するが、何とか「水で書かれた物語」(一九六五年)を完成させる。中日映画社が製作、日活から浅丘ルリ子を借り、母子相姦の物語が完成。主演は入川保則。その母親役が岡田茉莉子で、婚約者が浅丘ルリ子だった。後の「告白的女優論」に浅丘ルリ子が出演する縁は、このときに生まれたのだろう。

ロケ先のホテルで吉田監督のズボンにアイロンを当てる岡田茉莉子を見て、浅丘ルリ子は「そんなことまで、なさるのですか」と目を丸くし、その言葉に岡田茉莉子は喜びを感じる。

その後、ふたりが作った独立プロダクションに松竹から制作依頼がくる。二年間に四本の作品を作る契約だった。川端康成原作の「女のみづうみ」(一九六六年)、立原正秋原作の「情炎」

（一九六七年）、オリジナルシナリオの「炎と女」（一九六七年）、それに「樹氷のよろめき」（一九六八年）である。

モノクロ作品、ロケ中心の撮影、少人数に絞った主要キャストなど典型的な低予算作品だが、独立した吉田監督は次第に先鋭的な映像表現に挑戦するようになる。逆に言えば、難解さが増していく。つまり、商業主義的要素がどんどん希薄になっていくのだ。

小津安二郎の言葉は、吉田監督に強い影響を与えたのかもしれない。古今東西の映画を対象にしたアンケートで、世界の映画監督たちによってベストワンに選ばれた「東京物語」を作った小津監督の言葉は重い。

映画監督を「しょせん客を引く女郎」と言った意味は、商業映画は客が入って初めて成立する、つまりコマーシャリズムを切り捨てられないということだ。生涯、松竹の企業内監督として小津監督は留まった。反対に、自作の改竄を許せず独立した吉田監督は、自分の考える映像表現を解禁し、急速に実験的かつ前衛的になっていった。

●「橋の下で客を引く女郎」であることを拒否してきた作家

コマーシャリズムと最も遠いところにあるのが、吉田喜重作品である。特に作家主義を標榜し、監督の思う通りの作品を作らせると宣言するアート・シアター・ギルドと組んだ「さらば夏の光よ」からの五本は、どんどん観念的で難解さを増していった。

男女ふたりがヨーロッパの光景の中にたたずみ、アラン・レネ監督の「去年マリエンバートで」風ダイアローグをつぶやく「さらば夏の光よ」。脚本に詩人の長谷川龍生（昔、彼の詩集はよく読んだ）が入っているだけに日常的な会話はなく、すべて意味ありげで詩的で観念的な言葉の連なりだった。

そして、三時間を超える大作「エロス＋虐殺」が登場する。モノクロームの美しい画面。ときにハレーションを起こしたような真っ白いスクリーンの中で、フリーラブを提唱するアナーキストの大杉栄と伊藤野枝と神近市子の三角関係が描かれる。同時に、現代の若者たちの物語も描かれる。単純な対比ではない。大杉たちの物語は史実に基づく形だが、あり得たかもしれない別の物語も描かれていく。前衛的な映像表現は、十九歳の僕を打ちのめした。映画をより理解しようと、大正期のアナーキストたちのことを調べるきっかけにもなった。

吉田監督のファンだという人は、おそらく「エロス＋虐殺」にやられた人たちだと思う。僕は劇場公開された吉田監督作品二十本（一本は王貞治のドキュメンタリー）のうち、十六本を見ており、未見の松竹三作品をＤＶＤで見ようとしているディープなファンである。

松竹から委託された四本は作品の権利が吉田監督になく、長くＤＶＤも発売されなかった。おそらく松竹は「秋津温泉」のような作品を期待し、川端や立原などの日本的世界を背景にしたヒロイン小説を原作にしたことで安心したのだろうが、吉田監督がわかりやすいメロドラマを作るはずがない。

観念的で難解な吉田喜重作品。商業映画ではなく、完全な映像作家の実験作。アート・シアター・ギルドでの仕事は、そのようにとられたのではなかったか。それを証明するように、吉田監督は作品が撮れなくなった。完成した作品も、公開のめどがたたないことがしばしばだった。

その間、吉田監督はドキュメンタリーやテレビの美術番組の制作を続け、自身の映像感覚を磨いた。「戒厳令」から十三年後、吉田監督は老人問題を扱った「人間の約束」(一九八六年)を公開する。その新聞広告を見て、僕は思わず声を挙げた。「吉田喜重の新作だあ」と……。

「人間の約束」については、「映画がなければ生きていけない」第四巻六一六頁のコラム「昔から高齢者問題は悩みの種だった」に書いたが、静謐な作品だった。吉田監督の誠実さが伝わってくる名作だ。そのコラムの中で、僕は吉田監督を「観念派の巨匠」と書いている。

からかっているようだが、そうではない。その一貫した姿勢に敬意を表しているのだ。珍しく岡田茉莉子が出演しない作品だった。「人間の約束」の評価が高く、二年後には舞台を日本の室町期に移した「嵐が丘」(一九八八一年)が公開されるが、難解さが甦り再び映画が作れなくなる。

今のところ吉田監督の最後の作品は、「鏡の女たち」(二〇〇二年)である。ヒロシマをテーマにした作品は数多いが、僕が人に薦めるのは黒木和雄監督の「父と暮せば」(二〇〇四年)と「鏡の女たち」だけだ。原爆ドームを映す川の畔で岡田茉莉子が語る長い長いシーンは、映画史に残る素晴らしさだと思う。

しかし、この映画も公開に苦労し、東京都写真美術館のホールで上映しただけではなかったか。「映画がなければ生きていけない」第二巻四四二頁のコラム「世代を越えて伝えるべきもの」で、僕は「鏡の女たち」と「父と暮せば」について書いた。

それにしても、四十代以降の四十二年間に三本しか作っていない。いや、作れない。何という貧しい日本の映画製作環境か。「鏡の女たち」から十三年間、作品を発表していない吉田監督は、もう八十を越してしまった。何という損失か。いくら商業主義から遠い(はっきり言えば客の入らない)映像作家とはいえ、これはないんじゃないか。

吉田監督がどんどんコマーシャリズムから遠い地平へ向かったのは、あの小津監督の言葉があったからではないのか。僕は吉田監督に、「橋の下で客を引く女郎」であることを拒否し続けてきた、孤高の映像作家の姿を見る。

修羅場をぐぐる

夏の終り／阿修羅のごとく／「通夜の客」より　わが愛／猟銃

●懐かしい昭和の光景から始まった

修羅場＝（一）戦争や闘争が行われる血なまぐさい場所

（二）演劇・講談などで、激しい戦いが演じられる場面

明鏡国語辞典によれば、修羅場の説明はそれだけしか出ていなかった。他に当たってみると、「阿修羅王が帝釈天と戦う場所」というのが出てきたが、だいたい同じような説明だった。手元に三省堂の明解国語辞典がないのでわからないけれど、もしかしたらトボケた辞書だから「明解さん」には「(三)もつれた関係の男女が別れ話などを巡って激しく対立する場面。使用例【あの人は、ずいぶん修羅場をくぐってるよ】」といった説明が出てくるかもしれない。

そんなことを考えたのも、思わず「修羅場だなあ」という感慨が口を衝いて出る映画を見たからだ。前から気になっていた満島ひかり主演の「夏の終り」(二〇一三年)である。監督は「海炭市叙景」(二〇一〇年)などの熊切和嘉さん。

「鬼畜大宴会」(一九九七年)という自主映画の激烈な暴力描写が話題になったのは、もう十五年も前のことになるのかと、フィルモグラフィーを調べて思った。連合赤軍事件などをモデルにし、グロテスクなシーンが多いと聞いたので僕は見ていない。当時の学生運動や新左翼セクトの捉え方が、浅薄な気がしたからだ。

しかし、「海炭市叙景」や「夏の終り」を見ると、落ち着いた静謐なシーンを作る監督で僕は好感を持った。「夏の終り」も瀬戸内寂聴(晴美)の小説を忠実に映像化しようという意志が強く感じられ、時代を再現するのに力を入れている。おそらく昭和二十年代後半の設定だ。

戦後、夫と子供と共に大陸から徳島に帰ってきた瀬戸内晴美(得度前の名前)は、不倫事件を起こし東京へ出る。そんなヒロインの物語が、渋い艶消しのような画調で当時の町並みを再現した背景で展開される。僕は、冒頭のシーンで引き込まれた。その時代を知る人も納得させる、時代の空気感を甦らせた。

黒板塀が続く家並。道は舗装されておらず、地面に絵を描いて遊んでいるのであろう少女たちがいる。セーラー服の女学生たちや学生服を着た高校生が通り過ぎる。奥の方では、竹ぼうきを持った女性が掃除をしている。道に出した縁台に腰を下ろして、たばこを吸っている男がいる。一軒の家の入り口で、女性ふたりが井戸端会議をやっている。昔の制服姿のお巡りさんが歩いていく。電柱の看板が時代を感じさせる。ダイハツ・ミゼットのような小型のオート三輪が横切る。

片手に土産を持った外套姿の男が画面に入ってくる。家を探しているらしく、表札をのぞきこむ。横顔が見えると、若い男

（綾野剛）である。ポケットからハガキらしきものを取り出し、住所を確かめる。「相澤」という表札が映る。

場面が変わって、その家のガラス戸の閉まった縁側が映り、着物姿のもう若くはない男（小林薫）が猫の餌を持ってくる。ガラス戸を開いて、猫に餌をやる。「ごめんください」という声に応えて、玄関に出る。玄関のガラス戸の前に立つ若い男は髪をいじったりして身を整えるが、出てきた男を見て凍り付く。男も複雑な表情を見せる。

次のシーンでは、家の中から玄関を写している。玄関の磨り硝子を通して人の姿が現れる。玄関を開けて、和服姿の若い女（満島ひかり）が入ってくる。肩掛けをして、バッグを抱えている。ふすまを開けて部屋に入ると、懐手をして座っている男がいる。「ただいま」と言う女に「早かったね」と声をかける。

女は「ねえ、食べる？」とコロッケの袋を出す。台所にいき、コロッケを皿に出す女に「きたよ、今日」と男が告げる。「誰？」と問う女に、コロッケを食べながら「木下くんさ」と男が言う。女が微妙な顔をして、「こっち、きたんだ」とつぶやく。

冒頭のこの数分を見ただけで、僕は三人の関係が理解できた。「夏の終り」は瀬戸内寂聴の代表作らしいが、僕は読んでいないのでストーリーはまったく知らない。だいたい、昔、瀬戸内晴美名義の本を買ったけど、一度も読めず相性が悪いのだとあきらめたことがある。

ただ、子供の頃、母がテレビに出てきた瀬戸内晴美を見て「この人、徳島の人やで。夫と子供を棄てて東京に出て、妻子ある人と暮らしてるんやて」と言ったのを憶えていたので、物語の予測がついた。母は、たぶん瀬戸内晴美の小説は一冊も読んでいなかったが、スキャンダルの主として彼女を知っていたのだ。

●男女の修羅場がずっと続いていく

相澤知子（満島ひかり）は地方に住み、夫と幼い子供がいた。知人の選挙の手伝いをしているとき、選挙事務所で木下涼太（綾野剛）と知り合い恋に落ちる。夫に「好きな人がいる」と告白し、夫と娘を棄てる。

しかし、絵を描きたい情熱がおさまらず、東京に出て絵の勉強をしようとする。生活のために飲み屋に勤め、そこで年上の小説家・小杉慎吾（小林薫）と知り合い、愛し合うようになる。小杉には鎌倉に妻子がいたが、知子のことを妻に認めさせ、本宅と知子の家をいったりきたりして暮らしている。

「夏の終り」はあまり説明的ではないし、小説家と暮らしている知子の現在の時間の中に、過去が途切れ途切れで挿入されるから、三人の関係がある程度わかるのは見終わってからだ。最初は戸惑うかもしれない。

しかし、印象的なシーンはいろいろある。夫が幼い娘を連れて歩く後を知子がついていく。知子が「私、好きな人がいるの」と突然に告白し、夫に問い詰められて「涼太さん」と口にするシーン、知人の衆議院立候補を手伝って選挙カーに乗る知子と涼太が手を触れ合わせるシーンなどだ。

ところが、知子が涼太と別れて上京するいきさつがほとんど省略されているので、上京した涼太が知子を訪ねてきて、知子と一緒に暮らす慎吾と出会った後、知子の電話に戸惑う涼太の心境などがよくわからない。しかし、風邪を引いて熱を出しているのに、正月だからと妻の元に帰った慎吾にあてつけるように、知子は涼太に連絡をして呼び出す。涼太も慎吾のことを「先生」と呼び、知子が慎吾と暮らしていることを承知しているのに、知子の誘いに応じて再び関係を持ってしまう。

一方、知子は慎吾の妻に激しく嫉妬する。妻から慎吾に届いた手紙を見つけて読み、慎吾の妻のことを涼太に悪し様に言い募る。そのくせ、慎吾あてに妻から電話があると、慎吾への言付けをおとなしく書き付ける。だが、妻への強い思いに迫られて、知子は鎌倉の慎吾の家に押し掛けるのだ。

ところが、慎吾のほかに誰もいない。妻も子供たちも出かけている。肩すかしを喰った知子は慎吾に「私がきたことを、奥さんに伝えてよ」と言い残し、後日、慎吾に妻の反応を確かめるが慎吾は言葉を濁す。彼が妻に愛人が訪ねてきたことを伝えるわけがない。修羅場を呼び起こすだけだ。

知子は自身の夫と娘を棄て、その原因となった恋人とも別れて上京し、妻子ある小説家と暮らしている。しかし、彼の妻や家族の存在を一日も忘れることはできない。妻が知子のことを承知しているのを知っているのに、ときに激高して激しく慎吾を責める。

一方、そんな知子に誘われて復縁した涼太は、知子の不誠実を責め自分だけの存在になってほしいと願っている。酔って、知子をなじる電話を掛けてくる。知子は自分を慕う涼太の存在に、自尊心を満足させている。一方、妻と別れない慎吾にいらだつ。

瀬戸内寂聴は、映画版「夏の終り」に原作者の言葉を寄せている。それによれば、「夏の終り」は私小説であり、四十のときに書いた、最も愛着のある小説だという。そんなことを読むと、小説を書くために不倫ばかりをしてきたのかと邪推したくなる。

まるで、太宰治の女性版だ。太宰は何度も自殺未遂や心中事件(相手の女だけが死ぬ)を起こし、それをネタに小説を書いた。昔の私小説家は小説のネタを作るために、あえて火宅の人になったりしたのじゃないかと疑いたくなる。

太宰治原作の「人間失格」(二〇〇九年)が単なる女性遍歴自慢に見えてしまう(生田斗真を主人公にしたのも原因か)ように、男が書いたものにはどこか女性関係を誇示するところがある。

「夏の終り」にも小説家として名を知られた年上の男と年若い男のふたりに愛されて、自尊心を満足させているヒロインという印象があるが、女の側からの視点が僕にはおもしろかった。しかし、ほとんど全編が男女の修羅場である。知子から別れ話を持ち出された慎吾は普段に似合わない大声を上げ、涼太は知子の不実をなじる。

知子は、実に勝手な女だとは思う（気が強くわがままそうな満島ひかりだから説得力があった）が、そんなどろどろした男女関係が人間の本性のようなものを伝えてくる。僕が、そんな私小説的な物語になじんでいるからだろうか。

自然主義文学を代表する徳田秋声や島崎藤村から私小説作家と呼ばれる人たちまで、彼らが残した作品は身辺のトラブルの物語ばかりである。普通の人間が陥るトラブルで多いのは、やはり男女関係だろう。後は金銭トラブル、要するに貧乏話だ。

●歳を重ねた分別のある男女の修羅場

男女の修羅場で思い出すのは、向田邦子のＮＨＫドラマ「阿修羅のごとく」（一九七九年）の佐分利信だ。年老いた父親に子持ちの愛人がいると知った四人姉妹の物語だが、その父親を佐分利信が演じた。愛人は八木昌子である。

ある日、ふたりは喫茶店のテーブルで深刻な顔をして向かい合っている。何も言わないが、別れ話であることがうかがえる。女から別れを切り出している。佐分利信が、吐き棄てるようにひと言口にする。そのシーンが強く印象に残っているのだ。もう分別のある大人同士だから、目に見える修羅場にはならないが、双方の心の葛藤が伝わってきた。

佐分利信は実際は愛妻家だったそうだけれど、僕には「愛人のいる初老の男」の印象が強い。「彼岸花」（一九五八年）「秋日和」（一九六〇年）といった小津安二郎監督の後期作品では、落ち着いた初老の紳士を演じている。

同じ頃に出演した僕の好きな映画に「『通夜の客』より　わが愛」（一九六〇年）と「猟銃」（一九六一年）がある。どちらも井上靖の初期作品を原作とした男女の物語だ。二作とも妻子のいる初老の男の役である。もちろん、裕福な紳士、あるいはインテリの紳士だ。彼は、女たちの不倫の愛の対象になる。

「猟銃」では三人の美女、山本富士子、岡田茉莉子、鰐淵晴子の三人に慕われ愛される男だし、「『通夜の客』より　わが愛」では、新聞社を辞めて原稿を書くために籠もった郷里の田舎家まで追ってきた有馬稲子に、献身的な愛を捧げられる男である。

彼の通夜から物語は始まる。喪服姿の美女が通夜に現れ、そのただならぬ様子に周囲が想像をたくましくする。妻は平静を装うが、内心おだやかではない。その後、女の回想が展開される。原作は短編だが、映画は大きくふくらませていた。それにしても、通夜に愛人にやってこられるのは、故人としても修羅場ではないだろうか。

「阿修羅のごとく」の佐分利信のシーンと共に思い出すのは、昔、僕自身がある飲み屋で目撃したことだ。湯島にあったその古い小料理屋は、騒ぐような客もおらず静かな店だった。僕は友人とふたりで夕方から飲み始め、かなり時間が経っていた。

だから、その男女が入ってきたときは酔っていたし、時間もかなり遅くなっていた。そんな時間に入ってくる男女は、湯島のホテル街から出てきたのかと思われるのを承知だったのかもしれない。ふたりは隅のテーブル席に腰を下ろし、ビールと肴を頼んだ。

チラリとふたりを見た後、僕らは再び映画や小説の話に戻った。しばらく自分たちの話に浸っていたので、その男女が何をしていたかはわからなかった。小さな声でボソボソと何かを話していた。

突然、ガチャンと音がしたので僕たちは驚いて、ふたりのテーブルを見た。若くはない。男は四十代だろうか。きちんとスーツを着た勤め人のように見えた。女は三十そこそこだろうか。明るい色のジャケットとタイトスカートで、こちらも会社勤めをしているような服装だった。夫婦には見えない。

僕たちが振り返ったとき、ふたりのテーブルの下には割れたビールグラスが落ちていた。店主がチラッとふたりを見て、再び料理をする手元に視線を戻した。長年の経験で、今は声をかけない方がいいと判断したのかもしれない。女が涙を溜めた目で男をにらんでいた。しばらく、そのままで時間が流れた気がする。

やがて、男が静かに立ち上がり、怒りを露わに出ていった。店を出るときに店内を振り返り、無言で頭を下げた。女はしばらく声をたてずに泣いていたが、おもむろに立ち上がって勘定をすませ「お騒がせしました」と言って出ていった。

僕は、そんな男女の修羅場とはあまり(まったくとは言わないゾ)縁がなかったけれど、仕事上では様々な修羅場をくぐってきた。一番の修羅場は、やはりアレかな。三十年ほど前、僕はカメラ雑誌の編集部にいて表紙と口絵を担当していた。その表紙に使った某有名歌手(女優)の写真に、所属プロダクションから土壇場でクレームが付き、マネージャーに「今すぐ表紙の印刷を止めるか、二千万持ってこい」と脅された。

芸能プロダクションはやくざまがいのところがあり、そのマネージャーもやくざのような口をきいた。僕は三十半ばだったが、あの修羅場をしのいだことで、その後、何も怖くなくなった。男女の修羅場も何度もくぐると、強くなれるのだろうか。

ノーシネマ、ノーライフ

その男ゾルバ／イル・ポスティーノ／マラヴィータ

●フィリップ・マーロウのセリフへのオマージュなのだが

「ノー××、ノーライフ」という言い方は、いつ頃から言われるようになったのだろう。昔、タワーレコードのコマーシャルで「ノーミュージック、ノーライフ」というコピーが使われた。渋谷や表参道などでポスターを見た記憶がある。

あれは、僕が「コマーシャル・フォト」という雑誌の編集部にいた頃だと思うので、もう二十年以上昔のことになる。僕の本のタイトル「映画がなければ生きていけない」を英訳すると、「ノーシネマ、ノーライフ／NO CINEMA, NO LIFE」がぴったりかなと最近気づいた。

もっとも、僕の本のタイトルは、メールマガジン「日刊デジタルクリエイターズ」が十年前に出してくれた限定版「映画がなければ生きていけない」の冒頭に、「しっかりしていなければ生きていけないし、優しくなれなければ生きていく資格はないけれど、やっぱり…僕は映画がなければ生きてこれなかった」と書いたように、レイモンド・チャンドラーの「プレイバック」の中でフィリップ・マーロウが女性に向かって言う有名なセリフにオマージュを捧げているのだ。

デジクリ限定版の前に私家版「映画がなければ生きていけない」がある。丸善で買ってきた製本セットを使い、ワープロからプリントアウトして数冊だけ自作したものだ。それまで「出版人の映画の会」の機関誌やビデオ雑誌などに書いたコラムがけっこうたまっていたので、それをまとめたものだった。

それは、このコラムにもよく登場する学生時代からの友人のTと飲み友だちのIさんに無理矢理渡した。自分用に一冊、さらに欲しいという人がいて簡易製本のものを数人に渡した。

今年の春から僕が四国の実家に帰り、T夫妻がやってきたときに僕の本棚を見て、T夫人が「これも本にしたんですね。うちに手作りの本があるけど」とデジクリの限定版を指さしたとき、すっかり忘れていた私家版のことを思い出した。「いや、あれはホントに数人の人しか持っていないもので」と、何だか混乱した答えになった。

私家版はTがまだ千葉にいる頃に渡したので、二十年以上も昔のことになる。その後、ネットマガジンやメールマガジンに頻繁にコラムを書くようになり、限定のデジクリ版単行本が二ヶ月で完売したことで、水曜社の仙道社長から連絡をもらった。

二千円の限定版五百部が二ヶ月で完売。それも、確か銀行振込をすれば、デジクリから本が送られてくる方式だったと思う。おそらく、それでデザイナーへの謝礼や印刷費・用紙代は賄えたのではないだろうか。僕は著者分として1番から20番までの本をもらった。

その後、献本などをして今は手元に五冊しか残っていないが、ナンバリングは1〜5までである。やはり、1番は手放せない。水曜社の仙道社長は僕のコラムを読んでくれていたらしく、限定版の実売結果を知ってメールを送ってくれたのだ。

新宿御苑前にある水曜社を初めて訪れたとき、「出すのなら全部をまとめたい」と言われ、僕の方がエーッと驚いた。デジクリ限定版は僕がいくつかのテーマを立て、そのテーマにあわせて編集した自選コラム集だった。しかし、その時点ですでに七年間の連載分があり、三百編ほどのコラムがあった。

その結果、A5サイズで一頁二段組、一冊六百頁の二巻本が二〇〇六年の暮れに出ることになった。その分量に惑わされた日本冒険小説協会の内藤陳会長は二日ほどで一気読みをし、どう間違ったか特別賞として「最優秀映画コラム賞」を出してしまったのである。

●「映画がなければ生きていけない」五巻めを準備

今年の夏、実家から自宅に帰って二ヶ月半過ごした。その間に一度、水曜社を訪ねた。数年ぶりになる。前回の「映画がなければ生きていけない 2010-2012」の打ち合わせから、すでに三年が過ぎている。今回は、「映画がなければ生きていけない 2013-2015」の出版に関しての打ち合わせだった。

三巻めまでは年末の発行で、四巻めは年明け早々の発行だったが、今度は少し早めて十一月半ばに出すことになった。三年分のコラムをまとめるので、またぶ厚い本になるのは間違いない。テキストデータを整理するのはそれほど大変ではないが、その後の校正を考えると自分でもうんざりする。

五巻めの本の出版が決まり、その夜、ちょっと感慨にふけった。「日刊デジタルクリエイターズ」で毎週の連載を始めたのは、一九九九年の夏休み明けからだった。今年の九月で十六年を満了し、十七年めに入っている。書き始めたときは四十代だったが、昨年末で完全にリタイアし、今は「四国の隠居」を自称する年金生活者である。

十六年は長い。毎週、よく書いてきたものだと思う。駄文も多いけれど、書き続けることを目標にしてきた。途中、最初の二巻本をまとめるとき、二ヶ月中断したことがある。出版されることで、気負いがあったのだろう。長期に休んだのは、あのときだけだった。

昨年四月、思想信条の違いを理由に「日刊デジタルクリエイターズ」の連載を降り、自分のブログで書き続けることにした。読者数は減るだろうが、媒体を選ぶ自由は書き手にあると言い聞かせた。以来、ブログは毎週更新してきた。

メルマガ連載時代は原稿を送るだけでよかったし、夏休み、年末年始休み、五月の連休があり、通算すると年に二ヶ月近い休みがあったが、自分のブログで毎週更新していると、なかなか休めない。正月とお盆も短文を載せてしまった。いつまで続けられるのだろう、隔週更新にさせてもらおうかと気弱になるときもあるが、とにかく書き続けている。

仕事を完全にリタイアし、実家に戻り、ひとりで暮らすと決めたとき、原稿を書く生活をしたいと思った。会社の若いモンに「これから何をやるんですか?」と聞かれて、「売れない作家生活」と照れ隠しのように答えたが本音である。散歩をし、料理をし、庭いじりをして、本を読み、映画を見て、原稿を書く。理想の生活のような気がした。

出版社で四十年働き、イヤになるくらい原稿を書いてきたけれど、それはインタビュー記事であったり、取材ルポであったり、映像制作の方法や写真の撮り方を教える内容だった。割と自由に書ける署名記事もあったけれど、仕事の原稿と個人的な原稿は違う。

それに、昔から海辺や離島で暮らす作家の生活に憧れていた。たとえば、「その男ゾルバ」（一九六四年）という映画がある。創作に行き詰まったのか、イギリス人作家（アラン・ベイツ）は相続したクレタ島の炭坑の管理のために、ひとりでクレタ島に渡ることにする。

途中、ギリシャの港町でゾルバという陽気な男と知り合い炭坑の管理人として雇う。ふたりはクレタ島に渡り、島の住民たちのよそ者を見る目を意識しながらも、男だけの気ままな暮らしを始める。モノクロームで描かれる島の風景が美しい。

●詩は書いた人間のものではなく必要とする人間のものだ

小さな島に住みついた作家の物語としては、僕の好きな「イル・ポスティーノ」（一九九四年）もある。チリの詩人パブロ・ネルーダをモデルにした物語だ。政変で祖国を追放された詩人（フィリップ・ノワレ）は、イタリアの小さな島で暮らし始める。

彼の元には世界中から手紙が届き、それまでそんな大量の郵便物を処理したことのない郵便局は、パブロ・ネルーダに手紙を届けるためだけに臨時の配達人を雇う。雇われるのは、島の住人マリオ（マッシモ・トロイージ）である。

彼は、毎日、大量の郵便物を抱えてパブロ・ネルーダの家まで徒歩で登ってくる。詩人は偏屈で扱いにくい人間だが、逆にマリオは島の生活以外は知らない純朴な人間であり、人の善意しか見ない。世界的な文学者と、素朴な島の住民。共通点はなさそうなふたりだが、次第に交流が深まっていく。

詩人はマリオに詩を教え、メタファー（隠喩）についても解説する。詩人の魂を持つマリオは、次第に詩の世界を理解する。そして、恋する相手にネルーダの詩を送るのである。その恋文を見た娘の伯母が激怒して、パブロ・ネルーダのところにやってくる。伯母が隠喩をそのままの意味で受け取って怒るのがおかしい。詩人が、詩の意味を教えようとするが通じない。

パブロ・ネルーダはマリオが自分の詩を使ったことを叱責するが、マリオは「詩は書いた人間のものではなく、必要とする人間のものだ」と反論し、世界的詩人に詩の本質を改めて気付かせる。てんやわんやの展開の最後に口にするマリオのセリフが印象深い。映画を見終わっても、ずっと心に残っている。

パブロ・ネルーダとは比べようもないけれど、僕も瀬戸内の離島か海辺ででひとり暮らしながら優雅に原稿を書く生活をしてみたいと願っていた。結局、四国の実家の裏の一軒家（海まで車で十分？）で毎週の映画コラムを書き、多少の頼まれ原稿を書き、自著の大量の校正をしている。天と地ほど違うけれど、基本的には類似しているのではないかと慰めている。多少気になるのは、家に籠もっていることが多く、たまにブラブラと散歩している僕を近所の人たちが胡散臭そうに見ることである。

そんな僕に近いのは、「マラヴィータ」（二〇一三年）でロバート・デ・ニーロが演じた偽作家かもしれない。毎日、ガウン姿で自宅にいる彼は、近所の人に「何の仕事をしてる?」と訊かれ、「作家」と答える。作家ならガウン姿で庭をうろうろし、いつも自宅にいても怪しまれないと思ったからだ。さらなる質問には、「ノンフィクションを書いている」と答えてしまう。そんな話が近隣に広まり、図書館の司書から電話が入ったり、映画の上映会で講演をしてほしいと依頼がきたりする。

しかし、ジョヴァンニ・マンゾーニ(ロバート・デ・ニーロ)は、作家とは最も遠い世界で生きてきたマフィアのギャングだった。カッとするとすぐに暴力を行使し、相手を簡単に殺してしまう男だ。

FBIと取引をして証言し、妻(ミシェル・ファイファー)と娘と息子を含めて証人保護プログラムの対象になり、名前や経歴を変えてフランスの田舎町に隠れ住んでいる。

彼らはすぐにトラブルを起こすから、住んだ町を転々としなければならないのだ。新しくやってきたのは、別のフランスの田舎町。その町で作家と名乗ってしまったためにデ・ニーロは、本当に原稿(暴力と殺人に充ちた己の自伝)を書き始めることになる。

しかし、あることから彼らの所在が、マンゾーニが証言したために刑務所に入っているマフィアのボスに知られてしまう。一家の暗殺指令が組織内に下る。マフィアの刺客たちがフランスの片田舎に送られる。一方、作家と言ってしまったために、町の文芸作品上映会で講演を頼まれたデ・ニーロは逃れられず、仕方なく上映会に出向いていく。

ところが、送られてきたフィルムは、何かの手違いでマーチン・スコセッシ監督のマフィアものの傑作「グッド・フェローズ」(一九九〇年)だった。もちろん、自己の経験からじっくりと喋れる世界だから、デ・ニーロの話は大いに受ける。観客は興奮し、拍手する。

彼らを監視し、保護しているのはFBIである。チーフはトミー・リー・ジョーンズだ。だが、マフィアの暗殺隊が到着し、監視をしていたFBI職員たちが殺される。監督が「レオン」(一九九四年)のリュック・ベッソンだから、ガンアクションやヴァイオレンスシーンは抜群にスタイリッシュだ。もっとも、映画自体はコメディである。

人が死んでいくのに笑ってしまう、という不謹慎なことになる。しかし、ニヤリとせずにいられない。僕はすっかり作家気分になっている「マラヴィータ」のデ・ニーロを笑いながら見ていたが、僕自身も頼まれた菊池寛記念館での映画の講演が近くなり急に身につまされた。デ・ニーロほど受けるとは思えないのだが…。

文芸作品を多く映画化した監督

炎上／野火／細雪／おとうと

●谷崎潤一郎や三島由紀夫の小説を映画化して名作にした

女優の有馬稲子の赤裸々な自伝の出版によって、市川崑監督のイメージが変わったという人がいる。確かに、僕も有馬稲子の自伝を読んで、市川崑監督との関係についてはちょっとびっくりしたけれど、男女の仲のことだからと少し割り引いて受け取った。有馬稲子側からの一方的な書き方だったので、それを鵜呑みにしたら市川監督に気の毒だという思いもあった。

市川崑監督といえば、夫人で脚本家の和田夏十との公私にわたる「おしどり夫婦」というイメージがあった。久利子亭（クリスティ）という、ふたりの合作のペンネームもある。しかし、有馬稲子の自伝を読むと監督の立場を利用して若い女優を誘惑し、長く愛人関係を強要した悪役的（？）なイメージになってしまう。

市川崑監督は、七年前に亡くなった。有馬稲子の自伝は日経新聞に連載されたものらしいが、連載時に監督は存命だったのだろうか。あるいは、監督が亡くなったから、有馬稲子が過去の告白を解禁したのだろうか。自伝の中には、有馬稲子の最初の夫であった中村錦之助と、愛人であった市川崑監督とのハラハラするようなニアミスも書かれていた。

ハリウッドの女優や男優の自伝では、性的遍歴が赤裸々に書かれていることが多い。カーク・ダグラスの「屑屋の息子」が典型的だ。エリア・カザンの自伝でも、モンローを始め美人女優たちとの関係が自慢げに書かれていた。出版社の要望が強いのだろうが、日本では珍しい気がする。

市川崑監督のことを久しぶりに思い返したのは、頼まれていた映画の話を大勢の人の前で行ったのがきっかけだった。友人の紹介で、高松市が運営している菊池寛記念館の企画展である「夏目漱石展」の一環として、「原作をこえる感動」というタイトルで主に「それから」と「門」について話した。

映画化された漱石作品の歴史も紹介したのだけれど、市川崑監督は「こころ」（一九九五年）と「吾輩は猫である」（一九七五年）の二本を撮っていて、さすがにどちらも水準以上の出来だった。「こころ」と「吾輩は猫である」については、数ヶ月前のコラムで書いたが、初めて見た「こころ」には深い感銘を受けた。森雅之の先生は落ち着いた静かな演技で見せるし、細君役の新珠三千代が美しい。

「こころ」や「吾輩は猫である」のことを講演で話していたら、市川崑監督は文芸作品の映画化が多いという話に発展し、「谷崎潤一郎や三島由紀夫の小説を映画化して名作にした」と喋っていた。講演原稿は作っていたのだけれど、興がのってどんどん口がすべってしまう。

それに、調子が出ると早口になる。過去の労使の団体交渉での経験によると、僕は興奮するとマシンガントークになる嫌いがあり、自分でも気が付かないうちに身振り手振り（手刀を切っていると言われる）が大きくなっている。市川崑監督の話をしているときが、そんな状態だった。

もっとも、講演原稿を作っているくせにときどき人名や役名を忘れたりして、あわてて原稿で確認しようとするのだが、そういうときに限ってすぐに見つからない。ちょっと醜態を晒したりしたが、市川崑監督の文芸作品についての話では原稿もないのに次々と固有名詞が出た。

三島由紀夫の「金閣寺」を映画化したとき「金閣寺」の名前が使えず、やむなく「炎上」とタイトルを変えたこと、市川雷蔵の現代劇への挑戦が大成功したこと、仲代達矢の足の悪い学生役のことなどがなめらかに自分の口から出てくることに驚いた。また、「細雪」（一九八三年）の四人姉妹を演じた女優も、岸恵子、佐久間良子、吉永小百合、古手川祐子の名がよどみなく言えた。

僕としては市川崑監督作品は多く見ているけれど、そんなに好きな監督ではないと思っていたのに、案外、高い評価をしていたのだと今更のように思った。才人監督と言われ、スタイリッシュな映像派の印象があるが、作品の深度は成瀬や小津に及ばないというのが僕の評価だった。ところが、話をしているうちに並の監督ではないのを実感した。一般的には巨匠と呼ばれた監督である。

講演が終わって帰宅し、市川崑監督のフィルモグラフィーを調べてみると、コンスタントに映画を作り続けた監督であり、作品数も多い。「犬神家の一族」（一九七六年）から始まる金田一耕介のヒットシリーズもあるし、テレビでの仕事だが社会現象になった木枯紋次郎シリーズも手がけている。当時は凄い紋次郎ブームで、新宿歌舞伎町に「紋次郎ラーメン」という店まででき た。よく見ると「絞次郎」になっていたけれど…。

●原作者の名前を並べていくと日本文学全集ができる

市川崑監督は、戦前、アニメ作家として仕事をしている。二十代のことである。戦後、三十になって劇映画の監督としてデビューし、その感覚的な映像センスを認められた。僕が年輩の映画ファンから頻繁に聞かされたのは、「雪之丞変化」（一九六三年）の真っ暗な闇夜に真っ白い捕り縄がくねくねと放たれるシーンに新鮮な驚きを感じたという話だった。

その「雪之丞変化」のシーンは、後年、「四十七人の刺客」（一九九四年）で吉良邸に討ち入るとき、真っ白な梯子や縄が真っ暗な夜空を背景にして投げられるシーンにつながっている。このときは、積もった白い雪も鮮やかなコントラストを作り出していた。監督本人も気に入っている映像なのだろう。

市川崑監督の初期作品、丹羽文雄原作の「人間模様」（一九四九年）を僕は見ている。今から見ると、「新感覚派」と呼ばれた理由はわかるが、ずいぶんわざとらしい表現だなと思った。

ただし七十年近く前のことだし、戦後すぐでロクな機材もなかった中での工夫なのかもしれない。当時は斬新な手法だったのだろう。

たとえば、ヒロインの山口淑子は満州からの引揚げ者であることを隠して暮らしているが、それがバレそうになったときの衝撃を、山口淑子を照らすライトがストロボライトのように点滅することで表現していた。「人間模様」を見ると、昭和二十四年当時、満州から引揚げてきた女性に対する（たとえばソ連兵にレイプされたのではないかというような）偏見が強かったのがわかる。

五〇年代になると、文芸作品が多くなる。伊藤整原作「女性に関する十二章」（一九五四年）、獅子文六原作「青春怪談」（一九五五年）、夏目漱石原作「こころ」（一九五五年）、泉鏡花原作「日本橋」（一九五六年）、深沢七郎原作「東北の神武たち」（一九五七年）、三島由紀夫原作「炎上」（一九五八年）、谷崎潤一郎原作「鍵」（一九五九年）、大岡昇平原作「野火」（一九五九年）、山崎豊子原作「ぼんち」（一九六〇年）、幸田文原作「おとうと」（一九六〇年）など、原作者の名前を並べるとそのまま日本文学全集になる。

文芸作品の映画化に限れば、僕が忘れられないのは「炎上」「野火」「おとうと」「細雪」である。どれも強い衝撃を受けた作品だ。特に「野火」を見たときは、打ちのめされた。原作を読んだとき、戦後文学の最高傑作だと思った。

昨年、塚本晋也監督が「野火」を再映画化して評判になったが、僕の中には市川崑監督版が未だに深く刻み込まれている。原作では、レイテ戦の敗残兵である主人公が飢えに耐えながらさまよい始めると、読む方も狂気の世界に入った気分になる。極度に飢えた兵士たちは「猿の肉」と称して、死んだ戦友の肉を食べる。

主人公を演じたのは、船越英二だった。船越英二と言えば、テレビドラマ「時間ですよ」のブラブラしている風呂屋の主人であり、船越英一郎のお父さんである。お気楽なキャラクターのイメージがあった。だが、「野火」を見てシリアスな演技者であることを知った。その後、古い大映映画を見るたびに、船越英二の演技者としての才能に目を見張る。

和田夏十のオリジナル脚本で、市川崑監督の異色作として名高い「黒い十人の女」（一九六一年）の主人公、関係した女たちが殺したいと願う、いい加減なテレビディレクター役のノンシャランな感じはなかなか出せないだろう。冷たくて、無責任で、いい加減だが、悪い人間ではないという分裂したキャラクターである。

●幸田文の「おとうと」は成瀬版「流れる」と共に名作となった

幸田露伴の娘である幸田文の代表作は、「おとうと」と「流れる」だ。「流れる」（一九五六年）は成瀬巳喜男監督によって映画化され、「おとうと」は市川崑監督の代表作の一本となった。

後に郷ひろみと浅茅陽子の姉弟で山根成之監督によって再映画化されたが、山根監督びいきの僕としても市川版の方がずっと出来がよいことを認めざるを得ない。ただし、市川版で主人公を演じた岸恵子は、昔から気取ったしゃべり方に違和感を感じていて、僕は演技がうまいと思ったことがない。それでも、「おとうと」の岸恵子は好きだ。

岸恵子が演じる「げん」が男言葉をしゃべり、弟と取っ組み合いの喧嘩をするようなキャラクターだからだろう。いつもの「女臭さ」がない。弟は川口浩。母は女優の三益愛子、父は第一回の直木賞作家で大映の重役という二倍の七光りだが、増村保造監督の「くちづけ」(一九五七年)を見れば、誰だって好きになる俳優だ。この当時、すでに二十四歳だったけれど、十代の役でも充分に通じる溌剌さがあった。

女学生役をこなす岸恵子の方は、年齢的に少し無理を感じる人もいるかもしれない。まあ、僕は気になるほどではなかった。継母役の田中絹代とのやりとりでは、田中絹代が老けた感じを出していたので、岸恵子の女学生役も自然な感じに見える。

もっとも、実際の幸田文が弟を亡くしたのは二十二歳のときだから、それくらいの年令を想定したキャスティングかもしれない。父親の小説家(森雅之)も落ち着いた話し方で低めの声だから、岸恵子の耳にたつ、高い調子のセリフまわしが緩和される。

「おとうと」は、しっとりした情感あふれる作品になっている。脚本が水木洋子であることが作用しているのではないだろうか。和田夏十という お抱え脚本家がいる市川監督としては、水木洋子の起用は大変に珍しいことだ。水木洋子といえば成瀬巳喜男監督とのコンビで「浮雲」(一九五五年)を始め何本もの名作を残しているが、市川崑監督作品は「おとうと」以外には見あたらない。

市川監督作品の中でも味わいの違いを感じさせるのは、そのためなのではないだろうか。市川監督がよく使うフィルム現像処理段階での「銀残し」という方法を用いて、しっとり落ち着いた渋い色調にしているのも効果的だ。

振り返ってみると、中学生のときに「東京オリンピック」(一九六五年)を映画教室で見せられて、美人体操選手チャスラフスカのマルチストロボ映像に驚き、初めて市川崑という名前を知って以来、新旧の市川作品を見続けてきた。

七〇年代の横溝正史作品を主に映画化していた頃も、九〇年代に入って山本周五郎作品を多く映画化していた頃も、きちんと僕は見続けてきた。旧作も機会があれば見るようにした。数えてみると、四十本近くの作品を見ている。

作品数が多いとは言え、それだけの数を見ている監督はそんなにいない。やはり、コンスタントに水準以上の作品を作り続けた監督として、僕は評価していたのだ。どんな人生を送ったのかは知らないし、作品とは関係のないことだと思う。

青春時代は夢なのか？

ピンク・キャデラック／アメリカン・グラフィティ／アニマル・ハウス

●「走るダブルベッド」と言われた頃のアメ車を見た

八月になってから、朝の涼しいうちに一時間ほど散歩をする習慣ができた。千葉の自宅にいるときは二十分ほど歩いて利根川までいき、川沿いの田園風景を眺めながら散歩をした。常総市が洪水になったとき、利根川の実っていた稲穂が心配になって見にいったら、僕が散歩するあたりまでは冠水していなかったが、水際はやはり増水していた。せっかくの稲がダメになったところもある。残念なことだ。

四国にきてからは、毎朝、五時半か六時頃から一時間ほどの散歩をしている。溜め池を三つ巡るコースが中心だ。最初の溜め池まで十数分かかる。その溜め池を一周すると八百メートルある。次の溜め池まではすぐで、そちらは一周三百メートル。そこから三番目の溜め池まで数分かかり、その溜め池の一周が一キロ強ある。そこから帰ってくると、ちょうど一時間ほどだ。全コースで五〜六キロだろうか。

最初は一心不乱に歩いていたが、何度も同じコースをまわっていると、さすがに近辺の風景にも目をやる余裕が出てくる。近頃はキョロキョロしながら歩いているので、きれいに庭を造っている家や、ところどころにある畑の野菜や、溜め池の土手に群生する花なども目に入る。彼岸花が終わって、コスモスが咲いている。そんな中、ある家の前に飾られているアメ車が目についた。「走るダブルベッド」と言われた頃のアメ車だ。

ルーフがホワイト、ボディがペパーミント・グリーンのキャデラックである。廃車にしてあるのだろう、後ろのタイヤの空気を抜いてある。誇らしげに家の塀の横に駐めているのが、持ち主の稚気を現しているようで微笑ましい。五〇年代から六〇年代にかけてのアメリカ映画を見ると、頻繁に出てくるタイプである。「ガソリンまき散らして走ってたんだろうな」というのが最初の印象だった。

それでも、ひどく懐かしい気分になったのは、子供の頃、そんな車が走っているテレビドラマや映画を見たからだろう。もっとも、四国では実際にそんな車が走っているのは見たことがない。矢作俊彦さんの小説を読むと、ヨコハマあたりではでっかいアメ車が日常的に走っていたらしい。「走るダブルベッド」という言葉は、矢作さんの「マイク・ハマーへ伝言」に出てきたのかもしれない。

溜め池の土手から見えるツートンカラー（死語です）のキャデラックを見ていたら、不意に「ピンク・キャデラック」という言葉が頭に浮かんだ。エルヴィス・プレスリーが保有していたのは一九五五年製のピンクのキャデラックだったそうだが、そこから派生して「ピンク・キャデラック」には「成功者」の意味が生まれたらしい。そんな派手な車に乗るのは、プレスリーのような存在（どんな存在だ？）でなければとても無理だ。堅気の乗り物ではない。普通の人が乗っていたら、「クレイジー」と言われる。

今や巨匠になったクリント・イーストウッドの出演作に、「ピンク・キャデラック」（一九八九年）という映画がある。イーストウッドのフィルモグラフィの中では、さほど重要視はされていない。むしろ、無視されることが多い。僕は割に好きな映画だが、人に勧めるつもりはない。イーストウッドがピンク色のキャデラックに乗っている姿はいいのだけど、チンピラっぽい感じがしないでもない。ピンク・キャデラックに秘められた謎が中心になっていた。お気楽映画だが、けっこう楽しめる。

●「アメリカン・グラフィティ」に登場したアメ車群を思い出す

「走るダブルベッド」と言われたアメ車、キャデラックやサンダーバードなどが走っているハイウェイを思い浮かべると、僕は「アメリカン・グラフィティ」（一九七三年）を連想する。ハイスクールを卒業する若者たちが、車で走りまわるひと夜の物語だ。四人の若者たちを登場させ、青春時代の迷いや憧れを描き出す。青春時代が哀惜を込めて描かれる。

彼らはハイスクールの学生だから、そんなに立派な車に乗っているわけではないが、父親に借りた大きなアメ車も出てくるし、道を走っている車は六〇年代のアメリカの車ばかりである。とにかく大きい。日本車がアメリカの市場を席巻するのは、まだずっと後のことだ。ＧＭ、フォード、シボレー、自動車メーカーはアメリカの根幹の産業を担っていた。

「アメリカン・グラフィティ」は、青春映画のひとつの形（パターン）を造った作品だ。追憶の中の「青春」であり、その後の人生も最後に示される。それに、人は音楽の記憶でノスタルジーを掻き立てられることが多いから、劇中の現在時である一九六二年の頃のヒット曲をガンガンかける。ビートルズが登場する二年前である。

一九六二年はイーストウッドの「ジャージー・ボーイズ」（二〇一四年）で最近の人にも知られるようになった、フォー・シーズンズが「シェリー」「恋はヤセがまん」をヒットさせた年だ。リトル・エヴァの「ロコ・モーション」もヒットした。ジョージ・ルーカス監督の青春時代が下敷きになっているのかもしれない。

ハイスクールを卒業して大学にいくことになっているカート（リチャード・ドレイファス）とスティーヴ（ロン・ハワード）、それにテリー（チャーリー・マーティン・スミス）とビッグ・ジョン（ポール・ル・マット）の四人は彼らの最後の夜にカスタムカーを運転してガールハントに励む。カートは信号で停まったとき、隣に停まった白いサンダーバードに乗った金髪の美人が自分に向かって何か言うのを見て、ひと晩中その女を探しまわる。

スティーヴと恋人のローリーは、ステーヴが東部の大学にいくことでもめてしまう。ローリーは四年も離ればなれになるのがいやで、スティーヴと喧嘩して別の車に乗ってしまい、スティーヴはひと晩中ローリーを探すことになる。ビッグ・ジョンはませた少女を乗せることになって辟易し、テリーは借りた車でガールハントに成功するが、車を盗まれて慌てることになる。

その間に喧嘩騒ぎがあったり、レースを挑まれたり、様々なエピソードが展開され、「スター・ウォーズ」（一九七七年）のハン・ソロになる前のハリソン・フォードがチラリと顔を見せたりする。カーラジオからは、ずっとウルフマン・ジャックのDJでアメリカン・ポップスが流れ続ける。四人の若者は青春のまっただ中にいて、人生に迷い、将来に不安を感じ、それでも新しい夜明けを迎える。

この映画が印象深く残ったのは、やはり最後の「その後の主人公たちの人生」を提示して終わったからだろう。ビッグ・ジョンは二年後に酔っぱらい運転の車にひかれて死に、テリーは三年後にベトナムで戦闘中に行方不明になり、スティーヴは保険の外交員になり、カートは作家になったとコメントが出る。ひと夜のドラマが終わって、四人それぞれが新しい人生を踏み出したが、観客は苦い結末を知らされる。

僕が「アメリカン・グラフィティ」を見たのは、大学四年の冬のことだった。「アメリカン・グラフィティ」が公開されたとき、僕はまだ就職が決まらず初めて正月休みを東京で過ごすことに決めたのだった。僕は、就職試験の結果を待っていた。石油ショックによる就職難に見舞われ、出版社や新聞社や広告代理店を何社も落ちて、僕は自分の将来が見えなくなっていた。

そんなときに見た「アメリカン・グラフィティ」は身に沁みた。将来の不安はどんな国のどんな時代の若者も抱いたのかもしれないが、誰でも自分の人生は初めて体験するわけだから、寄る辺ない思いでその頃を過ごしていた。僕は社会に出てきちんと生きていけるのか。故郷で待っている人を呼び寄せることができるのか。そんな思いを抱いて、僕は評判になっていた「アメリカン・グラフィティ」を見たのだった。

●青春時代のただ中では確かに道に迷ってばかりいた

昔、「青春時代」という歌がヒットし、「青春時代が夢なんて、あとからほのぼの思うもの」というフレーズがあった。しかし、僕は青春時代が夢だったとは思わない。確かに「道に迷って」ばかりいたけれど、四十数年前の僕は今の僕につながっている。あの時代の恥や迷いや、途方に暮れたことが今の僕を造っていると実感する。

多くの人が青春時代を懐かしく振り返るのは、未熟だが若い自分に愛しさを感じるからだろう。それは失われ、二度と戻ってはこないものだからだ。自分が何になるのか、どんな人生を送るのか、未来は不安で真っ白だったが、それだけに可能性は無限にあったともいえる。そして、誰にでも若い時代はあった。

苦しかった記憶しかない人もいるかもしれないが、どんな人にも青春時代はあったのだ。

誰でも一篇の小説が書けると言われる。自分の物語を持っているからだ。誰もが青春時代の物語を持っている。だから、多くの青春小説は自身の体験が元になっている。思いつくままに挙げると、村上龍「69」、松本隆「微熱少年」、小説じゃないけど四方田犬彦「ハイスクール1968」などが浮かぶ。僕と似たような経験を描いているからだろう。青春映画は監督や脚本家自身の物語がベースになっていることが多い。

「アメリカン・グラフィティ」がジョージ・ルーカスの青春を連想させるように、「ビッグ・ウェンズデー」(一九七八年)はジョン・ミリアスのサーフィンに明け暮れた青春を想像させる。また、後に「レインマン」(一九八八年)でアカデミー賞監督賞を受賞するバリー・レヴィンソンが撮った「ダイナー」(一九八二年)は、一九五九年のヴォルチモアを舞台にし監督自身の青春時代をうかがわせる。

物語そのものは、フィクションなのかもしれない。しかし、彼らは自分たちが若かった頃に過ごした時代を再現したくて、映画を作っているように思えるのだ。ジョージ・ルーカスは一九六二年には十八歳、バリー・レヴィンソンは一九五九年には十七歳、ジョン・ミリアスも一九六二年には十八歳であり、ベトナム戦争が激しくなった頃に徴兵年令を迎えている。

僕が好きな六〇年代のアメリカの大学の寮を舞台にした「アニマル・ハウス」(一九七八年)も監督の青春時代が反映されているのだろうか。「アメリカン・グラフィティ」と同じく一九六二年の設定だ。ジョン・ランディス監督は六〇年代に十代を送った人だから、その時代の雰囲気を再現したかったのか。怪優ジョン・ベルーシを起用して羽目を外した大学生活を描き、忘れられないコメディになった。

劣等生や変人ばかりが暮らす大学の寮デルタ・ハウス(別名アニマル・ハウス)。彼らを目の敵にする優等生しか入れないオメガ・ハウスの連中との戦いや、権力志向の強い俗物の校長との駆け引きが描かれる。おいおい、そこまでやるかと思う過激ないたずらがあり、バカバカしいギャグが頻出する。ちょっとやりすぎだが、誰でも少しは経験したかもしれない青春の映画である。

やはり「アメリカン・グラフィティ」を意識したのか、最後に主要な登場人物たちの「その後」がコメントされる。これもけっこうふざけていて、ハチャメチャなジョン・ベルーシは確か上院議員になるのではなかっただろうか。ジョン・ランディスとジョン・ベルーシのコンビは、この後、不朽の名作「ブルース・ブラザース」(一九八〇年)を作る。

僕が「アニマル・ハウス」を見て笑っていたのは、一九七九年の春だった。就職して四年。会社にも馴れ、結婚して三年が過ぎ、社会人としても自信がつき始めていた。何とか生きていけるかもしれないな、と思えるようになった。

当時の風俗を描きながら若さゆえの悩みを抽出した「アメリカン・グラフィティ」に共感する不安な青年ではなく、権威を徹底的にバカにし茶化す「アニマル・ハウス」が好きな世慣れた大人（?）になっていた。

思索的に生きる

リスボンに誘われて

●孤独で思索的な主人公が一冊の本に導かれリスボンに向かう

夜明け前だろうか。薄暗い部屋で初老の男がひとり、チェス盤に向かっている。大きなセルフレームのメガネをかけ、インテリっぽく見える。哲学や文学を教えていそうな感じである。壁は全面が書棚になっていて、びっしりと本が並んでいる。そこここに本が積み上げてある。テーブルには書きかけらしい原稿、書類の束が散乱している。

男は白いチェスの駒をひと差しすると、反対側の椅子に座り黒い駒を動かす。ひとりでチェスをしているのだ。目覚ましのベルが鳴り、男は寝室にいき寝乱れたベッドの横の時計を止める。着替えをしてキッチンで紅茶を煎れようとするが、ティーバッグが切れている。シンクの下を開けて、前夜に棄てたティーバッグを拾い上げ湯を注ぐ。

侘びしい男やもめの生活のようだが、そのシーンが僕にはひどく魅力的に思えた。まず、壁一面の書物である。それだけで羨ましくなる。ひとり住まいで機能的だし、寝室と書斎とキッチンの配置もいい。ひとり静かに暮らしている雰囲気が伝わってくる。ティーバッグが切れて前夜に使ったものをゴミ箱から拾うのは、「動く標的」（一九六六年）の私立探偵ルー・ハーパー（ポール・ニューマン）が、前夜に使ったフィルターのコーヒーを拾うシーンを思い出させた。

男は身支度を整え、雨が降るスイスのケルンの街を傘を差して歩いていく。大きな橋にさしかかったとき、赤いコートを着た女が橋の欄干の上に立っているのを見つける。とっさに「動かないで」と叫んで、女を引きずり降ろすがふたりとも路上に投げ出され、男の鞄から書類が散乱する。その書類を拾った女は途方に暮れた顔をして、「一緒にいていいですか?」と口にする。「かまわない」と答えて男は歩き出す。

高校生くらいだろうか。男女が騒いでいる教室に男が入ってくる。「今日は見学者がいる」と言って、赤いコートの女を教壇の横の椅子に座らせ、女のコートと自分のコートを壁に吊す。「濡れてしまったが、添削部分は読める」と言いながら、男は答案を生徒たちに返す。「マルクス・アウレリウス」という名前が出るので、やはり男は哲学教師らしい。そのとき女が立ち上がり、「何も言わないで」というように人差し指を唇の前に立てて出ていく。

男が気になって窓から見ると、雨の中、校庭を横切る女が見える。生徒たちに自習を命じて、男は赤いコートを手にして女を追う。しかし、見つからない。コートを探ると小さな本が出てくる。文庫本ほどの大きさだが、ハードカバーのしっかりした本で著者のポートレートが冒頭にある。巻末に知り合いの古書店の判が押してある。興味を引かれて頁をめくると、深遠な言葉が連なっている。男は詩的な文章でつづられた、小さな本に引き込まれる。

古書店の店主の話で、昨日、そのポルトガル語の本を買ったのは若い女性であり、一時間ほど読んでいたが、突然、出ていったとわかる。店主は赤いコートの中から「リスボン行きの夜汽車」の切符を見つける。出発まで時間がない。男はプラットホームで女を待つが、発車間際になっても女は現れない。切符を手に、男は思わず列車に飛び乗ってしまう。列車の中では本を読み続け、自分が考えていたことが明瞭に文章にされていることに驚き、作者への興味を掻き立てられる。

●EUの理念を実現したような欧州各国のキャストとスタッフ

「リスボン行き夜汽車」という原題を持つ「リスボンに誘われて」(二〇一三年)は僕のために作られたのかと思うほど、好きな俳優たちが出演していた。主人公は、ジェレミー・アイアンズ。「運命の逆転」(一九九〇年)でアカデミー賞を受賞し、「ダイ・ハード3」(一九九五年)で酷薄そうな悪役を演じたイギリス出身の名優だ。今回は、孤独で平凡な人生を送ってきた哲学教師の役である。

彼は赤いコートの女が持っていた本に導かれて衝動的にリスボンに赴き、作者のアマデウを訪ねる。そこは彼の診療所だった屋敷で、年老いた妹が応対する。兄のノートを見つけ、百部だけ出版した本だと語る。

妹役はシャーロット・ランプリング。「愛の嵐」(一九七三年)でナチ将校に調教される美少女を上半身裸にサスペンダーという姿で衝撃的に演じ、「さらば愛しき女よ」(一九七五年)では大鹿マロイの運命を狂わせるファム・ファタールを演じた、四十年以上のキャリアを持つイギリス出身の女優だ。

主人公がリスボンで自転車と衝突してメガネを壊したため、目の検査をしてもらいながらリスボンにきた理由を話し、親しくなる眼科医を演じたのはマルティナ・ゲデックである。「マーサの幸せレシピ」(二〇〇一年)では妹が亡くなって姪を引き取ることになるシェフを演じ、「善き人のためのソナタ」(二〇〇六年)では、秘密警察に盗聴される劇作家の恋人の女優を演じた。もう五十過ぎだろうが、とても美しいドイツ出身の女優だ。

眼科医の伯父で、ポルトガルの独裁政権時代にレジスタンスの活動家だった老人はトム・コートネイが演じた。「長距離ランナーの孤独」(一九六二年)では、盗みで鍛えた足の速い不良少年を演じて衝撃的な日本デビューを飾り、半世紀以上も様々な作品に出続けてきたイギリスの名優である。

彼のレジスタンス時代の仲間でアマデウの親友だったジョルジュを演じるのは、「ベルリン・天使の詩」（一九八七年）の天使役だったドイツ出身のブルーノ・ガンツだ。

独裁政権時代、秘密警察の冷酷な幹部が民衆のリンチに遭い瀕死の状態でかつぎ込まれたとき、アマデウは医師としての使命感から彼の命を救い人々から憎まれる。患者は誰もこなくなり、親友のジョルジュの足も遠のく。ある夜、アマデウはジョルジュを訪ね、レジスタンスへの参加を申し入れる。そのとき、居合わせた活動家エステファニアと出会い、ふたりは惹かれ合う。しかし、エステファニアはジョルジュの恋人だった。

エステファニアを演じるのは、メラニー・ロラン。「イングロリアス・バスターズ」（二〇〇九年）でナチ高官を映画館に閉じこめて皆殺しにするユダヤ少女、「オーケストラ！」（二〇〇九年）で宿命を背負った若きヴァオリニストを演じたフランス出身の美女である。フランス映画だけでなくハリウッドにも進出し、最近では「グランド・イリュージョン」（二〇一三年）にも出演している。

そして、最後に登場する歳を重ねたエステファニアを演じるのは、レナ・オリンだ。ベルイマン作品で注目され「存在の耐えられない軽さ」（一九八八年）でハリウッドに進出し、「蜘蛛女」（一九九三年）で快演を見せた、スウェーデン出身の女優。夫は、「マイ・ライフ・アズ・ア・ドッグ」（一九八五年）や「ギルバート・グレイプ」（一九九三年）のラッセ・ハルストレム。ちなみに僕はハルストレム作品の完全踏破をめざしていて、今、八合目を過ぎたところ。残っているのは、日本未公開の初期作品だけだ。

こんな具合に、イギリス、フランス、ドイツ、スウェーデン、ポルトガルなど、まるでEU連合のような演技陣だが、加えて監督はデンマーク出身のビレ・アウグストである。もうずいぶん昔の映画になったけれど、「ペレ」（一九八七年）が僕の記憶に強く残っている（サッカー映画ではありません。念のため）。ちょっと暗い映画だったが、ベルイマン作品の俳優として有名なマックス・フォン・シドーの名演技が甦る。

●本の作者の人生をたどることでポルトガルの現代史が明かされる

現在のリスボンで主人公は医師アマデウを知っていた人々に会い、アマデウの生い立ちを知り、一九七三年に始まるエピソードにたどり着く。秘密警察が反政府活動を厳しく取り締まっていた時代。アマデウが命を助けた冷酷な幹部の拷問によって両手が不自由になった眼科医の伯父は、老人施設で主人公に現状に対する強い不満を漏らす。かつて美しいピアノを弾いた彼の手は四十年前につぶされ、もうモーツァルトを弾くことはできない。独裁政権時代の傷は癒されていないのだ。

ポルトガルの現代史は、まったく知らなかった。四十年前まで長く独裁が続いていたことも、僕は「リスボンに誘われて」で初めて知った。スペインは一九三九年にフランコ軍が勝利し、第二次大戦に中立を決め込み大戦後も長く独裁政権が続いていた。それはよく知られている。しかし、ポルトガルも長く独裁政権が続き、秘密警察による弾圧があったのだ。それは、一九七四年四月二十五日の「カーネーション革命」と呼ばれる、若い将校たちによる軍事クーデターで倒れるまで続いた。

「カーネーション革命」は無血革命として成功し、その日、リスボンの街は赤いカーネーションで飾られた。市民たちは、革命の象徴としてカーネーションを持って兵士たちと交歓したという。医師アマデウはその日に亡くなり、彼の葬儀にはみな赤いカーネーションを持ってやってくる。

だが、それはたった四十年前のことであり、独裁政権時代にレジスタンスを弾圧した人間も、弾圧された人間もまだ生きている。だから、独裁政権時代の加害者も被害者も昔のことを語らない。

主人公は、医師アマデウが残した言葉に惹かれて彼の生涯を追ううち、ポルトガルの現在につながる歴史を掘り起こし、アマデウやジョルジュやエステファニアが命をかけたレジスタンス活動を知ることになる。そして、強い友情で結ばれていたアマデウとジョルジュが、エステファニアという美女が現れることで三角関係に陥ってしまう悲劇を知る。また、兄のアマデウを愛し、崇拝し、自分のものにしたかった妹の悲劇も…。

名優たちが出ているだけあって、さすがに「リスボンに誘われて」は見応えのある作品だった。制作国はドイツとスイスとポルトガル。これもEUの理念を実現したような製作体制だ。出演者はスウェーデン人、イギリス人、フランス人、ドイツ人、それにポルトガル人もいる。いったい、何語で話しているのかと思ったが、基本は英語だった。スイス人もポルトガル人も英語を話す。

しかし、作品的にはポルトガル語が重要なキーになる作品である。赤いコートの女はポルトガル語の本を探すうちに、アマデウの本に出合う。そこから、すべての物語が始まるのだ。アマデウの本のタイトルは、ポルトガル語で「言葉の金細工師」という意味。詩的で内省的なフレーズが、ジェレミー・アイアンズによって朗読される。心地よい。名優の朗読は、意味がわからなくても耳にやさしく響く。そのいくつかのフレーズが僕の記憶に刻み込まれた。

――ふたたび人生のあの時点に立ち、現在の私へと導いた
　道とは違う方向へ進みたい
――すべての行為は、孤独への恐怖に由来するのだ
――死への恐怖とは、自分がなろうとした人間になれない
　ことへの恐怖だ
――完全な自分になれないという確信に襲われたとき、残
　された時間をどう生きればいいのか分からなくなる

映画を見て哲学したくなったのは、久しぶりのことだった。

哲学とは、結局、なぜ生きるか、どう生きるか、人生は生きるに値するか、といったことを考察する頭脳的行為。今、生きている自分を常に顧み、客観視することだ。

思索的かつ自覚的に生きなくて、人生に何の価値がある？　僕の座右の銘のひとつは「深く考えよ（Think Deep）」である。これは、昔、ＩＢＭの社是だった。シンクパッド（ThinkPad）というパソコン名はそこからきている。今は、中国メーカーになってしまったけれど…。

生き急ぐ

ビヨンド the シー　夢見るように歌えば

●ブライアン・ウィルソンを描いた映画が公開になった

ビーチ・ボーイズ結成五十周年の日本コンサート（二〇一三年）の録画を見ていたら、ブライアン・ウィルソンがビーチ・ボーイズとして来日するのは、数十年ぶりのことだと解説していた。ブライアン・ウィルソンは音楽的天才と言われるが、メンタル面にトラブルを抱えていて早くにビーチ・ボーイズを離れて引きこもりになり、復活後は自分のバンドを率いて活動していた。

ビーチ・ボーイズ・ファンの村上春樹さんは、ブライアン・ウィルソンのバンドをハワイで聴いたことを音楽エッセイ「意味がなければスイングはない」の「ブライアン・ウィルソン南カリフォルニア神話の喪失と再生」の項で書いていた。デビュー作「風の歌を聴け」以来、村上さんのビーチ・ボーイズ好きは年季が入っている。なにしろ、本のカバー（表４）にビーチ・ボーイズの歌の和訳を刷りこんじゃうほどである。

昔、僕はビーチ・ボーイズのレーザーディスクを持っていたのだけれど、その中で引きこもりになったブライアンを、ジョン・ベルーシともうひとりが警官姿で連れ出す映像が収録されていた。

アメリカのテレビ番組らしいのだが、ブライアンの家に押し入り、部屋のドアをぶち破り、ベッドで寝ていたブライアンを無理矢理にビーチに連行し、ガウン姿のままのブライアンにサーフボードを持たせて海に追いやる映像だった。サーフィン・ソングばかり作ったブライアンだが、本人はまったくサーフィンはできない。

その番組のことも村上春樹さんがエッセイに書いていた記憶があるが、書いていたとしたら一九八四年に出た小説新潮の別冊「大コラム」に掲載された「デニス・ウィルソンとカリフォルニア神話の緩慢な死」という長編エッセイだろうか（安原顕さんによる「村上春樹ロングインタビュー」が掲載されたのは、たぶん「大コラム２」である。そのインタビューの写真を撮ったのが、当時、僕と組んで取材をしていた相棒の加藤孝カメラマンだった)。「大コラム」「大コラム2」も持っていたのだが、どこかへいってしまった。

ビーチ・ボーイズはブライアン、デニス、カールのウィルソン三兄弟に従兄弟のマイク・ラブ、それに友人のアル・ジャーディンが加わった五人組で結成された。一九六一年、ビートルズの登場より三年早く、若者たちは「サーフィン」と「サーフィン・サファリ」を録音する。

独特のドライブ感と、美しいハーモニーが魅力だった。太いストライプの入った半袖のホンコンシャツ(当時、日本ではそう呼称した)を着て、折り目のついたコットンパンツをはいたデビュー当時の彼らの姿が浮かんでくる。

今年の夏、ブライアン・ウィルソンを描いた「ラブ&マーシー　終わらないメロディー」(二〇一五年)が公開になった。弟のデニス・ウィルソンは殺人鬼チャールズ・マンソンとの交友を噂されたり、謎の溺死を遂げた(村上春樹さんはこの事件を中心に前述のエッセイを書いた)ので映画向きだと思うけれど、ブライアン・ウィルソンに絞ったのは成功の頂点で引きこもりになった波乱の人生がドラマチックだからだろうか。

僕はビーチ・ボーイズのファンだし、ブライアンを演じているのがジョン・キューザックだというので見たかったのだが、つい見逃してしまった。

●ハリウッドでは歌手を主人公にした映画がけっこうある

ハリウッド映画は、ずいぶん実在のミュージシャンの生涯を映画化している。出来のよいものも多い。レイ・チャールズを描いた「Ray／レイ」(二〇〇四年)では、主演のジェイミー・フォックスがアカデミー主演男優賞を獲得した。僕も好きな映画で、このコラムでも取り上げたことがある。

最近では、クリント・イーストウッド監督の「ジャージー・ボーイズ」(二〇一四年)がおもしろかった。フォー・シーズンズの結成前からを描き、最後はロックの殿堂入りのために顔を合わせたメンバーたちで終わる。無名時代のメンバーの犯罪や前科、マフィアとのつきあいなども描いていたが、メンバーはまだ存命なのに大丈夫なのだろうか。

日本映画では、歌手の生涯を映画化した作品はあまり思い浮かばない。それに映画になるほどの歌手というと美空ひばりくらいしか思いつかないが、彼女の生涯はテレビドラマ化されたものの、そういうドラマの通例として本人および遺族が描いてほしくないことは描かない。美談になる傾向が強い。

山口組三代目の田岡一雄組長がひばりの庇護者だったのは有名な話だが、日本では、ましてテレビドラマではその辺はあまり突っ込めないのではないか。その点、ハリウッドは「こんなことまで描いていいの?」というくらい、人間ドラマとして深く掘り下げて作る。訴訟の国だから、たぶん事前に(本人あるいは遺族および権利継承者と)話はつけているのだろう。

歌手の生涯を描いた作品というと、忘れられないのがクセモノ俳優ケヴィン・スペイシーが脚本・監督・製作・主演した「ビヨンド the シー　夢見るように歌えば」（二〇〇四年）である。ケヴィン・スペイシーがボビー・ダーリンになりきって演じた。踊りはもちろん、歌もケヴィン・スペイシー本人が歌っている。

この映画のために本格的な歌のトレーニングをしたと聞いたことがある。確かにうまいし、ボビー・ダーリンの歌を思い出した。もっとも、僕の世代だとドン・シーゲル監督でスティーブ・マックィーン主演の「突撃隊」（一九六一年）のボビー・ダーリンを思い出すかもしれない。俳優としても成功した人だ。

ボビー・ダーリンと映画の関係は深い。「九月になれば」（一九六一年）でロック・ハドソン、サンドラ・ディーと共演し、俳優としての才能を認められる。そのとき、十八歳のサンドラ・ディーを口説き落とし、彼女のステージママの反対を押し切って結婚する。六〇年代前半、スキャンダルを避けるためには結婚するのが手っ取り早かったのだ。

サンドラ・ディーといえば、トロイ・ドナヒューとの青春コンビでアイドル的人気を誇ったハイティーン女優である。「ビヨンド the シー」ではボビー・ダーリンが口説き続けるエピソードや、十年足らずの波乱の結婚生活が詳細に描かれる。子供もできるのだが、人気歌手と人気女優の生活は大変だなあという感じだ。

ボビー・ダーリンは数本目の出演作「ニューマンという男」（一九六三年）でグレゴリー・ペック、アンジー・ディッキンソンと共演し、アカデミー賞助演男優賞にノミネートされる。まだ二十七歳だった。このとき、受賞したのはメルヴィン・ダグラス。「ハッド」（一九六二年）の主人公（ポール・ニューマン）の父親の役だった。

ベテラン俳優のメルヴィン・ダグラスは、口蹄病になった牛たちを知らなかったことにして売ろうと言う主人公を叱り、破産覚悟で飼っていた牛をすべて殺して埋める牧場主をすばらしい演技で見せた。受賞は当然だが、「ビヨンド the シー」の中でボビー・ダーリンは受賞を逃して毒づき、「あなたはたった数年、彼は四十年以上も映画に出ている」と、サンドラ・ディーにたしなめられる。

しかし、ボビー・ダーリンは四十年も待ってはいられなかったのだ。彼は二十五歳までに神話になると宣言し、そのビッグ・マウスぶりを呆れられるが、実際には二十三歳でアメリカン・ヒットチャートの一位になり人気が沸騰する。サンドラ・ディーと結婚するのは、二十四歳だった。

そして、二十七歳でアカデミー賞が獲れず、嘆く。なぜ、そんなに生き急いだのか。彼には、急がなければならない理由があった。子供の頃、リウマチ熱に冒されたボビー・ダーリンは心臓を患い、「十五歳まで生きられないだろう」と医者に宣告された。だから、十五歳以降は常に「死」を意識していたであろうし、「余命」だと感じていたに違いない。

●「生き急ぐ者に遺書はない」と川島雄三の弟子は書いた

ひと月ほど前、呑み友達のIさんと呑んだとき、Iさんも今年の六月から完全リタイアしたこともあり、年金生活者になった気分の話になった。ふたりとも四十年勤め上げてのリタイアだ。僕はろくに老後の生活設計をしなかったし、蓄えがいくらあるのかもカミサンまかせでまったく知らない。

Iさんは僕と違って、その辺はきちんと管理しているらしいのだが、僕は自分のへそくり口座をベースに少ない年金をあてにして、実家の裏でひとり暮らしを始めてしまった。そんなことを話し、こんな会話を交わした。

——自分が後、何年生きるかわかっていたら、手持ちの金を使い切って死ぬんですけどね。

——寿命がわかっているのも、なんだか味気ないですね。

——でも、うちの親を見てたら、まだ僕も三十年近く生きるかもしれない。そんなに生きる資金はないし、適当なときに死にたいな。

病気で限られた余命を宣告された人にとっては腹の立つ会話だろうが、僕はけっこう本気だった。後どれだけ生きなければならないのか、とうんざりすることがある。親としての責任は果たした。後は自分のことだけを考えて、家族や周囲の人々に迷惑をかけなければいいと思っている。

しかし、そんな状態が二十年、三十年続く可能性もあると思うと、うんざりしてしまう。だから、死ぬことも怖くはない気がする。むしろ、適当なところで死にたい。先日聴いたラジオドラマの「父は、死ぬ時期を逸したのでないか」というフレーズが耳に残った。息子から見た、老いて自分の始末ができなくなった父親の話だった。

ホビー・ダーリンは自分で覚悟していた年齢より、ずっと長く生きた。といっても、三十七歳と七ヶ月である。一九七三年十二月二十日、ハリウッドの病院で心臓の手術のかいもなく亡くなった。

市川雷蔵が三十七歳で亡くなったとき、高校生の僕には充分に生きた年齢に思えた。しかし、僕自身が還暦を過ぎた今、ボビー・ダーリンが死んだ三十七歳という年齢を知ると、その短さに痛ましさをおぼえる。その年齢の頃、僕は何事も成していなかった。四十代の向上、五十代の成熟を経て、ようやく僕は何かを得たと感じたものだ。そして、今、六十代の喪失に戸惑っている。

常に「余命」を意識する者は、生き急がねばならない。映画監督の川島雄三もそうだった。筋肉が萎縮してゆく難病を抱え、松竹、日活、東宝、大映と映画会社を渡り歩きながら、四十四歳で亡くなるまで五十本の作品を遺した名監督である。「花ニ嵐ノタトエモアルゾ　サヨナラダケガ人生ダ」が口癖だった。

川島監督の弟子を自認する作家の藤本義一は、川島監督のことを小説「生きいそぎの記」として書いた。そこには己の死を自覚しつつ、「日本軽佻派」を名乗り、生き急ぐ川島雄三の姿が弟子の目を通して描かれている。藤本は「遺書はない。生き急ぐ者に遺書はない」と、その小説の最後に書いた。

死を常に意識する人生を送る者は、死を自覚せずに漫然と生きる者より何倍も充実した生を望むのだろう。だから、川島雄三も己の仕事に邁進し、多くの作品を残した。ボビー・ダーリンも強い意志の元、死ぬまでに神話になることを目標にしたのだ。それを宣言することで、己を追い込む。

傲慢で、マネージャーなどの取り巻き連中からは「我々のクソッタレ」と呼ばれていたとしても、その生き急いだ生涯の見事さが、三十年後、ケヴィン・スペイシーをして、ボビー・ダーリンをスクリーンに甦らせたのだ。「ビヨンド the シー」を見れば、ケヴィン・スペイシーはホビー・ダーリンに憑依されているとしか思えない。

オープニングシーンの「マック・ザ・ナイフ」を聴くだけで、観客はボビー・ダーリンの再来を感じる。このクルト・ワイルの名曲を独特のリズム感のあるアレンジで、メリハリをつけて歌うケヴィン・スペイシーは素晴らしい。

日本語訳は「匕首マック」、元歌のドイツ語では「メッキー・メッサー」、「人斬り五郎」みたいな物騒な通り名を持つギャングの歌だ。物語風の詞をきちんと歌い込む。まるで、生き急いだホビー・ダーリンそのもののような歌だった。

半径四キロの感傷旅行

キューポラのある街／いつでも夢を

●四十数年前の方南町の下宿時代の思い出が甦る

故郷で数ヶ月暮らすようになって気になっていたのが、三十年以上会っていないNのことだった。何度、昔の電話番号に電話しても誰も出ない。昔のままの家で暮らしているのかどうかもわからない。ネットで調べたら同姓同名で、昔の家と少し離れた場所に住む人がヒットした。そちらの住所の電話を調べてかけてみたが、やはり誰も出ない。地元の友人に聞いても消息がわからなかった。生きているのか？　とまで思った。

学生時代、僕が暮らしていた方南町のアパートの隣の部屋が空いたとき、たまたまやってきたNに「隣の部屋が空いたぜ」と言うと、そのまま階下の大家さんのところにいき借りることにしてしまった。だから、三年間くらいだろうか、Nと僕は隣同士の部屋で暮らした。Nと知り合ったのは、高校二年のときだった。Nは隣のクラスにいて、休み時間になると必ず廊下に出てきた。いつの間にか、話すようになっていた。

Nは大学は私学でトップと言われた法学部に現役で入り、翌年、僕が一年遅れて同じ大学の仏文科に入ったので、大学でも顔を合わせることになった。七〇年代の前半である。成田の三里塚闘争は過激になっていたし、大学の中庭で色の違うヘルメットたちが内ゲバを繰り返していた。Nは一年留年して僕と同じ年に卒業し、帰郷して公務員になった。結婚し子供ができたが、二人目の子を産んだ直後、奥さんが亡くなった。

その頃からだろうか。Nは人と会うのを避けるようになった。僕がたまに帰郷し連絡をしても、出てくるのをいやがる風があった。特に友人たち何人かで会うので出てこないかと誘うと、「都合が悪くて」と婉曲に断る。僕は長く一緒にいたのである程度わかるようになったけれど、理解しにくいところのあるNを深く理解してくれた女性を喪い、幼い長男と産まれたばかりの長女を抱え、世の中を拗ねるように生きているのじゃないか。そんなことを考えて、僕は心配した。

先日、思いついて散歩がてらNの昔の家を探してみた。町並みはすっかり変わっているが、昔からある中学校は変わっていない。その裏だと憶えていたので路地に入ると、記憶の中にある光景とまったく違う。その周辺を一周し、もう一本別の路地に入ってみた。Nの姓が表札にある家があった。高い塀に囲まれている。何となく記憶とは違っているが、位置的には合っていた。僕は思いきって、インターホンのボタンを押した。

しばらくして、Nが出てきた。三十数年の年月を重ねていたが、昔のように少しとぼけた表情をしたNだった。僕の顔を見て目を丸くし、「変わってないな」と言った。「歳とったけど」と続ける。それから、門のところでしばらく話した。最後に「再婚はしなかったんだろ」と僕が訊くと、Nはうなずいた。やっぱり、と思った。Nらしい。長男は東京で、長女は地元で働いているという。男手ひとつで立派に育てたのだと、不意に泣きたくなった。四十数年前の方南町の下宿時代の思い出が、次から次へと甦った。

●僕が生まれ十二歳まで育った家が今も残っていた

Nと会えたので、何かが沸き立つような気分だった。小学生の頃に好きだった女の子の家が近いのを思い出し、そのあたりがどうなっているか見たくなった。「センチメンタル・ジャーニーinタカマツ」とつぶやきながら、僕は思い出めぐりをすることにした。まったく変わってしまった場所もあるが、昔からの家も残っている。御坊川沿いに歩くと、千代橋という小さな橋が昔のままの石の欄干で残っていた。

僕は橋を渡って小学校の方に向かった。昔と変わらない高松刑務所の正面に、受刑者が作った製品を展覧している旨の案内があった。見てみようかと考えて、躊躇した。六十年近く前、兄の勉強机は刑務所で製作されたものを買った。安価で、しっかりした机だった。その数年後、僕の勉強机は一般の家具店で購入した。安物だったのか、すぐに脚がぐらついた。確か、兄の机は受刑者が運んできたはずだ。

刑務所の正面入口（出口かな）を見ながら、様々な映画に登場した出所シーンを思い出した。最近見た作品だと、北野武の「アウトレイジ・ビヨンド」（二〇一二年）である。そこを通り過ぎ、プラモデル屋があった角を曲がり、学校の裏口があったところへいくと、小学校も隣接していた中学校も、名前が変わっていた。周辺の学校を統合し、新しくまとめたので名前を変えてしまったらしい。

小学校の周辺を歩いていると、学校に隣接していた友達の家の前に出た。彼は自宅の二階から飛び降りると学校の敷地に降りられるのだが、近すぎていつも遅刻をしていた。しかし、その場所はオフィスビルになっていた。そのビルを見上げてから、僕が生まれた家があるかどうか見にいくことにした。あるはずはないと思っていた。父がその家を建てて引っ越した後、僕が生まれたので六十五年は経っている。そこに、十二歳まで住んでいた。

その家が近くなってきた。「この辺だったな」と見渡していると、驚いたことに見憶えのある家の正面が見えてきた。父が自分でレンガを積み上げて改装したというコンクリートの玄関だ。五十年前に引っ越す頃は右隣が空き地だったし、左隣はまだ工場が残っていたはずだが、両側はビルになっている。そのビルに挟まれて、間違いなく昔のままの姿でその家はあった。不審がられるのを気にはしたが、僕は家をしみじみと見つめた。正面玄関の横にある窓も昔のままで、そこが兄の部屋だった。

その窓を部屋の中から開けている記憶が浮かび上がってきた。窓を開けると、すぐに道だった。昔のことだから、その道で子供たちが遊んでいた。今、僕が立っている道。この道で、僕は「ケンケンパー」（正式には何という遊びだろう）をし、女の子たちとゴム跳びをした。近所の悪ガキたちとパッチン（メンコのこと）やビー玉の取り合いをした。風呂敷をマントにして、月光仮面ごっこをした。「伊賀の影丸」や「隠密剣士」になったつもりで、チャンバラごっこをした。

兄や父とキャッチボールもした。ボールを受け損ね、隣の鋳物工場に転がり込んだことがあった。工場の作業場の中央に見える真っ赤な溶鉱炉が怖くて、外からしか見たことがなかったが、そのときは工場の中に入った。鋳物職人さんがボールを拾って手渡してくれた。ボールに細かな砂がついていた。溶鉱炉の熱を感じた。工場の床部分は、鋳型を作るための微細な砂で埋まっている。その床の真ん中に直径一メートルほどの穴があいていて、真っ赤に燃えたぎっていた。

囲いも何もない。足を滑らせて、その中に落ちる自分を想像する。思い浮かべたくないのに、勝手にそんな姿が浮かぶ。怖くて、ぞっとする。それでも、のぞき込みたくなった。「ほらほら、危ないぞ。出てろよ」と言いながら、職人が鉄の柄杓で真っ赤に溶けた錫を砂の鋳型に流し込んだ。僕は逃げるように、鋳物工場を出た。

それから十年ほどして、銀座並木座で「キューポラのある街」（一九六二年）と「私が棄てた女」（一九六九年）の二本立てを見たとき、僕はあの鋳物工場を思い出したものだった。

●貧しい中学生たちにとって高校進学が夢だった時代もあった

埼玉県川口市は鋳物工場が多くあり、キューポラと呼ばれる煙突が林立していた。今は、そんな面影はない。東京近郊のベッドタウンになった。「キューポラのある街」を見ると、半世紀以上前の川口市の様子がわかる。最後のシーンは、京浜東北線や東北線などが通過する国鉄（現JR東日本）の線路の上にかかる跨線橋を、ジュン（吉永小百合）と弟のタカユキ（市川好郎）が走るクレーンショットだ。懐かしい風景である。

昭和三十七年、東京オリンピックまではまだ二年ある。戦争が終わって十七年、主人公の少女ジュンは戦後生まれだが、両親は青春時代に戦争が重なる世代だ。ジュンの父親（東野英治郎）は、鋳物職人として働いてきた昔ながらの男である。教育もなく、働いた後の晩酌を楽しみにするだけの生活だ。子供の将来や教育といったことには無理解で、「ダボハゼの子はダボハゼだ。中学出たらみんな働くんだ」と酔って怒鳴る。

その父が不景気を理由にクビになる。小さな鋳物工場で退職金などもなく、いきなり生活に支障をきたす。赤ん坊が生まれたばかりで、母親は「どうするんだよう、明日から」と嘆く。仲間の若い職人（浜田光夫）は組合に相談し、少しでも退職金をとろうと言ってくるが、昔気質の東野英治郎は「組合」と聞くだけでアレルギー反応を示す。

紹介してもらった近代的な工場に出勤するが、新しい機械になじめず辞めてしまう。溶かした錫を柄杓で微細な砂で作った鋳型に流し込むのが、彼が知っている昔からの鋳物工場なのである。

家は貧しい。それでも、ジュンの夢は高校進学だ。高校進学をめぐって、父親と正面から衝突する。母親はジュンを高校にやってやりたいが、夫が失職して家計が成り立たず曖昧な態度になる。家計の足しに飲み屋勤めを始めるが、酔客に媚態を示す姿をジュンに見られ「母ちゃん､汚いよ」と泣かれてしまう。中学三年生のジュンの心は揺れ動く。吉永小百合は子役時代から数えて六十年も女優をやっているけれど、やはり「キューポラのある街」の彼女が一番いい。

修学旅行にいかず、志望の高校をひとりで見にいくジュンの姿が悲しい。あの頃、多くの貧しい中学生たちにとっては高校進学が「夢」だった。資料によると、昭和三十六年（一九六一年）の高校進学率は六〇パーセントである。十人のうち四人は中卒で働き始めたのだ。結局、ジュンは大きな工場に就職し、夜間高校に通うことを選択する。そして、父親に「私、ダボハゼじゃないよ」と未来に向かう意志を宣言するのだ。

今、夜間高校（定時制と言わなければならないのかな?）はどうなっているのだろう。まだ、あるのだろうか。昔、働きながら学ぶには夜間高校があり、大学の二部があった。同じ吉永小百合主演の「いつでも夢を」（一九六三年）は、橋幸夫とデュエットした歌がレコード大賞を大晦日に受賞し、その十日ほど後に公開された正月映画だった。そこでも描かれるのは、夜間高校に通う生徒たちである。まるで、「キューポラのある街」のジュンの一年後の姿のようだ。

「いつでも夢を」の中に僕の大好きなシーンがある。授業が終わり、教室全体での議論をした後、生徒たちは一緒に寒い夜道を帰る。背景にあるのは大きなコンビナートのような工場だ。先頭をいくのは自転車を押す吉永小百合。その横に浜田光夫。すぐ後ろに、マフラーを巻いた可憐な松原智恵子が続く。十数人はいるだろうか。彼らは顔を高く上げ、視線をまっすぐに向けて、「寒い朝」を高らかに歌う。そのシーンを何度も見ているのに、いつ見ても僕は涙ぐむ。

貧しさには、常にけなげさが寄り添っていた。そんな想いが、懐かしさを誘うのだろう。僕は小学生だったけれど、あの時代の雰囲気が再び浮かび上がってくる。肌で感じていた、あの時代の何かが甦る。「公害」という言葉もなかった。モクモクと煙突から煙を吐く工場は「希望」を表わし、「発展」を意味した。日本全体が成長している実感があった。小学生の僕は、学校へいく道すがら「寒い朝」を口ずさんだ。寒くても、心ひとつで暖かくなった。

生家を見つめながら、五十年後の僕は深く感傷に浸っていた。

雨を汚したのは誰？

故郷よ／家路

●ロシア語の「百万本のバラ」が聴けるウクライナ映画

「百万本のバラ」という歌は、加藤登紀子バージョンを聴いて好きになった。その後、何人かが歌っているのを聴いたけれど、あるとき、伊東ゆかりが歌う七分に及ぶ「百万本のバラ」を聴いていると、突然、ひとしずくの涙が僕の頬を伝った。

伊東ゆかりバージョンは少し歌詞が違っているのだが、特に感情を込めて歌い上げるというわけでもなく、スローテンポで淡々と歌っているだけだ。それでも情感があふれ出し、何かが不意にこみ上げてきた。

ブライアン・デ・パルマ監督の「アンタッチャブル」（一九八七年）の中で、ロバート・デ・ニーロがオペラのアリアを聴きながら涙を流すシーンがある。冷酷なアル・カポネも音楽の力には涙するのだ。

僕も今まで、音楽を聴いて涙を流したことが三度ある。キャノンボール・アダレイのリーダーアルバムだが実質的にはマイルス・デイビスがリーダーの「枯葉」、キース・ジャレットが弾くボブ・ディランの「マイ・バック・ページ」、そして伊東ゆかりの「百万本のバラ」である。

「百万本のバラ」はロシアの歌である。僕が知っているロシアの音楽は、「トロイカ」「灯」「黒い瞳」「ステンカ・ラージン」「ポーレシュカ・ポーレ」など、どれも心をかき立てられるメロディーばかり。「百万本のバラ」にも同じ何かを感じる。ザ・ピーナッツが歌った「恋のバカンス」はロシアで大ヒットし、今でも多くのロシア人が知っている日本の曲だそうだが、「恋のバカンス」のメロディーにも共通する哀愁がある。

ロシア版「百万本のバラ」が聴けるのは、「故郷よ」（二〇一一年）である。ヒロインのアーニャ（オルガ・キュリレンコ）の結婚式で「百万本のバラ」が歌われ耳に残る。オルガ・キュリレンコはウクライナ出身の女優で、「００７　慰めの報酬」（二〇〇八年）のボンドガールで注目された。

「故郷よ」では故郷ウクライナに戻って出演している。彼女が演じたのはウクライナの街プリピャチに住む女性アーニャで、消防士との結婚式を迎え幸福の絶頂にあった。

その結婚式は一九八六年四月二十六日のことだった。そして、プリピャチはチェルノブイリの地元の町だったのだ。結婚式が始まったとき、すでにチェルノブイリ原子力発電所の原子炉建屋の屋根は吹き飛んでいた。一千トンものコンクリートの塊が簡単に吹き飛ばされたのである。

しかし、住民には何も知らされず、人々はいつもと同じ朝を迎え、結婚式も予定通りに行われた。人々は集い、祝杯を挙げ、歌を歌った。陽気に踊った。

チェルノブイリ原発の四号炉で原子炉の熱出力が急上昇し爆発したのは、現地時間の午前一時二十三分、日本時間では午前六時二十三分だった。旧ソ連のウクライナ共和国の首都キエフ郊外でのことである。しかし、ソ連政府は報道管制を敷き、ほとんど情報を出さなかった。ソ連政府が事故を世界に向けて発表したのは二日後のことだったし、事故を大したことではないと思わせようとした。

●チェルノブイリ原発事故が起こった頃の日本は？

日本でのチェルノブイリ原発事故の報道は、あやふやなものだった。何しろ正式な情報がまったくないのだ。ニュースでも「チェルノブイリ原発で原子炉の爆発があった模様です」という言い方になる。ソ連当局から何の発表もなく、正確な情報がなかったから、逆に様々な噂が飛び交った。それでも、遠いウクライナでの事故である。どれだけの日本人が深刻に受け取ったかはわからない。

事故の三日後、四月二十九日は昭和天皇の在位六十年の式典があり、五月四日から六日までは東京サミットが開催された。サミットではチェルノブイリ原発事故のことが話し合われたが、レーガン大統領もサッチャー首相もソ連の改革者として期待するゴルバチョフ書記長を追いつめるのをためらい、事故を大きく取り上げることを控えた。さらに、五月八日にはイギリスのチャールズ皇太子とダイアナ王妃が来日し、日本人はダイアナ・フィーバーに湧いた。

しかし、チェルノブイリ原発事故の一週間後、五月二日には雨水から高濃度の放射能が日本でも検出された。五月五日、新聞各紙が「ヨウ素131が日本に飛来」と報じた。日本でそれだけの影響が出たのだから、ソ連と国境を接するヨーロッパ各国では深刻な被害が出た。ポーランド政府は四月末に「ミルクを飲むな」という指示を出した。放射能に汚染された草を食べた乳牛から絞ったミルクから、高濃度のヨウ素131やセシウム137が検出されたのだ。

それほどの被害を出しながら、ソ連政府は事故の隠蔽をはかった。だから、住民は何も知らず、日常生活を送った。アーニャも同じだ。予定通り、ウェディングドレスに身を包み、恋人の胸に抱かれた。しかし、消防士の夫は式の途中で緊急の呼び出しを受け、そのまま帰ってこなかった。二日後、軍隊が現れ、住民たちは強制退去を命じられる。私物の持ち出しも禁じられ、事情のわからないまま街は立ち入り禁止区域になった。

一方、原発の技師アレクセイは、守秘義務に縛られて住民たちに何も教えられない。家族や近所の人に「家を出るな」と伝えるが、息子は「どうして?」と素直に訊いてくる。アレクセイが放射能計測器で調べると、街は高濃度の放射能に汚染されている。やがて、黒い雨が激しく降り出す。街を、森を、人々を濡らしていく。放射能の怖さが伝わってくる。そんな状態になっても、ソ連政府は事故を隠蔽し続ける。

十年後、故郷から離れられないままアーニャは観光ガイドをしている。チェルノブイリ原発は石棺で覆われ、半径三十キロ圏内は立ち入り制限区域になっているが、移住せずに暮らしている住民たちも存在する。そこは、彼らの故郷なのだ。生まれ育ち、暮らしてきた土地。先祖たちが拓き、父や母が生まれ、自分たちも生まれた。棄てられるわけがない。

実際にこの映画は「立ち入り制限区域での撮影」にこだわった監督により、プリピャチで撮影されたという。しかし、簡単に撮影許可は下りない。監督は政府の撮影許可をとるために、当局が嫌がるシーンを削ったダミーの脚本を提出する手段を使ったそうだ。ソ連が崩壊しウクライナが独立国になったとしても、都合の悪い事実の隠蔽を優先する権力のあり方は変わらない。黒い雨のシーンを思い出すたび、「雨を汚したのは誰」という思いが湧き起る。

●原発事故で生まれた土地から避難するしかない悲劇

日本でも、大震災による福島原発事故から四年半が過ぎた。現在、次々に原発再稼働が始まっている。まるで、福島原発の処理が終わり、問題が解決したかのような政府の態度だ。首相は世界の人々の前で、福島原発の汚染水の処理は「アンダー・コントロール」と大嘘をついた。

三十年近く経っても、チェルノブイリ原発は未だに高い放射能値によって原子炉そのものを処理することができず、石棺の老朽化のために新しい石棺を建造して覆い続けるしかない。福島原発も廃炉のめどは立っていない。

共産党一党支配の社会主義国で秘密主義だったソ連でも、民主主義を標榜する国（現政権の対応を見ると怪しい限りだけれど）である日本でも、権力者は同じことをする。都合の悪い事実は隠蔽し、嘘を重ね、住民の安全より経済を優先する。

高度に発展した資本主義は、大資本の企業を優先し、企業経営者たちは利潤追求だけを目的として人命など考慮しない。経済と政治は緊密に結びつき、国民の声を無視して民主主義を踏みにじる。

そんな権力に対して、ささやかでも異議申し立てをするのは映画や小説の役目のひとつなのかもしれない。「家路」（二〇一四年）を見て、そんなことを感じた。立ち入り禁止区域に暮らす老夫婦を描いた園子温監督の「希望の国」（二〇一二年）のように作品全体で声高に主張するわけではないが、「家路」は同じく福島原発事故で立ち入り禁止区域になり、避難生活をせざるを得なくなった農家の家族を描いて、見る者に権力に対する静かな怒りをかき立てる。

福島原発の事故で自宅と農地が立ち入り禁止区域になった沢田家は避難生活をしているが、生活の基盤を根こそぎ奪われ長男の総一（内野聖陽）は日々をすりつぶすように生きている。妻（安藤サクラ）とも心は通わない。父親は村の有力者で、その父から受けついだ農地が立ち入り禁止区域になったことが、彼の心の負い目になっている。将来に希望もなく、父の後妻（田中裕子）である継母と共に仮設住宅で暮らしている。

そんなとき、家を出て音信不通だった腹違いの弟の次郎（松山ケンイチ）が生家に戻っていることを知る。次郎は生家に住みつき、田植えをし、稲を育てている。総一と次郎が警戒区域で何十年ぶりの再会をする。

故郷でずっと生きてきた長男と、都会で暮らしてきた次男、彼らの生まれた土地が放射能で汚染されたその場所であるのは間違いない。そこで生まれ、様々なことがあったのだ。腹違いであるがゆえに、何らかのこだわりがあったのかもしれない。しかし、共に生きてきた場所だ。

先祖が拓き、代々受け継ぎ、父母が生活し、自分が生まれ育った土地から強制的に避難させられ、仮設住宅での生活も五年になろうとする人々が現実にいる。「家路」は、ある意味でドキュメンタリーである。現実に家族が崩壊した人々もいるかもしれない。

生活を根こそぎ奪われることがどういうことなのか、フィクションの形で「家路」は見る者の胸に迫る。感じさせる。誰が彼らをこのような境遇に落としたのか。誰が彼らの人生を狂わせたのか。生活を奪ったのか。言いようのない怒りが湧き起る。

松山ケンイチという俳優はとらえどころがなくて、僕にはよさがよくわからなかったが、「家路」ではその持ち味が生かされ、ひょうひょうとし、とぼけていてとてもいい。「ここは警戒区域だ」と言われても、「それが何か？」という表情である。兄や友人に過去のいきさつを語るときも、淡々として感情を露わにはしない。田中裕子の母を背負う姿も似合っていた。

それにしても田中裕子、「はじまりのみち」（二〇一三年）でも息子（木下恵介役の加瀬亮）に背負われていたが、すっかり母親役が定着した。高倉健は田中裕子が気にいったのだろう、頻繁に相手役に起用した。「夜叉」（一九八五年）では濡れ場（?）もあった。「ホタル」（二〇〇一年）と遺作になった「あなたへ」（二〇一二年）では妻の役だった。でも、「家路」で農作業をする田中裕子の姿は老婆と言ってもいいくらいだ。まだ還暦を迎えたばかりなのに。

みじめな死より尊厳死？

豪姫／利休／千利休　本覺坊遺文／お吟さま

●二十三年経つと宮沢りえの顔もまるで違っている

久しぶりに勅使河原宏監督の「豪姫」（一九九二年）を見たら、「紙の月」（二〇一四年）の宮沢りえとあまりに顔が違うので、人の顔ってこんなに変わるのかと改めて驚嘆した。もっとも、どちらの宮沢りえも美しい。「豪姫」のときは十八歳。アイドル的な人気を誇った頃だ。

当時、僕はカメラ雑誌の口絵を担当していて、ラグビーのジャージーを着た宮沢りえのポートレートを掲載させてもらったことがある。あのときはカメラマンから了解を取ってもらったので、噂に聞いた怖い「りえママ」とは会っていない。

「豪姫」は同じ勅使河原監督の「利休」（一九八九年）の後日談である。勅使河原宏監督は草月流の家元だから、茶の湯に華道と通じる何かを感じるのだろう。映画の中に草月流お得意の竹で作ったトンネルが出てきた。細く切った竹をアーチ状にして何本も連ねていく。地面にきちんと固定していないと危険だから、あれだけの長いトンネルを作るのは大変な作業である。竹がしなって人を打てば大けがをすることもある。しかし、ビジュアル的効果はすばらしく、光が降り注ぐ竹のトンネルを美しい衣装の豪姫が歩いてくるシーンが印象に残った。

豪姫は、前田利家の娘で豊臣秀吉の養女となった男勝りの少女として登場する。秀吉と話して出てきた古田織部（仲代達矢）を、豪姫は木の上から先をつぶした矢で射る。古田織部は秀吉に利休切腹の真相を問いただしたのだがはぐらかされてしまい、師匠だった利休のことを考えながら聚楽台の廊下を歩いていたのだ。その後、豪姫は織部の屋敷に出向き、織部焼きの茶碗を作る下人をつれて晒し首になっていた利休の首を奪い、利休の娘である吟（真野響子）に届ける。

古田織部は、千利休の高弟のひとりである。わび茶を極め、書画に通じ、後に織部焼と言われる茶碗を創作し、なおかつ武将でもあった。関ヶ原では東軍につき徳川家康にも仕え、二代将軍秀忠の茶の師匠にもなるが、豊臣方への内通を疑われ家康から切腹を命じられる。「豪姫」は、織部の死を聞いた豪姫のシーンで終わる。勅使河原監督は「利休」（原作は野上弥生子の「秀吉と利休」）で千利休（三國連太郎）の切腹までを描き、「豪姫」で利休の跡を継いだ古田織部の死までを描いたのだ。

冒頭の秀吉と織部の長いシーンでは、利休の死の謎を解き明かす問答が展開される。秀吉が問うと、織部は噂されている四つの理由を挙げる。ひとつは大徳寺の山門に利休自身の木像を掲げ、足の下を通らねば寺に入れなくしたこと。ひとつは安い茶器を高額で売って暴利をむさぼったこと。ひとつは娘の吟を欲した秀吉の要求を断ったこと。四つめは、茶席で家康を毒殺せよと秀吉に命じられて断ったこと。織部は臆せず、それだけの理由を口にする。しかし、秀吉はすべて否定し、なおかつ利休が勝手に切腹したと責めるのである。

千利休の死は、今も人々の興味を引く謎なのだろう。最近も山本兼一さんの「利休にたずねよ」が直木賞を受賞し、市川海老蔵主演で映画化（二〇一三年）された。勅使河原監督版「利休」（一九八九年）では三國連太郎が演じ、熊井啓監督版「千利休　本覺坊遺文」（一九八九年）では三船敏郎が演じているので、市川海老蔵では若すぎる気がした。熊井啓監督は利休の娘を主人公にした「お吟さま」（一九七八年）も撮っていて、利休を志村喬、秀吉を三船敏郎が演じた。

●利休が登場する四本の映画の配役が混乱する

僕は「利休」「豪姫」「千利休　本覺坊遺文」「お吟さま」はそれぞれ好きな映画なのだけれど、主演以外の配役がときどき混乱する。主要な人物としては、利休と秀吉に加えて弟子たち（古田織部、山上宗二、高山右近、織田有楽斎など）がいる。秀吉は山崎努、三船敏郎、芦田伸介などが演じ、織部役は加藤剛、仲代達矢などが演じている。たとえば、壮絶な死を遂げる山上宗二は中村敦夫や上條恒彦が演じていて、どの映画に出ていたのかあやふやになる。

それというのも「利休」（一九八九年）と「千利休　本覺坊遺文」（一九八九年）が同じ時期に公開になったからだ。一九八九年はどうも千利休没後四百年だったらしく、二本の映画が競合のような形になった。

どちらも力作で見応えがあったのも、記憶が混乱する原因かもしれない。どちらかが箸にも棒にもかからない失敗作だったら、「ダメな方」と「いい方」としてきちんと記憶したと思う。ただ、僕の好みとしては井上靖の晩年の名作を映画化した「千利休　本覺坊遺文」が強く印象に残った。

この映画では、千利休（三船敏郎）が死んで二十七年が経っている。山上宗二（上條恒彦）は壮絶な死を遂げ、古田織部（加藤剛）も切腹した後の物語である。物語の狂言まわしとして登場するのは、千利休の弟子だった本覺坊（奥田瑛二）だ。今はひとり庵で静かに暮らす本覺坊が久しぶりに織田有楽斎（萬屋錦之介）を訪ね、利休のことを訊かれるところから物語が始まる。本覺坊は自分が目撃した師匠のことを記憶の中から探り出し、有楽斎に語る。それがミステリのような謎解きになっていておもしろい。

本覺坊は、ある夜の茶の席をよく憶えていた。客はふたり。亭主の利休と山上宗二はわかったが、後のひとりの客が判然としない。その三人の会話を漏れ聞いたことを有楽斎に話すと、有楽斎はそのことに異常なほどの関心を持つ。

その茶室には「無」と一字だけ書かれた掛け軸がかけられていた。その「無」を見つめて三人の茶人は哲学的問答を繰り広げていたのだ。その本覺坊の話を聞いて、有楽斎は利休の晩年の心境を推しはかろうとする。それは、己自身の晩年をどう生きるかを考えることだった。

「千利休　本覺坊遺文」では、茶人たちの死が描かれる。千利休、山上宗二、古田織部、それに織田有楽斎の死である。そして、見終わると本当の主人公は織田有楽斎だったのだと感じる。萬屋錦之介の名演もあり、この有楽斎は記憶に刻み込まれる。特に、その死と、死を看取る本覺坊のシーンが心に残る。全編のハイライトである。死に臨んで有楽斎は利休や宗二、それに織部の死の覚悟を理解したのだ。

秀吉（芦田伸介）が切腹の命令を撤回したのに、自ら死を望んだ利休。秀吉にあえて逆らい、壮絶な自死を遂げた宗二、切腹に向かう利休を見送った後も長く生き、わび茶を極めて切腹した織部。彼らの死の謎を探るうち、有楽斎は茶会の三人めの客が織部だったことを見抜く。そして、彼らが「死」と「無」について繰り広げた問答から、彼らが死の覚悟を固めていたことを推測するのだ。その哲学的とも思える展開は、謎解きのおもしろさを含み、スリリングなものだった。

●三人の茶人たちが「死」と「無」について問答する

熊井啓監督は十数年かけて利休の死を考え続けていたのか、と僕は思った。熊井監督が利休を自作に登場させたのは、「お吟さま」が最初だった。それから十余年後に「千利休　本覺坊遺文」を制作した。「お吟さま」は今東光が書いた小説だ。田中絹代の監督、有馬稲子主演で一度映画化されている。熊井監督版では、人気絶頂の頃の中野良子が演じた。前述のように利休を志村喬、秀吉を三船敏郎が演じ、お吟が生涯かけて慕うキリシタン大名の高山右近役は中村吉右衛門だった。

この作品では、お吟は利休の妻の連れ子で、本当の父は松永弾正とされていた。松永弾正といえば、山田風太郎の小説では権謀術数に長けた妖怪じみた大名として出てくる。落城のとき、信長が欲した銘器として名高い茶碗と共に天守閣で自刃し身を焼いた。お吟はその松永弾正のもとで、高山右近と共に育つ。

ふたりは許嫁だった。実父が死に利休の子となった後も、彼女は高山右近を慕い続けている。しかし、右近は秀吉の大名としてすでに妻子がいる身である。その右近に利休の名代として会いにいくところから物語は始まる。

高山右近は、戦国期の代表的なキリシタン大名だ。棄教を迫られても応じず、徳川の時代になってからは加賀の前田家に預けられ、家康の命で長崎に追いやられ、最後はルソンに向けて旅立つ。昔からロマンチックなイメージを抱かれる人物である。お吟が慕い続ける相手としては適役だ。「豪姫」では、中村吉右衛門の兄である松本幸四郎が演じている。これも、記憶の混乱を起こしそうな配役だ。「お吟さま」でも「豪姫」でも、右近が淋しそうに楽器を奏でるシーンがある。

「お吟さま」では、一度嫁ぎ利休のもとに戻っていたお吟を秀吉が見初めるが、お吟は自刃して太閤を拒否する。お吟の自刃を許した利休に秀吉は激高して切腹を命じる。巷間に流布されている「秀吉が側女に欲した娘をさしだすことを拒否したことで切腹を命じられた」説を採用したのだ。「豪姫」でも利休の生首を届けられた吟は自刃し、屋敷に火を放って利休の首と共にその身を焼く。死に際に「私は利休の娘ではない」と織部の下人に告げ、その言葉を伝え聞いた織部は深くうなずく。僕は、お吟が利休の愛人だったのだと理解した。

「お吟さま」から十年以上経ち、熊井監督は井上靖の原作を得て、深く深く「死」を考察した「千利休　本覺坊遺文」を作る。利休の死の謎を中心にしているが、それは秀吉になぜ切腹を命じられたかを探るのではなく、人の生き方を探る物語になった。秀吉の逆鱗に触れたというのは、死のきっかけに過ぎない。利休はなぜ従容と死を受け入れ切腹したのか、利休は何を考え悟ったのか、死の覚悟をどのように抱いたのか。そこに、山上宗二と古田織部の死も重なる。つまり、すべての人間にとっての「死」を考えさせる作品になっている。

人は「みじめな死」は望まない。「尊厳ある死」を望む。「死」はすべて同じ結果になるが、「死」に至る道は様々にある。事故で突然に死ぬこともある。通り魔に襲われ道端で死ぬこともある。病院で延命装置につながれ、じわじわと死ぬこともある。眠ったまま息絶えることもある。もし「幸福な死」「尊厳ある死」があるのなら、僕もそれを願う。しかし、結局、どう死のうと死ぬことに変わりないだろ、ともうひとつの声も聞こえる。確かにそうだ。

「千利休　本覺坊遺文」の茶室での「無」の掛け軸を見ながらの問答は印象的だ。山上宗二は、「死」ではなく「無」を選ぶ。「無」こそ達すべき境地だと悟る。「豪姫」の古田織部は「無心」と書かれた掛け軸を抜き打ちで断ち切り、「心」は打ち捨てられ「無」という字だけを残す。「死」ではなく「無」の境地が何となく理解できる。茶の湯の精神が「わび・さび」を極めることなら、「無」の境地に達するのは茶人たちの理想なのかもしれない。

そういえば、鎌倉の霊園にある小津安二郎監督の墓には「無」のひと文字だけが彫り込まれているという。茶の湯と映画作り、戦国期と昭和という大きな違いはあるけれど、何かを極めた達人たちが至る境地は同じなのかもしれない。日本人には「無常」という観念が理解できるように、「無」に対する憧れがあるのではないだろうか。少なくとも、僕にはある。

もうひとりの健さん

スーパージャイアンツ／検事霧島三郎／新幹線大爆破

●映画会社がプロ野球チームを持っていた頃

プロ野球チームを持つのは、企業にとってステータスである。もちろん宣伝にはなるが、金がかかる。選手の年俸だって相当なものだ。昔と違って、パリーグの試合にも観客が集まるらしいから、赤字球団は減っているのかもしれないけれど、収益を考えるとプロ野球チームの親会社になるのは、景気のいい企業にしかできないことではあるまいか。だから、その時代の花形産業が親会社になることが多い。最近では、通信関係、ネット関係、IT関連企業がスポンサーになっている。

昔は鉄道関連会社が多かった。西日本鉄道の西鉄ライオンズ（現在は西武鉄道ライオンズ）、関西の阪急電鉄、阪神電鉄、近畿鉄道、南海電鉄を親会社とする、阪神タイガース、阪急ブレーブス、近鉄バッファローズ、南海ホークス、関東だと国鉄スワローズなどである。しかし、映画産業が花形だった頃、プロ野球チームを持つ映画会社もいくつかあったのだ。松竹ロビンス、東映フライヤーズ、そして大映スターズと毎日オリオンズが合併してできた大毎オリオンズなどである。

大毎オリオンズのオーナーは「永田ラッパ」と呼ばれた永田雅一だった。昭和初期から映画界に身を投じ、毀誉褒貶はあるものの頭角を現し、社長に菊池寛を迎えて大映を立ち上げ、後に社長になりワンマンと言われながらも数々の名作を世に出した。東宝の監督という印象が強い黒澤明だが、ベネチア映画祭のグランプリを受賞した「羅生門」（一九五〇年）は大映映画だった。ヒロインを演じた京マチ子は大映のスターだったし、大映の名キャメラマン宮川一夫が撮影を担当した。

小津安二郎も「浮草」（一九五六年）だけは大映で撮っている。そのとき、宮川一夫キャメラマンと組んだ。黒澤も小津も、宮川一夫が大映専属ではなくフリーだったら、きっとその他の作品でも指名したに違いない。しかし、宮川一夫は大映でキャメラマン人生をまっとうし、社内の様々な監督と仕事をしたが、映画史に残っているのは溝口健二監督と組んだ作品が中心だ。黒澤明の「羅生門」が語られるとき、必ず宮川一夫のキャメラワークに言及される。木漏れ日の向こうの太陽を直接捉えた映像が、世界に衝撃を与えた。

大映が抱えていたのは、そんな熟練のスタッフばかりではない。昭和四十六年、一九七一年に倒産した大映は、その末期でさえ若い俳優たちを世に出した。十五歳でスカウトされ「高校生ブルース」でデビューし、「幼な妻」で衝撃を与え、増村保造監督の「遊び」で高く評価された関根恵子、現在の高橋惠子がいた。

その関根恵子の相手役でデビューした篠田三郎は「ウルトラマンタロウ」になり、最近でもテレビドラマ「MOZU」で公安捜査官の真木よう子の父親として登場していた。

「夜の診察室」というキワモノ映画のヒロインを演じた松坂慶子も大映末期の女優である。その後、TBSドラマの四姉妹物語やNHKドラマ「若い人」（一九七二年）のヒロインなどを演じて知られるようになり、深作欣二監督の「蒲田行進曲」（一九八二年）「火宅の人」（一九八六年）などで日本を代表する女優になった。もちろん、今でも現役の女優だ。

大映の女優というと、若尾文子、山本富士子、京マチ子、中村玉緒、藤村志保、安田道代（大楠道代）、江波杏子などがいるが、松坂慶子もその系列に入っているのである。

大映は昭和四十六年、一九七一年に倒産したが、その数年前、同じように経営不振だった日活と「ダイニチ映配」という会社を作り、系列館への作品供給を補おうとした。大映作品と日活作品の二本立てでプログラムを組んだのだ。

当時の日活は「女子学園」や「ハレンチ学園」シリーズなどを製作し、大映は「幼な妻」などを製作していた。日活最後の上映作品は「八月の濡れた砂」と「不良少女魔子」だった。

一九七一年秋、日活は一般映画をやめ「ロマンポルノ」路線に変更する。石原裕次郎、小林旭、渡哲也、高橋英樹、浅丘ルリ子、吉永小百合などは日活を離れ、白川和子、田中真理、片桐夕子の時代になる。その年の暮れ、大映は倒産した。

しかし、大映テレビ室はテレビドラマの制作を続け、独特のトーンとテイストを持つ作品を世に送り続けた。たとえば山口百恵の「赤い」（一九七四年〜）シリーズ。そして、究極は「スチュワーデス物語」（一九八三年）である。極端な状況設定、怒鳴るような一本調子のせりふまわし。それらは大映のエース監督だった増村保造の特徴的な演出スタイルだった。

●二十三歳で入社した大映時代を回顧した本を読んだ

今年六月に出た「スタアのいた季節　わが青春の大映回顧録」（講談社）という本を読んだ。中島賢という人がブログに書いた文章を元にしてまとめたものである。中島さんは、今年八十四歳。二十三歳から四十まで勤めた、大映時代の思い出を書いている。

中島さんが大映に入社したのは昭和二十九年、一九五四年のこと。二十三歳だった。その年、市川雷蔵と勝新太郎が大映に入社したので、彼らとは同期になる。中島さんは九州支社の宣伝部に配属され、倒産後も一年間は残務整理に携わったので二十年近く大映で過ごした。

第一章「絢爛たる美神たち」は、もちろん大映のスクリーンを彩った女優たちの思い出だ。若尾文子、山本富士子、藤村志保はもちろん、田宮二郎と結婚して引退した藤由紀子、人気の絶頂で突然引退した叶順子、僕が好きだった長谷川待子、坪内キミ子などのエピソードや人柄も紹介されている。

「眠狂四郎」シリーズの第一作のヒロインは中村玉緒だったとあり、改めて「そうだったな」と思った。梨園の箱入り娘だった中村玉緒は市川雷蔵を好いていたが、勝新太郎が強引に口説いて結婚したという。

第二章は「豪傑と色男」というタイトルの男優たちの回想だ。雷蔵や勝新はもちろん、船越英二、根上淳、北原義郎、川崎敬三、本郷功次郎、藤巻潤、田宮二郎などが登場する。おもしろいのは彼らに混じって大魔神の項目がある。

大魔神の中に入っていた俳優は橋本力といい、元大毎オリオンズの選手だった。大魔神がアップになったとき、その目が印象的だったけれど、あれは橋本力自身の目なのだ。ちなみに、橋本力は大映倒産後、勝プロに所属しブルース・リーの「ドラゴン怒りの鉄拳」で悪役の日本人を演じたという。

大魔神は、大映が残した大きな遺産である。「ハマの大魔神」などと今でも使われる。映画は「大魔神」「大魔神怒る」「大魔神逆襲」の三本が一九六六年に一挙に公開された。一作めがヒットしたので、次々に作ったのだ。僕は中学三年だったが、よく憶えている。二作めは三隅研次監督、三作めは森一生監督と大映京都撮影所のエースを投入した。特撮ものだが、時代劇であるのがユニークだった。大魔神は身長五メートルだったから、リアルな特撮ができたのだと中野さんは書いている。

現場を知る人の回顧録を読んでいておもしろいのは、意外な人間関係が披露されることだ。たとえば、藤巻潤は大映ではアクションスターだったが、「お姉さんが、大山道場の大山倍達師の奥さんであることから、彼も空手の修練を積んでおり、それを映画やテレビに生かし」ていたという。

また、「そのころの九州支社長は池広利夫で、池広一夫監督の父である。また、本社の加賀宣伝部長は加賀まりこの父である。宣伝部には加賀まりこの兄もいた」という記述もある。何だか、縁故採用ばかりじゃないのか?

第三章は「永田ラッパと宣伝部」というタイトルで自身が手がけた映画宣伝の思い出や大映の組織的なことが語られるが、第四章「挽歌」に至り、終焉を迎える映画会社の物語になる。それでも、「いそぎんちゃく」「続・いそぎんちゃく」「でんきくらげ」(僕も見ました)といった思わせぶりなタイトルの作品で大映の末期を支えた渥美マリ、前述の関根恵子や松坂慶子たちの活躍を思いを込めて描いている。宣伝のために水着撮影会もいやな顔をせずつとめた渥美マリに対しては、特に思い入れがあるのだろう、「可憐な徒花」と名付けている。

●「新幹線大爆破」で健さんと対峙したもうひとりの健さん

戦後、倒産した映画会社としては新東宝がある。東宝の労働争議がもめにもめて、GHQの介入を招き「こなかったのは軍艦だけ」と言われたほどの騒ぎになった。映画製作も頓挫し、前述のように黒澤明は大映で「羅生門」を撮る。また、何人かの映画人たちは会社側にも組合側にもつかず、映画製作のための新東宝を立ち上げた。

その新東宝で若手スターとして出てきたのが、高島忠夫、吉田輝男、菅原文太、天知茂などだった。女優は、三ツ矢歌子、久保菜穂子、池内淳子などがいた。経営危機でセクシー路線になってから活躍するのが、前田通子や三原葉子である。

高倉健と同じく昨年亡くなった宇津井健も新東宝で活躍した人だった。「スーパージャイアンツ」（一九五七〜五八年）シリーズは新東宝時代の代表作だが、僕は小学生の頃に夢中で見ていた。監督は成瀬巳喜男監督の助監督を務め、後に「網走番外地」（一九六五〜六七年）シリーズを撮る石井輝男である。

宇津井健は仲代達矢とは俳優座養成所の同期（四期生）で仲がよかったが、仲代の自伝によれば「彼は料亭の息子で金まわりはよかった」そうである。その関係か、三味線の杵屋の御曹司である勝新太郎とは幼なじみだった。

宇津井健は新東宝で数え切れないほどの作品に出演し、会社が倒産した後は大映に移籍した。大映時代の宇津井健というと、僕は検事役がすぐに思い浮かぶ。「黒の報告書」（一九六三年）や「検事霧島三郎」（一九六四年）などが印象に残っているからだろう。一般には、テレビドラマ「ザ・ガードマン」（一九六五〜七一年）のキャップ役で知られるようになった。大映テレビ室が製作した「ザ・ガードマン」は、大映の俳優たちが総出演した感があった。中条静夫は、このドラマで中年になってから人気が出た人だ。

宇津井健は、一九五三年から二十代の八年間を新東宝の俳優として過ごし、一九六二年からほぼ十年にわたる三十代を大映の俳優として映画やテレビに出演した。倒産したふたつの映画会社を渡り歩いた人である。

大映が倒産した後、フリーになってからテレビドラマを中心に死ぬまで活躍した。大映テレビ室制作のドラマでは欠くことのできない人だったし、フリーになってから出た「新幹線大爆破」（一九七五年）では、犯人の高倉健に対して新幹線の運行管理責任者として「もうひとりの健さん」の存在感を示した。

その後、テレビが中心になり映画の出演作は少なくなったが、僕が記憶しているのは老人ホームの老人たちが犯罪を計画する「死に花」（二〇〇四年）である。山崎努、藤岡琢也、長門勇など老優たちの名演が見られるのもうれしい。「シグナル　月曜日のルカ」（二〇一二年）では老映画館主役だったが、ヒロインの回想にしか出てこないのが残念だった。

その二年後、昨年の早春に八十二歳で宇津井健は亡くなった。高倉健の死が大騒ぎになる八カ月前だった。僕の記憶の中では、宇津井健の代表作は「検事霧島三郎」である。正義漢を熱く演じて、嫌みを感じさせない役者だった。

もっとも「スタアのいた季節　わが青春の大映回顧録」には残念ながら宇津井健の項目はないし、ほとんど記述がない。しかし、昨年行われた「宇津井健を送る会」には中野さんも出席しており、坪内ミキ子と会い「礼儀正しく、優しげなその姿は、昔と少しも変わっていなかった」と書いている。

大映倒産から四十数年も経っているのだ。少しも変わっていないはずがない。輝ける日々を回顧する思いが、記憶の中の姿を今に重ねるのだろう。どのページも自身の若き日を愛おしみ、二十代、三十代を過ごした大映時代への哀惜にあふれている。だが、思い出の中の多くの人は、すでにこの世にいない。

唾棄すべき男を演じた役者

祭りの準備／赫い髪の女／駅 STATION

●阿藤海はガタイがでかくて強面のこわ〜い役者だった

カミサンは一時期「カイちゃん」と呼んでいた。「今日の××に、カイちゃんが出てたわよ」という具合だ。テレビの旅番組やグルメ番組に出始めていた頃だと思う。「えー、あの強面の阿藤海が……」と僕は思ったけれど、カミサンは屈託なく「最近はテレビによく出ていて、お茶の間にも受けてるみたいよ」と言った。「まさか」と思ったが、本当だった。二十一世紀になってから、阿藤海を阿藤快とあらためた人物は、バラエティ番組にさえ顔を出すようになっていた。

そのことがイヤだったのではない。「売れてよかったね」と、テレビ画面に向かって声をかけたいくらいだった。しかし、どこかに違和感があった。阿藤海（僕にとってはずっとこの名前なのだ）は、ガタイがでかくて、上背があって、強面で、がらがら声で恫喝する、こわ〜い役者だった。しかし、やくざの幹部役には向いていない。ヒットマン、下っ端、ボディガード、犯罪組織のヒエラルキーで言えば、下から数えた方が早そうな役に向いていた。若い頃はチンピラ役だった。

遠藤憲一があの強面過ぎる顔が受け、いつの間にかホームドラマの頑固な父親役を演じたり、コマーシャルでも顔と態度の落差で受けるコミカルな役で何社にも出るようになって、僕から見れば「堕落だ」とつぶやきたくなるような時代を迎えてしまった。遠藤憲一と同じように松重豊も、いつの間にかテレビの世界では「怖そうだけどオチャメなおじさん」になっている。「孤独のグルメ」は、彼以外の配役はもう考えられない。彼らの先駆者として、阿藤海は存在していた。

僕の映画の本が賞をもらい、その授賞式で大沢在昌さんと話が盛り上がり、その勢いで対談したときに「ソゴーさんは小説は書かないの？」と言われ、「長編ミステリを書いてみるか」と思って書いたら三ヶ月で書けてしまい、大沢さんが選考委員をやっていた江戸川乱歩賞に応募したら三次選考まで残り、もしかしたら最終選考の五編に残るかと期待したら落選した「愚者の夜、賢者の朝」（電子書籍はこれを書き直したもの）には、遠藤憲一と松重豊を想定したキャラクターが登場する。

いい気なものだけど、その小説は映画化を想定しながら書いたのだ。主人公のアートディレクターはいろいろ迷ったが、役所広司でいいかと落ち着いた。本当は三浦友和にしたかったのだが、彼にはクリエイターの雰囲気がない。中村雅俊はアート的適性に欠け、岩城滉一はアウトロー過ぎた。業界トップの化粧品会社の広告を担当するアートディレクター役は無理だと判断した。裏社会にも通じているリサーチ会社の社長でセキュリティ専門家の副主人公役は遠藤健一と名付け、遠藤憲一の顔を思い浮かべながら書いた。

主人公のなじみの小料理屋の常連で、やくざ組織の幹部として登場する仙道という役は松重豊を想定した。「アドレナリン・ドライブ」（一九九九年）のこわ〜いやくざ役が忘れられなかったからだ。矢口史靖監督はいろいろ話題作を撮っているが、僕にとっては「ひみつの花園」（一九九七年）と「アドレナリン・ドライブ」が最高傑作である。「ひみつの花園」の西田尚美と「アドレナリン・ドライブ」の松重豊は、死ぬまで忘れられないキャラクターになった。

ということで、遠藤憲一、松重豊は彼らのキャリアの最初期から僕は注目していたのに、いつの間にかお茶の間の人気者になってしまったのである。昔からひいきにしていたのに、今では二人が好きだと言うことさえ恥ずかしい。同じように、阿藤海も僕は早い時期から個性的な悪役俳優として気に入っていたのに、いつの間にかテレビで売れて「カイちゃん」などと呼ばれる存在になってしまった。だから、阿藤海についても好きだと言いにくくなったのだ。

もちろん好きな役者たちがメジャーになることには僕も何の異存もないが、そこには説明しにくい複雑な感情が生まれるのだ。彼らはテレビ画面の中でにこやかに笑っているだけの存在ではない。テレビは、役者の毒を抜いてしまう。素の人間性を見せてしまう。映画作品では、彼らは毒をまき散らしていた。テレビで見るような優しくていい人ではない。人間のダークサイドを見せつける役ばかりを担っていた。そのことによって観客に強いインパクトを与え、忘れられない役者になったのだ。

●阿藤海を最初に認めた「祭りの準備」は四十年前の映画

阿藤海は十一月十五日に、亡くなっているところを発見された。眠ったまま動脈瘤破裂で息を引き取ったらしい。十四日が六十九歳の誕生日だった。まるで、小津安二郎監督みたいだ。小津監督は六十歳の誕生日に亡くなった。還暦を迎えた日だから小津監督の方がドラマチックだが、六十九歳というのもなかなかオツなものである。村上龍の「69」は一九六九年に高校三年生だった作者自身のことを小説にしたもので、同じような経験をした僕には身につまされる小説なのである。

誤解される言い方かもしれないが、阿藤海が六十代で亡くなったことを僕は納得できる気がする。彼が敬愛した原田芳雄よりは二年短かったけれど、充実した役者人生だったのではないか。阿藤海を最初に記憶したのは、「祭りの準備」（一九七五年）だ。四十年前の映画である。

その年の二月に僕は出版社に就職し、九月に結婚し、十一月に二十四歳の誕生日を迎えた。翌日、黒木和雄監督の「祭りの準備」がアート・シアター・ギルド（ATG）で公開された。若き竹下恵子が胸も露わなオールヌードを披露した映画として、後に彼女が有名女優になったときに騒がれた。

高知県・土佐中村の近くの漁村に暮らす信用金庫に勤める楯夫（江藤潤）は、シナリオ作家になる夢を抱いている。彼の女友達（竹下景子）は教条主義的な堅物で男の性欲を理解せず、「もっと生産的な話を書くべきよ」などと意見するくせに、オルグにやってきた活動家にコロリとまいって寝てしまう。一方、楯男は悶々としながらやるせない日々を生きている。隣に住んでいる泥棒兄弟の弟（原田芳雄）とは子供の頃からのつきあいで、そんな一家をモデルにしたシナリオを想像したりする。

楯男の父（ハナ肇）は愛人を作って出ているが、新しい愛人ができてそちらにねぐらを変える。隣の泥棒兄弟の兄が逮捕されると、その留守の間に弟は兄嫁（杉本美樹）を寝取ってしまう。その兄弟の妹が薬で頭がおかしくなり、やくざに付き添われて関西から戻ってくる。いわゆる色情狂で、毎夜、浜辺で男を待っている。村の男たちが彼女を抱きにくる。ある夜、楯男も我慢できずに彼女を抱こうとするが、祖父（浜村純）におしのけられる。若い娘に狂った祖父は、妊娠した彼女と一緒に暮らし始める。

漁村の猥雑な人間たちの生活が描かれる。阿藤海は、その村の若者のひとりとして早々に登場した。下半身が不自由な村の仕立屋の前でたむろする若者だ。大きな体で、独特の強面だった。身のこなしがしなやかで、現実に土佐中村にいるような土佐弁をがなり立てている若者になっていた。

俳優座以来、私淑する原田芳雄の出演作にはよく一緒に出ていたが、「祭りの準備」もその一本だった。低予算の映画だったけれど評価は高く、特に原田芳雄は絶好調で助演男優賞を総なめにした。あのラストシーンを見たら、彼以外の誰がその年の賞に値するか。誰もがそう思った。その映画で、僕は若き二十代の阿藤海を記憶に留めた。

●「赫い髪の女」の阿藤海はいつまでも忘れられない

阿藤海の出演作を回想すると、まず「赫い髪の女」（一九七九年）を思い出す。「枯木灘」で強烈な衝撃を受けて以来、当時の僕は中上健次の新作は必ず買っていた。短編集「水の女」が出たときもすぐに読んだ。その中に「赫髪」という作品があった。トラックの運転手である主人公が道端に立っていた赫い髪の女を拾い、アパートの部屋で性交し続ける物語だった。

　センテンスが短くリフレインの多い独特な中上健次の文体が、ひりひりする性器の痛みを感じさせ、男女が睦み合う姿が浮かんでくる。汗と体液が匂う。生きる切なさが漂い始める。

　その「赫髪」をすぐに日活ロマンポルノのエース神代辰巳監督が「赫い髪の女」として映画化した。特殊車両の免許を持つトラック運転手の光造（石橋蓮司）と孝男（阿藤海）は、いつもつるんでいる。ある日、土建屋の社長の娘（亜湖）を孝男の名で呼び出し、ふたりで犯してしまう。以来、娘は現場の孝男に弁当を持ってくるようになる。ある日、娘が孝男に妊娠を告げると、孝男は「どっちの子や」と聞き返し、「あんたの子に決まってる」と言い返される。

　一方、光造は道端で拾った赫い髪の女（宮下順子）とアパートでセックスをし続ける。女の過去も知らず、名前も知らない。何も詮索せず、ふたりはひたすら身を重ねる。腹が空けば即席ラーメンをすすり、また、セックスを始める。やがて女は部屋に住み着き、ふたりで外出したときに人にも見られ、話を聞いた孝男が「俺にも抱かせろ」と言い出す。光造は一度は断るが、社長の娘を犯させたろと言われ、女とセックスしているとき孝男とすり替わる。女は相手が入れ替わったことに気づいて拒絶しようとするが、孝男にも犯されてしまう。

　孝男は社長の娘にうながされて海辺の街を捨て、ふたりで駆け落ちをする決心をする。荷物を抱え街を出ようとするふたりに、冷たい雨が降りかかる。光造も孝男も雨が降れば仕事にならない建設業に従事する肉体労働者である。「土方（ニコヨン）殺すにゃ刃物はいらぬ、雨の三日も降ればよい」の世界だ（土方は差別用語かな?）。雨のシーンは印象深い。アパートの窓から赫い髪の女が、ぼんやりと雨を眺めているシーンもある。ハスキーな声で、もの憂い憂歌団（再結成したそうです）の歌が重なる。そんなシーンに僕はゾクリとした。

　光造も孝男も欲望のままに生きている。「うまいもん食って、まぶいスケを抱きたい」というシンプルな人生観だ。しかし、そんな彼らにも人生の試練はやってくる。孝男は娘と一緒に都会に出て子供が産まれ、家庭と呼ばれるようなものを築くのだろう。子供が大きくなると、「父ちゃんも若い頃はヤンチャをやったもんだ」と自慢するかもしれない。よくて、そんな未来しか描けない。ラストシーンの孝男は、女と駆け落ちする高揚感などどこにもなく、途方に暮れたような顔をしている。阿藤海の大きな体から生きる切なさがあふれ出す。

　光造や孝男のような欲望を解き放つ人間の真反対、禁欲の塊のような役ばかり演じたのが高倉健だった。ストイシズムの権化である。愛する女には好きと言わず、己の命さえかけて人のために生きる高倉健が演じた数々の人物像にとって、欲望とは否定するためにあるものだ。「駅 STATION」（一九八一年）でも射撃の名手でオリンピック候補になった、無口で禁欲的な警察官を演じた。妻のたった一度の過ちが許せずに離婚し、ストイックに寡黙に職務をまっとうする。

ある日、人質をとって銀行に立てこもった強盗犯の逮捕のために彼は駆り出される。射撃の腕を買われて、犯人が要求した食料を届けるため中華料理屋の出前持ちに変装して銀行内に入り、隙を見て（出前の箱に隠していたと記憶している）拳銃で犯人を射殺する。それまで、犯人に向かって説得をしていた母親は、息子が射殺されたのを知って「人殺し」と叫ぶ。その老いた母親の血を吐くような叫びが彼の心を引き裂く。

その銀行強盗は、一九七九年一月に実際にあった梅川事件を思い出させるように意図して描かれた。人々の記憶はまだ鮮明だったから、「駅 STATION」を見た観客は全員が梅川という犯人を連想した。梅川は猟銃を持って銀行を襲い、行員たちを人質に何日も立てこもった。男子行員を銃撃し、女子行員たちの衣服を脱がせて自分の周囲に配置し、警察が狙撃できないようにした。事件後、週刊誌は銀行内での数日間の出来事を興味本位でスキャンダラスに書き立てた。映画は、そんな事件を連想させるだけでよかったのだ。

強盗犯の役は、阿藤海だった。ほんの数シーンしか出ない。セリフさえあったかどうか。そんな役を演じた三十代の阿藤海の姿が、目が、三十四年経っても僕の記憶の中では鮮明に浮かぶ。あの狂気と殺意をはらんだ視線が忘れられない。それは、誰もがおぞましさに眉をひそめる、現実の銀行強盗事件の狂人のような犯人を思い出させた。本物の狂気と殺意が阿藤海の瞳の奥にはあった。今でも僕の記憶が鮮明なのは、彼の演技がすばらしかったことの証明である。今頃は、きっと原田芳雄と再会しているに違いない。

半世紀前に引退した大女優の死

お嬢さん乾杯！／驟雨／娘・妻・母

●珍しく関口宏が父親の佐野周二のことをテレビで口にした

九十五歳で原節子が亡くなっていたことがわかり、各メディアが大きくニュースとして取り上げた。その週の日曜日、TBSの関口宏がキャスターを務める「サンデーモーニング」でも特別枠をとって放送していたが、関口宏が珍しく「うちの親父が……」と口にした。父親の佐野周二について、関口宏が話すのを初めて見た。佐野周二は戦前から佐分利信などと共に、松竹三羽烏のひとりとして数多くの主演作品がある。

関口宏は「うちの親父が何作か原さんと共演してまして」と口を開き、「親父は仕事のことはあまり話さなかったのだけど、原さんについては『いい人だったなあ』と言ってましたね」とコメントした。僕はそれを聞きながら、佐野周二が原節子と共演した「お嬢さん乾杯！」（一九四九年）と「驟雨」（一九五六年）を思い出していた。原節子の死は小津安二郎監督作品と共に語られることが多かったし、代表作は「東京物語」（一九五三年）ということになっている。ＮＨＫがすぐに衛星放送で「東京物語」を放映した。

それは、まあ世間の常識なのだろうけれど、僕は成瀬巳喜男監督作品に出た原節子の方が好きだったし、木下恵介監督の「お嬢さん乾杯！」は今見るとちょっと古くさい気がするけれど、よくできた恋愛コメディで佐野周二の代表作であることは間違いない。佐野周二は軽妙なイメージではないが、けっこう喜劇も多い。弟分の整備士を演じている佐田啓二（中井貴一のお父さん）も二枚目ぶらない気楽な役で印象に残る。その後、「君の名は」の春樹役で人気が出た佐田啓二は、典型的な二枚目役ばかりになる。

昭和二十四年に公開された「お嬢さん乾杯！」で、佐野周二は自動車修理工場を経営する戦後の新興成金の青年を演じた。ある日、斜陽族である華族の令嬢（原節子）と見合いをし、その美しさに心を奪われる。原節子の役柄は「安城家の舞踏会」（一九四七年）を連想させる。ふたりは婚約することになるが、原節子の屋敷を訪れると父親はある事件に連座して拘置所におり、戦後の典型的な没落華族である。令嬢は明らかに金目当ての結婚であるとわかるし、彼女は戦前に婚約しており、亡くなった男を今も深く愛していることもわかってくる。

それでも、佐野周二はあきらめない。誕生日プレゼントにピアノを贈って、その羽振りのよい成金ぶりにかえって引かれたりしてもめげない。強引にデートを重ねる。お約束のように華族の令嬢と下世話な成金男が対比され、音楽会の観客席で寝る佐野周二が描かれたりする。佐野周二はいきつけのバーのマダムに愚痴をこぼすが、マダムを演じているのが若き村瀬幸子だ。しかし、デートを重ねるうち、令嬢も男の人柄に惹かれ始める。ある夜、佐野周二が送っていくと、別れ際に原節子がとんでもないズッコケを見せてくれる。いや、コントと言うべきだろうか。原節子ファンは必見である。

この映画のラストシーンで原節子が口にするセリフが有名で、「お嬢さん乾杯！」を若いときにリアルタイムで見た人たちはよく話題にする。そのロマンチックなセリフについて思い入れたっぷりな文章を書いていたのは、直木賞作家で映画評論家で監督作品もある長部日出雄さんだったと思う。長部さんは木下作品が好きなのだろう。「天才監督・木下恵介」という分厚い評伝も出しているから。「お嬢さん乾杯！」と同じ年、原節子は今井正監督の大ヒット作「青い山脈」「続・青い山脈」と小津安二郎監督の「晩春」にも出演し、大活躍だった。

●佐野周二と原節子の冒頭の長い掛け合いが面白い

成瀬巳喜男監督の「驟雨」（一九五六年）は倦怠期を迎えた佐野周二と原節子の夫婦を描いた作品で、原節子と上原謙がやはり倦怠期の夫婦を演じ高い評価を受けた「めし」（一九五一年）

と同工異曲の印象を受ける。僕はどちらの作品も好きで何度もくりかえし見る。

「驟雨」は東京近郊の住宅街に建つ文化住宅が夫婦の住まいで、隣の文化住宅に若い夫婦（小林桂樹と根岸明美）が越してくる。低い生け垣で区切られているが庭続きで、朝、庭で歯を磨いていると顔を合わし挨拶をする関係になる。

その若い夫婦のやりとりや主人公夫妻との対比がおもしろく、ちょっと喜劇的な要素があって「めし」よりは軽く仕上がっている。小林桂樹が引っ越しの挨拶にきて「そば券」を置いていき、その券で昼食にそばを出前してもらい、それを見た隣の根岸明美が「あなた、お隣、もうそば食べてるわよ」というシーンなどクスリと笑わせてくれる。

小林桂樹は「めし」では、夫を大阪に置いて帰ってくる原節子の実家の妹（杉葉子）の亭主で、家業を継いでいる。しっかり者の婿という感じで、成瀬作品では重要な俳優だ。

「驟雨」では結婚四年目の倦怠期を迎えた夫婦を描くためだろうか、冒頭のシーンがしつこいほどに長い。日曜日、子供のいない夫婦は、こんなものかなと思わせてくれる。意味のない会話をだらだらと続けるものの、そのシーンがじわじわとおもしろくなってくるのがいかにも成瀬作品らしい。

最初に佐野周二が「今晩のおかず、何だい？」と聞く。そのうち、「どこかいこうか」と言い出すと、給料日の前でお金がないと原節子が言い返す。話はあちこちに飛ぶ。佐野周二の胃が悪いのが、その話の中でわかってくる。

夫は業を煮やして家を出ていく。妻は買い物に出る。電気屋の前で立ち止まる。ミキサーの価格を聞いて、「胃の悪い人なんかにはいいんでしょうね」とつぶやく。ここで、妻が夫の健康を気にしていることがうかがわれ、口を開くと喧嘩になる夫婦の互いの心の奥の愛情が伝わる。それでも、安月給の悲しさ、妻はミキサーをあきらめて、夕食の買い物に向かう。

その頃、新婚旅行にいっていた妻の姪（香川京子）が夫と喧嘩して旅行を切り上げて帰り、叔母夫婦の留守宅を訪ねてくる。香川京子が訪ねてきたのを見て、引っ越し荷物を運んでいた小林桂樹は「さっき買い物に出かけましたよ。緑の買い物かごを下げて」と声をかける。妻の根岸明美が「あんた、よく見てるわねぇ」とあきれたように言う。

小林桂樹は自分の妻が若く肉感的なので、正反対の清楚なタイプの隣の奥さんが気になるようだ。反対に、佐野周二は隣の若いグラマラスな妻（根岸明美は黒澤明監督「赤ひげ」の演技が素晴らしかった）が庭で美容体操をするのを見かけ、目が離せない。夫に「奥さん、若いですなあ」と声をかける。その後、商店街で出会った根岸明美を映画に誘ったりする。

●黒澤作品の怖い原節子や小津作品の上品な原節子は近寄り難い

小津作品と違い、原節子は安月給のサラリーマンの専業主婦を演じ、夫とも激しく言い争いをする。淀川長治に「貧乏くさい監督」と言われた成瀬作品だから、ものの値段が頻繁に出てくる。原節子は引っ越してきたばかりの根岸明美を商店街に案内しながら、「あそこの店は大根が○○円で、駅向こうの八百屋さんよりお安いんですけど、感じがよくないんですわ」などと事細かに教える。そのときに、ものの値段を具体的に口にし、あちらが何円安いなどと教授する。確かに、成瀬作品は細かい金に関するセリフが多い。

映画が進んだところで、佐野周二の会社のシーンになる。上司が社員を集めて希望退職を募ることを発表する。佐野周二の隣の席の同僚役を、加東大介が演じている。加東大介も成瀬作品には欠かせない人で、多くの作品で印象に残る役を演じた。希望退職に応じると、退職金が十万円上乗せされるので、佐野周二は応じようかと悩む。ある日、彼が帰宅すると加東大介を中心に、同僚たち数人が家に上がり込んで呑んでいる。彼らは希望退職に応じ、退職金を出し合って酒場経営をやろうと言う。

同僚たちは、どんな酒場がいいかワイワイ言い合っている。そのうち、「奥さんみたいな人がマダムをやってくれるといいんですがね」と原節子に声をかける。妻がまんざらでもない顔で応対したのが気に入らない夫は、同僚たちが帰った後にそのことをなじる。そこからふたりの喧嘩が始まる。夫は妻の収入なんか当てにしないと言い、「女房に食わせてもらう」ことの屈辱を口にする。妻の方は働くことはいとわないし、自分の面倒くらい自分で見ると見得を切る。

この辺は、やはり昭和三十一年、六十年近く昔の話だなと実感する。夫が稼ぎ、妻は専業主婦というのが一般的だった時代だ。それにしては、原節子の自立志向が明確で、先進的な主婦像なのかもしれない。退職金をもらって田舎に帰って生活すると言い出した夫に、妻は「田舎に帰ったって弟さんが継いでるじゃありませんか。いくら長男だからって」と辛辣な指摘をし、夫は言い返せない。原節子が、こんなにポンポンとセリフをしゃべるのは珍しいなあ、と最初に見たときには驚いた。

「めし」は昭和二十六年の公開で、作品の中にはまだまだ戦争の影が濃く残っていた。実家に帰った原節子が子供の手を引いた女学校時代の友人(中北千枝子)と出会い、「ご主人、まだ?」と尋ねると「もう、あきらめてるの」と相手は応じる。

昭和三十一年公開の「驟雨」では、それが希薄になっている。酒場を開く相談をしているとき、同僚のひとりがジャワ料理が作れると言い出すが、それが戦争中にジャワにいたとうかがわせるくらいだ。中北千枝子も犬に主人の靴を咥えていかれたことを抗議しにくる典型的な山の手夫人役だ。セルフレームのメガネをして、「ざあます」言葉を使う。

黒澤明監督「わが青春に悔なし」(一九四六年)「白痴」(一九五一年)の原節子は怖かった。特に世界文学史上で最も強烈な個性を持つヒロイン、ナスターシャ・フィリッポブナこと那須妙子を演じた原節子は、この世に現実に生きている女性とは思えなかった。小津安二郎監督「晩春」(一九四九年)の原節子も父親の再婚話を知った途端、とても怖い目をする。「麦秋」（一九五一年）「東京物語」（九五三年）の原節子は清楚な女性だが、現実感は乏しく身近には感じられない。「秋日和」（一九六〇年）でも成人した娘（司葉子）がいる上品な未亡人を演じた。もちろん、すべて映画史に残る名作だけど、どの作品でもちょっと近寄り難い雰囲気がある。

しかし、成瀬作品の原節子は「めし」の倦怠期の妻にしろ、「山の音」（一九五四年）の夫に愛人を作られた嫁にしろ、「驟雨」の夫に負けない妻にしろ、現実感があり親近感が持てる役を演じた。「山の音」では大きな瞳から滂沱の涙を流し、珍しい泣き顔を見せた。成瀬作品の原節子が僕は好きだった。「秋日和」と同じ年、四十歳の原節子は成瀬監督の「娘・妻・母」（一九六〇年）で夫を亡くして実家に戻る長女を演じ、弟（宝田明）の友人である仲代達矢に慕われる役を演じた。くちづけシーンで見せる恥じらいが新鮮だった。

しかし、彼女が選んだのは、再婚相手として見合いをした京都の名家の中年男だった。中北千枝子に紹介されて見初め、「ぜひに」と原節子を乞う男を演じたのは上原謙である。「めし」の夫婦役から十九年が経っていた。原節子と上原謙は「山の音」でも夫婦を演じた。結局、「娘・妻・母」が最後に出演した成瀬作品になった。その後、小津安二郎監督の「小早川家の秋」（一九六一年）に出演し、二年後の稲垣浩監督の大作「忠臣蔵」（一九六二年）で大石りくを演じて、彼女はその女優としてのキャリアを閉じた。五十三年前のことだった。

佐藤忠男さんが選んだ個人映画

私のなかのヒロシマ／康っちゃん／妻の貌

●「世界の映画800本」に一本の8ミリ作品が選ばれていた

佐藤忠男さんは、数え切れないほどの著作を持つ評論家である。現在は日本映画学校の校長も務めている。映画についてだけではなく、幅広い分野の評論を行ってきた。僕は長谷川伸の長編評論や世界の戦争を映画から読み解いた本などをよく憶えている。

僕は評論家としての佐藤さんを尊敬しているので、かなりの著作を読んできたがまだまだ半分も読んでいないだろう。先日、二〇〇三年に平凡社から出た「わが映画批評の五〇年」という評論集を読んだ。五十年にわたって書いてきた評論の中から佐藤さん自身が選んだものを年代順に並べたものである。

もちろん長編評論は入れられないが、第一章は「映画批評家になるまで」と題して一九五〇年代の評論が選ばれ、第二章「世代交替のとき」は六〇年代、第三章「批評の場の開拓」は七〇年代、第四章「世界へ」は八〇年代、第五章「映画史の探求」

は九〇年代、第六章「映画学校で」は二〇〇〇年代となっている。それぞれの章の最初に、その時代を回顧し、自らの評論活動と取り上げた評論について長文の書き下ろしエッセイが掲載されている。巻末には「私が選んだ八〇〇本の映画」リストもある。

そのリストには、佐藤忠男さんのことだからアジア映画、中東やアフリカの映画もかなり選ばれている。やはり、最も多いのは日本映画で、五百本以上の作品が選ばれている。最初の作品は牧野省三監督「忠臣蔵」（一九一〇年）で、最後の作品は恩地日出夫監督「蕨野行」（二〇〇三年）である。その五百本以上の日本映画の中で、一本だけ「8ミリ、個人映画」と但し書きがついて選ばれた作品があった。ヒロシマに暮らすアマチュア映像作家である川本昭人さんの「私のなかのヒロシマ」（一九七三年）だ。

七〇年代の評論を選んだ第三章の中には、「ゴッドファーザー」「書を捨てよ街に出よう」「ガルシアの首」「仁義の墓場」「クレイマー、クレイマー」などを論じた文章と共に、「『私のなかのヒロシマ』（川本昭人）」という十頁におよぶ長文の評論が選ばれている。それは「川本昭人の8ミリ映画の傑作『私のなかのヒロシマ』で、私がとくに、強く心をゆさぶられるような思いをしたのは次のようなショットである」と書き出され、続いてアマチュア作品独特のよさを分析する文章が続く。

――奥さんが息子さんと一緒に高校入試の発表を見にゆく場面がある。合格していた母と子は、嬉しそうに寄りそいながら校庭を歩いてくる。それをスナップ・ショットふうに撮っていたカメラが、一、二度、なにげなくズームで奥さんのニコニコした顔による。この、ぐっと手前に引き寄せられた顔が、まるでこのとき、カメラが手をのばして奥さんを抱擁した、とでもいいたいナマナマしさを感じさせるのである――

その文章の末には「一九七五年、初出不詳。『現代日本映画一九七四～一九七八』評論社、一九七九より」と書かれていた。最初に掲載された媒体はわからないけれど、評論社から出した単行本から抜粋したという意味である。あれれ、と僕は思った。七〇年代にはずいぶん長い間、月刊「小型映画」という8ミリ専門誌に連載を持っていたし、この長文の文章はおそらく「国際アマチュア映像コンクール」に入賞した「私のなかのヒロシマ」について書いたものではありませんか、と佐藤さんに問いたくなった。

僕が玄光社という出版社に入社した一九七五年、すでに「私のなかのヒロシマ」は名作の誉れ高かった。「小型映画」誌が主催するアマチュアの映像コンクールとして「全日本アマチュア映像コンクール」（全日本コン）と、国際交流基金と共催する「国際アマチュア映像コンクール」（国際コン）が隔年で交互に行われていた。国際コンには世界中から応募作品があり、入賞するのは大変な名誉だった。審査員は川喜多かしこ氏、双葉十三郎氏、佐藤忠男氏、玄光社の北原社長などだった。

●家族を五十年以上にわたって撮り続けてきた映像作家

「私のなかのヒロシマ」は、川本昭人さんが奥さんを撮った作品である。川本さんは長男の誕生をきっかけにして8ミリカメラをまわし始め、すっかりのめり込んでしまう。家族を素材にすることが多く、原爆症の奥さんを被写体にしたのが「私のなかのヒロシマ」だった。「蝶々先生」など他人にカメラを向けて撮った作品群と、「一粒の籾」「康《や》っちゃん」「おばあちゃん頑張る」など自分の家族を撮った作品群があるけれど、佐藤忠男さんは以下のように書いている。

——注目すべきはやはり（家族を描いた）後者であり、これらの作品は、一本一本が独立した作品としてよいという以上に、全体をまとめて一本の作品として評価できる連作になっている。もちろん傑作は「私のなかのヒロシマ」で、この一本は原爆を扱った芸術作品としては、原民喜や井伏鱒二の小説、新藤兼人の映画「原爆の子」などと比較できる高さを持っている——

大変に高い評価である。この文章が書かれたのは四十年前だった。その後も川本昭人さんは家族を撮り続けた。もう二十数年前のことになるが、東京（確か小岩だったと思う）で川本昭人さんの個人上映会があったとき、僕はその後の作品群を見せてもらった。そこでは寝たきりになった姑を介護する奥さんを撮影してまとめた作品、長男の嫁をテーマにまとめた作品、次男の子供の頃から高校生になるまでを描いた作品などが上映された。

その後、川本昭人さんは五十年にわたって撮り続けてきた家族の映像を、「妻の貌《かお》」（二〇〇八年）という奥さんを中心にした二時間ほどの作品にまとめた。8ミリで撮影した映像、それにビデオの映像である。この作品を上映するための委員会が組織され、佐藤忠男さんはその代表になる。新藤兼人監督や大林宣彦監督なども名を連ねた。

そして、二〇〇九年に「妻の貌」は東京や神奈川などいくつかの映画館でロードショー公開された。さらに各地で自主上映会が開催され、多くの人の目に触れることになった。

川本昭人さんの奥さんキヨ子さんは肉親を原爆症で亡くし、自らも原爆症に苦しんでいる。「私のなかのヒロシマ」では、初めの方で甲状腺ガンであることが説明される。その奥さんを被写体として、奥さんのモノローグで語る作品としてまとめたものだ。内省的で文学的なナレーションは、アラン・レネ監督の「二十四時間の情事／ヒロシマ・モナムール」（一九五九年）を僕に連想させた。

夫婦には子供もふたり生まれるが、次男の康くんは子供の頃から体が弱く、映画の中で鼻血を出して寝ているシーンがある。被爆者である母親はひどく心配する。両親がふたりとも病弱なので、息子は健康に育ってほしいという願いを込めて「康」と名付けたのに、その子がよく鼻血を出すのである。その次男にカメラを向けた作品が「康っちゃん」で、佐藤忠男さんは「淡々とした、まことにきれいごとのホーム・ムービーであるが、父親と息子が家の瓦屋根の上でのんびりと将棋盤を囲んでいる場面など、まことにほのぼのとした素敵な絵本の一コマのようなおもむきがある」と書いている。

●8ミリ作品の主人公が僕の後輩として入社してきた

体が弱かった「康っちゃん」は、それでもスクスクと育ち、大学を出て僕の前に登場した。早稲田大学に通っていた「康っちゃん」は就職が決まらず一年留年することにしたのだが、それを心配した川本昭人さんは、かねて面識のある玄光社社長に「新人採用はありませんか」と問い合わせた。

ちょうど人員募集があり、優秀な「康っちゃん」は合格した。つまり、僕の十年ほど後輩になったのである。確かにヒョロヒョロとした細い体で、顔色も青白かったものの、鋭い視線を持ち辛辣な言葉を口にする青年だった。

それから、「康っちゃん」とは三十年にわたるつきあいになった。部署も建物も違ったので最初はほとんど話すこともなかったが、入社数年後、彼が労働組合の執行委員になった頃から話をする（というより論争する、言い争う）機会が増えた。

当時、僕は出版労連の業種別共闘組織の事務局長として上部組織に出ていたので、社内ではなく熱海の旅館で開催された討論集会や、出版労連の会議室などで「康っちゃん」と顔を合わすことが多かった。十数社の組合全体をまとめなければならない僕は、ときに各社の労働組合の個別要求を抑え込むこともあり、「康っちゃん」と敵対する場面もあった。

最初に「康っちゃん」に噛みつかれたのは、熱海か箱根で開催された出版労連討論集会だった。会議が終わり食事を終えるとそれぞれの部屋で酒盛りになり、当然、労働運動に関する熱い論争が始まる。その夜、僕が「玄光社労働組合も若手がもっと頑張らないと……」というようなことを言ったらしく、「康っちゃん」の地雷を踏んでしまったのだ。彼は「あんたたちの世代でも、何もしてない奴がいるじゃないか。放置してきた、あんたたちの責任だろ」と、ムキになって僕を突き上げた。いきなりの怒りに驚いたものの、その勢いのよさに感心した。

「康っちゃん」は大変に優秀な人間だったが、仕事の現場で上司や先輩を突き上げることに喜びを感じているのじゃないかと思えるほど、上には逆らい、批判し、猛烈に戦った。常に戦闘モードだった。ある編集長は「康っちゃん」の絶え間ない突き上げに音をあげ、社長に異動願いを出したほどである。

そのとばっちりが僕にきた。カメラ雑誌の平編集部員だった僕は、いきなり何も知らない創刊したばかりのビデオ雑誌の編集長を命じられ、「康っちゃん」の上司になったのである。

結局、いろいろな事情が重なり彼とは一緒に一号を作っただけだったが、その号を編集部全員で徹夜をやって責了した後、ふたりだけで呑む機会があった。その夜、電車がなくなっても呑み続けたのは、元々、彼の資質は評価していたものの身近で仕事をしてみて、その人間性のようなものが理解できたと思ったからだろう。僕は初めて男に向かって、「きみは好きだよ」と口にした。それは、僕の和解の言葉だった。さすがに同性愛者という誤解はされなかったようで、以来、信頼できる後輩としてつき合えるようになった

仕事でも、組合でも、「あいつに任せておけば間違いない」という確固とした信頼感が僕の中に生まれたのだ。もちろん、その後も考え方の違いや意見の対立はあった。ときには怒鳴りあったし、呑み屋では「表へ出ろ」という場面もあった。

それでも、自分とは違う考え方を強烈に主張する「康っちゃん」には、かえって信頼感が増すことになった。僕には、信頼できる先輩がひとりいた。さらに、信頼できる後輩ができたのだ。その後、毎日のように一緒に呑むことになる信頼する相棒もできた。幸せな勤め人生活だったと、今にして思う。

そんな三十年が過ぎ、昨年末、僕がリタイアするとき「康っちゃん」夫妻に浅草の老舗料理屋に招待された。僕の相棒と、そのパートナーも一緒だった。そのお礼メール（照れくさくて面と向かって言えないときにメールは便利）を出したら、「康っちゃん」から返信がきた。先行世代は挑発し、批判するのが基本スタイルになっている「康っちゃん」だったから、その予想外のメールに目を見張った。「十河さんの存在なしでは、今の川本はないと思っております」と書いてある。

そのとき僕は、「康は子供の頃から体が弱く、よく鼻血を出した」と、「康っちゃん」をからかうときに口にするナレーションをつぶやいて、こみ上げるものをこらえた。

謎めいた女

現金に手を出すな／恋人たち／雨のしのび逢い／銀幕のメモワール／クロワッサンで朝食を

●「光の子供」は主人公の死んだ父親が撮影監督だった設定

昨年秋に出た「光の子供」（新潮社クレストブックス）という不思議な小説を読んだ。作者は一九六〇年フランス・ニース生まれのエリック・フォトリノで、ル・モンド紙の元編集長だという。

「フェミナ賞受賞作」と書かれていたが、それがどういう賞なのか僕にはわからない。ゴンクール賞がフランス文学界では最高の賞と言われているのは知っているが、その他の賞についてはまったく知らないのだ。エリック・フォトリノは「光の子供」の前にも数作品を出しており、どれも評価が高いらしい。「光の子供」という作品に興味を惹かれたのは、主人公の死

んだ父親が撮影監督だった設定だからである。父親はイタリアのミケランジェロ・アントニオーニとも仕事をしたことになっている。巻末の解説には「照明技師」となっていたが、日本と違い欧米では照明を決めるのも撮影監督の仕事である。

小説を読むと父親は女優のポートレートをたくさん撮影しているし、撮影中のスナップも山のように残していると書いてあったから、僕は最初「スチールカメラマン」かと思った。撮影監督がスチールを撮ることもあるのだろうか。

巻末に作者が大勢の名前を挙げて、謝辞を捧げている。フランス映画の撮影監督たちである。ラウール・クタール、アンリ・ドカエの名もあった。ヌーヴェル・ヴァーグ作品を多く撮影した人たちだ。もっとも、僕がアンリ・ドカエの名を最初に記憶したのは、ルネ・クレマン監督の「太陽がいっぱい」(一九六〇年)だった。アラン・ドロンが魚市場を歩くシーンの手持ち撮影が素晴らしかった。一方、ラウール・クタールは「勝手にしやがれ」(一九五九年)など、ゴダールやトリュフォーの作品を撮ったことで映画史に永遠に名を残している。

さて、エリックさんは相当なシネフィル(映画狂)らしく、「夜が深まるとメルヴィル映画のワンシーンのようなシルエットが浮かんで見えた」といったような文章が頻出する。読んでいると、ニヤリとすることが多い。主人公は弁護士なのだが、母を知らない。死んだ父によると女優だったというが、それが誰なのか教えないまま父は大量の女優たちのポートレートを残して死んだ。主人公は様々な映画を見ながら、この女優が母ではないかと、その兆候を見い出そうとする。

——ロミー・シュナイダーが自分の母親だと長い間信じ込んでいたのは、父がロミーについていつも愛情たっぷりに話していたためだった。

こんな風な記述が次々に出てくる。主人公はスクリーンに登場する女優を端役に至るまで熟視するために、何度も何度も同じ映画を見る。自分が生まれた年から考えて、一九六〇年前後のヌーヴェル・ヴァーグ作品が中心になる。ある日、主人公は映画館でユネスコなどで通訳の仕事をしている女性と知り合う。彼女は人妻だったが、やがてふたりは人目を忍んで逢瀬を重ねる関係になる。その物語と映画を見続ける話が交錯し、不思議な雰囲気を醸し出している。

——予定プログラムは「モード家の一夜」だったが、ジャンヌ・モローを見ながら母の姿を重ね合わせ、束の間の夢を見るためにルイ・マルの「恋人たち」を選んだ。

主人公が最も思い入れている女優は、ジャンヌ・モローである。ジャンヌ・モローが母親であったら、と夢想するので「死刑台のエレベーター」(一九五七年)「恋人たち」(一九五八年)「突然炎のごとく」(一九六一年)のシーンが小説の中に描かれる。「突然炎のごとく」でセーヌに飛び込むジャンヌ・モローを描く文章が、主人公と人妻の絶望的な恋愛を象徴するようだ。映画作品が物語に溶け込み、効果的に使われている。しかし、映画好きじゃない人、出てくる映画を見ていない人が読んだら、どう感じるのだろう。

●「ジュテーム」と囁くジャンヌ・モローに突然ゾクリとした

ジャンヌ・モローは、息の長い女優である。最近でも「家族の灯り」（二〇一二年）「クロワッサンで朝食を」（二〇一二年）に出ている。「家族の灯り」は百歳を過ぎた世界最長老オリヴェイラ監督作品で、クラウディア・カルディナーレも出ていた。監督から見ればカルディナーレもジャンヌ・モローも娘みたいなものである。絵画のような画面が印象に残る作品だった。「クロワッサンで朝食を」は金持ちの老女とパリに出稼ぎにきた家政婦との物語で、ジャンヌ・モローは八十四歳での主演である。

しかし、僕はひとりで洋画を見始めた十三歳の頃、「死刑台のエレベーター」のジャンヌ・モローを見て「どこが美人や？」と思った。もうひとり登場する店員役の若い女優の方がずっときれいじゃないか。

その頃、ジャンヌ・モローは、すでに三十近い年齢だった。ところが、十年近くたってからのことだ。何度も見ていたのに二十代半ばで「死刑台のエレベーター」を見たとき、ファーストシーンの電話で熱烈に「ジュテーム」と囁くジャンヌ・モローに突然ゾクリとした。なんて、魅力的なんだ……。

一九二八年生まれのジャンヌ・モローは早くから女優をめざし、日本で最初に注目されたのは、ジャン・ギャバンが老ギャングを演じた「現金に手を出すな」（一九五四年）だった。彼女は、ギャバンの相棒の情婦でキャバレーの若い踊り子だ。新興世代のギャングであるリノ・ヴァンチュラになびき、ギャバンたちが金塊を強奪したことを漏らしてしまう。二十代半ばのジャンヌ・モローはまだ後年の「謎めいた女」のオーラを獲得していない。ギャバンから見れば、何の魅力もない踊り子だ。昔からの相棒の相手でなければ、見向きもしない。

その女優が数年で、セクシーで魅惑的な「謎めいた女」に変身する。若きルイ・マル監督は「死刑台のエレベーター」の撮影中、ジャンヌ・モローに恋をしていたという話もあるが、あの映画のジャンヌ・モローの美しさは特筆ものだ。

モーリス・ロネが殺人を犯してでも社長から奪いたいと熱望するのが納得できる。ルイ・マルは恋する女性を、最高に美しく撮ったのだ。音楽をつけたマイルス・デイビスも、スクリーンのジャンヌ・モローに恋をした。彼のパリでの現実の恋人は、歌手のジュリエット・グレコではあったけれど。

僕が「スクリーン」や「映画の友」といった洋画のファン雑誌を毎月買っていた六〇年代半ば、ジャンヌ・モローの主演作は次々に公開されていたし、どの作品も高い評価を得ていた。どんな作品に出ても、彼女は「謎めいた女」のオーラを発散した。役柄から発しているものではない。彼女自身が身にまとったオーラだった。

エキゾチックな容貌、無表情という表情、突き刺さるような視線、ときに見せる男を惑わせるまなざし、シニカルな嘲笑を浮かべる唇、投げやりな仕草、それらのすべてがミステリアスなオーラを醸し出していた。

そして、時代に先駆けた自立した女だった。男を破滅させるファム・ファタールでもあった。

●「恋人たち」を見た後に僕はブラームスのレコードを買った

二十五歳で「死刑台のエレベーター」を監督したルイ・マルは、続いて「恋人たち」（一九五八年）でジャンヌ・モローをさらに美しく描いた。地方の新聞社主の妻で幼い子もいるジャンヌ・モローは、有閑マダム仲間とパリで遊び歩いている。ポロ選手の恋人もできる。

ある日、パリからスポーツカーを飛ばして帰っているときに車が故障し、通りかかった青年の車（懐かしのシトロエン2CV）に同乗させてもらう。インテリでシニカルな青年は有閑マダム然とした彼女に反発したのか、少し棘のある言葉で応じる。そんな青年の媚びない態度が彼女を刺激したのかもしれない、青年を自宅に招待する。

その夜、眠れずに庭に出たジャンヌ・モローは、やはり複雑な思いを抱えて庭に出ていた青年と出逢い、ふたりは互いに惹かれあっていることを直感的に理解し熱烈に抱き合う。「突然炎のごとく」という言葉は、こちらの方がふさわしい。白いナイトガウンをひるがえすジャンヌ・モローがモノクロームの夜に浮かび上がり、幻想的で美しいシーンだ。

ふたりは庭を横切り小川に出る。ボートに乗り流れに漂う。そこに重なるのは、ブラームスの弦楽六重奏である。この映画を見た後、僕はブラームスのレコードを探して買ったほど、そのシーンは映像と音楽が一体化していた。

アート・ブレイキーのジャズが有名になった「危険な関係」（一九五九年）を経て、「雨のしのび逢い」（一九六〇年）で彼女は再び青年（ジャン＝ポール・ベルモンド）と愛し合う裕福な人妻を演じる。原作はマルグリット・デュラスの「モデラート・カンタービレ」だ。

デュラスは脚本にも参加している。ジャンヌ・モローはデュラスと親しくなり、後年、亡くなるまでの十数年間をデュラスと暮らした若い愛人の回想録を原作とした「デュラス　愛の最終章」（二〇〇一年）でデュラス自身を演じることになる。

「雨のしのび逢い」もモノクロームの映像が美しい作品だ。海辺の街を散歩するジャンヌ・モローとベルモンドの姿が僕の脳裏に焼き付いている。冒頭、ふたりはカフェで若い男が愛する女を殺す事件に遭遇する。男は死んだ女の体を抱擁している。警官が男を引き離す。それを目撃した人妻は、事件の背景に興味を抱く。翌日、同じカフェにいき、青年と知り合う。ふたりは事件について語り合ううち、愛し合うようになる。

そのふたりの対話が抽象的で、「二十四時間の情事／ヒロシマ・モナムール」（一九五九年）の男女の会話を連想させるが、そちらもデュラスの原作・脚本だから当然なのかもしれない。文学的な内容で「雨のしのび逢い」の邦題に惹かれて見た人は、「何、これ?」と思うかもしれない。

この作品でジャンヌ・モローは、カンヌ映画祭の主演女優賞を受賞している。この映画が公開された数年後、フランス人ギタリストのクロード・チアリの哀愁にあふれた「夜霧のしのび逢い」という曲が世界的にヒットしたこととは何の関係もない。

その後、ジャンヌ・モローはフランソワ・トリュフォー監督「突然炎のごとく／ジュールとジム」(一九六一年)、ジョセフ・ロージー監督「エヴァの匂い」(一九六二年)、ルイス・ブニュエル監督「小間使いの日記」(一九六三年)、ジャン=ルイ・リシャール監督「マタ・ハリ」(一九六四年)、ルイ・マル監督「ビバ!マリア」(一九六五年)、トニー・リチャードソン監督「マドモアゼル」(一九六六年)と「ジブラルタルの追想」(一九六七年)、トリュフォー監督「黒衣の花嫁」(一九六八年)と六〇年代を駆け抜ける。

ミステリアスな小間使い、伝説の女間諜、秘密を抱える女教師、男たちを殺し続ける復讐者など、「謎めいた女」からさらに「神秘的な女」へと変貌を遂げるのだ。

その神秘さをまとった伝説の女優は、数十年後に「ニキータ」(一九九〇年)で女暗殺者(アンヌ・パリロー)をエレガントな淑女に仕立て上げ、「銀幕のメモワール」(二〇〇一年)では伝説の映画スターのドキュメンタリーを制作しようとする若きディレクター(ブノワ・マジメル)を相手に、かつての悲恋を語る老女を演じた。

さすがに七十を超えていたので、回想の中でジャンヌ・モローの役を演じたのは、現在のフランス人女優の中では謎めいた雰囲気を持つマリオン・コティヤールだった。彼女も、いつか、ジャンヌ・モローのような伝説の女優になるかもしれない。

2016

映画がなければ生きていけない

映像がすべてを語る

コールド・フィーヴァー／春にして君を想う／ベルリン・天使の詩

●記憶の底から静かに浮かび上がってきたアイスランド映画

村上春樹さんの旅行エッセイ「ラオスにいったい何があるというんですか?」を読んでいたら、アイスランド紀行の文章の中に「永瀬正敏の主演する映画『コールド・フィーヴァー』(フレドリック・フレドリクソン監督)の中でも言及されているように、アイスランドは人口あたりの作家の数が世界でいちばん多い国なのだ」という文章が出てきた。アイスランド映画はなじみが薄いが、「おお、フレドリック・フレドリクソン監督がいたなあ」と僕も思い出した。

それで、記憶の底から静かに浮かび上がってきたのが、「春にして君を想う」(一九九一年)だった。日本公開は、一九九四年の二月である。当時、僕は「アイスランド映画?」と思った。今まで、アイスランド映画を見たことがあったっけ。記憶では一本もなかった。永瀬正敏が出演した「コールド・フィーヴァー」が日本公開されるのは、翌年の秋だからフレドリクソン監督の初めての日本公開作品だと思う。公開になったのは、アカデミー賞の外国語映画賞にノミネートされたのがきっかけだろう。ヨーロッパでもヒットした作品だということだった。

「春にして君を想う」を思い出したとき、フィンランドのアキ・カウリスマキ監督作品とテイストが似ていたのに気付いた。歌が重要なシーンで使われていて印象に残るし、説明はしないし、セリフはそぎ落としたように少ない。アイスランドとフィンランドの共通点は「寒い」ということだから、あまり無駄口を叩かない傾向なのかもしれない。フレドリクソン監督は僕より二歳若く、アキ・カウリスマキ監督は僕より六歳若い。つまり、フレドリクソン監督の方がアキ・カウリスマキ監督より年上なのだ。どちらかが影響を与えたのだろうか。

ちなみに、村上さんの「ラオスにいったい何があるというんですか?」には、「シベリウスとカウリスマキを訪ねて」というフィンランドの紀行文も掲載されている。村上さんはアキ・カウリスマキ監督の映画は全部見たそうだ。フィンランドではアキとミカのカウリスマキ兄弟が経営する名物バー「カフェ・モスクワ」にいった話が笑えた。「カフェ・モスクワ」という命名は、「レニングラード・カウボーイズ」と何か関連があるのだろうか。昔、五木寛之さんの北欧もので読んだけれど、フィンランドではロシア(ソ連)はあまり人気がないんじゃなかったかな。

村上さんの旅行エッセイ集はタイトルの割には寒いところの方が多い気がするが、アイスランドについてはかなり知識を得た。人口は三十万人しかいなくて、都会を離れると人と会うこともなく、車もほとんど通らない。地熱発電が盛んで、温泉もやたらに多い。「アイスランドはヨーロッパにおける新しい観光地として、最近かなりの脚光を浴びている」そうだ。しかし、九月の初めでもかなり寒いそうだから、寒がりの僕には向いていないかもしれない。

アイスランドのことなど何も知らなかった二十数年前、僕は初めてのアイスランド映画「春にして君を想う」というロマンチックなタイトルの映画を見にいった。しかし、タイトルから受けるイメージと、映画の内容はずいぶん違うなあと思ったものだ。原題は「自然の子供」という意味で、なぜそんな邦題をつけたのか謎だった。しかし、雄大な（というか原初の怖ささえ感じさせる、ある意味では荒涼とした）アイスランドの風景は、僕を圧倒した。その神話的な物語と共に…。

●冒頭は歌で始まるが十数分間セリフはひとつもない

映画が始まると男たちが歌っている。農夫や羊飼いたちらしい。それは、去っていくゲイリに向けての別れの歌なのだと後にわかるが、最初は戸惑ってしまうだろう。羊を追い終えた七十八歳になる農夫のゲイリは家に戻り、暗い照明の中でたったひとりで食事をとる。引き出しから小型の猟銃を取り出し新聞紙で包む。その包みを抱えて愛犬と野原に向かう。ゲイリと長年共に生きてきたのであろう愛犬は、年老いて歩くのもつらそうだ。ゲイリは愛犬を抱き、その眉間に銃口を当てて引き金を引く。愛犬の遺体を抱き、小高い丘に向かう。そこには墓のようなものがある。たぶん妻の墓ではないか。

色あせた写真が燃え上がる。壁に掛けてあった妻の写真だけ、額に入れたままゲイリは古いトランクに詰める。海の見える広大な草原の中に立つ農家や納屋を後にして、ゲイリは出ていく。近代的なバスがやってくる。トランクを下げたゲイリは長い旅に出る。到着したのは都会だ。駅の荒れたトイレでゲイリは手を洗い、待合室で食事をし、タクシーに乗ってマンションに到着する。ここまで、十数分、セリフはひとつもない。映像を見ればすべて理解できるし、マンションの一階のインターホンを押し、「おまえのおじいさんのゲイリだ」と答えることで、娘一家を頼って出てきたのだとわかる。

しかし、十代の孫娘は年老いたゲイリを罵り、自分の部屋の壁に「こんなババアの写真なんか飾って」と怒鳴り散らす。母親は「お父さんと娘は一緒に住めないわ。いいところがあるの」と話し、次のシーンでは老人ホームの所長がゲイリと娘を前に「規則は守ってもらわなければ困る」と説明している。この描き方に僕はアキ・カウリスマキのスタイルを感じたのだ。過剰な説明はしない。映像で語り、セリフは極端なまでそぎ落とす。ゾクゾクするほど寡黙な映像スタイルだ。

僕自身はおしゃべりだが、寡黙な作品が好きだ。監督ならジャン＝ピエール・メルヴィル、その影響をきっと受けているに違いない北野武、アキ・カウリスマキ、昔の大映時代劇を担った三隅研次、森一生、池広一夫監督などなど、映像だけで語る、セリフをギリギリまで削った作品は僕を緊張させ、スクリーンにのめり込ませる。メルヴィルの「リスボン特急」(一九七〇年)など、冒頭の十数分、中盤の二十数分、まったくセリフがないし、処女作「海の沈黙」(一九四七年)ではフランス人父娘はドイツ人将校に対してまったく口を利かない。北野武の「あの夏、いちばん静かな海」(一九九一年)の主人公たちは聾唖者だった。

「春にして君を想う」のゲイリも無口である。何も言わない。老人ホームで幼なじみのステラと出会っても、特に感情を表すわけでもない。ステラは「故郷に戻って死にたい。両親と同じ墓に入りたい」と口にし、何度も脱走するが、そのつど連れ戻される常習者だ。ゲイリとステラは幼い頃から共に育った。ある日、ゲイリはステラを連れて靴屋でスニーカーを買い、預金をすべておろし、老人ホームを抜け出し、ジープを盗んで故郷をめざす。途中、ふたりは昔の友人を訪ね、ひとりで暮らしている老女に歓待される。彼女も幼なじみなのだ。

行方不明の老人ふたりのことは、全国的なニュースになる。警察もふたりの捜索に力を入れる。しかし、パトカーに追われたふたりのジープがフッとかき消されたとき、僕はそれまでリアリズムで描かれてきた映画が、何かによって昇華された気分になった。「ああ、これはそういう映画だったんだ」と、その瞬間に思った。彼らの故郷は現実に存在する場所なのだろうかという疑問が湧き起こった。セリフは少ないが、バックにはずっと荘厳な音楽が流れている。劇中に賛美歌が頻繁に流れる。太古を思わせるアイスランドの風景の中で、老人たちの神話的な物語が進行する。

●棺を作り人を埋葬するシーンを丁寧に見せる

ふたりは小さな漁船で、故郷へ向かう。その島の岩礁で「お帰りなさい」とでもいうように手を振る美女がいる。「気にするな、ただの幽霊だ」と船長が言う。ふたりは故郷の浜辺に降りる。誰もいないが、建物は残っている。ステラは望み通り、浜辺を散歩していて死を迎える。眠るように死んでいるステラを真上(ゲイリの視点)から捉えたショットが印象的だ。サラサラと浜辺の砂が流れ、満ち足りたステラの表情だ。老いること、死んでいくことの何かを感じさせる。訴えてくる。

そこから、ゲイリは棺を作る。春なのだろう、周囲には緑と花々がある。その中でゲイリは材木を切り出し、かんなを掛けて板をなめらかにし、釘を打ちつけて棺を作る。棺を作るシーンをこんなに丁寧に描いた映画は初めて見た。もちろん、セリフなどない。棺にステラを納めたゲイリは、棺に太いロープを巻き付け引いていく。大きな穴を掘り、ゆっくりとロープをゆるめて棺をおろす。埋葬のシーンをこんなに丁寧に描いた映画を見たのも初めてだった。人を弔うことの意味が迫ってくる。「死」というものが内包する何かが、僕の心の中に定着する。

ステラを埋葬したゲイリは、裸足のまま血を流しながら丘を登る。廃屋のような場所に入る。コートとマフラーをした男が逆光の中に現れるが、ゲイリは気付いた様子がない。男はヴィム・ヴェンダース監督作品「ベルリン・天使の詩」（一九八七年）のブルーノ・ガンツだ。つまり、天使なのである。彼はゲイリの血を流した裸足に手を当て、いたわるように肩に手をおく。しかし、ゲイリは何も気付かなかったように廃屋を出ていく。やがて、ゲイリの姿は霧の中に消えてしまう。

「春にして君を想う」を見たとき、僕は四十を過ぎたばかりだった。学生時代に取り損ねた運転免許を取ろうと決意し、教習所で十代の男女と机を並べていた。きっかけは、その少し前に五十になって免許を取り、にわかにカーマニアになった写真家の丹野さんの話を聞いたからだった。もう免許を取ることはあるまいと思っていたが、丹野さんの刺激は強く、最後のチャンスだと思い、毎朝、早朝の教習に通い、土日は集中して学科の授業を受けた。そして、一九九四年一月二十四日に僕は免許を取得した。

その夜から、僕は毎日、車を運転した。仕事がある日はまったく飲まずに帰宅し、少なくとも三十分ばかり運転したものだった。土日は、半日ほど目的もなく車を乗りまわした。六十リットル入るタンクを、月に二度満タンにした。自分が免許を取った途端に新車がほしくなり、それまでカミさんが八年ほど乗ったパルサーを買い換えることにして、新車を物色していた。二十二年前の二月の僕は、そんな風な生活を送っていたのだ。見にいく映画も森田芳光監督・館ひろし主演「免許がない！」（一九九四年）だったりした。

そんなとき、「春にして君を想う」に出会った。主人公は七十八歳の老人と七十九歳の老女である。彼らは死への道行きのように、現実か幻かわからない故郷へ向かう。彼らが向かう故郷は、死のメタファーなのではないか、そんなことさえ連想する。老いること、家族に背かれる（棄てられる、邪魔にされる）こと、人生の意味、最終的にすべての人間に訪れるはずの「死」について、僕は考えざるを得なかった。圧倒的な映像の力に打ちのめされたのだ。

それでも、チャラチャラと意味もなく車に乗っている場合か、とは思わなかった。四十を過ぎて仕事にも自信を持ち、ずっと心の隅で気になっていた運転免許も取得し、僕はようやく一人前になった気がしていたのだ。ちょうど大厄の翌年だった。僕は、新しい自分になったような気分で、前を向いていた。

深夜に車を走らせていると、まったく違う自分になった気がした。死を思うことなど微塵もなかった。あれから二十一年が過ぎ、今、フレドリクソン監督の「春にして君を想う」を甦らせると、深い意味を持った映画だったと改めて思う。死を想う年になったのか。

僕が伝記を好きな理由

シェルブールの雨傘／ロシュフォールの恋人たち／華麗なる賭け／おもいでの夏

●ギル・エヴァンスとビル・エヴァンスを混同していた頃

あれはいつのことだっただろう。五十年ほど前だとは思う。街にシルヴィー・バルタンの「アイドルを探せ」（一九六四年）が流れていた記憶がある。いや、もう少し後のことかもしれない。僕は初めて四国高松の日本楽器で輸入盤のLPレコードを買った。アストラッド・ジルベルトの「ルック・トゥ・ザ・レインボウ」（一九六六年）だ。ジャケットはジルベルトのアップで、ソフトフォーカスのやわらかい写真だった。全体に淡いグリーンがかったジャケットだった印象がある。

編曲と構成はギル・エヴァンスだった。当時の僕はギル・エヴァンスとビル・エヴァンスを混同していた。どちらもマイルス・デイビスと一緒にアルバムを出していたからだ。後に、ギル・エヴァンスはジャズ・ピアニストでギル・エヴァンスはアレンジャーだと知り、僕はビル・エヴァンスのリーダー・アルバムのコンプリート・コレクションをめざすことになる。ギル・エヴァンスとマイルスのアルバムとしては、「スケッチ・オブ・スペイン」が素晴らしい。マイルスがミュートで「アランフェス」を切々と吹き鳴らす。

「ルック・トゥ・ザ・レインボウ」は僕の愛聴盤となり、同じアルバムをCDで買いなおすまで数え切れないほど聴いた。そのアルバムには「ワンス・アポン・ア・サマータイム」と「アイ・ウィル・ウェイト・フォー・ユー」が入っていた。どちらも、ミシェル・ルグランの曲だ。その頃、僕はまだ「シェルブールの雨傘」（一九六三年）を見ていなかったが、テーマ曲だけは何度も聴いていた。しかし、「ワンス・アポン・ア・サマータイム」はそのアルバムで初めて聴き、ひどく気に入ったものだった。

昨年、翻訳が出た「ミシェル・ルグラン自伝」を読むと、最初に世界的にヒットした彼の曲は「ワンス・アポン・ア・サマータイム」だという。フランスでは「リラのワルツ」としてヒットしたのだが、英詞が付いてタイトルは「ワンス・アポン・ア・サマータイム」になった。その後、僕はジャズ・アルバムで「ワンス・アポン・ア・サマータイム」と「アイ・ウィル・ウェイト・フォー・ユー」が入っていると必ず買うようになった。

「アイ・ウィル・ウェイト・フォー・ユー」は多くの人が歌ったり演奏したりしている。以前、七十数分録音できるMDで手持ちの「アイ・ウィル・ウェイト・フォー・ユー」だけを録音したら、一枚に入りきらなかったくらいだ。もちろん、ビル・エヴァンスも弾いている。しかし、「ワンス・アポン・ア・サマータイム」は、トランペットのチェット・ベイカー、ビル・エヴァンス・トリオを従えてスウェーデン語で歌うモニカ・セッテルンド（「ストックホルムでワルツを」で映画になった。モニカ・ゼタールンドと表記されることもある）、ミシェル・ルグラン本人など十人ほどの演奏しか持っていない。

　アストラッド・ジルベルトのアルバムを買った頃、ミシェル・ルグランが再びジャック・ドゥミ監督と組んで「ロシュフォールの恋人たち」（一九六六年）を作った。その頃には僕も「シェルブールの雨傘」を見ていたので、全編、登場人物が歌い続けるミュージカルには驚かなくなっていたし、そのつもりで見にいったものだ。フランソワーズ・ドルレアックとカトリーヌ・ドヌーブの姉妹が美しかったのと、港町でジーン・ケリーが踊りまくったのを記憶している。僕はドヌーブよりドルレアックが好きだったけれど、彼女は早くに亡くなってしまった。

　スティーブ・マックィーンとフェイ・ダナウェイ共演の「華麗なる賭け」（一九六八年）が公開されたのは高校生の時だった。主題曲「風のささやき」は大ヒットし、アカデミー賞を受賞した。これも英詞で「ザ・ウィンドミルズ・オブ・ユア・マインド」のタイトルが付き、それをフランス語に訳したものが出て、英詞を書いた夫妻とトラブルになったというエピソードが「ミシェル・ルグラン自伝」に出てきた。もっとも、その夫妻とルグランは終生の友だったらしい。

　「華麗なる賭け」は三十一年後、007俳優によってリメイクされ、「トーマス・クラウン・アフェアー」（一九九九年）の原題通りで公開された。もちろん、テーマ曲はミシェル・ルグラン作曲の「風のささやき」である。ラー・ミミ・ファファ・ミミ・ララ・ミミ・ド・ド・シ・ラ・シ…と始まるあの曲の印象が強すぎて、「トーマス・クラウン・アフェアー」と切り離すことはできない。僕も曲の前半だけは、アルト・サックスで吹くことができます。ものすごく、下手ですけど…。

●ミシェル・ルグランの音楽に魅せられてきた五十年

「最も好きな作曲家を挙げろ」と言われたら、躊躇せずに「ミシェル・ルグラン」と答える。アルバムにルグランの曲が入っていたら、必ず買う癖がついている。昔、オランダのジャズ・シンガーであるローラ・フィジィがルグランと共演したアルバム（すべてルグランの曲で、ルグランはピアノを弾き何曲かローラとデュエットしている）を出した時にはすぐに買い、彼女が昔の狭い（村上春樹さんが「家畜列車のような」と形容していた）ブルーノート東京に来演した時には高いチャージを払って聴きにいった。ローラは客席に出て歌い客の膝に座ったりしたが、残念ながら僕の近くにはきてくれなかった。

　ミシェル・ルグランの曲では、やはり「シェルブールの雨傘」のテーマ曲「アイ・ウィル・ウェイト・フォー・ユー」が最も有名だが、続いて多くのミュージシャンが演奏しているのが「おもいでの夏」（一九七〇年）だ。映画の原題は「一九四二年の夏」という意味で、第二次大戦にアメリカが参戦した年の夏、十五歳の少年の初体験を描いた作品である。もちろん、相手は年上で美人の人妻。海辺のコテージに住んでいる夫が出征した人妻に少年は憧れ、恋をする。

フリューゲルホーンを吹くアート・ファーマーのジャズアルバムに「おもいでの夏」がある。ジャケットにあしらわれた写真は草原に置かれた麦わら帽子とポラロイド写真である。少女趣味で少し気恥ずかしい。日本でプロデュースしたアルバムだからソフトでスイートでセンチメンタルだけれど、とても雰囲気のよい作品だ。アート・ファーマーの抒情性がよく出ている。「おもいでの夏」は抒情的に演奏する人が多いが、ビル・エヴァンスのピアノで聴くとまったく違う印象になる。

ミシェル・ルグランは多くの映画音楽を作曲しているし、自らジャズ・アルバムも出しているし、大勢のオーケストラを指揮しているし、ピアニストとしてエリック・サティのアルバムを出していたりする。時には、自分でも歌っている。二十一世紀の今もまだ現役だが、二十世紀を代表する音楽家のひとりだと思う。僕より十九歳年上なので、十代で大戦を経験した。ナチスの攻撃を逃れて疎開する話が自伝に出てくる。自伝を読んで初めて知ったが、その経験を元に自ら監督した作品が一本あるという。

自伝を読むと、やはり音楽的才能には「天才的」と形容するしかないものがあるのだと思う。モーツァルトのように子供の頃からピアノを弾き神童ぶりを発揮したルグランは、十代から作曲を始め数え切れない曲を書いてきた。つきあった監督も多彩だ。ゴダールの「女は女である」(一九六一年)「女と男のいる舗道」(一九六二年)「はなればなれに」(一九六四年)も手がけているし、クリント・イーストウッドの隠れた名作「愛のそよ風」(一九七三年)にも参加している。僕が好きなジョセフ・ロージーの「恋」(一九七一年)もある。

自伝の中にも出てくるが、日本人プロデューサーからのオファーを受けた盟友ジャック・ドゥミのために、気乗りしないでスコアを書いた「ベルサイユのばら」(一九七九年)という珍品もある。最近は、昨年日本でも公開された「チャップリンからの贈りもの」(二〇一四年)という映画がある。今年で八十四歳になるルグランだから、まだまだ多くの曲を書き続けることだろう。

●様々なエピソードが語られる面白さが伝記にはある

僕が様々な人の自伝や評伝を読むのが好きなのは、意外なエピソードを知ることが楽しいからだ。ルグランの自伝も子供時代の思い出、仕事のことなど、へぇーと思うエピソードに充ちている。たとえばビル・エヴァンスに曲を依頼されていたが、約束を果たす前にエヴァンスが死んでしまったという。しかし、ルグランは彼のジャズ・クラブでの最後の演奏を聴いているのだ。僕はエヴァンスの最後の演奏を三枚組CDで持っており、録音されている拍手の中にルグランもいたのだと思うと、何だか感慨深いものを感じた。

そのビル・エヴァンスには「ユー・マスト・ビリーブ・イン・スプリング」というジャズ史上の名盤があり、それは「ロシュフォールの恋人たち」の中の曲で、あまり知られていなかったのを、ビル・エヴァンスが有名にした。ところが、ミシェル・ルグランは「『ユー・マスト・ビリーブ・イン・スプリング』は『ロシュフォールの恋人たち』の中で最も気に入らない曲だった」と、ユーモアを交えて告白している。

また、ハリウッドでの仕事のきっかけになった「風のささやき」は、「ムーン・リヴァー」で有名な作曲家ヘンリー・マンシーニの推薦で手掛けることになった。そのマンシーニは二十四年後に「もう時効だから」と、最初に監督から自分にオファーがあったことを告白する。マンシーニは自分が忙しくて、注目していたフランス人作曲家ミシェル・ルグランを推薦し、監督も「きみが推薦するのだから」とハリウッドで実績のなかったルグランを了承した。それが大ヒットし、アカデミー賞主題歌賞と作曲賞を受賞する。

——ちなみに（「風のささやき」の）フランス語版を最初に歌ったのはアラン・ドロンである。エディ・バークレイのアイデアによる企画で、「山猫」（ドロンの異名、ヴィスコンティ監督の同名映画より）はスター歌手にも変身できると信じていた。結局、このレコードは発売されなかったとしても、ドロンは彼が次に撮影することになっていた映画の監督に私の名を吹きこんでくれたのだろう。ジャック・ドレーの「太陽が知っている　La Piscine」のことだが、それはまた別の話である。

「おもいでの夏」については、一九七一年の冬のエピソードとして語られる。ワーナーに呼ばれてロサンゼルスに到着しスタジオにいくと、ルグランのために試写が準備されていて、その場にはロバート・マリガンという監督がいる。依頼された映画は「おもいでの夏　Summer of '42」と題されていた。「最後のリールが終わったとき、映画が発散する魅力に打たれて私は数分のあいだ言葉を失っていた」と、ルグランは映画に感動する。しかし、監督はこう言った。

——「ミシェル、音楽は来週の水曜にあがってないといけないんだ。木曜にミキシングすることになっているから。引き受けてくれるなら、作曲と録音に五日間使える」

たった五日間で映画全体に音楽をつけ、あの名曲「おもいでの夏　Summer Knows」まで作ってしまったのだ。驚くしかない。また、フランソワーズ・サガンの「水の中の小さな太陽」の映画化の話があり、フランソワーズ・サガンと初めて会った夕食のとき、乞われてテーマ曲をその場で作曲しながらピアノを弾くと、サガンが「ミシェル、私に詞を書かせてよ」と言い出す。

——二十五分で〈わたしに言って　Dis-moi〉という歌が完成した。波まかせの情熱の苦しさをうたったメランコリーなバラードで、レコーディングでは、サガンの言葉を蒸留するという大きな喜びにひたることができた。ジャック・ドレーはその仕上がりに魅了され、この曲を映画のオープニングとエンディングに使った。サガンと私は約束したにもかかわらず、その後一緒に創作する機会はなかった。彼女との共同作業は、木曜の夜十時四〇分にはじまって、十一時五分に終わった。

「シェルブールの雨傘」は愛し合う若い恋人たちがアルジェリア戦争によって引き裂かれ、男（ニーノ・カステルヌォーボ。ピエトル・ジェルミ監督「刑事」のクラウディア・カルディナーレの恋人役とこれで映画史に残った）が戦地に去った後、女（カトリーヌ・ドヌーブ）は妊娠に気付き、年上の金持ちと結婚する物語だ。数年後、ガソリンスタンドを営む男のところに、高級車に乗った女が偶然に立ち寄る。男には息子がいて、女には娘がいる。ふたりは姉弟だ。子供たちは、ルグランの息子エルヴァとアニエス・ヴァルダの娘ロザリー（ドゥミの義理の娘）が演じているという。

ちなみにルグランに音楽を教える女性教師として、ナディア・ブーランジェ（一八八七〜一九七九年）が登場する。昔、クインシー・ジョーンズの自伝を読んだ時、本格的に作曲の勉強をするためにパリにいきナディア・ブーランジェに師事した記述があった。彼女がいたからクインシーはアレンジャーとして成功し、マイケル・ジャクソンと組んで「スリラー」の大ヒットが生まれたのだ。タンゴのピアソラも彼女に教えを乞うた。クラシック畑の人だが、ジャンルを超えた音楽家を育てた。「ナディア・ブーランジェとは何者？」と思っていたら、昨秋に評伝が出たので読んでみた。僕の伝記好きは止まらない。

「眠る男」in 映画館

悲情城市／セデック・バレ第一部・第二部／黒衣の刺客

●高松の名画座へ友人と「黒衣の刺客」を見にいった

正月明け、Tから電話があった。「映画を見にいこう」という誘いだった。ちょうど料理を始めたところで、一瞬、返事が遅れたが、「一時に迎えにいく」という言葉で時計を見ると、まだ十一時だった。「何やってる？」と訊くと、「ホウ・シャオシェンの『黒衣の刺客』」と言う。おお、それなら是非見たいと返事をした。昨年、「黒衣の刺客」（二〇一五年）が公開されたとき、ホウ・シャオシェンが武侠アクションみたいなものを撮るのかと驚いたまま見損なっていたのだ。

Tと映画にいくのは、四十年ぶりではないか。社会人になってからは、一度もないはずだ。Tは三十年近く前に東京から高松に帰り、その後はあまり会っていなかったし、会ってもコーヒーを飲んで話をするだけだった。大学時代には、よく映画館で並んで座っていた。

以前にも書いたけれど、オールナイト五本立てを見た翌日、そのまま日活ニューアクションの特集上映を見にいき、二十四時間で十数本を一緒に見たこともある。僕が二十歳のときだから、もしかしたらTは十九だったのだろうか。

Tは僕の高校の一年後輩になり、僕が大学に入るのに一年遅れたので、大学で同じクラスになった。フランス文学専攻などという軟派な学部に、進学校である高校の後輩がくるとは思っていなかったので、最初に声をかけられたときには驚いたものだった。Tは僕を上まわる本好き・映画好きで、ずいぶん教えてもらったこともある。ミステリ、SF、時代小説に造詣が深く、純文学（小島信夫が好きだった）にも精通していた。映画は特に時代劇に思い入れがあるが、全般的にどんな作品もよく見ていた。

本の収集はコレクターっぽいところがあり、フィリップ・K・ディック作品はハヤカワSFシリーズのポケットブック版で出ていた初版本をすべて持っていて、昔、洋泉社だったと思うがSFのムックを出したときに資料として貸し出し、Tの本の写真がディックの記事と共に掲載されたことがある。また、五味康祐もほとんどの本を揃えるほどで、昔、徳間文庫の五味作品の解説をいくつか書いたこともある。「本の雑誌」の時代小説特集にも執筆したのではなかっただろうか。

去年の四月にTの自宅マンションに初めていったが、ひと部屋は完全に本で埋まっていた。マンションでなければ底が抜けるだろう。それでも、古書店に処分した結果だという。僕も、昨年、半分くらいの本を古書店の人に引き取ってもらったけれど、それでも自宅にはまだかなり残っている。高松に送ったのは最低限の資料のつもりだったのに、本を詰めた段ボール箱が十数個届いた父は驚き、「床が抜ける」と真顔になった。父の持つ借家を借りている身だから、僕も気が引けて玄関に本棚を置いた。しかし、入りきらず備え付けの下駄箱にも本を詰めてある。

そんな僕でも驚くほど、Tの持つ本の量は半端ではない。草森紳一さんの「本が崩れる」という新書を読んだことがある。草森さんは、ある日、住居の至るところに本を積み上げていた草森さんは、ある日、風呂に入っているときに本が崩れ、ドアが開かず裸で風呂場に閉じこめられる危機に陥る。その脱出譚がおかしくも悲しいのだが、それを思い出した。三十年ほど前、僕が作っていたカメラ雑誌に草森さんの連載エッセイをもらっていたことがある。担当編集者から凄まじい本の量のことは聞いていたが、実際に見たら聞きしに勝るものだったに違いない。

●台湾の知られざる近代史がわかる「セデック・バレ」という大作

一時少し前にチャイムが鳴った。準備をして待っていたのに、出がけになって火の元や鍵が気になり、改めてチェックしたから玄関を出るのが遅くなってしまった。家の前に車が停まっている。助手席に乗ると、Tは馴れた運転で車を出す。高松に帰ってから必要に迫られて免許を取ったのだろうが、通勤で毎日乗っているから僕よりずっと運転に習熟しているようだ。大学時代の僕らが見たら、驚くだろうなと思った。僕もTも車にはまったく興味がなかった。

行き先は瓦町。京都は河原町だが、高松は瓦町が琴平電鉄のターミナル駅で、バスや電車の中心になる場所だ。車の中でホウ・シャオシェン監督の話になった。ふたりとも彼の最高傑作は「悲情城市」（一九八九年）だということでは一致する。しかし、僕は「戯夢人生」（一九九三年）以降、ホウ・シャオシェン作品は敬遠してきた。「珈琲時光」（二〇〇三年）は気になったけれど、結局、今に至るも見ていない。敬遠している理由は、この僕が映画を見ていて眠ってしまったからだ。自宅のカウチでDVDを見ていたのではない。銀座のロードショー館である。そのときの映画が「戯夢人生」だった。

――「黒衣の刺客」は武侠映画だろ。今頃、どうしてそんな作品を撮るつもりになったんだろう。もっとも、「悲情城市」もやくざ映画と言えば言えるけど。

――確かに。匕首を振りまわすシーンもあるし。でも、天皇の玉音放送が台湾では植民地解放の日になるのは印象的だったな。

――玉音放送より一九四九年に国民党軍が逃げてきたことの方が大きいんじゃないか。

――外省人と内省人か。

――そういえば、「セデック・バレ」って見たか。一部と二部で二百八十分近くある映画。台湾の原住民が主人公で、最初出てきたときは、部族間で戦っている首狩り族なんだ。あれ、凄かったよ。

そんな会話をTとは交わした。「セデック・バレ第一部　太陽旗」「セデック・バレ第二部　虹の橋」（二〇一一年）は、二年ほど前に日本公開になった台湾映画だが、あまり知られていなかった台湾の土着の民族を主人公にした。それを見ると台湾が南洋のジャングルに見えてくる。いつの時代の話かと思うが、日清戦争で日本が台湾を植民地にした頃、裸で暮らす民族が台湾にはいたのだ。村同士で敵対し、殺し合い、首を狩り、頭蓋骨を首から吊しているのが勇者の印なのである。彼らは日本軍に逆らうが、結局は制圧されてしまう。それが第一部だ。

第二部は数十年後の昭和初期である。台湾は近代化し、彼らの村にも日本人の警官が駐在し、日本人との混血児も存在する。原住民に理解を示す日本人警官（安藤政信）もいるが、多くは彼らを蛮族として人間扱いしない。第一部で若者だった勇者は年を重ね村の長になり、酒で鬱屈を紛らわせている。彼の息子の世代は日本人の横暴に耐えかねている。不穏な空気が次第に充ちてくる。実際に起こった原住民の反乱を題材にしているので、この後の女子供を含んだ日本人虐殺の場面は、ちょっと目を覆いたくなる。しかし、作品の持つ迫力は強烈で、全編通して五時間近くても長く感じない。息をのんで画面を見つめる。

●ホウ・シャオシェン監督作品はなぜ眠くなってしまうのか

Tは瓦町近くの駐車場に車を入れた。四十分百円のコインパーキングだ。確かに安い。場所によっては六十分百円もあるらしい。アーケードのある常盤街に入り、ドトールでコーヒーを飲んだ。昔は、常盤街には第一と第二の常盤館《ときわかん》があり、東映と日活の封切り館だった。

大阪のくいだおれ人形に似た人形が太鼓をたたいていた常盤食堂があり、映画を見終わってから一家で中華そばをよく食べた。父が連れていってくれるのは、東映か日活だったのだ。当時、瓦町から琴電でひと駅のところに住んでいたので、映画は歩いて見にいくのが常だった。

今の常盤街はシャッターが目立つ。高松にはアーケード商店街は兵庫町、片原町、丸亀町、南新町、田町、ライオン通り、常盤街などがあり全部がつながっている。常盤街が最もシャッターが目立つ気がする。常盤街を抜けると四つ辻になり左が田町商店街、右が南新町商店街だ。四つ辻には交番があり、昔は田町側の角の建物に高松東宝とスカラ座という洋画の封切り館があった。中学生になった僕はゴジラや若大将を見るために、高松東宝によく入った。スカラ座ではオードリーの「シャレード」や「いつも2人で」を見た。初めて映画館に人が並んでいるのを見たのは、スカラ座でビートルズの「HELP！四人はアイドル」が封切られたときだった。

四つ辻には昔から交番があり、交番の後ろは狭いけれど広場のようになっている。その広場を囲むように昔は高松大映とピンク映画館があったと記憶している。つまり、瓦町に出ると、近辺でほとんどの映画が見られる映画街だったのだ。現在、郊外のイオンタウンに入っているシネコンを別にして、映画館は交番を越えたところのビルにある「ソレイユ」しかない。地下と四階の二館があり、時間によって作品を変えている。ピーター・ボグダノヴィッチ監督の久しぶりの作品「マイ・ファニー・レディ」と「エール！」「黒衣の刺客」がその日の上映作品だった。

地下でシニア料金を払って劇場に入る。「ふたり揃ってシニア料金で入ることになるとは考えたこともなかったなあ」とTが感慨深げに口にした。客席は九十。中央に通路がある。銀座並木座より広い。手頃で心地よいスペースで、「こんな名画座やりながら老後を過ごしたいなあ」とTに言う。夢である。始まる前に見渡したら、僕とTを入れて五人しかいなかった。この状態では、ビルのオーナーでもなければ維持できない。一階には喫茶店、その他にもいくつかテナントが入っている。劇場主が実際にビルのオーナーなのかどうかは知らないけれど、よほど映画が好きなのだろう。

「黒衣の刺客」が始まった。前半は、まるで舞台劇のように室内の場面ばかり続く。物語の背景も人物の関係も登場人物の語り（セリフ）で説明するばかりで、人名が頻出するのに、誰がその人物なのかなかなか理解しづらい。ホウ・シャオシェン作品は説明的ではないし、目を凝らして見ていないと大事なことを見落としたりする。隠娘《インニャン》という武芸に長けた娘がいる。彼女を鍛えたのは女道士だ。女道士の命令で、隠娘は生まれ故郷に戻り、従兄弟を暗殺しなければならない。

プロローグはモノクロームで、ヒロインの隠娘が故郷に戻ったところからカラーになる。彼女の故郷には君主がいて、朝廷（唐の時代）とは敵対しているらしい。隠娘は君主の従姉妹で許嫁だった。しかし、今、君主には正室との間に三人の子がいて、側室が懐妊している。懐妊した側室を、正室が年老いた道士を使って呪い殺そうとする。君主を暗殺しなければならない隠娘だが、なぜか側室を助けたりする。妻夫木聡が日本人の遣唐使として出てきたりする。物語を理解しようとすると、疑問符が頭の中に大量に湧いてくる。

しかし、映画のトーンと画面の美しさは特筆ものだった。チャン・イーモウのケレンたっぷりの武侠ものを期待すると肩すかしをくらうけれど、後半、カメラが外に出てからは特に素晴らしい画面が続く。このために前半を室内劇にしたのかと疑いたくなる。等間隔で置かれたロウソクのある長く広い廊下など、外側から撮影した建物も味わい深い。ラスト近く、女道士が立つ崖の突端の向こうに山の端が見え、次第に霧がかかってくるシーンなど、強く記憶に刻み込まれた。

そう思いながら見ていると、見終わってTが同じ場面に感心していた。「あれ、自然に霧がかかったとしたら神がかりだな」と言う。「いやー、仕掛けたんじゃないか」と僕が答え、その瞬間、一緒に映画を見ていた大学時代にタイムスリップした。それで正直になったのか、「実は、前半、少し眠ってしまって、アクションシーンの大きな音で目を覚ましたんだ」と告白した。ホントに、ホウ・シャオシェン作品は眠くなります。映画館で寝たのは二度しかないのに、どちらもホウ・シャオシェンの映画だった。キネ旬ベストテンでは五位に入っていたのにね、まったく。

泉鏡花にはまっていた頃

ツィゴイネルワイゼン／陽炎座／夜叉ケ池／草迷宮

●天気予報では暴風雪になっている金沢に向かうことになった

一月の中旬過ぎ、高松の実家から千葉の自宅に帰る途中、三日ほど金沢に寄ることにした。金沢には四十年前に一度いったきりだった。カミさんと金沢で落ち合うことにして、瀬戸大橋を渡るマリンライナーと新幹線を乗り継いで新大阪に到着し、北陸へ向かう特急サンダーバードに乗り換えた。新大阪から金沢まで二時間半強である。前日まで晴天が続いていたが、その日からいきなり日本全国を覆う低気圧がやってきて、金沢の予報は暴風雪だった。ということは、吹雪か？

その日、東京では雪が降り、「北陸新幹線が遅れている」とカミさんからメールが入る。上野で足止めらしい。結局、新幹線は一時間ばかり遅れ、カミさんの金沢到着は二時近くになった。僕は予定通り一時に着いたので、駅周辺をひとりで探索した。テレビでは見ていたけれど、金沢駅は凄いことになっていて駅ビルも広くやたらに人がいる。西口と東口があり、広いコンコースでつながっており、市内観光のバスの発着は僕が泊まる予定の駅前ホテルの逆側だった。二時前に新幹線の改札に戻ると、カミさんがいた。四ヶ月ぶりの再会である。

バスに乗るので外に出てみると、雨になったり、雪になったり、雹が降ったり、天候は安定しない。風も強い。こんな日にわざわざこなくてもよさそうなものだが、昨年末にホテルも予約していたので仕方がない。予定では初日は午後に金沢に着いて、兼六園と二十一世紀美術館にいくはずだったが、その後、月曜日は美術館が休館だとわかった。少なくとも兼六園にはいきたいなあと思って、兼六園へのシャトルバスに乗った。平日だったので二百円だったが、休日には百円で乗れる。バス路線は充実しているし、観光客には親切な町だ。

兼六園下で降り、土産物店が並ぶ坂道を登っていると、雨が強くなった。ビニールの使い捨てレインコートはバッグに入れていたがちょっと大げさかと思い、売店の店先にあったビニール傘を買った。最悪の天候だが、観光客はけっこういる。ご多分にもれず、中国大陸の人々が多い。入場チケットを買おうとすると「六十五歳以上は無料」と言われた。残念ながら、まだ一歳届かない。同じ特別名勝である高松の栗林公園は「六十五歳以上の香川県民が無料」だったが、兼六園は住民票の所在は問わないらしい。度量が広いなあ。

兼六園は金沢城に隣接していたこと、起伏を利用して滝も作っていることなど改めてわかったけれど、四十年前にきたときの記憶はまったく甦ってこない。カミさんは、しきりに「こんなに広かったんだあ。前にきたとき、栗林公園に比べて狭いなあと思ったんだけど…」と言っている。実は、新婚旅行の一日めが金沢だったのだ。兼六園の近くの老舗旅館に泊まったのだが、それがどこだったかまったく憶えていなかった。四十年以上も昔のことである。

天候は回復せず、雨足がひどくなったり、ときに雹になったりする。それでも、兼六園の中はほぼまわりきった。兼六園を出て金沢城に向かう頃には、雪が激しくなる。石垣に雪が張り付いている。金沢城の案内所までいったが、観光客は僕らだけだった。

広い馬場のような場所の真ん中に立って見渡すと、立派な石垣と白壁が印象に残る。銃眼が等間隔で開いている。広い馬場がうっすらと雪に覆われ、白銀の世界が現出した。そんなところに、僕とカミさんしかいない。何だか、得した気分だった。

●泉鏡花記念館は改修中で見ることができない

金沢観光の定番は兼六園と二十一世紀美術館だが、僕がいきたいと思っていたのは泉鏡花と室生犀星と徳田秋聲の記念館である。しかし、肝心の泉鏡花記念館は二月末まで改修中で外しか見られないという。金沢と言えば鏡花である。泉鏡花文学賞まで主宰している。今時、鏡花を読んでいる人は少ないかもしれないが、新派では今も鏡花作品は演じられている。昔は「滝の白糸」「婦系図」といった作品は誰もが知っていた。水木しげるや京極夏彦のルーツも鏡花である。鏡花ほど妖怪譚を書いた作家はいない。

僕も若い頃は「鏡花なんて明治の古い作家だ」とバカにしていた。知っていたのは「湯島の白梅」として有名な「お蔦・主税」だったからだ。「別れろ、切れろは芸者のときに言うことよ」という新派の一場面しか知らず、「なんて古くさい」と思っていた。この物語が、鏡花自身の体験から生まれた話は有名だ。鏡花は尾崎紅葉に弟子入りし、生涯、師を敬い続けた。しかし、芸者だった恋人との結婚を紅葉に反対され、紅葉の死を待ってふたりは結婚し、生涯、仲良く暮らした。

鏡花の師匠である尾崎紅葉は、明治文壇のボスだった。「貫一・お宮」で有名な「金色夜叉」の作家である。僕は読んだこともないのに、「読む価値なし」と判断していた。今に至るも読んだことはない。結局、弟子の鏡花や徳田秋聲の作品の方が長く残った。師と言っても、尾崎紅葉は夏目漱石とほぼ同じ世代だ。鏡花は明治六年の生まれで、夏目漱石より七歳ほど若い。鏡花は、昭和十六年まで生きた。亡くなったのは、真珠湾攻撃の三ヶ月前のことだった。

僕が初めて読んだ鏡花作品は、「高野聖」である。三十を過ぎた頃のことだ。昼間のテレビで「白夜の妖女」（一九五七年）という古い映画を見たのがきっかけだった。美しさの絶頂にあった頃の月丘夢路の主演である。深山に迷い込む旅の僧は葉山良二だった。日活に石原裕次郎が登場する以前、葉山良二は二枚目の主演俳優だったのだ。新劇の名優である滝沢修も出ている。怪異譚である。この世のものではない絶世の美女が登場する。獣たちや爬虫類たちや昆虫たちを従えた妖女である。

僕が初めて「高野聖」を読んだ頃、映画界ではにわかに鏡花ブームが起こっていた。美しい女形で人気者になった坂東玉三郎が主演した篠田正浩監督の「夜叉ケ池」（一九七九年）が公開され、鈴木清順監督の「陽炎座」（一九八一年）が話題になった。前年、シネマプラセット制作でテントで公開された鈴木清順監督作品「ツィゴイネルワイゼン」（一九八〇年）が日本映画界を席巻し、あらゆる映画賞を獲得していたから、続く「陽炎座」は公開前から大きな話題になっていた。

寺山修司も三上博史を主演にして「草迷宮」（一九七九年）を作ったが、公開は一九八三年になった。寺山修司の秘蔵っ子だった三上博史は、寺山がガルシア・マルケスの「百年の孤独」を脚色して映画化した「さらば箱船」（一九八二年）などに出演し、後に「私をスキーに連れてって」（一九八七年）でスキーしか頭にない男を演じて人気が出た。そのままバブル期のトレンディドラマ俳優になり、若い女性にキャーキャーと騒がれる人気者になった。

僕が岩波書店が発行する「鏡花小説・戯曲選　全十二巻」の予約受付パンフレットを書店で手にしたのは、一九八一年のことだった。三十五年前に一巻三千五百円もする選集を買おうと思ったくらいだから、その頃の僕は泉鏡花に相当にはまっていたのだろう。毎月発行された選集は、今も僕の書棚に整然と並んでいる。「伝奇篇」が四巻、「怪異篇」が二巻、「芸能篇」が一巻、「風俗篇」が二巻、「懐旧篇」が一巻、「戯曲篇」が二巻という構成だ。「草迷宮」「陽炎座」は「怪異篇」に、「夜叉ケ池」は「戯曲篇」に入っている。

●鈴木清順監督の「陽炎座」を見たことがきっかけだった

僕が泉鏡花にはまるきっかけになったのは、間違いなく「陽炎座」だった。初公開は一九八一年の八月下旬だが、僕はマスコミ向け試写で見たので、そのひと月ほど前だったと思う。夜遅くの試写会で代々木公園に設置されたシネマプラセットのテントでの上映だった。当時、僕は八ミリ専門誌「小型映画」編集部にいて、鈴木清順監督に取材を申し込んでいたから、その関係で試写の案内が届いたのだ。「ツィゴイネルワイゼン」にいたく感心していた先輩が「俺もいきたい」というので、ふたりで夕食をすませてからテントに赴いたのだった。

「陽炎座」の映像的迫力は、圧倒的だった。二時間二十分もあるのに、巻頭から結末まで唖然としているうちに過ぎ去ったという感じだった。物語の異様さもあったし、それを目眩のするような幻想的イメージに結実させた清順マジックの凄さもあった。映画美術の力にも「恐れ入りました」と言うしかなかった。見終わった先輩は、「眼福だ、眼福だ」と繰り返していた。確かに眼福だった。「こんな映画見たことないぞ」と、二十年近い清順ファンの僕も思っていた。

僕が鈴木清順という「奇妙な映画を撮る監督」にまいったのは、「けんかえれじい」（一九六六年）と「東京流れ者」（一九六六年）を見たからだ。上京した一九七〇年、僕は名画座やオールナイト上映で清順作品を追いかけた。「野獣の青春」（一九六三年）「悪太郎」（一九六三年）「関東無宿」（一九六三年）「花と怒濤」（一九六四年）「俺たちの血が許さない」（一九六四年）「刺青一代」（一九六五年）などを遡り、「殺しの烙印」（一九六七年）以降、映画が撮れなくなった清順監督の新作を待ち望んだ。しかし、十年ぶりの新作「悲愁物語」（一九七七年）は梶原一騎製作の奇妙な作品だった。

そして三年後、「ツィゴイネルワイゼン」（一九八〇年）が公開された。しかし、最初は東京タワー下の芝公園に設置されたテント一カ所での公開だった。それがじわじわと話題になり、僕は吉祥寺パルコの屋上に移転されたテントで見た。素晴らしかった。初めて見る藤田敏八監督の演技にも妙に感心した。昔なら「衣紋かけ」と形容されそうな怒り肩の長身のシルエットが、目に焼き付く。片目を隠すような長髪の原田芳雄が、次第に「この世のものではない存在」に見えてくる。すべては、死にかけている藤田敏八の義妹の幻想に思えてくる。

「ツィゴイネルワイゼン」の成功に力づけられたのか、清順美学をさらに奔放に開花させたのが「陽炎座」だった。これは誉めているのだけれど、「やりたい放題」だった。「ツィゴイネルワイゼン」までは日活時代からの盟友である木村威夫が美術監督だったが、「陽炎座」では若手美術監督の池谷仙克に変わったのも新しい清順美学が花開く要素だったのだろう。僕は「参りました」と口にするしかなかった。その思いを抱えたまま、僕は渋谷にあったシネマ・プラセットの事務所で、清順監督とプロデューサーの荒戸源次郎さんを相手にインタビューをしたのだった。

白いひげを生やした清順さんを前に、僕は緊張していた。隣には眼光鋭い荒戸源次郎さんが座っている。編集部のFくんが「清順さんの取材なら、ぜひ一緒に」と言うので、撮影担当として同行していた。僕は緊張をほぐそうとして、ゴールデン街の映画関係者が集まるバーの話から始めた。そこの棚には「清順」と書かれたウィスキーボトルがあったからだ。清順さんは「ああ、あれね」と答えたきりで、僕の質問を待っていた。その日、僕は印象に残ったシーンの具体的な撮り方を中心に訊いた。テクニカルな側面を質問の中心にしたのだ。

その記事が「小型映画」に載った後、映画評論家の松田政男さんに「清順さんがあれほど舞台裏を具体的に話すのは珍しい。映画業界誌や映画専門誌じゃなかったからかもしれないね。『小型映画』は映像の作り手向けの雑誌だし」と言われた。その取材テープは大事に保管してあったが、「鈴木清順論」を書いているという映画評論家の上島春彦さんに提供した。あれから何年になるだろう、上島さん、「鈴木清順論」はまだ書き上がりませんか?　期待して待っています。

「女だてらに…」と言われた昔

あにいもうと／あらくれ

●金沢の観光地周遊バスのドライバーは若い美人ぞろい

金沢の二日目も雪だった。予報だと「暴風雪」だったが、それほどひどくはない。それでも、ホテルを出ると雪が舞い、風が強い。駅のコンコースに逃げ込み、ホテルと反対側の出口を出て、バスの一日フリー乗車券を買い、市内の観光名所を周遊するバスに乗ることにした。明治時代の馬車を連想させるバスである。小型で、僕が乗った数台はすべて、ドライバーが若くきれいな女性だった。バス停ごとに、詳しく観光案内をしてくれる。

その日は、とりあえず二十一世紀美術館にいくことにした。着いた頃には、美術館の庭は真っ白だった。庭にモニュメントやいろいろ遊べるアート作品が配置されているが、遊んでいる人は誰もいない。僕とカミさんは迷路風な作品の中を一順して、館内に入った。ガラス張りが基本の設計で、エレベーターまですべてガラス張りなのには驚いた。吊り下げ方式ではなく、押し上げるタイプだからガラスの天井の上には何もない。四方の壁もすべてガラスである。見上げながら上昇すると、新鮮な驚きがある。SF空間みたいだ。

残念だったのは、あの有名なプールである。中庭に出てプールを覗くと、プールの水の下が見学ルートになっていて人が見える。その日は悪天候のため中庭に出るドアが閉鎖されていた。美術館にいたのは一時間強だったろうか。外に出ると雪が降り続いていた。信号を渡りバス停に向かうと、クラシックな昭和レトロ風喫茶店があり、「二十世紀喫茶店」と書いてある。僕は、思わず笑ってしまった。洒落っけのある店主だ。

雪は降っていたが、周辺を歩いていると金箔の店があり覗いてみた。金箔は金沢の名物らしい。薄く延ばす金箔技術が昔から盛んだという。カミさんは金箔でできたコースターを土産に買った。彼女が赤煉瓦の美術館を見たいというので、店を出てそのまま歩き続けた。大通り沿いには煉瓦造りの四高の校舎も残っていて、「ここに井上靖や高橋治がいたのかな」などと思いながら見上げた。うろうろしていると図書館の前に出た。その脇道を入り、美術の小道という急な坂を登った。石段になっているが、雪が積もっているので危険だった。石段横を滝のように水が流れている。

登り切ると、県立美術館の裏側に出た。足跡が全くない雪の道だ。その雪に初めての足跡をつけて裏口から県立美術館に入り、イヤというほど古九谷の展示を見た。やたらに広い美術館である。槍や日本刀もあった。加賀友禅もある。やはり百万石の城下町だったから、様々な工芸品が発達したのだ。観光客を強く意識しているだろう、バスの一日乗車券を見せると入場料も割り引いてくれた。ただし、僕はその乗車券をどこかで落としてしまったらしい。「奥様がお持ちですから」と、受付の人は言ってくれたのだけれど…

五百円の一日乗車券だったし、すでに一度(二百円分)使ったし、入場料を百円引いてくれたから、大した被害ではなかったけれど、あまりものを落とさない自信があったから精神的には少しへこんだ。カミさんに慰められながら金沢放送の前のバス停まで歩き、周遊バスに乗って三つほど先の駅で降りることにして、また一日乗車券を買った。バスは路地を抜けて犀川のほとりに出た。室生犀星の記念碑を過ぎ、犀川沿いのバス停で降りる。

犀川にかかっている大きな橋を渡り、にし茶屋街に向かう頃から雪がひどくなった。風が強く、傘が飛ばされそうになる。防寒準備はしてきたから寒くはないが、雪がメガネにぶつかってくるのにはまいった。途端に視界が悪くなる。にし茶屋街は早々に切り上げて、室生犀星記念館に向かうことにする。古い町並みの中に記念館はあった。生家があった場所だという。入り口で体の雪を払っていると、受付の若い女性がニコニコと笑っていた。観客は、僕らふたりだけのようだった。

●金沢出身の三人の文学者はそれぞれ記念館ができている

鏡花と犀星と秋聲の三人が金沢出身の文学者として有名だし、それぞれ記念館もある。僕にとっての犀星は詩人で、昔、「抒情小曲集」は愛唱したものだ。例の「ふるさとは遠きにありて」が有名である。小説で印象に残っているのは、「兄いもうと」だ。長編の「杏っ子」はずっと気になっていたが、結局、読んでいない。秋聲については、中央公論社の文学全集「徳田秋聲集」二巻を持っていたので、「あらくれ」など代表作はだいたい読んでいる。「黴」「爛」という字が読めるのは、秋聲のおかげである。

犀星作品も秋聲作品も映画化したのは、僕が敬愛する成瀬巳喜男監督だった。「あにいもうと」（一九五三年）「あらくれ」（一九五七年）「杏っ子」（一九五八年）があり、「兄いもうと」は木村荘十二監督が一九三六年に映画化しているので二度めになる。僕が大学の頃に封切りで見た「あにいもうと」（一九七六年）は、今井正監督作品で兄を草刈正雄、妹を秋吉久美子が演じていた。成瀬版では、兄が森雅之、妊娠して帰ってくる妹が京マチ子、可憐な末の妹が久我美子だった。

「浮雲」（一九五五年）を始め成瀬作品に多く出演した森雅之だが、インテリで紳士の役が多かった。荒々しい言葉で怒る演技もなく、インテリ独特の優柔不断さやずるさを演じた。「女が階段を上がる時」（一九六〇年）の銀行の支店長、「妻として女として」（一九六一年）の大学教授などがその典型である。

しかし、「あにいもうと」ではまったく別の顔を見せる。彼は、川沿いの家に住む護岸工事の肉体労働者である。父の代は親方だったが、今は零落している。彼は荒々しく、語気強く怒鳴り、口より先に手が出る。

夏のある日、妹のもん（京マチ子）が妊娠して戻ってくる。兄の伊之吉（森雅之）は妹の不始末を許せず、ひどい悪態をつく。姉の送金で看護学校へ通っている下の妹のさん（久我美子）は、一緒になりたい相手がいるがもんの醜聞であきらめる。

兄と喧嘩ばかりしていたもんは、実家にいたたまれずに出ていく。その後、もんを妊娠させた相手の学生（船越英二）がわびにやってくる。母親（浦辺粂子）は丁寧に応対し、もんがいないことを知らせるが、帰ってきた伊之吉は学生を追いかけ詰問し殴る。

翌年の夏、お盆にもんとさんが帰ってくる。相変わらず、伊之吉はもんに悪態をつき、やってきた学生を殴ったことまで口にする。それを聞いたもんは、兄につかみかかる。気の強い妹である。「あらくれ」のヒロインみたいだ。そんな娘を母親が「女だてらに…」と嘆く。しかし、怒鳴りあう兄と妹の間には、肉親にしか許容できない何かがある。兄の悪態の中には、妹たちへの強い愛情が潜んでいる。「あにいもうと」は、兄と妹の荒々しい諍いばかりが描かれるが、取っ組み合う兄妹の姿から肉親にしかわからない深い関係がうかがえる。それは、瞳の奥に知的な光を宿す森雅之だからこそ描けたものだ。

前述のように二十数年後、今井正監督は二枚目スターとして絶頂期にあった草刈正雄を兄に起用し、プッツン女優として言動の奇矯さが話題だった異色のアイドル女優、秋吉久美子を妹に起用した。下の妹は、梨園育ちの池上季実子が演じた。

彼らは川の護岸工事を請け負う親方の家に生まれたが、長男は今はトラックの運転手の設定だ。そんなキャラクターに草刈正雄をキャスティングした狙いは、言葉が荒く、暴力的な兄が見せる家族愛を描きたかったからに違いない。森雅之や草刈正雄のような優男で美男子の俳優でなければ、妹たちに対するあの微妙な愛情は表現できなかっただろう。

●大正四年に発表された「あらくれ」のヒロインは衝撃的だった？

森雅之は、成瀬巳喜男監督の「あらくれ」にもヒロインを巡る男のひとりとして出演している。「あらくれ」は徳田秋聲の代表作のひとつで、お島という「あらくれた」ヒロインが登場する。「あらくれ」が発表されたのは大正四年だったが、その当時、勝ち気で男勝りで、男たちと次々に関係するヒロイン像は、かなり衝撃的だったのではあるまいか。映画化においても時代設定は大正から昭和初期のイメージを踏襲し、そんな時代を果敢に生きたお島（高峰秀子）を描き出している。

お島は気に入らない結婚話を蹴って、養家を飛び出し東京に出る。人の紹介で神田の商家の後妻におさまるものの、夫の女出入りが激しく大喧嘩をして家を出る。夫に向かっていくような勝ち気なお島は、当時の常識では悪妻だったのかもしれない。「妾を持つのは男の甲斐性」と言われていた時代だし、そんな夫に黙って耐えるのが女の美徳とされていた。今から見ればお島は、自尊心を持った自立する女性なのだが、映画公開当時（昭和三十二年）もまだ戦前の常識が生きていたのだろう、お島は、特殊な「あらくれ女」と受け取られたのではあるまいか。

婚家を出たお島は流れて、雪深い寒村の旅館の仕事に落ち着く。当時、女がひとりで生きていくのは大変だったに違いない。しかし、お島はめげない。その旅館の主人を演じたのが森雅之だった。彼の妻は、胸の病で長く療養所に入っている。そんなとき、女中のお島と関係ができてしまう。森雅之は優柔不断で、ずるい男の役だ。優しくて、気が弱い。知的だが、生活力はなさそうだ。きっぱりした性格のお島から見れば、じれったくなると思うけれど、お島は主人に惚れ込んでいる。「浮雲」（一九五五年）の男女のように、彼らの腐れ縁は続く。

お島は、当時の女性の最も重要とされたモラルである「貞節」とは縁がない。もっとも、「貞節」を強いられたのは女性だけで、男にとって都合のよいモラルではある。お島は、妻が戻ってきた旅館の主人とは別れなければならなくなり、再び東京に出て洋裁店に勤める。そこで仕立て職人（加東大介）と知り合い一緒になり、ふたりで店を持つ。お島は今で言う起業家の才能があるのか、店はどんどん大きくなる。自分でモダンな洋装をして歩き、自らを広告塔として注文を取る。そんなとき、病を得た旅館の主人が上京し、彼を心配して密会する。

一方、仕立て職人の夫はお島が仕事に夢中なのが不満になり、金まわりがよくなったこともあり妾を囲う。お島は妾の存在を知り、その家に乗り込んで大暴れをする。夫に対しても、男のような悪態をつく。「あらくれ女」の本領発揮である。

僕は初めて「あらくれ」を読んだとき、大正初期にこんな女性が生きていけたのなら、けっこう日本も進んでいたのじゃないかと思ったものだ。映画化されて、生身のお島がスクリーンの中で暴れまわるのを見ると、きつい妻を持った夫に同情はしたけれど、自立心旺盛なお島には改めて感心した
ちなみに、僕が金沢で泊まったのは、駅前のアパホテルである。お島は、現在に生きていたらアパホテルの女社長のようになっていたのではないか、という連想がホテルのパンフレットに載っている社長のポートレートを見たときに湧き起ってきた。亭主と始めた洋裁店のために、当時としては珍しい派手な洋装をして自転車に乗り、自ら広告塔となったお島だ。亭主を尻目に、どんどん店を拡張し、小僧や職人を雇い入れる。女性実業家のハシリである。

「良妻賢母」「貞女」といった儒教的モラルに支配されていた、何かと言えば「女だてらに…」と後ろ指をさされた時代に、お島のように己の気持ちや感情を素直に出す生き方を貫いたとしたら、大変だろうが快いことだったろうなあと思う。

だいたい、日本では戦争に負けるまで、女性には参政権も選挙権もなかったのだ。あれから、まだ七十年も経っていない。相変わらず日本は、公的な社会ほど男中心で動いている。アパホテルの社長が珍しがられるのも、女性だからだろう。まだまだ「女だてらに…」という言葉が消えてはいない。

ところで、徳田秋聲記念館は金沢市の中では「ひがし茶屋街」の近くにあり、泉鏡花記念館も近い。鏡花記念館が改修中とのことだったので見学は中止し、ついでに秋聲記念館もパスしてしまった。

ひがし茶屋街を歩いているとき、突然、ものすごい土砂降りになったからである。古い街並みの軒下で雨宿りをしていると、やがてみぞれに変わった。暗雲が立ち込めていた。金沢にいた三日間、見事に天候には恵まれなかった。日頃、そんなに行いが悪いとは思わないんだけどなあ…。

猫は見ていた

猫と庄造と二人のをんな／舟を編む／グーグーだって猫である／十三人の刺客

●三ヶ月目の子猫が玄関で迎えてくれた

四ヶ月ぶりに四国の実家から千葉の自宅に戻ると、猫がいた。ドアが開く音で気付いて、玄関でカミさんを待っていた。前脚をまっすぐ伸ばし、後ろ脚をたたみ込んだ猫独特の立ち方だった。少し首を傾け、大きな目で見つめてくる。カミさんが「迎えに出てくれたの、マクギー」と、ホントに猫なで声を出した。初めて聞く、やさしい声だった。しかし、子猫は僕を見上げて、少し後ずさりした。見慣れぬ男が立っていて、警戒心が働くのだろう。そのとき、かわいいなあ、と思った。

自宅に帰る前、金沢でカミさんと待ち合わせをし、三日間を金沢見物にあてたのだが、四ヶ月ぶりに会った最初の日の二時間ほど経ったとき、「猫がいるの」とカミさんが唐突に口にした。えっ、という顔をしたらしい僕に向かって、「かわいいの。私がこんな気持ちになるなんて思わなかった」と言う。携帯電話を取り出し、子猫の写真を見せる。なるほど、つぶらな瞳のかわいい子猫である。

聞くと、娘が仕事帰りにゴミ置き場に捨てられて鳴いていた子猫を拾ってきたという。目やにで目が開かないから、もう少しで側溝に落ちて溺れるところだった。我が家の一階上に獣医さんが住んでいるので、その夜、その人に診てもらったら生後二週間くらいだという。翌日、改めて近くの犬猫病院で診察を受けた。そこからがてんやわんやだったらしいが、猫用のミルクを買ってきて手のひらに乗せてスポイドでミルクをやって育てたら、もう手放せなくなった。「里子に出そうと思っていたのだけど…」と、カミさんは言い訳のように言う。

僕の住むマンションは「ペット禁止」だが、堂々と犬や猫を飼っている人はけっこういる。しかし、禁止は禁止なので、カミさんも気が引けたのかもしれない。「もう三ヶ月でベランダに出たがるけど、隣にいかれたら大変だもんね」と僕の顔をうかがった。僕が反対すると思っていたのだろうか。

十八で上京するまで、僕は犬も猫も、鶏（毎朝、僕が卵をとりにいく係だった）も、十姉妹（ずいぶんヒナをかえした）も、金魚（猫に食べられた）も飼ったことがある。子猫がいたのは子供の頃でよく憶えていないが、子猫を手のひらに乗せた記憶は鮮明に残っている。今も、実家では猫を飼っている。

カミさんは一度も生きものを飼ったことがないし、何かに情を移すということがない人である。僕と違って、物事に感情移入することがあまりない。かっこよく言えばクール。小説に感動することもないし、映画を見て泣くこともない。周りの人が泣いていると、スーッと冷静になるタイプだ。何しろ、「火垂るの墓」（一九八八年）を見て泣かなかった人である。昔、僕は喧嘩したときに「あんたは血が青い」と言ってしまい「やばい」と思ったが、「それが何か?」という反応をされたことがある。

そんな人が「猫がいるの」と、まるで「好きな人ができたの」と告白するように口にした。「私が、こんな気持ちになるなんて、想像もしなかったわ」と、本当に好きな人ができたときのようなセリフを言う。結婚して四十年を越えるが、そんな声を聞いたことがない。「三ヶ月だから、人間で言えば七歳くらい」と、携帯電話の猫の画像を見ながら猫なで声を出した。そのときは「やれやれ、猫の方が俺よりヒエラルキーが上らしい」と思って猫に嫉妬しそうになったが、自宅に帰って子猫に会った途端、僕は猫好き男になってしまったのだった。

●「不仕合せという名の猫」ではなく「マクギーという名の猫」

「マクギー」という名前は、アメリカの連続ドラマの登場人物からとったらしい。カミさんも娘も海外ドラマのファンで、「CSI」以来、ほとんどの警察ものを見ている。「マクギー」というのは、イリヤ・クリヤキン（僕らはイリヤ・クリキントンと言っていた）ことデビッド・マッカラムが検視官役で出てくるドラマの登場人物だ。捜査班のチーフを「君がいた夏」（一九八八年）のマーク・ハーモンが演じている。僕はつい「マクギーちゃん」と、中村玉緒のテレビ・コマーシャル「マロリーちゃん」の節で呼んでカミさんにイヤな顔をされた。

それにしても、僕がこんなに猫好きになるとは思わなかった。朝の散歩に出て、猫に出会うと話しかけるようになった。まさに、豹変である。それで、思ったのは岩合光昭さんが撮る写真や映像の猫は、どうしてあんなに自然なのだろうということだった。猫は警戒心が強いから、あんなリラックスした猫がなぜ撮れるのかがわからない。昔、僕が写真のテクニック本を編集しているとき、お父さんの岩合徳光さんにはお世話になった。動物写真家として有名だった。

岩合光昭さんは僕と同年で、当時は三十になったばかりだった。お父さんと同じ動物写真家になっていた。その後、一家でアフリカに移住し、一年ほどかけてセレンゲティを撮影した写真集「おきて」が評価され、大きな話題になった。

その頃、僕は「フォトテクニック」というカメラ雑誌編集部にいたので、その写真集を紹介させてもらったことがある。しかし、元々、猫が好きだったからか、あるとき猫の写真展を開いてから、今や猫の写真・映像と言えば岩合光昭さんが第一人者になった。岩合さんの映像を見ると思うが、猫は岩合さんを自分と同類と思っているに違いない。

猫について書かれた本も多い。僕が真っ先に思い出すのは、もう四十年以上昔に読んだ長田弘さんの「ねこに未来はない」と「サラダの日々」だ。高校時代から長田弘さんの詩を愛読していたが、その詩人が相当な猫好きだと知った。猫には未来を認識する前頭葉がないとか、変死する猫を「へこ」、突然死んじゃう猫を「とこ」、眠るように死ぬから「ねこ」というなど、今でもエッセイの文章が浮かんでくる。世界をやさしい視線で描き出す詩人だったけれど、昨年、惜しくも亡くなった。

村上春樹さんと陽子夫人も猫好きである。村上さんのエッセイには、よく猫の話が出てくる。陽子夫人の写真が掲載された旅行記には、猫の写真がふんだんに登場していた。「遠い太鼓」というイタリアやギリシャに住んで小説を書いていた頃のエッセイには、地中海の島にいる猫の話もあった。岩合さんのテレビ番組でギリシャの港で暮らす猫たちが出てきたときには、村上さんのエッセイを思い出したものだ。猫好きの作家は多い。

「猫」がタイトルに付く文学作品は、夏目漱石の「吾輩は猫である」が有名だが、谷崎潤一郎にも「猫と庄造と二人のをんな」という作品がある。「おんな」と「猫」が同等に扱われていて、これは納得できる気もする。その小説を文芸映画の巨匠・豊田四郎監督が一九五六年に映画化した。庄造を演じたのは森繁久彌である。ふたりの女は香川京子と山田五十鈴だ。

森繁は前年に「夫婦善哉」(一九五五年)で演技派としての評価を得ており、それに続く豊田四郎監督作品への出演だった。森繁は後に谷崎原作の「台所太平記」(一九六三年)で、谷崎その人を演じた。これも、豊田四郎監督作品だった。

●猫好きになって今まで見た映画の違う面が見えてきた

猫が家にいるようになって、今まで漫然と見過ごしていたことに気付いた。たとえば、以前に見た「舟を編む」(二〇一三年)をWOWOWで改めて見ていたら、主人公のマジメくん(松田龍平)が飼っているトラ猫の「トラさん」が登場した途端、前に見たときとはまったく違う反応をする自分に驚いた。

夜、「トラさん」を探して物干場に出たマジメくんは月明かりの下、「トラさん」を抱くカグヤ(宮崎あおい)に出会う。女性にうぶなマジメくんは、猫を抱いて月明かりに照らされて立つ女性にひと目ぼれしてしまう。だから、こんなトンマな会話になるのだ。

——かわいいね。何て名前?

——光也

——猫に光也? 変なの

——いや、それは僕の名前で…。この子はトラさん

そんな出会いから十数年後、マジメは家の外で鳴いていた「トラさん」にそっくりの茶トラの子猫を拾う。「トラさんの孫かもね」とカグヤが言い、今は夫婦になったふたりは見つめあって微笑む。そんなシーンが、何だか胸に沁みてくる。

もちろん、十数年かかって、ひとつの国語辞典を作るというドラマが背景にあるのだけれど、その十数年の間に「トラさん」は寿命を全うし今はいないのだ、長い長い時間が過ぎ去ったのだ、という悲しみのようなものが伝わってくる。

愛猫映画として忘れられないのは、小泉今日子が主人公の漫画家を演じた「グーグーだって猫である」(二〇〇八年)だ。

原作は大島弓子のマンガだが、ほとんど作者の日常が反映されているのではないか。主人公は人気漫画家で、愛猫を亡くしペットロスになった彼女の元にグーグーという子猫がやってくる。漫画家の仕事、アシスタントたちとの日常など、吉祥寺の街を舞台にほのぼのした物語が展開される。

小泉今日子がうまいのはわかっていたが、彼女が病院にいき若い医者（加瀬亮）が現れ、「はい、脱いで」と言われたときの戸惑い恥じらう表情が鮮明に記憶に残った。アシスタントを演じた上野樹里たちも快調で、犬童一心監督のニュアンスを大事にする演出が題材とぴったり合っていた。担当編集者や出版社の人々、街で出会う人たちもいい人ばかりで、世界がこんなだったらいいのにな、と思わせてくれる。もちろん、そこには人間を幸せにしてくれる猫たちの存在がある。

「グーグーだって猫である」は二〇一四年にＷＯＷＯＷが四回連続のドラマにした。こちらは、宮沢りえの主演だった。僕は映画版が好きだったので、楽しみにして見た。ホームレス役で舞踏家（今や俳優だけど）の田中泯が出ていて、印象に残った。ホームレスは古いコートのポケットに子猫を入れている。子猫がおとなしくポケットから顔を出しているのが、たまらなくかわいかった。こちらも、犬童一心監督が担当している。

猫に関するセリフでよく憶えているのは、「十三人の刺客」（一九六三年）の中の里見浩太郎のものだ。将軍の弟である暴虐無惨な明石藩主の暗殺を密かに命じられた島田新左衛門（片岡千恵蔵）に、甥の島田新六郎（里見浩太郎）が「犬は心底、人に飼われてしまうが、猫は飼われませんな。人間と同居するだけです」というようなことを言う。叔父は「お主、侍の犬より、芸者の猫の方がましだと言いたいようだの」と笑う。その後、新左衛門は「自分も若い頃、これで身を立てようと思って修業した」と言って、三味線を見事に弾く。

新六郎は旗本の次男か三男、もしかしたら六男かもしれない。家を継げない、冷や飯喰いである。今は、芸者（丘さとみ）のヒモのような生活をしている。それが猫を撫でながら、先述のセリフを口にする。その新六郎の手には三味線がある。三味線は猫の皮で作るというのは有名だ。そこは芸者屋だし、三味線は必需品である。猫と三味線が一緒に写っているシーンを思い出すたび、あの猫は三味線のために飼われているのではないかという疑念が湧いてくる。

先日、川本三郎さんの新刊「ひとり居の記」を読んだ。川本さんの本はほとんど読んでいるので、猫好きなのは知っていた。川本さんは汽車が好きで、旅行が好きで、旅先で居酒屋に入るのが好きだ。当然、出かけていることが多くなる。

川本さんは猫を飼いたいのだが、奥さんを亡くしひとり暮らしになり「猫を鍵っ子にしてしまう」ので我慢している。確かに猫を飼い始めると、ひとり（一匹？）にしておくのは心配だ。川本さんは猫を飼う代わりに、猫の写真を部屋に貼っていると いう。「ひとり居の記」を読んでいると、川本さんの猫好きが伝わってくる。

ところで、僕はとうとうマクギーの写真を携帯電話の待ち受け画面にした。今まで、買ったときのままでオリジナルの待ち受け画面など設定したこともなかったけれど、前脚を立て首を傾げ、じっと見つめてくる子猫を見ていると「バキューン!!」とハートを射抜かれてしまったのだ。

ああ、まさか僕がこんな気持ちになるなんて…。マクギーが娘の部屋に入ったまま姿を見せなかったり、夜、カミさんの布団の上で丸くなって一緒に寝ている姿を見ると、嫉妬の炎がメラメラと燃えあがる。俺にも懐いてくれよう。仕方ないか。向こうは命の恩人と、育ての親だものなあ。

覚悟を決めて見にいく映画

泥の河／死の棘／埋もれ木／FOUJITA

●オダギリジョーがおかっぱ頭で藤田嗣治を演じた「FOUJITA」

小栗康平監督のエッセイ集「じっとしている唄」（白水社）を見つけて読んだ。奥付の発行日は昨年の十二月だ。十年ぶりの新作「FOUJITA」（二〇一五年）の公開に合わせての発行らしい。「FOUJITA」はオダギリジョーがおかっぱ頭で藤田嗣治を演じるというので、かなり前から評判になっていた作品だ。それにしても、小栗監督が十年に一本しか撮れないのは悲しい。まるで、小栗監督が助監督についた浦山桐郎監督のようである。しかし、浦山さんだって、亡くなる前の十年間で劇場公開作品を六本残している。

それにしても、小栗監督ほど評価の高い人が三十五年間で六作品しか作れない日本の映画製作状況は悲しいし、情けない。確かに商業的には成功しにくい作品を撮る監督だが、内容的にはどれも素晴らしい。駄作や失敗作がない。「泥の河」（一九八一年）で高い評価を得て、三年後に李恢成の小説を映画化した南果歩のデビュー作「伽倻子のために」（一九八四年）、六年後にカンヌのパルムドールを受賞する「死の棘」（一九九〇年）、その十年後に群馬県が制作した「眠る男」（一九九六年）、その十年後に「埋もれ木」（二〇〇五年）、さらに十年経って今回の「FOUJITA」になる。すべて高い評価だ。

「じっとしている唄」は短文が多く収められているが、巻末に置かれた「じっとしている唄」というエッセイの前に「『FOUJITA』を撮る」というタイトルで四十ページ近くある書き下ろしの撮影記が掲載されている。「製作年度で『眠る男』が一九九五年で『埋もれ木』が二〇〇五年だから前作からまた十年が経ってしまったことになる。予定してこうなっているはずもなく、ただ呆れるしかないのだが、ともかくこうして撮れるようになった」と冒頭にある。

小栗監督は七十になった。三十五年前の「泥の河」のときは三十半ば、僕は六歳下だが当時は年の差をあまり感じなかった。エッセイ集の中には「別れ」というタイトルでまとめられた追悼文も収められていて、田村高廣、安藤庄平さんなど六人の人への想いがつづられている。田村高廣さんは「私の代表作は『泥の河』だ」と言っていたという。安藤庄平さんは日活のキャメラマンで浦山桐郎監督や藤田敏八監督の作品を撮り、ロマンポルノを撮り、「泥の河」でモノクロームの美しい画面を作り出した。三十五年経つと、亡くなった人も多い。

僕が「泥の河」を見たのは、配給元も決まっていない一九八〇年のことだった。草月ホールで三日間だけの先行公開があったときだ。僕は「小型映画」というアマチュア向けの八ミリ専門誌編集部にいたので、制作者の木村元保さんから送られてきた招待状を編集長からもらい、カミさんとふたりで見にいったのだ。

木村元保さんは木村プロを立ち上げ、十六歳の原田美枝子のヌードが話題になった「大地の子守歌」（一九七六年）、サングラスを外し初めて目を見せたチョンマゲ姿の宇崎竜童が話題になった「曽根崎心中」（一九七八年）を製作して注目された。

木村さんはある会社（鉄工所と僕は聞いていた）の社長さんだったが、八ミリから始めた趣味が高じて十六ミリで本格的な劇映画を製作し、とうとう映画製作のためのプロダクションを立ち上げたのだった。アマチュア時代の木村さんと編集長が親しかったらしく、編集長の机の上には「大地の子守歌」が受賞した各国の映画賞が書かれている寿司屋で出てくるような大きな湯飲みが置かれ、筆立てとして使用されていた。その木村さんは、新人監督の小栗康平を見出した制作者として名を残すことになった。

●小栗監督にインタビューしたのは三十五年前だった

東映セントラルが「泥の河」を配給することが決まったのは、その年の暮れ近くだったのではないだろうか。僕は小栗監督へのインタビューを依頼し、丸の内の東映本社ビルの中にあった東映セントラルのオフィスへ出向いた。そのときのインタビューテープは残しているから探せばあるはずなのだが、昨年、テープを整理したときにどこにしまったかわからなくなった。ただし、今でも僕は初めて会った小栗監督との最初の会話を鮮明に憶えている。当時、僕は「泥の河」に胸を熱くさせられていて、会う人ごとに「絶対見ろ」と言っていた。

「泥の河」に心酔状態だった僕は、東映セントラルの担当者に小栗監督を紹介されるとすぐに、「泣いてしまいました」と口にした。その途端、小栗監督は少しムッとした様子（そのときの僕にはそんな風に見えた）で、「泣かせるように作ったわけじゃないけどね」とにべもなく言った。

僕は「お涙ちょうだい」的な映画として泣いたという意味で言ったのではなく、心の底からの感動をおぼえ魂が震えるような想いでじわりと涙が湧き出してきたのだと言いたかったのだが、単純な「泣きました」という言葉が、小栗監督には自分の意図が通じなかったと思われたのかもしれなかった。

その後、具体的にどんな取材をしたかはテープを探すなり、記事を掲載した「小型映画」のバックナンバーを見ればいいのだが、若い頃の自分の声も聞きたくないし、軽薄な質問も聞きたくない。まして、得意そうに書いているであろう若書きの文章を読み返す気にはならない。ひとつ憶えているのは、小栗監督が好きな映画として「灰とダイヤモンド」（一九五七年）を挙げたことだ。

そのとき、僕は心の中で「するってぇと、さしずめ、おまえさん、インテリだな」と、フーテンの寅のようにつぶやいた。僕も「灰とダイヤモンド」は好きな映画だったが、同時に小栗監督が助監督についたという山本迪夫監督の「血を吸う薔薇」（一九七四年）のような、完全な商業娯楽映画（何しろ吸血鬼映画だ）も好きだった。

小栗監督は大林宣彦監督の「ＨＯＵＳＥ　ハウス」（一九七七年）にも助監督としてついたようだが、インタビューのときにそのことを苦笑いと共に語り、「少女たちが家に喰われるようなホラーじみた作品とは合わない人だろうなあ」と思ったものだった。その後の小栗監督の作品群を見て、僕はその思いを強くした。

コマーシャリズムは、小栗監督とは最も遠いところにある。商業主義に屈することを潔しとしない人ではないだろうか。観客はもちろん多い方がいいと思っているだろうが、だからといって自分の作家としての考えを妥協することはない。そんな風な印象を、僕は持った。

言ってみれば、小栗監督作品は純文学なのだ。少ないけれど珠玉の作品群が、そのことを実証する。「伽倻子のために」は李恢成が高く評価された小説で、その後、彼は「砧をうつ女」で芥川賞を受賞する。

「死の棘」は島尾敏雄が十七年かけて書き上げた「私小説の極北」と言われた長編で、簡単に映画化できるものではなかったが、映画化作品は原作に勝るとも劣らないものになっていた。僕は高校生の頃から島尾作品を読んでいたので、映画化については厳しい目で見たと思うけれど、見終わった後、「泥の河」を見たときと同じく、しばらく席を立てないほどだった。

「泥の河」については僕の「映画がなければ生きていけない1999-2002」の「子供たちの自尊心」で詳細に書き、「死の棘」については「映画がなければ生きていけない2003-2006」の「心に刺さる『死の棘』」で書いている。一度見ただけで忘れられない映画になった二本だ。「泥の河」は田村高廣や加賀まりこもいいけれど三人の子供たちが素晴らしく、「死の棘」はトシオ役の岸部一徳の渾身の演技が見られるし、松坂慶子の嫉妬で狂っていく（謡曲「鉄輪」やギリシャ悲劇「王女メディア」と共通する）ミホの姿が記憶に刻み込まれる。

●小栗監督の作品を見ると魂に触れるような何かが残る

小栗監督作品の欠点（？）は、気楽に見にいけないことだ。覚悟がいる。もちろん、僕は小栗作品なら必ず見たい（「FOUJITA」はまだ見ていない）と思っているが、そのときは体調を万全にし、頭をクリアにし、「さあ、今日は小栗康平監督作品を見るのだ」と己に言い聞かせ、背筋を伸ばして家を出ていかなければならない。もちろん、見始めると引き込まれるのはわかっている。見終わると、心の深いところに魂に触れるような何かが残ることはわかっている。生きていくうえで大切なものが得られる。だから、おろそかには見られない。

「埋もれ木」を見たときもそうだった。ただし、見にいくために覚悟を固めたけれど、見始めると引き込まれ、時間の経つのを忘れたものだ。オリジナル脚本で、幻想的な部分と現実的な部分が見事に融合し、主人公が女子高生であることで、小栗作品には珍しいある種の軽快さがあったからだろう。

同時に、長く生きてきた人たちの物語も描かれ、登場する人物たちの像がくっきりと刻み込まれる。この作品で、初めてデジタルキャメラを使ったそうだが、映像の美しさが印象に残る。特に、雨で崖が崩れて古代の樹木（埋もれ木）が現れ、それを背景にした幻想的なシーンは本当に美しい。

「埋もれ木」は、マンガのコマで始まる。男女が描かれた少女マンガだ。それが、魚喃キリコの作品だと「じっとしている唄」を読んで初めて知った。そのマンガのコマに少女の声が重なる。カットが変わって、女子高生三人が座っている座敷のシーンになる。マンガを読み上げていた少女に、別の少女が「あまり面白くないね」といったようなことを口にする。マンガを読み上げていた少女が、「絵はいいよね」と応じる。三人めの「まち」と呼ばれた少女も口を開く。「物語を作ろう。いっぱい嘘ついて」とひとりが提案する。まず町のペットショップがラクダを買ったことにして、物語を語り始める。

こう書くと、何だかとりとめのない話のようだけれど、要するにストーリーを紹介しようとすると困ってしまう映画なのだ。映像を見ることでしか理解できない。少女たちが物語をリレーするエピソード、ひなびた田舎町に暮らす人々のエピソードなどが交錯し、ひとつの世界観を作り上げていく。その世界に引き込まれる。最後に展開されるカーニバルがその到達点だ。

カーニバルが描かれるという共通点だけではなく、僕はフェリーニの作品に通じるものを感じた。不思議なイメージの連鎖があり、現実からファンタジーの世界へ違和感なく移行する。

「泥の河」がリアリズムの映画だったから、こんな奔放なイメージを散りばめる監督とは思わなかったな、というのが「埋もれ木」を見た最初の感想だったが、考えてみれば「泥の河」のクライマックスほど幻想的なシーンはなかった。主人公の少年が舟の窓から垣間見る男に抱かれたきっちゃんの母親（加賀まりこ）はこの世のものではないほど美しかったし、母親のことを初めてできた友だちに知られたきっちゃんは、飼っていたカニを次々にアルコールにつけて火を点ける。炎に包まれたカニが舟べりを横歩きしていくシーンの美しさも幻想的だった。「死の棘」で主人公の小説家トシオの家を訪ねてきた浮気相手（木内みどり）を妻ミホ（松坂慶子）の命令で、ふたりで拉致しようともみ合うシーンも夜の設定で、リアリティがありながら幻想的な映像だった。そこに、滑稽さもにじみ出す。妻の狂気に自分も共振れし、共に触れていこうとする男の心理が幻想的な中に描かれていた。

小栗康平監督はインテリの観念派ではなく、感覚的な映像派だったのだ。詩人的感性なのかもしれない。そう思って数すくない作品を振り返ると、映像詩を見た後のような印象が僕の中に残っていた。

殺すより殺される方がマシ

父親たちの星条旗／硫黄島からの手紙／アメリカン・スナイパー／グラン・トリノ

●料理教室に参加して馬術の障害競技をしている人に会う

兄貴分であるカルロスのスペイン・レストランで、一年半ほど前から料理教室（ワークショップ）が行われている。二、三ヶ月に一度くらいのペースで、先日、七回めが開催された。僕は一回めと二回めに出て、実家の四国にいっている間は欠席したので、昨年の夏に続く四度めの参加だった。一回めは十数人だったけれど、今回は三十人近くの参加者で驚いた。やはり女性が多い。熱心に質問し、レシピカードにメモを取っている。

今回のメニューは、「にんにくのスープ」「トリッパのトマト煮」「イカスミのパエリア」だった。真っ黒なイカスミのパエリアの上に、最後に赤ピーマンを乗せる。黒に赤がくっきりと浮かび上がり、カルロス兄貴は「ジュリアン・ソレル」と名付けた。スタンダールの「赤と黒」の主人公の名前である。ジュリアン・ソレルは、若くハンサムな誘惑者である。なかなかよいネーミングだと思う。

僕はトリッパが好物で、ステーキ店や洋食屋のメニューにあると必ず頼むのだが、生のトリッパは初めて見た。牛の第二胃袋で、蜂の巣に似ていることから「牛ハチノス」と言われるらしい。いつも料理されたものしか見ていないので、トリッパの臭みを抜いて美味しく煮るためにはいろいろ手をかけなければならないと知った。下拵えや調理の手順はわかったが、自分で作る気にはならなかった。

四つのテーブルにガスコンロが配置され、グループにわかれて「イカスミのパエリア」を作ることになった。ひとつのテーブルに七人ずつだとほぼ均等になるのだが、グループで参加している人もいるので八人ほどになるテーブルもあった。孤独な参加者である僕は若い女性ふたりとひと組のカップルと一緒になり、五人の小グループで作ることになった。パエリア鍋を米が均等になるように揺らしたくらいで特に何もしなかったのだが、パエリアはおいしく仕上がり五人でわけても食べきれない。

カルロス兄貴が調理した「ニンニクスープ」が各人に配られ、「トリッパのトマト煮」の皿がまわってくる。自分たちの作ったパエリアもある。当然、みんなでワインを傾けることになる。

一緒に料理をしたので、初対面でも話しやすくなる。僕は、「初めての参加ですか?」などとカップルできていた男性の方に話しかけた。その後、話がいろいろ展開して、そのひとがよく成田の方にいくと聞いたので、「お仕事ですか?」と訊ねたら「馬に乗りにいくのです」と予想外の返事が返ってきた。

詳しく訊くと、馬術の障害競争をやっているという。思わず「ディック・フランシスですね」と言ったら、「それ、誰ですか?」と返された。一瞬、言葉に詰まったが「エリザベス女王の持ち馬に乗って、障害競馬で数え切れない勝ち鞍を挙げたジョッキーです。後に作家になりました」と説明した。それでも、あまり興味がなさそうだったので、ディック・フランシスの競馬シリーズのおかげで詳しくなった障害競馬の方に話を振った。

——障害競馬だと、いつも同じ馬で練習しなければならないんでしょう。人馬一体の境地にならなきゃいけないので。

——ええ、自分の馬、持ってるんです。

またも予想外の返事に、僕は「ああ、成田の牧場に預けてあるわけですか」と、少し間が空いてから答えた。その後、前日に六位に終わったという障害競技の映像をスマホで見せてもらった。乗馬服を着込み、馬の背に乗って背筋をスラリと伸ばした姿勢で八十センチの障害を飛び越えていた。

実際にやってみると怖いだろうなあ。そこで、僕はまたも映画から得た知識で、「戦前、バロン西がオリンピックの馬術競技でメダル獲りましたよね」と言ってみた。その途端、彼は身を乗り出すようにして言った。

——そうなんですよ。日本人でオリンピックの馬術で金メダルを獲ったのは、今までバロン西しかいないんですよ!!

●「硫黄島からの手紙」ではダンディなバロン西が印象に残る

僕が「バロン西」を知っていたのは、クリント・イーストウッド監督の「硫黄島からの手紙」(二〇〇六年)を見たからである。十年前、イーストウッドが日米の両方の立場で、太平洋戦争の激戦地「硫黄島」の戦いを描くというので大きな話題になった。アメリカ人にとっても硫黄島の戦いは特別なことなのだと僕は改めて思った。

硫黄島の摺鉢山に星条旗をたてる写真が有名だし、あの写真を元にした海兵が星条旗をたてている像は、太平洋戦争の記念碑としてアーリントン墓地の近くに建立されている。

硫黄島の戦闘は、それまでもハリウッドで映画化されたことはある。アメリカ側にとっても多大な戦死者・戦傷者を出した戦いだったのだ。その戦いの四年後、記憶も新しい時期にジョン・ウエインが主演した「硫黄島の砂」（一九四九年）が作られた。もちろん日本側の視点などはなく、昔の西部劇のインディアンと同じで日本軍は殺されるだけの存在だ。アメリカの兵士たちが、いかに勇敢に戦ったかを再現する映画である。

アメリカ人たちにとっては、ヨーロッパでのノルマンディー上陸作戦、太平洋での硫黄島上陸作戦が、あの戦争でのふたつの大きな出来事なのだろう。多大な犠牲を出したが、最後には勝利した。

硫黄島の戦いは、一九四五年二月から三月にかけての戦いだった。日本本土を守るための防衛戦である。二万人の日本兵が玉砕し、九千人近くのアメリカ兵が戦死した。兵力および武器弾薬に劣る日本軍は地下壕を張り巡らせ、ゲリラ戦を展開してアメリカ軍を悩ませた。日本軍は一ヶ月以上にわたって、アメリカ軍を硫黄島に足止めさせたのだが、いくら持ちこたえても援軍が派遣されることはなかった。絶望的な戦いである。大本営は、硫黄島の守備隊を見殺しにしたのだ。

日本軍を率いたのは、栗林忠道中将だった。「硫黄島からの手紙」を見た後、僕は梯久美子さんのノンフィクション「散るぞ悲しき　硫黄島総司令官・栗林忠道」を読み、NHKで放映された栗林忠道に関するドキュメンタリーを見た。その後、いろいろ調べてみると、栗林中将やバロン西についてはかなり資料が残っているし、ノンフィクション作品も数多く出ていた。

そんなことも知らず、僕はイーストウッド監督の映画によって硫黄島の戦いを知ることになった。

「硫黄島からの手紙」には、栗林中将（渡辺謙）やバロン西こと西竹一中佐（伊原剛志）などの実在の人物たちとは別に、名もない兵士を代表する存在としてパン職人で妻子をおいて出征してきた西郷（二宮和也）、元憲兵ながら心やさしい男で、夜に吠えている民家の犬を殺せと命じられながら見逃したことを咎められ、死が確実な硫黄島に送られてきた清水（加瀬亮）などが登場するが、そのダンディズムとかっこよさからバロン西役の伊原剛志が強く印象に残る。

実際のエピソードとして残っていることだが、地下壕に部下と潜んで戦い続けるバロン西は、ひとりの若いアメリカ兵を捕虜にする。バロン西は負傷した若きアメリカ兵を手当し、その兵士のポケットに故郷の母親からの手紙を見つける。

ヨーロッパ、アメリカを馬術の選手として転戦した彼は英語が読めるし話せるのだ。やがて、彼自身が傷つき目も見えなくなる。絶望的な状況の中、目に布を巻いたまま彼は小銃の銃口を自分の喉に当てる。カットが変わり、地下壕の外に銃声が響く。「硫黄島からの手紙」の中で、最も記憶に残る自決だった。

●日米双方から描いた硫黄島の戦闘で何を伝えたかったのか

栗林中将のドキュメンタリーで見たのだが、彼は家族に多くの手紙を送った。その手紙の中には、様々なスケッチが描かれている。アメリカとの戦争が始まる前、彼は軍人としてアメリカに赴任し、息子にアメリカの車の絵を詳細に描いた手紙なども送っていた。

アメリカの豊かさを紹介し、アメリカの文化を伝えようとした。アメリカは彼にとっては親しい存在だったのだ。「硫黄島からの手紙」にも、栗林中将のアメリカ時代の思い出が描かれる。栗林中将もバロン西もアメリカ人の友人たちがいた。

硫黄島の激戦を日米双方の視点から描こうと考えたとき、イーストウッドにとってアメリカ通の栗林中将やオリンピック金メダリストのバロン西などは、絶好のキャラクターだったに違いない。特にバロン西などは、当時のハリウッドスターとの交友もあったという。日本が急速に軍国化するまで、アメリカ文化は日本にもいっぱい入ってきたというのは、小林信彦さんもエッセイで繰り返し書いている。チャップリンもダグラス・フエアバンクスも日本で人気者だったのだ。チャップリンは来日もし、五・一五事件に遭遇する。

イーストウッドはアメリカの兵士の側から描いた「父親たちの星条旗」（二〇〇六年）と、日本の兵士の視点で描いた「硫黄島からの手紙」で何を伝えたかったのだろうか。両軍で四万人を越える死傷者を出した戦いのむなしさだろうか。どちらの兵士にもそれぞれの人生があり、思いがあったということだろうか。「父親たちの星条旗」を見るとき、僕はアメリカ兵の目前に突然現れる日本兵の不気味さを怖れ、「硫黄島からの手紙」を見るとき、僕は悲惨な地下壕を這いずりまわり死んでいく日本兵に涙する。

「父親たちの星条旗」は二〇〇六年十月末に公開され、「硫黄島からの手紙」はひと月ほど間をあけた十二月初旬に封切られた。ふたつの作品にストーリーのつながりはない。それぞれ独立した物語が展開する。ただ、同じ時間に同じ場所にいて、互いに殺し合ったのだ。

「父親たちの星条旗」で摺鉢山に星条旗をたてた六人の兵士のうち、生還できたのは三人だけだった。その三人も、有名になりすぎた写真のために戦後の人生を狂わせていく。一方、「硫黄島からの手紙」の登場人物たちはほとんど死に絶え、ただひとり西郷だけが生き残り、狂ったようにアメリカ兵に向かっていく。

イーストウッドは初期の出演作は別にして、監督作では戦争ものをほとんど撮っていない。「ハートブレイク・リッジ／勝利の戦場」（一九八六年）は、ジョン・フォードの騎兵隊もののように老練な軍曹が新兵を鍛える話が中心で、最後にグレナダ侵攻の戦闘シーンが少しあるだけだ。最近作「アメリカン・スナイパー」（二〇一四年）は本格的にイラクの戦場を描いているが、そのオープニングシーンでイーストウッドは「少年や女性を殺せるか」という問いを提出する。

アメリカ兵の部隊が建物を調べている。彼らを別の建物の屋上から護衛するのが主人公の狙撃手である。彼はスコープの中に、爆弾を抱えた女性とその子供を捉える。子供は十歳くらいか。母親が子供に爆弾を渡す。主人公がその子供を撃つのか、と思ったとき、画面は少年時代の主人公が初めて父親と鹿狩りにいき、鹿を射止めた瞬間に飛ぶ。そこから主人公が兵士になり結婚し、イラクに派遣されるまでが語られる。

映画が始まり三十分が過ぎたとき、観客は主人公の生い立ちを知り、なぜイラクの戦場にいるのかを理解する。そして、冒頭のシーンが繰り返される。爆弾らしきものを隠し持った母親と子供。自分の判断で撃て、と命令される。彼は撃つのか。

そう、彼はアメリカ兵に向かって爆弾を投げようとする少年を射殺し、少年が落とした爆弾を拾って投げた母親を射殺する。戦車の手前で爆発が起きる。彼が撃たなければ、アメリカ兵が死んでいた。彼が狙撃手としての任務に就いた初めての日の出来事だった。彼は宿舎に帰り、「まだ陰毛も生えていないような子供だった」と同僚に吐き捨てるように言う。

「グラン・トリノ」（二〇〇八年）というイーストウッドの名作がある。イーストウッドが演じた主人公は、朝鮮戦争で人を殺したことによって深い心の傷を負った偏屈な老人だ。その老人が姉の復讐に燃えて人を殺しにいこうとするモン族の青年に向かって、北朝鮮の若い兵士を殺したときの「イヤな感じ」を血を吐くような言葉で伝えようとする。

その記憶が五十年以上も彼を縛り続けてきたのだ。それは、「ダーティハリー」シリーズのような映画を撮り続けてきたイーストウッド自身の言葉と聞こえた。

僕は殺されたくないし、殺したくもない。しかし、どちらかを選ばなければならないとしたら、殺される方を選びたい。自分が殺されるのは、自分があきらめればいいだけだ。しかし、「国を守るために敵を殺せ」と国家に命じられようが強要されようが、絶対に人を殺したくはない。

「敵を殺すのが国民の義務」なんて、馬鹿なことはありえない。「人を殺せ」と命じる権利が、国家や政府や時の権力者にあるはずがない。しかし、政府は安保法案の名の下に、自衛隊員にそれと同じことを命じようとしている。

硫黄島二部作でイーストウッドが伝えたかったのは、「殺すな」ということではないのか。だから、イーストウッドは「グラン・トリノ」で、「国に命じられて兵士として人を殺さざるを得なかった人間が、殺されることを選択する個人的自由」を描いたのである。犯罪者たちを殺しまくった〈ダーティ・ハリー〉ことクリント・イーストウッドが、「暴力では何も解決しない」と主張しているのである。

外見は内面を超越するか？

ピンキー／悲しみは空の彼方に／アメリカの影／白いカラス

●アカデミー監督賞は三年連続でメキシコ出身者だった

第八八回アカデミー賞は、主要部門にひとりも黒人がノミネートされていないことが問題視され、投票権を持つアカデミー会員のほとんどが白人だというニュースも流れた。

黒人俳優の中には式への出席をボイコットする人もいたのだが、司会のクリス・ロックは黒人であることをネタにキツいジョークを飛ばしていた。登場してすぐに「白人が選んだアカデミー賞授賞式にようこそ」である。その後もハリウッドの黒人差別に対する辛辣なギャグを連発する。

昨年に続き監督賞を受賞したアレハンドロ・G・イニャリトゥ監督はメキシコ移民で、「肌の色の違いが、髪の長さの違いと同じように受け取られる日がくることを望んでいる」と、受賞の挨拶を締めくくった。

共和党の大統領候補に立候補しているトランプは、「メキシコ国境に壁を作る。メキシコは問題ある人間ばかりを送り込んでいる」と意気軒昂だが、ハリウッドの映画界に関してはメキシコは才人監督ばかりを送り込んでいる。「ゼロ・グラビティ」（二〇一三年）で監督賞を受賞したアルフォンソ・キュラソンもメキシコ人だから、アカデミー監督賞は三年連続でメキシコ人が獲得したことになる。

「こら、トランプ、わかっとんのかい！」と、声を大にして言いたいところだ。もっとも、僕は監督賞はジョージ・ミラーにあげてほしかった。でも、「マッドマックス　怒りのデスロード」（二〇一五年）は、技術スタッフを中心に六部門も獲得したから納得はした。

僕が今回のアカデミー賞で応援していたのは、助演男優賞のシルヴェスター・スタローン、主演女優賞のシアーシャ・ローナンである。スタローンは六十九歳。三十九年ぶりのノミネートだ。これが最後のチャンスである。彼の出演作にはしょーもない映画もあるけれど、観客動員数ではハリウッドに多大な貢献をしてきたはずだ。今回を逃せば功労賞的な意味合いの名誉賞を、ヨボヨボになったスタローンに渡すしかない。

今回、エンニオ・モリコーネが六度めのノミネートで作曲賞を初受賞し、介添えの男性に付き添われて登壇した後しばらく涙ぐんだ。すでに名誉賞を受賞していたが、八十七歳の初受賞がうれしかったのだろう。もちろん、全員がスタンティング・オベーションだ。今回の授賞式で最も感動的なシーンだった。

シアーシャ・ローナンは、まだ二十一歳。主演女優賞にノミネートされた中で最も若いが、そのキャリアは十年近くになり出演作も多い。「つぐない」（二〇〇七年）の少女役は、まだ十二歳くらいのときだった。僕は、あの透き通るような瞳が好きで、若手女優の中ではひいきにしているひとりだ。「ラブリーボーン」（二〇〇九年）「ハンナ」（二〇一一年）「ビザンチウム」（二〇一二年）「グランド・ブダペスト・ホテル」（二〇一三年）「ザ・ホスト　美しき侵略者」（二〇一三年）と出演作のクオリティも高いし、今回の「ブルックリン」（二〇一五年）は「繊細な演技」と評判もいい。

残念ながらスタローンもシアーシャ・ローナンも受賞できなかったけれど、なかなか楽しめた授賞式だった。毎年、僕は「メモリアル」コーナーで誰が亡くなったかを確認しているのだが、今年はあまり衝撃的な人はいなかった。

モーリン・オハラが亡くなったのは知っていたし、スタッフや監督などでも「えっ、あの人が…」と驚くことはなかった。モーリン・オハラだって九十五歳の大往生だ。原節子より二ヶ月遅く生まれ、原節子の死から一ヶ月と十九日後に亡くなった。ジョン・フォード、ジョン・ウエインは遠に亡くなっており、「とうとうモーリン・オハラか」という感慨が湧いてくる。

●クリス・ロックが皮肉なブラック・ジョークを続けた

それにしても、司会のクリス・ロックはよく喋った。アメリカではスタンダップ・コメディアンと呼ばれるひとり話芸が好まれるのだろうか。日本の漫才のようなボケとツッコミ（昔のアボットとコステロみたいな）芸もあるのだろうけど、アカデミー授賞式は辛辣なジョークで客を笑わせるコメディアンが司会を務めることが多い。

今回のクリス・ロックは、しつこいほど人種差別問題に関するジョークを口にする。その都度、観客席が映るのだが、大笑いしている人もいる一方、微妙な表情の人もいた。アメリカの人種差別問題（特に黒人問題）は複雑で根が深い。

先日の丸山代議士の言葉のように、黒人は奴隷としてアメリカ大陸に連れてこられたのだ。その負の歴史に目を背けたい白人もいるのだろう。白人優位主義者の秘密結社クー・クラックス・クランの元幹部がトランプ支持を発表し、テレビ討論会で司会者からそのことを問い詰められたトランプが明確に拒否を示さなかったことで対立候補から責められ、「いや、あれはイヤフォンの具合が悪くて司会者の質問が聞こえなかったからだ」と言い訳をしていた。僕は、トランプは明確な白人優位主義者だと思っているが、そのことを明確に打ち出すことはタテマエとしてまずいのだろう。

クー・クラックス・クランと聞くと、僕はビリー・ホリディが唄った「奇妙な果実」というジャズの名曲を思い出す。「ストレンジ・フルーツ」とは、白人たちのリンチに遭い木の枝に吊り下げられた黒人の死体のことである。

クリス・ロックは「なぜ、今回に限って黒人のノミネートがないことが問題なのか。八十八回のうち七十回以上は黒人のノミネートがなかったはずだ」と言い、昔は「抗議すべき重要なことが他にあったからだ」と続ける。その後、「お祖母さんが木から吊されているのに、アカデミー賞の演技賞に黒人がひとりもノミネートされていないことを誰が気にする？」と、ブラック・ジョークで観客を笑わせた。

ハリウッドでは、黒人差別をテーマにした映画が数多く作られている。特にアメリカ南部を舞台にした作品は、すぐにいくつか挙げることができる。しかし、本格的に黒人差別問題が取り上げられるようになったのは、シドニー・ポアチエの登場以降のような気もする。

スタンリー・クレイマー監督「手錠のままの脱獄」（一九五八年）が嚆矢と言ってもいいのではないか。黒人嫌いの白人が手錠につながれたまま黒人と一緒に逃亡する中で、黒人への友情を育む作品だ。

同時期、黒人嫌いの白人と黒人が組んで銀行強盗をし、逃亡中にふたりが理解しあうというストーリーの「明日に賭ける」が「拳銃の報酬」（一九五九年）として映画化されたが、W・P・マッギヴァーンの原作と違い白人（ロバート・ライアン）は最後まで黒人（ハリー・ベラフォンテ）と対立する。

六〇年代になると公民権運動が盛り上がった現実のアメリカ社会を反映して、黒人差別をテーマにした作品は増えてくる。やがて、キング牧師が暗殺され、マルコムXも登場し、さらにブラックパンサーが活動を始め、七〇年代には「ブラック・イズ・ビューティフル」の言葉と共にブラック・ムービーが盛んになる。チェスター・ハイムズが創り出した「墓堀りジョーンズ」と「棺桶エド」の、黒人刑事コンビを主人公としたシリーズが原作の「ロールスロイスに銀の銃」（一九七〇年）などである。チェスター・ハイムズのシリーズはハヤカワ・ポケットミステリで翻訳され、当時は日本でもけっこう売れた。

しかし、僕が驚いたのは日本では未公開だったエリア・カザン監督の「ピンキー」（一九四九年）である。冒頭、南部の黒人の住む町を白人の女性が歩いている。白人の男が「ここは黒人の住居区だから、白人女性のひとり歩きは危険だ」と忠告するが、女性は気にしない。

ある家の前に立つと、黒人の老女が洗濯物を干している。白人女性は、その老女に「お祖母ちゃん」と呼びかける。初めて見た観客は驚いたことだろう。ヒロインを演じたのは、ジーン・クレイン。白人の女優だ。この作品は白人にしか見えない若い女性を主人公にして、複雑な黒人差別の問題を描き出した。

見た目でわかる黒人ではなく、外見は白人なのに黒人の血を受け継いでいると設定することで、白人だと思って対応していた白人たちが、相手が黒人だとわかった瞬間の反応を描くことができる。白人たちが差別するのは、見た目の肌の色ではない。黒人の血が入っているかどうかが問題なのだ。

ヒロインは、北部で白人の看護婦と偽って生きてきた。しかし、医師に結婚を申し込まれ、黒人であることを告白して（それでも、相手は受け入れたのだが）故郷に戻ってきた。そこには、黒人としてのアイデンティティを棄てた主人公自身に迫る課題もある。なぜ、自分は白人と偽って生きてきたのかという負い目である。それは、自ら黒人差別を認めたことではないのか。隠すのではなく、黒人差別に対して戦うべきだったのではないか。そんな自問が己を責める。

●外見が白人であるがゆえにアイデンティティが分裂する

ドイツから亡命しハリウッドで「メロドラマの巨匠」となったダグラス・サーク監督に「悲しみは空の彼方に」（一九五九年）という代表作がある。海辺の町で娘連れのローラ（ラナ・ターナー）は、困窮した娘連れの黒人アニー（ファニタ・ムーア）と知り合い、一緒に暮らそうと誘う。白人の母娘と黒人の母娘は共同生活を始める。

やがてローラは女優として有名になり、アニーはハウスキーパーとしてローラの家を仕切る。ローラの娘スージー（サンドラ・ディー）も、アニーの娘サラ・ジェーン（スーザン・コーナー）も美しい娘に育つ。サラ・ジェーンは白人の父親の血を引いており、見た目は白人にしか見えない。それが、彼女を苦しめる。見た目が黒人なら諦められる。しかし、誰もが自分を白人だと思って話しかけてくるのだ。

子供の頃からサラ・ジェーンは、分裂する自我に悩んだのではあるまいか。その結果、自分が黒人から生まれたことを拒否するようになる。母親を認めない。子供の頃、母親が学校にやってくると、「あれは、うちの女中よ」と級友たちに言う。そんな娘の態度が、アニーは悲しくて仕方がない。

サラ・ジェーンの白人願望はますます募り、ハイスクールで白人のボーイフレンドができたときも、自分が白人であると偽り続ける。しかし、サラ・ジェーンの母親を見たボーイフレンドは怒り、彼女を殴り倒して去っていく。その卑劣でイヤな白人青年を演じているのは、デビューして間もないトロイ・ドナヒューである。サラ・ジェーンは母親を捨て、誰も知人のいない都会で白人と偽って生きる選択をする。

白人に見える黒人という設定は、ジョン・カサヴェテス監督の「アメリカの影」（一九五九年）でも使われる。ニューヨーク派で「インディペンデント映画の父」と後に言われるカサヴェテスだが、これが監督第一作だった。日本で公開されたのは一九六五年、それまで個性的な俳優だと思われていたカサヴェテスは一躍、才能ある監督として認められた。

白人の青年が恋人の家にいき、出てきた家族が黒人だったときの驚きと戸惑い、そして、娘が黒人だったと知って豹変するほどではないが、どこか居心地の悪そうな青年の表情がアメリカの白人の意識下にある微妙な差別感情を描き出す。南部のプアホワイトの露骨な黒人差別ではないが、やはり根強い黒人への偏見があることをえぐり出す。

「白いカラス」（二〇〇三年）は、ノーベル文学賞をもらっても不思議ではない作家フィリップ・ロスの原作だけに、黒人差別問題も複雑に設定される。名門大学の教室で、初老の教授（アンソニー・ホプキンス）が出席をとっている。いつも欠席のふたりがいる。「彼らを見たことがない。彼らは幽霊（スプーク）か」と皮肉につぶやくが、そのふたりが黒人学生だったことから問題になる。

「スプーク」には、黒人の蔑称の意味もあるというのだ。大学の理事会で黒人差別意識を追求され、彼は辞職せざるを得なくなる。夫が教授職を失った落胆から、妻も死んでしまう。

失意を抱えて暮らす元教授は、ある日、美人の清掃員（ニコール・キッドマン）と知り合い恋に落ちる。彼女は、暴力的な夫から逃げている身だった。その彼女に、彼は自分が隠してきた過去を語る。彼は黒人として生まれたが、外見で白人に間違われることから、若いときから白人として生きてきた。勉強に精を出し、古典の教授として学部長にまで上り詰めた。

だが、黒人の自分が、黒人の蔑称を口にしたことで辞職に追い込まれる皮肉な結果になった。自分が黒人であると告白すれば、黒人に対する差別意識があると糾弾されることはなかった。しかし、告白すれば白人と偽ってきた己が明らかになり、自分を責め続けることになる。自分の出自を否定して生きてきた負い目。そのアイロニーに、彼は怒りを鎮めることができない。

生粋のイギリス人俳優であるアンソニー・ホプキンスが主人公を演じることで、「黒人差別の本質とは何？」という疑問が湧いてくる。見た目の肌の色の違いではないのだ。それは、日本における部落差別と同じなのか。部落出身を隠して生きる主人公の屈折した感情を描く島崎藤村の「破戒」は、「白いカラス」とテーマが共通するのではないか。何の違いもないのに、出身で差別されることの理不尽さは許せない（といって、見た目が違うから差別していい、というわけではないけれど）。

結局、偏見には実体がないのだ。人間は「自分と違う」だけで、偏見を持つ。イニャリトゥ監督のように僕も「髪型の違う人」と同じレベルで、肌の色の違う人、違う言葉を話す人、違う宗教を信じる人などを、誰もが受け入れられるようになってほしいと願う。

若き日の自分と対決する

ターミネーター／ターミネーター2／ターミネーター3／ターミネーター4／ターミネーター　新起動（ジェニシス）

●三十年前のシュワルツェネッガーが再現されていた

昨年、「ターミネーター　新起動／ジェニシス」（二〇一五年）を見ていたら、不意に「あれから…三十年経ったのか」という思いが湧き起こってきた。スクリーンでは、「ターミネーター」（一九八四年）の冒頭と同じシーンが展開されていた。稲妻のような火花が散り、風が巻き起こって新聞紙を飛ばし、まばゆい光が周辺を輝かせる。地面や壁が球体にえぐられ、全裸の男が生まれたばかりのように身を屈めている。全裸の男は立ち上がり、ゴミ収集トラックの運転手が驚愕する。

夜の展望台、三人のチンピラ風の男たちが騒いでいる。向こうから全裸の若きアーノルド・シュワルツェネッガーが歩いてくる。ボディビルのチャンピオンになった筋肉隆々の体だ。男たちがからかうと、シュワルツェネッガー演じるターミネーターの視点になり、男たちをスキャンし、相手の言葉の意味を分析する。見事に、第一作のシーンを再現していた。

しかし、この後、「ターミネーター　新起動／ジェニシス」は意外な展開を見せる。老けたシュワルツェネッガーが登場し、「長い間待ちかねたぜ」というセリフと共にターミネーターをショットガンで撃つのである。

ターミネーターの皮膚や肉体は経年変化（劣化）する、つまり外見は年をとるというセリフで、年老いたシュワルツェネッガーがターミネーターを演じることを説明してしまうのはちょっと無理があると思うけれど、少女時代のサラ・コナーの殺害を狙って送られた液体金属のターミネーターT１０００を阻止するために、別のターミネーターT８００が送られてきたという設定は、「ターミネーター２」（一九九一年）を見ているから納得してしまう。少女時代のサラ・コナーを救ったT８００は、そのまま一九八四年のロスにターミネーターが現れるまで十数年待ち続けていたのだ。

「ターミネーター」が日本で公開されたのは、一九八五年の五月末のことだった。典型的な低予算のB級SFアクション映画だったが、その面白さがじわじわと口コミで広がった。「コナン・ザ・グレート」（一九八二年）などの主演作がある肉体が売りもののキワモノ俳優だった、アーノルド・シュワルツェネッガーがサイボーグを演じたのも話題になった。

その映画で唯一名を知られていた俳優だった。ただ、一般的にそれほど有名だったわけではない。「ターミネーター」のヒットで有名になり、翌年の「コマンドー」（一九八五年）でシルベスター・スタローンと並ぶアクションスターになった。

そう言えば、六年後の「ターミネーター２」（一九九一年）の予告編がテレビで流れていた頃、カミさんが「今度の『ターミネーター２』は、シュワちゃんがいっぱい出てくるみたいよ。未来の工場で、シュワちゃんの顔をしたターミネーターが次々に作られているシーンがテレビで流れてるわ」と言ったのを憶えている。しかし、僕はそのシーンを見た記憶がない。

監督のジェームス・キャメロンは「エイリアン２」（一九八六年）で、数え切れないエイリアンたち（原題はこれでした）を登場させたので、ありそうな設定だと思った。

しかし、実際の「ターミネーター２」は、まるで違った。同じように未来からふたりの男がやってくるが、ひとりはハンサムなものの無表情なT１０００だったし、第一作で執拗にサラ・コナーを狙い続けたターミネーターT８００は、一転して息子のジョン・コナーを守ることをプログラムされたヒーローとして登場したのだ。おいおい、第一作の設定だと矛盾があるぞと思ったが、野暮は言うまいと思いながら見ていると、ラストシーンで自らのチップも破棄するために溶鉱炉で溶けていくシュワちゃんに涙することになった。徹底的にひとりの人間を守り、自己犠牲の美しさを見せてくれたからだ。

それはそれでいいけれど、シュワちゃん型T800ターミネーターが続々と登場する「ターミネーター」も見てみたいと今も思っている。「ターミネーター3」（二〇〇三年）は女性版ターミネーターを出して新味を狙ったが、悩める青年ジョン・コナーに感情移入できなかった。

「ターミネーター4」（二〇〇九年）は、未来での機械と人間の戦いが中心だった。しかし、「ターミネーター　新起動／ジェニシス」で、老けたシュワルツェネッガーと三十年前の若きシュワルツェネッガー（CGなのかなあ）の戦いが見られたので、少し希望が叶ったかなと思っている。

●バブル景気へと向かっていた「ターミネーター」公開の頃

三十一年前の五月、僕は就職して十年が経っていた。「フォトテクニック」というカメラ雑誌編集部にいて、バリバリ仕事をしていた。まだ、三十三歳だった。カメラ記者クラブというカメラ雑誌の編集者たちで作る団体に所属し、毎月の例会で正式発表より前に新製品の情報を得ることもあった。

その年は、カメラ業界にとっても激動の年だった。ミノルタが二月に初めてのオートフォーカス一眼レフカメラ「α7000」を発売したのだ。そのカメラは大ヒットし、ミノルタがシェア一位だったキヤノンを追い越してしまった。

しかし、その後の三十年間に起こったことを振り返ると、「栄枯盛衰」という言葉が浮かんでくる。「平家物語」の冒頭のフレーズが甦る。「諸行無常」である。

アメリカでオートフォーカス機構の特許侵害訴訟を起こされたミノルタは敗訴し、数百億を支払うことになった。その後、コニカと合併し、コニカ・ミノルタになる。独自技術にこだわるキヤノンは、レンズ側モーターを採用したEOSシリーズを発表し、一眼レフのトップ・シェアを取り戻した。

一九八五年は、急激な円高の年でもあった。九月にプラザ合意があり、一ドル二百数十円だったのが、半年ほどで百五十円になった。急激な円高は輸出企業を直撃した。

その頃、新宿にあったキヤノン本社を訪れた僕は、社員全員が胸に「チャレンジ150」というバッジを付けているのに気づき、広報の人に「あれは何ですか？」と訊いた。その人は「一ドル百五十円に全社員で取り組もうというキャンペーンです」と答えた。それだけのバッジを作るのにいくらかかるんだろう、というのが貧乏性である僕の反応だった。

急激な円高は、やがてバブル経済を生んでいく。強い円は、ついにアメリカのロックフェラービルさえ買収し、アメリカ人は自らの誇りを冒され、ジャパンバッシングが起こる。

一九八九年二月のバブル絶頂期に日本でも大ヒットした「ダイ・ハード」（一九八八年）は、公開当時「ジャパン・バッシング映画」として捉えられた。アメリカに巨大なビルを建設している日本企業がテロリストに襲われ、日本人社長が殺されるのは誰でもわかる「日本叩き」の設定だが、ある人は「あの映画で落下するのは、すべて日本のもの」と分析した。

屋上の爆発を消火用のホースを体に巻き付けて飛び降りることでターザンのように逃れたジョン・マクレーンは、建設中のフロアに窓を破って飛び込み一枚の畳の上に着地する。しかし、落下した消火器の重みでジリジリとマックレーンは引きずられ、間一髪、畳だけが落下する。

ラストでは日本企業の債券が大量に落下し、テロリストの狙いは挫折する。しかし、マクレーンの妻は落下するハンスに腕をつかまれ、道連れにされかかる。そのとき、日本人社長から褒美でもらった腕時計がスルリと抜けて、ハンスは時計と共に落下する。確かに、日本がらみのものばかりが落ちている。

一九八五年には「貿易不均衡を糺せ」と主張するレーガン大統領に対して、中曽根首相は「日本を不沈空母にする」などと媚びを売り「ロン・ヤスと呼び合う仲だ」と蜜月を強調していた。東西の冷戦構造はまだまだ存在し、ベルリンの壁は崩壊していない。ゴルバチョフが書記長になりソ連は変化の兆しを見せていたが、チェルノブイリ原発の四号機が爆発しソ連政府が事故を隠蔽しようとするのは翌年の四月末のことだ。

年の暮れには「バック・トゥ・ザ・フューチャー」（一九八五年）が公開されて大ヒットし、大晦日には中森明菜が「ミ・アモーレ」でレコード大賞を獲得した。

●「ターミネーター」が公開された頃に僕がしていたこと

一九八五年五月、僕はまだ三十三歳で三歳の息子と一歳の娘を抱えて生きていた。東京都の外れの長谷川工務店が建てたマンションで暮らしていた。マンションは運河沿いに建てられていて、ベランダから見ると三つの橋が見えた。雪見橋、月見橋、花見橋と名付けられていた。「雪月花」という風雅な名前には似つかず、運河は淀み濁っていた。

毎朝、駅まで自転車で十分ほど走り、盲腸線と皮肉られるひと駅区間だけを往復している二両の電車に乗って本線の駅にいき乗り換えた。そこから二十分の都心の駅で再び乗り換えて十分。会社に着くまで五十分ほどだった。

あの頃、僕は何を考えていたのだろう。もう、よく憶えていない。当時の日記を読み返せば、記憶が甦ってくるかもしれないが、そういう気持ちにもなれない。それでも六十四の僕が三十一年前の自分を思い出そうとするとき、漠然とした思いだけは甦ってくる。将来への不安、当時の現状に対する切迫したような焦燥、ままにならない人生への鬱屈とルサンチマン、そんなものを抱えていた。しかし、家族への思い、仕事への思い、ようやく生まれてきた社会人としての自信、そんなポジティブな気持ちもあった。

労働組合の問題もあった。その数年前に僕は、いきなり会社の労働組合の執行委員長になり、その頃は三期目の委員長を務めていたはずだ。振り返れば、会社との団体交渉より、組合員たちとの討議集会で感情的になることが多かった。

誰もが勝手なことを主張した。もちろん、人間は自分が中心だし、自分の利害から発言するのは仕方がない。しかし、三十人ほどとはいえ、全体をまとめる立場になると、「なぜ、この人は自分勝手な主張しかできないのか。いつも執行委員になるのを逃げているくせに」という思いが湧いてきた。

多くの時間を、僕は組合活動にとられていた。日本出版労働組合連合会という上部組織に所属していたから、夜は何かと会議ばかりだった。休日にも会議のための資料をまとめ、次回の会議のためのレジメを作った。残業ができないから、週末を使って自宅で取材原稿を書いた。幼い子供たちが僕の部屋にやってきて邪魔をしたが、遊び相手になってやることもできなかった。そんな風に自分の時間を犠牲にしていることが、勝手なことを主張する組合員たちへの怒りになったのかもしれない。僕には、「瞬間湯沸かし器」というあだ名がついた。

もっとも、そのあだ名を僕につけたのは、当時の社長だった。団体交渉で僕が「社員の健康と、会社の経費とどっちが大事なんですか！」と怒鳴り、机を叩いてしまったからだ。いきなり大声をあげたものだから、その瞬間、社長はびっくりして身を引いた。「何も、そんなに怒らなくても」と社長は言った。

あのとき、確かに僕は爆発した。ようやく組合員をまとめて作り上げた要求案に対して、「そんなこと認めたら、経費が膨大になる」と経営陣が口をそろえて首を振ったからだった。そんな春闘が長引いた三十一年前の五月、僕は「ターミネーター」を見て、つかの間、会社や組合のことを忘れた。

その後の三十年を振り返ってみると、僕は五十過ぎで管理部門に移り、労務も担当することになり、団体交渉では会社側の窓口になった。やがて経営陣になり、労働組合に対して「そんな要求を認めたら、会社は立ちいかなくなる」と発言するようになった。この変化は、誰もが経験するものなのだろうか。若い日の自分を裏切ったことになるのだろうか。

三十年は長い。正反対の立場に立つこともある。その後の僕を、三十年前の若い僕が見たら何と言うだろうか。僕は、そんな若い自分と対決しなければならないのか。しかし、それは三十年を経験した今の自分だから思うことで、三十三歳の僕はその先に横たわる三十年を予想もできなかった。

アーノルド・シュワルツェネッガーは第二次大戦終結の二年後、オーストリアに生まれボディビルを始め、ミスター・ユニヴァースのタイトルを得て、アメリカに渡った。大学で学びながらボディビルの世界で有名になり、映画界に進出する。

しかし、「ロング・グッドバイ」（一九七三年）でのギャングの間抜けな子分役のような端役が続き、ドキュメンタリー「アーノルド・シュワルツェネッガーの鋼鉄の男」（一九七七年）を経て、「コナン・ザ・グレート」で主演し、「ターミネーター」出演時は三十七歳になっていた。

「ターミネーター　新起動／ジェニシス」のシュワちゃんは、六十八歳になっている。年令相応の老け方で、若い頃に比べてずっと知的な顔になった。「コナン・ザ・グレート」や「ターミネーター」の頃のシュワちゃんは、こういっては何だがネアンデルタール系の容貌（だから原始人コナンが合っていたのかも）で、知性は感じられなかった。

その風貌が「ターミネーター」では生かされ、人間の姿をしている殺人マシーンの設定にリアリティがあった。だが、スクリーンの中とはいえ六十八歳のシュワちゃんも、若き日の自分と死闘を演じることになるとは思っていなかっただろう。

「階段落ち」を実践す

蒲田行進曲／風と共に去りぬ／サイコ／ザ・ミッション　非情の掟／からっ風野郎

●歩道橋の階段を滑り落ちて小学生たちを驚かせた

二月末だったか、三月初めだったか、夜中に雪が降り、朝起きたらうっすらと雪が積もっていた日のことだった。早朝、いつものように散歩に出た。道には雪は残っていなかったが、畑や雑木林にはまだ雪が積もっていた。温度もかなり下がっている。水たまりには、氷が張っていた。それでも一時間ほど歩くと、少し汗をかいた。自宅近くに戻ってくると、いつもより少し遅かったので、登校する小学生たちと一緒になった。

自宅近くには四つ辻があり、大きな歩道橋が設置されている。その少し先に小学校があるので、信号のところには交通安全の帽子をかぶったおじさんが出て、毎朝、登校時間が終わるまで旗を手にして人が横断するたびに車を止めていた。東から西に渡るときには歩道橋を使うように指示されているらしく、小学生たちは必ず歩道橋を歩く。僕はいつもは信号を待って横断歩道を渡るのだが、その朝に限って歩道橋を渡った。

早足で小学生たちを追い越す。三人横に並んで話しながら歩いていた女の子たちを追い抜き、下りの階段に足をかけた瞬間だった。階段の端の滑り止めのゴムの先に金属になっている部分があり、そこに足を乗せた途端、ツルリと滑った。

そのまま体が宙に浮き、イヤと言うほど尻と腰を打ち付けた。大きな音がした。階段を降りていた小学生たちが驚いて、一斉に振り返った。僕はそのまま数段、階段を滑り落ちた。そのたびに尾てい骨から頭に衝撃が抜ける。

気がつくと小学生たちが、見上げていた。よほど大きな音がしたのだろう。交通安全のおじさんも見上げている。僕と目が合うと少し笑いながら、「大丈夫ですか?」と階段下から声をかけてきた。「ええ」と返事をして、僕は手すりをつかんで立ち上がった。

何とか歩けた。そのまま手すりを持って下まで降りた。小学生たちは、学校へ向かっている。もう僕を見ている子供はいない。僕は交通安全のおじさんに、「危ないですよ。階段の金属の部分が凍ってます。子供たちも滑るかもしれない」と言った。照れ隠しもあったのだが、子供たちが滑ったら危ないなという気持ちが強かった。僕の後にも次々と子供たちが階段を降りてくる。「そうですか。さっき、ひとり階段で滑りましたね」と、おじさんが答えた。「えっ、それで注意してないの」と思ったが口には出さず、階段を降りようとしていた小学生に、「そこ凍ってるから気をつけてね」と僕は大声で注意を促した。

そんな僕を見て、交通安全のおじさんは急に心配になったのだろうか、「危ないですかね」と訊く。

退職した人が地域のボランティアで、毎朝、子供たちの登校時間に一時間以上、そこに立っている。その人もまだまだ元気そうな、僕よりやや年上の感じの人だった。黄色いキャップをかぶり、腕に腕章をして、手には旗を持っている。

自分が滑ってしまったのを正当化(?)するように僕が「危険だ」と強調しすぎたせいか、おじさんは本気で心配になったようだ。「今日だけは歩道橋ではなくて、横断歩道を渡るように指示しようかな」と独り言のように言う。

「その方が安全なのでは?」と僕も答えた。するとおじさんは、携帯電話を取り出して電話をした。「もしもし、先生。歩道橋の階段が凍っていて、滑りやすくなっているんです…」という言葉を聞いたので、結局、先生に判断を仰いだのだな、と思いながら僕はおじさんに会釈をしてそこを離れた。その後、どう判断したかはわからないが、危険だったのは間違いない。

しかし、僕が子供たちに「凍っていて危ないから、階段、気をつけてね」とことさら声をかけたのは、やっぱり、自分が無様な姿をさらしたことの言い訳だった気がして仕方がない。

●「階段落ち」といえば何といっても「蒲田行進曲」

「階段落ち」と言えば、つかこうへいの戯曲を映画化した「蒲田行進曲」(一九八二年)である。「仁義なき戦い」と共に深作監督の名作の一本だ。風間杜夫の「銀チャン」は東映で売り出し中の時代劇スター、平田満の「呑み込みのヤス」は大部屋俳優である。ヤスは銀チャンの取り巻きで、子分で、親衛隊である。銀チャンがはらませた落ち目の女優・小夏(松坂慶子)を押しつけられ、文句も言わず子供の父親になることを了承する。ヤスは、小夏に「あんた、プライドないの?」と罵られる。

銀チャンが撮影に入っている「新選組魔性剣」の一番の見せ場は、池田屋に浪士の取り締まりに入ったとき、階段の上で土方に斬られた浪士が階段を落ちるシーンである。そのために通常の三倍もある巨大な階段のセットを作ったが、落ちる俳優がいない。「東京から呼んだスタントマンもビビって帰っちまった」のである。そこで、土方歳三役の銀チャンの見せ場のために、ヤスが命を懸けて「階段落ち」をやろうと決意する。「蒲田行進曲」最大の見せ場も「階段落ち」だった。

ところで、最初に見たときから「私設・新選組愛好会」に属する僕としては、気になっていることがある。史実では、当初、土方歳三は池田屋にはいなかったのだ。つまり、浪士たちが集まるのは池田屋だという確実な情報がなく、新選組は近藤勇率いる少数の組と土方率いる主力組が別れて出動した。

土方組は四国屋へ向かい、近藤組が池田屋に向かった。だから、池田屋に踏み込んで階段を駆け上り、最初に浪士を斬って階段に落とすのは近藤勇なのである。土方は、かなり遅れて池田屋にやってくることになる。少なくとも司馬遼太郎の「新選組血風録」には、そう書いてある。

だから、銀チャンの役を近藤勇にしておけば問題はないのだが、風間杜夫はやはり土方の方がイメージとして合っている。まあ、最初の坂本龍馬（原田大二郎）との絡みシーンを見ると、そういう史実にはまったくこだわっていない映画だとわかるので、野暮なことは言いたくないけれど、やっぱり気になるのである。封切りのとき、上野の映画館で「蒲田行進曲」を見た僕は、涙目のまま秋葉原の石丸電気にいってサントラ盤のＬＰを買って帰り、連日、聴きながら映画のシーンを思い出し、涙を流していたくらい思い入れた映画だったから、よけい気になったのだろう。

高いビルから落ちるシーン、階段落ちのシーンなど、アクションシーンを見て泣いてしまうのは、「蒲田行進曲」くらいだ。実際に落ちているのは、間違いなくスタントマンなのだけれど、そのスタントマンにもドラマがある、映画作りの裏側には様々なドラマがある、と思わせてくれるのである。それにラストシーンが素晴らしい。「カット、オッケー」と深作監督の声がかかると、病室のセットが壊され、出演者が全員登場し、宝塚のフィナーレのように観客に手を振ってくれる。

宝塚が必ず大階段でフィナーレを行うのは、悲劇の後、観客の心を沈んだまま帰さないための配慮だと聞いた。僕がきちんと見た宝塚ミュージカルは「ヴェルサイユのバラ」だけだが、フィナーレでは死んだはずのアンドレが甦り、オスカルと共に「愛、それは清く〜、愛、それは尊く〜」と唄う。恋人たちの悲劇に魂を浄化された観客たちは、フィナーレによって心弾むような幸せを感じながら帰っていく……。

●かつて宝塚歌劇にも「階段落ち」はあった

宝塚でも「階段落ち」があった。もうずいぶん前のことだが、ヴィヴィアン・リー主演の「風と共に去りぬ」（一九三九年）を宝塚が歌劇化して上演し、大人気を博したことがある。「風と共に去りぬ」の見せ場が「階段落ち」だった。

映画を見ていれば舞台も想像できるが、スカーレット・オハラはレット・バトラーと結婚し、生まれた娘が落馬して亡くなり夫婦仲が冷える。ふたりが暮らすのは南部の大きな邸宅で幅の広い階段がある。ある日、夫婦喧嘩をして、スカーレットはその大階段を転げ落ちる。

舞台で、その階段落ちをどうするか。映画のように映像テクニックでごまかせるわけではない。大勢の観客の前で、毎回、実際に階段を転げ落ちなければならない。危険だ。怪我をするかもしれない。そこで、舞台装置を考えた。スカーレットが落ちるタイミングに合わせて、階段が滑り台のようになる仕掛けにしたのである。これは芝居と装置係とのタイミングが重要だが、スカーレット役の女優は滑り台を転がる感覚で落ちればいいので安全性は高まる。何人ものトップスターがスカーレットを演じたが、「遙くらら」も転げ落ちたひとりだったと思う。

映像テクニックでの階段落ちとしては、アルフレッド・ヒッチコック監督の「サイコ」（一九六〇年）のマーチン・バルサムが忘れられない。会社の金を持って消えた姉の行方を探してほしいと依頼された私立探偵役のバルサムは、痕跡を追ってベイツ・モーテルにたどり着く。探偵は、母屋を怪しんで忍んでいく。玄関を抜け階段を上ったとき、大きな肉切り包丁のようなナイフが煌めき彼に切りつける。驚愕し、血を流した探偵は、階段をスーッと流れるように落ちていく。

フランソワ・トリュフォーがヒッチコックに詳細にインタビューした「映画術」（晶文社）には、様々な具体的な撮影法が明かされている。ヒッチコックは映像のテクニシャンで、彼が発明した手法も多い。有名なのは、ドリー（トラック）＆ズームだ。「めまい」（一九五八年）で高所恐怖症の主人公が教会の塔を登っていく途中、めまいに襲われるカットである。

そのとき、ヒッチコックはカメラを前進させながらレンズをズームバックする手法を使った。後にスピルバーグが「ジョーズ」（一九七五年）で応用した。今では、テレビＣＭでも多用される。マーチン・バルサムの階段落ちシーンは、これに近い。カメラとバルサムの距離を一定にしたままで、移動撮影したのだろう。

最近は、「エスカレーター落ち」とでもいうべきシーンがけっこう多い。特に、アクションシーンでエスカレーターが使われる。その嚆矢となったのは、香港ハードボイルドの雄ジョニー・トー監督の「ザ・ミッション／非情の掟」（一九九九年）ではないだろうか。黒社会のボスのボディガードとして集められた五人の男たち。彼らは香港ジャスコの中で敵方に襲われる。上りと下りが平行して動いているエスカレーター。拳銃を構えたままエスカレーターで移動していく。実に映画的だ。

この「香港ジャスコの銃撃戦」は、ハードボイルド好きの間では伝説になっている名シーンである。僕は何度も見て、アクションのリズム、カット割り、男たちの連係プレー、鏡などの小道具の使い方を分析したものである。こういうゾクゾクするアクションシーンを、ジョニー・トーは次々に創り出す。「ザ・

ミッション／非情の掟」の続編とも言える「エグザイル／絆」（二〇〇六年）でも、「また、やってくれたなあ」とうれしくなるシーンばかりだった。

日本映画で初めてエスカレーターの上で死んだのは、もしかしたら「からっ風野郎」（一九六〇年）の三島由紀夫かもしれない。どうしようもないチンピラ役だったが、三島由紀夫は革ジャン姿で張り切って出演した。相手役は若尾文子である。

当時の三島は、ベストセラーも出していた有名な純文学作家だった。やっぱり、映画に出るのが好きだったのだろう。監督の増村保造は、東大で三島と同学年だった。もっとも、増村は「どうしようもなく下手だった」と言っている。チンピラ役の三島は、ラストでデパートのエスカレーター上で殺され、死体がエスカレーターに乗って運ばれていく。

ところで、人の悪い研究者がバナナの皮を踏んで転んだ後、人はどのような反応をするかという実験（危険じゃないか、ホントに）を行った。ほとんどの人が、人目がなくても照れかくしに笑ったそうだ。

僕も大きな音をさせて自分の体が落下したとき、何が起きたかわからない感じだったけれど、驚いて僕を見ている子供たちの顔を認識し、「へへへ」と笑った気がする。やっぱり、その後の言動は子供たちが滑ることを心配したというより、己のヘマを取り繕うのが目的だった気がしてきた。

ジャズ・ファンのための映画

ストックホルムでワルツを／ラウンド・ミッドナイト

●六〇年代のフランス映画で流れたジャズの魅力

僕がジャズを聴くようになったのは、フランス映画の影響だった。その頃、フランス映画はジャズを使うことが多かったのだ。ルイ・マルの「死刑台のエレベーター」（一九五七年）に、マイルス・デイビスが試写室のスクリーンを見ながら即興で音楽を付けたという伝説は有名だが、その他にも「大運河」（一九五六年）のモダン・ジャズ・クァルテット（ＭＪＱ）、「危険な関係」（一九五九年）や「殺《や》られる」（一九五九年）のアート・ブレイキーとジャズ・メッセンジャーズ、「彼奴《きゃつ》を殺《け》せ」（一九五九年）のバルネ・ウィランなどもいた。

僕がはまったのは、ミルト・ジャクソンのヴァイブの音だった。だから、彼がメンバーであるＭＪＱのアルバムが初めて買ったジャズ・レコードだった。高校生のときである。

もっとも、六〇年代後半はフリー・ジャズ全盛で、「ＭＪＱが好き」と言うとバカにされたものだった。友人は「コルトレーン聴かなきゃ。アーチー・シェップもいいぞ」と言ったが、僕はジョン・コルトレーンの「至上の愛」を聴いてもさっぱりわからなかった。「至上の愛」が僕の愛聴盤になるのは、十数年後のことだ。

ヴィブラフォンは鉄琴の一種である。ミルト・ジャクソンの演奏写真を見ると片手に二本のマレットを持ち、両手で四本を自由に操っているように見えた。僕は木琴で真似をしてみたが、足下にも及ばなかった。あの「まさにジャズ」と思えるヴァイブの音を出すのが神業に思えた。だから、ジャズ・プレイヤーの中でもヴァイブ奏者には、特にリスペクトを感じていた。

大学に入り上京したときにゲイリー・バートンが来日し、ヴァイブ聴きたさにコンサートに出かけたが、MJQとはまったく異なる音楽性に愕然としたものだ。その後、チック・コリアとゲイリー・バートンがECMから出したデュオアルバムは愛聴盤になったけれど。

僕はいろいろと幅を広げ、一時はピアノトリオのアルバムに凝ったり、アルトサックス奏者のアルバムを集中して集めたり、ジャズ・ジャイアントと呼ばれる人たちの代表的なアルバムをそろえたりした。

気が付くと、最も枚数が多いのはビル・エヴァンスになっていた。マイルス・デイビスもジョン・コルトレーンもほとんどのアルバムが揃った。キース・ジャレット、エリック・ドルフィーも相当にある。その中でもよく聴くのは、やはりビル・エヴァンスとキース・ジャレットだ。レッド・ガーランドも割りに聴く。夜に聴くのには、ピアノ・トリオがいい。

今ではヴォーカルのアルバムもかなり揃っているが、最初はあまりヴォーカルを聴かなかった。しかし、その中でも早くから持っているアルバムに、ビル・エヴァンス・トリオをバックにスウェーデン語で唄うモニカ・セッテルンドの「ワルツ・フォー・デビー」がある。

ビル・エヴァンス、スコット・ラファーロ、ポール・モチアンで、一九六一年六月二十五日にライブ録音された「ワルツ・フォー・デビー」はジャズの名盤中の名盤だが、スウェーデンの女性歌手が唄う同タイトルのアルバムも名盤である。

「ワルツ・フォー・デビー」は、ビル・エヴァンスが一九五四年に作った曲で、三歳になった姪のデビーに捧げられている。ビルには二歳年上の兄がおり、子供の頃から多大な影響を受けた。その兄の娘のために彼は曲を作ったのだが、兄はまもなく自殺する。兄の自殺は、彼に大きな衝撃を与えた。

ビル・エヴァンスは一九八〇年九月十五日に病死したが、それは「長い時間をかけた緩慢な自殺」とも言われた。若い頃からの薬物中毒が、彼の死期を早めたのだ。現在、姪のデビーが生きているとしたら、僕と同じ歳になる。

●モニカ・セッテルンドの人生を描いたスウェーデン映画

モニカ・セッテルンドの人生を描いた「ストックホルムでワルツを」(二〇一三年)は、ストックホルムから離れた田舎町で電話交換手をしながら歌手をめざしている時期から始まる。実家の父母に娘を預け、クリスマスにも巡業に出る。冒頭から父親との確執が描かれる。父親は娘の夢を「叶うはずがない」

と否定する。クリスマスに孫娘を預けて出かける娘に、「それでも母親か」ときつい言葉を投げつける。子供の頃からの父との確執、父から投げつけられる言葉にモニカは傷ついている。

ちなみに、モニカ・セッテルンドは英語読みすると「モニカ・ゼタールンド」になり、ニューヨークでの舞台シーンではそう呼ばれていた。しかし、スウェーデン語では「モニカ・セッテルンド」あるいは「モニカ・セットルンド」と発音していた。

ジャズの世界では「セッテルンド」と昔から表記されてきたので、その呼称を使うことにする。アルバム・ジャケットの写真では金髪の美人である。彼女を演じた女優は、昔のイタリアの女優シルバ・コシナにちょっと似た美人だった。シルバ・コシナは「鉄道員」(一九五六年)のお姉さんを演じている。

モニカはストックホルムのクラブで唄っているとき、アメリカからきたプロモーターに誘われてニューヨークにいく。そのジャズクラブで共演するのは、トミー・フラナガン・トリオだから、ジャズ・ファンとしてはうれしくなる。

しかし、彼女には楽屋が与えられるのに、黒人のトミー・フラナガンたちには楽屋がない。さらに、モニカがステージで唄っていると、黒人と白人が共演することを嫌う客たちが退席する。モニカは仕事を失い失意を抱えてバーにいるとき、エラ・フィッツジェラルドに会う。

モニカはエラに声をかけ、自分の歌を聴いてほしいと言い、アカペラでビリー・ホリディの曲を唄い始めるが、すぐに「あんた、この歌の気持ちがわかってんの?」とエラに厳しい口調で言われる。ビリー・ホリディもエラ・フィッツジェラルドも黒人だ。その歌は南部の黒人の悲しみを唄ったものだった。「誰かのマネより、自分の歌を唄ったら」と、容赦のないエラ・フィッツジェラルドの言葉にモニカは傷つく。ビリー・ホリディもエラ・フィッツジェラルドも歌はうまいが、口が悪かったのは事実らしい。

このエピソードは一九六〇年のことだと思う。一九九六年に日本でモニカ・セッテルンドの「ザ・ロストテープ」というCDが発売され、当時、スイングジャーナルの「今月の推薦盤」になったので、僕もすぐに買った。幻のテープが見つかったということだったからだ。

ライナーノーツには「〈スウェーデンの美空ひばり〉ことモニカが、一九五九年一一月から一九六〇年三月にかけて、イギリスとアメリカを訪れた」とある。そのときに録音したものらしい。確かにモニカは、英語で唄っている。

スウェーデンに戻ったモニカは徐々に有名になり、あるパーティで「私は好奇心の強い女」(一九六七年)という映画を撮っている映画監督ウィルゴット・シェーマンと知り合い同棲を始める。「私は好奇心の強い女」は世界中で評判になり、日本でも公開される前からセックス描写やヒロインのセックス観が話題になったが、実際に日本公開されたのは一九七一年のことだ。世界的なヒッピー・ムーヴメントが背景にあった。映画ではモニカとヴィルゴット・シェーマン監督との生活、次第に確執が高まる関係などが描かれるが、口論の中で「ベルイマン監督のマネよ」という罵声が出てきて笑ってしまった。

ヴィルゴット監督の関係でスウェーデンの詩人と知り合い、モニカは母国語の詞でジャズを唄い始め評判になる。クライマックスはビル・エヴァンス・トリオとの共演だが、それは一九六四年のことだった。ビル・エヴァンスが死んですでに三十六年が過ぎたけれど、モニカ・セッテルンドは二〇〇五年まで生きたのを映画のラストで知った。そういえば、トミー・フラナガンだって割に最近まで生きていた。ジャズ・プレイヤーは、けっこう長生きする人が多いのだ。音楽をやっていれば、スイングしていれば、ストレスは溜まらないのかもしれない。

●どんな音楽も二度と同じ演奏はできないけれど…

どんな世界にも早世した、あるいは夭逝した天才はいる。ジャズの世界でも何人もいて、バードと呼ばれたアルトサックス奏者のチャーリー・パーカーを筆頭に、ステージで愛人に射殺されたリー・モーガン、車を木に激突させて死んだスコット・ラファーロなどが有名だ。

また、どんな世界にも破滅型の人間はいて、薬物中毒になったり、アルコールに溺れたりするジャズ・プレイヤーもいる。薬を買う金ほしさに、ドラッグストアに拳銃を持って押し入ったジャズメンのＣＤを僕は何枚も持っている。彼らの人生を知って、その音楽を聴くと、また違った味わいがある。

ジャズの歴史を変革したひとりと言われるピアニストのバド・パウエルの人生も「ラウンド・ミッドナイト」（一九八六年）として映画化された。ただし、主人公はテナーサックス奏者に変更され、実際のサックス・プレイヤーであるデクスター・ゴードンが主人公を演じた。デクスター・ゴードンは初出演なのに、渋さと大きな体を茫洋と漂わせるような演技が評価され、アカデミー主演男優賞にノミネートされる。ジャズ・プレイヤーが大勢出演し、実際のライブシーンがひっきりなしに出てくるから、ジャズファンにとってはうれしい映画である。

僕が持っている「バド・パウエル・トリオ」のライナーノーツによると、バド・パウエルは一九二四年にニューヨークに生まれ、早くからピアニストとして有名になるが、精神疾患を抱えており、若い頃から彼を悩ませた。やがて麻薬に手を出し逮捕された後、病気がひどくなり、電気ショック療法を受けて社会復帰する。さらに、一九五九年には家族と共にヨーロッパに渡る。パリ時代のパウエルを助けたのは、彼の熱烈なファンだったデザイナーのフランシス・ポードラだった。

このデザイナーの役を、「ラウンド・ミッドナイト」では若きフランソワ・クリュゼが演じている。ジャズ・クラブに入る金がない若きデザイナーは、クラブから漏れてくる音を通風溝に耳を当てて聴き、やがて本人と知り合って彼の保護者のような存在になる。フランソワ・クリュゼは最近もいろいろ出演しているが、「最強のふたり」（二〇一一年）が大ヒットした。フランソワ・クリュゼが演じたデザイナーが、どんなことをしてもジャズ・ライブを聴きたがったように、ジャズはライブで聴くのが一番だ。

音楽は、二度と同じものは創れない。そのとき演奏された音楽を記録することはできるが、まったく同じ音楽を創り出すのは不可能だ。そのことは、エリック・ドルフィーも「音楽は一度奏でられると空に消えていき、二度と取り戻すことはできない」と言っている。だから、どんな音楽もライブで聴くのが一番である。特にジャズは、インプロビゼーション（アドリブ）の音楽だから、どのようになるのか予測がつかない。同じ曲でもメンバーの組み合わせで変わる。リズム・セクション（ピアノ、ベース、ドラムス）に煽られて、ものすごい名演を残したサックス奏者やトランペット奏者もいる。

だから、ジャズの好きな人は、映画でもライブシーンが出てくるとゾクゾクする。「ラウンド・ミッドナイト」のように名だたるプレイヤーが続々と登場するわけではないが、「ストックホルムでワルツを」もタイトルバックからジャズクラブで唄うモニカ・セッテルンドで始まる。

自然に体がリズムを刻み始めるスイングだ。アップを中心としたカットで編集されるシーンである。この雰囲気が、観客を映画の世界に引き込む。原題は「モニカ・Z」。スウェーデンでは、誰もが知っている国民的シンガーだったという。

茶番劇と化したアメリカ大統領選

私が愛した大統領／大統領の執事の涙

●アメリカの大統領は世界に大きな影響を与える存在

昔だと「トリックスター」とでも言うべき不動産王トランプが名乗りを上げて、茶番劇のようになった、あるいはアメリカのテレビでおなじみの下品なドタバタ・バラエティ番組のようになったアメリカの大統領選挙である。

トランプを熱狂的に支持する層があんなにいるなんて末期症状だと思うけれど、ヘイトスピーチを止められない日本も似たようなものかもしれない。ヨーロッパの国々にも同じ空気を感じる。感情的な排他主義が跋扈し、反知性主義の時代になったのだろうか。何だか悲しくなってくる。

アメリカ大統領の任期は四年で二期（八年）が限度となったのは、戦後のトルーマン大統領の時に法律が成立したからだ。トルーマン自身は青天の霹靂で副大統領になり、八十二日後にはフランクリン・デラノ・ルーズヴェルト大統領が死んだので、再び晴天の霹靂で第三十三代大統領に就任した。そのとき、トルーマンはマンハッタン計画と呼ばれる原爆開発プロジェクトも知らず、ヤルタ会談でのルーズヴェルトとスターリンとの密約も知らず、外交と戦争については何の知識もなかった。

トルーマンの前任のFDRことルーズヴェルトは、一九四四年秋に四選を果たした支持率抜群の大統領だった。三期十二年間を大統領として過ごし、一九四五年四月十二日に死なければ、四期十六年にわたってアメリカ大統領を務めるはずだった。

大恐慌に際してニューディール政策を実施し、日本の真珠湾攻撃に対して「リメンバー・パールハーバー」を合い言葉に総力戦を展開してきた。ドイツは降伏寸前になっていたし、日本の無条件降伏も目前だったときに死んでしまったけれど、車椅子の大統領はアメリカ国民から絶大な支持を受けていた。

四期めに当選しトルーマンを副大統領に選んだルーズヴェルトだが、トルーマンの先輩政治家でルーズヴェルトとは長いつきあいだったジェームズ・バーンズには恨まれた。バーンズは、自分が副大統領に指名されるものだと思っていた。

四期めがスタートしてすぐの二月に行われたヤルタ会談でのルーズヴェルトは、誰が見ても病状の悪化が歴然としていた。死は予想されていたのだ。そして、副大統領の昇格。バーンズは、本当なら自分が大統領になっていたのだという目でトルーマンを見続け、新米大統領をいらだたせた。

自信も経験も知識もないトルーマンはバーンズを頼り、彼を特別顧問にし、三ヶ月後には国務長官に抜擢する。対日強硬派だったバーンズは、ジョセフ・グルー国務次官（元駐日大使）の原案では入っていた「日本の天皇制を維持し立憲君主制を認める」という項目をポツダム宣言から削り、実験が成功したばかりの原爆の日本投下をトルーマンに認めさせた。

天皇制維持がわかっていれば、日本はポツダム宣言を早期に受け入れたかもしれない。しかし、その項目に対する日本からの問い合わせにもバーンズはあやふやな回答文を返し、日本の首脳たちは何度も御前会議を開かねばならなかったし、「subject to」という文言の解釈を巡って迷走した。

トルーマンとバーンズは、ソ連の占領地域であるベルリン郊外のポツダムでスターリンとの交渉を続けていたが、七月十六日に原爆実験が成功した途端に手のひらを返したように強気の姿勢を打ち出した。ポーカー好きのトルーマンにとって原子爆弾は、「ロイヤル・ストレート・フラッシュ」だったのだ。

相手を完全に叩き伏せられる。それまで、日本を降伏させるために「ソ連の対日参戦」を促していたトルーマンは、「別に、参戦しなくていいよ」という態度に変わり、七月二十六日、ソ連抜きで三カ国（英米中）連名のポツダム宣言を公表した。

ルーズヴェルトが生きていたら、原爆の使用についてはもっと慎重だったかもしれない。マンハッタン計画の最初から知っていたし、その殺傷力も放射能の影響も知っていたからである。

少なくとも原爆の投下を事前に日本に警告すべきという意見は暫定委員会でも出ていたが、バーンズは聞く耳を持たずトルーマンに投下を促した。老獪なルーズヴェルトなら、ソ連との交渉もずっとうまくやったはずだ。アメリカの歴代大統領の中でも、フランクリン・ルーズヴェルトは「愛された大統領」だった。現在も、ワシントン、リンカーンなどと並び「偉大な大統領」としてアメリカの歴史に名を刻んでいる。

●愛人の視点で描いたフランクリン・デラノ・ルーズヴェルト

「ゴースト・バスターズ」(一九八四年)のビル・マーレイがフランクリン・デラノ・ルーズヴェルトを演じたのは、「私が愛した大統領」(二〇一二年)だった。ルーズヴェルトの従姉妹デイジー(ローラ・リニー)の視点で、第二次大戦直前のルーズヴェルトを描いた作品だ。

秘話のように描かれているが、彼女が大統領の愛人だったことはよく知られている。車椅子の大統領だったけれどルーズヴェルトは艶福家で、この映画でも従姉妹や秘書など愛人たちに囲まれて暮らしている。妻のエレノアは自分の公的な活動で忙しく、ルーズヴェルトにとっては同志的な存在だった。

ドイツとの戦争が避けられない状況の頃、イギリス国王ジョージ六世はアメリカの支援を引き出せるかどうか、ルーズヴェルトの私邸を訪問する。「英国王のスピーチ」(二〇一〇年)でも描かれたが、ジョージ六世には言語上の問題があり、重大な事案をアメリカ大統領と話し合うことに異常に緊張した。

王妃はジョージ六世を激励し、ルーズヴェルトの本音を引き出させようとするが、ルーズヴェルトは息子に対する経験豊富な父親のように接し、簡単には心中を見せない。海千山千の政治家だ。英国王の要請を受ければ、アメリカは欧州の戦火に巻き込まれる。国民の支持が得られるかどうかわからない。

ドイツがポーランドに侵攻し、イギリスと戦争状態に入るのは一九三九年のことだから、「私が愛した大統領」の時代背景はその頃だろう。アメリカは「ローリング・トゥエンティ」と呼ばれたバブル景気に浮かれる狂乱の二〇年代を経て、大恐慌に見舞われた三〇年代に入り不況のどん底に落ちる。

ニューディール政策を実施し、国民を救った大統領としてルーズヴェルトは尊敬されていた。その社会主義的な政策に携わりニューディーラーと呼ばれることになる役人や軍人は、日本占領の初期、リベラルで民主的な制度を戦後の日本に実施した。

日本とルーズヴェルトの関係で言えば、ルーズヴェルトが中国びいきだったこと、ヤルタ会談でスターリンに譲歩し、ソ連の対日参戦の条件として南樺太や千島列島は元より、満州での権益(日露戦争で日本に渡したものすべて)の奪還を認めた密約によって、あまり好感は持たれていないのかもしれない。

日中戦争では蒋介石を支援し、原爆を開発し日本投下の下地を作った。日本軍の真珠湾攻撃を知りながら、対日戦争をアメリカ国民に納得させるために敢えて攻撃させたという「ルーズヴェルト陰謀説」も囁かれている。対日戦争が始まると大統領令を発し、日系移民の財産を没収し、キャンプに強制収容したのもルーズヴェルトである。

しかし、それでも一九四五年四月十二日にルーズヴェルトが死んだのは、日本にとって不幸だったのかもしれない。国内政治の経験しかないトルーマンは日本のことなど何も知らなかったし、有色人種に偏見を持っていた。「ジャップは野蛮な狂信者どもだ」と日記に記した。スターリンやチャーチルとは、会ったこともなかった。

知日派のジョセフ・グルー国務次官や経験豊富で理性的なスティムソン陸軍長官の意見ではなく、対日強硬派で「降伏条件の緩和は、アメリカ国民が許さない。日本はパールハーバーの報復を受けろ。原爆でカタをつける」と主張する（まるでトランプのような）バーンズ国務長官の言葉しか耳に入れなかった。

原爆が十万人を一瞬で殺傷し、その後も放射能によって数十万人の人々を長く苦しめることなど考慮もしなかった。トルーマンはヒロシマの原爆投下が成功だった知らせを、ポツダム会談を終えて帰国する大西洋上で聞き、水兵たちと大喜びで祝杯を挙げたのだった。「これで、ジャップどもは無条件降伏するだろう」と日記に記した。

その十年後、大統領の任期を終え故郷の田舎町で暮らしていたトルーマンは、言い訳のように「日本への上陸作戦を敢行していたら、百万人の戦争犠牲者が出ていた」と回顧録に記した。しかし、百万人の根拠はどこにもない。アメリカ人の多くは今も、その根拠のない論理で原爆投下を正当化する。

●ホワイトハウスの黒人執事の目で描いた歴代アメリカ大統領

「大統領の執事の涙」（二〇一三年）は、ホワイトハウスの執事として勤務した黒人の物語である。彼の父親は、白人の雇主によって射殺される。そんな、黒人が人間扱いされない世界で育った男は、やがて街に出てホテル勤務になり、その勤めぶりを認められてホワイトハウスに移る。

そこで、彼は七代にわたるアメリカ大統領を目撃する。一九五〇年代から八〇年代のアメリカだ。黒人を取り巻く環境が大きく変化した四十年間だった。そんなアメリカの現代史を、ホワイトハウスの黒人執事の視点で描いたのがユニークだった。

主人公を演じたのは、フォレスト・ウィテカーだ。イーストウッド監督の「バード」（一九八八年）でチャーリー・パーカーを演じたのは、もう三十年近く昔のことになった。見た目はあまり変わらない（少し太った）が、もう五十半ばになった。

彼が演じたホワイトハウスの執事は、目立たないこと、空気のような存在になることを強いられ、それは黒人である生き方にも通じていた。波風を立てない、白人に逆らわない、権利を主張しない。そんな生き方が黒人であり、執事である身に染みついてしまう。だが、息子の世代は違う。人種差別に対して異議を訴える。権利を主張し、実現のために戦う。そんな息子を主人公は認めない。理解できない。

彼がホワイトハウスで仕える大統領は七代にわたる。トルーマン以降の第三十四代大統領アイゼンハワー（ロビン・ウィリアムス）から、第四十代のロナルド・レーガン（アラン・リックマン）までである。アイゼンハワーは第二次大戦の欧州戦での英雄であり、アメリカ国民に絶大な人気を誇り「アイク」と呼ばれた。第三十五代は任期途中で暗殺されたジョン・F・ケネディ（ジェームズ・マースデン）だ。ケネディの死で副大統領から第三十六代大統領になったリンドン・ジョンソン（リーヴ・シュレイバー）。彼は黒人の公民権を認める文書に署名した大統領になった。

　ジョンソンに続いて第三十七代大統領になったリチャード・ニクソン（ジョン・キューザック）は、ウォーターゲート事件で辞任に追い込まれ、任期中に辞任した（今のところ）唯一の大統領になった。そして、四十代大統領のロナルド・レーガンは、映画スターから大統領になった（今のところ）唯一の存在だ。彼は鉄の女サッチャー英国首相や日本の中曽根首相と組んで反共主義を掲げ、ソ連にゴルバチョフ大統領が登場したことによってソ連崩壊の下地を作った。ちなみにナンシー・レーガンを演じたのは、一時は過激な政治活動家だったジェーン・フォンダである。

　しかし、この映画で無視されたふたりの大統領がいる。第三十八代大統領と第三十九代大統領である。ジェラルド・フォードとジミー・カーター。確かに存在感の薄いふたりだし、それぞれ一期四年の任期だった。大統領の死で副大統領から昇格したトルーマン、ジョンソンも再選（選挙経験は一回だけだが）されているのに、彼らふたりは再選されなかったのだ。レーガン以降では、湾岸戦争を起こしたブッシュ（父親）が一期だけの大統領だったが、クリントンもブッシュ（息子）もオバマも再選を果たし、八年の任期を務めた。

　さて、四十五人めのアメリカ大統領には誰がなるのだろう。誰がなるかで、世界は大きく変化する。影響は、あまりに大きい。ルーズヴェルトが死にトルーマンに引き継がれたことで、日本に原爆が投下された（ルーズヴェルトも投下したかもしれないが）ような事態が起こらないことを祈っている。

　選挙権を持つアメリカ人の理性と知性に頼らざるを得ないのが情けない。バーニー・サンダース候補を支持する層がいるのはまだ希望が持てるのかもしれないけれど、社会主義者を名乗るサンダースも大統領になっての政策がどうなるか予測できない。ヒラリーの方がまし？　選択肢が少なすぎないか。

空襲の記憶が描かれた頃

男なら夢を見ろ／地獄の掟に明日はない／ゴジラ

●芦川いづみの特集上映が一ヶ月にわたって行われた

　今年の二月、神田の神保町シアターで「恋する女優　芦川いづみアンコール」という特集上映が二十八日間にわたって行われた。昨年の「芦川いづみ特集」が好評だったらしく、新しく十六本を集めての上映だった。そのパンフレットに、現在の芦川いづみがコメントを載せていた。八十歳。僕は引退のときの姿しか記憶にないから、そのコメントを読みながら美しい芦川いづみの姿が甦ってきた。北野武監督作品「龍三と七人の子分たち」（二〇一四年）の年老いた藤竜也を見たときにも、芦川いづみの面影が浮かんではきたのだけど。

——ワォー!! 嬉しいっ、とっても嬉しいです。どうしましょう。

皆さん、前回の特集上映が好評につき、アンコール上映が決定しました、とお手紙を戴きました。もう、びっくりです。すごい驚きです。

そして又、大勢の皆さんに十六作品をみていただけるんだと思った時、私、胸がキュンキュンしちゃいました。嬉しくて、最高です。

どうか、神保町シアターへいらっしゃって下さいね。スクリーンでお逢いしましょう。

声まで聞こえてきそうだった。「堂々たる人生」（一九六一年）での浅草寺の境内で石原裕次郎をたしなめる溌剌とした声を思い出した。芦川いづみは口跡がよくて歯切れがよくて、せりふがよく聞き取れた。十六作品の中には「堂々たる人生」も入っていた。「喧嘩太郎」（一九六〇年）「あした晴れるか」（一九六〇年）「あじさいの歌」（一九六〇年）「青年の椅子」（一九六二年）など、石原裕次郎のサラリーマンものや明朗現代劇の相手役は芦川いづみが多かった。彼女が最初に出た裕次郎作品は、名匠・田坂具隆監督の「乳母車」（一九五六年）だと思う。

十六本の中には裕次郎との共演作品以外は、製作を再開した日活の初期作品が多い。「春の夜の出来事」（一九五五年）は、芦川いづみ二十歳の出演作だ。頭を剃った尼僧姿で出演した「美しい庵主さん」（一九五八年）は、若き青春コンビの小林旭と浅丘ルリ子が出ている。最も新しい作品が熊井啓監督の社会派作品「日本列島」（一九六五年）だった。

赤木圭一郎と霧の波止場を並んで歩くラストシーンが忘れられない「霧笛が俺を呼んでいる」（一九六〇年）も入っている。十八でスカウトされ、一九五五年に日活に入り一九六八年に引退した芦川いづみの女優としてのキャリアは十五年間だった。

松竹歌劇団（ＳＫＤ）にいた頃、ファッションショーに出ていて川島雄三監督に見出され、「東京マダムと大阪夫人」（一九五三年）がデビュー作品だという。その後、川島監督は日活に移籍し、日活時代の川島作品に彼女は多く出演している。映画史に残る作品としては、「幕末太陽傳」（一九五七年）があり、それによって若く美しい芦川いづみを見た人は多いはずだ。

その他、「洲崎パラダイス　赤信号」（一九五六年）や「風船」（一九五六年）などの川島作品で印象的な役柄を演じた。「風船」で演じた「知的障害はあるけれどイノセントな娘」の役は、後年の「硝子のジョニー　野獣のように見えて」（一九六二年）につながったのではないだろうか。

「硝子のジョニー　野獣のように見えて」は宍戸錠主演作品

だ。監督は蔵原惟繕で脚本は山田信夫。名作「憎いあンちくしょう」（一九六二年）のコンビである。この作品で芦川いづみは、人買いに売られる貧しい漁村の頭の弱い娘を演じた。

こう書くだけで、この作品がフェリーニの「道」（一九五四年）にインスパイアされたものだとわかる。ジュリエッタ・マシーナが演じたジェルソミーナは、川本三郎さんが言うところの「聖なる愚者」である。イノセントで汚れを知らない存在。あの美しい芦川いづみが、そんなヒロインを演じたのだ。

●空襲でひとりぼっちになった戦災孤児のシーンで始まる

先日、「男なら夢を見ろ」（一九五九年）という石原裕次郎作品を改めて見る機会があった。公開されたのは昭和三十四年八月九日、夏のお盆時期だから日活が力を入れた作品だったのだろう。当時の石原裕次郎の集客力は凄かったのだ。

昭和三十二年公開の「嵐を呼ぶ男」（一九五七年）が大ヒットし、映画館の扉が閉まらなかったという伝説が残っている。「嵐を呼ぶ男」は北原三枝が裕次郎の相手役で、芦川いづみは最初は裕次郎を慕っていたが、彼の心が北原三枝に向いているのを知って身を引き、裕次郎の弟と結ばれる役だった。

「男なら夢を見ろ」の芦川いづみは、ふたりの男から慕われるちょっと難しい役をやっている。最初に登場したときは洋裁学校に通っているが、劇中で三年が経過し洋裁店に勤めている設定だ。実年齢は二十四歳だったから、年齢的には無理をせずに演じられる。純情で、真面目で、といういつものイメージは崩さない。姿勢も、歩き方もいいし、ほっそりしたスタイルが美しい。裕次郎を睨む視線もキリッとして、自己をきちんと持っている自立した女性を感じさせる。今も、芦川いづみ特集上映があると大勢の観客が集まるというのもわかる。というか、僕自身がそんなひとりだ。

オープニングシーンでは、記録フィルムを使って東京空襲が描かれる。空襲の後、戦災孤児が焼け跡で呆然と座っている。やや年上の少年がやってきて声をかける。ふたりとも、家族はみんな死んだのだ。ふたりは名乗り合い、ふたりで庇い合うように生きていく。そして、終戦。焼け跡の闇市で、アメリカ軍のMPに追われるふたりがいる。MPをやり過ごし、かっぱらいをしようとしたとき、年長の少年は刑事に捕まり、逃げた年下の少年は夜に闇市に現れ、「兄貴を返せ」と泣きながら店に石を投げる。そこまではモノクロームで描かれ、タイトルが始まりカラーになる。もちろん、裕次郎の歌う主題歌が流れる。

十数年後。朝、年老いた刑事（滝沢修）が自宅に帰ってくる。出迎えたのは、刑事に引き取られて立派に育った高石健太郎（葉山良二）だ。彼はアルバイトで学資を稼ぎながら大学に通い、司法試験をめざしている。洋裁学校に通う刑事の娘の由紀（芦川いづみ）は、兄の司法試験の後にお祝いをしようとふたりで繁華街に出るが、そこでやくざに絡まれて喧嘩になる。

相手のやくざが健太郎に負けそうになってナイフを出そうと

したとき、やくざの兄貴分の夏雄（石原裕次郎）が現れる。十数年後の再会。ひとりは刑事に育てられ検事をめざす法科の学生。ひとりはやくざの親分に拾われて育ったやくざの幹部。そのふたりに愛されるのが芦川いづみだ。

その後はちょっと意外な展開も見せるが、今から見れば予定調和的なストーリーである。脚本には、池田一朗が加わっている。後に隆慶一郎となり、多くの時代劇を書く。この頃は、日活映画の脚本を山のように書いていた。

今回、久しぶりに再見して印象に残ったのは、冒頭のアメリカ軍の記録フィルムを使ったであろう、爆撃機からの爆弾投下シーンである。その後に空襲を受けた地上での記録シーンがあり、焼け跡のセットのシーンにつながる。そのワンシーンを撮るために、広い焼け跡のセットが組まれていた。

映画が作られたのは、終戦後十四年のことだ。その時代、高校生以上なら、誰もが戦争、そしてその後の焼け跡闇市の記憶を持っていた。「もはや戦後ではない」と言われ始めたのは、ほんの数年前のことだ。東京タワーが新しい東京のシンボルとして完成したばかりだった。「男なら夢を見ろ」のラストシーンでは、石原裕次郎、葉山良二、芦川いづみ、清水まゆみの四人が遠くに見える東京タワーに向かって大通りを歩いていく。

大通りに車はほとんど通っておらず、オート三輪が一台だけ彼らの横を通り過ぎる。翌年の安保闘争を経て池田隼人が首相になり、日本は右肩上がりの高度成長時代のスタートを切る。そんな時代だったが、戦争の記憶は人々の中にしっかりと刻み込まれていたのだ。

●九段下の「昭和館」で体験した防空壕での空襲の怖さ

先日、調べたいことがあって、初めて九段下の「昭和館」を訪ねた。国が運営する「昭和館」が九段下にあるのは知っていたし、その前もよく通った。そこには昭和（主に戦前・戦中の時代）に関する資料を集めた図書館があり、映像資料を視聴できる資料室もある。七階と六階は展示室になっていて、戦中の生活、戦後の生活を様々な日常的なものを見ながら、疑似体験できるようになっている。提供された資料も展示されていて、僕は戦地から家族に宛てた兵士の手紙、ある兵士に託された千人針、「武運長久」と書かれた日の丸の寄せ書きなども見た。

七階が戦中の生活の再現だ。そのコースの最後の方に防空壕の展示があり、実際の空襲がどんな風だったか、幕で覆われた狭いスペースで頭を下げて腰掛け、疑似体験ができるようになっていた。僕はそのスペースに入り、ボタンを押した。空襲警報のサイレンが鳴り響く。しばらくして、爆発音がして地響きがする。目を閉じて、戦争中だと想像してみる。

もちろん、恐怖感はないが、実際に爆弾が身近に落ちているとしたら、本当に怖いだろうなと思う。アメリカは日本の木造家屋を想定して、焼夷弾を落とした。防空壕に入っていて蒸し焼きになった人も多い。無惨なことだと実感した。

七階から六階に移る階段の踊り場に終戦を告げる朝日新聞、読売新聞、毎日新聞が展示され、天皇の玉音放送が流れていた。全紙に玉音放送で流れた文章が掲載されている。その字面を追いながら、僕は初めて玉音放送を初めから終わりまで聞き取った。初めて全文の内容を理解した。

これを聞いただけでは、難しくてわからないだろう。「耐えがたきを耐え、忍びがたきを忍び」というフレーズは、確かに耳に残る。一九四五年八月十五日には十歳だった芦川いづみも、この玉音放送を親と一緒に聞いたのだろうか。

芦川いづみより四歳年上の高倉健に、「地獄の掟に明日はない」(一九六六年)という映画がある。後に名コンビとなる降旗康男監督との第一作である。降旗監督は高倉健の三歳年下で、この年、監督に昇進したばかりだった。終戦時、高倉健は十四歳、降旗監督は十一歳だった。ふたりとも、戦争の記憶は鮮明だったに違いない。

彼らは初めてのコンビ作品で、主人公を長崎で原爆の放射能を浴びた設定にした。少年だった主人公は原爆で家族を失い、さまよっているところを男(河津清三郎)に助けられる。それから二十年、男はやくざの組長になり、少年は組の幹部になっている。しかし、彼は原爆症を患っていた。

原爆症のやくざ…昭和四十一年の映画でも、そんな設定がリアリティを持っていた。当たり前だ。長崎に原爆が落とされてから、二十一年しかたっていなかったのだから。戦災孤児だった「男なら夢を見ろ」の石原裕次郎、原爆症で苦しむ「地獄の掟に明日はない」の高倉健、彼らを見て空襲で逃げまどった頃を思い出す観客はまだまだ多くいた。

「ゴジラ」が封切られた昭和二十八年(一九五三年)、ゴジラが東京を破壊するシーンは空襲の記憶を呼び覚ました。実際、そのシーンに登場する母と子は空襲を生き延びたのに、再びゴジラの来襲によって東京の街を逃げまどい「お父様のところにいきましょう」と覚悟して抱き合う。それは、ほんの八年前の再現だった。

戦争中のニュース映像、戦後の焼け跡の映像、引き揚げ船の映像、上野にたむろする戦災孤児たちの映像、DDTを吹きかけられる子供たちや教室が焼失し青空の下で授業を受ける子供たちの映像、そんなものを見て九段下の「昭和館」を出た僕は、予想しない人々の群に出くわし戸惑った。

四月初旬の水曜日の夕方だった。よく見ると中国人らしい観光客も多い。「昭和館」前の靖国通りの坂をのぼっている。左手は皇居のお堀だ。桜が満開だった。靖国神社の大鳥居も見える。千鳥ヶ淵には、人があふれていた。靖国神社にはたくさんの屋台が並んでいる。大勢の人たちは、桜を見に集まっていたのだ。

靖国神社に祀られている戦死者たちのこと、千鳥ヶ淵にある戦没者墓地の死者たちのことなど、彼らは考えてもいないのだろうな。「昭和館」の隣にある九段会館が、昔は軍人会館だったことも知らないだろう。そのことを責めるつもりはなかった。平和な日本が、まだ持続しているのだ。よいことだ。

誰も空襲になど遭いたくもないし、死を意識して日々を生きていたくない。「戦後の平和が日本人をダメにした」と言う輩がいるが、それは平和が悪いのではない。ダメになったとしても、平和が続いたせいにするのはお門違いだ。平和はいい。つくづくいい。「昭和館」で見た映像を甦らせてそう思った。

病院にいかないということ

人生の特等席／やがて復讐という名の雨／大病人／病院で死ぬということ

●十年近く飲み続けてきた薬をやめてしまった結果は

完全に退職して、一年と四ヶ月。勤めている間は毎年、秋に定期検診を受けていたが、一年以上、病院にはいっていなかった。ご多分に漏れず、以前から成人病がいくつか引っかかっていて、コレステロールを下げる薬などを定期的にもらって飲んでいた。しかし、それ以外にも血圧を下げる薬、尿酸値を下げる薬、喘息を抑えるための薬など、四種類ほどを飲まされていて、医者には「少し減らせるのでは?」と訊いていたのだが、毎月、医者は簡単に診察して薬を出すだけだった。

一年の半分以上を四国で暮らすようになって、それらの薬をすべてやめてしまった。元々、一時的に血圧が高くなったときに緩下剤を飲まされたので、自分では必要ないと思っていたし、一時期ひどかった喘息は十年近くが過ぎてまったく症状が出ない。尿酸値は正常値をオーバーしたことはなかったが、少し高めの検診結果だというだけで医者が勝手に薬を処方したのだ。元来、病院嫌いだが、過去の経験から僕は医者を信用しないきらいがある。自己診断は危険だろうが、自分の体だから「まあいいか」と思っている。

そうは言っても「薬を完全にやめてどうなったか」が気になって、健康保険組合の年度末の三月に自宅の近所にある総合病院で定期検診を受けた。検診センターを新築したばかりで設備がいいと、家族検診を受けたかみさんに勧められたからだ。

確かに建物も設備も新しく、スタッフも親切だったし、問診の医者も熱心だった。その診断結果が、四月の初旬に届いた。前からひっかかっていた項目はもちろんすべてひっかかっていたが、新たにいくつかの項目で「要診察」となっていた。

胃の検査でバリウムを飲むと、毎年、胃カメラの再検査になる。胃カメラは二度飲んだが、あまり飲みたくなるものではないので、このところ再検査はパスしている。今回も「胃潰瘍の疑い」という結果だったけれど、再検査をパスした。薬をやめたので、やはりコレステロール値は高くなっていた。血圧は正常、尿酸値も正常値ぎりぎりでおさまっている。酒は毎日飲んでいるのに、今まで肝臓はまったく引っかからなかった。ところが、今回は「脂肪肝」の判定だ。フォアグラ状態である。

その他、超音波検査や心電図でも引っかかっていたが、僕が最も気になったのは左右の耳とも「難聴の疑い」という結果だった。視力も悪くなっていたのだけれど、そちらはメガネを新しくすればいいいと思っていた。しかし、聴力の衰えは昨年あたりから自覚しており、父親のように七十過ぎから耳が聞こえなくなるのではないかと怖れた。四国で一人暮らしをするようになってから、しきりに耳鳴りがするようになっていたのだ。

九十をすぎた両親は、ふたりとも補聴器を入れている。母はまだましだが、父は両耳に補聴器を入れているのに、人の言うことはほとんど理解しない。そんな両親を見ているので、「難聴」という診断表の文字を見て不安になる。ただし、老いによる聴力の劣化だから、医者にいっても仕方がないとあきらめた。

クリント・イーストウッドがメジャーリーグの頑固な老スカウトを演じた「人生の特等席」(二〇一二年)で、主人公のガスは娘に視力の検査を受けることを強く勧められると、「大丈夫だ。いざとなったら死ぬ」と答える。このセリフは、僕のお気に入りになった。ガスは老いによる体の衰えを感じているが、医者にいくのを潔しとしない。医者嫌いだし、信用していない風がある。少々、具合が悪くてもやせ我慢を張り、視力が衰えて車で接触事故を起こしても「老いによる衰えだから仕方ない」と思っている。それに「いざとなったら死ねばいい」のだ。

ガスの気持ちが手に取るようにわかった。病院嫌い、医者嫌い、自分の体だから、結局は自己責任。いざとなったら死ねばいい。そんな気分である。しかし、不安なのは中途半端な状態になることだ。死に損なったらどうすると考えると、日本にも安楽死(最近は尊厳死と言い換えている?)法案を成立させてほしいと思う。

高コレステロールから心筋梗塞か脳梗塞になり、そのまま死ねればいいのだが、困ったことに中途半端に手当が間に合い、不自由な体になって周囲に迷惑をかけることになったら、死んでも死にきれない(?)。まして、意識が戻らないまま植物状態になったら、申し訳ない。自己責任もとれないじゃないか。といって、せっせと病院にいっていても、そうなる可能性はあるのだけど…。

●植物状態の妻を抱えた孤独な刑事はどんな選択をするのか

植物状態になった身内を抱える屈折した主人公という設定は、恋愛ドラマからフィルムノワールまで様々に使われてきた。アルモドバル監督の「トーク・トゥ・ハー」(二〇〇二年)は異色で、植物人間状態の美女を介護する看護士のシーンから始まるが、ラストは植物状態だった美女が治って、新しい恋人ができることを予想させて終わった。

もう一本、僕が思い出すのは「やがて復讐という名の雨」(二〇〇七年）である。交通事故で娘を亡くし、植物状態になった妻を抱えて生きる孤独な刑事の物語だ。監督は俳優でもあるオリヴィエ・マルシャル。主人公を演じるのは、僕のひいきのダニエル・オートゥイユである。

ハードボイルド・ストーリーの主人公には、マイナス要素がなければならない。過去に深い心の傷を持つ、あるいは、病身の妻がいる、などである。「やがて復讐という名の雨」の刑事ルイの過去の傷は複雑である。彼は上司の女性（カトリーヌ・マルシャル）と不倫をしていた。その夜、妻は娘を乗せて運転中に事故を起こし、娘は死に妻は意識不明の植物状態になる。完全介護の病院なので彼自身が世話をする必要はないが、頻繁に見舞い、反応のない妻に語りかける日々である。

事故の責任は彼にはないにしろ、そのとき別の女性といたことの後ろめたさは消えない。罪の意識と後悔にさいなまれている。自分を責め続けるしかないルイは酒に救いを求める。ほとんどアル中である。冒頭、警察組織の命令でカウンセリングを受ける主人公。帰宅のためにバスに乗っていたルイは、完全に酔っぱらっている。自宅近くのバス停を降り損ねて、運転手に「バスを戻せ」と拳銃を取り出す。

それを見た乗客が警察に電話し、バスはテロ対策チームの完全武装の警官に包囲され、ルイはバスジャック犯として逮捕される。泥酔状態のルイは、拘留された独房で失禁し、翌朝、身柄の引き取りに現れた相棒の刑事に愛想を尽かされる。泥酔して失禁したことはないが、泥酔して用水路に落ちて死に損なったことがある僕としては親近感を感じる。しかし、周囲の人間にとっては迷惑この上ない人物である。

そんなボロボロの主人公だが犯罪捜査には優秀で、残虐な犯行を繰り返すシリアルキラーを追いつめ、正体を暴き出す。しかし、独断専行しがちな彼は上司にも報告せず、勝手に相棒とふたりで逮捕に出向き、犯人の反撃に遭って相棒を殺され、自らも傷つく。結果としては、間抜けな抜け駆けである。

おまけに犯人は、警察上層部の男の息子だった。スキャンダルを怖れた警察機構は、すべてを闇に葬ろうとする。しかし、破滅に向かって走り出したルイは、もう誰にも止められない。彼の唯一の気がかりは、眠り続ける妻だけである。

「やがて復讐という名の雨」のキャッチフレーズは、「すべてを失った刑事の孤独な闘いと、驚愕の結末」だった。初めて見たとき、確かに僕も結末にはびっくりした。ルイの取った行動は、妻への愛情だったのか、あるいは、自己処罰だったのか。すべてを精算しようとする破滅的な行動だったのか。僕には、わからなかった。

どちらにしろ、彼は自分を責めるばかりで、妻をかいがいしく介護したりはしない。映画だからなのだろうが、医療スタッフがすべてを行っている。現実はどうなのだろう。医療費の問題もあるだろうし、生命力が強ければ植物状態がいつまで続くかわからない。家族は絶望的な状態になる気がする。

●「死」を日常として感動的に描いた作品がある

様々な物語の中で、警官と同じくらい主人公の職業として選ばれるのが医者ではないだろうか。毎シーズン、医療ドラマはテレビでも必ず放映される。僕の子供の頃、アメリカ製ドラマが多く放映されたが、「ベン・ケーシー」が特に記憶に残っている。「逃亡者」のリチャード・キンブルは医者だったし、今も「ER」など何本も制作されている。日本でも思いつくだけで「白い巨塔」から「ブラック・ジャック」まで、様々なタイプの医者を主人公にした物語がある。

医者を主人公にした物語は、「ブラック・ジャック」タイプの天才的な医者がヒーローとして活躍するものが多い。主人公は常に正しく、誤診はない。難しい手術も奇跡的に成功させる。「私、失敗しないので」というテレビドラマの女医は正しいのだ。彼女が失敗するシナリオを脚本家が書くわけがない。間違っているのは、権威を振りかざす教授連だったり、体制的な病院側だったりする。このタイプの物語は、ヤマのように量産されてきたが、結局、手塚治虫の「ブラック・ジャック」を越えることはできないだろう。

病院そのものを描くという野心を抱いたのは、伊丹十三監督だった。義父の葬式を経験したことから、実際の葬式の細かなことを描き、一本の映画に仕立てて監督デビューした伊丹十三は、その後も国税局査察官を調べに調べてヒット作を作り出した。その流れで、総合病院の現実はどんなものなのかと興味を持ち、例によって調べに調べた。その結果、作りだした映画が「大病人」(一九九三年)だった。これも監督自身の入院体験(「ミンボーの女」を作ったことでヤクザに襲われ顔を斬られた)が元になっている。主人公(三國連太郎)は映画監督の設定だ。

考えてみれば、病院とは不思議なところである。日常的には絶対にない状況が起きる。人前で全裸になるし、排泄を若い女性に手伝ってもらったりする。僕も十日ばかりの入院経験があるけれど、ここでは書けないような体験もした。そんな病院の細かなところを描写するだけで、興味のわく面白いシーンになる。そういう発想をするのが、いかにも伊丹監督だった。

ただし、伊丹作品の中ではあまり話題にならなかった気がする。もっとも、テレビスポットも大々的に流れたし、ヒットメーカー伊丹十三監督らしい作品だった。

「大病人」が賑やかに封切られた二ヶ月後、一本の映画が密やかに公開になった。テレビスポットもなく、上映館も少ない地味な作品だったが、見た人たちの心に残る名作だった。監督は市川準。すでに何本もの劇場映画を撮っていたが、まだまだ「CMの人」という評価だった。

その頃、終末医療のことが社会的話題になり、「ホスピス」という言葉が人々に知られ始めていた。山崎章郎という現役の医師が書いた「病院で死ぬということ」という本が評判だった。市川監督は、その本を原作に「病院で死ぬということ」(一九九三年)という作品を製作した。

その作品は、ドキュメンタリーのように撮られた。「死」を感傷的に描くことを嫌ったからだと思う。人は誰でも死ぬ。そのことを淡々と、まるで医師の視点を通して見るかのように観客に伝えるのだ。「さあ、この死を悲しめ」とドラマを盛り上げるような伝え方は絶対にしたくない、と監督は考えたに違いない。しかし、淡々とドキュメンタリーのように描かれる「死」は、「人が生きる意味」を感動的に伝えてくる。人は必ず死ぬが、死が訪れるまでは生きなければならない。自死する勇気を持たない人は、死にたくても生き続けるしかない。

老夫婦がいる。ふたりとも、ガンで入院している。ある日、老人は妻に会いにいく。妻のベッドの枕元に座り、「おまえと過ごせた、この人生に感謝するよ」と口にする。画面は、ことさらに感情移入はさせない。キャメラが人物に寄ることはない。ただ、写し取るだけだ。だが、その老人のひと言に、言葉では表現できない感動を感じた。

人は死ぬ。愛する人とも死別する。やがて、自分も死ぬ。だが、それが人生なのだという不変の真理が伝わってくる。「ただ生かし続ける」のではなく、人としての「尊厳ある死を迎えさせる」のが病院なのではないか。そんなことを思った。

乱歩賞という病

黒とかげ／江戸川乱歩の陰獣／盲獣／殺人者はバッヂをつけていた

●この一ヶ月ほど原稿が書けなかった理由とは

この一ヶ月ほど、ほとんど原稿が書けなかった。始まりは、四月六日にかかってきた電話である。「講談社の者ですが」と相手が言ったとたん、「ああ、最終候補に残ったな」と思った。二年ぶりに江戸川乱歩賞に応募していたからだ。四月初旬に三次選考会があり、そこで最終候補が五点に絞られ、候補作品として残った作者には連絡があることは知っていた。だから、割に冷静に対応できた。

電話を切ってから、「最終選考に残ったぞ」と片手を振り上げて独り言を言った。八年前に初めて応募したときは、三次選考会でふるい落とされた。その翌年も三次選考会で落ちたから、最終選考には残れなかったのだ。その翌年は、二次選考の段階で落ちた。今回は、五度めのチャレンジだった。いつもは五作品が残ることが多いのだが、今回は四作品だという。そんなことも、どういう理由だったのだろうと気になった。応募作品のレベルが低かったのか、ダントツの本命作品があるのか。

最終選考は五月十六日、電話があった日から四十日も先のことだった。選考の中間経過が発表になる「小説現代五月号」の発売までにも三週間近くあった。その間、今野敏、池井戸潤、有栖川有栖、湊かなえ、辻村深月といった選考委員の方たちがじっくりと候補作を読み込むのだろう。自分の作品がどう読まれるのかは気になるが、選考委員の選評が出るのは六月末発売の「小説現代七月号」である。かなり辛辣な評を書かれる作品もあるから、覚悟しておく必要がある。

四月半ばに四国の実家に戻った僕は、毎日、家事をするくらいしかできなかった。単純に、掃除、洗濯、料理をしていると気持ちが安定した。四月二十五日には「小説現代五月号」を購入した。確かに僕の名前と作品名の上に最終候補作の印である二重丸が付いていた。最終選考に残ったとの連絡の後、講談社には「自作未発表作品で二重応募はしていない」という誓約書を出したのだけれど、「もし受賞した場合は筆名に」ということにしてもらい、最終選考前に講談社が出したマスコミ向けニュースリリースでは筆名になっていた。

ネット時代になると、様々な情報がヒットする。「文学賞」のデータベース・サイトがあり、そこにはどの人が何回応募し、どのレベルまでいったかという情報が出ていた。四作品の作者の中で光月涼那さんという方は、十一年前に最終候補になり、今回は二度目の最終候補だが、その間、応募をし続けて一次選考、二次選考に残り続けてきた方だとわかった。十一年間、毎年、応募するのは凄い。ネットでも「乱歩賞をめざす」というブログをやっていたらしい。僕も五回目の応募だったが、上には上があると感心した。

「設計趣旨」という仮題で応募した方は、建築設計士が本業らしいというのも判明した。初めての応募で最終選考に残ったようだ。凄いなあと思う。さっぱりわからないのは、犬胤究という方の「ＱＪＫＪＱ」というタイトルの作品だった。名前もタイトルも、すでに大きな謎になっている。内容もさっぱりわからない。これぞ、究極のミステリか、と思った。

結局、最終的には犬胤さんの「ＱＪＫＪＱ」が受賞したが、一体どんな作品なのだろうと今もって謎である。当選作は八月に単行本になる。通例だと巻末に最終選考の選評も掲載される。どちらにしても、読まねばならない。

それにしても、長い四十日だった。スペイン料理のシェフである兄貴分のカルロスが「受賞連絡待ちというヤツを、うちの店でやれよ」と言うので、最終選考の日は渋谷のラ・プラーヤで待つことにしたのだが、高松で自主上映を続けている「映画の楽校」の百回記念での講演を以前から頼まれており、それが五月八日にある。そういうことでとりあえず四月半ばに四国にいき、最終選考の三日ほど前に自宅に帰ってきた。

その間、中途半端な状態で何も手につかない。本も読めなかったし、映画もロクに見ることができなかった。

●野沢尚さんも最後は神頼みの心境になったのだろうか

昔、ＮＨＫで野沢尚さんを主人公にしたドラマを見たことがある。あれは、野沢さんが亡くなった後に作られたものだったろうか。たぶん、そうだろう。野沢さんの自死は衝撃的だったし、売れっ子のシナリオライターであり、乱歩賞を受賞した人気作家の死でもあった。そのドラマでは、すでに人気ライターだった野沢さんが、乱歩賞の最終選考の日に近所の神社で「受賞しますように」とお祈りをするシーンがあった。

野沢さんは、四十一回から三回連続で乱歩賞の最終候補になり、三度目に「破線のマリス」で受賞した。三度目の乱歩賞の最終選考のとき、散歩の途中、神社で本気で祈る姿が印象に残っている。さすがに三度は落ちたくなかったのだろう。

そのドラマは、遺族の証言を元に再現したものだったらしいので、おそらく事実なのだろうなと思った。そのドラマを見た頃は、僕自身が乱歩賞に応募することなどは考えていなかった。五百枚を超える長編ミステリを書く能力が自分にあるとは思えなかった。

もちろん若い頃から「小説を書きたい」という気持ちはあり、二十代には「文学界新人賞」に何度か応募して一次選考を通ったと喜んでいた。その頃の僕は、今の僕を見て「純文学志向から逃げた、堕落した」と言うかもしれないが、元々、エンターテイメント志向は強く、中学生のときには創元推理文庫とハヤカワ・ポケットミステリばかり読んでいた。おまけに、常盤新平さんが編集長をしていた「エラリー・クィーンズ・ミステリマガジン」を定期的に買っていたのだ。

大学生の頃には、ル・クレジオ（数年前、ノーベル文学賞を取りましたね）やロブ・グリエやビュトールといったヌーヴォー・ロマンの作家たちと一緒に、アリステア・マクリーン、ハモンド・イネス、デズモンド・バグリィ、ギャビン・ライアルを愛読した。もちろん、ジャック・ヒギンズも好きだった。こんな冒険小説は、とても自分には書けないな、と思ったものだ。後に僕が映画の本で冒険小説協会の特別賞をもらえたのも、この辺の基礎教養（？）がコラムの端々に出てくるからだろう。

さて、今回は江戸川乱歩つながりで、乱歩原作の映画化作品を取り上げてみようかと調べてみたけれど、あまりオススメの作品がない。深作欣二監督の「黒とかげ」（一九六八年）とか、加藤泰監督の「江戸川乱歩の陰獣」（一九七七年）くらいしか思いつかない。前者は丸山明宏（現在は三輪明宏）の女賊・黒とかげと木村功の明智小五郎という配役だ。後者は、あおい輝彦と香山美子である。どちらも、乱歩独特の耽美的な世界の中で、怪しい物語が展開する。

加藤泰作品を深く深く愛する僕なのだが、「江戸川乱歩の陰獣」には少し戸惑った記憶がある。松竹で映画を撮っていた時代の作品で、「人生劇場」（一九七二年）「花と龍」（一九七三年）「宮本武蔵」（一九七三年）などが続き、乱歩作品の映画化に至る。「江戸川乱歩の陰獣」の後、加藤監督は劇映画としては東宝で撮った「炎のごとく」（一九八一年）しか残せなかった。

また、僕の好きな増村保造監督が緑魔子を主演にして「盲獣」（一九六九年）を撮っているが、こちらもタイトルからして怪しい作品だ。

●昔のミステリ映画を見て「シンプルでいいな」と実感した

先日、「殺人者はバッヂをつけていた」（一九五四年）がWOWOWで放映された。キム・ノヴァクの主演第一作だ。主人公は、僕らの世代にはテレビドラマ「パパ大好き」が懐かしいフレッド・マクマレイである。よきパパを演じたフレッド・マクマレイだが、映画史的には美女に溺れて犯罪者になる役で残っている。ひとつは「深夜の告白」（一九四四年）であり、もう一本が「殺人者はバッヂをつけていた」である。「深夜の告白」はレイモンド・チャンドラーがシナリオを書いたことで有名だ。チャンドラーは監督のビリー・ワイルダーと喧嘩ばかりしていたという。

さて、「殺人者はバッヂをつけていた」を見ていたら、原作者としてトマス・ウォルシュの名が出た。もちろん、この映画がトマス・ウォルシュの二作目の長編「深夜の張り込み」を原作にしているのは知っていたが、タイトルロールに「トマス・ウォルシュ」と出てくると、感慨深いものがあった。僕が創元推理文庫に熱中していた頃に、愛読した作家だったからだ。もう五十数年前になる。

今ほど警察小説は盛んではなかったが、僕はW・P・マッギヴァーンやヒラリー・ウォー、ベン・ベンスン、エド・マクベインなどの警察官を主人公にしたミステリを愛読した。トマス・ウォルシュもそのひとりだった。だから、トマス・ウォルシュの文庫本は今も整理できず、本棚に並んでいる。中学生で読んだ本は強い影響を与えるものらしい。記憶も鮮明だ。当時、僕は悪徳警官という存在を想像もしなかったから、警察官が犯罪を犯すことに衝撃を受けた。

しかし、原作のタイトルはネタをばらしていないが、映画の邦題はモロにネタバレになっている。当時、観客から文句は出なかったのだろうか。懐かしくなった僕は「深夜の張り込み」の文庫を取り出してみた。初版は一九六一年。文字がやたらと小さい。カバーの袖に登場人物リストが印刷されているが、何と七人だけである。本も薄く、二三〇頁弱で終わっている。

昔のミステリは、これくらいの長さでよかったのだ。しかし、今、読んだら単純すぎるかもしれない。銀行強盗犯の情婦を三人の刑事が張り込み、犯人が奪った金に目がくらんだひとりの刑事が犯人を殺して金を奪おうとする物語である。それを映画は脚色し、九十分弱をハラハラさせながら見せる。まず、ふたりの男が銀行を襲うシーンがある。抵抗した警備員を射殺し、大金を奪って逃亡する。次のシーンは、映画館から出てくる美女。彼女は車に乗るが、エンジンがかからない。

キム・ノヴァクが美しく、引き込まれる。男（フレッド・マクマレイ）が登場し、車が故障していると言う。修理屋を呼ぶために、ふたりで電話のあるバーに入る。男が女を誘う。ふたりは男の部屋にいき、抱き合う。そのふたりがどういう関係で、どう物語が展開するのかと観客の興味を書きたてる。場面が変わると、警察の部屋に刑事が集まっている。フレッド・マクマレイが入ってきて、彼が刑事だとわかる。原作は、警部の部屋に刑事が集合するところから始まるから、映画の方が明らかに「つかみはオッケー」である。

嬉しいのは、刑事たちが監視するキム・ノヴァクの隣室に住む看護師役でドロシー・マローンが登場することだ。彼女は物語のキーになる人物で、大変に重要な役である。最初、刑事が覗く双眼鏡の中の映像でしか出てこないので、ドロシー・マローンとはわかりにくいが、やがて物語を展開させる役として関わってくる。

やっぱり、昔のミステリはこれでよかったんだよな、と見終わって羨ましくなった。映画としてもシンプルで面白い。だが、今、こんな単純なストーリーで乱歩賞に応募したら、一次選考でハネられてしまいそうである。やれやれ、複雑な世の中になったものだ。

気遣いする人々

櫻の園／海街 diary

●十代の少女たちの揺れ動く心が深く印象に残った作品

昨年、僕が最も公開を楽しみにしていた映画は、是枝監督の「海街 diary」だった。どんなドラマチックな物語であっても、日常としてそれを描く是枝監督のスタンスが僕は好きだった。今まで、親に棄てられた子供たちが生きていく物語、あるいは我が子が取り違えられたことを知った親たちの物語などを描いてきた是枝監督だが、そんな異常な状況の中でも人々は日常を生きるのだと教えてくれた。黒澤映画のように、声高に、扇情的に描くこともできるだろうが、それは是枝作品とは真逆の作品になるだろう。

そんな是枝監督が吉田秋生の「海街 diary」を原作に選んだのだ。これが待ち遠しくなくて、何を待つというのか。吉田秋生は悪魔的な美少女を登場させた「吉祥天女」や「夜叉」、まるでハリウッド映画のようなアクション満載の「バナナフィッシュ」などの作品もあるが、「櫻の園」「河よりも長くゆるやかに」という日常を繊細に（もちろん「吉祥天女」も「バナナフィッシュ」も繊細さでは同じだが）描いた名作もある。「海街 diary」は、彼女の作品群の中では後者に含まれるものだ。四人姉妹の日常を繊細に描き出している。

最近のマンガはほとんど読んでいないが、少女マンガと言われるジャンルにも好きな作品は多い。最初に好きになったのは、樹村みのりだった。その後、萩尾望都、大島弓子、竹宮恵子の御三家も読んだし、「ヴェルサイユのバラ」も読破した。「日出処の天子」を始めとして山岸凉子作品もかなり読んだし、「ガラスの仮面」には完全にはまってしまった。

吉田秋生作品は、樹村みのり作品に通じる繊細さを感じて読み始めたことを憶えている。ある新人文学賞をとった作品が、「河よりも長くゆるやかに」の影響を指摘されたのは、その頃だった。マンガが純文学に影響を与えるようになったのだ。

さて、「海街 diary」は僕の過大な期待にもかかわらず、期待以上の作品だった。特にドラマチックなことは起こらない。ちょっと複雑な家族関係がベースにあって、それが様々な人間関係を引き起こしドラマを構成するが、それぞれの人物が内省的で（外見はがさつそうに見える人物でも）、相手を傷つけたのではないかと気遣いながら生きている。今の自分の言葉や態度が相手にどう受け取られたのか、それを常に意識しながら生きている人々が登場する。

以前、樹村みのり作品について書いたときにも、僕は同じことを指摘した。ずいぶん昔に書いたので、自分でも読み返してみたくなり、「映画がなければ生きていけない」の第一巻を開いてみた。「たとえ40－0でも諦めるな！」と題したそのコラムには、珍しく映画の話が出てこない。樹村みのりの「40－0」という短編マンガについてだけ書いており、いかに僕が樹村作品を好きかと言い続けている。その中で、僕はこんなことを書いていた。

――樹村みのりのマンガの主人公たちは、みんな繊細で傷つきやすく、人の心の動きに敏感で心優しい。彼らは一時の感情で放ってしまった自らの言葉にさえ傷つくのである。

――樹村みのりの主人公たちは、男も女も少年も少女もガラスの心を持ち、他人への優しさに充ちているのに、己の優しさによって傷ついたり、他人の心遣いの奥の気持ちを読みとって傷ついたりする。

――樹村みのりさんは、おそらく「相手が今、自分の言葉に対してどう思っただろう」と、相手の気持ちを読み取りながら会話をするタイプの人なのではないだろうか。また、相手の一言一言に本当の意味を読み取ろうとする。そうでなければ、あんな主人公たちを創り出すことはできないはずだ。

「海街 diary」を見ながら僕が感じていたことは、僕が十五年前に書いた文章の中にすでにあったのだ。昔、「櫻の園」（一九九〇年）を見て思ったのも、同じことだったのかもしれない。十代の少女たちの揺れ動く心が深く印象に残った作品だった。奇跡的な作品と言ってもいい。「海街 diary」の四姉妹も、「櫻の園」の少女たちのように、揺れ動く心をときには持て余しながら、日常を生きていた。

●足の裏のアップから始めた理由は何だろう

映画をどのように始めるかは、作家の重要な意図によるものである。「海街 diary」は次女ヨシノ（長澤まさみ）の足の裏および足首のアップから始まる。もちろん素足だ。キャメラは美しい脚（長澤まさみは美脚で評判だ）をなめるように描き、彼女が男と寝ている様子を映し出す。

スマートフォンが振動し、ヨシノが手を伸ばし画面を見る。ゆっくりと起き出し身支度をする。男が目覚め、枕元の数枚の一万円札をつかみ「バイト代入ったら」と言うと、「いつでもいいよ」とヨシノがキスする。ラブラブなのだ。

鎌倉の海を見ながら朝帰りをしたヨシノに、三女のチカ（夏帆）が長女のサチ（綾瀬はるか）の様子を小声で教える。そこへ不機嫌な顔で小言を言いながらサチが登場する。昔、家を出た父親が亡くなり、ヨシノとチカで山形での葬儀に出ろと言う。

父親は女を作って家を出たが、その女性と死別し、別の女性と暮らしていた。「私たちの妹がいるみたい」とサチが言う。ここまでで彼女たちの性格が描き分けられ、人間関係を理解させてしまう。しっかり者の長女、奔放な次女、末っ子で自由に生きている三女、そんなことが自然とわかる。見事な演出だ。

ヨシノとチカが田舎の駅に着くと、中学生らしいセーラー服の少女スズ（広瀬すず）が迎えにきている。案内された温泉宿で父親は働いていたという。葬儀に出ると、スズは幼い弟（義母の連れ子）の面倒を見ながら、中学生とは思えないほどかいがいしく働く。義母は泣いているだけだ。

そこへ、看護師のサチが夜勤明けで友人に車で送ってもらったと言って姿を現す。喪主の挨拶を誰がするかという話になり、喪主の義母は泣いてばかりで「できない」と言い出し、親戚の男が「スズちゃんにやってもらおう」と言う。サチは「それはいけません。これは大人の仕事です」と口を出す。

そういったひとつひとつのエピソードが、姉妹たちのキャラクターを伝えてくる。スズが「しっかりした少女」だと誰にも思われていること、サチが責任感の強い真面目な性格であること、奔放で言いたいことを言うヨシノは優しさをぶっきらぼうな態度で示すこと、天然キャラのようなチカは見かけと違って優しい心遣いができること、などが伝わるのだ。そして、複雑な環境で育ってきたスズが自分の心を隠し、大人たちの様子を見て気遣いをしながら生きてきたこともうかがえる。

葬儀を終えて鎌倉に帰ろうとしていた三姉妹は、父の机にあったという写真を持って追ってきたスズに「この街で一番気に入っている場所」に連れていってもらい、スズが「お父さんとよくきた」という見晴らしのよい高台が鎌倉の風景によく似ていることに気づく。そして、駅での別れ際、サチは突然、スズに「鎌倉で一緒に住まない？」と誘う。ヨシノもチカもためらうことなく同意し、迷っていたスズは電車のドアが閉まる瞬間、「いきます」と口にする。ここまでが、プロローグだった。

すぐにスズの引っ越しになり、海に近い鎌倉（江ノ電の極楽寺駅の近くに家がある）で暮らす四人姉妹の日常が淡々と綴られていく。それが素晴らしい。

●世代の違う四人の女優が魅力的に印象的に描かれる

世代の違う四人の女優が、それぞれに印象的だ。三十前後なのだろうか、しっかり者でキャリアを積んだ看護師である長女のサチは、見込まれて新設される終末医療の担当に誘われる。

鬱病を患う妻がいるが、サチと恋愛関係にある医師（堤真一）は、「亡くなるのがわかっている患者さん相手だから、よく考えろよ」と忠告する。真面目なサチは患者と真剣に向き合おうとするようなタイプだ。コメディエンヌ的演技が好評な綾瀬はるかだが、サチのキャラクターはとても合っていた。

ヨシノは冒頭から描かれるように、またチカからからかわれるように「酒と男」で生きてきたらしい。二十代半ばで地元の地方銀行か信用金庫で働いている。言葉遣いは少し乱暴で、男っぽいところもある。サチと喧嘩ばかりしながら、一方で細やかな心遣いを見せる。脚線美が自慢の長澤まさみは美しい脚を惜しげなく見せてくれるが、役柄からか、あまりセクシーな印象ではない。さっぱりした男っぽいキャラクターとして記憶に残った。

チカは二十歳前後だろうか、地元のスポーツ洋品店の店員をしている。十五年前に家を出た父親のことはほとんど憶えておらず、スズに「今度、お父さんのこと教えてね」と屈託なく口にする。父が釣りが好きだったと聞き、釣り好きのチカは喜ぶ。

恋人なのかどうかわからないが店長とは仲がよく、一緒に地元の少年サッカーチームのサポーターをやっている。そのチームは中学生までは女子も入れるので、サッカーをやっていたというスズを入会させる。末っ子だと思っていた自分に妹ができたのがうれしいのだろう。夏帆がかなり作り込んだキャラクターを嬉々として演じている。

スズは耐える子だ。まだ十代半ばなのに、様々なことに耐えてきたらしい。三人の腹違いの姉たちと暮らすことになっても、自分の母親が彼女たちの父親を奪って家庭を壊したのだと常に思っている。姉たちの優しさにふれるたびに、自分の居場所は「ここでいいのだろうか」と考えている。自分の存在が、自分の言葉が、誰かを傷つけているのではないかと気遣っている。

スズは何度「傷つけたみたい」と口にするだろう。まだ十四や十五の少女なのに、相手を気遣う表情はもう大人だ。サッカーをやっているときだけ、解放されたような顔をする。

「海街diary」の中で四人の姉妹は、それぞれ「傷つけたみたいね」と頻繁に口にする。人はどんなにやさしくても、人を傷つけることがある。そんな意図はなくても、何でもない言葉が相手の胸を刺すことがある。繊細な神経の持ち主は、自分の言葉や存在が誰かを傷つけることがあるのを知っている。だから、人との関係の中で相手を傷つけまいと気遣いを見せる。そんな風に生きることは、とてもしんどいことだけど、そんな優しい人間たちが、世界を生きるに値するものにするのだ。

四人姉妹だけではない。この映画に出てくる食堂のおばさん（風吹ジュン）も、喫茶店の主人（リリー・フランキー）も、信用金庫の融資課長（加瀬亮）も、みんなそんな優しい人間たちだ。

静かな口調で話し、どんな人に対しても気遣いを見せる。父と母のことを知りたいのに、姉たちを気遣って何も訊かないスズに、リリー・フランキーは「お父さんのこと訊きたくなったら、そっと訊きにおいで」と耳打ちする。

誰もが、人を傷つけたくないと思っている。人がささいなことで傷つくことを知っているからだ。そして、世界が悪意に充ちていることも知っている。だから、自分だけは善良であろう、人を貶めることや非難することはすまい、と戒めている。人の悲しみや辛さを、自分のことのように感じようと思っている。「海街diary」は、そんな人たちの物語だった。ああ、こんな人間に生まれたかったなあと、見終わってしみじみ思った。

溌剌と弾むように生きる

フランシス・ハ／男性・女性

●「世界でいちばん貧しい大統領のスピーチ」を聴いたとき

昨年、四国の仕事場（と称している家）にいる間、テレビがなかったので、毎朝、インターネットでNHKラジオを聴きながら朝食を摂っていた。午前八時からの番組で女性アナウンサー（ハスキーな声で笑うのがとてもよい）は毎日同じだが、男のパーソナリティは交代する。ダイヤモンド・ユカイ、宮沢章夫、高橋源一郎などである。僕は、特に高橋源一郎さんの曜日を楽しみにしていた。その中に「今週の一冊」みたいなコーナーがあり、高橋さんオススメの本を読み上げてくれるのだ。

一般視聴者を相手にしていることを意識してか、小説を取り上げることはあまりなく、ちょっと変わった本を教えてくれるし、その独特の読みとり方が面白くて聞き入ったものだった。その中で、僕が全く知らずにいた素晴らしい本を教えてくれたとき、高橋源一郎という作家を僕は尊敬した。昔から僕は高橋さんの作品より、その言動および新聞の論壇時評などの独特のオピニオンを好んできたが、その本を選んだ（そして、すべて読み上げてくれた）見識と目配りに感心したのだった。

その本は「世界でいちばん貧しい大統領のスピーチ」という絵本だった。二〇一二年にリオデジャネイロで行われた地球環境について話し合う国際会議で、ウルグアイのムヒカ大統領が行った演説を採録したものだという。その演説を読み上げる高橋源一郎さんの声を、僕はじっと真剣に聴いた。ときどき、つかえながら高橋さんは読み切り、感想を述べる。ムヒカ大統領という人は、大統領公邸には住まず、古びた愛車を自分で運転してどこでもいくような人だと紹介する。そのスピーチは、昨年、最も印象に残った言葉だった。ひどく得した気分になった。

そのムヒカ大統領が、先日、来日した。テレビのワイドショーが「世界一貧しい大統領」として時間をとって紹介し、日本でも多くの人が彼を知ることになった。朝日新聞でも大きな記事で取り上げていた。そんな報道を見ながら、僕は「世界一貧しい」という言い方は適当ではない。むしろ、不適切である。世界一質素な大統領と呼ぶべきであろう」と、テレビ番組が「世界一貧しい大統領」というたびにテレビ画面に向かってダメ出しをした。別の言い方をすれば「世界一清貧な大統領」である。中野孝次さんの「清貧の思想」を思い出した。

そんなムヒカ大統領に比べると、現在騒がれている東京都知事の話題は情けなくなるほどのみみっちさである。海外出張で豪華な部屋を利用しないと「都知事としてみっともない」とか、公用車で別荘に毎週末に通っていたとか、政治資金を私的に使用していたとか、そんなニュースを見ると日本の政治家のレベルの低さに絶望的になる。自分が住んでる家を自分の政治団体の事務所にしていて、毎月、奥さん名義の口座に家賃として四十数万円を振り込んでいたとか、判明する事実が悲しくなってくる。みっともない。日本人として恥ずかしい。穴があったら入りたい。アルゼンチンまでもぐりたい。

●どんな仕事も自信や誇りといったものをもたらせてくれるが

——モノを買うとき、人はカネで買っているように思うだろう。でも違うんだ。そのカネを稼ぐために働いた、人生という時間で買っているんだよ。生きていくには働かないといけない。でも働くだけの人生でもいけない。ちゃんと生きることが大切なんだ。たくさん買い物をした引き換えに、人生の残り時間がなくなってしまっては元も子もないだろう。簡素に生きていれば人は自由なんだよ。

なるほどな、と思う言葉がムヒカ元大統領から次々に出てくる。僕も「足るを知る」人生を送りたいと思っているが、それができているかどうかはわからない。しかし、特に何かをほしいと思っているわけではない。とりあえず食うには困らないだろうからと、六十三歳でリタイアし年金生活者になった。

ときどき外で酒を飲むけれど、毎食、自分で料理して食事をし、散歩し、読書し、映画を見て過ごしている。原稿を書くのも趣味みたいなものだ。四国にいるときは庭で野菜作りなどやったが、今年は短期間でいったりきたりしたので、野菜作りは見送っている。

今の時代、僕の年齢で老け込むのは早すぎると言われることもあるが、やるべきことはやったと思っている。以前にも書いたように、「やりたいことをやる」というより「やりたくないことはやらない」生活をしようと思った。家族を含め生活のために金を稼がねばならず、金を稼ぐためにはやりたくないことをやらねばならない。仕事とはそういうものだし、どんな仕事も何かを我慢しなければならない。

もっとも、どんな仕事も取り組む姿勢によって喜びをもたらせてくれるものだとは思う。それに、どんな仕事も続ければ、自信や誇りといったものをもたらせてくれる。

若い頃、僕は自分の仕事に自信も誇りも持てなかった。その仕事を四十年も続けることになるとは夢にも思っていなかった。他に自分の夢があったのだ。振り返れば、もっとのびのびと日々を過ごしていればよかったと思うけれど、そんなことは今だから思えるのだろう。

四十年前の僕は、金もなく、自信もなく、将来への不安を抱えて日々を鬱々と生きていた。人生のとば口に立っていた二十代の僕が、何もわかっていなかったのは仕方がないと思う。その後の経験が、今の僕を作っている。そのことによって、成長したのかどうかはわからない。相変わらず、自分の性格がイヤになることは多い。自己嫌悪ばかりの日々である。

ムヒカさんは長い長い独房生活を経験することで、人生の真実を学んだという。六〇年代から七〇年代にかけての軍事政権下、平等な社会を夢見て都市ゲリラのメンバーとなり、武装闘争に加わった。投獄四回、脱獄二回、銃撃戦で重傷を負ったこともある。十四年近く収監され、十年ほどは軍の独房だった。長く本も読ませてもらえず辛い日々だった。

「独房で眠る夜、マット一枚があるだけで私は満ち足りた。質素に生きていけるようになったのは、あの経験からだ。孤独で、何もない中で抵抗し、生き延びた。『人はより良い世界をつくることができる』という希望がなかったら、今の私はないね」と語っている。

——人は苦しみや敗北からこそ多くを学ぶ。以前は見えなかったことが見えるようになる。人生のあらゆる場面で言えることだが大事なのは失敗に学び再び歩み始めることだ。

若い頃、人は多くの失敗をする。後悔を重ねる。ムヒカさんも理想に燃えてゲリラ活動に身を投じたけれど、敵と殺しあうこともあったし、自らも傷を負った。独房での長い生活が彼を哲学者にしたのだろうが、それは経験と思索がなければ育たなかったものだ。だとすれば、どれだけ寄り道をし、失敗をするか、様々な経験をする機会を持つか、というのが若い時期に求められることなのだろうか。

もっとも、青春時代は、中途半端で、迷ってばかりいて、自分が何をしたいのかもはっきりしない時期である。そんな中で、どれだけ溌剌と生きていたか。青春時代がはるか昔に過ぎ去った人間である僕には、溌剌と生きられなかった後悔だけが残っている。

●いきあたりばったりに生きているような青春だが…

去年、ひどく印象に残る映画を見た。モノクロームの映像が美しい作品だった。映画が始まると、いきなりふたりの若い女性が争っている。喧嘩のマネをしているのだ。カットがポンポンと飛ぶようにつながり、僕は若い頃に夢中になって見たゴダールの「男性・女性」（一九六五年）を連想した。

同じモノクローム作品ということもあったのかもしれない。その作品の中に「ジャン・ピエール・レオー」という名前が出てきたので、監督も「男性・女性」を意識していたのかもしれない。ジャン・ピエール・レオーはヌーヴェル・ヴァーグを象徴する俳優で、「男性・女性」の主人公を演じた。

その作品は「フランシス・ハ」（二〇一二年）という奇妙なタイトルを持っていた。その意味は最後に明かされるのだが、そのシャレた結末に僕はひどく感心した。最近、これほど監督の才能を実感した作品はない。映画全体を貫く軽やかさは、出そうとして出せるものではない。映画全体のテイストが絶妙なのだ。青春映画と言えば青春映画なのだろうが、ヒロインの生きる姿が生き生きと伝わってくる。ああ、こんな風に若い時代を送れたらよかったろうに、と羨ましくなった。

モダンダンサーをめざしているフランシスは、編集者である親友のソフィーと一緒に暮らしている。ある日、恋人から一緒に住もうと言われ、「私が部屋を出たらソフィーが困る」と断る。しかし、その話がきっかけになり恋人と別れることになる。恋人より親友を優先したのだが、ソフィーの方は「恋人と暮らすことになった」とあっさり部屋を出ていってしまう。生活用品も持っていかれたのでフランシスはお湯を沸かすのさえ苦労し、「あのヤカンは私が買ったものよ」と電話でソフィーに大声を挙げたりする。

映画は何章かに分かれていて、それぞれフランシスが住むことになる場所と番地が章立てに使われる。ソフィーと別れたフランシスは、高い家賃が払えないので住むところを探す。たまたまパーティで知り合った男友達の部屋へ行くと、彼は男のルームメイトと住んでいるが、もうひと部屋があいている。彼らはふたりとも金持ちの芸術家肌で、フランシスとも気が合う。フランシスは彼らと暮らすことになる。端から見れば奇妙な三人の男女の生活だが、天真爛漫なフランシスのキャラクターが溌剌としているから、自由で自然なライフスタイルが羨ましくなる。

ある日、フランシスはダンスグループの主宰者からクリスマスの発表会での出番はないと宣言される。彼女は、フランシスのダンサーとしての資質を買っていないようだ。失意のフランシスは父母の元でクリスマスを過ごし、手持ちの資金も尽きたので母校の大学の寮に住んで、ウェイトレスの仕事を始める。その頃、ソフィーは恋人の赴任先である東京にいるのだが、母校のパーティにふたりで現れフランシスと再会する。このとき、先にソフィーを見つけたフランシスが、ソフィーに見つからないように隠れたりするのは、ウェイトレスをしている自分を見られたくないからだろう。

その後、フランシスはダンサー仲間の部屋に転がり込んで居候したり、彼女の友人がパリにアパルトマンを持っていると聞けば、いきなりパリにいってみたり、何だか衝動的に行動しているように見えるが、二十七歳という中途半端な年齢を持て余しているのかもしれない。

やがて、フランシスは振り付けに自分の将来を見出し、新しいアパートにも引っ越す。そこで、タイトルの意味が明らかになるのだけれど、それは爽やかな笑いを誘い、フランシスの未来の明るさを伝えてくる。

こんなに爽やかで、ほろ苦くて、青春時代の中途半端さと迷いを描き出す監督なのだから、きっと充実した(常に自分を失わない)青春時代を送ったのだろうなと思う。自分の言動に内省的で、自覚的に生きてきたに違いない。僕が数十年かかって学んだことを、すでに会得している。

才人というのは、こんな映画を撮れる人のことなんだろう。フランシスを演じたグレタ・ガーウィグの存在なくしては、成立しない作品ではあるけれど…。

怒りは静かに燃やせ

ランボー 怒りの脱出/ランボー3 怒りのアフガン/怒りを込めてふり返れ/怒りの葡萄

●感じやすいために恨んだり悔やんだりする気持ちが多い

このコラムを始めた頃だから、もう十七年近く前になる。当時はけっこう読者からメールをもらったが、その中に「なんて理屈っぽいことを書く人だろうと思いました」というものがあった。自分ではまったく理屈っぽくない人間だと思っていたので、そう受け取る人もいるんだな、と少し意外だった。僕は非常に感情的な人間で、そのことで失敗ばかりしている。論理的で理屈っぽい人間なら、もう少しましな行動を取るのではないか。失敗することも少ないのではないか。そんなことを思った。

昔、五木寛之さんのエッセイで「多情多恨」の意味をどう解釈するか、ということを読んだ記憶がある。そのエッセイの中には、当時の人気作家でハードボイルドを実践していた生島治郎さんが登場した。ハードボイルドとは「多情多恨」である、と生島さんは言ったという。「多情多恨」を辞書で引くと、「感じやすいために、うらんだり悔やんだりする気持ちが多いこと。また、そのさま」とあり、用例として「芸術家は本来、多情多恨だから」という夏目漱石の「吾輩は猫である」の一節が引用されていた。

そのエッセイを読んだのは高校生の頃だから、もう五十年近く以前のことになる。そんな昔のことをなぜ憶えているかというと、そのエッセイを読んで自分が「多情多恨」であると気付いたからだった。その頃から僕は感情的で、感傷的な自分がひどく嫌いだったのだが、持って生まれた性格は変えようもなく、そのことによって子供の頃から多くの失敗を重ねてきた。失敗というのは、主に対人関係である。僕はよく「友だちいないからなあ」というボヤキを冗談めかして口にするけれど、本当は友人を失くして生きてきたのである。

ここまで書いてきて、昔も同じようなことを書いた気がしてきた。「多情多恨に生きる」というタイトルが甦ってくる。「映画がなければ生きていけない」の一巻めを見たら、そんなタイトルはなかった。二巻めに入っていた。二〇〇三年四月四日号で発表した文章だ。十三年も前である。

内容は生島治郎さんとギャビン・ライアルの訃報に接したことから書き起こし、生島治郎さんの作品について展開していた。その文章の中では、僕は「多情多恨」を肯定的に捉えている。十三年たっても、ほとんど変わっていない。いや、高校生のとき以来、変わっていないのかもしれない。

僕は特に自分が「感じやすい人間」だとは思っていないが、無駄に感情過多であるとは自覚している。いや、どんな人も感情が豊富なのだろうが、それを外面に出すか出さないかの違いなのかもしれない。

そういう意味では、僕は感情を外に出す、あるいは出し過ぎるきらいがある。「すぐ顔に出る」と言われるし、喜怒哀楽がわかりやすいとも言われる。もっとも、一番わかりやすいのは「怒」らしい。労働組合の委員長をやっていた頃には、社長からも組合員からも「瞬間湯沸かし器」と言われた。

怒った後は、恥ずかしい。冷静になると、感情を爆発させた自分が人にどのように見えたか、客観的に把握できるようになる。とたんに消えてしまいたくなる。穴があったら入りたくなる。昔、月刊誌の副編集長をやっていたとき、ある編集部員を怒鳴ったことがある。怒鳴った後、僕は恥ずかしくなって部屋を出てしまった。

後から聞くと、怒鳴られた方は平気な顔で仕事を続けていたという。僕は興奮気味の自分の気持ちを鎮めるために、会社の外階段を上って屋上でしばらく時間をつぶした。その頃は、仕事の場で僕が怒ることはあまりなかったので、若いモンには珍しがられた。

●人が行動する原点には「怒り」があるのではないか

多くの物語には「怒り」が描かれる。ヒーローものでは、最後に主人公が怒りを燃え上がらせて反撃するのがパターンである。「無頼」シリーズの藤川五郎も、「昭和残侠伝」シリーズの花田秀次郎も、最後に耐えに耐えていた怒りを解き放つ。藤川五郎は黒匕首を握りしめるし、花田秀次郎はドスを片手に殴り込み「死んで貰います」と決めゼリフを口にする。

シルベスター・スタローンのランボーは不機嫌に怒ってばかりいて、邦題には常に「怒り」がつけられた。「ランボー　怒りの脱出」（一九八五年）ではベトナムで暴れまくり、「ランボー3　怒りのアフガン」（一九八八年）では、アフガニスタンで破壊の限りを尽くす。冷戦時代の映画だから、敵はソ連軍だった。

様々な物語を分析してみると、人が行動する原点には「怒り」があるのではないかと思う。六〇年代のイギリスから発したムーブメントである「怒れる若者たち（アングリー・ヤングメン）」は、常に怒りを抱いた青年が主人公の戯曲「怒りを込めてふり返れ」（一九五八年）から名付けられたものだが、あの時代の若者たちは実によく怒っていたし、それを行動に移していた。「怒り」は行動を起こす原点であり、エネルギーなのかもしれない。どちらかというと、僕も「悔しさ」と「怒り」を原点に様々なことを克服してきた気がする。

どうでもいいことだけど、わかりやすいので以下の話を例にする。僕は五十のときには入社時に比べて二十数キロ太り、スーツもY体の5だったのがA体、AB体を越えてB体の5になっていた。ウエストは七十センチだったのが、八十五センチを越えていた。そんなとき、あることがきっかけで痩せなければ…と思い始めた。

その頃、会社の飲み会である先輩に「ダイエットしようと思ってるんですよね」と言ってしまったところ、「きみなんか、痩せられるわけないよ」と即座に断言された。自己管理のできない奴、欲望に負ける奴というニュアンスだった。

そのときに感じた悔しさから「今に見てろよ、痩せたろうじゃねぇか」と思った僕は、半年で十数キロを落とし、スーツはAB体を通り越しA5体に戻ったのだった。さらに、29インチのジーパンが履けるようになった。要するに、「悔しさ」を感じ「怒り」を燃え上がらせることで、目的を達したわけである。

そういう意味では、あの先輩に感謝しなければならない。僕の性格をよく知っていたのかもしれない。十年近く経った今も、何とかリバウンドを防いでいる。それにしても、我ながら単純な性格だと思う。

●静かな怒りを燃やし穏やかに語る若きヘンリー・フォンダ

ギリシャ神話を読んでいても思うのだが、神は正当な理由もなく、理不尽に怒りを燃え立たせることがある。残虐に天罰を人間に加える。その結果、人間たちは振りまわされ、不幸な死を遂げたりする。

ジョン・スタインベックの小説を映画化したジョン・フォード監督の「怒りの葡萄」（一九四〇年）という作品がある。「怒りの葡萄」とは、神の怒りを表す言葉であるらしい。原題は「The Grapes of Wrath」で、Wrathには「激怒、憤怒、天罰」といった意味がある。しかし、なぜ「葡萄」なのか？

スタインベックは、聖書をベースに小説を書く。オクラホマの農民たちが「約束の地」をめざす物語「怒りの葡萄」は「出エジプト記」を連想させるし、主人公トム・ジュード（ヘンリー・フォンダ）を導く説教師ジム・ケイシーはイエス・キリスト（ジーザス・クライスト）と同じ頭文字を持ち、スト破りの警備員たちに撲殺される前に「おまえさんたちにゃ自分がやっていることがわかっちゃいねぇんだよ」と口にする。それは、キリストが十字架にかかる前に発した言葉（もっと格調高く言っているけど）と同じだ。

また、スタインベック後期の代表作「エデンの東」も「アベルとカインの物語」がベースになっている。映画版（一九五四年）は、父に疎まれ、双子の兄アロンを死（戦地）に追いやる弟キャル（ジェームス・ディーン）を中心に描いている。双子の名前が、アベルとカインから取っているのは明白だ。映画は原作の後半だけを使用したもので、原作の前半は双子の生まれる前の物語、父親のアダムと兄の物語が展開される。善良なアダムと邪悪な兄。そこへ悪魔のような少女ケイトが現れる。

聖書の中では、葡萄は特別な果物として描かれる。葡萄はワインを作り出すからだ。ワインはキリストの血とも例えられるし、葡萄そのものは豊穣の象徴でもある。「怒りの葡萄」というタイトルは、アメリカの女流詩人が南北戦争のときに謳った「怒りの葡萄の貯えられし瓶を主は踏みしぼりたまい…」から取られたということだが、そのフレーズの元は聖書の中の出来事から発想されたものだ。「暴虐に対する神の怒りの発酵」を意味しているという。

スタインベックの原作では「飢えた者の目にはつのっていく怒りがある。人々の魂には怒りの葡萄がみちみちて、重く、たわわに、収穫のときを待っている」と書かれている。巨大資本にオクラホマの農地を奪われた貧しい農民の一家は、新天地を求めてカリフォルニアにやってくる。

しかし、そこで見たのは低賃金でも果樹園で働かざるを得ない飢えた人々だった。生活のために彼らも果樹園で働き始めるが、トムは次第に権利に目覚め、労働条件の向上を求めてストライキに参加する。しかし、資本側は暴力的に反乱分子を排除しようとし、貧しい者の怒りが燃え上がる。

原作が出版されたのが一九三九年、三年前に出版された「風と共に去りぬ」以来のベストセラーになった。この正反対のようなふたつの小説は、なぜか大恐慌時代のアメリカ人に受け入れられたのである。映画版「風と共に去りぬ」は「怒りの葡萄」が出版された年に公開され、スカーレット・オハラを演じたイギリス生まれのイギリス人で新人女優だったヴィヴィアン・リーは一躍人気スターになった。

一方「怒りの葡萄」（一九四〇年）もジョン・フォード監督によって映画化され、翌年に公開になった。その作品で、ジョン・フォードはアカデミー監督賞を受賞する。西部劇で有名なジョン・フォードだが、意外なことに西部劇ではアカデミー賞を取っていない。

　僕はずいぶん映画を見てきたけれど、「怒りの葡萄」の最後の長い長いヘンリー・フォンダのシーンほど感銘を受けたことはない。ジム・ケイシーが撲殺され、やむを得ず人を殺した（彼は過失致死で服役し、刑務所から戻ってきた人間として登場するから二度めの殺人だ）トム・ジュードは、追われる身になって母親に会いにくる。そこで、「腹ぺこの連中が腹ぺこにならないように騒ぎがおこれば、おれはそこにいるよ」と、彼は自分の生き方の決意を口にする。

　繰り返される「おれは、そこにいる」という言葉がキリストの教えのように響き始める。静かな怒りを燃やして、穏やかに語る若きヘンリー・フォンダの表情が忘れられない。澄んだ瞳が輝いている。あのヘンリー・フォンダの姿は、「怒りは静かに燃やせ」「決して感情的になるな」ということを教えてくれるのだが…。いい年をして言うことではないけれど、僕はまだまだ修行が足りない。

どんなときにも日常は存在する

ヒミズ／共喰い／この国の空

●「ゴチになります」に二階堂ふみが出てきて驚く

　少し前、ナインティナインのテレビバラエティ「ゴチになります」を見ていたら、セーラー服を着た二階堂ふみが出演していた。えっ、と思ったが、キャラクターとしては味があるからバラエティには向いているのかもしれない。かみさんは「ゴチになります」が好きらしく昔から見ているけれど、二階堂ふみのことは知らなかったらしい。僕が「映画には、いっぱい出ている人だよ」と説明し、いくつか出演作を挙げた。二階堂ふみは劇場映画でデビューして八年になるが、その間の出演本数は二十本を越え、テレビドラマにもいくつか出演している。まだ二十一歳の女優としては、かなりなハイペースだ。

　二階堂ふみのフィルモグラフィを見てみると、「ガマの油」（二〇〇八年）が劇場映画デビューだったらしい。「ガマの油」は役所広司の初監督作品で僕も見ているのだが、益岡徹のガマの油売りはよく憶えているのに、二階堂ふみの印象は薄い。主人公の息子（瑛太）の恋人役だった。三年後に出た「ヒミズ」（二〇一一年）のヒロインが強烈だったので、「ガマの油」の役は僕の記憶の中から吹っ飛んだのかもしれない。二階堂ふみは「ヒミズ」で、ベネチア映画祭のマルチェロ・マストロヤンニ賞を染谷将太と共に受賞した。マルチェロ・マストロヤンニ賞は、最優秀新人俳優・新人女優賞の意味合いを持っている。

先日、深夜の対談番組をたまたま見る機会があり、園子温と二階堂ふみが出演していた。二階堂ふみに賞を取らせたのは、「ヒミズ」を監督した園子温であるから、恩師との師弟対談風になっていた。二階堂ふみが「園さん」と繰り返していたのが印象的だった。園子温監督もこのところ絶好調で、一昨年は二本、昨年は四本の劇場映画を撮っている。僕は綾野剛が髪を金髪に染めて新宿歌舞伎町のスカウトマンを熱演した、「新宿スワン」(二〇一四年)をおもしろく見た。ただ、「愛のむきだし」(二〇〇八年)を見たときほどの衝撃はない。少し毒が薄まったのだろうか。

「愛のむきだし」を見たときには、満島ひかりと安藤サクラという女優が記憶に残った。その後のふたりの出演作を追いかけて見るほどだった。その結果、最近の日本映画の重要な作品を見逃さずにすんだ。よい女優は、質のよい作品を選ぶのだろう。満島ひかりは映画で注目された結果、テレビドラマの主演も張るようになった。「愛のむきだし」で満島ひかりを世に送り出し、「ヒミズ」で二階堂ふみに注目させる。園子温監督は、女優の才能を見抜く目を持っているのかもしれない。いや、「ヒミズ」では染谷将太という俳優も見出している。その後の染谷将太の出演作もなかなかのラインナップだ。園作品で鍛えられた新人は、どんな現場でも活躍するのだろう。

園子温は俳優を追い込む厳しい監督らしいが、その結果、俳優としての力を認められるのならありがたいことだ。ただし、園監督作品は暴力シーンが頻繁にあるし、グロテスクな血まみれシーンも多い。「ヒミズ」でも染谷将太と父親役の光石研が殴り合うシーンで、監督は「本当に当てろ」と指示したという。染谷将太は「痛い現場だった」と、どこかで語っていた。

二階堂ふみは園子温との対談で、「生傷の絶えない現場でしたね」と言っていた。映画を見ると、確かに痛そうではある。ちなみに、その後、光石研は青山真治監督の「共喰い」(二〇一三年)でも暴力的な父親を演じた。無茶苦茶な役だったが、それだけに僕の記憶に刻み込まれた。主人公を演じた菅田将暉もよかったけれど…。

●親から「おまえはいらない」と言われた子供たち

「ヒミズ」は、親から棄てられた子供たちの物語だ。スミダ(染谷将太)の父親は借金を作り家を出ているし、その後、母親は男を作って主人公を棄ててしまう。ある日、戻ってきた父親(光石研)は、息子に向かって「おまえはいらねぇんだ」という言葉を繰り返す。殴る。蹴る。「死んでくれ」とまで口にする。クラスメイトの茶沢景子(二階堂ふみ)は、母親から虐待されている。ふたりとも悲惨な十五歳だ。スミダの願いは「普通の平凡な人生を送ること」だが、現実はひとりで家業の川縁のボート屋を営み、孤独な中学生として生きている。

親に棄てられたスミダは川縁のボート小屋で暮らしているのだが、その河原には変わったホームレスたちが住み着いている。彼らとの交流が不思議な世界を作り出す。そんな世界へ、借金を作って蒸発していた父親が帰ってくる。息子を殴り、痛めつけ、金を搾り取ろうとする。

そんな絶望的な状況にいるスミダを茶沢は励まし続ける。一方的に慕ってくる茶沢をスミダはうざいと思いながらも、次第に彼女の存在が彼の救いになる。また、親に棄てられたスミダを救おうとするホームレスの男（渡辺哲）もいる。

「ヒミズ」は悲惨な話が続くし、自暴自棄になったスミダが人を刺そうと、包丁を持って街を彷徨するシーンなどはハラハラして見ていられないほどだし、超現実的なシーンもあって、ときどき理解不能に陥ることもあるが、間違いなく傑作である。「ヒミズ」が傑作になっている大きな要素は、主演の新人ふたりの存在だった。マルチェロ・マストロヤンニ賞を、そろって受賞したのは当然だろう。

ラストシーン、ある場所に向かってひたすらに走るスミダの横を伴走しながら、「がんばれ、スミダ」と励まし続ける二階堂ふみを見て僕は涙がこぼれた。あのとき、僕は二階堂ふみのファンになった。以来、昨年の「この国の空」（二〇一五年）まで、十本の出演作を見た。

園子温監督の「地獄でなぜ悪い」（二〇一三年）、「四十九日のレシピ」（二〇一三年）、「脳男」（二〇一三年）、「私の男」（二〇一三年）「渇き。」（二〇一四年）があり、昨年は「味園ユニバース」（二〇一五年）、「ジヌよさらば〜かむろば村へ〜」（二〇一五年）などがある。多彩なフィルモグラフィだ。「私の男」では浅野忠信を相手にして一歩も引かず、「渇き。」では再び役所広司と渡り合い、「この国の空」では三十八の男（長谷川博已）を相手にして処女の初々しさを見せた。今年公開になった「蜜のあわれ」では、老作家（大杉漣）を相手にコケテッシュな魅力を発揮している。

●戦争末期の東京の日常には空襲も組み込まれている

「この国の空」は「身も心も」（一九九七年）以来、十八年ぶりにシナリオライター荒井晴彦が監督した作品だ。「身も心も」には、おそらく全共闘世代である荒井晴彦自身の体験や心情が仮託されていたのだろうが、今回は戦中世代の高井有一の小説を映画化した。「この国の空」は、一九八三年に出版された小説である。高井有一は、古井由吉などと共に「内向の世代」と言われる文学世代でもある。終戦時は十三歳。古井由吉も空襲の記憶を小説やエッセイで書いているが、十代が終戦時期に重なり空襲の記憶が鮮明な世代だ。

映画は、「昭和二十年　東京・杉並」というタイトルから始まる。夜、雨戸の閉まった民家がある。庭には防空壕。雨が降っている。メンデルスゾーンの「ヴァイオリン協奏曲」が幽かに聞こえてくる。雨が防空壕に流れ込んでいる。

翌朝、水の溜まった防空壕を前に、呆然としている母（工藤夕貴）と里子（二階堂ふみ）がいる。隣の民家の雨戸を浴衣姿の市毛（長谷川博巳）が開け、ふたりに「どうしました？」と訊く。ふたりが防空壕のことを言うと、「うちのを使えばいい。妻子を疎開させて、ひとりでこんなところに入りたくないし」と独り言のように言う。

十九歳の里子は、挺身隊逃れのために町会の事務員として働いている。転入や転出の手続き、疎開に出る人のための書類作りなど、細かなことが描かれていく。当時、東京への転入は認められなかったこと、高齢者の疎開希望は通りやすいが、壮年の男は認められなかったことなども描かれる。

横浜で焼け出された伯母（富田靖子）が里子の家に転がり込んでくるが、転入が認められないので配給を受けられない。配給がなければ、伯母の食事がまかなえない。そんな細々とした戦争中の日常が描かれる。里子が「ルーズヴェルトが死んだそうだわ」と言うセリフがあるから、四月中旬のことだろう。

八月十四日の夜がラストシーンになる。そこに至る、戦争末期の四ヶ月が描かれる。毎日のように空襲があったが、そんな状況の中でも人々は生きていたし、日常生活は続いていく。作品の狙いは、戦争末期の人々の日常を描くことである。市毛は見たところ身体も病弱ではなさそうだが、検査が丙種だったために兵役を逃れている。

勤め先は銀行で、「近々、金融機関の人間は移動を禁じられるという話です。都市機能をマヒさせないためだとか」と里子に言う。ヴァイオリンを弾く優男だが、理知的で落ち着いた話し方をする。若い男などひとりもいない。落ち着いた中年男に、次第に里子が惹かれていくのは理解できる。里子の視線、仕草などが、少しずつ変わっていく。

ある日、里子は市毛から「宿直で家を空けることが増えるから、ときどき家に風を通してくれませんか」と勝手口の鍵を預かる。風を通しに市毛の家に入った里子は、積もったホコリが気になって掃除を始める。そして、市毛の寝室に敷かれたままの寝床を見つける。敷布も乱れたままだ。脱ぎっぱなしの浴衣がある。里子は、枕に顔を近づける。市毛の体臭が、男を知らない里子を刺激する。官能的である。二階堂ふみは、若いわりに官能的な役の多い人だ。桜庭一樹の直木賞受賞作を映画化した「私の男」もそうだった。

以前、「限りなき日常を生きる」というタイトルでコラムを書いたことがある。日常生活というのは不思議なものだ。異常なことでも、それが続けば日常になる。戦争末期の東京の日常には、空襲も組み込まれている。人々は、空襲にさえ馴れてしまうのか。「この国の空」を見ていると、「空襲」や「焼け出された人」「死んだ人々」「新型爆弾」などが日常会話として交わされる。そんな日常で、里子の一番の関心は隣の市毛のことである。戦争中だって、恋愛はする。男の匂いにときめき、心を熱くし、体を火照らせる。そんな、当たり前のことを当たり前のように二階堂ふみは演じた。

わたしが一番きれいだったとき
街々はがらがらと崩れていって
とんでもないところから
青空なんかが見えたりした
わたしが一番きれいだったとき
まわりの人達が沢山死んだ

「この国の空」は、最後のクレジットタイトルが流れる画面に二階堂ふみが朗読する詩が流れる。戦後詩の名作として有名な茨木のり子の「わたしが一番きれいだったとき」である。それを聞きながら、僕は「荒井晴彦は、若い頃に思潮社現代詩文庫を愛読したのではないか」と思った。

荒井監督は、「身も心も」（吉野弘に同タイトルの詩がある）のときには、柄本明に長田弘の長篇詩「クリストファーよ、僕たちはどこにいるのか」を朗読させた。「あれは金曜日だったと思う　疲労が大きなポピーの花束のように　きみの精神の死を飾っていた日だ」という最初のフレーズを僕は暗誦できる。そのフレーズがスクリーンから聞こえてきたのだった。僕は、その長い引用を柄本明と共に口ずさんでいた。

ふたりの女優が死んだ

兄貴の恋人／暗黒街の顔役／竜馬暗殺／恋人たちは濡れた

●ひとりは七十九歳で心不全、ひとりは六十七歳で肺ガンだった

六月十四日、ふたりの女優が死んだ。ひとりは七十九歳で、心不全。ひとりは六十七歳で、肺ガンだった。ひとりは、気品のある美しい女優で「日本のグレース・ケリー」とさえ呼ばれたことがあった。その死は、多くのニュース番組で取り上げられ、主演ドラマを持つ後輩の人気女優たちがその人柄を忍んだ。四年前に死別した二枚目俳優だった夫との、おしどり夫婦ぶりを示す映像も流れた。ふたりの間にできた娘が人気歌手と結婚したときのインタビューも流れ、仲睦まじさが懐かしがられた。彼女は若いときに入浴シーンを演じているが、それはほんの少し肌を露出するだけのものだった。五〇年代にデビューした女優だ。映画の表現もつつましいものだった。

もうひとりは前張りをつけて大胆なヌードになり、扇情的なセックスシーンを演じることで、主演を勝ち取った女優だった。大手五社に数えられた映画会社が経営難に陥り、背に腹は替えられない思いで始めたポルノ映画がなければ、彼女が観客たちの記憶に残ることはなかっただろう。しかし、十八歳以上しか見ることができなかった作品で注目された彼女は、アートシアター・ギルド（ＡＴＧ）で製作した黒木和雄監督作品「竜馬暗殺」で原田芳雄、石橋蓮司、松田優作というクセモノ俳優陣を相手に印象的な役を演じ、映画ファンの記憶に刻み込まれた。

ふたりの女優は、デビューに十数年の差はあったが、同じ映画会社に所属し、六〇年代末の同じ時期に同じ撮影所で、同じ人気俳優の主演映画に脇役として出演していた。グレース・ケリーのような気品さえ漂わせる美人女優は、当時のアイドル女優だった内藤洋子が妹を演じる加山雄三主演の「兄貴の恋人」(一九六八年)の中で、主人公に好意を寄せる年上のバーのママを上品に演じた。後にポルノ女優と呼ばれることになるもうひとりの女優は、学生ではもう通用しなくなった加山雄三が新入社員を演じる「フレッシュマン若大将」(一九六九年)に出演しているが、どこに出ていたかさえ僕の記憶にはない。

気品あふれる女優は、白川由美といった。もうひとりは、中川梨絵という名だった。テレビドラマに多く出た白川由美は多くの人が知っているだろうが、中川梨絵の名を知る世代は限られるし、その世代でも限られた人しか知らないだろう。おそらく女性より、男性の認知度の方が高いに違いない。「兄貴の恋人」のとき、白川由美は三十二歳だった。「フレッシュマン若大将」のとき、中川梨絵は二十一歳だった。ふたりは、ちょうどひとまわりの年の差があったのだ。白川由美は七十九年の人生の時間を生き、中川梨絵はその十二年分短い人生を生きた。

メディアによる訃報の扱い方を見ても、ふたりの人生の違いは大きい。白川由美の訃報は、夕方のニュースでも数分間も流れた。八〇年代以降、テレビに活躍の場を移した彼女は、「家政婦のミタ」「ドクターX」などに出演し、そのドラマでの映像も放映されたし、二谷英明との映像も「おしどり夫婦」として放映され、主演作のほとんどなかった女優としては、破格の扱いだった。中川梨絵の訃報は、新聞の片隅にほんの数行で告知されただけだった。「日活ロマンポルノ初期の女優」と書かれていた。もちろん、どちらの人生がよかったとか、幸せだったという問題ではない。それぞれの個別の人生を比べることなど、ナンセンスだ。

人は、自分の人生を生きるしかないのだ。別の人生を望むこともあるだろうし、ありたかった人生を夢見続けることもあるだろう。しかし、人は与えられた人生、与えられた時間の中で生きるしかない。いつ死ぬかは、ほとんどの場合わかってはいないし、未来に何が起こるかは予測できない。だから、自分の人生の中で努力し続ける他に「生き方」はない。違う人生を夢見てもむなしいし、たどってきた人生に「if」は存在しない。

●残念だが白川由美主演と言える映画を見たことがない

僕の手元に竹書房から発行された「ゴジラ画報 東宝幻想映画半世紀の歩み」というムックがある。映画のスチルがふんだんに掲載されている。一九九三年十二月の奥付である。「ゴジラ」(一九五四年)に始まる東宝の怪獣・怪奇・SF・ファンタジー路線は、様々な傑作・名作・怪作を生んだ。それらの映画には、必ず紅一点的な役として清純タイプの女優が登場した。「ゴジラ」の場合は、古生物学の権威である山根博士の娘として登場する河内桃子である。「空の大怪獣 ラドン」（一九五六年）で紅一点的な役を担ったのは、デビューしたばかりの二十歳の白川由美だった。

僕が最初に見た怪獣映画は「ラドン」だった。阿蘇の噴火口から飛び立つラドンの姿しか記憶にないが、五歳の少年にそんなイメージを刻み込んだのだから印象深い映画だったのは間違いない。その映画の白川由美を僕が記憶しているわけはないのだけれど、スチルで確認する限り、すでにあの知的な美しい顔が完成している。そう、白川由美はデビュー当時の写真を見ても、最後の出演作になったドラマのワンシーンを見ても驚くほど変わっていない。知的で、若い頃から大人びて、美しい。

その後、白川由美は、「地球防衛軍」（一九五七年）「美女と液体人間」（一九五八年）「電送人間」（一九六〇年）「妖星ゴラス」（一九六二年）といった一連のSF映画にも出演するが、「サラリーマン出世太閤記」（一九五七年）シリーズや「大当たり狸御殿」（一九五八年）といった東宝明朗喜劇路線でも便利に使われる。文芸作品や女性映画とは、あまり縁がなかった。同世代の司葉子、後輩の星由里子といった女優たちが主演作を撮り始めても、相変わらず脇で便利に使われていた。

その頃の作品で僕が好きなのは、岡本喜八監督の「暗黒街の顔役」（一九五九年）だ。鶴田浩二、宝田明、三船敏郎が出演するアクション映画である。女優陣は、白川由美、草笛光子、柳川慶子などである。白川由美は主要な役ではあるけれど、男たちの闘いを描く作品だから女優たちは添えもの的になるのは仕方がないのかもしれない。鶴田浩二が「三十年のバカ騒ぎか」と言いながら、悪玉を追ってオープンカーを吹っ飛ばすのは、確かこの映画だったと思う。

僕の印象では、東宝時代の白川由美は、どうも添えもの的なポジションから抜けきらなかった気がする。司葉子が「その場所に女ありて」（一九六二年）で宝田明を脇役にして堂々の主演を張ったり、他社（松竹）での仕事ながら「紀ノ川」（一九六六年）という女性文芸作品に主演したり、ファニーフェイスと呼ばれた団令子が女優開眼した「女体」（一九六四年）に出たような、いわゆる代表作には恵まれなかった。もちろん数多い彼女の出演作をすべて見ているわけではないから、断言はできないのではあるけれど…。

●中川梨絵を思い出すと浮かんでくる二本の映画がある

中川梨絵は、二本の作品で映画ファンの記憶に残り続ける存在になった。いつの間にか映画界からフェードアウトし、ほとんど姿を見ることもなくなったけれど、「竜馬暗殺」を思い出すと中川梨絵の姿が浮かんでくるし、「恋人たちは濡れた」（一九七三年）の全裸で馬跳びをする姿、自転車に乗ったまま海に消えていくラストシーンが鮮明に浮かんでくる。彼女の一本を挙げるとすれば、「恋人たちは濡れた」になるだろう。神代辰巳の四作目の監督作品である。

田中小実昌の小説を映画化した「かぶりつき人生」（一九六八年）で監督デビューした神代辰巳は、日活がロマンポルノ路線になる前から性的なものをテーマにする監督だった。「かぶりつき人生」は、ストリップのダンサーとヒモと客たちの話である。すでに四十を過ぎていた神代辰巳だったが、それまでは人気女優だった島崎雪子と結婚した助監督としての方が業界では有名だったかもしれない。その神代辰巳が作品を立て続けに作り始めるのは、ロマンポルノ路線がスタートしてからだ。

一九七一年秋にスタートしたロマンポルノは、初期の過激な作品が猥褻だとして警視庁に挙げられた結果、世の中の話題を集めた。田中真理、白川和子、片桐夕子などが初期の女優たちだった。翌年、神代辰巳の活躍が始まる。その年だけで「濡れた唇」「一条さゆり　濡れた欲情」を監督し、「白い指の戯れ」の脚本を書いた。「白い指の戯れ」はスリの物語で、主人公を荒木一郎が演じアンニュイな雰囲気を漂わせた。ほっぺたの膨れた伊佐山ひろ子がデビューし、鮮烈な印象を残した。監督デビューした村川透は、後に松田優作と組んで「遊戯シリーズ」などで人気を博した。

神代辰巳の活躍は続いた。一九七三年には「恋人たちは濡れた」に始まり、四本の作品を監督した。一九七四年は東宝で撮った萩原健一主演の「青春の蹉跌」を含め六本も監督している。さらに、テレビシリーズ「傷だらけの天使」の演出も担当した。もっとも、池部良と荒砂ゆきがゲスト出演した神代監督のエピソードは、セックス描写が当時のテレビとしては過激すぎて、再放送では放映されることがなかった。深作欣二が演出し室田日出男と中山麻里がゲスト出演したエピソードが、ストリッパーを演じた中山麻里はほとんど裸だったにもかかわらず、再放送でも問題なく放映されているというのに……。

その初期の神代作品で若者たちの共感を呼んだのが、「恋人たちは濡れた」だった。その評判を聞き、名画座に追いかけて「恋人たちは濡れた」を僕が見たのは、大学三年の冬のことだった。主人公の若者は、海の近くの町に流れ着く。港には漁船が係留されている。その町の映画館に職を得る。場末の映画館といった、わびしいたたずまいだ。自転車にフィルムを積んで運んだり、映写の手伝いをしたりする。町で会った男たちに「久しぶりだな。帰ってきたのか」と声をかけられるが、青年は何のことかわからないという顔をする。このあたり、観念的で不条理な雰囲気である。

しかし、「恋人たちは濡れた」のストーリーを語っても、実は意味がない。これは、感じる映画だし、それは時代の空気と共に見るべき映画だった。だから、今の僕が見て、あのときと同じように受け取ることはないだろう。フラフラとしているだけで、何をしたいのかわからない主人公が描かれ、シラケた時代を反映する。歌謡曲を口ずさみながら自転車でぐるぐるまわっているだけの映像が続き、三人の男女が馬跳びを延々と繰り返す。全裸で馬跳びをやっているのが、異常とは思えなくなる。心の中の間隙を自覚し、不安と焦燥を抱えていた二十二歳の僕だったから、そんな登場人物の倦怠に鋭く反応した。

昨年、ある名画座で「恋人たちは濡れた」の上映に際して、中川梨絵のトークショーが開催されたという。そのときのトークの内容をネットで知って、僕は安堵感を抱いた。そこには、自身の女優としてのキャリアに誇りを持つ六十六歳の女性がいた。神代辰巳監督についてや、自身が出た十本のロマンポルノ作品について懐かしそうに語っていた。加藤彰や田中登という懐かしい監督の名前も出てきた。藤田敏八監督を含め、彼女の日活時代は監督に恵まれていた。四十年前を、そのように懐かしく回想できるのは幸せな人生だと思う。

五十年後のセクシー女優

刑事／家族の灯り／熊座の淡き星影

●三船敏郎が「御意」の代わりに「グラッチェ」と言った

ピエトロ・ジェルミ監督主演のイタリア映画「刑事」（一九五九年）を見ていたら、やたらに「グラッチェ」と言うのに今更のように気付いた。買い物していて「グラッチェ」、道を歩いているときも「グラッチェ」である。「はい」と答えるべきシチュエーションだろうと思うときも「グラッチェ」だった。それは、どんなときでも使える便利な言葉のようだ。日本語では「ありがとう」の意味だと思っていたが、どちらかと言えば「どうも」に近いのではないか。

村上春樹さんのエッセイ集「遠い太鼓」だと記憶しているが、ローマで暮らしている頃、テレビで黒澤明監督の「隠し砦の三悪人」（一九五八年）をイタリア語の吹き替えで放映していたとあった。護衛している姫に向かって三船敏郎が「御意」と答えたとき、イタリア語では「グラッチェ」と吹き替えていたという話を読んで笑った。「御意」を現代の日本語に置き換えると、「おおせのままに（おっしゃるとおりに）」という感じだろうか。イタリア語の「グラッチェ」とは、少しニュアンスが違うと思っていた。

しかし、「刑事」での「グラッチェ」の多彩な使用法を聞いていたら、「グラッチェ」がやはり一番適しているとイタリアの翻訳者は考えたのだろうと思った。もっとも、「御意」を英語で「サンキュー・サー」と訳したら、違和感を感じるだろう。そう思ったのだが、「イエス・サー、サンキュー・サー」と答える新兵の声が突然に頭の中に浮かんできて、それでもいいのかなという気がしてきた。

新兵たちが「イエス・サー、サンキュー・サー」と直立不動で声をそろえて答えるのは、スタンリー・キューブリック監督の「フルメタル・ジャケット」（一九八七年）だった。ベトナム戦争たけなわの頃、徴兵された青年たちは教官に徹底的に鍛えられる。いや、しごかれるといった方が適切か。彼らは人間扱いされない。教官の口から出るのは、卑語と罵倒だけだ。それでも、彼らは「イエス・サー、サンキュー・サー」と答え続けるしかない。反論は許されない。パワー・ハラスメントそのものである。

最近、上司による罵倒などのパワー・ハラスメントで自殺したとして訴えられたという記事をよく見かける。セクシャル・ハラスメントが「セクハラ」として定着した現在、僕がいた職場でも女性に対する物言いには気を使うようになっていたが、それは出版社だったからかもしれない。未だに前近代的な職場は存在するらしい。僕がいた出版社はパワー・ハラスメントにも気をつけていたのか、部下を怒鳴ったりする人は（僕を除いて）いなかった。仕事の指示、ミスの指摘など、上司がやけに部下に気遣いしていた気もする。

アメリカ人は上官に罵倒されても「イエス・サー、サンキュー・サー」と言うのなら、上司に怒鳴られても同じように答えるのだろうか。イタリア人は「グラッチェ」なのだろうか。日本人は、やはり「どうも…」かもしれない。「どうも」は実に曖昧だが、便利な言葉だ。お葬式にいって「このたびはどうも…」と語尾を曖昧にするとあいさつになる。「ニッポン無責任時代」（一九六二年）の植木等のように「いやー、どうもどうも」と言えば笑ってごまかせるし、お祝いにも使える。何かやってもらったときに「どうも」と言えばお礼の言葉にもなる。

●五十五年のキャリアを持つイタリアのセクシー女優

久しぶりに「刑事」を見たのは、クラウディア・カルディナーレの若い頃を確認したかったからだ。「刑事」のラストシーンで、クラウディア・カルディナーレは日本の観客の心をつかんだ。そのシーンに流れる「アモーレ、アモーレ、アモレ・ミーオ」とアリダ・ケッリ（作曲したカルロ・ルスティケリの娘）が唄う主題歌「死ぬほど愛して」も大ヒットした。「アモーレ」は、最近、サッカーの人気選手が「恋人のことです」と口にして以来、話題になっているイタリア語のようだが、「刑事」の場合は「愛して、愛して、私を愛して」と訳すべきだろう。

「刑事」が大ヒットして、クラウディア・カルディナーレはマリリン・モンローが「ＭＭ」と呼ばれるのと同じように、「ＣＣ」と呼ばれるようになった。当時、「ＢＢ」と呼ばれたフランスの若手人気女優ブリジット・バルドーもいたのだが、こちらはフランス語読みで「べべ」と発音し、「赤ちゃん」の意味である。どちらにしろ、マリリン・モンロー、ブリジット・バルドーと並んで、クラウディア・カルディナーレもセクシー女優として認知された証が「ＣＣ」の名称だったのだ。

ところで、クラウディア・カルディナーレの若い頃を確認したくなったのは、ポルトガルのマノエル・ド・オリヴェイラ監督の「家族の灯り」（二〇一二年）を見たからだった。オリヴェイラ監督は、この映画の製作時は一〇三歳である。現役監督の最年長記録を塗り替え続けていた。「家族の灯り」はオリヴェイラ監督らしい画面作りで、ワンシーンワンシーンがまるで西洋絵画のようだった。冒頭、港町の街灯に火を点けてまわる男の登場から、不思議な世界に引き込まれる。

ガス灯に火が点けられていくのを、部屋の窓から見ている女性がいる。そこから物語が始まるのだが、最初はその家の人間関係がよくわからない。オリヴェイラ作品は説明的ではないので、初めて見る人は戸惑うかもしれない。ただし、深みのある映像とゆったりと物語られるリズムに身を任せれば、オリヴェイラ監督の世界になじめるだろう。「家族の灯り」はポルトガルの作家が書いた戯曲が原作になっているらしい。

その老主人公の妻を演じていたのが、当時、七十四歳になるクラウディア・カルディナーレだった。二十歳くらいから映画に出ているから、その頃でキャリアはすでに五十年を越えていた。その後も「ローマ発、しあわせ行き」（二〇一五年）に出ているので、五十五年の女優としてのキャリアである。「家族の灯り」にはフランスの大女優ジャンヌ・モロー（当時八十八歳、キャリア六十四年）も出ているので、ふたり合わせると（何の意味もないけれど）女優歴は百二十年近くになる。

そのふたりの女優も、一〇三歳のオリヴェイラ監督から見れば、娘の世代である。監督と女優ふたりの年齢を合計すると（何の意味もないけれど）二六一歳になる。それだけでも「何だかスゴいなあ」という感慨が湧いてくる。ジャンヌ・モローは一九二八年生まれ。日本だと昭和三年である。クラウディア・カルディナーレは一九三八年生まれだから、日本の昭和十三年になり、日華事変が始まった翌年になる。日本で彼女に匹敵するキャリアを持つ映画女優（かつてはセクシー系の女優）は思いつかない。

●ギリシャ悲劇を下敷きにした美しい姉と弟の物語

クラウディア・カルディナーレはイタリア出身で、フランス映画にも多く出たし、ハリウッドにも呼ばれて何本も出演しているが、ハリウッド映画ではお色気担当みたいな役ばかりだった。当時の（今でも？）アメリカ男はグラマーなセクシー女優は、頭が空っぽだと思っていたに違いない。

バスト一メートルを超えていたジェーン・マンスフィールドはIQが相当に高かったが、間抜けな巨乳美人の役ばかりやらされた。クラウディア・カルディナーレもクルーゾー警部で有名になった「ピンクの豹」（一九六三年）、四人のプロが集まる西部劇「プロフェッショナル」（一九六六年）などで肌の露出の多い役ばかり演じた。

しかし、それらの映画の間に彼女はイタリアに戻り、重要な作品を数多く残している。ルキノ・ヴィスコンティ監督と組んだのは、「山猫」（一九六三年）と「熊座の淡き星影」（一九六五年）である。また、ジョージ・チャキリスと共演した代表作「ブーベの恋人」（一九六三年）があり、フェデリコ・フェリーニ監督の「8½」では、主人公の映画監督グイド（フェリーニ自身と思えばいい）が崇める女優として彼女自身のような役を演じている。すべて、彼女が二十代のときの作品だ。

「山猫」「ブーベの恋人」「8½」はヒットしたし、映画史的にも定着していて名作として残っているが、ビスコンティ作品の中でもあまり語られることがない「熊座の淡き星影」は、モノクロームの（特に夜の）映像が美しく僕の記憶に鮮明に残っている作品だ。

もっとも、物語の方はギリシャ悲劇「エレクトラ」を下敷きにしたものという記憶しかない。美しい姉と強い精神的な結びつきを持つ弟の悲劇だった。ギリシャ悲劇の多くがそうであるように、近親相姦がテーマのひとつになっている。

その物語を現代に移しているのだが、ビスコンティ作品ならではの格調の高さが魅力的だ。古いイタリヤの屋敷。広々とした夜の庭での姉と弟の会話。現代劇でありながら、普遍的で神話的な作品になった。この作品で最も重要なのは、姉を演じるクラウディア・カルディナーレの美しさだ。

このとき、彼女は二十代半ば。その美しさの絶頂にあった。女優としても世界的に認められ、演技も評価されている。その自信が、ヒロインのサンドラをオーラのように包み込む。美しく輝かせる。弟の目には、女神のように映る。

母と再婚相手の義父が、かつて密告して父を逮捕させたのではないか、というハムレット的な疑惑も全編を覆うミステリアスな雰囲気を醸し出す。セリフも抽象的で、ときに観念的であり、僕は若い頃に見たので、すっかりまいってしまった。当時、若者たちは難解であることを最も評価したし、僕も例外ではなかった。

二十年以上経って見たときも、その難解さと抽象性にぞくぞくするような魅力を感じたので、やはりビスコンティの難解さは本物だと思ったものだった。本音では、美しさの頂点にあったクラウディア・カルディナーレを見たかっただけかもしれないのだけれど…。

しかし、MMことマリリン・モンローが早くに謎の死を遂げ、BBことブリジット・バルドーが四十代で事実上引退してしまった今、CCことクラウディア・カルディナーレだけが現役を続けている。

前述のように二十代での代表作はたくさんあるし、三十代では「ラ・スクムーン」（一九七二年）や「家族の肖像」（一九七四年）があり、四十代には「フィツカラルド」（一九八二年）があり、そして、七十代で「家族の灯り」がある。こうなれば、オリヴェイラ監督にならって、現役女優の最高齢記録を期待したいものだ。

吉祥寺にあった歌舞伎劇場

私が棄てた女／宮本武蔵／五番町夕霧楼／月山／喜劇　女は度胸

●吉祥寺駅から東南の方向へ歩くと劇場があった

もう四十年も昔のことになるが、仕事で吉祥寺によく通っていたことがある。当時、僕は阿佐ヶ谷に住んでいたので、吉祥寺の少し外れに住んでいるイラストレーターの自宅に原稿を受け取りにいっていたのだ。朝、直行したり、夜に受け取りにいってそのまま帰宅することが多かった。吉祥寺の駅から歩くと十分くらいかかった気がする。イラストレーターの自宅は、前進座を越すとすぐだった。

初めて前進座の劇場正面を見たときはちょっと驚いたが、前進座についてはいくぶんかの知識があったので、「ああ、ここがそうなのか」と納得したものだった。それにしても、吉祥寺の駅から十分近く歩く。ここまで、観客がくるとしたら、熱心な人たちなのだろうなと思った。

当時、木下順二作「子午線の祀り」の平知盛役が印象的だった嵐圭史が好きだったので、「この劇場に出ているのだなあ」と思いながら眺めていた。当時の僕の前進座についての知識は半端で、「劇団員全員が共産党に入党している」とか、「劇場の裏に宿舎や耕作地があり、劇団員全員が共同生活をしている」といったたぐいの真偽がはっきりしないものだった。

劇団は戦前に設立され、設立メンバーは河原崎長十郎、中村翫右衛門、嵐芳三郎、河原崎国太郎などだった。僕が吉祥寺に通っている頃はすでに次世代が中心になっていて、河原崎長一郎、河原崎次郎、河原崎健三の三兄弟や前述の嵐圭史が活躍していた。

また、中村翫右衛門の息子の梅之助が「黒門町の伝七」としてテレビで有名になっていた。大河ドラマ「花神」の主演もこの頃だったろうか。中村翫右衛門、中村梅之助、中村梅雀と見てくると、だんだん優しい顔になっているのがよくわかる。

ある日、僕がイラストレーターの自宅へ向かってテクテク歩いているとき、向こうから小さな子供と一緒に河原崎長一郎さんが歩いてきた。親子で駅に向かって散歩している様子だった。「ああ、『私が棄てた女』（一九六九年）だ」と僕は思った。あるいは、その数年前に見てすごく好きになった東陽一監督の「やさしいにっぽん人」（一九七一年）を思い出していた。それから、僕は「やっぱり、劇場裏で共同生活してるんだ」と納得し、「だとしたら伊藤栄子さんもいるはずだな」と期待した。

僕が中学生の頃だから、五十年ほど前、NHKが夕方に青少年向けの連続ドラマを放映していた。手塚治虫原作の「ふしぎな少年」は、危機に陥ると時間が止められる能力を持つ少年の話だった。その同じ時間帯だと思うけれど、看護師をめざす四人の若い女性たちの連続ドラマがあった。

その中で、しっかり者の看護学校の生徒を伊藤栄子が演じていた。彼女はクールであるが故に誤解され、ひとり孤独に生きている。しかし、その孤独に負けることがない役だった。その四人の中で、僕が好きになったのが彼女だった。

つまり、河原崎長一郎さんと子供を見かけたとき、僕の頭の中には「河原崎長一郎の奥さんは伊藤栄子である。つまり、あの子は彼女が生んだに違いない。ということは、あの劇場裏に伊藤栄子さんも住んでいるのだ。とすると、彼女に出会える可能性も否定はできない」という思いが駆けめぐっていたのである。しかし、その後、何度も同じ道を通ったのに、とうとう伊藤栄子さんには会えなかった。

先日、BS放送を見ていたら、シニア向けサプリメントか健康食品のコマーシャルに伊藤栄子さんが出てきて、印象がほとんど変わっていないのに驚くと同時に懐かしさが湧きあがってきた。彼女の本名は河原崎榮子。夫のことを「長さん」と呼んで、仲睦まじく暮らしていた。しかし、十数年前、三十年連れ添った夫は亡くなった。今の僕と同い年だったから、役者としてはまだまだ活躍できたはずだった。

●中村錦之助主演「宮本武蔵」で武蔵の批判者を演じた

前進座の人たちは劇団を維持するために稼ぐ必要があったのか、映画にはよく出演している。特に河原崎長一郎は、早くから東映作品に数多く出演しており、一時期は中村梅之助と共に前進座の顔のような存在だった。最近は、梅之助の息子の中村梅雀がテレビの二時間ドラマで主演したりして、よく知られる顔になっている。河原崎長一郎の顔を僕が憶えたのは、小学生のときから見始めた内田吐夢監督の（というより、中村錦之助主演の）「宮本武蔵」シリーズだった。

「宮本武蔵」の二作目「般若坂の決斗」（一九六二年）から五作めの「巌流島の決斗」（一九六五年）まで、河原崎長一郎は同じ役で出演している。京都の吉岡道場の門弟役である。彼は武蔵の強さに刮目し、その強さの背景にあるものを知ろうとする。ある場合には、吉岡側を客観的に見、あるいは批判的な言辞を吐くので「裏切り者」と言われたりするが、武道の神髄を追求する姿勢が貫かれたキャラクターであり、大変に重要な役だった。

しかし、彼は「一乗寺の決斗」（一九六四年）で、武蔵が吉岡方の幼い名目人を一刀両断したのを目にして、「武蔵、許せん」と斬りかかり、逆に両の目を斬られてしまうのだ。「巌流島の決闘」は一乗寺下り松の死闘をくぐり抜け寺で仏像を彫る武蔵から始まるが、幼子を殺すような男はおいておけぬと寺を放逐される。武蔵が一乗寺下り松にさしかかると、松の近くに小屋ができており、目の見えぬ河原崎長一郎が幼子の供養のために経を唱えている。武蔵の批判者として、彼の存在がある。

同時期、河原崎長一郎は「五番町夕霧楼」（一九六三年）で主人公を演じている。ヒロインの娼婦役は、佐久間良子だった。水上勉の「五番町夕霧楼」と三島由紀夫の「金閣寺」は同じ金閣寺の放火事件を題材にしている。主人公の金閣寺の若き修行僧は吃音で、どちらも内面に籠っているような印象を受ける。ただし、三島の「金閣寺」（映画化作品は市川雷蔵主演「炎上」）は修行僧の内面を克明に描き出すが、「五番町夕霧楼」は夕子という娼婦の視点で修行僧を描き出すので、印象的にはまったく違う。

後に松坂慶子と奥田瑛二主演で山根成之監督によってリメイクされた「五番町夕霧楼」（一九八〇年）では、奥田瑛二の吃音症の修行僧が河原崎長一郎が演じたときによく似ているので驚いたものだった。演技に凝る奥田瑛二のことだから、先行作品を研究したのかもしれない。美しさの絶頂期にあった佐久間良子や松坂慶子がヒロインを演じたのでわかるように、これは女優を見せる映画だった。人気女優が肌襦袢の胸も露わに娼婦を演じるのだから、男性客が押し寄せたのである。

●前進座というと河原崎三兄弟を思い出してしまう

河原崎次郎の映画出演は長男の長一郎に比べると少ないが、僕の印象では、あるとき突然に主役で登場したという感じだった。新藤兼人監督の「讃歌」（一九七二年）である。谷崎潤一郎の「春琴抄」を原作とする作品で、河原崎次郎は佐助を演じた。山口百恵のお琴と三浦友和の佐助で「春琴抄」（一九七六年）がリメイクされたのは、四年後のことだった。河原崎次郎版はアートシアター系の劇場で公開されただけだったから、山口百恵・三浦友和版ほどは評判にならなかった。

六十を過ぎて芥川賞を受賞したことで話題になった森敦の小説「月山」（一九七九年）が映画化されたとき、主人公を演じたのは河原崎次郎だった。監督は、倒産した大映で活躍していた村野鐵太郎である。

大映時代は「ごろつき犬」（一九六五年）や「早射ち犬」（一九六七年）など田宮二郎の「犬」シリーズが代表作だったが、フリーになって文芸作品を撮りたくなったのかもしれない。自らの製作で藤本義一の直木賞作品「鬼の詩」（一九七五年）や「月山」「遠野物語」（一九八二年）などを監督した。

次男の次郎と違って、三男の河原崎健三の出演作は多い。清水宏監督の「しいのみ学園」（一九五五年）を僕が見たのは最近のことだが、小児マヒで足が不自由になった少年が登場した途端、僕は「あっ、河原崎健三だ」と驚いた。このとき、彼は十二歳。子役から出ていたとは知らなかった。ただし、歌舞伎の前進座出身だから幼い頃から舞台を踏んでいたのだろう。

僕が初めて河原崎健三を映画で見たのは、「喜劇　女は度胸」（一九六九年）だった。主に山田洋次監督作品の脚本を書いていた森崎東の監督デビュー作だ。

「喜劇　女は度胸」は、倍賞美津子にとっても初主演作品だった。僕は、公開の翌年、銀座並木座でフーテンの寅の第一作「男はつらいよ」（一九六九年）と一緒に見た。河原崎健三ははじめで気の弱い役で、男っぽく元気のよい倍賞美津子に惚れる。

河原崎健三の一家はめちゃくちゃで喧嘩ばかりしている。

トラック運転手で気の荒い兄（渥美清）と父親（花沢徳衛だったと思う）が派手な喧嘩をしている横で、いつも黙って手仕事をしている母親（清川虹子）が、最後にとんでもない秘密を暴露したのが記憶に残っている。この映画の渥美清は女好きで暴力的で、ちょっと怖い。

その後、僕は河原崎健三を大島渚監督の「儀式」（一九七一年）、神代辰巳監督の「青春の蹉跌」（一九七四年）、澤田幸広監督の「あばよダチ公」（一九七四年）などで見た。

さらに、忘れられないのは、テレビシリーズ「新　必殺仕置人」（一九七七年）の第一話に登場した河原崎健三だ。仕置人の元締（元阪神の藤村富美男）のボディガード「死神」役の河原崎健三は、竹で作った目を隠すマスクをして地中から登場した。もちろん、夜のシーンで逆光だった。

一九八〇年、「影の軍団　服部半蔵」公開直前に工藤栄一監督にインタビューできることになった僕は、一番最初にその「死神」のシーンについて「あれ、すごかったですよね」と言ってしまった。監督は苦笑いをして、「ケレンですよ。ケレン」と答えた。

「影の軍団　服部半蔵」も、そんなケレンに充ちたシーンがてんこ盛りだった。火術を使う敵役の忍者を演じた緒形拳が、肌を覆う真っ黒な石膏で固めたような鎧を、カランコロンと音を立てて崩していく（もちろん逆光です）シーンは、今も鮮やかに浮かんでくる。僕は映画館で立ち上がり、拍手したくなったものだ。

ところで、前進座に関連して佐藤忠男さんが「戦後映画の展開」（岩波書店）の中で、「どっこい生きてる」（一九五一年）について書いていた。まだ占領中のレッドパージの時代、今井正監督は都会の最下層の労働者たちを描く「どっこい生きてる」を前進座と組んで製作することになった。

今井監督は、この映画を戦後イタリアのネオ・リアリズム映画、特にヴィットリオ・デ・シーカ監督の「自転車泥棒」（一九四八年）を見て構想したという。しかし、独立プロとしての製作だから、資金集めから始めなければならなかった。佐藤さんは、こう記述している。

――劇団前進座が公演活動をしながら観客から一株五〇円で資金を募集して得た四百万円近い金が資金になった。前進座はかつて山中貞雄監督の時代劇などに出演して多くのすぐれた映画に貢献しているが、戦後は急激に左翼化し、一九四九年には劇団員全員が集団で共産党に入党して世間を驚かせていた。

やはり、並の歌舞伎劇団ではなかったのである。

女が男を守るとき

グロリア／レオン／マーキュリー・ライジング／依頼人

●銃の名手である美しい女が活躍する冒険小説

「リボルバー・リリー」を半分ほど読み進んだ。書店で題を踏んだタイトルに惹かれて手にし、今のところ期待以上の面白さだ。亡くなった日本冒険小説協会会長の内藤陳さんは、毎年、国内と海外の冒険小説の「読まずに死ねるかベストテン」を発表していたが、会長が生きていたら今年は「リボルバー・リリー」を選んだに違いない。僕は作者の長浦京さんを知らなかったので、著者紹介を読んで一作めの「赤刃」から読んでみた。そちらもユニークなアクション時代小説で、小説現代長編新人賞を受賞している。五年後の受賞第一作が「リボルバー・リリー」なのだった。五年かけただけのことはある。

プロローグは、関東大震災の日の夜から始まる。すでに日が変わっている。女がふたり、今まさに双子を産み落とそうとしている娘を見守っている。ひとりは百合、ひとりは百合に忠実に付き従う奈加である。そこへ、無頼漢たちがやってくる。どさくさまぎれの火事場泥棒であり、娘たちをかどわかして売ろうというやくざたちである。男たちは美しい百合に目を付ける。しかし、百合はやくざたちのドスをかいくぐり、男たちの腕や脚をリボルバーで撃ち抜く。どれも急所を外している。果たして、百合（リリーです）の正体は？「お産の面倒みてるより、男五人を倒す方が楽です」とうそぶく奈加の存在も謎である。

カバーの袖には「小曽根百合。実業家・水野寛蔵の下、幣原機関で訓練を受け、十六歳で実地任務に投入。東アジアを中心に三年間で五十七人の殺害に関与し、各国から『最も排除すべき日本人』と呼ばれた美しき諜報員」とある。そんなヒロインが、家族全員を殺されたうえ日本陸軍から追われる十四歳の少年を守ることになる。少年が父親から託された書類には、陸軍が必死になって隠しておきたい秘密があるらしい。陸軍の包囲網に迫られ、百合と少年は熊谷から東京に入るまで幾度も危難に遭遇する。しかし、陸軍という強大な権力を相手にして、どうやって逃げおおせるのか、結末が心配になっている。

こういう物語だから読んでいると、当然、ジョン・カサヴェテス監督が妻のジーナ・ローランズを主演にして撮った「グロリア」（一九八〇年）を思い出した。マフィアの会計係だった男が裏切り、まだ十歳くらいの息子に裏帳簿を託す。妻が息子を隣室のグロリアに預けた直後、一家はマフィアの殺し屋たちに皆殺しにされる。それを見届けて、グロリアは少年を連れて逃亡する。グロリアは、昔、マフィアのボスの愛人だったらしい。度胸もあるし、リボルバーの扱いにもなれている。追ってきたマフィアたちに「子供を渡せ」と言われると、相手より先にリボルバーを取り出し、本気だと示すためにいきなり撃つ。初めて見たとき、僕は感心したものだ。

「リボルバー・リリー」の百合は、実業家とはいえ全国のやくざの元締めのような黒幕の男に買われて鍛えられた諜報員であり、その男の愛人でもあった。その男が死んで跡を継いだ息子は、百合に好意を持ちながらも、組織の利益のために陸軍と手を結んで百合と少年を追ってくる。百合たちは、軍人たちとやくざたちの両方から追われることになるのだ。

そんな設定を見ると、作者の長浦さんは「グロリア」を意識したのかなと思えた。冒険小説の王道のようなストーリー・パターンであるが、そこにオリジナルの着想を生かし、新しい物語を創り出している。

●事件の目撃者になった女性や子供を守る物語は多い

少年あるいは少女が巨大な悪に狙われることになり、それを何らかのプロである大人が守るという物語の嚆矢になった作品は何だろうと考えたが、頭の片隅で何かが浮かびそうになりつつも「これだ」というものがはっきりしない。昔からよくあったのは、事件の目撃者になった弱者（女性や子供）を守る物語だ。これは、探偵スペンサー・シリーズにもあるし、ポーラ・ゴズリングの「逃げるアヒル」（シルヴェスター・スタローンが「コブラ」として映画化）などは典型だろう。守る相手が美しい女性だと、ボディガード役の主人公と恋に落ちるのがパターンである。

主人公の刑事と守られる女性の恋をメインストーリーにした作品には、リドリー・スコット監督の「誰かに見られてる」（一九八七年）がある。ジョージ・ガーシュインの名曲「Someone to watch over me」をタイトルにした切ないラブストーリーだ。刑事役のトム・ベレンジャーもいいし、殺人を目撃し犯人に狙われるニューヨークのセレブ役のミミ・ロジャースも美しいし、何より主人公の妻を演じた女優がいい。

ケヴィン・コスナーが主演した「ボディガード」（一九九二年）もそうだったけど、守られる人は守ってくれる人に恋をしやすいのだろう。

「グロリア」のふたりは白人の中年女グロリアと十歳ほどのヒスパニックの少年で、親子以上に歳は離れているのにまるで恋人同士であるかのように見える瞬間がある。「グロリア」の関係を逆にした「レオン」（一九九四年）になると、凄腕の殺し屋レオン（ジャン・レノ）と美少女マチルダ（ナタリー・ポートマン）の関係は間違いなく恋人同士である。シシリー出身なのだろうか、レオンはあまり英語を話せない設定（ジャン・レノ自身がまだ英語を得意ではなかった）で、マチルダが英語を教えるシーンでは彼女の方が年上にさえ見える。

執拗な麻薬取締班のリーダー（ゲイリー・オールドマン）に追いつめられ、重装備の警察隊に包囲されたとき、レオンはキッチンの壁を壊し、通気溝からマチルダを脱出させようとする。「あなたも一緒に」と言うマチルダに「俺は大きすぎて通れない」とレオンは答える。切なそうな泣き顔を見せたマチルダは、「アイ・ラブ・ユー・レオン」と口にする。それは、もう二度と会えないかもしれない恋人への告白に聞こえる。いや、レオンは間違いなく死ぬとマチルダは思ったのだ。だから、思わず、その言葉を口走る。そして、レオンも「アイ・ラブ・ユー・ツー・マチルダ」と答える。

「グロリア」は中年女と少年、「レオン」は中年男と少女、どちらの設定も相手を異性にし、親子ほどの歳の差にしてあるから、守り守られる関係の中に生まれてくる微妙な精神的なものに切なさが漂うのだ。

「誰かに見られてる」のように大人の男女にしてしまうと、完全な恋愛関係にしかならない。トム・ベレンジャーはミミ・ロジャースとベッドを共にし、そのことで妻に後ろめたさを持ってしまう。その後の展開は、不倫に悩む男そのものである。もちろん、それはそれで名手リドリー・スコットによって切ないラブストーリーになったのだが、相手が少年（少女）であることの精神的抑制を越えた愛の純粋さは生まれなかった。

●依頼料一ドルで少年を守る女性弁護士もいた

守る相手が子供でも同性の場合は、次第に友情が育まれるという展開が多い。守ってくれる相手に、次第に心を開いていくのだ。ブルース・ウィリスがFBI捜査官で、国家的な陰謀を知ってしまった少年を守って逃亡することになる「マーキュリー・ライジング」（一九八八年）は、その典型だった。

少年はコンピュータに関しては天才で、国家機関の秘密コードを解読してしまうほどだが、精神的な障害を持っていて自閉症的な反応しかしない。その少年を守る羽目になり、様々な危機を孤独に闘い切り抜けるブルース・ウィリスは、次第に少年と心を通わせる。物語が結末を迎える頃には、ふたりには堅い絆ができあがっている。

「レオン」と同じ年に制作された「依頼人」（一九九四年）も、中年女と少年の物語だった。原作は、弁護士でベストセラー作家のジョン・グリシャムの小説だ。当然、法廷シーンが中心になるし、主人公は弁護士である。「依頼人」が異色なのは、主人公が中年の女性弁護士であること、依頼人が十一歳の少年であることだった。

少年は一ドルで弁護士を雇う。このアイデアを思いついたとき、グリシャムは「今度の本もベストセラーだぜ」と思ったことだろう。アメリカは昔から陪審員制度だし、何かというと訴訟になるらしいので、法廷ものの小説や映画は多い。

「依頼人」で女性弁護士を演じたのは、脂がのりきっていた頃のスーザン・サランドンだった。スーザン・サランドンは若い頃から映画には出ているが、中年になってから主演作が増え、どんどん存在感を増してきた。代表作は「テルマ&ルイーズ」（一九九一年）だろうが、その数年後の「依頼人」でも印象に残る演技だった。つらい過去を持つ女性弁護士。相手は上昇志向の強い検事（トミー・リー・ジョーンズ）で、彼は殺人事件の鍵を握る少年に法をたてにして証言を迫る。しかし、少年は証言すると自身を含めて家族の命がマフィアに狙われることを怖れ、弁護士に救いを求める。スーザン・サランドンとトミー・リー・ジョーンスの演技のぶつかり合いが楽しめる作品だった。

この映画でもスーザン・サランドンは依頼人の少年に愛情を抱き始めるのだが、そこには男女の愛はない。母親が子供に対する愛情に近いものだった。そういえば、「グロリア」も大人の男女関係を連想させるようなシーンもあるけれど、ラストは老女に変装して現れたグロリアが、飛びついてきた少年を抱き上げるストップモーションだった。それは、祖母と孫にしか見えない。

最後にグロリアに老女の扮装をさせたのは、ジョン・カサヴェテス監督の周到な計算だった気がする。どんな映画も、画面の中のすべてのことに監督の計算が行き届いているのだろうけれど…。

ところで、「リボルバー・リリー」を読み進むと、ラスト近くになってクリント・イーストウッドが警察内の組織的な犯罪の証人である娼婦のソンドラ・ロックを護送する「ガントレット」（一九七七年）のような展開になってきた。奈加は百合たちを助けるために、死を覚悟して陽動作戦に出る。奈加を数えきれないほどのやくざたちが包囲する。元馬賊の頭目だった奈加だが、助かるとは思えない。一方、霞が関のある場所にいかねばならない百合と少年は、屋形船に乗って東京湾を横切り、帝都の水路を遡る。その屋形船は、鉄板でおおわれている。陸軍は帝都に戒厳令並の封鎖を行い、百合と少年を待ち受けている。とても、切り抜けられそうにはない。やがて、日比谷公園は戦場と化す。一体、ふたりはどうなるのか。

誰か映画にしないか。最初から最後までアクションに充ちているし、追うもの・追われるもののサスペンスにワクワクする。さらに、手を変え品を変えた攻防のアイデアが散りばめられている。映像化には最適な小説だ。派手なアクション映画になるのは間違いない。主演を張れるのは誰だろう？　個人的には竹内結子（女刑事役で西島秀俊を顎でつかっているし）なんか、よさそうなのだけれど。昔だったら（四十年も前のことだが）、志保美悦子（ちょっと明朗すぎて陰がないかも）の役なんだけどなあ。いや、梶芽衣子向きかもしれない。

乗り物は常に暴走する

ブリット／突破口／007ゴールデンアイ／ダーティーハリー5

●香川県の人たちは運転マナーが悪いと自覚している？

昨年、高松で七ヶ月ほど暮らしたとき、最初に驚いたのは運転マナーのひどさだった。実家の車を借りてひとり暮らしに必要なものを買い出しに出たときに真っ青になり、しばらく怖くて運転できなかった。その後、週に一度ほど買い物や図書館にいくので運転したのだが、毎回、車内で罵りの言葉を吐くことになった。「ウィンカーってのはな、曲がりますって合図なんだ。曲がった後で出しても意味ないだろ」とか、「車線変更するならウィンカー出せ」とか、車内で大声を出していた。

僕は信号手前十メートルの位置で黄信号だったらブレーキを踏むが、高松ではアクセルをグッと踏み込むのが常識らしい。一度、「死ぬ気か」と思ったのは、六車線の赤信号に隣を走っていた車が突っ込んだときだった。僕は当然、ブレーキを踏んで止まった。信号は黄色から赤に変わったのに、隣の車線の車は交差点に突っ込んだのである。片側三車線だから六車線を横切らねばならない。それでもアクセルを踏む車があるのだから、後は推して知るべしだ。ここに書いても信じてもらえないようなことも僕は経験した。

そんなことで、高松でずっと暮らしてきた友人たちに会うたび、「こちらの運転マナーはひどすぎるよ。交通量が少ないから、それが前提になって自分勝手でわがままな運転になっているのだろうな」とぼやいていた。二車線の右車線を走っていると、よく車をせき止めている右折車がいる。対抗二車線を横切って右側にある店舗などに入るためである。だから、右車線を走っているときは、いきなり右折する車に注意していなければ追突してしまう。もちろん、そこには信号などない。幹線道路のど真ん中なのである。しばらく待てば対抗二車線を横切れるほどの交通量なのだ。

僕の実家の近くに、片側二車線なので四車線の広い道路がある。そこもしばらく待っていれば車がいなくなる瞬間があり、いきなり横断する歩行者がいる。ヤマダデンキなど両側に量販店が並ぶ道である。道路の真ん中で右折しようとする車が次々と現れ、その間に道路のど真ん中に人が立っていたりする。半年ほど運転してみて（週に一回、近距離しか運転しないのだが）少しは馴れたが、よく事故に巻き込まれなかったものだと思う。交通量の多い都会の常識は、まったく通じない。そんなことを実感していたら、先日、ＪＡＦの調査結果が四国新聞にも出ていた。

それによると、「運転マナーが悪い」と思っている人が最も多い県が香川県だったという。アンケートに答えた人は、「ウィンカーを出さずに右折・左折する車が多い」と憤慨しているらしい。僕に言わせれば、ウィンカーを出している人も出すタイミングが遅いと思う。曲がる三秒前には出せと教習所で教えられて以来、僕は三秒前にはウィンカーを出す。カッチ、カッチ、カッチだ。周囲の車に自分の動きを認知させるには、三秒は必要だと思う。高松では自分は早めに出していると思っている人でも、せいぜい一秒前ではないか。僕の少ない経験の中ではあるけれど…。

●映画の中では様々な乗り物が暴走を繰り返してきた

現実の交通事情は別にして、映画はその始まりからスリルを求めて、車などの乗り物が暴走するシーンを映してきた。サイレント時代に危険なアクションシーンで人気を集めたのは、バスター・キートンだった。体を張ったアクションが売り物だったから、現在のスタントマンのようなことを平気でやっている。

チャップリンも自身で危険なシーンをこなしているが、バスター・キートンには負ける。危険なシーンは今の映画でも基本的には同じだ。まず高い所。キートンは落ちたら間違いなく死ぬような場所で、観客をハラハラドキドキさせた。次は乗り物の暴走だ。機関車、列車、馬車、そして車である。

以来、アクションを見せる映画ではカーチェイスは必然になった。昔、僕は石原裕次郎の初期作品「錆びたナイフ」（一九五八年）を見ていて、「日本でもカーチェイスをきちんと撮っていたのだなあ」と思って感心したことがあるが、あれは編集技術がうまかったのかもしれない。

カーチェイスの凄さが話題になった映画としては、高校生のときに見た「ブリット」（一九六八年）がある。自身もカーレースに出場していたスティーブ・マックィーンの主演で、カーチェイス・シーンを自分で運転しているということだった。

確か、刑事ブリットが乗っていたのはマスタング（当時はムスタングと言っていた）だったと思う。その車で、二人組の殺し屋が乗った車を追跡する。坂道の多いサンフランシスコの街を縦横無尽に、無茶苦茶に走りまわる。坂道が多いから、車の中から撮ったショットなど見ていて酔いそうになる。

実際、気分が悪くなった観客もいた。そんな評判がさらに評判を呼び、カーチェイスを見るために「ブリット」を見る人もいて大ヒットした。マックィーンは、その数年後、「栄光のル・マン」（一九七一年）というレース映画にも主演した。

カーチェイスは、その後、さらにエスカレートする一方だったが、車と車ではなく、車と複葉機のカーチェイスとか、戦車のカーチェイスなどの変則アイデアも登場した。

車と複葉機の追っかけは、犯罪映画の傑作「突破口」（一九七三年）で見られる。組織の殺し屋（ジョー・ドン・ベイカー）は、複葉機で農薬散布などを請け負う主人公（ウォルター・マッソー）が組織の金を奪った犯人だと知り、複葉機で飛び立とうとするところを巨大な（走るダブルベッドと呼ばれた）アメ車のオープンカーで追いかけ、離陸を阻止する。

戦車チェイスを見せたのは、ピアース・ブロスナンがジェームズ・ボンドを演じた「００７ ゴールデンアイ」（一九九五年）だった。ソ連が崩壊した後なので、ロシアでのロケが可能になり、ペテルスブルクの街中を戦車が爆走した。

ちなみに、００７シリーズのスタントチームは世界一と言われているから、シリーズのアクロバティックなアクションシーンはどれを見ても目を見張る。二十数年前、二台の車がダンスを踊るように走るCMがあったが、あれは実写で００７シリーズのスタントチームの仕事だった。「コマーシャル・フォト」という月刊誌にいたときに僕自身が取材した。

アイデアだなあと思ったのは、「ダーティハリー5」（一九八八年）のカーチェイスだった。シリーズの五作めで、人を殺すことがどんどんエスカレートしてしまい、映画自体の出来はイマイチなのだけれど、ハリーの乗った車を爆薬を積んだラジコンカーが追っかけるシーンには感心したものだった。

最初はラジコンカーだけが映るから本物かと思うが、ラジコンカーだとわかって「あれっ」と思う。しかし、ラジコンカーはしつこくてハリーの車の下に入ろうとする。下に入れば、爆薬を爆破させるつもりなのだ。主人公が追われる逆カーチェイスだが、ハラハラさせられた。

その後も様々な工夫があり、CGの発達によるエスカレーションがあった。最近ではトム・クルーズの「スパイ大作戦」シリーズや「ワイルドスピード」シリーズを見ると、派手なカーチェイスがあり、衝突した車が巨大な炎を上げて爆発する。実写部分と特殊効果部分が完全に融合している。

しかし、「また、CGでしょ」という思いがして、何となく白けてしまう。キートンの時代と同じように、数百メートルのビルの外壁を登るシーンがあり、その高さに目がくらむけれど、それもやっぱり「実写じゃないよね」と囁く声が聞こえ、映画にのめり込めない。「ブリット」を手に汗握り、身を乗り出すように見ていた十代の自分が懐かしい。

●四十二歳で免許を取り常磐高速を走りまわっていた頃

僕が免許を取ったのは、四十二歳のときだった。大学卒業の春休みに取ろうと思っていたら、二月から出社しろと言われて取り損なったままだったのだ。ここで取らないと一生取らないだろうと決意して、僕は教習所に通った。周りは高校生から大学生くらいの若い人が多かった。最初に教習車に乗ったとき、教官がいきなり「はい、走らせて」と言う。「どうやるんでしょうか」と聞き返したら、「初めてなのか」と驚かれた。免許を失効した再教習者だと思われたのだ。「あんたも大変だね」と教官に同情されたこともある。リストラに遭い、再就職のために免許を取りにきた中年男と思われたのだった。

仮免許の試験のときは、教習車に同乗する他の受験者は若い女性たちだった。縁石に二度乗り上げてしまい、僕だけが落ちた。彼女たちは「おじさーん、次、がんばってね」と去っていった。次は、通った。面目を施したのは、教習所内で二度ほど実施される学科試験の結果だった。あるとき、教官が「このクラスで二度ともトップになった人がいます」と言い、僕を指名したのだ。娘や息子のようなクラスメイトから尊敬のまなざしを受け面映ゆかったが、「運転技術は彼らの方がずっとうまいんだろうな」と思っていた。僕は目撃しなかったけれど、教習所に車で通ってくる強者もいたらしい。

そんな思いをして取った免許だから、それまでの二十年間分を取り戻すように僕は走った。酒を飲まずに帰宅し、毎夜、一時間ほど走り、週末は五時間ほど走りまわった。週に十数時間は車の中だった。月に百リットル以上のガソリンを消費した。一年間で一万キロ以上を走破した。常磐高速の入り口まで十分足らずだったから、やたらに常磐高速を走った。桜土浦あたりで降りて、筑波山のハイウェイを登る。山道を走るのが楽しかった。ただ、目的もなく走った。常磐高速のカーブで三車線を使った高速運転を一度だけやってみたことがある。

そんなある日、いつものように常磐高速を走っているとき、ピシッと音がして後部座席のウィンドが砕けた。狙撃されたのか、と本気で思った。といっても、止まるわけにはいかない。そのまま走り続け、高速道路を降りて止まった。銃弾が打ち込まれたようになっていたが、おそらく飛び石だろう。

しかし、車内に石は落ちていない。跳ねただけなのだろうか。僕は首をひねりながら帰宅し、かみさんに報告すると「高いのよ。修理代」と言われた。翌日、かみさんがディーラーに持っていくという。そのとき、僕は「運転の神様に、たしなめられたのかな」と思った。そう、安全運転が一番なのである。

それにしても、七月上旬からまた高松での生活を始めたので、地方都市での生活では車がないと大変困るものだとは実感している。近所の家は、みんな二、三台の車を駐めている。一人一台の世界なのだ。軽自動車がよく売れているわけだ。自転車代わりなのである。車を持たない僕は、手首を痛めて自転車にも乗れないから、移動は徒歩である。

街中に出るには、バス停まで十分、電車の駅まで十五分ほど歩く。一度、街の中心地まで歩いてみたら、一時間ほどかかった。そんな距離を歩く人は、こちらではほとんどいない。「よく歩くね」と驚かれたりする。しかし、歩いている分には、運転マナーを罵る必要もないので、心穏やかでいられる。

手紙を待ちわびる日々があった

けんかえれじい

●大橋巨泉の死によって歳を重ねた浅野順子の姿が映された

テレビ界の功労者である大橋巨泉が亡くなって、連日、ワイドショーなどでは大きく報道されていた。そのたびに寿々子夫人のコメントが紹介されたり、昔の夫妻の写真が映されたりするが、寿々子夫人についてはあまり紹介がない。そう思っていたら週末のニュース番組で、昔、浅野順子というアイドルで、ニッポン放送で巨泉の番組アシスタントをしていて知り合い、十四歳の年の差を越えて結婚し、四十七年間を添い遂げたと紹介されていた。そう、半世紀以上も昔のことだが、浅野順子は少女モデルをしていて学習誌の表紙に登場したりしていた。その後、歌手になり、数少ないが映画にも出演した。しかし、その一本は映画ファンに絶大な人気を誇る作品である。

あるワイドショーでは、大橋巨泉と親しかったというので高橋英樹親娘が登場してコメントしていた。よくゴルフを一緒にしていたという。高橋英樹と大橋巨泉というつながりは意外だったが、「これは夫人の方のつながりで親しくなったのではないか」と思った。高橋英樹と浅野順子は、名作「けんかえれじい」(一九六六年)の不滅の恋人たちである。

南部キロク(高橋英樹)とミチコ(浅野順子)。忘れられない名前だ。キロクが軍事教練を担当する軍人(佐野浅夫)と喧嘩し、さらにキロクのバックのスッポン(川津祐介)も軍人と喧嘩してしまった結果、岡山から逃げ出さなければならなくなり、ミチコに秘かに別れを告げるシーンの切なさが甦る。

キロクはスッポンに、自分が下宿するミチコの家が見える場所で車を止めてもらう。その家に向かって、キロクはまず「ミー」と大声をあげ、空中に放たれたその声を両手で蝶でも包み込むように捕まえ、自分の口に入れて飲み込む。次に「チー」と叫んで同じようにする。さらに、「コー」と大声をあげ、その声を捉えてゆっくりと口に入れ、飲み込んで自分の腹におさまるまでを、なぞるようにゆっくりと胸から腹まで手をおろしていく。

少年の感傷だと言ってしまえばそれまでだが、十代の少年(高橋英樹はとても旧制中学生には見えないけれど)の気持ちをよく表していた。

親戚を頼って会津に逃れたキロクは、毎日、ミチコに手紙を書き、その返事を待っている。しかし、ミチコから返事はこない。キロクは手紙を書き、その最後に「お気が向きましたら、ここに接吻をしてください」とキスマークを要求し、丸く囲んだスペースを書いた便箋を送る。

次は手紙を待っているキロクのシーンだ。おばさんが「キロクちゃん、待ってるもの、もうきてるよ」と言うと、キロクは手紙を受け取って大慌てで自室に戻り、期待に充ちて封を切る。しかし、その返信には「気が向きません」としか書かれていない。その手紙に重なるミチコのそっけない声が悲しい。

「けんかえれじい」は鈴木隆という人が書いた小説で、ぶ厚い上下二巻の本だった。僕は、映画を見た後、古本屋で見つけて買った。その後、NHKが夕方の時間帯で少年向け連続ドラマとして放映したことがある。一度だけ見てみたが、原作には忠実だったものの映画版とあまりに違うので見るのはやめた。

原作はかなり長く、鈴木清順監督は日活を馘首された後、「続・けんかえれじい」の脚本も用意していた。それは映画ファンの間で評判になり映画化を望む声も多かったが、ついに実現しなかった。日活を首になった後、十数年後の「ツィゴイネルワイゼン」(一九八〇年)が評判になって鈴木清順という名が一般的にも知られるようになった頃には、すでに監督自身に撮る気がなくなっていた。

●「けんかえれじい」を初めて見たのは十八のときだった

僕は「清順作品で最も好きな映画は？」と訊かれると、「けんかえれじい」を挙げる。大学時代の友人のMは「東京流れ者」（一九六六年）に思い入れていたし、「関東無宿」（一九六三年）や「野獣の青春」（一九六三年）が好きだという友人もいた。「ツィゴイネルワイゼン」「陽炎座」（一九八一年）になると、好きというより「凄い」としか言えなくなる。やはり、僕は「鈴木清順監督の映画」として初めて見た「けんかえれじい」が忘れられない。笑えるし、心躍るし、悲しみも味わえる。清順作品らしいシュールレアリスティックなシーンも散りばめられている。モノクローム作品だからこそ、絢爛豪華な色彩を駆使する清順美学は抑えられ、ストイックな美意識に充ちている。

たとえば、キロクとミチコが夜の桜並木を歩いて帰るシーンだ。教会のミサ（ふたりはクリスチャンである）を終えたふたりは、黒バックの中の満開の桜並木を歩く。キロクは何とかミチコと手をつなごうとするが、うまくいかない。やっとミチコの手を取ると勢いよく歩き出し、「どうしたの？」と問うミチコに「この前、この辺で首吊りがあったそうや」と答える。「首吊りがこわくちゃ、キロクちゃんの男がすたるでしょ」とミチコが笑う。そこへ、キロクが所属する硬派グループ・OSMS団の団長タクアンが登場する。タクアンは「メッチェンと手なぞつなぎおって」と、硬派としてあるまじき行為をしていたとキロクをなじる。

キロクはあわててミチコの手をふりほどき、一段高い土手の上にいるタクアンの前に立つ。そのふたりを映すから、ミチコは首から上しか映っていない。そこで、三人の会話があり、キロクは思わず「わてのオネェです」と言い訳をする。タクアンは「そら悪かった。お近づきの印に、その辺でうどんでも」と仁義を切るが、ミチコは「けっこうです。南部さん、帰りましょう。うどんならうちで食べましょう」と無視する。それを聞いたタクアンは「南部さん？　オネェと違うんけぇ」とキロクを責め、「明日、学校でけりをつけよう」と言いおき、持っていた木刀で桜の枝を一閃して去っていく。タクアンが去った後、キロクとミチコの上にハラハラと桜の花びらが散ってくる。

「けんかえれじい」は、喧嘩という手段でしか十代の鬱積を晴らせない旧制中学生を主人公にした青春映画だ。時代背景は昭和初期だが、いつの時代にも変わらない普遍性を描いているから、決して古びることはない。初めて見たとき僕は十八歳で、喧嘩修行に励むキロクの姿に共感したものだった。喧嘩の先生であるスッポンに竹藪の中で喧嘩の奥義を教えられたり、様々な仕掛けをした喧嘩修行のシーンは笑いながらも、もの悲しい切なさを感じたものだった。だから、キロクが恋い慕うミチコも僕の心に深く刻み込まれた。十八歳の浅野順子は、輝くように美しかった。

浅野順子がヒロインを演じた映画は、唯一「けんかえれじい」だけである。子役から出ていたから、映画版「赤胴鈴之助」（一九五八年）シリーズにも出ていたようだが、僕の記憶には残っていない。市川雷蔵主演の「薄桜記」（一九五九年）にも出演しているらしいから、今度、確認しておこう。しかし、「けんかえれじい」が公開され、ジワジワと口コミで評判になり、カルトムービーとして映画ファンの間で伝説になった頃、二十一歳で彼女は大橋巨泉と結婚し、完全に芸能界をリタイアしてしまった。それから、四十七年後、大橋巨泉の死をきっかけに、僕はテレビで六十代になった彼女を見た。確かに歳は重ねていたが、「けんかえれじい」のミチコさんがそこにはいた。

●「遠距離恋愛」なんて言葉も存在していなかった

僕が初めて「けんかえれじい」を見た場所は、銀座並木座だった。十八歳。浪人をしていた。浪人することが決まったとき、僕は親に無理を言って東京の予備校にいくことにした。どうしても、故郷を出たかったのだ。

上京した僕は食事代を節約して名画座に通う日々を始めた。池袋文芸坐、文芸地下、日勝文化、新宿テアトル、飯田橋佳作座、ギンレイホール、銀座並木座、渋谷全線座などなどである。予備校にはほとんど顔を出さず、たまに高校時代の友人の下宿に泊まったりしていた。僕は故郷に恋人を残していた。その頃、そんな言葉はなかったが、「遠距離恋愛」だった。

彼女とは高校二年のときに知り合い、三年で同じクラスになった。席を並べたこともある。成績は僕よりよかったはずなのに大学には進まず、地元の洋裁学校に入った。洋服のデザインや縫い物、手芸などが好きだったのだ。そんな彼女と別れて、僕は上京した。それから頻繁に手紙のやりとりが始まった。初めての一人暮らしで僕がホームシックになり、やたらに手紙を書いたからだった。誰とも口をきかない日々が続き、僕は毎日のように手紙を書いた。

僕が住んでいた滝野川の「すみれ荘」は、大家さんの家の裏にある小さな木造の二階建てアパートで、一階は六畳と共同の炊事場と洗濯場、共同トイレがふたつあった。一階の六畳間にはタクシー運転手の一家四人が住んでいた。二階は四畳半が三部屋あり、中年男と老婆と僕が借りていた。二階にも小さな共同炊事場があった。一階の一家の奥さんは、最初、僕が予備校生だと知ると親切にしてくれたのだが、僕に女の名前で頻繁に手紙が届き出すと、不良を見る目つきになった。僕宛に届く手紙は三日に一度はあったし、時には二通一緒に届くこともあった。後に出した手紙が先に届くこともあった。奥さんは「予備校生のくせに何だ」という視線を浴びせるようになった。

それでも、僕は手紙を書いた。ときには、キロクのようにキスマークをねだる（恥！）ような手紙を書いたこともある。書いたことを後悔し、すぐに「前の手紙は読まずに破ってほしい」と取り消しの手紙を出したこともある。そんなことをしていたから、僕は初めて見た「けんかえれじい」に感情移入したのかもしれない。ミチコさんの家を眺めながら「ミー・チー・コー」

と叫んだキロクの気持ちも、手紙を待ちわびる気持ちも僕には手に取るようにわかったのだ。そして、あの映画史に残る障子越しのラブシーンを見たとき、叶わぬ恋の切なさが十八歳の僕を貫いた。着物姿の浅野順子は、大人びていた。

振り返れば、四十六年も前のことである。あの頃の自分が、まるで別の人間のように思える。僕は四十六年をかけて、十八歳の頃の自分自身を消滅させてきたのかもしれない。今の僕を僕は否定はしないが、あの頃の僕を懐かしむ気分は強い。

僕は小心で、気弱で、臆病で、対人恐怖症で、不安と劣等感と何かに対する恨みのようなものを抱えて生きていた。自分によいところなど何もないと思っていた。自信はなく、育ちや出身や肉体的なコンプレックスばかりが強かった。讃岐弁が出るのが怖くて、ろくに口も利けなかった。そんな思いを、夜になると手紙に書き綴っていたのかもしれない。もらった方は、ずいぶん迷惑だっただろう。

あれから四十六年たって、僕はその相手とまだ結婚している。巨泉夫妻の結婚四十七年までには六年ほど足りないが、高校時代からカウントすれば、すでに五十年近いつきあいになる。昨年からは、いろいろな理由から別居と同居を交互に繰り返す暮らしになったが、四国と東京に遠く離れていても昔のように手紙を書くことはない。用事がない限り、メールも電話もない。同居していてもほとんど会話はないから、特に気にはならない。たまに電話しても、用件が終わると話すことがない。それでも、何となく相手のことがわかるようになっている。長い年月を共に過ごしたからだろうか。彼女は、「けんかえれじい」のヒロインと同じ名前である。

猫・猫・猫

男と女／ヒマラヤ杉に降る雪／仁義／ロング・グッドバイ／レンタネコ

●猫好きになったらジャコメッティの言葉が好きになった

男「彫刻家のジャコメッティは知ってる?」
女「知ってるわ」
男「彼はこう言った。『火事になったら一枚のレンブラントより猫を救う』」
女「そして『後で放してやる』…素晴らしいわ」
男「そうだね。芸術より人生だ」

ドーヴィルの海岸を散歩しながら、男と女はそんな会話をする。男はレーサー、女はスクリプター。ドーヴィルの寄宿制の学校にそれぞれ子供を預けており、ある日、面会にきて列車の時刻が過ぎてしまったとき、男は教師に頼まれて女をパリまで車に乗せる。女はスタントマンだった夫を事故で亡くし、男はレース中に瀕死の重傷を負ったとき、精神的にダメージを受けた妻が病院の屋上から飛び降りた。そんな中年の男と女の恋愛を、観客のイメージを喚起する映像で見せたのが「男と女」(一九六六年)だった。

映像の素晴らしさは、今見ても色褪せていない。クロード・ルルーシュは監督としてより、キャメラマンとしてのセンスが抜群だ。この映画が作り出した三百六十度回転ショットはその後、多くの模倣を生んだが、海岸を犬をつれて散歩する老人のショット、夕陽に映える海岸をその犬が狂ったように跳ねまわるショットなど、映像詩のようなイメージショットが忘れられない。そこに、フランシス・レイ作曲のあまりにも有名になったスキャットがかぶさる。

しかし、久しぶりに「男と女」を見た僕が括目したのは、冒頭に書いた男と女の会話だった。今年、一月に自宅に帰ったときに我が家にいた子猫を見て以来、僕はどんどん猫好きになり、今まで何度も見た映画の中の猫の登場シーンを新鮮に振り返ったりするのだ。猫に関心がなかったときには、完全に見過ごしていたシーンである。ということは、登場人物の感情も見過ごしていたということだ。猫を飼っている登場人物(特に孤独に暮らす初老の人物)を、僕はより深く理解できるようになったのである。

たとえば、「ヒマラヤ杉に降る雪」(一九九九年)に登場する日系人に対する差別をまったく持たない老弁護士(マックス・フォン・シドー)は、かわいい猫を飼っているシーンがあるのだが、その猫に対する慈愛に充ちた表情は、この人物の心根の優しさを表していたのだなと気付いたし、僕はその猫が「アメリカン・ショートヘア」という種類だということまでわかるようになった。現在、最も人気のある猫の種類だという。今の僕は、どんな猫でもかわいいと思うが、確かにアメリカン・ショートヘアはかわいい。

また、ジャン=ピエール・メルヴィル監督の「仁義」(一九七〇年)の初老の警部(ブールヴィル)は、一人暮らしで数匹の猫を飼っている。孤独な部屋へ帰った彼が最初にやることは、猫たちに餌を準備することであり、器に水を注ぎ足すことである。パリのナイトクラブのオーナー(フランソワ・ペリエ)の息子を卑劣な罠を仕掛けて逮捕し、息子の釈放を餌にオーナーに密告と裏切りを強要する、冷酷非情な警察官である彼をなぜ猫好きにしたのか、改めてメルヴィル監督の意図を分析したくなった。

●朝の散歩をしているうちにいろんな猫が気になり始めた

大昔、僕が猫好きではなかった頃に読んでも面白かった長田弘さんの「猫に未来はない」と「サラダの日々」を読み返していたら、「男と女」のジャッコメッティの言葉が「猫に未来はない」の巻頭に、「火事になったら、一枚のレンブラントより一ぴきのねこを救おう。そしてその後で、そのねこを放してやろう」と引用されていた。アルベルト・ジャコメッティは、よほどの猫好きなのだろう。気持ちはわかる。

僕は子猫の世話をするうちに、猫と暮らすことがどういう意味を持つのかを知った。一日中、自分の部屋のドアを開けておく。夜、寝ているときにモソモソと子猫が入ってきて一巡して出ていくこともある。僕の部屋の押入で寝ていることもある。僕の部屋の本棚を登り、天井すれすれのところをゆっくり歩いていることもあった。部屋の中だけで飼っているので、網戸の前に猫座りしてじっと外を眺めている姿を見ると、何だか胸が切なくなるし、不憫に思えてくる。

猫についての体験と知識が増えるにつれ、僕は野良猫（最近は地域猫というのかな）にも感情移入し始めた。早朝の散歩をしていると、今まで気付かなかったのに、いろんな猫を見かけるようになった。そのたびに、僕は「ちゃんと食べているのだろうか」と心配になる。立ち止まり、屈み込み、猫に話しかけている。ほとんどの猫は、じっと止まって警戒しながら、僕を見つめる。僕が立ち上がったり、一歩踏み出すとサッと逃げる。そんな姿を見ると「ひどい目に遭って、警戒心が強くなったのだろうなあ」と、また不憫さが募る。

早朝の散歩コースはいろいろ変えていて、ある日、利根川沿いを歩いていたら、集団の猫に出会った。十数匹はいたと思う。よく見ると、奥の方に生まれたばかりの子猫たちがいた。しかし、一匹の白い親猫が僕の顔を見つめて、威嚇するように口を開け牙をむいた。本当に怖くなるほどだった。子供たちを守るために、あんなに威嚇したのだろう。僕が立ち止まって子猫たちの様子を見ようとしたので、「あっちへいけ」と必死で立ち向かってきたのだ。その母親の心情に、また泣きそうになった。ただし、翌日から散歩のコースを変更した。

新しい散歩コースには途中に親水公園があり、そこで三匹の野良猫を見つけた。茶色の猫は警戒心が強くないらしく、僕が二メートルくらいまで近づいても逃げなかった。白と黒のまだら猫は相当に警戒していて、僕の姿を遠くに見ただけで姿を消した。キジトラの猫は中間で、五メートルほどまで寄っても大丈夫だった。彼らを見て僕が心配したのは、やはり「ちゃんと食べているのだろうか」ということだった。翌日、僕は猫の餌をビニール袋に詰めて持参した。

最初は警戒していた三匹も一週間が過ぎる頃には、僕の顔を見るとニャアニャアと鳴きながら一メートルあたりまで寄ってくるようになった。僕は餌を置き、少し離れる。猫たちは警戒しながら寄ってきて、餌を食べる。そんなことを一ヶ月も続けていた。その間に、餌をやっているのが僕だけではないことを知った。ひとりは初老の男性だった。また、ふたりの中年女性は、毎日のように餌を持ってきているらしい。僕のように雨が降ったら散歩に出ないというのではなく、きちんと毎朝、餌を与えているようだった。

七月に入ると、また、四国の実家の裏で暮らすことにしていたから、僕が餌をやり始めてしまった公園の三匹の猫のことが心配だった。僕は六月だけ毎朝、餌を持ってきた気まぐれな猫爺にすぎないのだけど、とりあえず猫たちは猫好きの人々のおかげで何とかなるのだろうと安心した。

しかし、早朝、人があまりいないときには、野良猫をかなり見かけたから、僕が心配しなくても彼らはたくましく生き抜いているに違いない。すべての猫の面倒を見るわけにはいかないのだ。にわか猫好きなどいなくても、きっと彼らは立派に生きていくだろう(と思いたい)。

●一人暮らしの家で一緒に暮らす猫が三ヶ月だけほしい

猫ブームだという。テレビでも猫が出てくる番組が増えたし、コマーシャルにやたらに猫が出てくる気がする。娘が昨秋、棄てられた子猫を拾ってきて、我が家もにわかに猫好きになったのだが、かみさんに「うちもブームに乗り遅れていないな」と言うと、あっさり「そうね」と返された。ブームと、どこかでシンクロしてしまったらしい。ホームセンターのペットコーナーに頻繁に寄るし、かみさんと娘はいくつかの動物病院にいき、「やっぱり、あそこの先生がいいわね」などと言っている。

エリオット・グールドがフィリップ・マーロウを演じた「ロング・グッドバイ」(一九七三年)の冒頭、飼い猫のために深夜にマーロウがキャットフードを買いにいくエピソードがある。しかし、いつものキャットフードがなく、仕方なく別のキャットフードを買って帰り、いつものキャットフードの缶に入れ替えて猫をだまそうとする。しかし、猫は食べない。そんなエピソードを僕は何も考えずに見ていたし、「そんなあ、どんなキャットフードでも同じでしょ」などと思っていた。

しかし、猫を飼ってみてわかったのは、そのエピソードが本当だということだった。餌が変わると、猫が見向きもしないことがある。猫は、よくわかっているのだ。また、かみさんによると、最初の頃、猫のトイレ用の砂を安いものに変えたところ、そのトイレを使わなくなったので、あわてて元の高級な砂に戻したということである。環境や食べ物が変わることを嫌がる人もいる。猫も同じなのだ。そんなことがわかってくると、さらに猫に対する愛着が湧いてくる。

そんな風だったから、家族と別れて生活することには特に感慨もなかったくせに、僕は猫と別れて暮らすのが辛くなった。かみさんに「四国に連れていこうかな」と冗談めかして言ってみたが、飼い主は娘であり、あんたには権利はないと却下された。最後に、「実家のタマが待ってるでしょ」と付け足した。確かに、実家には両親が物置で飼っている猫と、兄夫婦が二階で飼っている猫がいる。実家の猫は、今では僕にもすっかりなついているし、二階の猫も人なつっこい。しかし、僕は一人暮らしの家で一緒に暮らす猫がほしいのだ。

そう言えば、「レンタネコ」(二〇一一年)という、猫好きになった今から思えば素敵な映画があった。市川実日子が演じるヒロインはたくさんの猫を飼い、リヤカーを引いて街を歩き猫をレンタルしている。単身赴任している中年男（光石研）も猫を借りる客のひとりだった。あんな商売をしている人、いないだろうか。とぼけた味わいが忘れられない「かもめ食堂」（二〇〇五年）や「めがね」（二〇〇七年）を撮った荻上直子監督作品だった。荻上作品のテイストが僕は好きなのだが、「レンタネコ」以降、五年も新作を撮っていないみたいだ。

　ちなみに、私立探偵フィリップ・マーロウは原作では猫は飼っていなかった。原作者のレイモンド・チャンドラーは猫好きで、愛猫タキを抱いている写真が残っている。それを知っていたシナリオ・ライターが「ロング・グッドバイ」で、マーロウに猫を飼わせたのだろうか。

　ちなみに、このところチャンドラーの長編の新訳を出し続けている村上春樹さんも猫好きだ。奥さんの陽子さんも猫好きで、彼女が撮影した猫の写真がたくさん村上さんのエッセイ集には掲載されている。

故郷の訛もいつしか消えた

青春デンデケデケデケ／父と暮せば／細雪／悪名／仁義なき戦い／青葉繁れる／祭りの準備

●長い東京暮らしでディープな讃岐弁に反応できなくなった

　実家の両親は今年そろって九十一なのだが、まだまだ元気で自分たちのことは自分たちでしている。なまじ手伝おうとすると、嫌がられてしまう。それはそれでありがたいことなのだが、具合が悪くなっても自分たちで始末しようとするから心配になることもある。先日、母親の足の具合が悪くなり、父が代わって食事の支度をしていた。

　その翌日、今度は父親が高血圧で起き上がれなくなった。そこで、僕は夕食のおかずを作りタッパーウェアふたつに詰めて届けたのだが、母親は「食べるもんは、ようけあったんや（食べるものは、たくさんあったのよ）」と、あまりありがたがらない。「まあ、そのうち食べて」と言いおいて冷蔵庫にしまい、「フン、何だよ」と思いながら（?）裏の家に帰った。

　毎日、午前中に一度は実家に顔を出すようにしている。実家の二階には兄夫婦が同居しているので心配はしていないが、やはり一度は様子を見ておきたいのと、新聞を読むのも目的のひとつだった。ひとり暮らしを始めてから、僕は新聞を取っていないのだ。それに、今では実家の猫の散歩につきあうのも日課になった。だから、その翌日にも僕は実家に顔を出し、両親の様子を見てから新聞を読み、猫と戯れ、帰ろうとした。

そのとき、母親が「ものご、持っていにまい」と讃岐弁で言った。四十五年間の東京暮らしのせいか、僕は瞬間的に「ものご」という言葉に反応できなかった。

一瞬後、「ああ、タッパーウェアのことね」と思った。「ものご」とは「入れもの」のことだ。「入れものを持って帰りなさい」と母は言ったのだ。「いぬ（帰る）」「いね（帰れ）」「いにまい（帰りなさい）」となる。

少し前から琴平電鉄（通称コトデン）が車内や駅で「讃岐弁マナーキャンペーン」というものを展開している。「せっとるけん、こんもにして（混んでいるので〈音量を〉小さくしてください）」とか、「おっりょんのに（降りているのに）」とか、「ぐるり見てんまい（周りを見てごらんなさい）」といった讃岐弁のコピーにイラストを添えて、車内マナーを教えるポスターが貼られている。

僕は電車に乗るたびにしみじみと眺めるのだが、中には「こんな讃岐弁あったかな？」と思うものもある。以前にも書いたが、「青春デンデケデケデケ」は讃岐弁で会話が書かれ、その後に標準語の翻訳がついた小説で話題になった。作者の芦原すなおさんは、香川県の西部、いわゆる西讃の出身だと聞いた。

「青春デンデケデケデケ」は文藝賞を受賞して、そのまま直木賞を獲得したと思う。団塊世代の青春物語で、ベンチャーズのエレキサウンドに雷に打たれたようにいかれてしまった主人公が、仲間を集めてバンドを結成する物語だ。僕も世代が近いのと、似たようなことを高校時代にやっていたので、共感した部分も多かった。

大林宣彦監督が映画化（一九九二年）し、香川県でロケをした。大林監督は尾道出身なので、瀬戸内海を挟んだ四国の青春に興味があったのかもしれない。映画は異常に細かいカット割りと、やはり讃岐弁が特徴だった。母親役の根岸季衣が「しゃんしゃんしまい（さっさとやりなさい）」と言ったのをよく憶えている。

しかし、原作を読んだとき、僕は「こんな讃岐弁、使わないぞ」といくつか違和感を持った。まず、最初の章のタイトルにもなっている「どんどろはん」である。「雷」のことを指すのだが、「どんどろはん」なんて聞いたことがない。それに「あんじゃるい（気持ち悪い）」という言葉もよく出てくるのだが、僕は言ったことがないし聞いたこともない。

僕の両親は東讃の出身だし、僕も高松市内で育ったが、高松はどちらかと言えば東讃地区になるのではなかろうか。「どんどろはん」という言葉を聞いたのは、井上ひさしの戯曲「父と暮せば」を黒木和雄監督が原田芳雄と宮沢りえで映画化（二〇〇四年）したときだった。広島弁では、雷のことを「どんどろはん」と言うらしい。

●井上ひさしは方言にこだわった作家だった

井上ひさしは、言葉にこだわった作家である。本人が東北の出身だったからだろうか、方言にこだわり様々な作品を残した。代表的なのは「吉里吉里人」だろうか。「吉里吉里語」というものを作ってしまった。「父と暮せば」も、すべて広島弁で会話が進む。井上ひさしと方言で思い出すのは、NHKで何回か放映した連続ドラマ「国語元年」である。

明治維新、東京には様々な地方人が集まる。新政府の中心は、薩摩と長州だから薩摩弁と長州弁が飛び交う。そこに会津弁やら江戸弁が加わる。その当時、江戸人は薩摩弁を理解し得たのだろうか。たとえば歯切れのいい江戸弁を喋る勝海舟と薩摩弁の西郷隆盛が、江戸城明け渡しをめぐって会談したとき、現在のプーチンと安倍の会談のようにそれぞれに通訳が必要だったんじゃないだろうか。

会津藩は京都守護職を命じられ、さらに新選組のパトロンになり、尊皇攘夷の浪士を取り締まり斬りまくったから官軍に憎まれ、戊辰戦争で徹底的に攻められ、白虎隊の悲劇なども生まれた（今も会津人は長州・薩摩を敵と思っているらしい）が、そもそも薩摩や長州の人間の言葉は理解しにくかったのではないか。

会津弁も独特の訛があり、特に西の人間には通じにくかったかもしれない。「国語元年」には会津弁を喋る佐藤慶が出てきたが、彼は会津出身で普段の会話のときには会津弁の訛があったと聞いたことがある。百五十年前、ネイティブな会津弁スピーカーと生粋の薩摩弁スピーカーが初対面で会話して、コミュニケーションが成立したとは、僕には想像できない。

「メジャーな方言」というのは概念矛盾だと思う。しかし、関西弁は今や誰でも知っている言葉なのだけど、標準語からすれば方言扱いになる（?）。正確には大阪弁というべきだろうと思うが、その中には船場言葉もあれば、河内弁もある。船場言葉が聞けるのは、市川崑が監督した谷崎潤一郎の「細雪」（一九八三年）だ。「こいさん、たのむわ」という冒頭の言葉で、その世界に入ってしまう。

河内弁が聞けるのは、勝新太郎と田宮二郎がコンビを組んだ「悪名」（一九六一年）シリーズである。昔、僕は今東光の原作小説を読んだのだが、主人公の朝吉はもっとバカなチンピラだった気がする。確かに河内弁で全編貫かれていて、独特の雰囲気を醸し出していた。

大阪・京都はかつて日本の中心だったので、京都弁も方言という気はしない。明治維新以降、方言で有名になったのは、南から見ていくとやはり「ごわす」の薩摩弁、「おまえくさ」の博多弁、「おえりゃせんのう」とか「ぼっけえきょうてぇ」の岡山弁、夏目漱石の「坊ちゃん」のおかげで何とか名を残す愛媛弁、夏目雅子の「なめたらあかんぜよ」の啖呵で有名な「鬼龍院花子の生涯」（一九八二年）のおかげで全国区になった土佐弁、近畿地方はとばして、語尾が「だぎゃあ」と聞こえる名古屋弁、関東はとばして、東北弁、中でも「津軽じょんがら節」（一九七三年）などの、情緒にあふれた津軽弁が人気があるようだ。

振り返ってみると僕は様々な映画のおかげで、けっこう方言に詳しくなった。中でも映画が有名にしてしまった方言は、広島弁ではないだろうか。「仁義なき戦い」（一九七三年）シリーズで有名になった広島弁は、日本中のやくざがあんなしゃべり方をするのではないかと錯覚を起こさせる。「わしゃあよう」と語りかけ、「じゃけんのう」で終わる。

あれは、第一作の舞台になった県の言葉ではないのだろうか。だいたい「たま、とっちゃるけんのう」というのは、正式な（？）広島弁なのだろうか。しかし、「父と暮せば」の広島弁と共通している言葉も多いので、広島のネイティブ・スピーカーはあのように話しているのかもしれない。

●讃岐弁の用例を少しずつ採取し始めたのだけど…

高松で生活するようになって、少しずつ讃岐弁の採取を始めた。ノートにメモ程度に書くくらいだが、始めてみると「そうそう、昔、こう言っていたな」と懐かしい。讃岐弁は方言の中でもマイナーで有名ではないが、そこで育った人間には大切なものだ。東京あたりでは語尾に「ね・さ・よ」をつけることが多い。「あのね」「あのさ」「あのよ」という具合だ。讃岐弁では、それが「の」になる。「あんの」「ほいでの」という使用例が散見される。昔、東京からきた気取った転校生が「言葉が汚い」と作文に書いていた。確かに、語尾に「の」をつけると何だか濁った感じになる。

先日、街角で「まっついや」という言葉を耳にした。「ついや」と僕も言っていた。「同じ」という意味である。「ついや」とは「同じである」になり、「まっついや」は「まったく同じである」という意味だ。おそらく「対（つい）」からきたのではあるまいか、と僕は推理している。

また「さら」という言葉がある。「新しいもの」あるいは「新品」のことである。「まっさら」とは、「まったくの新品」という意味だ。それから類推すると「まっ」が頭につく場合は「強調」なのだろう。標準語では「真っ白」という言い方があるから、この場合の「まっ」は「真」ではないのか。「真に同じである」あるいは「真に新品である」が、讃岐弁では「まっつい」「まっさら」となるのではないか。

まあ、そんなことはどうでもいいじゃないか、という人は多いと思うけれど、何となくそんなことを考えているのは楽しい。今は、「こすい」とか「へらこい」、あるいは「がち」という言葉の発生について興味が湧いている。「こすい」とは「ずるい」に近いが、少しニュアンスが違う。

標準語でも「こすっからい」という言葉がある。「がめつい」（これも「がめつい奴」という芝居で有名になった関西弁）という意味も少し入るのではないかと思う。「へらこい」は「欲張っている」というニュアンスに、「汚い、卑劣」という意味が加わった讃岐弁だろうか。「へらこげな奴」「こすげな奴」と香川県で言われたら、絶対に怒らなければいけない。

「がち」は、どう説明すればいいだろうか。「がちげにせんの」と子供の頃に、食べ物を前にしてよく叱られたものだ。そのシチュエーションから類推すると、「餓鬼」という言葉が浮かんでくる。「腹ぺこで、待ちかねて食べ物に群がる餓鬼」のイメージである。

それから推察して「がちげにせんの」を翻訳すると、「腹ぺこの子供が食べ物に群がるような浅ましい真似はしないのですよ」という意味だろうか。しかし「がち」の語感と「餓鬼」はかなり違う。「がちんこ」とか「がちで」と最近はテレビでも使われるが、あの「がち」とは違うと思う。そんなことを考えていると、謎は深まるばかりである。

「青春デンデケデケデケ」のように地方の青春を描くとき、方言は大事な要素になる。たとえば井上やすしが仙台での青春を描いた「青葉繁れる」（一九七四年）を岡本喜八監督はいきいきと映画にしたし、昭和三十年代に土佐中村の近くの漁村でシナリオライターを夢見る青年を描いた、中島丈博のシナリオを黒木和雄が監督した「祭りの準備」（一九七五年）など、方言の会話がいっそうの効果を上げた。

方言が表わす地方性が、よけいに切なさを漂わせる。地方から上京して夢を叶える、というベクトルが働いていた時代が確かにあった。それは、僕が上京する頃（一九七〇年）にも残っていた。しかし、上京して方言の訛が失われていくことが、彼ら（僕を含めて）の「ある人生」を象徴していたのではないだろうか。

男たちよ、幻想を棄てなさい

リップスティック／八月の濡れた砂／告発の行方／ザ・レイプ

●高畑淳子は香川県出身なので田舎の人間は肩入れする

高畑淳子は香川県の出身なので、こちら（高松）でも息子のレイプ事件で大騒ぎになり、僕の母などもひどく気の毒がっている。「あの人、香川県の出身やのに」と言う。そのことと今度の事件と何の関係がある？　と思ったが、田舎の人間はそれだけで肩入れする。

僕が高畑淳子が香川県出身だと知ったのは、七、八年前、「高松純情シネマ　ほっこまい」という映画を新宿に見にいったときだった。「高松純情シネマ　ほっこまい」は「さぬき映画祭」で優秀脚本賞を受賞し映画化されたもので、その監督をした高嶋弘さんから上映案内メールをもらったからだった。

その映画は高松でロケされていたし、高畑淳子が出演していたし、僕が高校三年生のときに軽音楽同好会に一年生で入ってきた藤原くんが出ていた。藤原くんは、今はプロのミュージシャンとして活躍している。僕も彼のベース・デュオのジャズCDを購入したことがある。

上映が終わって高嶋監督と話をしていると、監督が僕の高校の三年後輩であることがわかった。僕が三月に卒業した後の四月に入学したので、重なってはいない。そのときに、「高畑も同級なんです」と教えてもらった。彼女は同級生の映画への友情出演だったのだ。高校生のときから「私は女優になる」と言っていたらしい。その後、彼女は中学も僕と同じだとわかった。桜町中学という優雅な名前の学校だった。

ただ、高畑淳子という女優はテレビ出演が中心なので、ある時期まで僕はあまり注目していなかった。昔、「金八先生」に出ていた記憶があるが、演技をきちんと確認したのは久しぶりに見た大河ドラマ「篤姫」の姑役だった。何だか騒がしい芝居をする人だなあという印象である。

僕はあまりテレビを見ないので、高畑淳子の息子もほとんど知らなかった。事件を起こしてドラマが撮り直しだというので、「そんなに売れていたんだ」と初めて知った。写真を見ると、母親に似ている印象があった。こんな事件で知るのは、なんだかなあ、という感じである。

それにしても、ニュースを見ると大騒ぎになっていて、高畑淳子も親として謝罪会見を開いた。高畑淳子には同情が集まるだろうが、こんなにマスコミに騒がれると「強姦致傷」事件の被害者のことが気になった。相手が高畑某でなければ、新聞のベタ記事ですんだろう。

注目されることもなかっただろうに、ネットでは興味本位のツイートなどが盛んらしい。まったくの別人だったらしいが、被害者の写真も流れたという。二十二歳の犯人に対して「四十代の女性」と報道されていたので、「四十代でもこんな美人だったら俺も…」という心ないコメントもあったらしい。

そんな騒ぎを見ていたら、「セカンド・レイプ」という言葉を思い出した。僕の記憶ではアメリカ映画「リップスティック」（一九七六年）が、女性の側からレイプを描いた最初の作品だと思う。レイプをテーマにしていること、主演が文豪ヘミングウェイの孫娘であること、ラストが衝撃的であることから、当時、日本でも大きな話題になった。

その中で、相手を告発したヒロインが裁判で被告側弁護士から追い詰められたり、陪審員に事件当時の状況を再現したりすることで再び傷つけられる「セカンド・レイプ」という言葉も知られるようになった。

●大騒ぎになり被害者はセカンドレイプに晒されるのではないか

興味本位な目で見られる性犯罪だから、被害者なのに落ち度があったように言われたり、被害者になったのが恥ずかしいことのように思われたりする。だから、被害者が告訴しなければ加害者が起訴されない強姦罪（強姦致傷になると検察判断で起訴できるらしい）では、泣き寝入りする被害者も多いと聞く。

しかし、最近は性犯罪に対する目が厳しくなっているし、勇気を出して相手を告発する女性も多くなってきたという。セクシャル・ハラスメントに対する意識もそうだが、フェミニズムの闘いが少しは浸透してきたのかもしれない。

先日、久しぶりに「八月の濡れた砂」（一九七一年）を見ていて、レイプ（僕は〝強姦〟という字に抵抗があり、レイプと書くことが多い）に対する社会的意識がずいぶん変わったなと実感した。四十年前のこの映画では性的に早熟な高校生（村野武範）と童貞の高校生（広瀬昌助）が出てきて、青春期の焦燥や社会に対する反発が性的なものを通して描かれる。

冒頭、広瀬昌助は大学生四人に輪姦された後、浜辺に放り出される少女（テレサ野田）を助けるし、ラストはふたりの少年がヨットのデッキで少女の姉（藤田みどり）をレイプする。少女の姉は彼らが反抗する大人たち（俗物）の代表として描かれ、レイプにある意味を付与していた。

広瀬昌助はテレサ野田と親しくなるが、少女がレイプされたことにこだわり、義姉（懐かしの八木昌子）に「女の人って無理矢理やられて、相手を好きになることってある?」と訊いたり、少女と泳いで沖に出たとき「やられたときのこと、憶えてるか。俺、まだこだわってんだ」と言ったりする。

これは、当時（今でも?）の男たちの意識をそのまま表したセリフだと思う。レイプに対して男たちの罪の意識が薄いのは、「女も楽しんだだろ」という気持ちがあるからだ。今回の高畑某もレイプした後、自室のベッドで寝ていたという。朝になって警官がやってきて、初めて犯罪だったと自覚したのかもしれない。

この「レイプで女性も歓んでいる」というバカな意識は男には根強くあって、自分がレイプするときは相手を歓ばしていると思い、「スローなブギにしてくれ」の主人公のように自分の恋人がレイプされると「感じたか。感じたんだろ」と言って責めるのだ。

これは、昔からポルノグラフィーやエロチックなシーンが多発する小説（たとえば昔の西村寿行や大藪春彦のアクション小説。なぜかふたりとも香川県出身）、ポルノ映画やアダルトビデオではイヤになるくらい描かれてきた幻想だ。下世話な言い方だが、「やってしまえば、女は服従する」という幻想を男たちに植え付けてきた。マッチョな男たちは、特にそんな意識が強い。

僕には、イヤな記憶がある。小学生の頃だった。テレビで松本清張原作の連続時代劇が放映され、遅い時間だったが僕はずっと見ていた。主人公は明朗闊達な正義の若侍。彼を慕う可憐なヒロインも登場した。ところが、卑劣で世渡りのうまい武士がいて権力に取り入り、ヒロインを無理矢理に犯してしまう。犯されたヒロインは主人公を慕いながらも、犯した男に惹かれ彼の手先になる。

五十年以上たった今も僕はそのことが許せず、その色悪的な武士を演じた津川雅彦（だったはず）が好きになれないし、「女はやってしまえば服従する」とうそぶくバカな男が大嫌いだ。

そうした男たちの「いい気なもんだ」的思い込みを打ち砕いたのが、「リップスティック」だった。ヒロイン（マーゴ・ヘミングウェイ）は、突然レイプされ、相手を告訴する。しかし、被告側弁護士はヒロインが誘った、あるいはそんな素振りを見せたと主張する。彼女の過去の男性との性関係を暴露し、ふしだらな女のイメージを陪審員に植え付ける。

結局、「少々乱暴にセックスしたけど、女が誘ったと思えるところもあったし、男がそうなるのも無理ないね」という判断（アメリカではレイプが多いらしい。男の欲望に寛容なのか？）になり、男は無罪。

しかし、その後に取ったヒロインの行動が男たちにショックを与えた。僕は男だけれど、この結末には「ざまーみろ、勘違いしてると痛い目に遭うよ」と思ったものだった。

●ジョディー・フォスターが演じたレイプされたふしだらな女の真実

女性の側からレイプという卑劣な犯罪を描くときは、どうしても「リップスティック」的な展開になる。十二年後の映画だが、この作品でアカデミー主演女優賞を受賞したジョディー・フォスターと、「トップガン」「刑事ジョン・ブック」のヒロインを演じたケリー・マクギリスが競演した「告発の行方」（一九八八年）も、レイプか同意があった性行為かが裁判で争われる。「リップスティック」から十二年経ったな、と思わされるのは、ジョディー・フォスターが扇情的なシーンを演じ、それによって酒場の男たちが次第に興奮していくのを正面から描いていることだった。

地方検事補（ケリー・マクギリス）は、レイプ事件を担当する。酒場で女性（ジョディー・フォスター）が三人の男に性的暴行を受けたというのだ。調べていくと、状況は被害者に不利なことばかり。女性はかなり酔っていたうえ、マリファナもやっていた。性的にはふしだらなイメージのある女性だった。

男たちは「誘われた。同意があった」と主張し、裁判に勝ち目がないと判断した彼女は、過失傷害で司法取引に応じてしまう。しかし、被害者のジョディー・フォスターは検事補を非難し、あくまで男たちによるレイプだったし、男たちをけしかけた酒場の客たちも教唆した罪があると告発する。インテリの女性と崩れた女性、ふたりの対立と共闘が印象に残っている。

日本でフェミニストの立場からレイプを告発してきたのは、僕らの世代にとっては「レモンちゃん」こと落合恵子だった。「リップスティック」公開の数年後、作家になった彼女は「ザ・レイプ」という作品を上梓する。この本は話題になり、東陽一監督が映画化した。

「ザ・レイプ」（一九八二年）は、人気女優だった田中裕子主演だった。セクシーさでは売っていなかった田中裕子（NHKテレビ小説「マー姉ちゃん」の長谷川町子役ですからね）だけど、ポスターでは薄物だけを羽織った姿でがんばっていた。この映画もレイプで加害者を告訴したヒロインが逆に苦境に立つという展開で、先行作品と同じ展開だった。

しかし、犯罪被害者が、それが犯罪だったことを証明しなければならないというのは、一体どういうことだろう。今回の高畑某の事件が起訴され裁判になった場合、これだけ注目されているのだからマスコミがまた群がるだろう。興味津々で裁判を傍聴するだろう。そのとき、逐一具体的に事件の状況が証言され、再現される。被害者は多くの人目に晒される。

落合恵子は、「セカンド・レイプ」（一九九四年）という本も出版している。もう二十年以上前のことだ。しかし、世の中はほとんど変わっていない。男たちは、「イヤよイヤよもイイのうち」とか「イヤよイヤよと帯を解き」的な幻想を棄てなければならない。イヤなものは、イヤなのだ。強制的に暴力的に性行為を迫るのは、卑劣な犯罪なのだと自覚しなければならない。

恋する監督たち

執炎／夜明けのうた／愛の渇き／あかね雲／心中天網島／shall we ダンス？／川の底からこんにちは／上海から来た女／アニー・ホール／カイロの紫のバラ

●浅丘ルリ子を思い浮かべたのは倉本聰さんの最新刊のせい？

先日、ふっと「浅丘ルリ子が最も美しい映画は、『憎いあンちくしょう』から続く一連の蔵原惟繕監督作品かなあ」と頭をよぎった。突然のことで、何かから連想したわけでもない。

なぜ、そんなことが浮かんだのだろう。先日、浅丘ルリ子が何十年ぶりかで、元夫の石坂浩二と共演すると何かの見出しを見たからだろうか。あるいは、倉本聰さんの「見る前に跳んだ」という最新刊を読んだからだろうか。

浅丘ルリ子と石坂浩二が結婚するきっかけになったのは、倉本聰さんが脚本を書いたドラマで共演したからだった。倉本さんの初エッセイ集「さらば、テレビジョン」の中に、石坂浩二とふたりで浅丘ルリ子邸へ結婚の申し込みにいくエピソードがある。

蔵原惟繕監督の「憎いあンちくしょう」（一九六二年）に出演して、明らかに浅丘ルリ子は変わった。「銀座の恋の物語」（一九六二年）も蔵原監督で石原裕次郎と浅丘ルリ子が主演しているが、「憎いあンちくしょう」のヒロインはそれまでの待っているだけの女ではなかった。主人公（石原裕次郎）をコントロールしようとする女だった。

彼女はきちんとした自我を持ち、意志が明確で、男に従属することなく、逆に男と対立する形で対峙しようとする。後の浅丘ルリ子のイメージは、この作品で固められた。それは、たぶん蔵原監督の功績だ。

次作の「何か面白いことないか」（一九六三年）は「憎いあンちくしょう」と同工異曲の作品で前作を越えることはなかったが、さらに蔵原監督は石原裕次郎を除いた、浅丘ルリ子の単独企画を立ち上げる。「執炎」（一九六四年）「夜明けのうた」（一九六五年）「愛の渇き」（一九六七年）の三本である。大人になった浅丘ルリ子でなければ、主演できないテーマの作品だった。

「執炎」は浅丘ルリ子百本記念映画であり、彼女のために作られた作品だった。相手役は、まだそれほど俳優として知られていなかった伊丹一三である。「夜明けのうた」はアンニュイな雰囲気を漂わせ、「愛の渇き」は三島由紀夫原作を得て若い未亡人の性に対する悶えを描いている。

今から振り返っても、この時期の浅丘ルリ子は美の絶頂にあった。それは、おそらく蔵原惟繕監督が浅丘ルリ子に恋をしていたからだと思う。日活関係者の回顧エッセイによれば、現実に蔵原監督と浅丘ルリ子は恋愛関係にあったという。その情熱がスクリーンに定着されたのだ。

僕にも憶えがあるけれど、男は恋する女を美しく写そうとする。ファインダーの中で演技をする女優が、自分に向かって愛の言葉を囁いている気になる。女優が美しく写されたいと思ったら、監督に自分を恋するように仕向けることだ。これは、蔵原監督だけではない。他の監督も、同じである。

蔵原監督作品で女優としての美しさを引き出され、さらに大人の女優としての演技に開眼した浅丘ルリ子は、その後テレビドラマに進出し、人気を博した。倉本聰さんの脚本だった「二丁目三番地」、原田芳雄と共演した「冬物語」や「愛について」などで、映画で培った演技力を見せつけた。

彼女がテレビ界に進出したのは、日活がロマンポルノ路線になったことによるものだったが、テレビドラマに出ることで全国的に全世代的に名を知られ、彼女は日本を代表する女優のひとりになった。おまけに、あまりうまくはなかったけれど、「愛の化石」というヒット曲まで生まれた。

●監督と女優の夫婦がいくつも名作を作ってきた

女優に惚れて映画を撮る。あるいは、映画を撮っている間に女優に惚れるということはある。あの強面だった大島渚だって、女優である小山明子に恋をして、隠れて逢瀬を重ねながら、「日本の夜と霧」（一九六〇年）や「飼育」（一九六一年）を撮っていたのだ。

同じく松竹ヌーヴェル・ヴァーグと呼ばれた吉田喜重監督は「秋津温泉」（一九六二年）で岡田茉莉子と出会い、その最良の演技を引き出し、美しさを描き出し、結婚後、松竹から独立した後は岡田茉莉子だけを描くために作品を作り続けたのではないかとさえ思える。吉田監督にとって、岡田茉莉子は永遠のミューズ（創造の女神）だったに違いない。

彼らと同じ世代の監督に篠田正浩がいる。岩下志麻は篠田監督の初期作品「夕陽に赤い俺の顔」（一九六一年）や「わが恋の旅路」（一九六一年）でヒロインを演じているが、「暗殺」（一九六四年）あたりから岩下志麻の顔が変わり、結婚後の作品「あかね雲」（一九六七年）や「心中天網島」（一九六九年）の頃にその美しさの絶頂を迎えている。

特に、自分たちのプロダクションでアートシアター・ギルド（ATG）と組んで製作した低予算の実験的な作品だった「心中天網島」の岩下志麻は、遊女と商家の女将の二役を演じて女優としての頂点を極めた。ファインダーの中の妻を見ながら、監督は改めて恋をしていたに違いない。

監督が恋する視線で女優を見つめた作品は、相当に多いのではないか。実際に恋愛関係でなくても、あるいは現実の夫婦でなくても、多くの場合、撮影している間、主演女優に恋をしている監督はいるのではないか。それが作品の力になり、女優は美しく輝き、作品自体の質を上げている。そんな風に思える作品は、いくつもある。

本来は女優ではなかったから、せりふまわしや演技はうまくなかったけれど、「shall we ダンス?」（一九九六年）を見たときに草刈民代の姿（特にダンスシーン）が美しく撮影されていることに驚いた。ダンサーだから立ち姿は凛として美しいのだが、その美しさが最も際立つように撮られていた。

だから、映画が公開された後、周防正行監督と草刈民代が結婚したニュースが流れたとき、「やっぱりな」と思ったものだった。その後、寡作な周防監督はあまり作品を撮っていないが、「ダンシング・チャップリン」（二〇一一年）を見ても、「終の信託」（二〇一二年）を見ても、草刈民代が周防監督にとってのミューズであることがわかる。ある意味では、監督と女優の幸せな関係なのかもしれない。

石井裕也監督の「川の底からこんにちは」（二〇〇九年）を見たとき、ヒロインを演じた満島ひかりが物語が進むにつれ、どんどん輝き始めたのには感心したものだった。「どうせ私はこんな女ですから…」と自分を卑下して生きているヒロインは、家出してきた故郷に帰り、実家の家業を継いで再興をはかる。

コメディタッチで描かれるから、ヒロインはかっこわるいし、物事はなかなかうまく展開しない。それでも、次第にヒロインは輝き始めるのだ。この映画を見た後、石井監督と満島ひかりが結婚したことを知ったけれど、このときも「やっぱりね」と思った。

僕が満島ひかりに注目したのは、「愛のむきだし」（二〇〇八年）だった。その後、「川の底からこんにちは」が評判になり、テレビドラマで主演をするようになって顔を知られるようになった頃、彼女が結婚していることはあまり知られていなかった。

その後、どうなのかなと思っていたところ、最近、離婚したという。石井裕也監督は「舟を編む」（二〇一三年）「ぼくたちの家族」（二〇一三年）「バンクーバーの朝日」（二〇一四年）など、どの作品も好調だからいいのだけど、新しいミューズを発見することを願っている。

●アキ・カウリスマキはカティ・オウティネンに恋をしている？

女優に恋をするというより、愛した女優を使わずにいられないらしい恋多き（要するに女好き）監督クリント・イーストウッドは、一時期、愛人のソンドラ・ロックばかりをヒロインにした。

ソンドラ・ロックはカーソン・マッカラーズの小説「心は寂しい狩人」を映画化した「愛すれど心さびしく」（一九六八年）の聾唖の青年の生きるよすがになっていた寂しい少女役で僕の記憶に残っていたが、イーストウッドの「アウトロー」（一九七六年）で開拓者一家の娘を演じ、「ガントレット」（一九七七年）では一転して勝ち気な娼婦を演じた。

さらに「ダーティファイター」（一九七八年）「ブロンコ・ビリー」（一九八〇年）と続く。イーストウッドと最後の共演になったのは、「ダーティーハリー4」（一九八三年）だった。

一時期、本妻のマギーの家を出たイーストウッドとソンドラ・ロックは一緒に暮らしていたようだが、結局、最後は裁判沙汰になって別れた。ある本によると、ソンドラ・ロックは回顧録などを絶対に出さないという条件で、高額の和解金を受け取ったという。そんな話を聞くと、ちょっとさみしい。

イーストウッドは、「許されざる者」（一九九二年）で娼婦たちの中の姐的な役を演じたフランシス・フイッシャーとの間に娘が生まれたり、その後、別の女性と結婚して子供をもうけたり、老境に入ってもいろいろと忙しい人生を送っている。若い頃から健康オタクだから、まだまだ新作が期待できるし、最新作「ハドソン川の奇跡」（二〇一六年）も公開になった。

「ギルダ」（一九四六年）で有名なリタ・ヘイワースと恋をして結婚したのは、オーソン・ウェルズだった。アメリカの男たちの羨望の的だったに違いない。そのリタ・ヘイワースをヒロインにして、オーソン・ウェルズはフィルム・ノワールの傑作「上海から来た女」（一九四七年）を撮っている。

主人公の船員をオーソン・ウェルズ自身が演じ、彼を誘惑し人生を狂わせる人妻をリタ・ヘイワースに演じさせている。もしかしたら、美しい人妻に惑い、疑い、振りまわされる主人公はウェルズ自身の思いなのだろうか。どちらにしろ、この映画でもリタ・ヘイワースは美しい。

恋する相手をヒロインに起用して、彼女の代表作を作ってしまうのは、やはり恋多き監督ウッディ・アレンだった。「アニー・ホール」（一九七七年）はダイアン・キートンの代表作であるし、「マンハッタン」（一九七九年）も忘れがたい。

その後、ウッディ・アレンはミア・ファーローと恋に落ち、彼女の代表作「カイロの紫のバラ」（一九八五年）を作る。もっとも、その後、ウッディ・アレンとミア・ファーローも泥沼の訴訟合戦に陥ってしまう。恋をして蜜月時代があり、やがて情熱が冷めて憎み合い、最後は訴訟になるというケースは多いのだろうが、その結果、彼らは二度と一緒に映画を作らない。

そんなことと無関係なのは、アキ・カウリスマキとカティ・オウティネンである。ふたりがどういう関係なのかは知らないが、少なくともカウリスマキ監督は映画を撮るときにはカティ・オウティネンに恋をしていると思う。「パラダイスの夕暮れ」（一九八六年）から始まり、「マッチ工場の少女」（一九九〇年）があり、「浮き雲」（一九九六年）があり、「過去のない男」（二〇〇二年）があり、「ル・アーヴルの靴みがき」（二〇一一年）がある。

三十年間、カティ・オウティネンはカウリスマキ作品のヒロインを演じ続けてきたのだ。カティ・オウティネンの出ないカウリスマキ作品なんて、考えられないじゃないか。決して美人ではないカティ・オウティネンだが、作品の中で彼女は輝き、美しい。あれは絶対、恋する監督の視線で描かれているからに違いない。

扇動する政治家たち

シンドラーのリスト／プライベート・ライアン／アミスタッド／ブリッジ・オブ・スパイ

●ルーカスとスピルバーグが映画館を遊園地に変えてしまったのか

もうずいぶん昔のことになるが、「ルーカスとスピルバーグが映画館を遊園地に変えてしまった」と言われたとき、なるほどうまいことを言うものだと思った。その言葉には批判的なニュアンスが含まれており、その批判をもっともだと僕は思ったのだ。「スターウォーズ」（一九七七年）と「ジョーズ」（一九七五年）の世界的な大ヒットは、その後のハリウッド映画を変えてしまったのは間違いない。さらに、コンピュータ・グラフィックスの進化が現在のハリウッド大作に大きく影響した。

スピルバーグが初めて作品的に評価され、「こんな映画も作れる監督だったのか」と目を見張らせたのは、「カラーパープル」（一九八五年）だった。しかし、いくつかの部門でアカデミー賞にノミネートされたものの、受賞には至らなかった。その後、スピルバーグは「ジュラシック・パーク」（一九九三年）のような完全なエンターテインメント路線と、「シンドラーのリスト」（一九九三年）や「プライベート・ライアン」（一九九八年）といったシリアス路線を作るようになる。

しかし、僕は「シンドラーのリスト」も「プライベート・ライアン」も世評ほど評価できなかった。どんなにシリアスなテーマを扱っても、莫大な制作費を回収するために世界的にヒットさせなければならないスピルバーグが背負う宿命には同情するが、彼が本質的に映像的エンターテイナーであるがために、どうしても観客を驚かそうとするケレンやハッタリが目に付くからである。

たとえば「カラーパープル」でウーピー・ゴールドバーグがダニー・グローヴァーに命じられて髭を剃るとき、まるでヒッチコック作品のようなサスペンスを僕は感じてしまった。

また、「シンドラーのリスト」では、強制収容所の所長（レイフ・ファインズ）が所長室の窓から無造作に収容所内を歩いているユダヤ人収容者を狙撃したとき、僕はものすごいショックを受けたものだった。しかし、そのとき僕はスピルバーグの計算を感じたのだ。ここで、観客へ衝撃を与えたいと彼は考え、そのように撮影したのだろうと想像した。

また、「プライベート・ライアン」ではノルマンディー上陸の場面の臨場感が「まるで本物の戦場にいるようだ」と話題になったけれど、そこにも僕はスピルバーグの「観客を驚かせたい」という計算を感じてしまったのだった。

僕は「激突」（一九七一年）以来、ほとんどのスピルバーグ作品を見ているし、そのうまさには感心している。また、「レイダース　失われた聖櫃」（一九八一年）では、そのエンターテインメントぶりに感心し、最後まで映画館の椅子から身を乗り出して見続けたものだったが、魂を震わせ心底からのめり込むように見た作品はなかった。唯一、「アミスタッド」（一九九七年）でそんな感じがあったかもしれない。しかし、あの作品も最後は、なぜかアクション映画になってしまった。

そんな僕が、「ブリッジ・オブ・スパイ」（二〇一五年）には身を乗り出し、二時間以上の上映時間を忘れて見入ったのだった。トム・ハンクスのうまさもあるが、冷戦時代の再現、渋く抑えた色彩設計、ドラマ作りのうまさ、それに何といってもソ連のスパイを演じたマーク・ライアンスの魅力など、様々なことが重なって見事な作品になっていた。

主人公の弁護士の人物像に共感できたこともある。僕は子供だったが、かろうじて米ソの緊張が最高潮に高まっていた六〇年前後の時代の空気がわかる世代に属していることもあっただろう。「ブリッジ・オブ・スパイ」は、僕に様々なことを考えさせる作品だった。特に、現在の世界に（もちろん日本にも）蔓延する排他的な空気について、僕は考えさせられたのだった。

●米ソの対立は激化し核戦争の脅威が現実のものになっていた

一九五七年、米ソの対立は激化し、冷戦は世界に核戦争の脅威を現実のものにしていた。僕も子供の頃、米ソ間で第三次世界大戦が起こり、日本にもソ連から水爆が飛んでくると思っていた。アメリカでは、それはもっと現実のものとされ、学校では子供たちにソ連が攻めてきたときの対応を教えていた。以前にも書いたが、ボブ・ディランの自伝の中にも出てきた話だ。

「ブリッジ・オブ・スパイ」の中でも、そんな描写がある。主人公の弁護士ドノヴァンの息子は学校で原爆実験の記録映像を見せられ、ソ連が攻撃してきたときにどうすればよいかを教えられている。息子は「ソ連のスパイなのに、なぜお父さんは弁護するの?」と素朴に質問する。教育という名の洗脳だ。

映画は、ソ連のスパイのアベルが逮捕されるところから始まる。弁護士ドノヴァンは、そのスパイの弁護を引き受けざるを得なくなる。「人々から憎まれる」と言いながら渋々引き受けた弁護だったが、誰でもが弁護される権利があることを証明するために懸命な努力をする。

判事が「あいつはソ連のスパイだ。権利なんてない。評決は決まっている。形だけの裁判だ」とまで言っても、FBIが逮捕時に令状を持参しなかったことから「逮捕は無効」と主張し、国中を敵にまわす。自宅を銃撃され、警護にきた警官は「なぜ、あんな奴を助けようとする」と難詰する。

その時代の雰囲気が伝わってくる。戦後、アメリカでは共産主義の恐怖が必要以上に宣伝され、マッカーシー上院議員のような扇動政治家が登場する。彼は「国防省には大勢の共産主義者がいる。私はリストを持っている」などと主張し、大衆の恐怖心を煽った。ミッキー・スピレーンは自作のマイク・ハマー・シリーズで、共産主義者をアメリカを滅亡させようと画策する犯罪者として描いた。まるで、イスラム教徒はテロリストだと断罪するかのようだった。振り返ってみれば、マッカーシー上院議員は、何とトランプ大統領候補に似ていることか。

反動政治家の扇動に乗って、大衆はソ連を脅威とみなし憎んだ。だから、アメリカ合衆国に潜入していたスパイを憎悪し、彼を死刑にせよと叫ぶ。メディアも同調した集団ヒステリーである。そんな中、人権を守り、ソ連のスパイだとしても弁護される権利は憲法で保障されていると主張するドノヴァンの言葉は、誰の耳にも届かない。

彼の弁護で死刑を免れ、三十年の刑になったアベルは、数年後、アメリカのスパイ機がソ連領空で撃墜され、逮捕されたパイロットとの交換要員にされることになる。その交換の交渉人として、ドノヴァンは指名される。彼は壁が建設されたばかりの東ベルリンに入り、ソ連および東ドイツとギリギリの交渉を始めるのだ。

●政治の本質は直接的な意味でも比喩的な意味でも「敵は殺せ」

僕らの世代では必読書だった埴谷雄高の「幻視の中の政治」では、「政治の本質は『敵は殺せ』」だと書いてあった。それは、文字通り「殺す」ことでもあるが、比喩的な意味でも「殺す」ことなのだと僕は理解した。ファシズムが支配する独裁権力の世界では、ひとりの権力者が自分の考えと反する敵たちを処刑してきたのを僕らは知っている。

現在でも、ある国ではそんな状態が続いている。民主主義の世界では実際に殺されることはない（と思う）が、政治の世界で「敵は殺せ」という論理が生きているのは同じだ。その方法が、現実的な処刑ではなく、投票あるいは多数決という形を取っているだけなのである。

たとえば、小泉首相がやった「郵政民営化選挙」である。あのとき、小泉首相は自分の考え（郵政民営化）に反対する勢力を「抵抗勢力」と名付けて敵（攻撃する対象）と見なした。その敵を選挙で敗北させるために、選挙区に刺客（比喩だとはいえ、各メディアは「刺客」という言葉を使用した。的確だったのだ）を送り込んだ。

落選した「郵政民営化反対」の政治家は、政治的には殺されたのである。「敵（反対する勢力）は殺す」のが、政治の世界なのだと改めて思う。結局、憲法改正か遵守か、原発推進か廃棄か、それぞれの考えの立場を鮮明にして政治家となるのなら、自説を実現するために反対する人間たちに数で勝つ（殺す）必要があるのだ。

先日の都知事選挙でも、当選した小池知事の選挙の手法を「小泉直伝の劇場型選挙」と自民党幹部は言った。自民党都連という敵を作り、彼らが都政を不透明にしている元凶というイメージを大衆に抱かせる。そのうえで、自民党幹部たちを悪役にする。小池候補の考え方や政治的ポジションには危うさを感じている僕でさえ、途中から小池候補が圧勝するだろうと予想した。

明確な敵を作り、大衆を煽り、正義はこちらにあるというイメージを醸し出すことで、多くの人々はなびくのかと改めて思った。何と、人々は扇動されやすいことよ。その手法を明確に使っているのが、排外的なスタンスを鮮明にしているドナルド・トランプだ。彼は、人々が心の中で思っていても口に出せない様々な対象を攻撃し、人々の後ろめたさに正当性を与え、大衆の浅ましさを煽る。

共和党の大統領候補になってからも、トランプの扇動する発言は止まらない。人種差別的であり、排他的であり、人々の対立を煽る発言を繰り返す。僕はトランプが正式に大統領候補になったことに驚くしかないのだが、そこには彼を支持する多くの大衆がいるわけで、実際にはそのことに驚いている。正気とは思えない。

トランプは様々なものを攻撃することで、自分たちが言いたかった本音を言ってくれていると思わせた。それによって、熱烈な支持を得ている。だが、その本音は欲求不満の酔っぱらいが、酒場で怒鳴り散らしている内容に等しい。「メキシコは犯罪者を送り込んでいる」「イスラム教徒はテロリストだからアメリカへくるな」など、まともな人間なら素面ではとても口にできない。

共和党支持者のクリント・イーストウッドは、「言葉を自粛する現状を打破した意味で、ドナルド・トランプを評価する」という本気なのか皮肉なのかわからないコメントを出したが、確かにイーストウッドの説には説得力があった。イーストウッドは、「人種差別的な言辞に神経質になりすぎたために社会は何かを失った」と言うのだ。

それは日本でも同じだ。差別に神経質になりすぎたために、様々な言葉が使用禁止になった。いわゆる「言葉狩り」である。「盲縞」や「隠亡」という言葉が出るので、テレビで古典落語が演じられることはなくなった。それは差別問題の本質ではないと思うのだが、そんな表面をつくろうだけの社会になっているのは間違いない。イーストウッドは、トランプの暴言を支持することでそこを指摘したのだろう。

だが、それは一方でヘイトスピーチを繰り返して恥じないような人たちを作り出すことではないのか。あの「障害者は世の中に不要だ」と主張した、大量殺人者のような考えを生み出すことになるのではあるまいか。「優生保護法」があった日本では、元々、そういう考えを抱く下地があった。事件の後、犯人の主張に「正論だ」と、コメントする人間たちがネットに現れたという。

人は、自分と違うものを排斥しようとする。それが様々な障害を持つ人たちや、社会的セイフティネットに頼らなければ生きていけない人たちを排斥するようになったら、社会はお終いだと思う。誰もが、多かれ少なかれ社会的な下支えがなければ生きていけない存在なのだ。

自分だけは誰にも頼らず、自己責任で生きていると思っている人がいたら、それは大いなる勘違いである。人は社会的な存在だ。様々な目に見えない何かが、人々のつながりが、すべての人を支えている。

不機嫌な顔のヘレン・ミレン

クィーン／終着駅　トルストイ最後の旅／RED／ヒッチコック／マダム・マロリーと魔法のスパイス／ホワイトナイツ・白夜／黄金のアデーレ　名画の帰還

●ヘレン・ミレンは二十歳から舞台でシェイクスピアを演じていた

ヘレン・ミレンという女優を初めて認識したのは、「クィーン」（二〇〇六年）でアカデミー主演女優賞を受賞したときだった。六十を過ぎての受賞である。ダイアナ妃が事故死した前後のエリザベス女王を描いた作品で、実在の人物を演じる場合はどれだけ似ているかということで見られることが多いが、女王らしさがよく出ていたのだろう。

話し方も重要なのだろうが、僕に英語のニュアンスはわからない。ただ、イギリス出身の女優でないと演じるのは難しいのではないか。ヘレン・ミレンは二十歳の頃から舞台に立ち、シェイクスピアものなどを演じていたという。

ヘレン・ミレンは一躍注目されたのか、その後の十年間、途切れることなく出演作が公開されている。文豪トルストイ（クリストファー・プラマー）の最期の日々を描いた「終着駅　トルストイ最後の旅」（二〇〇九年）では、悪妻と言われる気の強い妻ソフィーを演じ、「RED」（二〇一〇年）では元イギリス情報部員のスナイパーを演じた。引退した凄腕の老エージェントたちが登場するアクション映画で、ヒットしたらしく続編「REDリターンズ」（二〇一〇年）も作られた。ヘレン・ミレンは凄腕の殺しのプロで、キツネ顔の彼女にはよく合っていた。大きなライフルを構え、スコープを覗く姿が似合った。

アンソニー・ホプキンスがヒッチコック監督を演じた「ヒッチコック」（二〇一二年）では、ヒッチコックの妻アルマを演じている。ヒッチコック夫人は強烈な個性の人で、彼女の協力があったからヒッチコックはあれだけの名作を残せたのだ。

アルマ夫人は、映画編集者であり脚本家でもあったから、企画段階からチェックし夫に自信に充ちたアドバイスをした。「ヒッチコック」は「サイコ」（一九六〇年）を作ったときの夫妻の関係を描いているのだが、ヘレン・ミレンは気の強い、ある意味では夫を支配しようとしている妻を演じた。目がつり上がり、突き放す視線で冷たい表情ができるヘレン・ミレンは、こういう役がホントによく似合う。

そういえば、ニコール・キッドマンがグレース・ケリーを演じた「グレース・オブ・モナコ　公妃の切り札」（二〇一四年）にも冒頭にヒッチコック監督が登場した。ヒッチコックは「マーニー」（一九六四年）のヒロインを、引退したグレース・ケリーにオファーする。しかし、モナコ皇国はフランスとの難しい交渉が進行していて、グレース王妃は夫であるレーニエ公を支えなければならず、出演に気を惹かれながらもあきらめる。

「マーニー」は、結局、「鳥」（一九六三年）のティッピ・ヘドレンをヒロインにして、007シリーズで人気が出たショーン・コネリーを起用して映画化された。それにしても、ヒッチコックは金髪女優が好きだったが、グレース・ケリーはその中でも特別だったようだ。

さて、ヘレン・ミレンはラッセ・ハルストレム監督の「マダム・マロリーと魔法のスパイス」（二〇一四年）でも、プライドが高く意地の悪いレストランの女主人を演じた。

インドからフランスにやってきた移民一家は、田舎町でカレーレストランを開くが、その向かいには古くからあるフレンチ・レストランが建っていた。ミシュランの一つ星を獲得した由緒あるレストランで、そのことをオーナーのマダム・マロリーは誇りにしている。逆の言い方をすると、エスニックなインド料理屋など見下しているのだ。こういう役をやらせると、ヘレン・ミレンは、はまる。やっぱり、意地の悪そうな顔なのだ。

●「ホワイトナイツ／白夜」の若きヘレン・ミレンが実に美しい

ヘレン・ミレンに関してはずっと「意地の悪そうな尖った顔」と思っていたが、彼女が三十代で出演した「ホワイトナイツ／白夜」（一九八五年）を見て、その考えを改めた。映画もよくできているが、ヘレン・ミレンが実に美しい。彼女が演じたのは、ソ連から西側に亡命した天才ダンサーであるニコライ（ミハイル・バリシニコフ）の元恋人役だった。

東京にいくはずが、故障でソ連のシベリア地方の空港に緊急着陸した旅客機に乗っていたニコライは、身分証明書などを着陸前に廃棄する。ソ連で名前が知れると、逮捕される危険があるのだ。しかし、KGB大佐に正体がばれて、アメリカに亡命した反逆者として逮捕される。そのニコライと八年ぶりに再会するのが、かつて恋人だったガリナ（ヘレン・ミレン）だった。ヘレン・ミレンは父親がロシア系なので、この役をオファーされたのだろう。

ニコライを見張るのは、ベトナム戦争に反対してアメリカからソ連に亡命した黒人のタップダンサー・レイモンド（グレゴリー・ハインズ）である。ふたりは反発しあうが、やがてそれぞれのダンスの素晴らしさを認め、そろってアメリカ大使館に逃げ込もうとする。しかし、KGB大佐の厳しい監視の目が光っていた。

ちなみに、KGB大佐を憎々しげに演じるのは、ポーランド出身の映画監督イエジー・スコリモフスキーだ。役者としては「イースタン・プロミス」（二〇〇七年）でもヒロインのロシア系の叔父の役で出ていた。ロシア人役が必要なときには、けっこう使われているようだ。

「ホワイトナイツ／白夜」は映画としてもよくできているが、本物のトップダンサーであるミハイル・バリシニコフとタップの名手グレゴリー・ハインズの芸がたっぷりと見られるのがうれしい。ときどき、僕はそのダンス・シーンだけを見たくなる。

オープニングシーンでもバリシニコフのダンスはふんだんに見られるし、後半、ハインズとふたりで踊るシーンも延々と続いて楽しい。トップダンサーのダンスは美しいの一言だ。バリシニコフがジャンプするとき、その体の線は足の先から手の先までうっとりするほどである。背筋もきれいに延びている。僕はバレエに関しては門外漢だが、凄いというのはわかった。

一方、グレゴリー・ハインズのタップダンスも負けていない。フレッド・アステアのタップダンスはずいぶん見たが、ハインズはアステアと違ってアグレッシヴなダンスだ。ジーン・ケリーに近い。躍動的で動きが大きい。見ていると、リズムが乗り移る。そのシーンだけ見たいと思う至芸が登場する作品がいくつかあるが、僕にとってはまず年老いたチャップリンとバスター・キートンの舞台がたっぷりと見られる「ライムライト」（一九五二年）があり、次に見たくなるのが「ホワイトナイツ／白夜」のバリシニコフとハインズのダンスシーンである。ずっと見ていたいと思うほど素晴らしく、美しい。

●絵を取り戻そうとするのは過去の幸せな記憶を取り戻すこと

ナチの手を逃れてアメリカに亡命し数十年経ったユダヤ人の老婦人をヘレン・ミレンが演じた、「黄金のアデーレ　名画の帰還」（二〇一五年）を大変おもしろく見た。事実に基づく物語だという。オーストリアの画家グスタフ・クリムトの作品に関する実話で、改めてクリムトの絵を見直したくなった。

四十年以上前だが、大学生のときに中央公論社から出ていた「日本の絵画」「世界の絵画」から好きな画家を選んで数冊買った。その「エコール・ド・パリ」の巻だったと記憶しているけれど、クリムトの代表的な作品が載っていた。「キンキラキンだなあ」というのが最初の印象だった。エゴン・シーレの作品などもそうだが、世紀末のヨーロッパの退廃の香りがした。

その画集を買った頃、代表的な作品である「アデーレ・ブロッホ＝バウアーの肖像」はオーストリアの美術館が所蔵していたはずだ。しかし、二〇〇六年、長い法廷闘争の末、裁判所はアデーレの姪であるマリア・アルトマンに所有権があることを認めた。

その結果、その絵画作品は一五六億円で落札され、現在はニューヨークのギャラリーに展示されている。「黄金のアデーレ　名画の帰還」は、マリアと彼女の弁護士ランドール・シェーンベルク（音楽家シェーンベルクの孫）を主人公にして、ふたりが紆余曲折を経て絵画を取り戻すまでが描かれている。

実業家の叔父がクリムトを支援して描かせた叔母の肖像を姪が取り戻そうとするのだが、「黄金のアデーレ　名画の帰還」が感動的なのは、その動機が封印してきた過去を取り戻そうとすることから発しているからだ。バウアー家の次女だったマリアは、大広間にかけられていたクリムトが描いた叔母の肖像画を見て育った。

子供のいなかった叔父夫婦は一緒に住んでいたから、彼女にとっては父母がふたりずついるのも同然だったのだ。しかし、彼女の結婚式の直後にオーストリアはナチスを迎え入れ、ユダヤ人たちは排斥される。アデーレを亡くし独り身だった叔父は先にマリアの姉を連れて脱出したが、父母とマリアと夫は逃げ遅れる。

やがてナチがやってきて、バウアー家の絵画や財産は没収される。ナチが奪ったクリムトの絵は美術館に収蔵され、戦後、そのままオーストリアの美術館が保有している。それをナチに奪われたものだとして、マリアは弁護士シェーンベルクを通じて返還を申し出るが、オーストリア政府は応じない。

マリアは絵画を取り戻すためだとしてもウィーンにいくことを頑なに拒んでいたが、自分の過去に向き合うために六十年近く訪れていないオーストリアの土を踏むことを決意する。過去が甦る。アメリカで六十年近く暮らしてきたのに、二十数年暮らしていたウィーンでの生活が彼女の記憶の底からまざまざと甦ってくる。

マリアが過去を封印してきたのは、病気の父と母を残して夫とふたりでアメリカに逃げてきたからだった。父母に送り出されたとはいえ、やむを得ずだったとはいえ、彼女は父母を置いて逃げたのだ。

彼女が自宅の壁にあった叔母の肖像画を取り戻そうとしたのは、かつて家族が一緒に暮らし幸せだった一族の思い出を取り戻すためなのだ。そのことが、頻繁に挿入される過去の映像から伝わってくる。渋い色調で描かれる過去のシーンはサスペンスもあり、手に汗握るエピソードになっている。映画的に誇張されているのだろうが、マリアと夫はギリギリのタイミングでウィーンを脱出する。だから、現在のシーンが生きてくる。

絵画の返還を勝ち取ったラストシーン、過去の幸せな思い出の中に自然に溶け込んでいく年老いたヘレン・ミレンの表情がいい。さすがに七十を越えて老けてしまったけれど、シャープな顔は健在だ。ずっと見せていた厳しく不機嫌な表情と辛辣な言葉遣いが、ラストシーンの優しくやわらかな表情で昇華する。名演と言わなければならない。

どうせ俺らのいく先は…

網走番外地／刑務所の中／極道めし／ショーシャンクの空に／ロングストヤード／暴力脱獄

●子供の頃に高松刑務所の周囲を自転車で走りまわった

刑務所とは、一生縁がない方がいいに決まっている。しかし、小学生の頃、僕は学校の近くの高松刑務所の周囲が遊び場だった。高い塀の周りを、友だちと自転車で競争をして遊んでいた。ときどき、受刑者の人たちが刑務官に監視されながら屋外作業をしているのを見かけた。罪の軽い人たちなのだろうか。周辺の清掃作業をしていることが多かった。僕は松島小学校に通っていたのだが、高松刑務所は通称「松島大学」と呼ばれ、「悪いことばかりしてると、松島大学にいくことになるよ」というのが、親のしつけ（脅し？）の言葉だった。

高松刑務所では、受刑者たちが様々な作業に従事していた。特に木工製品は造りがよくて、安価だという評判だった。そこで、兄が小学校四年になったとき、父は兄の学習机を高松刑務所から購入した。ある日、僕の家の前にオート三輪が停車し、兄の学習机と椅子が降ろされた。作業していたのは、作業服のような囚人服を着た受刑者だった。運転していたのは、たぶん刑務官なのだろう。それは、頑丈で立派な机と椅子だった。その証拠に、その机は半世紀以上経った今もまだ母屋に残っている。数年後、町の家具屋で買った僕の学習机は数年で天板が反り、椅子の脚は抜けてしまったというのに…。

先日、四国新聞に「第二〇回四国の矯正施設が一同に集まる四国矯正展」というチラシが入っていた。サブタイトルは「更正への第一歩…社会とともに」となっている。「一同に集まる」は、たぶん「一堂に集まる」の間違いだと思う。その場合は、「一堂に会する」とした方がよいと思うけれど。九月の週末の二日間、高松刑務所を開放して自由に見学ができ、矯正行政についてパネルでの紹介があり、性格検査体験（犯罪を犯しやすい性格かどうか判定してくれるのだろうか）や「ちびっこ刑務官・ミニ制服写真撮影会」などが催されるらしい。刑務官の制服かあ。微妙だな。それに、ステージイベントもある。

販売物で目を引くのが「網走監獄和牛販売」だった。もしかしたら網走監獄（もうなくなったと思ったけど）では、受刑者が酪農を営んでいるのだろうか。それにしても、やはり一般的に有名なのは「網走刑務所」なのだなあ、と感慨深く感じた。

一時期、刑務所について少し調べたことがあるが、僕が興味を持ったのは、重罪犯が収監されているという府中刑務所、死刑執行場がある宮城刑務所などである。一度、前橋にいったとき、利根川沿いの群馬刑務所を見て、赤煉瓦の塀が美しかったのを憶えている。

さて、高松刑務所の催しの「刑務作業製品展示即売コーナー」で紹介されている製品は様々あって、こんなにいろんなものを作っているのかと思った。公益財団法人「矯正協会刑務作業協力事業団」や「全国の刑務所作業製品生産刑事施設」などが共催・協賛に入っているから、全国からの製品がそろっているのかもしれない。少なくとも四国四県は参加しているのだろう。徳島刑務所、高知刑務所、松山刑務所と、各県にひとつずつあるとは思っていなかった。四国少年院、高松少年鑑別所（先日、散歩の時に前を通った）なども共催だった。

どんなものがあるかというと、石鹸、ベルト、かご、巾着、携帯用袋、ブックカバー、クッション、陶器、ランチョンマット、コースター、メモ帳、銘々皿、お椀、まな板、トートバッグ、バーベキューコンロ、と脈絡なくそろっている。

やはり、木工品は主流らしく、民芸家具、整理箱、書棚、ちゃぶ台、木箱、犬小屋などは写真入りで紹介されている。驚いたのは「お墓」だった。写真も載っている。お墓の制作を受注するというのだろうか。名前はもちろん彫り込んでもらえると思う。凄いなあ。

●刑務所もので最も有名なのは「網走番外地」だろうか

日本で刑務所ものというジャンルの映画で知っているのはと訊くと、おそらく多くの人が「網走番外地」（一九六五年）と答えるだろう。僕は、高倉健が演じた主人公の名前をソラで言える。タチバナ・シンイチ。橘真一と書く。

大ヒットしてシリーズ化されたが、網走刑務所が舞台なのは一作めだけで、二作めからはヤクザの主人公が網走刑務所に入っていたことを回想するシーンくらいしか、刑務所のシーンは出てこない。しかし、一作めは凝り性の石井輝男監督らしく、刑務所内の様子がしつこく描かれる。雑居房だから、それぞれの囚人の個性も描き分けられる。

人気が出たのは、嵐勘寿郎が演じた老受刑者である。最初はおとなしい長期刑の老人として登場するのだが、主人公を救う場面で「八人殺しの鬼寅」と呼ばれた男だとわかる。どんな世界にも有名人はいるわけで、刑務所に入るような人物たちの世界では、八人も殺したという鬼寅は、一目おかれる（尊敬される、あるいは怖れられる）存在なのである。

石井輝男監督は九年後に「直撃地獄拳」と「直撃地獄拳　大逆転」を作るが、主人公の三人組（千葉真一、佐藤允、郷鍈治）はラストで網走刑務所に送られ、八人殺しの鬼寅に出会う。自作のパロディ、あるいは楽屋落ちをやっているのだ。

「網走番外地」は、後半、年季の入った悪党（南原宏治）と手錠でつながれていたので、やむなく一緒に脱獄することになった橘真一（高倉健）が大雪原を逃げるシーンが印象的だ。その頃から、高倉健は「寒いところ映画」のヒーローになった。

たぶん本人もそのことを気にしていて、寒いところでロケする企画は優先的にオーケーしたのではあるまいか。「網走番外地」に始まり、「八甲田山」「南極物語」「鉄道員」などスタッフが雪の中で何度か死にそうになったほど過酷なロケだったと聞く。その他、「夜叉」も画面は寒い。その寒いロケの最中、健さんはずっと立ちっぱなしで、火にもあたらないという伝説が生まれた。

最近の作品では、刑務所の中を実録風に描いた「刑務所の中」（二〇〇二年）がおもしろかった。拳銃を持っていたので銃刀法違反などで実刑を受けた漫画家・花輪和一が出所後、実体験を元に描いたマンガ「刑務所の中」が原作である。ひとつひとつの描写がリアルで、実際の刑務所はこういうところなのか、と感心しながら見ていた。

監督は崔洋一だから、見応えのある作品に仕上げた。受刑者番号二二二番（刑務所内では刑務官から番号で呼ばれる）の花輪を演じたのは名優、山崎努だった。同房の受刑者は、香川照之、田口トモロヲ、松重豊、村松利史と曲者ぞろいだ。

「刑務所の中」を見ると、雑居房のしきたり、一日の暮らし、作業場でのルール、廊下を歩くときの歩き方や速度、列の整え方など、事細かに決められているのがわかる。受刑者は社会のルール（決まり事、法律）を破った人間たちだから、刑務所ではすべてのことが決められており、それを守らせることで矯正しようという考えらしい。

作業中にトイレにいくときは、手を挙げて刑務官の許可をもらい、駆け足でいく。フラフラ歩くなんてことはできない。ただ、主人公は刑務所の中の穏やかな生活に次第に慣れていく。規則を守ってさえいれば、他のことを考えなくてよいのだ。

●刑務所生活は隠居生活と共通しているのではないか

「刑務所の中」で描かれた刑務所生活を思い出すと、「何だ、僕の今の生活とほとんど変わらないじゃないか」と思った。実家の裏でひとり暮らしをする僕の今の生活は、朝、五時に起きてパソコンを立ち上げ、メールやネットバンキングのチェックをし、五時半にゴミ出しを兼ねて散歩に出る。一時間ほど歩いて帰宅し、洗濯機をまわしながらシャワーを浴びる。朝食の準備をしながら洗濯を終え、物干しで干すと掃除を始める。

終わると九時か十時。実家にいって両親の様子を見ながら、新聞を読み、猫と遊んで帰宅すると十一時を過ぎている。昼食の準備をして、食事して洗い物をすます。午後は読書か原稿書き。八時には寝てしまう。そうか、刑務所生活は隠居生活と同じなのか。

ただ、今の僕の生活と刑務所生活の違いは、食べようと思えば食べたいものが食べられることだ。刑務所では、食べたいものは食べられない。決められた食事だし、味付けも自分好みにできるわけではない。受刑者の一番の楽しみが食事だとすれば、食べ物が自由に食べられる（値段をいっさい考慮しなければだけど）のは、ありがたいことだと思う。特にそう思ったのは、「極道めし」（二〇一一年）を見たからだった。これもグルメマンガ「極道めし」が原作である。食べ物をテーマにして、ここまでの物語を作れるのはたいしたものだと脱帽した。

主人公（永岡佑）はケチなチンピラ。自分を慕ってくれた純情可憐な女（木村文乃、この映画で彼女を見て以来、僕はファンになりました）を泣かせ、つまらない罪で懲役三年を喰らい、刑務所に入ってくる。入れられた雑居房には、労名主のような怖い顔をした麿赤児（最近は、大森南朋のお父さんと説明しなければならないか？）、よく喋る調子のよい勝村政信など四人がいる。

最初、彼らと距離を置き、反発していた主人公だが、正月が近づき、彼らが始めたゲームに興味を持つ。彼らは、年に一度のお節料理を賭けて、それぞれが人生で一番うまいと感じた食べ物の話をする。その話を聞いて、何人が喉を鳴らすかで判定するのだ。

それぞれが語る食べ物のエピソードが、彼らの今までの人生を浮かび上がらせる。最初は聞いていただけの主人公も、とうとう自分が今までの人生で最もうまいと思った食べ物のことを話し始める。しかし、それは自分の人生を後悔することだった。強がっていた主人公も、自分がつまらないことで人生を誤ったことを自覚する。思い知る。たった一度、恋人が作ってくれたラーメン。あれほどうまい食べ物を食べられるのなら、もう一度やりなおせるのなら…と思い始めるのだ。やがて、刑務所を出た主人公は、思い出の食べ物を求めて、かつての恋人の元を訪れるが…。

日本映画の刑務所ものは、どうしても情緒的になってしまうけれど、ハリウッド映画はまったく違う。僕はアメリカの刑務所映画は、「ショーシャンクの空に」（一九九四年）「ロンゲストヤード」（一九七四年）「暴力脱獄」（一九六七年）がベストだと思っているが、どれも見終わって爽やかな風が吹き抜けた気持ちになる。

その三本については、「屈服しない男たち」（「映画がなければ生きていけない 2003-2006」二九一頁参照）というコラムで詳しく書いたから省くけれど、どれもおすすめ作品だ。「ショーシャンクの空に」は見た人も多いだろうが、「ロンゲストヤード」も必見です。

四十年演じ続けたキャラクター

クリード チャンプを継ぐ男／ロッキー／ランボー／勝利への脱出

●「ロッキー」が日本で公開されたのは三十九年前のことだった

ひとりのボクサーの人生を四十年にわたって演じ続けることは、俳優にとってどんな意味を持つのだろうか。「クリード チャンプを継ぐ男」（二〇一五年）を見ながら、そんなことを考えた。「ロッキー」（一九七六年）が日本で公開されたのは、一九七七年四月十六日だった。そのとき、僕は二十五歳だった。

アメリカにとっては一年前に、泥沼のベトナム戦争がパリ講話会議を経て終結したばかりだった。建国二百年を迎えた一九七六年、その記念の年に「ロッキー」は製作されたのだ。悪夢のようなベトナム戦争が終わり、建国二百年を迎えた年、アメリカ人は貧しく報われなかった若者が、懸命な努力の末に栄誉と恋人を勝ち取るシンプルな物語に感動し、熱狂したのだった。

三十路を迎えようとしていた貧しい無名の青年は、ある日、建国二百年祭のイベントとして企画されたボクシングの試合を見て、王者モハメド・アリと闘う挑戦者チャック・ウェプナーの姿に共感した。ほとんど知られていなかった挑戦者は果敢なファイトを見せ、売れない役者だった青年に強い印象を残した。青年は自分の人生と生活を主人公に反映させ、三日間で一本のシナリオを書き上げた。

青年の名前は、シルヴェスター・スタローン。イタリア系移民の子だ。荒れた少年時代を過ごし、大学で演劇に目覚め俳優をめざしたが、五十回以上もオーディションに落ち続け、金のためにポルノ映画にさえ出演したこともあった。三十を目前に、夢を追い続けるか、あきらめて堅実な生活を送るか、そんな岐路に立っていたのかもしれない。彼は結婚したばかりだった。

三十になっても場末のリングでファイトをやっている貧しいボクサー、ロッキーはスタローン自身だったに違いない。ボクサーでは食えず、借金の取り立てをやって、何とかその日暮らしをしているような有様だ。ボクシングからは離れられないが、将来に希望があるわけでもない。スタローンも同じだった。役者では食えなかった。

ロッキーの生活の中で、唯一の潤いは近所のペットショップで働くエイドリアン（タリア・シャイア）と話すことだった。しかし、シャイなふたりの会話は、すれ違ってばかりである。容貌に自信のないエイドリアンは、男が自分に関心を持つなどとは思えない。しかし、ロッキーは心の底からエイドリアンを恋している。

一方、最強のチャンピオンとして君臨するアポロ・クリード（カール・ウェザース）は、話題づくりのために無名のボクサーとの試合を望む。挑戦者にチャンスを与えるというのだ。その挑戦者にロッキーが指名される。

とても、勝てそうにはない。しかし、老トレーナーのミッキー（バージェス・メレディス）は言う。「俺はひとりで辛い思いをした。それで得た知識をおまえに与えてやりたい。俺が面倒をみてやる。俺の二の舞を演じさせたくない」と。

ロッキーは、過酷なトレーニングを始める。フィラデルフィアの町を走り、港を走り、片手腕立てをし、生卵をいくつも飲む。そして、あのシーンがやってくる。誰もが知ることになるあのテーマ曲が流れる。トレーニングウェア姿のロッキーが、長い石段を駆け上っていく。上り切ったところは、フィラデルフィア美術館だ。

その美術館の広場で、ロッキーは両手を上げてガッツポーズをし、何度も何度もまわり続ける。やがて、試合が始まる。誰もが早いラウンドで、チャンピオンがロッキーをKOすると思っていた。しかし、ボロボロになりながら、ロッキーは最終ラウンドまでファイトを続ける。果敢なインファイターだ。

――最後のリングが鳴っても、まだ立っていられたら、俺がゴロツキじゃないってことを初めて証明できるんだ。

エイドリアンに語った決意の言葉が、ロッキーを最終ラウンドのゴングが鳴ってもリングに立たせていた。瞼を腫らし、ほとんど目がふさがった状態で、ロッキーは「エイドリアン!!」と叫ぶ。それは、映画の中でロッキーがアメリカン・ドリームを実現した瞬間であり、現実の世界で無名の俳優シルヴェスター・スタローンが一躍スターになり、アメリカン・ドリームを実現した瞬間でもあった。

「ロッキー」は主人公の人生と、それを演じたスタローンの人生が交錯した、希有な感動作だった。

●スタローンのサクセスストーリーがロッキーと重なった

三日間で書き上げたシナリオは、映画会社の興味を引いた。しかし、スタローンは自分が主人公を演じることを条件にした。映画会社は誰も知らない俳優を主役に起用するほど甘くはない。だが、そのシナリオは魅力的だった。最終的に、スタローンがロッキーを演じることで制作がスタートした。しかし、そんな作品に大金はかけられない。

監督には、低予算で仕上げるのに定評があったジョン・G・アヴィルドセンが指名された。アヴィルドセンも、決して恵まれた経歴ではなかった。ハリウッドで助監督として働いていたが、初めての監督作は低予算のポルノ映画だった。しかし、「ロッキー」は、彼にアカデミー監督賞をもたらせる。他にも、作品賞と編集賞を獲得した。

「ロッキー」は、奇跡的な作品だったのだ。スターの出ていない低予算の作品。監督だって、低予算で撮るからという理由で選ばれた。出演者たちも、コッポラの妹で「ゴッドファーザー」シリーズに出演して知られてはいたが、美人女優とは言えない地味なタリア・シャイアがヒロインであり、バージェス・メレディスも名脇役ではあったが地味な老優であり、エイドリアンの兄でロッキーの友人を演じたバート・ヤングも出演作の多いとぼけた俳優だったが、日本では名前を知る観客はほとんどいなかった。

そんなマイナスばかりを集めたら、びっくりするほどのプラスになったのである。テーマ曲だって、今や知らない人はいない。スタローンにとって、ロッキーは分身だったのだろう。大ヒットしてシリーズになったが、二作目からはシナリオだけでなく監督も自分で担当した。

三年後の「ロッキー2」（一九七九年）は脚本・監督・主演、六年後の「ロッキー3」（一九八二年）も脚本・監督・主演、九年後の「ロッキー4 炎の友情」（一九八五年）も脚本・監督・主演、十四年後の「ロッキー5 最後のドラマ」（一九九〇年）は監督に再びアヴィルドセンを迎え、自身は脚本・主演、さらに三十年後の「ロッキー・ザ・ファイナル」（二〇〇六年）は脚本・監督・主演である。スタローンは、「ロッキー」を誰にも渡したくなかったに違いない。

その「ロッキー」シリーズからスピンオフした形の「クリード　チャンプを継ぐ男」は、スタローン演じるロッキーが登場するものの、ロッキーの物語ではない。アポロ・クリードに、愛人との間に息子がいたというエピソードから物語は始まる。施設で喧嘩を繰り返すアドニス。ある日、隔離された独房に品のよい黒人の中年婦人が訪ねてくる。

父を知らないというアドニスに、「あなたのお父さんはアポロ、最強のチャンピオンだった」と教える。彼女の養子になり成長したアドニスは、ネクタイをしたビジネスマンとして成功しているにも関わらず、宿命的にボクシングの世界に入っていく。彼は、フィラデルフィアにやってきて、ロッキーに「トレーナーになってくれ」と依頼する。

「ロッキー・ザ・ファイナル」で三十年の人生に始末をつけたはずなのに、ある日、スタローンは若い監督から四十年後のロッキーの人生を演じてくれないかとオファーを受けたのだろうか。それは、自らが結末をつけたロッキーの物語を、別の視点で描くものだった。スタローンはそのオファーを受けたとき、どんな気持ちだったのだろう。

そこにはアポロと引き分け、アポロとの再試合に勝ってチャンピオンになり、アポロをリング上で殺したソ連のボクサーにリベンジし、隠退してトレーナーになり、さらに復活して闘い、息子に背かれ、恩人のトレーナーを亡くし、エイドリアンに先立たれたロッキーの人生が描かれていた。スタローンの四十年とロッキーの人生が重なるように見えた結果、「クリード　チャンプを継ぐ男」でスタローンは初めてアカデミー賞助演男優賞にノミネートされた。

●スタローンがアカデミー賞を獲得する最後のチャンスだった

今年の三月、アカデミー賞授賞式を見ながら、僕は「スタローンに助演男優賞を…」と祈り続けた。もっとも、レッドカーペットでインタビューを受けた七十を迎えたスタローンはまだまだ若かったし、鍛えた肉体は維持していたけれど、僕にはどこか寂しさを感じさせた。

四十年に及ぶハリウッド・スターの生活は華やかなものだったろう。「ロッキー」で実現したアメリカン・ドリームを、スタローンは維持し続けてきたのだ。六十を迎えて「エクスペンダブルズ」シリーズ（二〇一〇〜二〇一四年）を作り、かつてのライバルたち（アーノルド・シュワルツェネッガー、ドルフ・ラングレン、ジャン＝クロード・ヴァンダムなど）を冗談のように出演させ、派手なアクションを展開していた。

「エクスペンダブル」という言葉は、スタローンのもうひとつのヒットシリーズの二作め「ランボー怒りの脱出」（一九八五年）の中で印象的に使われている。北ベトナムの捕虜収容所に囚われているアメリカ人捕虜を救い出すランボーを助ける女案内人に、彼は「俺はエクスペンダブルだ」と言い、彼女は強い調子で「ユー・アー・ノット・エクスペンダブル」と否定する。そのとき、字幕には「あなたは捨て石じゃないわ」と出た。

三十一年も前に見たそのシーンが、僕の記憶にくっきりと残っている。その案内人が殺され、ランボーは反撃する。

しかし、シルヴェスター・スタローンは、「ロッキー」ではアクションスターとして登場したのではなかった。確かに鍛えた肉体はボクサーらしかったが、「ロッキー」では演技そのものを賞賛されたのだ。喋りはモゴモゴしている感じはあるけれど、もしかしたら演技派の俳優になる選択肢もあったのではないだろうか。

「ロッキー」の次に彼が脚本を書き主演したのは、名匠ノーマン・ジュイソンが監督した「フィスト」（一九七八年）だった。全米長距離トラック組合で権力を掌握していく野心的な主人公を演じた政治的なドラマだ。続く「パラダイス・アレイ」（一九七八年）では原作・脚本・監督・主演をつとめ、プロレスの世界を背景にイタリア系三兄弟を描いた。

巨匠ジョン・ヒューストン監督の「勝利への脱出」（一九八〇年）では、マイケル・ケイン、マックス・フォン・シドーなどの名優と共演し、ドイツ軍チームとサッカーで対戦する連合軍捕虜チームのゴールキーパーを演じた。彼はチームのムードメイカー的な存在であり、重要な役だった。

イギリス軍将校でありサッカーの名選手だったマイケル・ケインとは違い、サッカーの経験もないくせにチームに入りたがる軽薄なアメリカ兵士役のスタローンは健闘していた。彼らは試合の途中で脱走するはずだったが、脱走より試合を優先する。

今でも僕は思い出すが、初めてこの映画を見たとき、ラストシーンで僕は涙を流した。

そんな作品に出ていたスタローンが単なるアクションスターに成り下がったのは、「ランボー」（一九八二年）がヒットしたからだ。それでも一作めはベトナム帰還兵の悲しみが全編を覆っていたが、二作めにはレーガン大統領が「私は『ランボー怒りの脱出』を見た。アメリカが今何をなすべきか、私にはわかっている」と発言して大ヒットした。

それ以後、スタローンは、撃ち合いや爆破シーン満載の、派手ではあるが単純なアクション映画ばかりに出るようになってしまった。「ランボー」シリーズが行き詰まると、「クリフハンガー」（一九九三年）に出るという具合である（面白かったけど）。その結果、六十になっても自分の過去のヒット作のパロディのような、「エクスペンダブルズ」シリーズで稼ぐしかなくなった。

しかし、そのシルヴェスター・スタローンが初めてアカデミー賞にノミネートされたのだ。アカデミー会員も、これがスタローンに賞を渡すラストチャンスだと思ったのではないだろうか。これだけハリウッドに貢献してきた男だ。ここを逃せば、八十を過ぎたスタローンに名誉賞を授与するしかなくなってしまう。

しかも、それまでに死んでしまったら、死後授与になってしまうではないか。そんなことを思いながら、僕は助演男優賞の発表を待った。ノミネートされた五人の俳優たちのアップが映る。「オスカー・ゴーズ・ツー」の後「マーク・ライアンス」と呼ばれた瞬間、スタローンは落胆の表情をし、やがて寂しい笑顔を浮かべ、拍手を始めた。

黒澤嫌いを改める？

幕末太陽傳／羅生門

●京都から高松まで一本の映画を見にくるほどの熱烈なファン

先日、高松で自主上映活動をしている「映画の楽校」の一〇二回目の上映会で少し話をさせてもらった。五月の百回記念上映会でも話をさせてもらったので、今回が二回目だった。五月のときは「一九五一年の原節子」というタイトルで、小津安二郎監督の「麦秋」と成瀬巳喜男監督の「めし」の二本立てだった。一九五一年、昭和二十六年。僕が生まれた年だ。僕は「麦秋」公開と「めし」公開の間に生まれたことになる。この年、原節子は黒澤明監督の「白痴」を含め、三本の作品に出演している。名作ぞろいの充実した年だった。

九月の「映画の楽校」は「蘇ったフィルムたち」と題して、フィルムセンターがデジタル補修したニュープリントの「幕末太陽傳」（一九五七年）と「羅生門」（一九五〇年）の二本に、「映画の楽校」を主宰してきた中西校長の趣味（?）で舟木一夫主演「その人は昔」（一九六七年）を加えた三本立てだった。

朝十時から始まり、終わったら夕方五時近いという長丁場だ。僕のトークは、昼休み明けの四十分ほどだった。これから上映する作品についてはネタばれになっても困るので、見所のポイントを話しただけで、主に午前中に上映された「幕末太陽傳」について（というより川島雄三監督について）話した。

五月のときは四百人以上の観客だったが、今回は二百人強の入場者だった。あいにくの雨が祟ったのだろうか。昨年末に原節子が亡くなっていたのがわかり、大きくニュースになった。その余韻が続いていて、五月の原節子特集に観客が集まったのかもしれない。

僕の話が受けたのかどうかはわからないが、もう一度呼んでくれたので、そうひどい評判ではなかったのかもしれない。ロビーには中西さんが手配してくれた「映画がなければ生きていけない」全五冊が並べられ、来場者はその分厚さに驚いていた。五冊まとめて買ってくれた人がいて、サインを頼まれ照れ隠しに「重いでしょう」と言いながら下手なサインをした。

今回、中西さんに聞いて驚いたのは、舟木一夫ファンの問い合わせがけっこうあったということだ。「その人は昔」はDVDも出ておらず、上映される機会もないという。京都から「その人は昔」を見るためだけにきた、熱烈な舟木ファンもいるという。確かに、僕の話が終わり、「その人は昔」の上映が始まると、けっこうな人がワサワサと入場してきた。

その人たちは、「その人は昔」が終わると「羅生門」など見向きもせずに会場を出ていった。その徹底したファンぶりに驚く。ちなみに、舟木一夫の高松公演が翌月に予定されており、四国新聞やタウンペーパーなどで告知宣伝していた。

舟木一夫は東映や日活での出演作が多いので、東宝作品「その人は昔」を僕は知らなかった。相手役は、人気絶頂の頃の内藤洋子である。何しろ、始まってすぐに馬に乗って登場した内藤洋子は、大ヒット曲「白馬のルンナ」を歌う。舟木一夫の相手役というと、東映なら本間千代子、日活なら和泉雅子、松原智恵子といったところだった。

「高校三年生」（一九六三年）は大映で映画化され、姿美千子と倉石功の恋人コンビに脇役で舟木一夫がからむ。「その人は昔」は、今年亡くなった松山善三の原作・脚本・監督である。「その人は昔」は、撮影監督が岡崎宏三さんだった。岡崎さんは戦前から撮影監督として活躍した人で、名キャメラマンとして名を成した。「その人は昔」の映像も見事で、特に自然風景が美しく印象に残る。

岡崎宏三さんにインタビューしたのは、四十一年前だったなと思い出が甦った。出版社に入社した年の五月、僕は黒澤明監督作品をほとんど撮影していた東宝の中井朝一さんと、岡崎宏三さんを取材したのである。中井さんは黒澤監督がソ連で撮影する「デルス・ウザーラ」の準備中だったし、岡崎さんは市川崑監督の「吾輩は猫である」（一九七五年）を完成させたところだった。

岡崎宏三さんのインタビューをしたとき、前作「雨のアムステルダム」（一九七五年）の話が出た。萩原健一と岸恵子のラブ・ロマンスだった。海外ロケが多く、「エマニエル夫人」（一九七四年）に出ていたフランス人俳優アラン・キュニーなども登場する。三國連太郎、当時人気があった劇団四季の松橋登も出ていた。監督は蔵原惟繕である。

記事を作る上で、その「雨のアムステルダム」の岡崎さんが話をしたシーンの写真がどうしても必要になり、僕はまだ二番館でかかっていた「雨のアムステルダム」を調べ、上映館に一眼レフカメラと三脚を持ち込み画面を撮影した。今なら警察に通報されるだろうなあ。その前につまみ出されるか。

●数十年ぶりに見た「羅生門」のラストで涙を流した

「幕末太陽傳」は何度も見ている好きな映画だし、川島雄三監督のファンでもあるので、とりあえず四十分ほど川島雄三監督のことについて話をした。しかし、いつものことだが、話す前は緊張するので、スクリーン裏の楽屋でひとりで準備をしていた。音声だけが楽屋に流れる。それで、どのシーンかはわかるし、映像も浮かんでくる。「幕末太陽傳」が終わり、僕の話も無事に終了したので、「その人は昔」の後、久しぶりにゆっくりした気分で「羅生門」を見た。何年ぶりだろうか。少なくとも三十年ぶりくらいではないだろうか。

「羅生門」は、銀座並木座で十八のときに初めて見たが、翌年、大学に入って岩崎昶先生の「映画論」を履修したら、最初の授業のときに「羅生門」を見せられた。大学一年の前期いっぱい使って「羅生門」の分析を講義として聞いた記憶がある。

テキストは岩崎先生が岩波新書から出していた「映画の理論」だった。「羅生門」が詳細に分析されている。岩崎先生が、戦争前から左翼系の映画評論家として名を成し、中国に渡って映画製作に関係し、戦後、李香蘭が帰国したときに受け入れる用意をした人だと知るのは、ずいぶん後のことだった。

その岩崎先生の「羅生門」の講義が甦ってくる。大きな労働争議によって東宝で映画が作れなくなった黒澤明は、「羅生門」を大映で製作した。大映の名キャメラマン宮川一夫は溝口健二とは多く組んでいるが、黒澤明が組んだのは「羅生門」が最初である。岩崎先生の講義では、世界を驚かせた宮川一夫のキャメラワークや太陽を画面に写し込んだ大胆な構図なども詳細に分析していた。盗賊（三船敏郎）が女（京マチ子）を抱くシーンでは、ふたりを高いヤグラに乗せ、キャメラを仰角にして背景に太陽を入れ込み、ギラギラした印象の画面を作ったのが有名になった。

「羅生門」には、三つの場所しか出てこない。崩れかけた羅生門、検非違使庁の庭（お白州みたいなシンプルさ）、それに事件が起きる森の中だ。登場人物も少ない。羅生門では木こり

（志村喬）、僧侶（千秋実）、下人（上田吉次郎）の三人。森の中では盗賊、武士（森雅之）、その妻だけである。お白州では巫女（本間文子）が出てきて、死んだ武士の魂を憑依させ事件のいきさつを語る。最初に森の中で武士が死んでいる事件が示され、事件の当事者三人がそれぞれに証言するのだが、みな自分の都合のいいように話を作る。

さらに、最後にその事件を目撃していた木こりが話をし、それらの話を聞いていた下人が「それが一番本当らしいな」と言う。そのとき、羅生門に赤ん坊の泣き声が響き、捨て子が見つかる。その赤ん坊をくるんでいた着物を下人が剥いで持ち去ろうとし、僧侶と木こりが「それでも人間か」と止めようとすると、「赤ん坊を棄てる親の方がよほど鬼だ」と言い返す。

さらに木こりが責めると、下人はあることを木こりに告げ、「おまえだって自分の都合の悪いことは隠したじゃないか」と言う。下人が指摘したことは当たっていたのか、木こりは怯み、下人は去る。

僕が黒澤作品が苦手なのは何度も表明してきた。だから、数年ぶりに見た「羅生門」のラストシーンで涙を流すことになろうとは思いもしなかった。しかし、僕は「羅生門」のラストシーン、「わしには六人の子供がいる。六人育てるのも、七人育てるのも苦労は同じだ」と言って、赤ん坊を抱いて去っていく志村喬の姿を見たら、自然と涙が出てきてしまったのだった。

「人間は自分勝手なもので、自分の都合のよいことしかいわず、自己を正当化し、美化して恥じない存在。人間は信じられるのか」というのが「羅生門」のテーマであり、それから六十六年経った現在、そんなことで観客は驚かなくなっているが、「それでも人間の善なるものは存在する」というラストシーンのメッセージは、確実に僕に届いたのだ。

僕は黒澤作品の露骨なメッセージ性、卓越した師と未熟な弟子という単純な構図、大仰な芝居、大雨や強風といった極端な自然描写などが嫌いで、何度も見る「用心棒」「椿三十郎」「赤ひげ」といった作品もいろいろつっこみながら見ていたりする。あまり見たくない作品としては、「生きる」「生きものの記録」「どん底」「蜘蛛巣城」などと共に「羅生門」があった。

一番好感が持てるのは「素晴らしき日曜日」であり、素直にいいなと思ったのは「静かなる決闘」だった。「天国と地獄」「悪い奴ほどよく眠る」はサスペンスがあり、よくできたスリラーで面白いが、好きではない。特に「天国と地獄」は仲代達矢が演じた警部が、「今、逮捕しても死刑にできない」と犯人を泳がせ（裁き）、その結果、麻薬中毒者の女を警察が見殺しにする設定に違和感を感じてしまう。

しかし、「羅生門」のラストの露骨なメッセージに泣いてしまった今、僕は改めて黒澤作品を見てみようかと思い始めた。しかし、その場合でも、見るのはモノクローム最後の作品「赤ひげ」までだろうな。カラー作品になった黒澤映画は、やっぱりなじめないのだ。

男が料理する姿は美しい

起終点駅　ターミナル／深夜食堂

●料理をすることは気分転換に大変向いている

亡くなった写真家の管洋志さんには、若い頃からいろいろなことを教わった。料理についても、ずいぶん教えてもらったものだ。いつ頃だろうか、管さんは「週刊現代」で「男の料理」といった連載を担当し、料理写真を撮り始めた。何を撮影してもうまい人だったが、土門拳賞受賞作家が料理写真に進出したのは意外な感もあった。その頃、料理写真の世界には二、三人の巨匠がいるだけで、料理写真家の多くは巨匠門下の人たちで占められていた。女性誌や家庭向けの雑誌には必ず料理ページがあり、料理写真家の需要は多かったのである。

その巨匠のひとりであるSさんの撮影現場を、僕もカメラ雑誌編集部にいたときに取材したことがある。様々なジャンルの写真の世界に僕が弟子入りするシリーズ企画で、その時には「料理写真家に弟子入り」というテーマだった。弟子入りするなら、料理写真家の第一人者であるSさんしか思い浮かばなかった。女性誌「JJ」の仕事のときに僕はスタジオに入れてもらい、料理写真の最初から最後までを体験させてもらったのだった。

驚くようなことがいろいろあったし、なるほど秘密兵器みたいな小道具もあるのだな、と思うこともあった。ただ、撮影のための料理だから、見た目がおいしそうでシズル感が出ていればいい。場合によっては食材は生煮えだったり、湯気をドライアイスで演出することもあり、その料理は食べることを前提には作られていなかった。

管さんは、既成の料理写真に対して、そのことを鋭く批判した。「食べられない料理を撮影して載せるのか」ということである。さすがにドキュメンタリーの人だった。「俺たちが写す料理は、撮影が終わったらみんなで食べるし、シズル感を逃さないために素早く撮ってしまう。撮り終わっても、温かくておいしいままだ」と管さんは言った。

グルメでもあり、ワインにもうるさくて（自分の事務所の定款にワインの輸入業を入れていたし、ソムリエの田崎さんとも親しかった）、アルコール全般に詳しい人だった。僕は、管さんが直木賞作家の村松さんと組んでアイルランドでウィスキーの取材をした後のある夜、事務所でシングルモルトの原酒を飲ませてもらったことがある。

その後、管さんの仕事の中でも料理撮影の比率はどんどん増えていき、雑誌「danchyu」でレギュラーで仕事をするほどになった。老舗レストランの取材や京都の料亭の取材などもあり、素早く撮影して被写体にした料理を食べ、ますます舌を鍛えることになった。柏にある噂のそば屋「竹やぶ」についても、管さんは一冊の単行本を出したことがある。

そう言えば管さんはそばも好物で、一度、護国寺の事務所から車で池袋サンシャイン裏のそば屋に連れてってもらったことがあった。「ここは東京で三本の指に入る」と、管さんは言った。確かに、うまいそばだった。「残りの二本にも連れてってくださいよ」と僕はねだったが、残念ながらその機会はなかった。

僕は上京して一人暮らしを始めたときから自炊していたので、料理をするのには慣れている。一人暮らしのときは、ふつうのアルマイトの鍋でご飯を炊いていた。料理だってレシピなんて知らないから、見よう見まねで味を出し、かっこよく言えば創作料理に挑戦していた。数年後、自分で工夫した特製スープを作り、友達には好評を得た。あの頃、今ほどの調味料や食材があったら、かなり凝った料理を作ったのではあるまいか。

六十を過ぎ、高松の実家の裏で一人暮らしを始めてから、また料理が楽しくなった。五十年前とは違い、様々なだしがあり、調味料があり、食材がある。一時期、青梗菜を使った中華料理に凝り、中華の調味料をいくつか揃えた。餡掛けのとろみをうまく作るために、片栗粉を溶かす水との割合を試したり、いろいろ試行錯誤して中華丼を作った。一人暮らしだから、スーパーの袋詰めの野菜を買うと多いので、野菜を冷凍保存するノウハウも学んだ。スペインレストランのオーナーシェフである兄貴分のカルロスにも、いろいろ教えてもらった。

料理をしていて気づいたのは、料理は気分転換に大変よい、ということだった。本を読んだり、原稿を書いたりして頭を使うと、料理がしたくなる。台所で無心にタマネギなどをみじん切りにしていると、いつの間にか頭の中がリフレッシュされている。悩み事など忘れてしまう。鍋をかければ、煮立つのを待っているだけだ。他のことを考えていると、料理に失敗してしまう。煮立ったら何を入れるか、どれくらいの火力で何分煮るのか、そんなことだけを考えている。

●佐藤浩市が丁寧に作るザンギは味がしみていておいしそうだ

――先生、料理、得意なんですね。

――作ってると、何も考えなくてすむから。

「起終点駅　ターミナル」（二〇一五年）は、初老の弁護士を演じる佐藤浩市の料理シーンが映画そのものの肝になっていた。いくつかの料理を作るのだけれど、特にザンギを作る手順を丁寧に描写するところが印象的だ。北海道ではザンギと呼ぶらしいが、要するに鶏の唐揚げだと思う。

劇中でも敦子（本田翼）に「他に何て言うんですか？」と問われ、完治（佐藤浩市）は「唐揚げ？」と自信なさそうに答える。それを聞いた敦子は「先生、内地の人なんですね」と言い、「ザンギはザンギですよね。唐揚げだと、何だか味がしみてなさそう」と、ザンギをほおばりながら笑う。

佐藤浩市が丁寧に作るザンギは、味がしみておいしそうである。鶏のもも肉を二枚買ってきて、まな板に広げ、包丁の先でポツポツとランダムに穴をあける。それを適当な大きさにカットして、タレに漬け込む。タレも、醤油、みりん、料理酒、ウスターソースなどを混ぜ合わせるカットできちんと描写する。そのタレのレシピが後半で重要になる。新しく出直そうとする敦子に、完治はザンギのタレのレシピを書いたメモを渡すのだ。

それは、初めて敦子にザンギをふるまったとき、敦子が「おいしい。今度、作り方、教えてくださいね」と言ったことを、完治が忘れていなかったからである。その完治の気持ちに敦子は感激して抱きつき、「作り方、わからなかったら訊きにきていいですか」と問いかける。

その敦子の問いに完治がどう答えたかは、映画を見ていただくのがいいと思う。親子以上に年の離れた男女の物語だ。ふたりの間に流れる感情の機微を読みとるのが、「起終点駅　ターミナル」のおもしろさである。

テレビの恋愛ドラマや高校生カップルの恋愛劇ばかり演じてきた、本田翼の新しい面が見られるのも新鮮だった。彼女が演じるのは、やくざな男から覚醒剤を覚えさせられた、風俗や水商売で生きてきた若い女。「中卒で漢字もまともに読めないから、ふつうの事務員は無理でしょ」というセリフもある。

完治は僕より若い設定だが、世代的にはわかる部分があった。七〇年代後半に学生生活を送り、司法試験に受かって判事になり、エリートコースを歩んでいたが、学生時代に一緒に暮らしていたのに突然姿を消した恋人（尾野真千子）が、ある日、自分の法廷に被告人として現れる。

完治は、彼女が別れのプレゼントとして置いていったモンブランの万年筆を、ずっと使い続けているようなロマンチストだ。モンブランのケースには「戦え、鷲田完治」と書かれたメッセージが入っていた。彼女には執行猶予がつき、完治は彼女の暮らす小さな町に月に一度通うようになる。

だが、ある日、悲劇が起こり、完治は東京にいた妻子とも別れ、二十五年間、釧路の片隅で貧乏弁護士として生きてきた。個人からの依頼は受けず、仕事は国選しかやらないと決めている。まるで、自分を罰しているかのようだ。毎日、裁判所まで歩き、決まった道を歩いて帰る。途中、キャバクラの呼び込みを無視し、市場で鶏肉を買う。あばら屋と形容できそうな古い家だ。「鷲田法律事務所」とさびた郵便受けに書いてある。

そんな鷲田完治は、覚醒剤所持で裁かれる敦子の国選弁護人になり、執行猶予の判決が出た後、敦子が訪ねてくる。彼女の依頼を断った埋め合わせか、完治はできたてのザンギの食事に敦子を誘い、そこから若い女との交流が始まる。彼女は十五で家を出て、十年も帰っていない。夜の仕事で生きてきたが、どこか爽やかさを感じさせる存在だった。ある日、熱を出した敦子を完治は病院に連れていき、自分の家に泊めることになる。やがて、彼女の存在が完治を生まれ変わらせる。

●手際よく丁寧に一心に料理をする姿は本当に美しい

大人の男が料理をする姿は美しい。自分のことを言っているわけではない。佐藤浩市も、「深夜食堂」（二〇一四年）の小林薫も、手際よく、丁寧に料理をする。一心に料理をする姿は、本当に美しい。その背中から哀愁が漂い、その手先から料理のおいしそうな香りが漂い始める。作られる料理に、長く生きてきた男の人生が込められているのではないか、とさえ思えてくる。手を抜かない。きちんと下拵えをし、仕込みをし、時間をかけた料理だ。

凝った料理とは違う。シンプルな料理でも、下拵えから始めると様々な手順が必要だ。それを面倒がらずにやるところに、料理の楽しさがある。手軽に簡単に手早く作る（最近は、そんな食品がたくさんある）のは、男の料理ではない（と力む必要もないし、女性だって同じだと思うけれど）。手抜きをせずに生きてきた男は、手抜きをした料理を作ることはできないのだ。そんなことを、「深夜食堂」の小林薫を見ながら思った。

テレビドラマ「深夜食堂」（二〇一四年）の評判は聞いていた。それが映画になって初めて見たので、テレビドラマから見ている人には当たり前のことも新鮮に思えたのかもしれない。監督は、僕のひいきの松岡錠司。高校生のときに8ミリ作品でPFFに入賞し、僕がその作品を見たのはもう三十数年も昔のことになった。「バタアシ金魚」（一九九〇年）の頃は新人監督だったのに、いつの間にかベテラン監督である。

「深夜食堂」の主人は謎の人物だ。原作のマンガでは片目に丹下左膳みたいな傷のある怖い顔をしているが、懐の深い料理の達人である。毎回のエピソードは、何かの食べ物にからんでいる。映画版も、いくつかのエピソードを脚色して作っていた。どのエピソードも心に沁みる余韻を残すが、無銭飲食をするみちる（多部未華子）の物語がやはり中心だろうか。彼女も料理の腕はすぐれており、すぐれた味覚はマスターの作る料理のおいしさを理解する。

金のない彼女を雇い、食堂の二階に住まわせ、仕入れから下拵えをまかすのは、マスターが彼女の腕を認めたからである。そこには、料理を通じて人間を理解し、コミュニケーションが成立するという、昔ながらの剣豪話のような精神性がある。達人は達人を知るのである。

彼女の腕は卵焼きのような単純な料理で試され、老舗料亭の女将に認められる。その女将は「深夜食堂」のマスターと何かの関係があるらしい。マスターの料理の腕は、一流料亭の女将も一目置いている。やはり、謎の人だ。だから、「深夜食堂」のマスターが作る料理には、彼の人生が反映しているように見えてならない。

映画愛に充ちた映画たち

ニュー・シネマ・パラダイス／ラスト・ショー／マイ・ファニー・レディ／シネマの天使

●映画のポスターで自宅の壁を埋め尽くした

僕がひとりで暮らしている高松の家は、一階が六畳ほどの洋間に、六畳ほどのダイニングキッチン、洗面所と風呂、トイレがあり、二階が和室で六畳と三畳になっている。風呂と玄関が無駄に広く、トイレが狭い。階段は急で、手すりがなければ落っこちそうだ。酔ったとき（ほぼ毎晩だけど）には、気をつけなければならない。必要最低限の家具しかないので、白い壁が目立っていた。そこで、自宅から映画のスチルなどを送り、少し壁を飾っていたのだが、先日、高松のギャラリーで「外国映画ポスター展」というのが開かれ、全二百枚を即売していた。一枚三百円。嘘のような値段だった。

それに「第一弾」と銘打って開かれたのは「昭和三〇年代から五〇年代」のもので、僕にとってはストライクど真ん中だった。そこで、会場をまわりチェックしたポスターは二十枚ほどになった。少し多すぎるかと気が引けて厳選したが、それでも十二枚以下には削れない。結局、その十二枚を予約した。二週間ほどで会期が終了し、ポスターを受け取りにいき、帰宅するとすぐに壁を埋め尽くしてしまった。「ギャング」「ル・ジタン」「フリックストーリー」「マッキントッシュの男」「組織」「笑う警官」「ブリット」「眼下の敵」「北国の帝王」のオリジナルポスターである。

その結果、今、僕はリノ・ヴァンチュラ、アラン・ドロン、ポール・ニューマン、スティーブ・マックィーン、ロバート・デュバル、ロバート・ライアン、ウォルター・マッソー、ブルース・ダーン、ロバート・ミッチャム、クルト・ユルゲンス、アーネスト・ボーグナイン、リー・マーヴィンなどに囲まれて原稿を書いている。壁の一面は女優特集にしたので、「スエーデンの城」のモニカ・ビッティ、「軽蔑」のブリジット・バルドー、「いつも2人で」のオードリー・ヘップバーンの美しい顔がこちらを見つめている。

展覧会が開かれたのは朝日町にあるギャラリーMONで、コレクションの持ち主は四国新聞の元文化部長だと聞いた。ギャラリーMON代表のKさんは、「映画の楽校」の中西さんに紹介してもらった。実はKさんは、映画館の支配人（だったか宣伝部長）をしていたそうで、昔の高松の映画館事情に非常に詳しい人だった。Kさんのいた中劇（中央劇場だったかな）は、僕が中学高校の六年間、毎週のように通った映画館である。

中学一年生のときに中劇で「太陽がいっぱい」「リオ・ブラボー」「恐怖の報酬」の三本立てを見たせいで、僕は映画がなければ生きていけない体になった。僕をシネフィル（映画狂）にした元凶なのである。

僕が熱心に映画を見ていた十代、洋画はライオン通りにあったライオン館、田町にあったスカラ座が封切り館で、中劇のような三本立てをやってくれる映画館は救いの神だった。しかし、Kさんはそれ以前の映画全盛期を知る人で、高松市内だけで映画館が十数館あったという。東映だけでも「高松東映」「高松第二東映」「高松ニュー東映」と三館あったそうだ。

Kさんは「よく客が入ったのは『シェーン』だったなあ」と言うくらいだから、昭和三十年代のもうかって仕方がない頃の映画館商売を経験しているのである。僕も父に連れられていった「第一電気館」とか「第二電気館」などを記憶しているが、僕が映画に熱中し始めた頃にはもうなくなっていた。

現在、高松にある映画館は「イオンシネマ」と名画座の「ソレイユ」だけである。「イオンシネマ」はイオンタウンの中のシネコンで、十近くのスクリーンがあるから、それだけの数の映画館があるのと同じだけれど、昔の映画館とは趣が違う。どこのシネコンも同じ作りで、映画の記憶と映画館の記憶が重なることはなさそうだ。僕には「『冒険者たち』はライオン館で見たな」とか、「『サウンド・オブ・ミュージック』は中学二年のときに満員のスカラ座で見た」という思い出があるが、そういう形ではもう映画館の記憶は残らないのではないだろうか。

●思い出の映画感が閉館するときに思うこと

映画館の思い出を持つ映画好きの人たちは、映画館の閉館に感慨深いものを感じるだろう。僕も高松にずっと住んでいたら、ライオン館やスカラ座、中劇などの閉館を知ったとき、さみしさを感じたに違いない。自分の十代の思い出が消えていくような気がしたのではないか。高校生になってからは、何度かガールフレンドと一緒にいったこともあったのだ。二十年ほど前、勤め先の近くにある飯田橋・佳作座が閉館したとき、大学時代によく通った映画館だったから、ひどくさみしい思いを抱いたものだった。僕は閉館した佳作座の前を昼休みによく通ったけれど、そこはいつの間にかパチンコ屋になっていた。

映画館の閉館に人生の思い出を重ねる物語は、映画館で映画を見てきた世代には、作品の出来の善し悪しは別にしてたまらないものがある。そのテーマだけで、作品の評価は甘くなる。映写機が映れば、それだけでゾクゾクする。その中でも、名作として名高いのは「ニュー・シネマ・パラダイス」(一九八九年)である。子供の頃から映画好きのトトは、村の教会が運営するパラダイス座の映写室に入り浸る。映写技師のアルフレード(フィリップ・ノワレ)は、トトに映写を手伝わせてくれる。戦死した父に代わる保護者のような存在だ。

ある日、可燃性のフィルムが映写機の熱で燃えだし、パラダイス座が火事になる。昔のセルロイド製のフィルムは、爆発するように燃え上がったのだ。その炎にあぶられてアルフレードは目をやられ、倒れた彼をトトは助け出す。パラダイス座は建て直され、トトは盲目のアルフレードを手伝って映写を続け、やがて青年になる。彼は恋をし、その恋が実る。しかし、ある日、理由もわからず彼女は彼の前から去る。その傷が彼の生涯をとらえ、彼は女性を信じられない。そんな彼にアルフレードは、「故郷を出ろ」と忠告する。

アルフレードの忠告に従ったトトは、ローマで映画監督として成功する。数十年後、アルフレードの訃報を聞いたトトは、初めて帰郷する。彼は自分の過去に向き合い、パラダイス座が壊されるのに立ち会う。そして、去っていった恋人の真の理由を知り、アルフレードが彼に遺したフィルムを受け取る。

そのフィルムをローマに帰ったトトが試写室で映写するのがラストシーンになるのだけれど、作品全編を映画と映画館への思いがおおっていて、映画好きにはたまらない作品になった。エンニオ・モリコーネ作曲のテーマ曲も、今ではスタンダードとしてよく演奏される。

映画館の閉館を青春の終わりに重ねて描いた最初の映画は、「ラスト・ショー」（一九七一年）ではないだろうか。原作のタイトルは「ラスト・ピクチャーショー」で、五〇年代のテキサスが舞台だった。映画評論家として活躍していたピーター・ボグダノヴィッチ（僕は彼がジョン・フォードにインタビューした本を持っている）が監督した作品だ。ピーター・ボグダノヴィッチは映画マニアが監督になったような人で、自作の中で好きな映画にオマージュを捧げる。

久しぶりの監督作品「マイ・ファニー・レディ」（二〇一四年）でも、ヒロインを古い映画が好きな設定にしたり、ラストで映画狂クエンティン・タランティーノを登場させたり、セリフを拝借した先行作品のオリジナルシーンを流したり、ホントに映画が好きなんだなあと思わされる。

●映画はたくさんのことを教えてくれた

日本映画でも映画館の思い出を描いたり、時代の流れで閉館する映画館へのノスタルジックな思いを描いた作品はある。浅田次郎の原作を映画化した「オリヲン座からの招待状」（二〇〇七年）などは、その典型である。小説家は映画ファンが多いが、たぶん浅田次郎さんもそうなのだろう。

これは想像だが、浅田さんも「ニュー・シネマ・パラダイス」にインスパイアされ、「映画館にまつわる物語」を書きたかったのではないか。浅田さんは、幽霊を登場させたり、タイムスリップを使ったりして、過去に対する思いを描く作家だ。郷愁、ノスタルジー、サウダージなどと表現される、胸の奥にせつなさが湧きあがる物語をつむぐ。

映画館を描くことは、郷愁と寂寥感を描くことに通じる。リュミエール兄弟がスクリーンに映写する形の映画シネマトグラフを発明したのが一八九五年、まだ百二十年ほどにしかならない。トーキーになってからでは、まだ九十年足らずだ。日本で最初の常設映画館「浅草電気館」ができたのが一九〇三年だから、百十三年前である。戦争があり、映画が全盛を極めるのは昭和三十年代前後のほぼ十年間に過ぎない。

昭和三十年代後半からは急速にテレビが普及し、映画の観客は減り続ける。映画の歴史は短く、全盛期はさらに短い。まるで「平家物語」だ。だから、映画と映画館を描くことは、「全盛を極め滅びゆくものの美学」を描くことになる。

僕は知らなかったが、広島県福山市に百二十二年の歴史を持つ映画館があった。だとすれば、リュミエール兄弟のシネマトグラフの発明より古い。「浅草電気館」は最初の常設映画館だけど、その映画館「シネフク・大黒座」は当初は芝居などをかけていたのだろう。やがて、活動写真が人気になり、常設映画館になったのではないか。戦争で焼けて再建され、さらに改築され、二〇一四年に閉館した。「大黒座」が閉館するのを知って、企画されたのが「シネマの天使」(二〇一五年)だった。阿藤快さん(映写技師役)の遺作になった作品である。監督は福山出身だという。自らの映画館の思い出を作品に託している。それだけで、映画好きの人間をうれしくさせてくれる。

「大黒座」に勤務するヒロインがいる。新人スタッフで映画館に思い入れがある方ではなく、そのまま系列のシネコンに移るのを屈託なく受け入れる。彼女の幼なじみのバーを営む青年は、子供の頃から大黒座に通うシネフィルで映画を作る夢を持っている。大黒座の社員のひとりは大黒座に思い入れが強すぎて、閉館するのなら辞職すると言い出す。支配人(石田えり)は、祖父が築き上げた大黒座を時代の流れで閉館せざるを得ず、複雑な思いを抱いている。彼女の古い知り合いで、元は極道だったらしい男(懐かしの岡崎二朗)は大黒座閉館に反対し、彼女に「金ならいくらでも貸す」と言う。

地方局のディレクターが「大黒座閉館」をテーマに、ドキュメンタリーを撮っている。彼は古い大黒座の写真を見ていて、ある老人がいつも写っていることに気づく。年代が違っても、その老人はいつも同じ姿なのだ。ある夜、新人スタッフのヒロインが館内を見まわっていると、その老人(ミッキー・カーチス)が観客席にいる。老人に話しかけると、「どんな映画館にも天使がいて、私が大黒座の天使だ」と告げる。この辺になると、僕は少しむずがゆい(気恥ずかしい)ものを感じたが、制作者たちの映画愛に免じて許すことにした。

そう、映画愛である。映画と映画館を描いた作品は、映画への深い愛情に充ちている。その作り手の思いが、見るものを感動させる。「シネマの天使」には、ラストのクレジットタイトルにさえ映画愛があふれていた。日本中の古い映画館、今はなくなってしまった映画館の写真が映されるのだ。僕が熱心に通った映画館もある。僕はいったことはないが、しかし、その土地の人にとっては様々な思い出があったであろう映画館が次々に現れる。「滅びゆくもの」への哀惜の念が湧きおこってくる。

劇中、シネマの天使であるミッキー・カーチスが、取り壊される大黒座の壁面を埋め尽くすように書かれた、観客たちのメッセージをひとつひとつヒロインに指し示し、語る言葉がいい。

素直にグッとくる。
——映画は、彼にたくさんのことを教えてくれた。世界の国々についても、愛についても、人生についてもだ。

中途半端な破滅型

マイ・フェア・レディ／ガス燈／スタア誕生

●五十作品を撮ったジョージ・キューカーという映画監督

国書刊行会から出た新刊「ジョージ・キューカー、映画を語る」を読んだ。原書は二〇〇〇年に発行された「on Cukor」だ。キューカー自身は、一八九九年にニューヨークに生まれ、一九八三年にロサンゼルスで死んでいる。舞台監督として活躍していたキューカーは、一九二九年、映画のトーキー化によってダイアローグ監督としてハリウッドに呼ばれ、やがて監督となった。生涯に五十本の作品を監督し、アカデミー賞に四度ノミネートされた後、「マイ・フェア・レディ」（一九六四年）でようやく監督賞を受賞したときは、すでに七十を越えていた。

ジョージ・キューカーと言えば「風と共に去りぬ」（一九三九年）をかなり撮り終わっていたときに、プロデューサーのセルズニックによって監督を交代させられたことが有名だ。本書の中でもそのことは触れられるが、キューカーは「過ぎたこととして真相も明かさず、恨み言も言わない。「セルズニックとは友人だよ」と、ワンマン・プロデューサーもかばう。全編通して読むとキューカーの人柄がうかがえる。穏やかな常識人だったようだ。インタビュアーは、映画評論家で作家で脚本家だったイギリス人のギャビン・ランバートである。ロバート・マリガン監督「サンセット物語」（六五年）の原作者であり、脚本も担当している。

インタビューは一九七〇年に行われ、最初の版は一九七二年に発行された。キューカーの死後、筆者のギャビン・ランバートが亡くなる五年前の二〇〇〇年に増補を加えて新版が発行された。その新版には「エピローグのあとに」と題する巻末の文章が加えられており、その冒頭に「私たちは互いの性的嗜好を知ってはいるが、キューカーは〝慎みは大人の義務〟と見なされていた時代に育った人物である。親友のサマセット・モーム、ノエル・カワード、そして何人かのハリウッドにおける仕事仲間と同様、キューカーは自らの私生活はあくまで〝自分個人のもの〟という姿勢を貫いてきた」とあった。

つまり、筆者のギャビン・ランバートは自分もキューカーも「ゲイ」だったと明らかにしたうえで、そのことがキューカーの映画作りには何も影響していないと断言している。インタビューが行われた頃、ゲイ・ムービーとして評判になった「真夜中のパーティ」（一九七〇年）が公開され、キューカーも言及しているが、あまり評価はしていない。前年に作られた「真夜中のカーボーイ」（一九六九年）は主人公（ジョン・ヴォイト、アンジェリーナ・ジョリーのパパ）が男娼になる物語だが、監督のジョン・シュレシンジャーはゲイであることを明らかにしていた。

キューカーが生きた時代にゲイであることは、とてもきついことだっただろうと思う。筆者のギャビン・ランバートも一九二四年のイギリス生まれだから同じだ。「イミテーション・ゲーム／エニグマと天才数学者の秘密」（二〇一四年）で描かれたように、イギリスでは戦後もずっと同性愛は法律で禁じられており、映画は主人公のアラン・チューリング博士が同性愛の罪で逮捕されるところから始まる。

その取り調べによって、彼の戦争中の暗号解読への貢献が判明していくのだ。現在もロシアでは、まだ同性愛は法律で禁じられているのではなかったか。同性婚を認めようという動きがある一方、保守的な国や人々は同性愛をタブー視している。

●代表作「スタア誕生」に登場する典型的な破滅型スター

僕はジョージ・キューカー作品を熱心に見た人間ではないが、その何本かは強く印象に残っている。彼の代表作としてはキャサリン・ヘップバーンがジョーを演じた「若草物語」（一九三三年）、グレタ・ガルボが美しい「椿姫」（一九三六年）、日本では戦後に公開された「フィラデルフィア物語」（一九四〇年）、イングリッド・バーグマンがアカデミー主演女優賞を受賞した「ガス燈」（一九四四年）、ジュディ・ガーランドの代表作「スタア誕生」（一九五四年）などがある。キャサリン・ヘップバーンとのコンビが多く、女優を魅力的に撮ることで評価の高い監督だった。

その数多い作品の中で、ハリウッドの重要な作品と言われるのが「スタア誕生」だ。主演のジュディ・ガーランドは芸人の子に生まれ、三歳からステージに立っていた。十三歳でMGMに入社し、「オズの魔法使い」（一九三九年）でアカデミー特別賞を受賞して、大人気を博す。彼女が農場で「虹の彼方に」を歌うシーンは、アメリカ人なら一度は見たことがあるだろう。日本人の僕だって何度も見た。日本で言えば、終戦後の「美空ひばり」みたいだった。誰もが、彼女を愛したのである。その後、子役時代から華やかな世界で生きてきたストレスのせいか薬漬けの生活となるが、「スタア誕生」で復活。すでに三十二歳になっていた。

ジュディ・ガーランドは歌手としての評価が高く、ずっとミュージカル映画に出演していた。「スタア誕生」は歌手の役であり劇中で歌うシーンも多いけれど、ミュージカルではなくシリアスなバックステージものだった。ハリウッドの裏側を描く作品である。ジュディ・ガーランドは、初めてシリアスなドラマを演じ評価も高かった。彼女自身、アカデミー主演女優賞を期待するほどだったのだ。しかし、絶対視された主演女優賞を逃し、再び失意の日々を送る。一九六九年、四十七歳のとき、ビンセント・ミネリ監督との間にできた娘ライザ・ミネリを残し、薬物過剰摂取により死亡した。

ジュディ・ガーランドの生涯を見ると、子供の頃からショービジネスの世界で生き、子役時代からアメリカ中の人々に知られ、有名人としての生活にスポイルされて薬物に走り、やがて早すぎた死を迎えるという典型的なハリウッドスターの一生に思える。皮肉なことに「スタア誕生」では、破滅的なハリウッドスターを演じたのは夫役のジェームス・メイスンだった。ジェームス・メイスンは人気のある大スターで、酒浸りの人物ノーマン・メインとして登場する。ハリウッドの大イベントのステージに酔って乱入しようとし、バックバンドの歌手エスターに救われる。

その夜、エスターの歌を聴いたノーマンは感銘を受け、ハリウッドのスタジオに紹介すると言い出す。エスターはせっかく得たバンドの専属歌手の地位を棄てることを迷うが、ノーマンの言葉を信じて新しい夢に賭けることにする。しかし、翌朝、迎えにくると言ったノーマンは、酔いつぶれたままロケ先に連れていかれ、エスターを迎えにいけない。そのまま長期ロケで身動きも取れない。エスターはノーマンに裏切られた形になるが、またウェイトレスの仕事に戻り、安い部屋に越して改めて歌手をめざす。ロケから戻ったノーマンはエスターを捜し当て、エスターはノーマンの紹介でスタジオと契約する。ノーマンが撮影所長に彼女の歌を聴かせ、エスターは主演を射止めスターとなる。

ところが、エスターと結婚したノーマンの酒浸りと奇行はますますひどくなり、仕事を失い、いつの間にか忘れられたスターになる。しかし、ノーマンはプライドだけは失わない。ノーマンを心配した撮影所長が持ってきた役が主演ではないからと断り、さらに酒浸りになり、とうとう泥酔して逮捕されてしまう。ノーマンを救うためにエスターは「自分が必ず立ち直らせる」と判事に訴え、実刑は免れる。エスターが自分のためにスターの座を棄てると撮影所長に語るのを聞いてしまったノーマンは、自分が妻の重荷になっていること、自分がいることで妻が仕事を辞めようとしていることを知り、自殺する。落ちぶれた元スターの自滅である。

●破滅型の人間に惹かれるのは破滅への衝動を抑えるためか

ジェームス・メイスンが演じたノーマンは、破滅的な人物である。登場した段階でアルコール依存症であり、はた迷惑な奇行ばかりを行い、その後始末をさせられる映画会社の広報マンはうんざりしている。彼がなぜ酒を飲み続けるのか、なぜはた迷惑な奇行ばかり行うのか、理由はわからない。そういう人間なのだ、というしかない。彼は、まっすぐ破滅に向かって進んでいる。破滅型人間の典型である。

日本で破滅型の典型として有名なのは、やはり太宰治である。

若い頃から何度も心中未遂を起こし（一度は相手の女だけ死んでいる）、薬物中毒になり、戦後、再び心中を図り死んでしまった作家である。その他、昔の作家には破滅型の人間がけっこういた。その無茶苦茶さを小説に書いて名をなした人も多い。小説で読むぶんにはおもしろく切ないかもしれないが、周囲の人間にとっては迷惑だったに違いない。作家や芸術家ではない普通の人間が同じことをやったら、性格破綻者として社会的に葬られてしまうだろう。

このコラムを始めた頃（まだ四十代だった）、ニコラス・ケイジがアカデミー主演男優賞を獲得した「リービング・ラスベガス」（一九九五年）と根津甚八の鬼気迫る演技が忘れられない「さらば愛しき大地」（一九八二年）を題材にして、「破滅への甘い誘惑」（「映画がなければ生きていけない」第一巻一〇四頁参照）という文章を書いたことがある。その中で、僕は自分が破滅型の人生に惹かれつつも、現実的な世界でスクエアに生きていかざるを得ない存在であり、映画に登場する破滅型の主人公は自分の身代わりとして破滅してくれていると書いた。

あれから十六年経ったが、今も僕は同じ思いを抱いている。人生は生き辛い。素面でなど、生きていけない。アルコールに逃げたと言われても仕方がないが、つかの間の魂の救いを酒はもたらせてくれる。しかし、酔ったあげく、バカげたことをしでかすこともある。大怪我をしたこともある。死と紙一重だったな、と酔いが醒めて思ったことは数えきれない。顰蹙を買い、迷惑がられ、「二度とくるな」と酒場を追い出された。しかし、ときにはそんなことをしないと、この世を生きていけないのだ。

しかし、僕には映画や小説があった。物語の中で、破滅的な人物が破滅に向かって進んでいくのを読んだり見たりして、僕は破滅への衝動を抑制してきたのだと思う（だから、映画がなければ生きていけないのです）。映画の中で自ら破滅に向かって突き進む人物は、僕の身代わりなのだと今も思う。

ということは、僕は破滅への衝動を持ってはいるが、それを抑えられる人間（中途半端な破滅型）だったのだ。だとすれば、少々、顰蹙を買う言動はあるけれど（僕よりひどい酔っぱらいは、何人も知っている）、普通の人々の一員ではないのか。そうであるならば、誰もが僕のように破滅への衝動を抱いて生きているのだろうか？

ハズレのないふたり

ハドソン川の奇跡／フライト

●世界中の人々が知っている事件をどのように描くのだろう

見たいなあと思っていたのだけれど、人に強く勧められてクリント・イーストウッド監督、トム・ハンクス主演の「ハドソン川の奇跡」（二〇一六年）を見た。「イーストウッドとトム・ハンクスにハズレなし」とつぶやきながら、僕は映画館に向かったものだ。

最近の映画は二時間ないとダメと思っているのか、どれもこれも二時間前後あり、長い作品だと三時間近くあるのも珍しくない。よい映画なら時間を忘れるが、二時間が長いと感じる作品も多い。しかし、「ハドソン川の奇跡」は九十六分である。ただし、ラストのクレジットタイトルも見逃してはいけないから、九十六分すべてを見てほしい。

世界中の人々が知っている事件を扱っているだけに、どのように描くのだろうと思っていたが構成がすばらしい。冒頭にワーナーのクレジットタイトルが出た途端、すぐにコクピットからの緊急通信が始まった。音声だけで、映画が始まる前から緊張させる。実は構成について詳しく書くだけでネタバレになる部分があり、あまり触れられない。

しかし、回想を巧みに織り交ぜながら、現在時（不時着水後）の状況を見せていく。機長（サリーの愛称で呼ばれ、それが原題になっている）の判断は正しかったのか、空港へ引き返せたのではないか、と事故調査委員会に疑われ、パイロットの職を追われるかもしれないというストレスを受けているのが現在時である。

ラストのクレジットタイトルに出てきた原作本の著者には、機長ともうひとりの名前が出ていた。機長に取材して、プロのライターが書いているのだろう。原作がどのように書かれているのか興味があるが、映画的には時制を超越する構成にしたのかもしれない。

映画は、自由に回想シーンを入れられる。機長が複葉機で操縦を習い始めた青年（さすがにトム・ハンクスは演じていない）の頃の思い出、軍に入っていたのかジェット戦闘機が故障しながらも見事に着陸させた思い出などが、いきなりインサートされたりする。ちなみに戦闘機シーンのパイロットの声はトム・ハンクスだったが、ヘルメットとマスクでパイロットの顔はわからなかった。

トム・ハンクスの声としゃべり方は、僕もすっかりなじんでいる。落ち着いた穏やかなしゃべり方だし、日本風に言えば口跡がいい。ハドソン川に着水し、水が入ってくる機内で乗客たちに「救命胴衣をつけて外に出てください」と誘導するシーンがあるけれど、あの声としゃべり方で言われたらパニックは起こらないのではないか。

観客はトム・ハンクスに感情移入するだろうから、調査委員会の連中がみんな悪役に見えてくる。もちろん、ラストで観客をスカッとした気持ちにさせるために、彼らは映画の中の憎まれ役に設定されているのだ。百五十五人の乗客を救った英雄を、彼らは「空港に引き返せたのに、あえて乗客を危険にさらす判断ミスをした機長」として扱う。

デンゼル・ワシントンの映画に、「フライト」（二〇一二年）

という作品がある。監督はロバート・ゼメキス。主人公の機長は突然の故障に遭遇し、とっさの判断で奇跡的な不時着をする。しかし、その後、事故調査委員会に不審を持たれ、操縦中にアルコールを摂取した疑いが浮上する。

副操縦士の証言や乗員たちの証言が、それを裏付ける。真相はどうなのか、機長はどう行動するのか、と思わせ、ラストまで目が離せない。この作品は、「ハドソン川の奇跡」と騒がれた事故の後に作られたもので、僕は事故にインスパイアされたのではないかと思いながら見たものだった。

●八十六歳のイーストウッドも六十歳のトム・ハンクスも絶好調

それにしても、八十六歳のクリント・イーストウッド、六十歳のトム・ハンクス、どちらも絶好調ではないか。トム・ハンクスは僕より五歳若いが、イーストウッドの出世作であるテレビ・シリーズ「ローハイド」を子供の頃に見ていた世代だ。「荒野の用心棒」（一九六四年）の頃は八歳、「ダーティ・ハリー」（一九七一年）の頃でも十五歳である。そのふたりが初めて組んだのが「ハドソン川の奇跡」だ。イーストウッドが監督あるいは出演した作品にハズレはないし、トム・ハンクスが出ていれば落胆することはない。

自身が主演し監督した「グラン・トリノ」（二〇〇八年）で頂点を極めたと僕は思ったが、その後もイーストウッドは作品を作り続け、どの作品も水準以上というすばらしさである。「インビクタス／負けざる者たち」（二〇〇九年）「ヒアアフター」（二〇一〇年）「J・エドガー」（二〇一一年）「ジャージー・ボーイズ」（二〇一四年）「アメリカン・スナイパー」（二〇一四年）と続いている。

さらに、監督はしなかったが野球の老スカウトマンを演じた「人生の特等席」（二〇一四年）は、気持ちのよい作品だった。「グラン・トリノ」と同じように偏屈で口の悪い老人を演じると、イーストウッドの魅力が満開になる。

僕が初めてイーストウッドを見たのは、たぶん「ローハイド」だと思うのだけれど、その記憶があまりない。だいたい、「ローハイド」は四国高松で放映されていなかったのではないか。長く続いたシリーズだから、後半は放映されたのだろうか。

僕にとってクリント・イーストウッドは、マカロニ・ウェスタン「荒野の用心棒」の名無しのガンマンだった。その後、「夕陽のガンマン」（一九六五年）「続・夕陽のガンマン／地獄の決斗」（一九六六年）が続き、高校生の時に見た大長編（何しろ三時間もある）「続・夕陽のガンマン」が大のお気に入りになった。

「続・夕陽のガンマン」は本筋とは関係のないエピソードが印象に残る。ある川の両岸で橋をめぐって南軍と北軍が対峙し、一進一退の攻防が続いている。賞金稼ぎのふたり、グッドガイのイーストウッドとアグリガイのイーライ・ウォラックは、その橋を通らないと大金を埋めた墓地にたどり着けない。

そこで、戦いにうんざりしている隊長の遺志を汲んで、ふたりは戦いの対象になっている橋を爆破してしまう。その長いエピソードを全部カットしても（実際、テレビ放映ではカットされた）映画は成立する。でも、十六歳の僕はそのエピソードがあるから「続・夕陽のガンマン」が気に入ったのだ。

その時から、僕はイーストウッドとつきあってきた。五十年になる。その後、イーストウッドはドン・シーゲル監督と出会い、「ダーティ・ハリー」でハリウッド・スターとして認められ、同じ年に「恐怖のメロディ」（一九七一年）で初めて監督をする。ちなみに「恐怖のメロディ」の原題は「私に〝ミスティ〟をかけて」という意味で、ジャズ好きのイーストウッドらしいタイトルだった。「ミスティ」はジャズの名曲で、僕も何人かのプレイヤーが演奏したCDを持っている。

五十年に及ぶイーストウッドの出演作・監督作の中で、僕の好きな作品を三本選べと言われたら、「アウトロー」（一九七六年）「ペイルライダー」（一九八五年）「許されざる者」（一九九二年）とすべて西部劇になる。この三本は数えきれないほど見た。最高の作品はと訊かれたら、「グラン・トリノ」と答える。この映画は深い。ただし、若い頃に見たら違う受け取り方をしたかもしれない。

その他、「スペースカウボーイ」（二〇〇〇年）もあるし、初期の出演作「奴らを高く吊るせ！」（一九六八年）「マンハッタン無宿」（一九六八年）も楽しめる。本当にハズレのない（大きな声では言えないけれど、「ペンチャーワゴン」など出演作にいくつかハズレあり）人である。

●一九九三年がトム・ハンクスのエポック・メイキングの年

「スプラッシュ」（一九八四年）は「ブレードランナー」（一九八二年）のレプリカント役で注目され、人気が出たダリル・ハンナの主演作だった。抜群のスタイルのダリル・ハンナを見せるために、人魚の役を設定したのだ。その人魚に恋する青年をトム・ハンクスが演じた。

僕は「スプラッシュ」で初めてトム・ハンクスを見たのだが、何だか瓢箪か空豆みたいな顔をした奴だなあと思った。瓢箪顔と言えば、フレッド・アステアである。フレッド・アステアを見ると「うらなり」という言葉が浮かぶ。しかし、トム・ハンクスとフレッド・アステアは特に似ていない。

その後、「ビッグ」（一九八八年）で子供の心を持つ青年（外見だけ大人になった少年の役）を演じ印象に残ったけれど、この作品で初めてアカデミー賞主演男優賞にノミネートされた。しかし、僕がトム・ハンクスを「うまいなあ」と思ったのは、「プリティ・リーグ」（一九九二年）の監督役だった。このとき、トム・ハンクスは三十六歳だったが、役の印象はもっと年上の中年男だった。酔っぱらいで、いい加減な奴という登場の仕方だったけれど、実は名監督で選手たちを導き、適切な采配をし、選手たちの心をつかんでいく。「フラガール」（二〇〇六年）のダンス・コーチ役の松雪泰子は、このトム・ハンクスの演技を参考にしたと僕は推察している。

しかし、トム・ハンクスのエポック・メイキングの年は、一九九三年だった。この年、トム・ハンクスはメグ・ライアンとの「めぐり逢えたら」に出演し、ゲイの弁護士を熱演した「フィラデルフィア」でアカデミー主演男優賞を受賞する。

ロマンチックな「めぐり逢えたら」では女性ファンを獲得し、「フィラデルフィア」ではエイズにかかり弱っていく姿を迫真の演技で見せた。ゲイの相手役は、後にラテン系セクシー男優と騒がれるアントニオ・バンデラスだった。翌年、トム・ハンクスは「フォレスト・ガンプ／一期一会」で再びアカデミー主演男優賞を獲得し、二年連続受賞はスペンサー・トレイシー以来だと騒がれた。

あれから、二十年以上の時間が過ぎていった。僕が初めてトム・ハンクスを見たときから数えると、三十二年になる。三十二年前、僕は三十半ば。いろいろ迷いながらも、仕事に没頭していた。その頃は、「ビバ・ビデオ」というビデオ作品を製作する人向けの専門誌を編集していた。ソニーからは8ミリビデオカメラ、ビクターなどVHS陣営からはCカセットを使うビデオカメラが発売された頃だった。

ビデオソフトの紹介頁もあったから、毎月発売される映画ソフトをチェックするのも仕事だった。トム・ハンクスのその頃の何本かは、ビデオソフトで見たのかもしれない。

ここ数年、少し肉がつき、それなりの年齢になったトム・ハンクスは、重厚な（口ひげを生やしているような）役をやるようになった。「ウォルト・ディズニーの約束」（二〇一三年）ではウォルト・ディズニーを演じ、「キャプテン・フィリップス」（二〇一三年）では、アフリカの海で海賊の人質になる実在のフィリップス船長を演じた。スピルバーグ監督と組んだ「ブリッジ・オブ・スパイ」（二〇一五年）でも冷戦期にソ連スパイの弁護を引き受け、後にそのスパイとアメリカ人パイロットを交換する交渉を引き受ける実在の弁護士を演じた。

そして、「ハドソン川の奇跡」でも実在の機長を演じている。船長、弁護士、機長…、そんな役がふさわしい俳優になった。

現在の貫禄あるトム・ハンクスを見ると、「それに比べて、おまえはどうだ」と問われている気がする。振り返ると、何だかハズレばかりの人生だった気がしないでもない。「おまえは、また裏目裏目に張ろうとするのか」という深作欣二監督作品のセリフに強い思い入れを持っていた若い頃の僕は、裏目にばかり張ってきた結果、ハズレを引き続けてきた気がする。

しかし、それも自分の生き方だったと納得している。どんな生き方をしてきたところで、後悔しない人はいない。「わが人生に悔いなし」という感慨は、石原裕次郎の歌の中にしか存在しない（と思う）。「後悔ばかりの年月でした」というのが、ある時期の僕の口癖だった。

映画は戦場だ

最前線物語／拾った女／東京暗黒街　竹の家／四十丁の拳銃

●「気狂いピエロ」のパーティーシーンに登場する映画監督

「サミュエル・フラー自伝　わたしはいかに書き、闘い、映画をつくってきたか」は、僕の「映画がなければ生きていけない」シリーズと同じA5判・上下二段組で七百五十頁を越える枕本だった。背幅は五センチある。四百字原稿用紙に換算すると二千枚を優に越えるだろう。価格も六千円だ。

しかし、一九〇二年に生まれ、二十代から映画の脚本を書き始め、第二次大戦には志願して歩兵として従軍し、戦後、「地獄への挑戦」(一九四九年)で監督デビューし、一九九七年に八十五歳で亡くなるまで、映画を作り続けた男の全人生を語るには足りなかったのかもしれない。

僕がサミュエル・フラーの名を知ったのは、十八歳のときに見たゴダールの「気狂いピエロ」(一九六五年)に印象的に登場したからだった。ジャン=ポール・ベルモンドが最初の方でパーティに出かけるのだが、そのパーティで壁にもたれてグラスを持つサングラスのアメリカ人が出てくる。

彼は映画監督だという。ベルモンドは「映画とは何ですか?」と問いかけ、彼はひと言「映画は戦場だ」という印象的なセリフを吐く。それがサミュエル・フラーの初めての映画出演だった。もちろん、ゴダールはサミュエル・フラー監督にオマージュを捧げているのである。

映画監督が尊敬する監督がいる。サミュエル・フラーも後進の監督たちにリスペクトされ、その後、様々な映画に出演している。ドイツ出身のヴィム・ヴェンダース監督に乞われて、「アメリカの友人」(一九七七年)「ことの次第」(一九八一年)「ハメット」(一九八二年)に出ているし、フィンランド出身のアキ・カウリスマキ監督の「ラ・ヴィ・ド・ボエーム」(一九九二年)にも出演した。

映画監督たちに尊敬され、その風貌を買われて彼らの作品によく登場したということで、昔から僕はサミュエル・フラー監督と鈴木清順監督は共通すると思っている。サミュエル・フラー作品は、日活時代の鈴木清順作品のように、カルト的な人気を誇っていた。

サミュエル・フラー監督は自伝を読むと早熟だったらしく、父親の死後、家族とニューヨークに出て十一歳から新聞の売り子を始め、やがて新聞社の小僧に潜り込んで編集長に可愛がられ、別の新聞社に十六歳の新聞記者として雇われる。

その後、小説を書き始め、初めての小説は一九三五年に出る。二十三歳のときである。小説は亡くなる四年前の一九九三年まで書き続け、十二の作品を発表した。映画の脚本は一九三六年、二十四歳で手がけ、一九三八年には年間で三本が映画化されている。その後、作品数が減少するのは、軍に志願し歩兵としてヨーロッパ戦線で戦ったからである。

「戦争映画を得意とした監督」と言われることが多かったサミュエル・フラーだったが、本物の戦争を何年も経験していたのだ。自伝の中でも従軍中の話には多く割かれていて、百五十頁ほどのヴォリュームである。写真も掲載されていて、中にはロバート・キャパがフラーを撮影したものもいくつかある。

フラーは三年間に及ぶ歩兵時代を後に「ビッグ・レッド・ワン」(一九八〇年)という小説にまとめ、それを原作に「最前線物語」(一九八〇年)を作る。日本公開は、一九八一年の一月末だった。今でも僕は、「最前線物語」の公開を待ちわびていた頃を憶えている。サミュエル・フラー監督作品としては、異例の前宣伝が行われたものだった。

百戦錬磨のベテラン軍曹を演じたのは、リー・マーヴィンだった。彼の小隊に配属される若き兵士たちは、マーク・ハミル(「スター・ウォーズ」の三年後ですね)などが演じた。兵士たちは軍曹に指揮され、様々な戦場を経験し、兵士として鍛えられていく。そして、ノルマンディー上陸作戦がやってくる。淡々とした描き方なのだが、戦場のリアリティのようなものがスクリーンから伝わってきた。

後に「プライベート・ライアン」(一九九八年)が「まるで本物の戦場のようだ」と言われたが、あれは音響などによるテクニカルなもので、「最前線物語」のジワジワと伝わってくるものとは違っていた。ちなみに、スピルバーグ監督の「194 1」(一九七九年)にもフラー監督は出演している。

●サミュエル・フラー監督はフィルム・ノアールを得意とした

サミュエル・フラーが監督として最初にヒットさせたのは、「鬼軍曹ザック」(一九五一年)である。僕は、この映画は朝鮮戦争を舞台にしていると思っていたが、何とアメリカ公開が一九五一年の一月だった。朝鮮戦争が始まったばかりの頃に映画化していることになる。映画の中に、おかしな仏像が登場したり、東洋の描き方に違和感を感じる部分もあるのだけれど、今では貴重な作品になっている。

自伝を読むと、五作目の「パーク・ロウ」(一九五二年)は十代で経験した新聞業界を扱った作品らしく、興味を引かれるが僕は見ていない。六作目の「拾った女」(一九五三年)はフィルム・ノアールとして名高く、昔、見たことがある。主演は、僕の大好きなリチャード・ウィドマーク。冒頭、ウィドマークが電車の中でスリを働くシーンが印象的だ。

僕にとってサミュエル・フラーは「戦争映画の監督」ではなく、「フィルム・ノアールの監督」だった。まず、東京を舞台に撮った「東京暗黒街　竹の家」(一九五五年)がある。伝説の映画である。主演は、後にテレビシリーズ「アンタッチャブル」のエリオット・ネス役で日本でも有名になるロバート・スタックだ。

彼が選ばれた理由は日本では有名ではないので、ロケでも騒がれないだろうということだった。あるアメリカ人が殺され、彼の友人がアメリカからやってくる。男は殺された男の妻（シャーリー・ヤマグチ）と恋仲になったり、日本の警部（早川雪洲）と連携したりして、東京に巣食うアメリカ人ギャング団を突き止める。

冒頭でアメリカ人が殺される場所は、富士山が見えている。フジヤマ、ゲイシャくらいの認識しかない時代のハリウッド映画だから、日本人が見ると変なところは多いのだけど、当時の東京の光景は貴重だ。最後の銃撃戦は、銀座松屋デパートの屋上遊園地を使っている。

ギャング団のボスはロバート・ライアン。キャストも豪華だった。シャーリー・ヤマグチは山口淑子のこと。戦争中は、中国人スター李香蘭として活躍した。戦後、山口淑子の名で黒澤明作品などに出ていたが、ハリウッドに渡りシャーリー・ヤマグチとして出演した。当時、彼女は彫刻家イサム・ノグチと結婚していた。

昨年だったか、WOWOWで「フィルム・ノアール特集」として、「クリムゾン・キモノ」（一九五一年）と「殺人地帯U・S・A」（一九六一年）が放映された。どちらも、サミュエル・フラー監督作品だ。「クリムゾン・キモノ」は、最初に女が射殺される事件があり、戦友だったふたりの刑事が登場する。

白人と日系人の刑事だ。日系人刑事を演じたのが、ジェームス繁田。年とってからのジェームス・繁田はよく見たが、若い頃の姿を見るのは初めてで、ハンサムなのに驚いた。ロサンジェルスの日本人街リトル・トーキョーが背景になっていて、タイトルからわかるように日本文化がいろいろ登場する。

ふたりの刑事は事件を追い、ある証人を見つける。美人のアーチストだ。彼女をふたりで護衛することになり、白人刑事がひと目惚れをする。しかし、ある夜、日系人刑事と彼女が親密になり、親友が惚れている相手だと日系人刑事は自分の心を抑制するが、彼女は日系人刑事に好意を寄せる。

それを知った白人刑事と日系人刑事の対立があり、戦友だったふたりの間に亀裂が入る。そのとき、日系人差別の問題を出してくるのが唐突な感じがしたけれど、戦後十四年という時代性を考えれば、そういうものかとも思う。アメリカ人の多くは「ジャップ」と口にしていたし、パールハーバーを忘れていない。

「殺人地帯U・S・A」の主人公の少年が成長してクリフ・ロバートソンになって出てきたときは、懐かしいなあと思った。六十年代に主演作が何本かあるB級スターである。悪ガキだった主人公は、ある夜、路地裏で父親が三人の男たちに殴り殺されるのを目撃する。やがて成長し、刑務所から出獄した主人公は暗黒街の組織に潜り込む。そこで、父親の仇を見つけ、復讐を始めるのだ。

典型的なB級ノアールだが、当時の観客にはショックを与えただろうと思えるシーンがいっぱいある。サミュエル・フラー作品には大スターは出てこないし、あまりお金もかかっていない。B級作品の扱いだったのだろうか。

●「四十丁の拳銃」は異色西部劇として突出している

サミュエル・フラー監督の人気は、日本で言えば東宝の岡本喜八、東映の加藤泰、大映の三隅研次、日活の鈴木清順といった職人監督たちの評価と共通するものがある。

大作は作っていないが、戦争映画、暗黒街映画、西部劇などを地味な俳優を使って作り続け、カルト的な人気が出て、ゴダールやヴェンダースなどの芸術派監督たちにオマージュを捧げられ、そのことで改めて脚光を浴び過去の作品が注目された。「気狂いピエロ」に出演した頃、サミュエル・フラーは五年間も新作を撮っていない。その後、評価が高まり、代表作「最前線物語」を作る。映画会社も力を入れて広報宣伝をするような扱いになった。しかし、すでに七十近くになっていた。

僕が一番好きなサミュエル・フラー作品は、「四十丁の拳銃」(一九五七年)だ。当時、日本で名を知られていたのは、女牧場主役のバーバラ・スタンウィックくらいではなかろうか。他の出演者たちはバリー・サリヴァン、ディーン・ジャガーと言われても、今では誰も知らないだろう。

もっとも、僕もバーバラ・スタンウィックを知るのは、この映画から十年近く後、テレビシリーズ「バークレー牧場」の女牧場主としてだった。新人リー・メジャースの人気が出た「バークレー牧場」の母親役バーバラ・スタンウィックは、馬に乗る姿も凛々しくて見事だった。

後に「四十丁の拳銃」を見て、この映画に出たから「バークレー牧場」の役をオファーされたのではないかと僕は思った。映画が始まってすぐ、見事なシーンがある。主人公が街道を馬でやってくると、馬の大群がやってくる。バーバラ・スタンウィックを先頭に、四十人の男たちが四十頭の馬に乗って疾駆してくるのだ。

馬群が主人公をかすめて走り抜けていくのだが、その撮影がすごい。ローアングルのカットなどをインサートして細かく編集し、迫力を出す。イーストウッド監督主演「ペイルライダー」(一九九五年)の冒頭シーンは、このシーンに影響を受けているのではないか。「四十丁の拳銃」を見ることができたのは二十年ほど前のことで、いろんな映画を見て驚かなくなっていた僕が、「凄い」と思わず口にした。

――「四十丁の拳銃」は、異色西部劇にしたかった。キング・ヴィダーの「白昼の決闘」(四六)、アンソニー・マンの「復讐の荒野」(五〇)、ニコラス・レイの「大砂塵」(五四)といった、わたしに霊感を与えてくれた先駆的異色西部劇群に比肩するものにしたかったのだ。

フラーは、自伝にそう書いている。結果は、ここに例として挙げられた西部劇以上のものになったと僕は思う。それにしては、見ている人が少ないし、西部劇ファンの人でも見ていない人がいる。「四十丁の拳銃」は必見です。ビリー・ワイルダー監督がレイモンド・チャンドラーと喧嘩しながらシナリオを仕上げた作品「深夜の告白」（一九四四年）と並んで、バーバラ・スタンウィックの代表作でもある。

忍者たちはプロレタリアートか？

十七人の忍者／忍者狩り／忍者秘帖　梟の城／風の武士／赤い影法師／忍びの者

●近鉄特急で名古屋から伊勢神宮へ向かった

仕事を完全リタイアしてから僕にしては珍しく、自宅と実家を行き来する間を利用して少し旅行をしている。京都と奈良にいき、金沢をまわり、今回、実家から自宅へ帰る途中に伊勢神宮にいったみた。年を重ねると、やはり一度はいっておきたいと思うようになったのだ。伊勢神宮を詳しく紹介するテレビ番組を見た影響もある。テレビの旅番組は昔からよく見ていたが、最近は自分でもいってみたくなる。

十一月半ば、高松から名古屋へいき、そこでかみさんと落ち合った。名古屋駅から街をブラブラして名古屋城まで歩き、金の鯱を見た。帰りは別のルートで古い町並みや商店街を抜け、名古屋駅から栄までいきホテルに泊まった。

翌朝、近鉄特急で伊勢市に入り、まず外宮をまわった。内宮まで距離があるということだったけど、最近は歩くのが苦にならないのでかみさんとブラブラ歩き、途中、フレンチ・レストランでランチをして内宮に到着。後で調べたら、人気のあるレストランだったらしい。

内宮は確かに広い。テレビ番組で教えてもらった穴場の撮影場所なども見てまわり、三時過ぎにはけっこう疲れてしまった。バスで伊勢市駅まで戻り、JRの各停で泊まる予定の津まで戻ろうと誰も乗っていない列車に腰掛けていたら、不審に思ったのか車掌さんに行き先を訊かれた。

「津です」と答えると、「この電車、途中で二十分ほど止まったりしますから、松阪駅で後からくる快速に乗り換えた方がいいですよ」と教えられた。それで、二両の電車から四両の快速に乗り換えて津に到着し、ホテルに入ってから夕食に出た。

翌日は、伊賀上野にいく予定だった。JRで亀山駅までいって乗り換えなのだが、奈良方面からやってきた二両の電車が目の前で切り離され、一両で伊賀上野へ向かう。四十数分、山の中を走る各駅列車を楽しんで、伊賀上野で降りると駅前には数台のタクシーが停まっているだけで、人もいないし、店も開いていないし、何もない。

駅で訊くと、そこから私鉄に乗り換えて上野市駅で降りると、観光案内所などもあるという。しかし、もう降りてしまったので、タクシーに乗り、お城に向かうことにした。

伊賀上野は、忍者と芭蕉の街である。お城を囲む公園には、忍者博物館や芭蕉の記念館もある。まず、忍者博物館に入る。入り口を間違って別の引き戸から入ると、いきなり抜き身を持ったおじさんが目の前にいた。おじさんは数人の観光客相手に、忍者刀の解説をしているのだった。持っている刀は、実際のものと同じ重さがあるという。客には手に取らせて重さを実感させるらしく、僕も抜き身を差し出されて受け取った。確かに重い。かみさんも重さを実感したらしい。

土間での解説が終わると座敷に上がり、忍者屋敷のからくりをくノ一姿の若い女性が解説してくれる。壁のどんでん返しや隠し部屋など、隣にいた中国人の若い女性はいちいち感心して声を挙げていた。今は外国の観光客の方が「ニンジャ」に興味があるのかもしれない。TBSテレビの「サスケ」は、「ニンジャ・ウォリアーズ」といった名前でアメリカでも放映されているようだし、アニメの「ニンジャ・タートルズ」も最近、ハリウッドで実写化された。

マコ岩松が東洋の某国の重要人物で、彼を守るボディガードとして雇われた主人公（ジェームス・カーン）が襲いくる忍者たちを拳銃で撃ちまくったのは、サム・ペキンパー監督の「キラー・エリート」（一九七五年）だった。もう四十年前の映画になった。船の墓場のような廃船が浮かんだ海の真ん中で、忍者たちは後から後から現れる。ペキンパーが全盛期から下り坂に入った時期の作品だが、僕は早川書房から出ていた原作を読んでいたので期待して見にいったものだった。もちろん、撃たれた忍者はスローモーションで海中に落ちていく。

●六〇年代の初めには司馬遼太郎も忍者小説を書いていた

僕が小学生の頃、忍者ブームが起こった。少年漫画誌の巻頭特集には「これが忍者だ」という図解が掲載され、組立付録には十方手裏剣がついていた。白土三平が「サスケ」を連載し、横山光輝が「伊賀の影丸」や「片目猿」を連載した。「伊賀の影丸」の得意技は「木の葉隠れ」で、連載を重ねるにつれて木の葉の渦はダイナミックになった。

後年、山田風太郎作品をほとんど読破したとき、「伊賀の影丸」第一部に出てくる特異体質を持つ敵の忍者たちは、風太郎の忍法帖シリーズにヒントを得ているのだとわかった。

忍者ブームは、小説から始まったのだろうか。山田風太郎の忍法帖シリーズはエログロ扱いされたが、柴田錬三郎や司馬遼太郎などの忍者小説も人気があった。五味康祐の「柳生武芸帳」も忍者である霞の兄弟が活躍する。マンガでは、白土三平の功績が大きいだろう。物語の間に術を合理的に解説し、リアルな忍者物語を描いた。

「忍者武芸帳」（一九六七年）は、大島渚監督が映画化（アレを映画化というのか自信はないけれど）した。リアルな忍者映画を大量生産したのは、東映だった。「伊賀の影丸」（一九六三年）だって、松方弘樹主演で映画化されたのだ。不死身の忍者・

阿魔野邪鬼は、山城新伍だった。

東映は、忍者ブームで制作した作品でいくつかの名作を生み出した。「十七人の忍者」（一九六三年）や「忍者狩り」（一九六四年）などである。どれも、リアルな描写が特徴だった。忍者とは訓練された人間のことであり、スーパーマンではないという前提で、これらの集団抗争時代劇は作られている。

「十七人の忍者」は城の奥深くに守られたお墨付きを奪う使命を帯びた十七人の幕府の隠密たちが、ひとり、またひとりと命を落としながら、使命を果たそうとする物語であり、「忍者狩り」は幕府隠密によって改易になった藩の浪人たちが隠密に狙われた藩に雇われ、幕府から送りこまれた忍者たちを狩り出す物語である。

「十七人の忍者」で幕府隠密の忍者たちを迎え撃つのは、雇われ忍者の近衛十四郎である。彼は根来の忍者であり、忍者の怖さを知らない城の侍たちの理解を得られないまま孤独に戦う。「忍者狩り」でも、忍者たちを狩り出す浪人たちの首領を近衛十四郎が演じている。草として藩に潜入している忍者を狩り出すために、彼は怪しいと思われる藩士数人を縛り、ひとりずつ斬っていくという残忍さを見せる。

その徹底したやり方に藩士たちが離反し、ここでも彼は孤立する。悲壮な表情の似合う近衛十四郎だから、半死半生で敵の大将・闇の蔵人と差し違えるシーンは実に壮絶だ。

こうした東映の忍者映画は、六〇年代前半から作られ始めた。錦チャンやひばりの明朗時代劇が飽きられ、リアルな殺陣や残酷描写が時代劇に取り入れられたのだ。その頃、後に国民作家となる司馬遼太郎も忍者小説の担い手で、東映でいくつか映画化されている。ひとつは直木賞受賞作「梟の城」を工藤栄一監督が映画化した「忍者秘帖　梟の城」（一九六三年）であり、ひとつは加藤泰監督が映画化した「風の武士」（一九六四年）である。「風の武士」の主人公を演じた大川橋蔵には、柴田錬三郎原作の「赤い影法師」（一九六一年）もある。

司馬遼太郎の「梟の城」は、中井貴一主演で三十六年後にリメイクされた。監督は篠田正浩である。最初に主人公の葛籠重蔵を演じたのは、大友柳太朗だった。ヒロインは高千穂ひづるだったが、リメイク版では鶴田真由になった。

伊賀忍者の重蔵は信長の伊賀攻めを生き延び、やがて太閤秀吉の命を狙うようになる。重蔵に対抗心を燃やす同じ伊賀忍者の風間五平や、敵方の甲賀忍者・魔利洞玄、徳川に雇われた服部半蔵など、様々な忍者群が登場する血沸き肉躍る大活劇だ。司馬さんも、若い頃にはこんな楽しい物語を書いていた。

●「忍びの者」は左翼思想を基調にしたプロパガンダ映画か？

映画界に忍者ブームを呼び起こしたのは、もしかしたら市川雷蔵が主演した「忍びの者」（一九六二年）だったのかもしれない。大映で作られたこの作品は大ヒットしてシリーズ化され、八作まで作られた。ただし、最初の主人公は石川五右衛門で、途中から「忍びの者　霧隠才蔵」（一九六四年）のタイトルで霧隠才蔵が主人公になった。テレビでも一年間の連続時代劇（一九六四年七月〜一九六五年七月）として放映された。主人公の石川五右衛門を演じたのは品川隆二。どちらかと言えば、僕はテレビ版の方に思い入れが強い。

「忍びの者」は、冒頭、若き石川五右衛門が頭領の百地三太夫の妻に誘惑され密通する。それをたてに五右衛門は頭領から信長暗殺を命じられ、京都に潜入する。何度か信長暗殺を試みるが失敗し、合理主義者の信長は忍者の存在が許せず伊賀攻めを行い伊賀は壊滅状態になる。その戦いの中で、五右衛門は百地三太夫と対立する一方の頭領である藤林長門守が百地と同一人物だったのを知る。百地三太夫を演じたのは怪優・伊藤雄之助で、百地三太夫として登場した彼は、忍者屋敷のからくりを使って百地砦を抜け出し、変装して藤林長門守になるシーンがある。観客には早くから二人が同一人物だと知らされるのだ。

「忍びの者」シリーズは市川雷蔵の代表作になったが、監督の山本薩夫にとっても大ヒット作となり、その後の映画製作がやりやすくなった。中学生の僕は、山本薩夫監督は左翼の人だと思っていた。戦前からマルクス主義に傾倒し、戦後は東宝の大労働争議で組合側闘士として活躍し、日本共産党に入党した人である。作る作品も共産党的なものが多かった。その監督が、何と「忍びの者」を作ったのだ。僕は意外な気がしたが、ある人から「忍びの者」の原作者である村山知義は戦前からのプロレタリア作家なのだと教えられた。

えー、だとすると「忍びの者」もプロレタリア文学なのかと思い、学校の図書館にあった分厚い「忍びの者」を借り出した。何とか読了した僕は、どこがプロレタリア文学なのかわからなかったが、「忍びの者」は一九六〇年十一月から一九六二年五月まで日本共産党の機関誌「赤旗」に連載されたのは確かだった。プロレタリア文学ではなかったにしろ、左翼的プロパガンダが展開されているのかもしれなかった。「赤旗」に連載された小説を、日本共産党御用達である山本薩夫監督が撮るのは何の不思議もないではないか。しかし、主演の市川雷蔵は、そんなことは関係なかったのだろうなあ。

もしかしたら民衆と権力の構図を、戦国時代の武将たちの権力闘争と虐げられた忍者たちの関係の中に描いたのか。そんなことを、僕は考えた。同じ頃、白土三平の「忍者武芸帳　影丸伝」は唯物史観によって描かれた作品だという批評を何かで読み、そんな小難しいものなのかとも思った。白土三平はすでに月刊漫画誌「ガロ」で「カムイ伝」を連載しており、「その唯物史観に貫かれた権力者と民衆の関係を深化させている」と、ある批評家は分析しており、単におもしろいマンガとして読んでいた僕は、そんなことはまったく理解できず、コンプレックスを抱いた。

ということで、今でも市川雷蔵の「忍びの者」（藤村志保もよいです）を見ると、僕の頭の中には「唯物史観」だとか、「左翼プロパガンダ」だとか、「プロレタリアート」だとか、「日本共産党」といった言葉が浮かんでくるのである。

大利根河原の三兄弟

先生と迷い猫／関の彌太ッペ／ひとり狼／座頭市物語

●利根川沿いの畑に棄てられていた三匹の子猫たち

千葉の自宅に戻り最初に見にいったのは、近くにある親水公園で暮らしている猫たちの様子だった。六月末まで、散歩のときに餌をやっていたのだが、その後どうしているかが気になっていた。公園の隅に餌皿があり、毎朝、定期的に餌をやっている女性がいるのは知っていたので、無事に暮らしているだろうとは思っていたのだけれど、やはり野良猫だから何があるかわからない。少しなじみになった三匹の猫に別れの挨拶はしたのだが、猫が理解したとは思えない。餌をくれていたじいさんが急にこなくなって、腹を立てていたかもしれない。

もっとも、僕以外にも朝の散歩の途中で餌をやっているおじさんとおばさんを見かけたから、たぶん生き延びていると確信していた。それで、自宅に帰った翌日の昼、親水公園までいってみた。朝の方が猫は姿を現しやすいので、もしかしたら会えないかと思っていたのに何と五匹の猫がいた。犬を散歩させている人もいるのに、堂々と公園の真ん中を歩いている猫もいる。

生け垣の中で丸まっていたのは、最も人なつっこい猫だ。僕が近づいても逃げず、ニャアと鳴いた。四ヶ月以上もいなかったので、自宅の猫でさえ僕のことを忘れていたから、一ヶ月ほど餌をやっていただけのオヤジを憶えているはずはない。やはり、どの猫も近づくと逃げた。驚いたのは、猫が五匹に増えていたことだった。

翌朝、僕は散歩のコースを利根川にした。利根川のほとりの廃車置き場のようなところに猫の巣があるのだ。六月に通ったときは、子供を産んだばかりの母猫がいて、ひどく警戒し、僕に向かって威嚇するように口を大きく開き牙をむいた。あのとき、ざっと数えて十匹はいただろう。まるで、猫の梁山泊である。黒猫、白猫、三毛猫、茶虎、キジ虎など、どんな猫でもいそうだった。

そんな猫たちも気になっていたので、様子を見ようと利根川コースを選んだのだった。利根川へいくと、暖かい晴天の朝だったので、道の真ん中に三匹の猫が寝そべっていた。近づくと警戒するので、立ち止まって様子を見ていると、猫たちも僕をじっと見つめてくる。梁山泊の方から、さらに数匹が出てきたので、僕はきびすを返した。

ところが、少し離れた角の畑のところにくると、三匹の猫がいた。茶色と白と黒の三色の毛が散っているのが二匹、一匹は白と黒の猫である。三毛猫のうちの一匹はライオン丸のようなタテガミで、顔は少し獰猛に見える。よく見ると、犬のチンに似た顔だ。シャム猫の血が入っているのだろうか。もう一匹の三毛猫はかわいい顔をしていた。

その三毛猫より体がひとまわり小さな黒と白の猫も、顔はよく似ている。たぶん、その三匹は同じ雌猫が生んだのだ。兄弟か姉妹かわからないが、少なくとも血はつながっているのだろう。おそらく、三匹まとめて利根川の河川敷に棄てられたのではあるまいか。その三匹の中で最も獰猛な顔の、毛がフサフサと立っている猫が僕の方へ寄ってきた。他の二匹もつられたのか、逃げずに近づいてきた。

猫は、警戒心の強い動物だ。たいていの野良猫は人間が近づくと逃げる。しかし、その三匹は、妙に人に懐いていた。それでも、一定の範囲には入ってこない。僕は「今日は食べ物持ってないんだよ。明日、持ってくるからね」と声をかけ、バイバイと手を振って離れた。それでも、自分を見て逃げなかった猫たちには情が移る。

翌朝、キャットフードをポケットに入れて、前日に三匹の猫に会った場所へ向かった。坂道を降りていると、犬をつれて散歩しているおばあさんが鳩に餌をやるように野原に向かって何かを撒いていた。あの三匹の猫が、その足下にいた。僕が近づく前におばあさんは犬を連れて離れ、草むらにキャットフードが少し散っていた。

「餌、くれる人がいるんだね」と話しかけながら、持ってきた餌皿にキャットフードを入れると、三匹が頭をそろえて食べ始めた。ガツガツと食べるので、やっぱり満足に食べていないのかなと思った。そのうち、あの獰猛な顔をした三毛猫が餌皿から顔を上げ、僕を見つめてニャアと鳴き、何と僕の足に身を寄せてきた。

スリスリと体をすり寄せる。匂いをつける猫の動作だとは知っているが、そんなことを野良猫にされたのは初めてだった。獰猛な顔の猫は足の間を抜けて、まとわりつく。その間に二匹は餌を完食し、一番体が小さな白と黒の二色の猫はクールに去っていく。もう一匹の三毛猫は「もっとくれよ」と言うように、ニャアと鳴いた。

そんなわけで、僕は毎朝、散歩の途中に彼らに餌をやることになった。もっとも、雨の朝と雪の朝には会えなかったので、少し心配した。どこか雨宿りできる、暖かい場所はあるのだろうかと不憫になった。雪が降った翌朝、ひどく冷え込んでいたけれど、六時半頃に利根川に着くと、遠くから僕を見つけた獰猛な顔の猫（ライオン丸と名付けた）が走り寄ってくる。

それを見て、他の二匹も近寄ってきた。三匹が僕の足に身をこすりつけ、まとわりつく。ポケットから出したキャットフードの袋を破り餌皿に入れて草むらに置くと、三匹は頭を合わせて食べ始める。その姿を見ていると幸せな気分になれた。

翌日、いつもより三十分遅くいくと、猫たちがいる畑の持ち主らしいおじさんがいた。軽トラックが停まっている。猫たちが僕に寄ってくると、おじさんは「捨て猫されちゃったんだよね」と話しかけてきた。「七月から面倒見てるんだ」と言う。聞くと、猫のために小屋を畑の横に造り、朝晩に餌を与えているという。僕が「よく人に懐いていますよね」と言うと、「人に慣れちゃって」と困ったような顔をした。

僕が「時々、餌やっているんですが、いいですか」と訊くと、「やらないでほしいな」とおじさんは言う。猫たちが餌を食べ残すとカラスがきて困ると続けた。「そうですか、わかりました」と、僕は答えた。明日から、あの子たちに足にまとわりつかれるという至福の喜びがなくなるのだろうか、と内心ではひどくがっかりしていた。

●大利根河原で有名なのは「天保水滸伝」の大喧嘩

という前振りなので、また猫について書くのかと思う人がいるかもしれない。最近、イッセー尾形主演の「先生と迷い猫」(二〇一五年)という、たぶん猫好きの人たちばかりで作った映画を見たことだし、そういう方向もあるだろうけれど、今回は「利根川」について書きたいと思う。

「利根川」が出てくる映画と言えば、「天保水滸伝」を元にしたものが浮かぶ。「天保水滸伝」は講談や浪曲で知られ、僕の世代くらいまでは長谷川伸原作の「一本刀土俵入り」(利根川沿いの取手の宿が舞台)や新国劇の「名月赤城山」などと同じように基礎教養のひとつだった。三波春夫のセリフ入りの歌「大利根無情」は、平手造酒を歌ったものである。

天保の頃、利根川下流に飯岡の助五郎というやくざがいた。一方、笹川の繁蔵という新興のやくざが勢いを伸ばしてきた。飯岡の助五郎は十手を預かり、役人との二足の草鞋を履く男である。助五郎と繁蔵は最初は親しかったのだが次第に対立することになり、ついに大利根河原で大喧嘩になる。このとき、笹川の繁蔵の助っ人に浪人の平手造酒が加わる。

一説によると、この大利根河原の喧嘩で飯岡方はかなりの人数がやられたけれど、笹川方で死んだのは平手造酒ひとりだと言われている。ただ、この大喧嘩の後にも対立は続き、繁蔵は殺され、助五郎は天寿をまっとうする。したがって、講談などでは飯岡の助五郎は悪役にされている。

講談、浪曲などで流布された「天保水滸伝」だが、活動写真と言われた頃から映像化もたびたび行われてきた。「忠臣蔵」と同じくらいの頻度だろう。平手造酒が主人公になった映画は、戦前だけでも数十本にのぼる。アメリカには、OKコラルの決闘でワイアット・アープとその兄弟に加勢するドク・ホリディ伝説があり、日本には笹川の繁蔵に加勢する平手造酒伝説があるのだ。

調べてみると、一九二五年に大久保忠素の監督で「平手造酒」という作品が作られている。大河内伝次郎が平手造酒を演じた「平手造酒」(一九二八年)はその三年後の作品だが、その三年間に平手造酒が出る映画が数本あるらしい。毎年のように作られていたのだろう。

「股旅」という言葉を作ったのは、長谷川伸だと言われている。長谷川伸は大衆演劇の祖のような人で、「一本刀土俵入り」「関の弥太っぺ」「瞼の母」「沓掛時次郎」など、多くの股旅ものの戯曲を書いた。また、門下から大勢の大衆小説家が出ている。

昔は、「一本刀土俵入り」の駒形茂兵衛のラストのセリフ「しがねぇ姿の土俵入りでござんす」とか、「瞼の母」の番場の忠太郎の「上の瞼と下の瞼をしっかり閉じりゃあ、会わねぇ昔のお袋の…」といったセリフは、誰でもが知っているものだった。同じように、「天保水滸伝」も人々の口に膾炙された物語だった。

そして、長谷川伸は自作に「天保水滸伝」の物語を取り込んだのだった。それは、飯岡の助五郎や笹川の繁蔵といった実在の人物たちが、実際に利根川の河原で喧嘩をやったことが元になっているため、また、そのことが人々に広く知られているため、自作に取り込んだのだろう。

たとえば、「瞼の母」の冒頭のエピソードでは、番場の忠太郎に憧れる若い渡世人である半次郎は、飯岡の助五郎一家に殴り込みをかけて追われることになる。また、「関の弥太っぺ」では主人公の関の弥太郎は飯岡方の助っ人になり、兄弟分の箱田の森介は笹川の繁蔵方についている。ふたりは、大利根河原で鉢合わせする。

●股旅映画には日本人の心情を描いた名作が多かった

股旅映画は、いつ頃から作られなくなったのだろう。「木枯し紋次郎」がニュー股旅ものとして人気になったのは、七〇年代前半だった。テレビシリーズを担当した市川崑監督は、リアルな「股旅」(一九七三年)という作品をアートシアター・ギルドで制作した。

市川崑監督は「帰って来た木枯し紋次郎」(一九九三年)も作っていて、もしかしたら日本映画で股旅者が主人公になった最後の映画かもしれない。時代劇だって、今ではほとんど作られていない。まして、股旅映画など、ここ何十年も見たことがない。もっとも、笹沢佐保が木枯し紋次郎を創作しニュー股旅ものがヒットするまでにも、長い空白期間があった。

しかし、六〇年代には中村錦之助や市川雷蔵が主演する、股旅映画の名作が目白押しだったのだ。錦之助には「瞼の母」(一九六二年)があり、「関の彌太ッぺ」(一九六三年)があり、「遊侠一匹　沓掛時次郎」(一九六六年)があった。市川雷蔵には「沓掛時次郎」(一九六一年)があり、「中山七里」(一九六二年)があり、「ひとり狼」(一九六八年)がある。その中でも、僕が愛してやまないのは「関の彌太ッぺ」であり、「ひとり狼」である。どちらも僕の生き方の根本に影響を与えた映画と言ってもいい。少なくとも、その二本の股旅映画を見ていなければ、(いいか悪いかは別にして)今のような僕にはなっていないだろう。

関の弥太郎は親切で人情あふれる旅人として登場し、利根川沿いの取手の宿の近くで女の子を助けて祖母の旅籠に送り届ける。しかし、訪ね当てた妹が死んでいたと知って絶望し、助っ人家業の一匹狼として十年を生き、今では凄惨な顔に変わり果てていた。飯岡の助五郎一家と笹川の繁蔵の大利根河原の喧嘩で、飯岡方に雇われた弥太郎は笹川方の助っ人に恩人がいることを知り、飯岡方を裏切る。

飯岡の助五郎一家は、裏切り者として執拗に弥太郎を追う。一方、弥太郎は十年前に助けた娘が美しく育ったことを聞いて、遠目からそっと見届けようとするが、弟分の森介が娘を助けた恩人だと偽って旅籠に逗留していることを知る。

娘と旅籠の難儀を解決しようと急ぐ弥太郎の前に、飯岡の助五郎一家が立ちふさがる。弥太郎は今は外せない用事があるから、刻限を決めてくれれば必ずいくと告げる。娘を助けた弥太郎は、今は弥太郎が本当の恩人だと気づいた娘の呼び声を振り切って、飯岡の助五郎一家が待ちかまえる場所へ一歩一歩踏みしめながら近づいていく。

その後ろ姿に「完」の字が重なり、作品完成時の撮影所内試写では絶賛されながらも「立ちまわりの直前で終わる股旅ものってありか?」という声もあがった。それでも、「監督デビュー三作めで名作を作ったな」と、山下耕作は所内で一躍話題になった。何度見ても、凄い映画だと僕も思う。何度見ても、同じところで僕は泣く。

ちなみに大利根河原の決闘を背景にしているのは、勝新太郎の代表作「座頭市物語」(一九六二年)だ。市が旅人として草鞋を脱いでいるのが、飯岡の助五郎一家である。ある日、市は釣りをしている浪人(天知茂)と知り合う。彼の名は、平手造酒。ラストは助五郎一家と繁蔵一家の喧嘩であり、市と平手造酒の一騎打ちが見せ場になっている。もっとも、助五郎も繁蔵もろくでもないやくざに描かれていて、市はどちらにも荷担しない形になる。それでも、市が友情を抱いた相手である平手造酒と、一騎打ちをせざるを得なくなるのが切ないラストだった。

六〇年代のスパイたち

コードネーム U.N.C.L.E.／0011ナポレオン・ソロ／荒野の七人／大脱走／狼の挽歌

●五十年ぶりにリメイクされた「0011 ナポレオン・ソロ」

ガイ・リッチー監督の「コードネーム U.N.C.L.E.」(二〇一五年)をおもしろく見た。六〇年代のスパイ映画の雰囲気を再現していて、懐かしさを感じてしまう。ストーリーも、いかにも六〇年代風だった。冒頭、ベルリンのチャーリー検問所を抜けて東ベルリン側へ潜入するナポレオン・ソロの描写も、スタイリッシュな映像とキレのよいカットつなぎでワクワクさせる。ソ連側スパイのイリヤ・クリヤキンの登場で、さらに期待感が盛り上がる。イリヤ・クリヤキンの追跡は執拗で、「ターミネーター2」の液体金属ターミネーターを連想させた。

CIAのナポレオン・ソロとKGBのイリヤ・クリヤキンをどうコンビにするのかと思っていたら、ナチの残党を悪役に設定し、ナチと手を結ぶ富豪のファシストが核弾頭を開発するのを防ぐのが米ソ両国の共通利益になるため、一時的に手を結ぶことになる。ナポレオン・ソロとイリヤ・クリヤキンは、それぞれ相手を出し抜けという指令を受けながら協力する形になる。そこに、イギリス情報部MI6などもからんできて、六〇年代スパイ映画の要素がほとんど入っていた。ただ、ナポレオン・ソロを演じたヘンリー・カヴィル（「マン・オブ・スティール」主演）がクラーク・ケントに見えて仕方がなかった。

「0011ナポレオン・ソロ」シリーズがテレビ放映されていたのは、僕が中学生の頃だった。東京オリンピックがあった一九六四年に始まり、四年後に終了した。その間、映画版が八本公開されている。僕は中学への通学途中で見た映画のポスターをよく憶えているのだが、あれは第一作「0011ナポレオン・ソロ／罠を張れ」（一九六四年）だったのだろうか。

ひび割れた鏡に、ソロの姿が何人も映っているシーンが配置されていた。二作目の「消された顔」（一九六五年）だったような気がする。当時、ハヤカワ・ポケットミステリではスパイものがやたらに翻訳されていたけれど、「ナポレオン・ソロ」シリーズも原作なのかノベライゼーションなのかはわからないが何冊も出版された。

ちなみに、当時のポケミスのカタログを調べてみると、マイクル・アヴァロン作「ナポレオン・ソロ／アンクルから来た男」が第一弾だった。九一九番で、ひとつ前の九一八番はドナルド・ハミルトン作「待伏部隊」である。これは、マット・ヘルムのシリーズ第六弾だった。部隊シリーズは、ディーン・マーチン主演で映画化されている。九二七番が記念すべきリチャード・スタークの第一作「悪党パーカー／人狩り」である。九三三番では「電撃フリント」が出ている。こちらはジェームス・コバーン主演で映画化された。「ナポレオン・ソロ」シリーズは短期間で発行され、九七六番「ソロ対吸血鬼」は「調査に赴いたソロとクリヤキンを恐怖のどん底に叩き込むシリーズ第八弾」と書かれている。

カタログを見て思い出したのだが、「エイプリル・ダンサー・シリーズ」というのもあった。「アンクルきっての女情報部員シリーズ」であり、その第一弾として「アンクルから来た女」（マイクル・アヴァロン作）が九八〇番で出ていた。ただし、あまり売れなかったのか、シリーズ第二弾「燃える女」以後は出ていないようだ。もっとも、同時期にギャビン・ライアルの「最も危険なゲーム」「深夜プラス1」「本番台本」が立て続けに翻訳されているし、一〇〇七番ではディック・フランシス「興奮」が「競馬スリラー・シリーズ」と銘打って翻訳された。これが、ディック・フランシスの本邦初登場だったと記憶している。半世紀前のことだった。

●「荒野の七人」の最後のガンマンもこの世を去った

先日、ロバート・ヴォーンの死亡記事が新聞に出た。「ロバート・ヴォーン＝ナポレオン・ソロ」である。彼は、ガイ・リッチー監督の「コードネーム U.N.C.L.E.」は見たのだろうかと気になった。死因は急性白血病だというから、映画公開時には健康だったのではないだろうか。八十四歳だった。「ナポレオン・ソロ」に出ていた頃、政治的野心のある俳優だと言われていた。だからスティーブ・マックィーン主演「ブリット」（一九六八年）で上院議員の役をやったのだと、まことしやかに言われた。「タワーリング・インフェルノ」（一九七四年）や「復活の日」（一九八〇年）でも上院議員の役をやっているから政治は嫌いではなかったのかもしれないが、政界に進出したとは聞いていない。

ロバート・ヴォーンを初めて見たのは、「荒野の七人」（一九六〇年）だった。ほとんどセリフのない寡黙なガンマン役である。ユル・ブリンナー以下、七人のガンマンを演じたほとんどすべての俳優が後に主演を果たした。公開当時、すでに主演作があったのはユル・ブリンナーを別にすれば、スティーブ・マックィーンとホルスト・ブッフホルツだった。スティーブ・マックィーンはマイナーな映画に主演し、テレビシリーズ「拳銃無宿」で人気が出ていた。ホルスト・ブッフホルツは、「わが青春のマリアンヌ」（一九五五年）で注目されたドイツ出身の俳優である。

ナイフの名人役のジェームス・コバーン、「七人の侍」で薪割りをやっている千秋実のエピソードをそのままに演じたチャールズ・ブロンソン、それにロバート・ヴォーンは、この映画の後に主演俳優になった。もうひとりのブラッド・デクスターは、五〇年代から八〇年代までハリウッド映画の脇役として出演しているが、特に強く印象に残る作品はない。ペギー・リーの元夫らしいけれど、詳しくは知らない。もしかしたら、「荒野の七人」出演者の中で最も長生きし、長く活躍したのは山賊の頭領を演じたイーライ・ウォラックなのではあるまいか。亡くなったのは二〇一四年で、あと半年生きていれば白寿（九十九歳）を迎えることになった。僕は「ゴッドファーザー PARTIII」（一九九〇年）のウォラックが忘れられない。

「荒野の七人」の七人のガンマンは、ロバート・ヴォーンを最後に全員が鬼籍に入った。映画が公開されて五十六年になる。ロバート・ヴォーンもスティーブ・マックィーンもチャールズ・ブロンソンもジェームス・コバーンも、みんな若かったのだなあと今更ながら感慨に耽る。マックィーンは「大脱走」（一九六三年）でブレイクし、大スターになった。低迷していたチャールズ・ブロンソンはヨーロッパに出稼ぎにいき、口ひげを生やした「さらば友よ」（一九六八年）でブレイクし、フランスとイタリアで活躍した後にハリウッドに凱旋した。ジェームス・

コバーンは「電撃フリント」シリーズで主演し、その後、サム・ペキンパー作品などで主演。晩年まで渋い脇役として活躍した。

そして、ロバート・ヴォーンと言えば、やはり「ナポレオン・ソロ」シリーズである。イアン・フレミングが作り出した「007」こと「ジェイムズ・ボンド」シリーズが映画化されて大人気になり、雨後の筍のように後から後から様々な秘密情報部員たちがデビューしたあの時代、「0011ナポレオン・ソロ」は他のスパイたちとはやはり違っていた。毎週、テレビで活躍していたこともあるだろうが、映画版だって八本も作られたのだ。「0011」を使うに当たっては、イアン・フレミングの了解をとったということだったが、映画版五作めの「ナポレオン・ソロ対シカゴ・ギャング」の原作はイアン・フレミングであり、シリーズ中、最も出来がよいと言われている。

●イリヤ・クリヤキンことデビッド・マッカラムは現役の俳優

「0011ナポレオン・ソロ」シリーズの魅力は、相棒イリヤ・クリヤキン（デビッド・マッカラム）とチーフのウェーバリー（レオ・G・キャロル）とのチームワークにあった。特に、イリヤ・クリヤキンは子供たちに人気があった。僕も好きだったし、級友たちもクリヤキン派だった。たぶん、女と見るとデレデレし、モテモテのナポレオン・ソロは子供たちにとってはイヤラシゲーな大人に見えたのだ。真面目で、女性に対して純情なイリヤ・クリヤキンに自然と好感を持ったのだろう。ガイ・リッチー作品でも、ふたりの女性に対する対応の違いは明確に描かれていた。

「荒野の七人」のうち、スティーブ・マックィーン、ジェームス・コバーン、チャールズ・ブロンソンが「大脱走」にも出演しているけれど、デビッド・マッカラムを僕が初めて見たのも「大脱走」だった。スコットランド生まれのデビッド・マッカラムはイギリス人捕虜の役で、脱走を指揮するリチャード・アッテンボローの副官の役で活躍する。

列車のホームで正体がばれ、射殺されるシーンでは僕は思わず眼を閉じた。フランクなアメリカ兵と違って、堅物で上官に絶対服従のイギリス将校役が似合っていた。真面目なキャラクターという印象が定着したのだ。

先日、WOWOWで四十六年ぶりに「狼の挽歌」（一九七〇年）を見た。チャールズ・ブロンソン演じる殺し屋が自分を裏切った女（ジル・アイアランド）を、高層ビルの外壁を昇る透明なエレベーターの中で狙撃するラストシーンが有名になった映画だ。チャールズ・ブロンソンとジル・アイアランドは実生活では夫婦だった。

その映画が公開される数年前、高校のクラスメイトに「イリヤ・クリヤキンことデビッド・マッカラムとチャールズ・ブロンソンは友だちだったけれど、マッカラムの奥さんだったジル・アイアランドを横恋慕したブロンソンが奪ったのだ」と教えられた。

以来、友だちの奥さんを奪った男という目でブロンソンを見ていた僕は、ジル・アイアランドとの共演作「狼の挽歌」（ベッドシーンまであるのだ）を見ても「いい気なもんだ」としか思えなかった。しかし、その後の長い長い人生の経験の中で、友だちの奥さんを好きになるという状況は大変一般的であり、妻の不倫相手が夫の友人というのは統計上トップになるかもしれないほど普通のことだと学んだ僕は、ブロンソンへの偏見を棄て、同時にマッカラムへの同情も棄てた。

　そのマッカラムは、ブロンソンよりずっと長生きし、今もテレビドラマ「ＮＣＩＳシリーズ」に検視官役でレギュラー出演している。八十三歳の現役俳優である。彼は、ロバート・ヴォーンの葬儀に出席しただろうか。

音のない世界で生きること

マラソンマン／奇跡の人／愛は静けさの中に／エール！

●耳鼻咽喉科の診察用椅子も歯医者の椅子に劣らない拷問器具

　一年ほど前から耳鳴りがひどくなった。特に左の耳である。三年前、定期検診で左の耳の「聴力低下」を指摘され、その後、毎年、左耳は「聴力低下」の判定結果が出る。低い周波数の音か、高い周波数の音が聞こえにくくなっているのだろう。年齢と共に聞こえる音域が狭くなるのかもしれない。しかし、聴力の低下は、「老化」だとあきらめていた。赤瀬川原平さんの言い方にならえば、「老人力がついた」ことになる。物忘れをしたり、耳が遠くなったり、歯がガタついたり、歩行に時間がかかるようになると、立派に老人力がついたわけである。

　しかし、起きている間、四六時中耳鳴りがしている状態は不快だった。「耳鳴りよ、耳鳴りよ、今日もまたおまえと私が残ったね」と歌ってばかりもいられない。四国から自宅に帰って以来、ここ数週間で特にひどくなった気がするのはなぜだろう。

　耳鳴りの原因は、ストレスの場合もあるという。家庭にストレスがあるのだろうか。とうとう我慢できず、先日、近くの耳鼻咽喉科を受診した。医者嫌いの僕が待合室で一時間近く待って診てもらったのだから、よほど耐え難かったのだ。それと、耳が聞こえなくなる不安も現実のことに思えたからだった。

　今年九十一になった父は両耳に高価な補聴器を入れているが、僕の言葉をまったく理解しない。聞こえないのだ。母親は片耳に補聴器を入れると多少は聞こえるらしく、何とか会話が成り立つけれど、実家の裏で暮らしている間、父とはほとんど筆談だった。あるいは、父のアイフォンにメールを送るしかない。父が耳が遠くなるのは、早かった。二十年前には、すでに補聴器の世話になっていたのではないか。現在よりは聞こえていたらしいが、七十歳前後でかなり耳が聞こえなくなっていたと思う。

僕は子供の頃から、父親の方に似ていると言われてきた。父と十いくつ離れた叔父がいるけれど、その叔父の子供の頃にそっくりと親戚の間でよく言われた。ということは、父の遺伝が強いのだ。だから、僕も五年もすれば耳が聞こえなくなるのだろうかと心配になる。

それに、僕は子供の頃、中耳炎で長く医者に通った。耳の炎症を冷やすために耳朶の周りに湿布薬を含ませたガーゼを巻き、三角形のビニールカバーをして生活していた。そのカバーには三カ所にヒモがついていて、頭の上をまわし顎の下で結んでいた。子供心に、ひどくカッコ悪いと思ったものだ。今は、そんな姿の子供を見かけない。治療法が変わったのだろう。

そんなわけで、一度診てもらえば安心する（？）のではないかと思い、思い切って重い腰を上げて耳鼻咽喉科の門をくぐった。ネットで調べた最も近い病院の耳鼻咽喉科の先生は女医さんとのこと。それも、ハードルを低くした要因かもしれない。

その日も起きたときから耳鳴りがおさまらず、待合室で座っている間にもキーンという音が耳の奥で続いていた。診察の結果は「中耳に問題がある。耳抜きができないでしょ」とのこと。治療はまず左の鼻に空気を通し、細長い金属の鉗子のようなものを耳管と喉と鼻腔が一緒になるところに差し込み、空気を噴出しながら薬を吹き付けるという。「動くと危ないので動かないこと。少し痛いです」と女医は言った。


そのとき、僕は「マラソンマン」（一九七六年）を思い出した。何十年前であっても、あのシーンは絶対に忘れられない。歯医者の椅子に座らされたダスティン・ホフマンが元ナチの医者ローレンス・オリヴィエに拷問されるシーンだ。ダスティン・ホフマンは麻酔なしで歯を削られるのである。

あの、歯を削る機械がキーンと回転する音は、まるで耳鳴りの音のようではないか。耳鼻咽喉科の診察用椅子も、歯医者の椅子に劣らない拷問器具に変わる。ホントに痛かったし、治療が数十秒だったから我慢できたけど、あれを数分続けられたら「勘弁してください。何でもします」と僕は言うだろう。

●「音」の記憶だけで少年時代からの生涯を描いた開高健の小説

目を瞑ると視覚を休めることはできるが、聴覚は休むときがない。そういう意味では、嗅覚も触覚も同じだけど、視覚と聴覚は人間の五感の中でも大事だし働き者だと思う。さらに耳はどんな音も聞いてしまうが、人間の聴覚には聞きたいものを選び出す能力があるらしい。雑踏の中で友人が話す言葉を聞き取れるのは、そうした選別能力のおかげだという。

補聴器をしている人の話を聞くと、雑踏の中での会話が一番わからないそうだ。人の声も雑音も同じ音のレベルとして受信するからだろう。人間の能力は不思議である。

開高健に「耳の物語」という長編小説がある。少年時代から大学卒業までを描いた「破れた繭」、寿屋（サントリー）に入社し芥川賞を受賞して作家になった頃までを描いた「夜と陽炎」の二巻本として新潮文庫から出ていたが、その後、文庫ぎんが堂で一冊にまとまった。

開高健は自伝的（十九歳で父親になった）小説をたくさん書いているけれど、「耳の物語」は聴覚の記憶を中心にした自伝小説である。文庫の裏表紙には「幼い日の耳に残る草の呼吸、虫の羽音。焼夷弾の不気味な唸り。焼け跡の上を流れるジャズのメロディ。妻と娘が浴びせかける罵声。アラスカで聞いたバロックの名曲…。『音』の記憶をたよりに生涯を再構築」とある。

開高健と言えば、味覚の人である。昔、「新しい天体」というグルメ小説を読んだら、描き出される食べ物をすべて食べたくなった。今でも、その中で紹介されたタレで食べるたこ焼きの「明石焼き」、宍道湖で獲りたての白魚を辛子醤油につけて食べる「踊り喰い」などを憶えている。

短編「ロマネ・コンティ」を読めば高価なワインを飲みたくなるし、アマゾンやゴビ砂漠の旅行記を読めば、その土地で食べる豪快な食事を実際に食べたくなる。その開高健が聴覚の記憶を連ねた「耳の物語」は、「輝ける闇」「夏の闇」ほどの感銘深さはないが読んでみると不思議な世界が体験できる。

「耳の物語」を読んで、僕も自分の耳の記憶を探ってみたことがある。しかし、いくら甦らせようとしても、最初の音の記憶がわからない。五、六歳の頃に親戚の誰かが口にした言葉が浮かんできたり、ラジオ放送の断片が浮かんできたりしたものの、明確に思い出せるものがない。小学生の後半くらいからは、あのときにこんな音楽が流れていたとか、あのときにこう言われたといった記憶を時系列で浮かべることができる。

テレビ番組の主題歌などを人々が懐かしがるのは、それが耳の記憶だからだろう。僕も「月光仮面」や「怪傑ハリマオ」の主題歌が、当時の音で甦る。中学生の頃に商店街のスピーカーから流れていたシルヴィー・バルタンの「アイドルを探せ」も甦ってきた。

映画だって音の記憶から甦る場合がある。トーキーになって以降、映画を構成するのは映像と音である。視覚と聴覚を働かせなければ、映画は楽しめない。映画の音には、セリフやナレーション、効果音、音楽がある。その中で特に映画の記憶と密接に結びつくのが音楽だ。

「太陽がいっぱい」のニーノ・ロータが作った音楽を思い出すと、十三歳の僕自身の姿が甦る。「サウンド・オブ・ミュージック」や「ＨＥＬＰ！四人はアイドル」なども、僕の中学生時代の思い出だ。だから、聴覚に傷害を持つ人の「音のない世界」のことは想像もできなかった。

●映画の中の描かれ方が違ってきたのは人々の意識の変化か？

ヘレン・ケラーは戦前に日本を訪れ、「見えず・聞こえず・話せない三重苦の人」なのに健常な人に勝る偉業を成し遂げた女性として日本人を驚かせた。それから何十年かして「奇跡の人」（一九六二年）が公開された。タイトルはヘレン・ケラーその人を指すのだと僕は思っていたが、原題（直訳すれば「奇跡の労働者」）を知って、幼いヘレンに文字を教え知性を甦らせたサリヴァン先生がタイトルになっているのだとわかった。

確かに、視覚と聴覚を失い、その結果、言葉を理解できず話せない少女に言葉を教えることは奇跡的な仕事である。だからこそ、井戸端で水を手に受けたヘレンが「ウォーター」の意味を理解する瞬間が感動的なのだ。彼女には触覚しかない。あのシーンを思い出すと僕はいつも、人間はすばらしいと実感する。

同じように僕が忘れられない聾唖者の物語に、「愛は静けさの中に」（一九八六年）がある。「奇跡の人」と同じく原作は舞台劇である。島の聾学校に赴任した教師ジェイムズ（ウィリアム・ハート）は、学校の雑用係として働くサラ（マーリー・マトリン）と出会う。

彼女は聾学校の生徒で優秀だったが、今は堅く心を閉ざしている。ジェイムズはサラに惹かれ、やがてふたりは愛し合うようになる。一緒に暮らし始めたふたりだが、サラにはジェイムズは自分を愛しているのではなく、憐れんでいるのではないかという疑念が消えない。

「愛は静けさの中に」は実際の聾唖者であり、映画出演は初めてのマーリー・マトリンをヒロインに抜擢し大成功した。彼女は、この作品でアカデミー主演女優賞を受賞し、手話で挨拶する姿を観客たちはスタンディング・オベイションで称えた。

しかし、同じく主演男優賞を受賞したウィリアム・ハートは、長時間演台を独占してしゃべりまくり、観客をシラケさせた。映画の役が感動的だっただけに、受賞挨拶を利用して己の考えを主張するウィリアム・ハートの姿は共感を呼ばなかった。同世代（理屈っぽい世代だ）の俳優としてウィリアム・ハートが好きだった僕は残念に思った。

昨年、「エール！」（二〇一四年）というフランス映画を見た。フランスの田舎で農業を営むベリエ一家は父母とポーラと弟の四人家族だが、両親と弟は聴覚障害者である。家庭内では手話で会話し、ポーラは家族と村の人たちとの意志疎通の手助けをしている。買い物にも一緒にいき店の人に手話を通訳するし、父親が村長の方針に反対し選挙に立候補したときには、父親の手話での演説を通訳する。

家族でひとりだけ耳が聞こえるから、彼女にはいろんな負担がかかってくる。しかし、まだ十代半ばの少女だ。自分がいなければ家族が困るとわかっていても、様々な悩みが生まれることになる。

ある日、音楽教師がポーラの声に驚く。彼女の音楽的才能を見い出し、その歌声は奇跡的だと絶賛する。彼女が淡い恋心を抱いていた男子生徒とふたりでデュエットすることになり、ポーラは家族に内緒で練習を続ける。教師はパリの音楽学校のオーディションを受けることを強く勧め、ポーラは迷いながらも受験を決意する。

しかし、彼女の歌声を聴けない（才能を実感できない）家族は理解を示さず、ポーラも自分がいなくなれば家族が困ることになると思いオーディションをあきらめる。しかし…、という物語である。この作品では、聴覚障害の父母と弟が普通に描かれていて、僕は好感を抱いた。

かつては、障害者に対して過剰に思い入れた作品が多かった。センチメンタリズムに彩られた描き方だった。しかし、世の中の意識が変化したせいか、聴覚障害があるとしても、それは「怒りっぽい人」「涙もろい人」のような性格描写と同じような捉え方で、「耳は聞こえません。それが何か？」という感じの描き方になっている。

「愛は静けさの中に」では、「耳が聞こえないことに対する同情を、男は愛だと思っているのではないか」という疑念が聴覚異常のあるヒロインを苦しめた。その中から、「障害者の真の意味での精神的自立とは？」というテーマが浮かび上がってきた。まだ、社会に対してそんなメッセージを送らなければならなかった時代だった。

しかし、二十八年後に制作された「エール！」が描く世界はまるで違った。両親はあけっぴろげで、子供たちの前でも手話で愛を交わしセックスについて話をし、弟は耳が聞こえないことを利用（ちょっと問題ある言葉かもしれないが、まあそんな感じなのだ）して姉の友だちを口説き、ちゃっかりセックスするし、ポーラはそんな家族を負担に思ったり、時には怒鳴ったりする。

「エール！」を見ていると、耳が聞こえないことはちょっと不自由だけど、聞こえる人とそんなに大きな違いはないよ、と思えてくるのだ。たぶん、人々の意識が「障害者は特別な存在ではない」という認識に変わってきたのだろう。そういう変化は、僕には歓迎すべきことに思える。

2017

映画がなければ生きていけない

いかがなものかな、大統領

マーガレット・サッチャー　鉄の女の涙／ディア・ハンター／恋におちて／マディソン郡の橋

●「おまえのかーちゃん、でーべそ」という類の子供の喧嘩レベル

ドナルド・トランプが好きになれない。というより、嫌悪を感じる。顔を見ると虫酸が走る。その言動は下劣で、下品で、見ている方が恥ずかしくなる。マルティン・ベックのシリーズに「唾棄すべき男」というタイトルがあったと記憶しているが、その言葉が浮かんでくる。

野卑で、感情的で、子供っぽくて、差別的で、攻撃的で、とにかく僕が嫌いな要素をすべて体現しているかのようだ。人格高潔な人物が大統領になるとは限らないが、ニクソン、ロナルド・レーガン、ブッシュ（息子の方）にも増して僕が嫌いなアメリカ大統領が誕生してしまった。僕がアメリカ国民だったら、耐えられないだろう。カナダへ逃げ出したくなる。

メリル・ストリープもそう感じていたのかもしれない。ゴールデングローブ賞で功労賞的なセシル・B・デミル（代表作は「十戒」かな）賞を受賞したときのスピーチ映像を見たが、トランプの名前は出さず理性的な言葉を連ねていたものの、寸鉄人を刺すような批判だった。

トランプが自分に批判的な記事を書いた記者の身体的障害をネタに嘲笑したことを批判し、彼女のスピーチに人々は聞き入っていた。人前で誰かを批判するのであれば、彼女のように人々の共感を得られるような言葉を選ぶべきだと僕は思った。聞いていても不快にならないし、深い説得力に充ちていた。感動的だった。誹謗・中傷・悪声・罵倒・罵詈雑言で相手を侮辱し、罵り続けるトランプとは大違いだ。

メリル・ストリープのスピーチがニュースで話題になると、トランプは例によってツイッターで下品な反論をしつこく続けた。「ハリウッドで過大評価されているメリル・ストリープ」というフレーズには僕もちょっと笑いそうになったけれど、相変わらずの下劣さである。「おまえのかーちゃん、でーべそ」という類の子供の喧嘩レベルの反論は、本人の知性レベルがゼロだと告白しているようなものではないか。

もっとも、僕も昔からメリル・ストリープのことを「メリル・あたしうまいでしょ・ストリープ」と呼んでいて、その演技は鼻につくところがあるなと感じていたので、「過大評価されている女優」というフレーズに思わず笑ってしまったのだ。

しかし、僕がメリル・ストリープを「うますぎて鼻につく」ように感じ始めたのは最近のことだ。昔、杉村春子の演技に舌を巻いたが、メリル・ストリープに対するものもそれに近い。何をやっても評価され、何度もアカデミー主演女優賞を受賞した女優である。最近では「マーガレット・サッチャー　鉄の女の涙」（二〇一一年）を見て、嫌みなくらいうまいなあ、と思

ったものだ。

「クレイマー、クレイマー」（一九七九年）でアカデミー助演女優賞、ウィリアム・スタイロンの小説の映画化「ソフィーの選択」（一九八二年）でアカデミー主演女優賞を受賞した頃、ハリウッド一番の名女優だなと素直に僕は思っていた。そう言ってては何だが、それほどの美女ではない。演技力が彼女の武器だった。

一九四九年生まれのメリル・ストリープは、僕の兄と同い年になる。日本で言えば団塊の世代、アメリカではベビーブーマーのひとりだ。僕とは二歳しか違わないのだが、昔からずっと年上の名女優という気がしていた。

映画デビューは「ジュリア」（一九七七年）だそうだが、あの映画では、女優はリリアン・ヘルマン役のジェーン・フォンダとジュリア役のヴァネッサ・レッドグレーブしか記憶に残らない。男優では、ダシール・ハメット役のジェーソン・ロバーツが忘れられない。しかし、メリル・ストリープは何の役だった？　僕が初めてメリル・ストリープという女優を記憶に刻んだのは、「ディア・ハンター」（一九七八年）だった。

●公開前から非常な評判になっていた「ディア・ハンター」

「ディア・ハンター」の日本公開は一九七九年三月だったけれど、公開前から非常な評判になっていた。当時は、ずいぶんテレビで映画紹介番組があった。僕は、公開前にイヤになるくらいロシアン・ルーレットのシーンを見たものだ。

ベトナム戦争に従軍したロバート・デ・ニーロやクリストファー・ウォーケンなど故郷の仲間たちがベトコンの捕虜になり、河を利用して作られた水牢に入れられている。ひとりずつ捕虜が連れ出され、ロシアン・ルーレットを強要され、ベトコンたちの賭の対象にされる。水牢に死んだ捕虜の体が無造作に投げ入れられ、彼らの恐怖は極限に高まっている。やがて、デ・ニーロとウォーケンが連れ出され、ロシアン・ルーレットを強要される。

公開の年は、アメリカ軍がサイゴンから撤退し、ベトナム戦争が終結してから四年も経っていなかった。日本では「ベトナムに平和を！市民連合」（べ平連）に参加していた人たちは多かったし、ベトナム戦争ではアメリカ軍が悪役だった。六〇年代末、「ホ、ホ、ホーチン」と北ベトナムの指導者ホーチミンを讃える歌を、有名なフォーク歌手が歌っていたくらいである。

だから、左翼系知識人の中には、「ベトコンがあんな残酷なことをするわけがない」と主張し、「ディア・ハンター」を反動映画扱いする人たちもいた。また、「米帝（米国帝国主義）のお先棒を担ぐ映画だ」と批判する人もいた。

しかし、映画の力は圧倒的だった。三時間のあいだ、僕が映画館の椅子の背もたれに背中をつけたのは十分もなかったのではないか。ずっと身を乗り出し、スクリーンを食い入るように見ていた。特にロシアン・ルーレットのシーンは手を強く握りしめていたのを憶えている。

「いい映画」や「好きな映画」にはけっこう出会えるが、「すごい映画」にはなかなかぶつからない。「ディア・ハンター」は、極め付きの「すごい映画」だった。「ゴッドファーザーPARTII」(一九七四年)や「タクシードライバー」(一九七六年)ですでにスターになっていたロバート・デ・ニーロのうまさを改めて実感し、初めて見たクリストファー・ウォーケンの繊細さと青い目に魅了されたものだった。

メリル・ストリープの出演場面は、それほど多くはなかった。前半の一時間近くは故郷の田舎町での結婚式が延々と続くけれど、メリル・ストリープとクリストファー・ウォーケンが淡い恋仲で、ロバート・デ・ニーロの複雑な感情が描かれる。その後、唐突にベトナムの戦闘シーンになり、ジャングルでの戦いが続く。

やがて捕虜になり、何とか生還するが、クリストファー・ウォーケンは行方不明となり、ロバート・デ・ニーロは英雄として故郷に帰る。しかし、町の入り口に張られた自分の帰還を歓迎する横断幕を通り過ぎ、デ・ニーロは歓迎式典に顔を出さず、メリル・ストリープと再会する。そのときの微妙な感情の交錯が印象に残る。美人じゃないけど、うまい女優だなあ、と僕は思った。

あれから三十六年が経ち、こんな大女優になるとは想像もしなかった。「ディア・ハンター」出演のとき、すでに三十近かった彼女は、現在、六十七である。「ディア・ハンター」で共演したロバート・デ・ニーロは、一九四三年生まれで、彼女よりは六歳上。今年、七十四歳になる。

その後、ふたりはハリウッドを代表する演技派になり、役作りのために自在に太ったりやせたりするデ・ニーロは「演技オタク」とまで言われ、メリル・ストリープはすれっからしの映画ファンである僕などに、「嫌みなほどうまい」とか「うますぎで鼻につく」などと言われるようになった。しかし、お見逸れしました、と僕は謝るしかない。ゴールデン・グローブ賞の数分間のスピーチは、何にも勝る名演技でしたと…。

●「恋におちて」のメリル・ストリープの葛藤する演技も見事

「ディア・ハンター」の後、メリル・ストリープとロバート・デ・ニーロが本格的に共演した作品に「恋におちて」(一九八四年)がある。家庭のある中年男女の恋愛を描いて秀逸だった。デビッド・リーン監督の「逢びき」(一九四五年)を下敷きにしているという話だったが、あまりそんな気はしなかった。

八〇年代のアメリカだから、ヒロインはグラフィックデザイナーという仕事をしているし、ふたりが逢い引きを続けるのはニューヨーク・マンハッタンに通う通勤列車の中である。ふつうの男がふつうの女性に恋をして、次第にのっぴきならないところまで高まり、結局、家庭と恋のどちらをとるかまで追い込まれる。ただのラブ・ロマンス作品にならなかったのは、デ・

ニーロとメリル・ストリープ主演だからだろう。

　恋する女の切なさが観客の心に響いてくるのは、ベストセラー小説をクリント・イーストウッドが映画化した「マディソン郡の橋」（一九九五年）である。このとき、メリル・ストリープは原作のヒロインより実年齢は若かったが、初老の女性の揺れる心理を表現して絶妙の演技を見せた。

　監督のイーストウッドのうまさもあるのだが、夫とヒロインが乗る車の後ろにイーストウッドのピックアップトラックが信号で停車するところは、映画史に残る名シーンである。一言もセリフはなく、それぞれの車に乗る男と女の表情、ウィンカの点滅、車のドアの取っ手、信号のアップなどが交錯し、ふたりの心理を表現する。結局、ヒロインは車を降りず右折し、男は左折して別れてゆく。

　その「マディソン郡の橋」に劣らず、「恋におちて」のメリル・ストリープの葛藤する演技も見事だ。ふたりはマンハッタンに逢い引きのための部屋を借り、結ばれるために部屋にいく。しかし、夫と子供のいるメリル・ストリープは家庭を裏切れない。デ・ニーロの方も妻と子供の顔がちらつく。

　ふたりは何もせずに別れるが、デ・ニーロの様子をいぶかしんだ妻は問い詰め、「何もなかったんだ」と言い訳するデ・ニーロに「なお、悪いわ」と言い返す。彼女は夫を許すことができずに家を出ていく。そんなものかなと僕は思い、妻に正直に話さない方がいいこともあるのだと学んだ。当時、僕は結婚して十年、幼いふたりの子供がいた。「恋におちて」のような状況ではなかったが、デ・ニーロが演じたふつうの男には、なんとなく共感したものだった。

　そのデ・ニーロも昨年のアメリカ大統領選挙期間中、ドナルド・トランプの女性蔑視の会話が公開された後、「私はトランプの顔を殴ってやりたい」と発言し、世界にニュースとして流れた。そんなストレートなコメントをしたデ・ニーロに、僕は喝采を送ったものだった。

　僕だって、トランプの顔を殴りたくなったし、今だって殴りたくなる気分はおさまっていない。先日の記者会見を見ていて、さらに嫌いになった。というより、あきれ果てたというべきだろうか。トランプを見ていると、世界は悪い方にしか向かっていない気分になってくる。メリル・ストリープが発言したくなった気持ちがよくわかった。彼女にとっては、自分の国の大統領なのだから…。

プリンセス・レイアは戦うヒロインだった

スター・ウォーズ／スター・ウォーズ　フォースの覚醒／ブルース・ブラザース／ハリウッドにくちづけ

●メリル・ストリープが言った「友人で親愛なる去りしレイア姫」

メリル・ストリープがゴールデン・グローブ賞での受賞スピーチでトランプ批判をしたことは世界的なニュースになったけれど、その最後は「私の友人で親愛なる去りしレイア姫がかつて言ったように、砕かれたハートをもってアートにしましょう」という言葉で締めくくられた。

プリンセス・レイアことキャリー・フィッシャーは昨年の暮れ、十二月二十七日に飛行機の中で心臓発作を起こし、そのまま亡くなった。六十歳では早すぎる。「スターウォーズ・フォースの覚醒」（二〇一五年）で久しぶりにレイア役としての姿を見たのに残念だ。

ところで、メリル・ストリープが「友人で親愛なる去りしレイア姫」と言ったとき、「ああ、そうか。メリル・ストリープは『ハリウッドにくちづけ』で、キャリー・フィッシャー自身を演じていたな」と僕は思い出した。メリル・ストリープはキャリー・フィッシャーよりかなり年上だと思っていたので、最初はふたりの結び付きがピンとこなかったのだ。

調べてみると、メリル・ストリープの方が七歳年上だったけれど、女優として日本で知られたのはキャリー・フィッシャーの方が早かった。彼女は、日本でも公開前から大騒ぎになった「スター・ウォーズ」（一九七七年）のヒロインなのである。メリル・ストリープは、まだ「ディア・ハンター」（一九七八年）さえ公開されていなかった。

「スター・ウォーズ」の日本公開は、アメリカ公開の翌年一九七八年の夏だった。アメリカでの評判が凄くて、雑誌（「スターログ」など）が大々的に特集したりした。「キタキツネ物語」（だったと記憶している）が大ヒットして儲かったフジテレビの映画製作チームはジェット旅客機をチャーターし、スタッフ全員でアメリカまで「スター・ウォーズ」を見にいったという話まであった。

待ちきれない人たちの間では「スター・ウォーズ」をアメリカまで見にいくことが流行し、帰国して自慢そうに映画について報告した。テレビに登場する映画リポーターと称する人たちも、「冒頭の宇宙船のシーンが凄い」とか、「ライト・セーバーという光るサーベルでの戦いが美しい」などと喋り散らした。

勤めて二年目、結婚して一年半の僕にはアメリカまでいく資金も時間もなかったから、そんな騒ぎを横目に見て「チッ、どうせ特撮を売り物にしたスペースオペラだろ」と皮肉な笑みを浮かべて切り捨てた。「子供だましみたいなものさ」と、あまり振りまわされないようにしていた。

会社の先輩と後輩にSF映画好きがいて、あまりに騒ぐので反発したこともあったのだろう。しかし、社会現象になるほど騒がれれば、気にならないわけがない。翌年の夏休みを当て込んで公開された「スター・ウォーズ」は大ヒットしたが、僕は世間が静まり始めた頃に人目を忍んで（？）見にいった。そして、ファーストシーンから圧倒された。

銀河系を舞台にした正邪の戦いという物語の設定はシンプルなので、冒頭で背景を説明し、いきなり巨大な宇宙船の腹を見せるというハッタリは成功していた。あれで、観客は物語の中に引き込まれる。巨大な宇宙船に小さな宇宙船が引き込まれ、邪悪そうなダースベイダー（あの息と声！）が登場し、可憐なプリンセス・レイアが捕らわれる。

プリンセス・レイア役に最後まで残ったのがキャリー・フィッシャーとジョディー・フォスターだったそうだが、日本ではほとんど無名だったキャリー・フィッシャーに決まったから、プリンセス・レイアの新鮮さが映画にマッチし、キャリー・フィッシャー＝プリンセス・レイアになったのだ。

しかし、三年後、「スター・ウォーズ　帝国の逆襲」（一九八〇年）が公開されたとき、三年間での容貌の変化に僕は戸惑った。少女の面影を残していたキャリー・フィッシャーは完全な大人の女性になったわけだが、三年後のプリンセス・レイアが初めて登場したときには僕はちょっと唖然とした。

同じように、美少年の雰囲気を持っていたルーク・スカイウォーカー役のマーク・ハミルも、少年から大人になってしまい容貌が変わっていた。「おまえは、桜木健一か」と、僕はスクリーンに向かって突っ込んだものだ。何となく似ていたのだ。テレビ「柔道一直線」で有名になった桜木健一も、その後は「仁義なき戦い」のチンピラ役が目立ったくらいで、あまり見かけなくなっていたけれど…。

●キャリー・フィッシャーは麻薬中毒を克服し文才を発揮した

「スター・ウォーズ　帝国の逆襲」と同じ年に作られたヒット映画「ブルース・ブラザース」（一九八〇年）に出演したキャリー・フィッシャーは、強烈な印象を僕に残した。「おいおい、あれがプリンセス・レイアかい？」と思ったものだ。ジョン・ベルーシを機関銃で撃ちまくるクレイジーな元カノ役である。

後に知ったのだが、キャリー・フィッシャーが麻薬におぼれることになったのは、もしかしたらこの映画でジョン・ベルーシと共演したことがきっかけになっているのだろうか。ジョン・ベルーシは薬物の過剰摂取で死んでしまったが、キャリー・フィッシャーは麻薬中毒を克服し、文才を発揮して六十年を生ききった。

キャリー・フイッシャーが麻薬中毒になった自らの経験と、世界中で誰もが知っているミュージカル・スターだった母親との葛藤を小説にして発表したのは、「スター・ウォーズ　ジェダイの復讐」（一九八三年）から六年後のことだった。日本で翻訳が出たのは一九八九年の晩秋である。

朝日新聞の書評欄で紹介された「崖っぷちからのはがき」という本が、キャリー・フイッシャーが書いた自伝的な小説だと知って僕は驚いたものだ。その年の暮れ、僕は久しぶりにキャリー・フイッシャーをスクリーンで見た。彼女はヒロインの友人役だった。その映画「恋人たちの予感」（一九八九年）では、ヒロイン役のメグ・ライアンが輝いていた。

「崖っぷちからのはがき」は「ハリウッドにくちづけ」（一九九〇年）として映画化され、キャリー・フイッシャー役をメリル・ストリープ、母親のデビー・レイノルズ役をシャーリー・マクレーンが演じ、新旧ふたりの名女優の演技合戦が話題になった。

キャリー・フイッシャーは自ら脚本も書いた。監督はマイク・ニコルズ。母娘の複雑な関係、心理的なやりとり、お互いの葛藤などを細かく描写する名監督である。僕はデビー・レイノルズと言えば「雨に唄えば」のヒロインしか浮かばなかったが、彼女が人気歌手のエディ・フイッシャーと結婚しキャリー・フイッシャーを生み育てたことを、その映画を見て実感した。

ちなみに、父親のエディ・フイッシャーの結婚歴は凄い。エリザベス・テイラー、コニー・スティーヴンス、デビー・レイノルズの三人を妻にしている。美女ばかりだ。そんな父親と母親を持ったキャリー・フイッシャーは、ハリウッドのサラブレッドだった。プリンセス役としては、最適だったのではあるまいか。

「スター・ウォーズ」でプリンセス・レイアを演じ、薬物依存から立ち直り、女優として仕事を続け、また、脚本の執筆も行った才女である。残念ながら十二月二十七日に六十で亡くなったが、母親のデビー・レイノルズも娘の後を追うように翌日の二十八日、突然に亡くなった。娘の葬儀の相談をしているときだったという。

昨年の暮れ、僕は毎日続いた訃報に驚いてばかりいた。キャリー・フイッシャーに続くデビー・レイノルズの死には「娘が呼んだのだろうか」と思い、その翌日の二十九日、根津甚八の六十九歳の死を惜しんだ。石井隆監督作品「ＧＯＮＩＮサーガ」（二〇一五年）で別人かと思うほど容貌が変わってしまった根津甚八を見て、僕は目を疑った。それが、彼の最後の映画出演になってしまったのだ。

唐十郎の紅テントに出ていた根津甚八を見たことがなかった僕は、「娘たちの四季」というテレビドラマで初めて彼を見て、何という存在感を見せる役者かと驚いたことを今も憶えている。長女役の夏圭子の相手のＣＭディレクター役だった。有名な遺書を残し自殺したＣＭディレクター、杉山登志をモデルにしているのではないかと僕は思った。

●「最近のハリウッドは戦うヒロインばかり求められる」と嘆く

コメディ出演が多いトボケた二枚目ヒュー・グラントがアカデミー賞女優マリサ・トメイを相手役にして出演した「Re：

LIFE～リライフ～」（二〇一四年）は「ノッティングヒルの恋人」ほど長く愛される作品にはならないだろうが、ヒュー・グラントらしい演技が見られる楽しい作品だった。

十数年前にアカデミー脚本賞を受賞した名作を書いたヒュー・グラントは、その後は鳴かず飛ばずで今はまったく仕事がない。エージェントから遠い州のカレッジでシナリオ創作コースを教える仕事を紹介され、嫌々ながら生活のために講師を始めることになる。

その映画の中で、ヒュー・グラントは「最近のハリウッドは、戦うヒロイン、強い女ばかりが求められる」と嘆く。そのセリフに僕は笑ってしまった。

ハリウッド映画で「強い女」と言われて、真っ先に浮かぶのが「エイリアン2」（一九八六年）のリプリーことシガニー・ウィーヴァーである。一作めの「エイリアン」（一九七九年）でも彼女は孤軍奮闘し、たったひとり生き残ったが、「戦うヒロイン」と言えば「エリイアン2」が強烈な印象を残す。

少女をエイリアンにさらわれたリプリーが手榴弾や銃を装備するシーンでは、僕はスタローンの「ランボー」（一九八二年）やシュワルツェネッガーの「コマンドー」（一九八五年）を連想した。監督のジェームス・キャメロンは戦うヒロインが好きらしく、「アビス」（一九八九年）のメアリー・エリザベス・マストラントニオ、「ターミネーター2」（一九九一年）のリンダ・ハミルトンなどを創り出した。

しかし、ハリウッド映画のヒロイン像を変えたのは、「スター・ウォーズ」のプリンセス・レイアことキャリー・フィッシャーではなかっただろうか。それまでのプリンセスは、男たちに守られるか弱い女性だった。強いヒーローに守られる聖なる女性という構図である。

七〇年代のウーマン・リブによってハリウッド映画におけるヒロインの描かれ方も変わり始めていたが、「戦うヒロイン」がはっきりと登場したのはプリンセス・レイアだったのではないだろうか。

六〇年代後半から始まったニューシネマでは「弱い男」「泣く男」たちが描かれ、「自立するヒロイン」が登場した。しかし、シリアスなドラマが多く、スペースオペラのような作品で「戦うヒロイン」が登場するまでには至らなかった。

今も、僕は憶えている。ルークが宇宙船の狭い部屋に閉じこめられていたプリセス・レイアを救い出したとき、プリンセス・レイアは先頭に立って銃を構え、宇宙船の中を走っていったことを。彼女はルークやハン・ソロを従えた、戦うヒロインだったのだ。

その流れは、「スター・ウォーズ　フォースの覚醒」のヒロインへとつながっている。プリンセス・レイアことキャリー・フイッシャーはハリウッドのサラブレッドであり、ハリウッド映画に多大な貢献をした。現在では六十年は短いけれど、メリル・ストリープに「親愛なる去りしレイア姫」と惜しまれる人生である。充実した人生だったのではないか。

若き写真家が撮った永遠のスター

ディーン、君がいた瞬間／エデンの東／理由なき反抗／ジャイアンツ

●入場料を払って見にいっていた海外の写真家の展覧会

もう三十年近く前のことになるだろうか。写真家のデニス・ストックがジェームス・ディーンを撮った写真展を日本橋のデパートで見たことがある。ニューヨークの街角でロングコートを着てたばこを吸うジェームス・ディーン、故郷の農場で作業服でたたずむジェームス・ディーンなど、映画では見せない表情が新鮮だった。

特にメガネをかけた姿が珍しく、自然な日常が写っている印象を受けた。そのとき、図録を買って帰り、ときどき見返していたが、数年前に写真集関係は処分してしまった。

僕は四十年の出版社勤務で三十年を編集者として過ごし、十年を管理部門で働いた。三十年の編集者生活のうち半分の十五年ほどは、カメラ雑誌の編集部だった。アマチュア向けのカメラ誌に合計で十数年、広告写真の専門誌に三年ほど在籍した。

そんな関係から写真集や写真関係の書籍がかなりたまったのだ。写真集は購入したものもあるし、贈呈されたものも多かった。写真展にいくと必ず図録を購入したから、いつの間にか本棚ひとつが写真関係の書籍ばかりになった。

メーカー・ギャラリーは新宿や銀座にいくつもあり、週替わりで写真展が開かれている。それをすべて見るのは無理だったが、機会があれば見るようにしていた。入場料を払って見にいっていたのは、海外の写真家の展覧会だった。ロバート・キャパ、アンリ＝カルチェ・ブレッソン、ロベール・ドアノー、アーヴィング・ペン、ダイアン・アーバス、エリオット・アーウィット、ヘルムート・ニュートン、サラ・ムーン、ロバート・フランクなどなどである。そんな写真展では、必ず図録を買っていた。

デニス・ストックのジェームス・ディーン写真展もその流れで見にいったのだけれど、見にきている人たちがいつもの写真展とは違っていた。ジェームス・ディーンのファンらしき人々なのである。ジェームス・ディーンの映画が日本で公開されたとき、すでに彼は事故死していたこともあり、早くも伝説になっていた。一九五六年、僕はまだ五歳になっていない。ジェームス・ディーンに夢中になったのは、僕よりひとまわり上の年代の女性たちであり、「理由なき反抗」（一九五五年）のジミー（赤いブルゾンにブルージーンズ）に憧れた少年たちである。その写真展当時、彼らは五十代になっていた。

ジェームス・ディーンは一九三一年二月八日に生まれ、一九五五年九月三十日に二十四歳で亡くなった。「エデンの東」（一九五四年）「理由なき反抗」「ジャイアンツ」（一九五六年）の三本の主演作を遺した。事故死したのは「ジャイアンツ」の撮影が終了した直後のことだった。主演デビュー作「エデンの東」ではアカデミー賞候補になっている。若冠二十三歳だった。

僕はダグラス・サークの作品で、ワンシーンだけ出てきた端役のジェームス・ディーンを見たことがある。「僕の彼女はどこ?」（一九五二年）かもしれない。

●ニコラス・レイ監督のパーティに参加する若きデニス・ストック

カメラマンが主人公の映画はいくつか挙げられるが、実在の写真家を主人公にした作品はあまり思いつかない。最近では「アニー・リーボヴィッツ　レンズの向こうの人生」（二〇〇七年）があるが、あれはアニー・リーボヴィッツ自身を撮ったドキュメンタリーだった。

ニコール・キッドマンがダイアン・アーバスを演じた「毛皮のエロス／ダイアン・アーバス幻想のポートレイト」（二〇〇六年）なんて映画もあったけれど、「何だかな?」という感じである。若きデニス・ストックと「エデンの東」公開前のジェームス・ディーンを描いた「ディーン、君がいた瞬間《とき》」（二〇一五年）は、短期間のふたりの交流を事実を基に描いており、僕は面白く見た。

一九五四年の暮れ、ニコラス・レイ監督のパーティにフラッシュを付けたカメラを首から提げて参加する若きデニス・ストックから映画は始まった。ニコラス・レイ監督に会ったデニスは、「この前の作品でスチールを担当したデニス・ストックです」と言う。スチールカメラマンのことなど覚えていない映画監督は「楽しんでいってくれ」と答え、横にいたナタリー・ウッドを紹介する。彼女はニコラス・レイ監督の次回作「理由なき反抗」のヒロイン役が決まっている。今は主演俳優の候補を選んでいるところだという。

パーティになじめず、ひとりでプールサイドに出たデニス・ストックは、そこで若い俳優のジェームス・ディーンと出会う。ジェームス・ディーンは「エデンの東」の試写会にデニス・ストックを誘い、試写を見たデニスはジェームス・ディーンが主演であることに驚く。

ジョン・スタインベックの小説をエリア・カザンが監督した話題作である。公開されれば、一躍、ジェームス・ディーンは注目されるに違いない。無名の若い俳優が、ハリウッド・スターになるのだ。ジェームス・ディーンの独特な雰囲気やたたずまいが気に入り、デニス・ストックは被写体になってくれと依頼するが、ジェームス・ディーンは何だかんだとはぐらかす。

一方、ジェームス・ディーンは映画会社の支配を嫌い、「エデンの東」の宣伝のためのパブリシティをすっぽかしたりするので、勝手な行動をワーナー・ブラザースのジャック・ワーナー社長（ベン・キングズレーが必見）にとがめられる。「勝手なことばかりしていると、『理由なき反抗』の主役にはしないぞ」と恫喝するジャック・ワーナーは、いかにも映画が全盛だった五〇年代ハリウッドの帝王という感じである。

しかし、ジェームス・ディーンは、従順に従うようなタイプではない。いい芝居だけをしたいという思いで、自由に生きている。また、恋人であるイタリア人女優ピア・アンジェリとの生活を楽しんでいる。

●ジェームス・ディーンの最後の誕生祝いに立ち会った写真家

デニス・ストックが撮った「エデンの東」公開直前のジェームス・ディーンの写真は、「ライフ」誌に「気難しい新スター」というタイトルで四ページわたって掲載された。それが掲載されるまでの二ヶ月ほどの物語が「ディーン、君がいた瞬間」で描かれる。それにしても、もう少し何とかならなかったのか、このタイトル。

原題は「LIFE」で、たぶん「ライフ」誌と「人生」のダブルミーニングだろう。ジェームス・ディーンが育ったインディアナ州の町にふたりで赴くのが後半で描かれるのだが、そのとき「先週、誕生日だったね」と祖父母や叔父夫婦にお祝いされるので、その時期が二月中旬だったとわかる。

それが、ジェームス・ディーンの最後の誕生祝いになったことは、観客たちは知っているわけだ。このとき、二十四歳を迎えたジェームス・ディーンは、七ヶ月後に自動車事故で死んでしまうのである。彼の日常のシーンを捉えた写真も、おそらくデニス・ストックが撮ったもの以外にはほとんど残っていないはずである。

雨のニューヨーク・タイムズスクエアでの写真、インディアナの故郷の農場での写真、いとこの少年と本を読んでいる写真、どれも僕には見慣れたものだったから、それを撮った瞬間が映画で描かれると、本当にこんな風だったのだろうなあと思えてくる。

ジェームス・ディーンの撮影を終え、マグナム・フォトのマネージャーと「ライフ」のビルの前で会ったデニス・ストックは掲載誌を受け取り、「次のテーマは何だ？」と問うマネージャーに「ジャズメンたちを撮りたい」と答える。

デニス・ストックの未来の成功をうかがわせて映画は終わるが、その後に彼が撮影したジャズ・シーンは「ジャズ・ストリート」という作品集にまとまった。五〇年代のニューヨークは、モダン・ジャズの黄金時代である。チャーリー・パーカーがいて、新人のマイルス・デイビスがいた。バードランドを始め、ジャズクラブがいっぱいあった。

村上春樹さんが翻訳したビル・クロウの「さよならバードランド」という本がある。ビル・クロウは、五〇年代からジャズ・ベーシストとして活躍したミュージシャンである。その本は「あるジャズ・ミュージシャンの回想」とあるように、「ジャズ黄金時代のニューヨークで活躍したベーシストの自伝的交友録」なのである。

表紙カバーは和田誠さんのイラストで、ニューヨークの街角を背景に大きなベースを黒いカバーに入れ、背中に背負って歩いているビル・クロウを描いている。そのイラストの基になっている写真を撮ったのが、デニス・ストックだった。ニューヨークの早朝、巨大なベースを黒いカバーに包んで歩いているビル・クロウの写真は、ジャズメンたちを撮影したデニス・ストックの作品群の中でも有名な一枚だ。

今ならネットで検索すれば、出てくるだろう。もちろん、ジェームス・ディーンを撮ったデニス・ストックの写真もネットで見られる。昔なら写真集を探したり、写真展にいかなければ見ることができなかった写真が簡単に検索できる。そのこと自体は、とてもよいことだとは思うけれど、写真家の著作権保護から考えると複雑な思いもしてくるのだった。

死者を弔う

秋日和／海街diary／女の座

●母との会話から忘れていた街並みが甦った

母親が入院したと兄から連絡があり、三週間ほど前から四国に戻っている。実家の裏の一軒家で暮らしているが、昔の家で断熱材など入っていないから寒くてたまらない。エアコンは一階にしかないし、暖まるのは一部屋だけだ。夏に二階にベッドを上げてしまったのだが、この時期は明け方になると二階は特に冷える。

顔が冷たくなって目覚め、温度計を見ると室温が三度になっていたことがある。凍死しゃうぞ、と思った。それで、天気予報で翌日の最低気温を確認し、このところ加湿機能のあるヒーターをつけたまま一階のソファで寝ている。予定では、最も寒い時期には自宅のマンションにいるはずだったのだ。その大寒の時期に、高松で暮らしている。

母は脊椎の圧迫骨折で、暮れからコルセットを付けて寝ていたという。その知らせはなかったが、一月中旬に痛みがひどくなり救急車で入院し、兄から連絡が入った。入院したのは、自宅から歩いても五分の外科である。

連絡をもらって三日後に帰郷し、病院をのぞくと母はベッドで寝たきりだったが、頭ははっきりしているようだった。九十を過ぎているので、入院して寝たきりになるとボケることがあると聞いたこともある。年寄り特有のくどさと忘れっぽさは前のままだが、話すことの辻褄は合っている。その点では、安心した。

翌日から、午前と午後の散歩のときに病院をのぞいている。僕が顔を出すと、母の昔話が始まる。自分では記憶をたどったことはなかったが、小学生の六年まで住んでいた家の近所の話につきあっていると、忘れていたはずの光景や店の名前が甦ってきた。

八百屋はミヤモトだったし、内科・小児科の病院はノダ医院だった。女医さんでやさしかったのを憶えている。夏になるとかき氷を売っていた、角の家の名前がどうしても思い出せなかった。もっとも、母はかき氷屋の存在そのものを憶えていなかった。

母の話はとりとめがない。子供の頃の話から戦争中の話へと飛ぶし、いつの間にか、結婚し子供が産まれた頃に話が移っている。昨年の暮れに五歳年上の兄を亡くしたのが、思い出話のきっかけになっているようだった。

祖父は母たちを生んだ最初の妻を早くに亡くし、何度か妻を迎えた。最後の子供は六十のときに産まれた娘で、僕には叔母に当たるが十歳ほど年下になる。僕の祖母が産んだ子供は、伯父と母と母の下にふたりの妹がいるのだが、母はそれ以外に五人の子が亡くなっていると言う。何だか「おしん」の思い出話を聞いている気分である。

九十年も昔のことだから無事に育つ子は少なかったのだろうが、早死にしたと聞いていた祖母が十人近く子を産んでいたのは驚きだった。その全員の名を母は憶えていて、ひとりひとり指を折りながら、まるで弔うように口にした。無事に育った兄と自分とふたりの妹がいたのに、妹のひとりは十年近く前に亡くなり、今度は九十六歳で兄が亡くなった。

祖父は新しい家庭を持ったから、五歳年上の兄が父親代わりだったと母は泣く。その伯父は十代半ばで満州に渡り、満鉄に八年勤め、二十五で終戦を迎えた。戦後はずっと郵便局に勤めていたはずだ。伯父はふたりの子供を持ったが、ふたりとも障害があり、下の子は特にひどく生涯歩くことはできなかった。ふたりとも、親より先に亡くなっている。

●叔父の四十九日で三十年ぶりに会った親戚の人々

四国に帰った週末に、伯父の四十九日があった。一年ほど前、母を車に乗せて伯父に会いにいき、そのときが結局は最後になった。伯母はデイサービスにいっていたので、そのときには会えなかったから、四十九日に会うのが三十年ぶりになる。小学生の頃、よくひとりで泊まりにいき可愛がってもらった伯母である。

母方の祖父の葬儀で会ったのが最後だと思う。そのとき、母の異母妹で僕より十歳ほど年下の叔母に当たる人とも会った。

そのときが初対面だった。僕は十八で上京し、ずっと東京で勤めていたので、親戚づきあいはほとんどしていない。故郷にいれば、冠婚葬祭はいろいろあって、何かと親戚たちと顔を合わすことになる。

四十九日の日は雪が舞うような荒れた天候だったが、二度めになる伯父の家への道を軽快に運転した。伯父の家のすぐ近くに父親の実家があり、そちらにも法事に出る父を乗せていったから一度も迷うことなく到着した。玄関の戸を開けて、「こんにちは、進です」と言った瞬間、「進ちゃんな」と伯母の声が返ってきた。座敷から伯母の顔がのぞいた。

変わらない、というのが最初の印象だった。下半身が悪くて歩けなくなっていると聞いていた通り、板敷きの廊下を這うようにして玄関にやってきた。昔から肥えた体で、いつも明るい伯母だった。「肝っ玉かあさん」の京塚昌子に似ている。しかし、伯母の方は「何も知らんでおうた（会った）ら、わからんな」としみじみと僕の顔を見た。

田舎の家の仏間は広い。隣室とのふすまを外しているから、二十人くらいが座っても余裕がある。僕の後から母の一番下の妹にあたるU子叔母が長女と一緒にやってきた。彼女は従姉妹になるが僕よりかなり若く、会うのは初めてだった。母の異母妹で僕より年下の叔母は、夫と長女と一緒にやってきた。彼女は小学校の先生である。「初めまして」と言うので、「おじいちゃんの葬儀で会いました」と答える。

僕の祖父は彼女の父親になるわけで、八十七で亡くなった。もう三十年前のことだ。やがて、僧侶がふたりやってきて袈裟を身につけ、仏壇の前に正座し、読経が始まった。途中、二度の中休みはあったけれど、二時間近く読経は続いた。僕は正座をやめて、胡座を組ませてもらった。

●生まれ故郷にいると親戚づきあいは続いていただろう

七回忌のシーンから始まる映画は、小津安二郎監督の「秋日和」（一九六〇年）である。昔の映画には法要シーンがよく登場した。それだけ、人々がきちんと冠婚葬祭の行事を行っていたのだ。最近の映画では「海街diary」（二〇一五年）が四人姉妹の祖母の法事や墓参りを描いていたが、日常のディテールを丁寧に綴った作品だからだろう。

家族の関係を描くのには冠婚葬祭が適している。父と別の女性の間に産まれた妹（広瀬すず）を引き取った三人の姉（綾瀬はるか、長澤まさみ、夏帆）の物語だが、姉たちの母方の祖母の法要に広瀬すずは「私、出てもいいのかな」と口にする。彼女の母が三人の姉の母（大竹しのぶ）から夫を奪ったからだ。

「海街diary」は次女ヨシノ（長澤まさみ）が男の部屋から朝帰りすると、長女のサチ（綾瀬はるか）に「父親が亡くなった知らせが届いたからいってきて、チカ（夏帆）をつけるから」と言われるところから始まる。父親は愛人を作って家を出たが、その女性が亡くなり、別の女性と一緒になり、山奥の温泉旅館で働いていたのだ。

父には娘（広瀬すず）がいて、後から葬儀にやってきたサチを含めた三人は、その妹に「鎌倉で一緒に住まない？」と誘う。しかし、父親の葬儀のシーンも、鎌倉での祖母の法要シーンも、前後のエピソードは描かれるが、葬儀や法要そのもののシーンは省かれていた。読経のシーンを描いても仕方ないと思ったのだろうか。

小津監督の「秋日和」は、原節子の夫の七回忌から始まる。娘（司葉子）も成人している。夫の友人たち（中村伸郎、北竜二）が「アヤちゃん、きれいになっちゃって」などと言っている。そこへ故人の兄（笠智衆）がやってくる。挨拶が始まり、揃って寺の座敷に向かう。座布団が並べられていて、皆、神妙な顔で正座する。

読経が始まり、友人のひとり（佐分利信）が遅れてやってくる。北竜二と目を合わせ会釈する。中村伸郎が少し身を乗り出し、「遅かったじゃないか」と小声で言う。佐分利信は「ちょっとね」と答え、中村伸郎が「今、始まったばかりだ」と教える。佐分利信は「じゃあ、早すぎたかな」とつぶやく。それだけのやりとりだが、やっぱり小津作品は味わい深いなあと思わせてくれる。

主人公を未亡人に設定することが多かった成瀬巳喜男監督だが、葬儀や法要シーンはそれほど多くない。「女の座」（一九六二年）のヒロインの夫の三回忌のシーンが浮かぶくらいだ。東宝の女優陣総出演のオールスター映画だから、登場人物が多く複雑だ。

東京オリンピックのための高速道路が敷地を通るといった話が出てくるし、渋谷のラーメン店から近いらしいから都内にあるのだろう、古くからある荒物屋（タバコも売っている）が舞台である。隠居状態らしい老夫婦（笠智衆と杉村春子）がいる。杉村春子は後妻だ。先妻の長女が三益愛子で、夫（加東大介）とアパートを経営している。死んだ長男の妻が高峰秀子で、彼女には中学生の息子がひとりいる。

次男（小林桂樹）は渋谷でラーメン店をやっていて、いつも不機嫌な妻（丹阿弥谷津子）に頭が上がらない。先妻の次女（草笛光子）は、実家の庭に離れを建ててお茶とお花を教えており金まわりがいい。杉村春子が産んだのは、三人の娘（淡路恵子、司葉子、星由里子）である。

淡路恵子は三橋達也と結婚し九州にいたのだが、ふたりで仕事を辞めて実家で居候を始める。高峰秀子の妹が団令子で、彼女はホステスのアルバイトをしながら演劇をやっている。杉村春子は息子を置いて離婚し笠智衆と再婚したのだが、三益愛子のアパートに入居した男（宝田明）が成長した息子だとわかり、一家に波風が立つ。

三益愛子の娘が東宝のヴァンプ女優だった北あけみで、宝田明の部屋に入り浸ったりしている。血はつながっていない草笛光子が宝田明に一目惚れするのだが、宝田明は高峰秀子に好意を寄せるので話はややこしくなる。独身のふたりの娘（司葉子と星由里子）にからむのが気象庁に勤めている夏木陽介だ。
星由里子は渋谷の映画館のチケット売場に勤めているのに、彼女が好意を寄せる夏木陽介は「生まれてから一度も映画を見ていない」という設定がおかしい。これだけ多彩な人物たちが、一堂に会するのが高峰秀子の夫の三回忌である。小津の「東京物語」（一九五三年）の葬儀シーンも同じだが、冠婚葬祭を終えた会食シーンでは親戚や家族の関係が鮮明になる。

最近の映画で、そんなシーンがあまりなくなったと感じるのは、やはり現実を反映しているからだろうか。地方から出てきて都会生活をしている核家族は、親戚間の冠婚葬祭に出席する機会がほとんどない。僕は祖父母の葬儀以外は、母に頼んで僕の名で香典を包んでもらい弔電を送るだけだった。まして、法要など出席したことはない。

したがって東京には頼る親戚もなく、妻の大きな手術のときも待合室で僕はひとりで待っていた。何かあったときに相談する相手もいなかった。六十を過ぎてリタイアし、故郷で過ごすことが多くなった途端、昨年から葬儀や法要への出席が多くなった。

ずっとこちらで暮らしていたら、まったく違う人生だったのだなと改めて実感している。故郷で暮らしていたら、伯父にも頻繁に会えたかもしれない。もっと満鉄時代の話を聞いておくのだったと、四十九日の読経を聴きながら後悔することもなかっただろう。延々と続く読経を聴いていると、若い頃の伯父の姿が浮かんできた。

かの国の大統領に見せたい映画

扉をたたく人／正義のゆくえ I.C.E. 特別捜査官／天国の門／愛と哀しみの旅路

●9・11以降のアメリカの移民政策がどれほど厳しくなっていたか

たったひとりの愚かな男の言動が世界を混乱に陥れている。アメリカ合衆国大統領は、それほどの権力と影響力を持つのか。日本には「××に刃物」ということわざがある。「民主的な選挙で選ばれた大統領」だと言うが、ヒトラーだって選挙で選ばれたのだ。

「シン・ゴジラ」（二〇一六年）で描かれたように、「かの国」に振りまわされるものの「かの国」に追従するしか生きる途がない日本は、尻尾を振ってご機嫌をとるペットのようにすり寄っている。しかし、かの国の大統領は、日本を従順な手下としか見ていないのではないか。日本が何かを主張すると、とたんに切れて感情を爆発させる気がする。その愚かな男の機嫌を損ねることを、日本の政治家たちはまるで腫れ物にさわるように怖れている。

愚かな大統領に見せたい映画がある。それを見て改心するほどの理性と知性を彼が持っているとはとても思えないが、九・一一以降のアメリカの移民政策がどれほど厳しくなっていたか、その映画は教えてくれる。厳しい移民政策に対するアンチとして、その映画は作られたからだ。

今、それ以上に移民や難民に対する厳しい対応を行おうとしているかの国の大統領は、その映画を見て己を恥じるがいい。もちろん、恥を知る気持ちなど彼は持ち合わせていないだろうし、僕がこんなことを書いても何の影響も与えないけれど、少なくとも心ある人はこの映画を見て何かを感じるに違いない。アメリカにだって、無謀な大統領令を阻止しようとする人々がいるのだから…。

リチャード・ジェンキンスは脇役として多くの映画に出ているが、「扉をたたく人」（二〇〇七年）で初めて主演をつとめたのではないだろうか。この作品でアカデミー主演男優賞にノミネートされ、一躍注目された。僕も顔は知っていたが、この作品で名前を憶えた。もちろん、映画がとてもよくできていたからだ。

彼が演じたウォルターは著作も数冊ある大学教授で、社会的な成功者である。コネチカットの大学近くに立派な自宅があるし、ニューヨークには広いアパートメントを所有している。しかし、ピアニストだった妻を亡くし、今は心を閉ざして生きている。期限に遅れたレポートを受け取らないほど学生には厳しいくせに、自分は毎年同じ講義ノートを使っている。仕事に対して熱意を失っている。

彼は、ニューヨークでの学会に出席することになる。数ヶ月ぶりにニューヨークのアパートに戻ると見知らぬ荷物があり、人が住んでいる気配がある。浴室の扉を開けると若い黒人女性がバスタブに浸かっていて悲鳴をあげ、アラブ系の青年が飛び出してくる。ウォルターが自分が持ち主だと鍵を見せると、青年は警察に通報したかどうかをしきりに気にする。

黒人女性は、「やっぱりだまされたのよ」と青年を責める。青年はシリアから難民申請をしてアメリカにきたタレクで、申請が認められず今は不法滞在をしているとわかる。女性は恋人のゼイナブで、彼女もセネガルからきた不法移民である。彼らはだまされて部屋代を払い、ウォルターのアパートに二ヶ月も住んでいた。

警察沙汰になるのを嫌い詫びを言って出ていく、大きな荷物を持つふたりの姿を見ていたウォルターの心を何かが動かし、しばらくいてもいいと口にする。そこから奇妙な共同生活が始まる。タレクはジャンベというボンゴのような打楽器の奏者で、ある夜、ジャズクラブで彼の演奏を聴き、ウォルターはリズムを刻む心地よさに浸る。

ある日、アパートに帰ったウォルターは置いてあったジャンベをたたき始め、ウォルターから手ほどきをうけることになる。

それをきっかけに親しくなったふたりは、公園でジャンベを演奏したりする。しかし、その帰りの地下鉄でタレクは警官の不審尋問に遭い、いきなり逮捕されてしまう。

タレクが移送されたのは、クィーンズ地区にある移民局が管理する拘置所だった。自らも不法滞在であるゼイナブは面会にいけず、ウォルターがタレクの面会にいく。ミシガンに住んでいるタレクの母親マーナも不法移民で、連絡がないタレクを心配してニューヨークにやってくるが、やはり面会にはいけない。ウォルターは弁護士を雇い、タレクを助けようと奔走する。

その弁護士もアラブ系移民で、「タレクの処遇は厳しいものになるかもしれない」と報告し、それに対して「あなたに子供はあるの?」と辛辣に問うマーナに「ふたりいる。それに二十三年暮らしていたのに強制送還になった伯父も」と答える。彼自身もグリーンカード(永住権)を取得するのに苦労したのだ。

ずっと感情を表さなかったウォルターが移民局の拘置所に面会にいき、タレクがすでに送還されたと知ったときの感情の爆発が心を打つ。同時多発テロ以降の厳しい移民政策に対する批判が、スクリーンから迸る。翌日、「あの子のそばについていてやりたい」というマーナを空港に送るウォルターは、「あなたも出てしまえば、もう帰ってこれない」と言う。

二〇〇七年の製作だから、同時多発テロから六年、今から十年前の映画だった。監督は俳優として映画に出ていたトム・マッカーシー。この映画の脚本監督で注目され、昨年は「スポットライト　世紀のスクープ」(二〇一五年)の脚本監督で高く評価された。

●いくつかのストーリーでアメリカの移民難民問題の複雑さを描く

同時多発テロ以降の厳しくなった移民政策を多層的に描いたのが、「正義のゆくえ　I.C.E. 特別捜査官」(二〇〇九年)だった。いくつかのストーリーが平行して展開され、アメリカの移民難民問題の複雑さを描いている。

ハリソン・フォードが演じたのは、I.C.E.(移民税関捜査局)に勤める捜査官である。彼は不法移民を取り締まるのが仕事だが、移民たちの事情に同情的で、仲間からは「彼らに甘すぎる」と言われている。ある日、縫製工場に抜き打ちで調査に入り、捜査官たちは逃げまどう不法移民たちを逮捕する。

しかし、彼は隠れた場所で「見逃してほしい」と必死の目をするメキシコ人女性を捕らえられない。彼女を見逃したものの別の捜査官に逮捕された、そのメキシコ人女性の言葉が気になり、彼女が残したメモを手がかりにして彼女の幼い子供を見つける。ハリソン・フォードは彼女のメキシコの住所を探し出し、幼い子供をそこに連れていくが、彼女はアメリカに残してきた子供が心配で、再びアメリカに不法移民として入っていた。かの国の大統領が壁を作って防ごうという、メキシコからの不法移民である。

また、オーストラリアからやってきた女優志願の女性がいる。

彼女はグリーンカードを得ようと移民局に日参しているが、なかなか実現しない。そんなとき、移民審査官（レイ・リオッタ）と知り合う。彼は自分と寝れば、グリーンカードを発行してもいいと言い、彼女は承諾する。移民審査官の権力を使って女性を口説く卑劣な男というのは、いつものレイ・リオッタの役柄である。しかし、恋人もいるのにそんな提案を受け入れるほど、グリーンカード取得というのは厳しく困難なのだろうか。

また、学校で作文のテーマに同時多発テロを選んだバングラデシュ出身のイスラム教徒の少女は危険分子と見なされて、家庭にFBIの捜査が入り、家族全員が不法滞在とされて拘束される。彼らの弁護を引き受けた人権派の女性弁護士（アシュレイ・ジャッド）は政府機関を相手に交渉するが、壁は厚い。イスラム教徒の一家に対する偏見も根強い。

一方、ハリソン・フォードの同僚でイラン人の一家がいる。アメリカで成功した一家であり、永住権も取得しているが、一家の娘が殺害される事件が起きる。といったように様々なストーリーが描かれるのだが、すべてに関係するのが九・一一以降に（特にイスラム系の人々に）厳しくなったアメリカ合衆国の移民・難民政策である。

二十七年前に作られた「グリーンカード」（一九九〇年）では、まだグリーンカード（永住権）を恋愛ドラマのモチーフとして成立させる余裕があった。オーストラリア出身のピーター・ウィアー監督は、フランス人のジェラール・ドパルデューを主演にアンディ・マクダウェルとのラブロマンスを作る。

独身者は入居できない広いガーデンのあるアパートメントに入居したいプロンディ（アンディ・マクダウェル）は、グリーンカード（永住権）がほしいフランス人のジョージ（ジェラール・ドパルデュー）と書類だけの偽装結婚をするが、移民局が調査にくるというので同居しなければならないはめになる。

よくあるシチュエーション・コメディの設定だが、よくできた作品だった。しかし、今、グリーンカードをこんな風には描けないかもしれない。

アメリカは「移民の国」と言われる。しかし、先に新大陸にきた移民たちが、次にやってきた移民たちを排斥しようとした負の歴史もある。それはアメリカ史の恥部として、アメリカ国民は目を背けてきた。

「天国の門」（一九八一年）では後から移住してきたロシア・東欧系の農民たちが、先に西部にやってきて成功している牧場主たちに迫害され殺害された歴史が描かれ、アメリカの観客の反感を買った。

また、マーチン・スコセッシ監督も「ギャング・オブ・ニューヨーク」（二〇〇一年）で、元は移民だがアメリカ生まれの世代になった住民たちが新参者のアイルランド系移民を排斥し、対立した歴史（原作はノンフィクション）を描いた。

かつて日系移民も「安い賃金で文句も言わず働く」ことで白人たちに嫌われ、日本人をターゲットにした差別的な移民法が成立した。さらに、カリフォルニア州を皮切りに日系移民は土地の所有ができないという法律が次々に成立した。そして、日本軍の真珠湾攻撃の二ヶ月後、フランクリン・デラノ・ルーズヴェルトは大統領令を出し、日系移民の強制収容を実施した。

日系移民は財産を没収され、トランクひとつだけを許され、砂漠のキャンプに集められた。その数は十二万人とも言われる。この大統領令が間違いだったとアメリカ合衆国が認め日系人たちに補償をしたのは、戦争が終わって四十年も経ったレーガン大統領のときだった。日系移民への迫害が描かれた「愛と悲しみの旅路」(一九九〇年)や「ヒマラヤ杉に降る雪」(一九九九年)も、かの国の人々に改めて見てもらいたいものだ。

調布が映画の街だった頃

ハレンチ学園/遊び

●Iのお母さんは東京の美しい山の手言葉を話す優しい人だった

数少ない友人たちを別にして、僕には恩人が三人いる。ひとりは勤めていた出版社の先輩だったHさん、ひとりは亡くなった写真家の菅洋志さん、そしてもうひとりは高校時代の友人Iのお母さんである。Iのお母さんは、東京の美しい山の手言葉を話し、とても優しい人だった。

僕の父母は貧しい農家の生まれで、尋常小学校を出てすぐに働き始めた。戦後はずっと香川県に暮らし、職人として建築現場で働き、讃岐弁丸出しでしゃべる。もちろん自分の親には感謝しているが、初めてIのお母さんに会ったとき、僕は「東京物語」(一九五三年)の三宅邦子を連想し、続いてテレビドラマ「七人の孫」の加藤治子(断っておくが、決して後年の向田邦子作品の彼女ではない)を思い浮かべた。

Iと知り合ったのは、たぶん高校一年の三学期くらいだと思う。クラスもまったく違ったが、中学以来の友人だったKが同じクラスのIと仲良くなり、それで紹介されたのではなかっただろうか。ちなみに、後に僕が結婚する相手もIと同じクラスだったが、僕が彼女と同じクラスになったのは三年になってからだった。

僕はIとは同じクラスになったことがあるのだろうか。よく憶えていない。ただ、高校三年生になる前の春休みに、僕は群馬県前橋の彼の家に遊びにいっているのだ。散歩のときに見た利根川沿いにあった前橋刑務所の赤煉瓦の塀を記憶している。それはTとFという級友と三人で大阪・東京を巡る旅の途中だった。

翌年に受験する大学を見にいくという名目で、僕はその旅行を両親に認めてもらった。僕らは鈍行で大阪に出て、その夜、フォークコンサートを聴きにいった。高石友也、岡林信康、高田渡、ジャックスなどが登場するコンサートだった。そのまま東京行きの夜行列車に乗り、翌朝、東京駅に着いた。

午前中にFが泊めてもらうという早稲田に住む親戚の家にいき、僕は早稲田大学を見にいった。その日は夕方から大手町の日経ホールだったか、産経ホールだったかで日野皓正クィンテットのコンサートを聴きにいった。ドラムスは日野元彦、ギターが増尾好秋だったと記憶しているが、他のメンバーは誰だったか忘れてしまった。

コンサートが終わり、僕とTは地方の大学の先生が上京したときに泊まる本郷の施設にいき宿泊した。Tの父親が香川大学の教授だったのだ。その翌日だったか、僕はひとりでIが帰っている前橋の実家を訪ねた。Iのお父さんは金融公庫に勤めていて、頻繁に転勤をしていた。

高松に転勤になっていたときにIが高松高校に入ったが、その後、前橋に転勤になった。Iは寮に入り、転校はしなかった。そのときは春休みで家に帰っていたのだった。僕は初めてIの家族に会った。勤め人の家庭は珍しく、厚かましく押し掛けた僕をお母さんは優しく歓待してくれた。考えてみれば、あのときIのお母さんは四十前だったのではないか。Iの妹は小学生だった。

しかし、僕が本格的（?）にIのお母さんにお世話になるのは、翌年の四月、僕の浪人生活が決まり、上京してひとりで暮らし始めてからだった。いろいろあって一年近く会っていなかったIと再会したのは、その年の初夏の頃だった記憶がある。久しぶりに実家に帰るというIに連れられて、僕は調布の多摩川住宅にいった。

その春にIのお父さんが転勤になり一家は東京に戻っていたのだが、ずっと家を出て生活していたIはその新居にいくのは初めてだったと思う。「確か、この辺なのだけど」と言いながら団地の号数を確かめていた。Iはひとりでは帰りづらかったのかもしれない。その団地の手前に、石原プロモーションがあった。まだ小さなビルの一角だった。

●僕が初めて調布にいった頃、大映と日活は共に経営不振だった

邦画五社が健在だった頃、映画会社はそれぞれ東京近辺に撮影所を持っていた。松竹は大船、東宝は世田谷の砧、東映は大泉、そして大映と日活は調布に撮影所を構えていた。僕が初めてIに連れられて調布にいった頃、その大映と日活は共に経営不振に陥り、毎週二本の作品を系列館に配給する力をなくしていた。

窮地に陥った大映と日活は、ダイニチ映配という配給システムを作り系列の映画館に作品を提供していた。それでも、客は入らなかった。日活は宍戸錠にマカロニの扮装をさせて（初代ヒゲゴジラは藤村俊二）、永井豪のヒットマンガ「ハレンチ学園」（一九七〇－七一年）を映画化し、シリーズ化した。十兵衛役は、後に「北の国から」で活躍する児島みゆきだった。

両親には心配ばかりかけるIだったが、一緒についていった僕をお母さんは再び歓待してくれた。「何かあったら、いつでもいらっしゃい」という言葉に甘えて、僕は何度多摩川住宅に通っただろうか。調布からのバス代を惜しんで、ふた駅手前の国領から歩くようになっていた。一年浪人し、何とか大学に潜り込んだ秋、僕は方南町（住所は杉並区和泉）に引っ越したため、下高井戸駅まで歩き調布へいくことがさらに増えた。

「洗い物があったら持っていらっしゃい。下着でもいいのよ」と言われ、僕は汚れ物の袋を抱えてよく京王線に乗ったものだった。それでも、最初は遠慮してジーンズのような手では洗えない（コインランドリーが登場する以前の時代だ）ものにしていたが、「遠慮しなくていいのよ」と言われ、下着まで洗ってもらうようになった。

そんな頃、お母さんと「関根恵子は、調布の駅前でスカウトされたようですよ」という話をした気がする。現在は高橋伴明監督と結婚し、高橋恵子になっているけれど、確かに彼女は調布で女優としてスカウトされたのだ。調布近辺には大映や日活の関係者が多かった。浅丘ルリ子も多摩川撮影所の近くに家を建て、そこは日活の若手俳優たちのたまり場になっていたそうである。

当時は、調布は映画の街だったのだ。だが、僕がIの家に通っている間に大映は倒産し、日活はロマンポルノ路線に変更になった。そんな大映の末期に活躍した若手女優が関根恵子であり、松坂慶子であり、新人男優には篠田三郎（後のウルトラマンタロウ）や大門正明（「セーラー服と機関銃」より「赤い鳥逃げた？」かな）がいた。

関根恵子は、僕が上京した一九七〇年に「高校生ブルース」「おさな妻」「新・高校生ブルース」の三本に出演した。今から見ればどうということもない映画だが、当時は際どくて、あざとい作品と思われた。十五歳の新人女優に新婚初夜を演じさせるのである。

一九七一年、僕が大学に入った年には「高校生心中　純愛」「樹氷悲歌（エレジー）」「遊び」「成熟」という作品に出た。相手役は篠田三郎が多かった。大門正明が相手役を演じ、増村保造が監督した「遊び」は評価が高かった。渥美マリの「でんきくらげ」（一九七〇年）を撮っても評価の高い増村監督だ。どんな映画であっても、きちんと自分の作品として仕上げた。

あれから長い年月が経ち、十五歳だった関根恵子は還暦を過ぎた高橋恵子になり、今ではレディースアデランスのコマーシャルに出ている。十八だった僕は公的に前期高齢者になり、老齢年金が支給されるようになった。増村監督が亡くなったのは、もうずいぶん昔のことになったし、プロ野球チームを持っていた大映という映画会社があったことを知る人は少なくなった。

あの当時、四十代だったはずのIのお母さんも年を重ねた。二十年ほど前、Iのお父さんが亡くなったときに久しぶりにお母さんと会ったが、その後は不義理を重ねていた。年賀状のやりとりもいつの間にか途絶えた。だが、忘れたことはなかった。僕の中では、とても大きな存在だったのだ。

●Iのお母さんが亡くなったと聞き五十年前の調布を思い出した

「すいません。ご迷惑をかけて。朝早くから、本当に…」

語尾が消え入るようだった。

「いえ、いいんです。気にしないでください。最近は早起きして、ジョギングでも始めようかと思っていたところですし。それより、礼子ちゃんが家出というのは、本当ですか」

中山の母親に会うと、未だにいい子ぶる癖が出る。十八から二十二までの四年間、私には母親がいた。すらりとした背の高い美しい母親だ。小学二年生で亡くした母親が生きていれば、こんな風になっていたに違いないという思いで、私は中山の母親を見ていた。いや、甘えていた。

「一昨日、きつく叱ったのがいけなかったんです。何も、あんなに叱らなくても…」

やはり、取り乱しているのだ。いつもなら、もっとはっきりした言い方をする。誰が叱ったのか、どういう状況だったのか、明晰な物言いをするはずだった。そんなところも、私が敬愛していた理由だった。

「何があったのですか。一昨日」

「とにかく、あがってくださいな」

居間へ入っていくと中山が父親と一緒に、溜め息をつき果てたような顔でソファに身を沈めていた。一晩中こうして、三人で顔を突き合わせていたのだろう。その情景が浮かぶようだった。

これは、僕が昔書いた小説「黄色い玩具の鳥」(電子書店で発売中です)の一節だ。もちろん、すべてフィクションだが、この文章を書いているとき、僕はIのお母さんを思い浮かべていた。

この小説の主人公は子供の頃に亡くした母親の理想の姿を、このヒロインに見出しているが、Iのお母さんに頻繁に世話になっていた頃の僕の心情がここには反映されている。実際、「この人が本当の母親だったらな」と若い僕は思ったものだ。

二月中旬、中学時代からの友人のKから電話があった。「Iのお母さんが亡くなった」という。いつかはそんな連絡が入るかもしれないと思ってはいたが、心の準備ができていなかった。それに、僕は遠く離れた四国にいる。最近、友人たちの両親の訃報が多い。現にKも立て続けに両親を亡くしたばかりだ。

「Iは、高松にいるようだから無理しなくていいと言っていたけど、お母さんが会いたがっていたらしい」とKは言う。「こんなことだったら、会っとくんだったなあ」とKが口にした途端、後悔の念が湧き起こった。なぜ、もう一度、会いにいかなかったのか。きちんと、お礼を言っておかなかったのか。口では言い尽くせないほど、世話になったのに…。

Ｉのお母さんの告別式の日は、入院中の母親が帰宅後の生活の練習のために一日だけ実家に戻る日だった。そのために、車で病院まで迎えにいかねばならない。僕は自宅にいるかみさんに連絡して、葬儀に出てもらうように頼んだ。その夜、寝床に入って暗闇を見つめていると、様々な思い出があふれかえるように甦り、胸の奥が切なくなった。涙があふれそうになる。

十八歳の僕、あの頃、Ｉのお母さんは四十になったばかりだったろう。結婚して挨拶にいったときも、まだまだ若かった。子供が産まれた後、「お子さんたちは元気？」といつも年賀状に書いてくれた。Ｉのお母さんの思い出をたどると、僕の大学時代の記憶が後から後から甦ってくる。記憶の洪水に溺れ、明け方まで眠れなかった。

疑えば暗闇に鬼を見る

マクベス／蜘蛛巣城／コールド・ブラッド　殺しの紋章／ＫＴ

●映画化された「マクベス」を久しぶりに見たけれど…

昨年、マイケル・ファスベンダー主演の「マクベス」（二〇一五年）を見た。マクベス夫人は、フランス人でありながらアカデミー主演女優賞を受賞しているマリオン・コティヤールである。豪華な配役だった。

「マクベス」を見たのは久しぶりだった。暗く、やりきれない物語だから、そう何度も見たくなるものではない。今回はどんな風に映画化されているのか、そんな興味があって見てみたのだ。独創的だったのが、三人の魔女だった。老婆ではないし、ひとりは子供を抱いている。荒野の霧の中に三人が立っている映像は、ちょっとゾクゾクさせた。

マイケル・ファスベンダーは正統的なイギリス人俳優らしく、シェークスピアのセリフを格調高く響かせる。マクベス夫人の独白のセリフもよくて、マリオン・コティヤールの新しい面が見えた。マクベス夫人が王の暗殺をマクベスに唆す場面では、ふたりがセックスしながら高まっていくという設定に変えており、なるほど新しい解釈だわい、と僕はうなずいた。

マクベスは夫人の魅力に囚われていて、その夫人の肉体と耳元で囁く邪悪な言葉によって、高潔な正義の人と思われていたマクベスが王の血で手を汚すことを決意する。マリオン・コティヤールの起用は成功していた。

「マクベス」はシェークスピアの三大悲劇の一本と言われ、「ハムレット」や「オセロ」と並んで上演の機会が多い戯曲である。権力欲に駆られて王を暗殺し、マクベスは自らスコットランドの王になる。マクベスの未来を予言して、彼をその気にさせるのは三人の魔女であるが、それは運命というものを具現化した存在だ。

彼女らはマクベスが王になることを予言し、一緒にいたバンクォーには「そなたの子孫が王位を継ぐ」と告げる。その言葉からマクベスは疑心暗鬼になり、王を暗殺した後、バンクォーと息子の暗殺を家臣たちに命じるのだ。不安に駆られるマクベスは、「女の股から生まれた者にマクベスは殺せない」という魔女の予言を信じて安心する。

しかし、「森が城を攻めてこない限り」マクベスは滅びず、女の股から生まれた者には殺せないはずのマクベスは、森が動くのを目にし、母親の腹を裂いて生まれた者によって命を絶たれる。スコットランドは暴君から解放されるのだ。

しかし、マクベスは魔女の予言によって惑わされ、自ら犯した王殺しや友の暗殺にさいなまれ、亡霊を目にし、疑心が募って誰も信じられず精神を病んでいくわけで、運命の被害者のようにも見える。

夫に悪心を吹き込み、王を殺せと唆したマクベス夫人も手についた王の血が落ちないと狂い、死んでいく。結局、マクベスやマクベス夫人は真の悪人にはなれず、罪の意識によって精神のバランスを崩していく。人の道を外れたマクベスの疑う心は、暗闇に鬼を見るのである。

●組織に属した人間には「マクベス」的心理は理解できる?

以前に見た「マクベス」(一九七一年)はロマン・ポランスキー監督版だから、もう四十数年前のことになる。もっとも、その間にジョン・タトゥーロが主演した「コールド・ブラッド／殺しの紋章」(一九九〇年)という映画を見ている。これは、舞台を中世スコットランドから現代のマフィアの世界に移して「マクベス」を再現したものだ。

タトゥーロはマフィアの幹部で、ある日、ボスを自宅に迎え、宿泊させることになる。もちろん、ボスのボディガードたちも一緒だ。タトゥーロは妻に唆されてボスを刺し殺し、ボディガードに罪を着せて射殺する。ボスの座についたタトゥーロは、親友を暗殺し、ファミリーに君臨する暴君になる。

どんな世界にもヒエラルキーは存在する。上昇志向があり、権力欲があるならば、「マクベス」が描いた世界は…少なくともその精神性は、様々な人々に共通するところがあるだろう。シェークスピア作品が何百年を経ても生き生きとしているのは、そこに普遍的な人間像が立ち現れてくるからだ。

特に悪人を描くと、人間の普遍性が見えてくる。「オセロ」のイアーゴー、「リチャード三世」など、悪そのもののような存在が魅力的に見える。彼らに比べると、マクベスは殺した友の亡霊に脅えて、あらぬことを口走る臆病さが情けない気がしないでもない。

その情けなさを目いっぱいに演じていたのが、「蜘蛛巣城」(一九五七年)の三船敏郎だった。黒澤作品があまり好きではない僕だが、その中でも「蜘蛛巣城」は二度見る気にならなかった。暗いし、みんな目を大きく丸く見開いて大仰に叫んでいる印象があったからだ。

十八のときに銀座並木座で見て以来、一度も見返していないかもしれない。しかし、一度見ただけで、物語は脳裏に焼き付いた。僕が「マクベス」を読もうと思ったのは、「蜘蛛巣城」が「マクベス」を翻案したものだと知ったからだった。僕は「マクベス」を読み、なるほど舞台を日本の戦国時代に移しただけなのだなとわかった。

三船敏郎が演じた鷲津武時は、戦場の霧の中で三人の老婆と出会い、自分が王となることを予言される。一緒にいた武将（千秋実）がバンクォーの役である。やがて夫人（山田五十鈴）に唆されて殿の寝所に忍び、槍で刺し殺す。このとき、槍を抱えて寝所から出てくる三船の顔は今でも思い出す。まるで、血管でも切れそうな張りつめた表情だった。

自分が暗殺を命じた千秋実が亡霊となって宴席に並んでいるのを見つけたときの、三船敏郎の異常におののく姿も忘れられない。もっとも、最後に城を攻められ、顔の横に無数の矢を射かけれられたときの三船の表情は本物だったのだろう。何しろ黒澤明監督は、弓の名人たちを集め、三船の目の前から本当に矢を射させたのだから…。

●独裁者たちは誰もが同じような行動をする

先日来、大騒ぎになっているマレーシアのクアラルンプール空港での金正男暗殺事件のニュースを見ていて、僕は「マクベス」を思い出していた。金正男の長男も命が危険だと言われているが、北朝鮮（誰も「朝鮮民主主義人民共和国」という正式な国名で呼ばないなあ）の孤独な独裁者は疑心に凝り固まっているのだろう。

すべての不安材料を払拭（そんなことできるわけないが）しない限り、身内でも次々に消していくに違いない。だが、自分以外は誰でも裏切る可能性があるわけだから、疑心は止めどなく鬼の姿を見せるだろう。どんなに信頼する部下であっても、彼を安心させることはできない。独裁者は、常にそんな不安を抱えることになる。

二十世紀から現在にかけて、様々な独裁国家があり独裁者が存在したが、誰にも共通しているのは恐怖政治を敷き、自分に反対する者たち、自分に脅威を与える者たちを粛清することだった。その中でもスターリンは別格だった気がする。スターリン時代に殺された人は数百万人とも言われている。ロシア革命に貢献した赤軍の幹部をほとんど粛清してしまったので、ヒトラーのドイツ軍に攻め込まれたときに軍がほとんど機能しなかった。

スターリンは、自分の妻まで殺した疑惑が持たれている。自分以外、誰も信じられなかったのだろう。執念深く、メキシコに亡命していたトロツキーを暗殺させた。トロツキーはレーニンの後継者を争う存在だったとはいえ、スターリンが権力を把握して数十年も経ってからのことである。そのスターリンを手本にして、金日成は国を支配した。そのまま、三世代の独裁政権が続いている。

韓国（誰も「大韓民国」と言わないなあ）も、独裁体制が長く続いた国だった。かつて、韓国の独裁者が日本で起こした事件によって韓国と日本の間で大問題になったことがある。日本の植民地だった朝鮮は、日本の敗戦後、北をソ連が管理し、南をアメリカが管理した。北朝鮮では金日成が独裁者になり、韓国は李承晩が大統領として独裁体制を敷いた。

その後、朴正熙（今の朴大統領の父親）が軍事クーデターを起こし、大統領となった。朴大統領は独裁体制を強め、大統領選挙で自分に迫る勢いを見せた野党党首の金大中（後に大統領になる）に脅威を感じたことで、一九七三年八月、日本の九段下のホテルに滞在していた金大中をＫＣＩＡ（韓国中央情報部）が拉致することになる。金大中は五日後、ソウルの自宅近くで目隠しをされたまま解放された。

韓国の政府機関である情報部が、日本の主権を侵害する形で行ったこの事件は、当時、日韓関係をゆるがす大問題になった。金大中が拉致された部屋からは、駐日韓国大使館の金東雲一等書記官の指紋が出たのだ。日本政府は韓国政府に金東雲の出頭を要請し、韓国政府はこれを拒否した。

何だか、今回のマレーシアと北朝鮮の緊張関係に似ている気がする。その事件の一年半後、僕はそのホテルの近くにある出版社に勤めることになったが、ある日、昼食に出たときに先輩が「ここが金大中が拉致されたホテルだぜ」と教えてくれた。その後で、「プロ野球のドラフト会議もここでやってるけどね」と付け加えた。

中薗英助の「拉致・知られざる金大中事件」を原作にして「ＫＴ」（二〇〇二年）という映画を作ったのが阪本順治監督だった。主演は、阪本作品ではおなじみの佐藤浩市である。彼は自衛官で、三島事件の直後に長官室に入ろうとするところから映画は始まるのだが、その彼が金大中拉致事件に関わっていく。これは、事件の裏側を明確に描き出し、ゾクゾクさせる作品になっていた。

金大中が韓国に連れ戻される船の甲板で射殺されそうになり、そのときヘリコプターの爆音を聞くのだが、それによって射殺を免れる。これは、アメリカ軍のヘリではなかったかと想像させるのだ。つまり、韓国政府に対して「金大中を殺すな」とアメリカが介入したと思わせるのである。もちろん、真相は不明だ。しかし、朝鮮半島は、今も政治的陰謀に充ちているのかもしれない。

夢は叶った、しかし…

ラ・ラ・ランド／セッション／シェルブールの雨傘

●作品賞の取り違えによって長く記憶されるアカデミー授賞式

今年のアカデミー賞授賞式は、最後の作品賞の取り違えの混乱によって長く記憶されることになった。僕はライブで見ていたので、最初、これも演出なのかと思ったが、突然、受賞挨拶をすませた「ラ・ラ・ランド」（二〇一六年）のプロデューサーが「間違いがあったようです。作品賞は『ムーンライト』、私は彼らにこのオスカーを渡すのを誇りに思う」と言いながら、「ベストムービー『ムーンライト』」と書かれたカードを観客の方に向けたとき、訳がわからなくなった。

司会者がジョーク混じりで場をおさめようとし、プレゼンターを務めたウォーレン・ベイティが「私が説明する」とマイクをつかんだ。結局、このドタバタで男を上げたのは「ラ・ラ・ランド」のプロデューサーだった。

改めて思い返すと、「ボニーとクライド」こと「俺たちに明日はない」（一九六七年）が公開から五十年という節目を迎えたことで、作品賞のプレゼンターとして登場したウォーレン・ベイティとフェイ・ダナウェイが、「オスカー・ゴーズ・ツー」と封筒を開けたときから変な雰囲気だった。

ウォーレン・ベイティはカードを何度も見返し、封筒の中を繰り返しのぞき込む。最初は、発表をじらしているのかと思った。フェイ・ダナウェイもそう思ったのか、ベイティを急かした。ベイティがフェイ・ダナウェイにカードを渡すと、彼女は即座に「ラ・ラ・ランド」と読み上げたのだ。プロデューサーたちを始め監督や主演者たちが喜んで登壇し、三人のプロデューサーは受賞の喜びを語り終えた。その後の訂正である。

どういう間違いか、ウォーレン・ベイティとフェイ・ダナウェイに渡された封筒の中のカードには「ラ・ラ・ランド／エマ・ストーン」と書かれていたらしい。つまり、主演女優賞のカードだったのだ。しかし、受賞後の記者会見で、エマ・ストーンは「私のカードは私が持っていた」と語っていたから、同じカードが二枚あったということだろうか。

エマ・ストーンは「『ムーンライト』はとても素晴らしい作品で、作品賞は当然だわ」と、しきりに強調していた。「ムーンライト」の監督は、逆に「ラ・ラ・ランド」チームの寛容さを誉め称えていた。トランプが混乱させ、分断された現在のアメリカではほとんど見られない、心温まる光景だった。

ということで、授賞式の三日前から日本でも公開になっていた「ラ・ラ・ランド」を見にいくことにした。もっとも、僕が見たくなったのは、予告編でライアン・ゴズリングがエマ・ストーンをジャズ・クラブに連れていき、目の前で演奏するクィンテットを聴きながら、ジャズのセッションやインプロビゼーションについて解説するシーンがあったからだ。

ライアン・ゴズリングは「今はサックスが音楽を乗っ取っている」と話し、トランペット奏者が吹き始めると「ほら、彼は自分の音楽をぶつけている」と解説し、「だから、演奏するたびに違う音楽が生まれるんだ」と熱い口調で語り、最後に「ベリー・ベリー・エキサイティング」とテーブルを叩かんばかりに言う。まるで、映画やジャズについて語っている僕自身の姿を見るようだった。

久しぶりに、かみさんとふたりで並んで見た「ラ・ラ・ランド」は、ジャズと映画（特に古いハリウッド映画）を好きな人間には、たまらなく愛おしい作品だった。アメリカでヒットしたのもよくわかる。五〇年代のハリウッド・ミュージカル（「バンド・ワゴン」や「雨に唄えば」）が大好きな日本人の僕が懐かしく思うのだから、アメリカ人は余計に郷愁を感じることだろう。

ジャズおたくの主人公セブ（ライアン・ゴズリング）は、五〇年代に全盛だったジャズ（チャーリー・パーカー、若きマイルス・デイビス）を復活させたいと願っており、そのこともまた「古きよきアメリカ」を思い出させる。この映画は、「アメリカをもう一度偉大にしたい」トランプ支持者も、トランプが作り出した分断されたアメリカに絶望している反トランプ派の人たちも気に入ることだろう。

●デイミアン・チャゼルは三十二歳で監督賞の最年少受賞

「セッション」（二〇一四年）を見たときに、「この監督は、きっとジャズが好きなんだろうなあ」と思ったけれど、その内容の激烈さにはついていけなかった。サディスティックな音楽教師を演じたJ・K・シモンズは強烈な印象を残し、アカデミー助演男優賞を受賞した。

この映画の教師像については、ジャズ奏者の菊池成孔さんが複雑かつ詳細なコメントをしていたが、僕はJ・K・シモンズが演じた人物は肯定できなかった。

もっとも、彼のしごき（いじめ？）があったからこそ、主人公はものすごいドラムソロができたのであって、それは彼をギリギリまで追いつめたJ・K・シモンズの教育なのであるという解釈もできるのかもしれない。

今回、「ラ・ラ・ランド」で監督賞を受賞したデイミアン・チャゼルは三十二歳、監督賞の最年少受賞記録を作った。ということは、「セッション」は三十そこそこで監督したのだ。音楽（ドラムス奏者）を志し挫折したというから、「セッション」には自分の体験が反映されていたらしい。その後、ハーバード大学に進み、映画の世界に入る。

今回、アカデミー賞の作曲賞と主題歌賞を「ラ・ラ・ランド」で獲得したジャスティン・ハーウィッツは、監督のルームメイトだったという。十七歳からの友人だと監督は言った。そんな出会いがあるのだと、驚いた。「ラ・ラ・ランド」は音楽と映像が一体化した作品だ。どちらが先ということではないだろう。若き才能が出会い、生み出したハリウッド映画史に残るミュージカルになった。

映画好きにたまらないのは、ワーナー・ブラザースのスタジオが背景になっており、映画の撮影シーンがふんだんに見られることである。ヒロインのミア（エマ・ストーン）は女優をめざしながら、ワーナーの撮影所内にあるカフェで働いている。そこには撮影中の有名女優がカフェ・ラテなどを買いにくる。

カフェを出れば、「カサブランカ」（一九四二年）で使われたというセットがある。少し歩くと、スタジオの中では撮影が行われている。その様子が映画好きにはたまらない。ジェームス・ディーン主演「理由なき反抗」（一九五五年）の天文台のシーンが挿入され、同じ天文台でセブとミアがプラネタリウムに映し出された星空を背景に踊り出す。ミアは「理由なき反抗」でジミーが着ていたのと同じような真っ赤なブルゾンでオーディションに臨む。

ジャズと映画が好きでたまらないらしい監督は、古いジャズやジャズメン、古い映画へのオマージュをふんだんに散らしている。ジャズ・ファンでなければ知らないだろう「ケニー・クラーク」なんて名前も出てくる。「ベイシーが演奏したクラブ」なんてセリフもある。セブは、「理由なき反抗」のジェームス・ディーンのセリフを口にする。

トワイライトの光景を背景にした公園でセブとミアが踊り出したときに僕が思い出したのは、「バンド・ワゴン」で初めて心を許し合ったフレッド・アステアとシド・チャリシーが、ニューヨークのセントラルパークで踊るシーンだったし、物語全体から僕が感じたのは、「シェルブールの雨傘」（一九六三年）へのオマージュだった。特にラストシーンでは、それを強く感じた。

●ひとつの夢は叶っても、もうひとつの別の夢は叶わない

「ラ・ラ・ランド」が描くのは、「夢を見ること」である。セブの夢はハードなジャズが演奏できる店を自分で開くことであり、ミアの夢は女優になることである。どちらもハードルの高い夢である。その夢の周囲は叶わなかった夢で覆われているし、ほんの一部の人間だけがその夢を実現できる世界だ。実力も必要だろうが、運も必要だ。だが、夢を見続けない限り、夢が実現する可能性はない。

大学を中退してハリウッドにやってきたミアは六年努力し、数え切れないオーディションに落ち、彼女のセリフを借りれば「充分、傷ついて」いる。だから、最後に自分で書いたひとり芝居の戯曲で自主公演を行い、数えるほどの観客しか集められず、その観客の「ひどい芝居だった。彼女、大根だな」という感想を漏れ聞いたときの絶望は手に取るようにわかった。「もう、あきらめよう。惨めな思いをするのはコリゴリ。私は充分、傷ついた」と思ったに違いない。

一方、セブはあれほど好きだったジャズへのこだわりを捨て、友人に誘われて「売れる音楽」を始める。そのバンドが成功し、アルバムを出し、ツアーばかりの日々を送る。ミアと長く会えなくなり、会えばミアに「あの音楽が好きなの？　あんなに好きだったジャズは？」と問い詰められる始末だ。内心、忸怩たるものを抱えるセブは、自分の苛立ちをぶつけるように、ミアに言ってはいけない言葉を口にする。

愛する人との生活（要するに金）のために妥協し、純粋だった夢が変質していく。若いふたりは、夢を追い続けるか、現実に妥協するか、というふたつの選択肢に晒される。それ以外の選択肢が浮かばない。それが、若さということなのかもしれないが、スクリーンのふたりを見ながら僕は改めて若い日の自分の夢を甦らせていた。

今更だけど、僕にも夢はあった。だが、僕は安定した生活のために、夢を優先しなかった人間だ。若くして結婚した妻も僕の夢には反対した。生活を賭して夢を実現するなんて…と、彼女は現実的なことを口にした。いや、妻や家族のせいではない。僕自身が、退路を断って夢に賭けるほどの自信がなかったし、安定した生活を放棄する勇気がなかったのだ。

自分自身に、どんな貧しさに耐えても夢に突き進むという強さがなかった。結局、四十年の勤め人生活を送り、今は老齢年金を支給される身になった。僕の夢は勤め人生活を送りながらでも努力できるものではあったけれど、「あのとき退路を断って挑戦していれば、もしかしたら…」と、今も夢想することがある。

だが、これでよかったのだと肯定する気持ちもある。五十五歳で初めての著書を出版し、多少とも評価してもらえたし賞もいただいた。昨年は、江戸川乱歩賞候補として四編の中に残った。ただ、そんな中途半端な結果しか得られていないのは、本気で夢の実現に努力しなかったからだという内心の声もある。未だに迷い続けている。しかし、何がよかったのかは、死ぬときになってもわからないだろう。

あのとき、別の選択をしていたらと思い続けるのが人生なのかもしれない。「ラ・ラ・ランド」が心に残るのは、最後に「あり得たかもしれない別の人生」を数分間で見せてしまうからだ。僕は、そのシーンでちょっと涙ぐんだ。人生は、ハッピーエンドにはならない。ひとつの夢は叶っても、もうひとつの夢は叶わない。だから、「あのとき、ああしていたら、こうなっていたかもしれない」と人は夢想する。それは、誰もが抱く「夢」である。

岡本喜八監督が脚本を書いたアニメ

COO　遠い海から来たクー／ジョーカー・ゲーム／ワイルド・ギース

●景山民夫さんの「遙かなる虎跡」が並んでおり懐かしくなった

先日、ブックオフの百円コーナーを見ていたら、景山民夫さんの「遙かなる虎跡」が並んでおり懐かしくなって購入した。初めての長編小説「虎口からの脱出」に感心し、直木賞を受賞した「遠い海から来たCOO」も読み、テレビ局のトラブルシューターを主人公にしたシリーズも読み、エッセイ集も愛読していた作家である。

「遙かなる虎跡」は読んだ記憶がなかったが、自宅に帰り「プロローグ　一九四二年シンガポール」を読むと、既読感が湧き起こってきた。昔、読んだ気がする。あれほど気に入っていた作家だから読んだはずだ。日本では珍しい大がかりな冒険小説を書く人だった。

景山民夫さんが自宅の火災で亡くなったのは、もう二十年近く前のことになる。五十歳だった。しかし、僕はその少し前から彼の本を読まなくなっていた。理由は、彼がある新興宗教の熱心な信者だとわかったからである。講談社の発行した雑誌がその新興宗教についての誹謗記事を掲載したとかで、信者たちが講談社前に抗議に集まったというニュースがテレビで流れたのはいつ頃だったろうか。

その宣伝カーの上には、景山民夫、歌手の小川知子（好きだったなあ「初恋のひと」）、俳優の南原宏治（鈴木清順監督「殺しの烙印」の殺し屋ナンバーワンの役）が立っていた。

景山さんのエッセイを読んでいると、彼は「霊感が強い」と書いてあった。そのせいか、今では政党を作り選挙のたびに信者を立候補させているその新興宗教の教祖に会ったとき、ものすごい霊感を感じたと話していた。すごい衝撃だったらしい。

しかし、作家というのは「懐疑的な人間」だと思っていた僕は、新興宗教を信仰することが信じられなかった。それまで、僕は景山さんの小説やエッセイをよく読んでいたので、特に違和感を感じたのかもしれない。景山さんが宗教にのめり込むに連れて、交友範囲はせばまったという。その景山さんのことを内藤陳さんから聞いたのは、亡くなって十年以上が経った頃だった。

「映画がなければ生きていけない」を出版し冒険小説協会から賞をいただいた二〇〇七年、僕は陳さんの新宿ゴールデン街の酒場「深夜＋1」に顔を出すようになった。日本冒険小説協会公認酒場だから、冒険小説、ミステリ（特にハードボイルド）、映画などの話題ばかりが飛び交う店である。

あるとき、僕は「景山さんの『虎口からの脱出』はおもしろかったですね。今でも忘れられない」と口にした。陳さんはおもむろに「民夫は、ここで宣言したんだ。『A－10奪還チーム出動せよ』よりおもしろい小説を書くって」と言った。

「A－10奪還チーム出動せよ」は当時、新潮文庫（現在は早川文庫）で出ていたと思うが、とにかくおもしろい冒険小説だった。僕も夢中で読んだものである。まだ、月刊になっていなかった『本の雑誌』でも評判になっていたと思う。

物語の後半の車による逃走と追跡がすごくて、それに影響されて景山さんが「虎口からの脱出」を書いたというのは噂で聞いていたが、酒場で宣言し、その通りに書いてしまったのはすごいことだと改めて思ったものだった。

「虎口からの脱出」の車を駆使した逃走と追跡劇は手に汗握り、今もあれをうわまわる小説は出ていないと思う。景山さんは「遠い海から来たCOO」によって直木賞を受賞したが、「虎口からの脱出」で受賞しても不思議ではなかった。ただし、放送作家をやりながらエッセイの賞はもらっていたが、「虎口からの脱出」が小説デビューだったと思う。小説の実績のない人には、直木賞を与えにくかったのかもしれない。

●岡本喜八監督が脚本を書いたアニメ「Coo　遠い海から来たクー」

「遠い海から来たCOO」は少年と絶滅したはずの恐竜の子供の交流というファンタジーの要素が強く、そこが一般受けしたのかもしれないが、僕の評価としては「虎口からの脱出」の方が上だった。もっとも、COOを奪おうとする特殊部隊が襲ってくるのに反撃するシーンなど、冒険小説としても一流だった。今もよく憶えているのは、暗視鏡をした兵士たちに強烈な光を浴びせ、一時的に視力を奪ってしまう場面である。

「Coo　遠い海から来たクー」（一九九三年）は、岡本喜八監督の脚本によってアニメ映画になった。絶滅した恐竜の子を実写で出すのがむずかしかったからだろう。今なら、デジタル処理でいくらでも可能だろうから、ぜひ映画化してもらいたいものだ。いや、映画化するのなら「虎口からの脱出」の方を見てみたい気がする。少なくとも亀梨くんと深キョンの「ジョーカー・ゲーム」（二〇一四年）よりはずっとおもしろくなると思うのだけど、いかがなものだろうか。

景山民夫という人を思い出すと、僕は彼が放送台本を書いていた「出没!!おもしろMAP」というバラエティ番組を浮かべる。景山さんのスタートは放送作家だったのだ。「シャボン玉ホリデー」でデビューしたという。「出没!!おもしろMAP」は、四十年前の秋から一年間にわたって放映されていた情報バラエティである。司会は清水国昭と清水クーコ、日曜の三時からの三十分番組だった。

提供は森永製菓一社で、番組の中で「エンゼル体操」というものが披露された。古代ローマの兵士のようなコスチュームを身につけた「ムキムキマン」というキャラクターが登場し、音楽に合わせてコミカルな振り付けのエンゼル体操を行うのである。「エンゼル体操」の作詞を手がけていたのも景山さんだった。景山さん自身も登場することが多かった。

僕が毎週、その番組を見ていたのは、首都圏のいろいろな情報が紹介されていたのと映画紹介コーナーがあったからだと思う。日曜の三時である。ゆったりした気持ちでテレビの前に座っていた。月刊誌の編集部にいたので平日の夜はよく残業していたし、完全週休二日だったけれど、ときには仕事で土曜日に出ることもあった。しかし、さすがに日曜日はゆっくり休めた。

その頃、僕は妻とふたりで阿佐ヶ谷の三畳ほどのキッチンと六畳の和室しかないアパートで暮らしていた。トイレはついていたが風呂はなく、近くの銭湯に通っていた。花籠部屋（横綱の輪島がいた頃で全盛期だった）が近く、銭湯で力士と一緒になることもあった。まだ髷の結えない弟弟子が兄弟子の背中を洗っていたりした。さすがにお相撲さんの背中は大きいなあと感心したことを憶えている。

●景山さんが構成していた番組での忘れられない映画紹介

「出没!!おもしろMAP」の映画紹介で忘れられないのは、「ワイルド・ギース」（一九七八年）である。日本公開は一九七八年八月五日だったから、紹介されたのは七月の日曜日だったのだろう。「ワイルド・ギース」はイギリスの名優リチャード・バートン、後にジェイムズ・ボンドで有名になる（その頃はセイントで名を知られていた）ロジャー・ムーア、逆おむすび顔のリチャード・ハリス、ドイツ人のハーディー・クリューガーが出演する大作で、監督も数々の西部劇を作ってきたベテランのアンドリュー・V・マクラグレンだった。

アフリカの某国で軍事クーデターが起こり、大統領が拉致されて監禁される。イギリスの巨大資本はクーデターによって莫大な利権を失いかねないと、傭兵たちを雇い大統領救出を画策する。選ばれたのがリチャード・バートンである。信頼する戦友であるロジャー・ムーアやハーディー・クリューガーを呼び寄せ、参謀格のリチャード・ハリスを誘うが、リチャード・ハリスは幼い息子との生活を優先し躊躇する。

しかし、リチャード・バートンとの友情から危険な任務を引き受ける。彼らは五十人の傭兵たちを選抜し、鍛え上げる。やがて、某国へ潜入。大統領を救い出す。しかし、巨大資本は新政権と取り引きし…という展開になる。

そんな傭兵映画を紹介しながら「出没!!おもしろMAP」の出演者がワイワイ騒ぐのだが、生き残ったバートンやムーアが軍用機に乗り、最後に走ってくるリチャード・ハリスのシーンでは番組の出演者たちは「お父さん、がんばって」と声をあげ続けた。飛行機から手をさしのべるリチャード・バートン、飛び乗ろうと走り続けるリチャード・ハリス、その後ろには迫りくる某国の黒人兵士たちがいる。

つかまれば惨殺される。間に合うのか、というサスペンスである。そのシーンに向かって清水国昭や清水クーコが「お父さん、がんばれ」と本気で声をかけていた。リチャード・ハリスにはイギリスの寄宿舎で息子が待っているのだから、バートンやムーア以上に生還しなければならない理由がある。だから、観客たちは強く感情移入するのだ。まあ、物語の設定の定石ではあるのだけれど…。

もちろん、僕は「ワイルド・ギース」の公開を待ちかねて見にいった。そして、今でもお気に入りの映画になっている。昨年だったか、久しぶりにWOWOWで放映され改めて見たが、やはり好きな映画だった。

物語は単純だし、パターン化したキャラクターや盛り上げ方はもう古くなっているかもしれないけれど、リチャード・ハリスが飛行機に向かって走り続けるシーンでは「がんばれ、お父さん。息子が待ってるじゃないか」と思った。

それに、僕は昔からリチャード・ハリスが大好きだったのだ。最初に見たのは半世紀以上も昔のこと。リチャード・ハリスがアカデミー賞にノミネートされた「孤独の報酬」（一九六三年）だった。アクション映画にも主演し、「ジャガーノート」（一九七四年）や「カサンドラ・クロス」（一九七六年）などもある。

クリント・イーストウッドの「許されざる者」（一九九二年）でキザなイングリッシュ・ボブという賞金稼ぎを演じ、ジーン・ハックマンの保安官にボコボコにされるのはつらかったけれど、リドリー・スコット監督「グラディエーター」（二〇〇〇年）では主人公を息子のように愛す賢帝マルクス・アウレリウスを重厚に演じた。最近では「ハリー・ポッター・シリーズ」で魔法学校の校長を演じ、「ハリー・ポッターと秘密の部屋」（二〇〇二年）が最期の作品になった。

しかし、リチャード・ハリスというと、やはり「ワイルド・ギース」のあのシーンが浮かんでくる。そう言えば、「深夜＋1」の壁にも「ワイルド・ギース」のスチルが貼ってあったなあ。「傭兵もの映画」には、フレデリック・フォーサイス原作の「戦争の犬たち」（一九八〇年）があるけれど、僕には「ワイルド・ギース」の方が記憶に残っている。

薬師丸ひろ子が初めてくちづけした男

三匹の牝蜂／仁義なき戦い・代理戦争／鉄砲玉の美学／セーラー服と機関銃

●渡哲也の三歳年下の渡瀬恒彦がデビューしたのは五年後だった

今週は何を書こうかと思っていると、渡瀬恒彦の訃報が入ってきた。えーっ、と思ったのは、渡哲也が闘病中という話は聞いていたが、渡瀬恒彦についてはまったく予想していなかったからだ。七十二歳だったという。少し早いのではないか。最初の奥さんである大原麗子が亡くなってからもう何年にもなるけれど、再婚して子供も立派な社会人になり、七十を過ぎたとはいえ、まだまだ渋い役者として活躍できたのにと思う。あの年で主演が張れる俳優は、もうそんなにいなくなった。

しかし、渡瀬恒彦のことを書こうとすると、僕の場合、渡哲也について書き始めなければならない。渡哲也より三歳年下の渡瀬恒彦が東映に入社してデビューしたのは、一九七〇年のことだった。その時点で、渡哲也はすでに大スターだったのだ。日活最期の銀幕スターと言ってもいい。

日活がロマンポルノ路線になり、石原プロモーションに移籍し、テレビドラマにも出るようになった頃で、映画館にいかない一般的な人々にもよく顔を知られるようになった。NHKの大河ドラマ「勝海舟」の収録は一九七三年に始まり翌年の正月から放映されたが、渡哲也は十回ほどで病気により降板し松方弘樹が引き継いだ。

渡哲也は一九六五年に「あばれ騎士道」でデビューし、翌年、早くも鈴木清順監督の「東京流れ者」（一九六六年）に主演する。「ラ・ラ・ランド」（二〇一六年）のデイミアン・チャゼル監督が、影響を受けた作品として挙げた伝説のカルト・ムービーである（僕は「ラ・ラ・ランド」は同じ清順監督の「肉体の門」の影響が強いと思ったけれど）。

さらに「紅の流れ星」（一九六七年）を経て、翌年には「無頼シリーズ」がスタートする。「無頼より・大幹部」「大幹部・無頼」「大幹部・無頼非情」「無頼・人斬り五郎」「無頼・黒匕首」があり、最後が「無頼・殺せ」（一九六九年）だ。

その渡哲也がテレビドラマに出始めた頃、渡瀬恒彦は電通を退社して東映に入社した。渡哲也の言葉によれば、「役者をやってるボクの部屋にくると高いレートで麻雀をやっていて、サラリーマンの給料じゃ無理だと思ったから」俳優になったとのことだが、たぶんに照れが入っていると思う。渡哲也は自身が日活の新人としてデビューすることになったいきさつも、高平哲郎さんのインタビュー（一九七六年一月十四日）で語っているが、ここにも渡哲也特有の照れがうかがえる。

――今から十一年前ですか、ぼくが大学四年のとき…青山学院です…空手部にいましてね、ええ。新大久保にアパート借りてたんですけど、空手部の連中とか、弟とか…弟（渡瀬恒彦）は早稲田に行ってたんですけどね…いつも五、六人ゴロゴロしてましてねえ。あるとき、浅丘ルリ子さんの一〇〇本記念で『執炎』という映画なんですけど、一般募集というのが日活でありまして。それで、弟とか空手部の連中とかでいい加減な写真送りましたら、面接試験というのがありまして。「まあ、裕ちゃんでも見にいくか」くらいの気で撮影所に行きましてねえ。

渡哲也が青山学院大学空手部の現役大学生としてデビューしたときを僕は憶えている。テレビの芸能ニュースに「日活期待の新人」として映ったからである。演技は下手で（デビューの年の裕次郎主演「泣かせるぜ」を見ればよくわかる）デクノボーだった。それが、「東京流れ者」「紅の流れ星」「無頼シリーズ」を経て、見違えるほどの役者になった。

僕は「無頼シリーズ」を見るたびに、藤川五郎に涙する。昔、僕のペンネームは藤川五郎だったし、大学四年の春、僕は級友が台本を書き演出した「紅の流れ星」という芝居を手伝ったことがある。舞台は渋谷の天井桟敷を借りた。主人公の名前は、もちろん「不死鳥の哲」である。

●人気女優の大原麗子の結婚相手は「渡哲也の弟」と呼ばれた

三歳違いの渡瀬恒彦は、渡哲也に遅れること五年、一九七〇年に二十五歳でデビューした。三作めの出演作「三匹の牝蜂」（一九七〇年）は、夏純子、大原麗子、市地洋子の主演。大原麗子とは、数年後に結婚した。いわゆる格差婚で大原麗子は誰でも知っている人気女優だったが、渡瀬恒彦は「渡哲也の弟」と呼ばれた。

若い頃、渡哲也と渡瀬恒彦は双子のように似ていて、誰もが「ああ、渡哲也にそっくりな弟ね」と口にした。その頃、渡瀬恒彦は「不良番長シリーズ」など、ほとんどチンピラばかり演じていた。そして、僕が初めて「渡哲也の弟」を意識したのは、テレビ時代劇シリーズ「忍法かげろう斬り」（一九七二年）だった。

「忍法かげろう斬り」は、日活の路線変更によって渡哲也がテレビに出るようになった初期の時代劇だった。二十六回（半年）続く番組である。早乙女貢の原作で、松平伊豆守の密命を受けた忍者の物語だった。くの一を演じた汜文雀が、色っぽいパートを引き受けていた。渡哲也は大病を何度もやっているが、最初に倒れたのがこの番組のときだった。

二十回まで演じた渡哲也の代役として抜擢されたのが渡瀬恒彦だった。残り六回ほどだったけれど、このとき主役の俳優が変わったことを気づかない視聴者は多かったのではないか。渡哲也の弟が、俳優をやっていることを知らない人もいたのだ。僕も「実によく似ているな」と感心した。時代劇でカツラをつけていたからかもしれない。

この翌年、渡瀬恒彦の役者としての存在感を僕は認めることになる。「仁義なき戦い」（一九七三年）の後半に出てくる戦後の愚連隊あがりのやくざ有田だった。ポン（ヒロポン）の密売で儲け、上納金を山守組幹部（三上真一郎）におさめている役である。出演場面は少なかったものの、酷薄そうなメーキャップが怖かった。

次に「仁義なき戦い・代理戦争」（一九七三年）のチンピラ役が続いた。屋台で呑んでいて酔ったプロレスラーにからまれ、包丁で刺してしまう工員役である。その後、プロレス興業を仕切っていた広能組に、教師と母親に連れられてわびにくる。

教師（汐路章）は広能の恩師でもあり、「これのオヤジも極道で死んどるのよ」と渡瀬恒彦を広能組に入れてほしいと言う。第三部の重要なエピソードを担う役だった。最後は兄貴分（川谷拓三）に唆されて敵対する組長（田中邦衛）を狙い、さらにその兄貴分に裏切られて死んでいき、彼の葬儀のシーンで「代理戦争」は終わる。

死んだ若者の焼けた骨を手のひらに包み込み、ぐっと奥歯を噛みしめる菅原文太と原爆ドームが重なるように編集されて、第四部「頂上作戦」に続くのである。このチンピラ役は、五部作を通して見ても強い印象を残す。渡瀬恒彦が亡くなって各局のニュースは「仁義なき戦い」を代表作に入れていたが、この役を指しているのだろう。渡瀬恒彦、二十九歳の名演だった。

同じ年、渡瀬恒彦は初めてアートシアターギルド（ＡＴＧ）作品「鉄砲玉の美学」（一九七三年）に主演する。東映の中島貞夫監督が、杉本美樹など東映の役者を使って撮った作品である。いわゆる一千万映画で低予算だが、監督が撮りたいように撮れる作家主義の映画だった。

ＡＴＧ作品＝作家主義のアート作品だから、このとき映画雑誌などで急に渡瀬恒彦の紹介が増えた記憶がある。ちなみに「鉄砲玉の美学」の音楽を担当したのが、荒木一郎と電脳警察だった。中島監督の「８９３愚連隊」（一九六六年）で主演した荒木一郎だから、そのつながりだったのだろう。

●渡瀬恒彦と風祭ゆきの大人が支えた「セーラー服と機関銃」

七〇年代後半、渡瀬恒彦は順調にキャリアを積み、松竹で山本薩夫監督の「皇帝のいない八月」（一九七八年）に出演したり、工藤栄一監督の久々の本編「影の軍団　服部半蔵」（一九八〇年）で「裏の半蔵」として主演を張ったりしていたが、僕が「この人、うまいなあ」となったのは「セーラー服と機関銃」（一九八一年）だった。

目高組の代貸し佐久間真の役である。現実にはあり得ない物語にリアリティを与えていたのは、渡瀬恒彦と風祭ゆきだった。このふたりの大人の物語がなければ、単なる荒唐無稽なアイドル映画になっていただろう。それに、薬師丸ひろ子が初めてくちづけをする（役の上とはいえ、たぶん実人生でも初めてでは？）相手は渡瀬恒彦なのだ。

僕が「セーラー服と機関銃」を見たのは、東映本社の試写室だった。僕は「小型映画」という専門誌の編集部にいて、相米慎二監督に新作のインタビューを申し込んでいた。「翔んだカップル」で監督デビューした相米さんは、瑞々しい青春映画を撮る監督として期待されていた。カットを割らない長まわしも話題になっていた。

「監督インタビュー」というページを作り、加藤泰、工藤栄一、大林宣彦、鈴木清順など、神とも仰ぐ監督たちをインタビューしていた僕は、期待の新人監督として相米慎二さんに是非会ってみたかったのだった。

「セーラー服と機関銃」は、女子高生がやくざの組長になるという非現実的な物語だが、そんなものを超越してスクリーンに引き込む強い力があった。薬師丸ひろ子の魅力もすごかった。少し太り気味の丸顔に短髪で、小柄な体躯が躍動する。その動きが素晴らしく、それを捉えるキャメラワークにも惹かれた。

そして、薬師丸ひろ子が佐久間と父の恋人だった風祭ゆきのセックスを見てしまうシーン、その後の佐久間の心の叫びのような告白を聞くシーン、それらは印象的な場面として記憶に刻み込まれた。特に、風祭ゆきとの出会いを語る渡瀬恒彦の叫ぶようなセリフまわし、雨が降り出しても語り続ける切なさのようなものが僕の胸を打った。

僕の中で「渡哲也の弟」という要素が完全になくなり、「渡瀬恒彦」という俳優が存在し始めたのは、やはり「セーラー服と機関銃」の佐久間の告白シーンだと思う。渡瀬恒彦は三十七歳になっていた。

あれから、三十六年の月日が流れ、渡瀬恒彦の訃報をテレビも新聞も大きく扱った。それだけ大きな存在の俳優になっていたのだろう。死ぬまで現役でいられたのだ。春から始まるテレビシリーズに出演したいと望んでいたという。幸せな役者人生だったと思う。

「無私無欲」VS「私利私欲」

殿、利息でござる／ジャージの二人／予告犯

●異様な盛り上がり(?)を見せている森友学園問題だが

ワールド・ベースボール・クラシックの中継局以外はすべて(テレビ東京は確認していないけれど)、籠池理事長の国会での証人喚問を中継するという異様な盛り上がり(?)を見せている森友学園問題である。籠池理事長およびその夫人のキャラクターも大阪人らしくおもしろすぎて、劇場型のニュースネタとして視聴率がとれるのかもしれない。

安倍首相夫妻が関係しているかどうか、自民党がひたすらかばいに入っているし、官房長官が様々な詭弁(弁解?)を弄しているのも見ていて、「やれやれ」という気分になってくる。政治家には、白を黒と強弁し続けられる能力が求められるのだなあ。

首相夫人と理事長夫人のメールのやりとりも公開され、各テレビ局はワイドショーも報道番組も微に入り細にわたり分析している。フリップに拡大されたメールが映され、「三奥五千万(原文ママ)」などと変換ミスまでそのまま出されていた。

籠池理事長の国会での証言は首をひねる部分もあったが、首相からの百万円の寄付金を巡る話では、何度も繰り返して話しても齟齬が出ないので、信憑性があるのではないかとの印象を

持った。刑事部屋での取り調べでは（経験したことはないが）、同じ話を何度もさせるという。嘘をついていると、どこかで齟齬が出る。そこを突くのが取調の常道らしい。

ところで、僕が公開されたメールで「おやっ」と思ったのは、理事長夫人のメールで「ある人から籠池さんと主人公がダブるから」と勧められて、「殿、利息でござる」（二〇一六年）を見にいったという話が出てきた箇所だった。籠池夫人は「清められた」と書き、首相夫人に「ぜひ見てほしい」と勧めていた。

確かに「殿、利息でござる」はよい映画で、見終わると清々しい気分になる。それは、登場人物たちの「無私の心」が観客の胸を打つからである。僕には籠池理事長が「無私の人」とは思えないから、あの主人公たちとダブるはずがない。

この間の森友学園事件の登場人物たちを見ていると、「私利私欲」と「自己保身」という言葉しか浮かばない。特に、政治家たちの姿にそれを見る。籠池理事長は「日本を憂う志の人」「無私無欲の愛国者」と自分を思いこんでいる節は見受けられるのだけれど、そういう言葉に自分で酔っている風に見える。

右翼系の人に多いのだが、ヒロイズムに浸って自己陶酔してしまうのだ。「維新」とか「志士」などという言葉を使う人は、僕にとっては昔から要注意だった。自分から「平成維新の志士」なんて言う人は特に信用しない。評価は他人がするものだ。自己評価は何の意味もない。

だから、籠池夫人によって「殿、利息でござる」が話題になったことは、僕には不快だった。せっかくの清らかな映画が、汚されたような気になった。「殿、利息でござる」は歴史学者の磯田さんが歴史上の実在の人たちを取り上げた、「無私の日本人」という本の中のひとつのエピソードを原作としている。そこには人のために尽くした「無私の人」たちが描かれているのだ。

磯田さんはNHK－BSの「英雄たちの選択」といった歴史番組にメインキャスターのような形でずっと出演していて、口跡がよく言葉が聞き取りやすい。最初、僕は歴史を再現したシーンでのナレーションを、磯田さんがやっているのじゃないかと思ったくらいだ。実際は、松重豊が少し高い声の調子でナレーションを担当していた。

ところで、僕が勤めていた出版社のリクルート担当として入社試験問題を作ったとき、作文のテーマを「むし」としたことがある。どんな作文が出てくるか楽しみにしていたのだが、「無視」「虫」と解釈した人が大部分で、少数の人が「蒸し」をテーマにして書いていた。「無私」をテーマにした人はいなかった。「無私」という言葉は、すぐに思いつかないのだろうか。

僕は「無私」とか「無欲」という語をよく使うので、「むし」をテーマに決めたときは「無私」を浮かべていた。また、「私利私欲」という言葉もよく使う。人を見るときに「私利私欲」で動いているかどうかが僕の評価基準なのだ。それは、自分自身の行動の規範にもなっている。「俺は、私利私欲で動いていないか」と常に問いかけている。

●「いい話」ばかりが続き籠池夫人も「清められた」のだろう

伊達藩の仙台に近い吉岡宿は重税と荷役でつぶれ百姓が相次ぎ、夜逃げする人たちが後を絶たない。ある夜、一家で荷車をひいて夜逃げをしていた百姓は造り酒屋の浅野屋の主人（山崎努）に呼び止められる。「あんたには××貸していたな」と彼は言う。夜毎、瓶に貯めた銭を数える守銭奴と言われる山崎努である。てっきり、厳しい取り立てがあるのだと一家の主人は身構える。

そこまでがプロローグだ。それから数十年、山崎努は亡くなり、今は次男（妻夫木聡）が造り酒屋の浅野屋を継いでいる。相変わらず副業の金貸しに励み、父親と同じように多くの銭を貯めていると噂されている。

浅野屋の長男だったのに、同じ宿場の穀田屋に養子に出された十三郎（阿部サダヲ）が主人公である。彼は弟とふたり、子供の頃から父親にある教えを受けていて、その中で「自身を顧みず、人々のために尽くせ」と言われたことが身に染みついている。もちろん、そのことを誇ってはならず、人に知られることも避けよと教えられてきた。

だが、長男の自分が養子に出されたのは、弟より出来が悪かったからだと思いこんでもいる。そんな十三郎は、貧しい人々を何とか救えないかと、荷役の免除を上訴するために訴状を胸に役人を待つ。それに気づいた宿場のインテリ菅原屋篤平治（瑛太）が止める。上訴すれば、訴人の命はないからだ。

十三郎の思いを知った篤平治は「お上に金を貸して、その利子を元に荷役を免除してもらう」という案を考え出す。しかし、現在の金で三億円ほどになる元金をどう集めるか、それが物語の中心になる。何年もかかるが、意外な人が大金を提供すると言い出したり、うまい儲け口だと勘違いして参加してくる商人もいたりする。

藩の役人に言上すると「見上げた心がけだ」と感激し、親身になって動いてくれる役人もいる。しかし、藩の勘定方を預かる冷徹な能吏（松田龍平）はとりつく島もなく、さらに厳しい条件を出してくる。やがて宿場でも十三郎たちのやろうとしていることが知られ、様々な銭が集まってくる。

テレビスポットでも流れていたが、いきつけの飲み屋で瑛太が「お上に金を貸す」と思いついて口にしたとたん、飲み屋の女将（竹内結子）が「わたしは、お金なんか借りませんよ」と言うシーンがあるように、作品のトーンは喜劇調である。笑えるシーンが多い。

しかし、銭を集めるというそのことだけで物語を展開しながら、様々な人の情や思いが立ち上がり、どんでん返しもあり、まさに笑いと涙に充ちた感動が訪れる。中村義洋監督作品だから、あざとさはなく心地よい軽さがある。すっとぼけたテイストが中村作品の持ち味だが、だからこそ見終わって清々しさが心の中を吹き抜ける。

勘定方の役人だけが憎まれ役だが、その他の登場人物は羽生結弦が演じた伊達の殿さまも含めて基本的に善人ばかりである。百姓たちよりはお上に顔が向いている世話役、儲け第一と考えているが状況によっては損な選択をする商人など、様々なタイプの人が出てくるけれど、みんな「人のために役立とう」と思う気持ちは持っている。

新婚の妻におそるおそる宿場のために金を出すことを打ち明けた篤平治は、逆に新妻に「あなたは偉い」と励まされるし、十三郎は不満を感じていた自分の長男が「銭集め」のために仙台の商家に年期奉公に出たことを知って涙する。そういう、「いい話」ばかりが続くのだ。籠池夫人も「清められた」のは本当だろう。

●中村義洋監督は「上から目線」では絶対に描かない

中村義洋という名前を意識したのは、いつ頃からだっただろう。数えてみると、ほとんどの監督作を見ている。最初に印象に残ったのは、やはり「アヒルと鴨のコインロッカー」(二〇〇六年)だ。濱田岳は、この作品以来、中村作品には欠かせない役者になった。

原作は伊坂幸太郎。中村監督は、この後、「フィッシュストーリー」(二〇〇九年)「ゴールデンスランバー」(二〇〇九年)「ポテチ」(二〇一二年)と伊坂幸太郎原作を映画化する。「アヒルと鴨のコインロッカー」では瑛太と松田龍平も印象に残る。しかし、伊坂幸太郎が仙台を舞台にするのは学生時代から住んでいる街だからだが、中村監督が仙台にこだわるのは何か理由があるのだろうか。「殿、利息でござる」も仙台藩が舞台だ。

「チーム・バチスタの栄光」(二〇〇八年)「ジェネラル・ルージュの凱旋」(二〇〇九年)など商業的な王道作品を撮ったかと思うと、「ジャージの二人」(二〇〇八年)という奇妙な小品を撮るところに中村監督の幅の広さがある。

「ジャージの二人」は、カメラマンの父親(鮎川誠)と会社を辞めた息子(堺雅人)が山荘で暮らす話である。様々なエピソードが描かれるが、中村作品特有のすっとぼけた味があり、いわゆる「癒される作品」になっている。田舎のことだから、女子高生たちが携帯電話の電波が「二本立った」「ここだと三本立つ」などと騒いでいるシーンが何となく僕の記憶に残っている。

ここ数年の作品を見ると、教室で通り魔的な事件に巻き込まれ、住んでいる団地から(精神的な意味で)出ることができなくなった男(濱田岳)を描いた「みなさん、さようなら」(二〇一二年)があり、阿部サダヲを主役に実話を映画化した「奇跡のリンゴ」(二〇一三年)があり、湊かなえ原作の「白ゆき姫殺人事件」(二〇一四年)があり、ネット時代の複雑な犯罪を描いた「予告犯」(二〇一五年)がある。

僕にはどれもおもしろかった。ホラー作品にも多くたずさわってきた中村監督は怖がらせるのもうまく、「白ゆき姫殺人事件」「予告犯」などでのサスペンス描写もうまい。生田斗真、鈴木亮平、濱田岳などが社会の底辺まで落ち、そこでようやく仲間たちを見つけ、社会に復讐するように様々な予告犯罪を引き起こす「予告犯」を見たときには、複雑な現代社会に落ちこぼれて生きざるを得ない人間への共感を感じた。

　奥田英朗さんの「オリンピックの身代金」と同じ視点である。そう、中村義洋監督は「上から目線」では絶対に描かない。監督としての目線が低いのだ。そこが、僕の好みに合っているのかもしれない。

完璧なボディと言われた女優

女ガンマン　皆殺しのメロディ／殺人者にラブ・ソングを

●四十二年前に当時千六百円もするハードカバーを買った

「ハニー・コールダー」（一九七一年）という映画のことを知ったのは、四十二年前のことだった。先日、WOWOWで「女ガンマン　皆殺しのメロディ」というミもフタもないタイトルで放映され、ようやく念願が叶い見ることができた。「発掘良品」という企画番組で、斎藤工と大友啓史監督が映画の前後に対談をする。

　やはり、若い世代だから、時代的なことについてはちょっとトンチンカンなコメントもあった。時代の空気感を伝えるのはむずかしい。この映画はクエンティン・タランティーノ監督が「キル・ビル」を作るときに影響を受けたと言っていて、そのため今回の企画で発掘されたらしい。

　「ハニー・コールダー」は劇場公開はなく、一度テレビ放映（もしかしたらテレビ東京の昼間？）があったらしい。何年か前、「女ガンマン　皆殺しのメロディ」というタイトルでDVDが出ているのを知ったけれど、わざわざ買う必要もないと思っていた。ただし、一度は見ておきたかったのだ。

　四十二年前の三月十一日に、僕は小林信彦さんの「われわれはなぜ映画館にいるのか」という晶文社から出ていた（数年前にキネマ旬報社から復刊）A5判の本を買った。その頃の僕は本の見返しに購入した日付を記入し、「S・SOGO」と署名していたのだ。その習慣は社会人になって、ある程度自由に本が買えるようになってなくなったが、一九七五年三月十一日、僕はまだ卒業式を二週間後に控えていた。

　その年、入社が決まっていた出版社から「卒業試験が終わったらきてくれないか」と言われ、当時の僕は断れるわけもなく二月十二日から出社していた。三月十一日は、ちょうど一ヶ月働いたところだった。初めての給与をもらって二週間ほど経っていたので、少し気が大きくなっていたのだろうか。僕は、当時千六百円もするハードカバーを買ったのである。

あの頃、犀のマークの晶文社からは欲しい本がいっぱい出ていたが、どれも高くて古本屋でしか手が出なかったものだ。「われわれはなぜ映画館にいるのか」の奥付を見ると、初版は一九七五年二月二十五日になっている。方南町駅前の書店で新刊を見つけて、すぐに買ったのだと思う。

その本を僕は隅から隅まで読み、後に何度か確認のために読み返した部分も多い。鈴木清順、ハンフリー・ボガート、ジョン・フォード、マルクス兄弟、ビリイ・ワイルダー、ドン・シーゲルなどを取り上げた「架空シネマテーク」というコラムが冒頭に配置されていた。キネマ旬報に連載されたコラムだ。

このコラムを読んでいた時点で、僕はボギーの「ハイ・シェラ」（一九四一年）もドン・シーゲルの「突破口」（一九七三年）も見ていなかった。このコラムを読んで、ぜひ見たいと熱望したが、当時は簡単に旧作が見られる時代ではなかった。

そのコラムの一本に「B級娯楽映画を観るたのしみ『ハニー・コールダー』その他その他」という回があった。その中にA5サイズ一ページを使って、ハニー・コールダーに扮するラクエル・ウェルチの写真が掲載されていた。全裸にポンチョをかぶった姿で、彼女は西部の街角で銃を構えて立っている。

素肌にガンベルトをつけ、早く抜くためにポンチョを左手で開いている。そのためボディの右側は足の先から太股、腰、脇腹までが見えていた。左足も太股から腰の下まで露出し、股間をポンチョの先が隠しているだけだ。完璧なボディと言われたラクエル・ウェルチである。その写真は、二十二歳の僕の記憶に深く深く刻み込まれたのだった。

●リタ・ヘイワースのポスターがラクエル・ウェルチに変わる

「ショーシャンクの空に」（一九九四年）が好きな映画ファンは多い。僕も好きである。あの映画の原作はスティーヴン・キングの「恐怖の四季」という中編四編が入った本の中の一編「刑務所のリタ・ヘイワース」だ。「ショーシャンクの空に」の中でも、囚人たちがリタ・ヘイワースの代表作「ギルダ」（一九四六年）を見るシーンがある。

もちろん、ギルダが「ミー？」と言いながら髪を振って登場するあの有名なシーンである。主人公（ティム・ロビンス）は語り手の調達屋（モーガン・フリーマン）にリタ・ヘイワースのポスターの入手を頼む。そのポスターは、ずっと主人公の独房の壁に貼られている。

しかし、主人公は長く服役することになり、その長い年月をリタ・ヘイワースのポスターが、ラクエル・ウェルチの「恐竜一〇〇万年」（一九六六年）のポスターに変わることで表現した。四〇年代のセックス・シンボルが六〇年代の「完璧なボディを持つ女優」に交代し、二十年近くが経ったのだとわかるようになっている。

当時、ラクエル・ウェルチのライバルは、「007 ドクターノオ」（一九六二年）のアーシュラ・アンドレス（後にウルスラ・アンドレスと表記されるようになった）だった。アーシュラ・アンドレスは、若きショーン・コネリーの横でビキニ姿の腰にナイフを下げて花を添えた。新しいセクシー女優たちが次々に登場していた。

僕が初めてラクエル・ウェルチを見たのは、「ミクロの決死圏」（一九六六年）だった。体の線を際だたせる潜水服姿（血管の中を泳ぐためだ）で男性客の目を楽しませた。続けて公開になったのが、毛皮で作ったビキニを身につけた姿で出てきた「恐竜一〇〇万年」である。昔のハリウッドの冒険映画には、こんなお色気担当の女優がいた。今、こんな役を作ったら女優たちから総スカンを食らうだろう。

時代性を物語るのは、フットボール選手から俳優になった黒人のジム・ブラウンとラクエル・ウェルチが共演した「一〇〇挺のライフル」（一九六八年）のときのエピソードだ。ジム・ブラウンと肌を合わせるシーンがあり、ふたりの間にはカメラに写らないようにバスタオルが挟まれたという。

そういう意味では、ラクエル・ウェルチが完全な主演映画というと、「空から赤いバラ」（一九六七年）と「ハニー・コールダー」くらいしかないのではないだろうか。「女ガンマン　皆殺しのメロディ」というタイトルに変わった「ハニー・コールダー」は、修業して女ガンマンになったラクエル・ウェルチの復讐劇なのである。

それを小林信彦さんは、「西ベルリンのクーダム通りに面した大きな劇場」で見たという。ドイツ語に吹き替えられており、「私には会話などまるで分からないのだが、そこは西部劇の有難さで、筋だけは」わかったらしい。監督は、当時、西部劇をたくさん作っていたバート・ケネディだった。

●全裸に毛布一枚をポンチョにしてかぶり荒野をさまよう

冒頭、三人の悪党（アーネスト・ボーグナイン、ストローザー・マーティン、ジャック・イーラム）が荒っぽく銀行を襲う。彼らは平気で銀行員たちを射殺し、非道な悪党であることが強調される。追われた三人は牧場を見つけ、代わりの馬を盗もうとして牧場主に阻止されるが、悪党の一人が牧場主を撃ち殺す。

彼らが家に入ると美しい若妻ハニー・コールダー（ラクエル・ウェルチ）がいる。三人は代わる代わるハニーを犯す。五十年近く昔の映画だから今から見るとおとなしい描写だが、当時はけっこう刺激的だったろうと思う。日活ロマンポルノが始まったのが一九七一年で、この映画と同じ年である。今見ると、ロマンポルノだっておとなしいものだ。

牧場の馬は放たれ、家は焼かれ、犯されたハニーは全裸に毛布一枚をポンチョにしてかぶり荒野をさまよう。そこに現れるのが、馬に死体を乗せた賞金稼ぎのガンマンだ。扮するのは、ロバート・カルプ。ビル・コスビーとコンビを組んだテレビシリーズ「アイ・スパイ」（一九六五～一九六八年）の主演俳優である。プロテニス選手として世界をまわりながらスパイとして活躍する物語だった。

僕は彼が「ハニー・コールダー」の翌年に出演した「殺人者にラブ・ソングを」（一九七二年）が忘れられない。ロバート・カルプとビル・コスビーが、うらぶれた二人組の私立探偵に扮した隠れた名作である。脚本を書いたのがウォルター・ヒルで、これがデビューだったらしい。ロバート・カルプ自身が監督をした。

さて、「女ガンマン　皆殺しのメロディ」のロバート・カルプは顔の下半分は髭もじゃでメガネをかけて登場するので、「アイ・スパイ」のイメージとはまったく異なる。メガネを外し、遠くを見つめるように目を細めたシーンで、「ああ、ロバート・カルプだ」と僕は納得した。

この賞金稼ぎについて小林信彦さんは、「いい役者である。役もいい。『緋牡丹博徒』の健さんか、文太の役である」と書いている。ハニーはロバート・カルプに射撃を習うことになるのだが、このシーンが映画の中では一番よかった。もっとも「彼女が拳銃を抜くたびに、ポンチョがあおられて、脇腹が見えるのが、彼女のファンを楽しませる」（小林信彦）仕掛けにもなっている。

そんなわけで、「ハニー・コールダー」について書かれた小林信彦さんの文章と、全裸にポンチョとガンベルトというインパクトのある写真のおかげで、若き僕は「ぜひ見たい」と熱望したのだった。同じ頃、「野良猫ロック　セックス・ハンター」（一九七〇年）の魔子役を見て以来、僕が熱烈なファンになった梶芽衣子は「さそり」シリーズを終え、「修羅雪姫」（一九七三年）「修羅雪姫　怨み恋歌」（一九七四年）に出演していた。

同じような映画体験をしたであろうクエンティン・タランティーノは、「修羅雪姫」や「ハニー・コールダー」をベースに、戦う女の復讐劇「キル・ビル」（ヒロインとオーレン・イシイとの日本刀での対決シーンには梶芽衣子が唄う「修羅雪姫」の主題歌が流れる）を作る。こうして、物語は引き継がれていくのだ。

なりたいものになれたか？

海よりもまだ深く

●樹木希林のセリフが身にしみて浮かび上がってきた

昨年の四月六日、昭和史を題材にした僕の「キャパの遺言」という応募作が、乱歩賞の最終候補の四編に残ったという電話を講談社の担当者からもらった。結局、最終選考では落ちてしまい乱歩賞作家になり損なったわけだけれど、落ちた後、大沢在昌さんのオフィスにメールでそのことを報告しておいた。

乱歩賞に応募するきっかけが、大沢さんとの十年前の対談だったからだ。大沢さんからは「候補になっているのは知っていました。期待していたのですが、残念です」と返信をもらった。大沢さんには「最終に残ったので、これで応募はやめようと思います。始めるのが遅かったかもしれません」とメールした。

しかし、その後、ある構想が浮かび、また選考委員たちの選評に反論したい気分もあって、改めて昭和史（終戦史）を題材にした作品を仕上げ、リベンジのつもりで今年も乱歩賞に応募した。

昨年の「キャパの遺言」の選評では、湊かなえさんには「物語が書きたいのではなく、世の中を批判したいだけではないか」と書かれ、今野敏さんには「事実に即した物語を書きたいのならノンフィクションを書くべきだし、政治的な思想を述べたいのなら論文を書くべきだ」と書かれた。今回は、終戦の三日間の史実を基にしたフィクションである。ただ、前作と違い、批判すべき対象として実在した人物（と思われる登場人物）を取り上げてはいない。

この九年間で、乱歩賞には六回応募した。最初に出したら二次選考を通過し二十数編の中に残り、翌年も二次選考を通過した。しかし、三年めは一次選考通過に終わった（これらの三作は加筆訂正し、現在は電子書籍でキンドルなどに出ている）。その二年後に四度めの挑戦をしたが、これは一次選考通過で「小説現代」に作品名と作者名が載っただけだった。

勤めを完全にリタイアし、じっくりと仕上げた五作めが昨年の候補作になった「キャパの遺言」だ。乱歩賞は受賞者たちでも数度の応募は当たり前で、多い人は十作めの応募で受賞ということもあったという。一次通過が二度、二次通過が二度、五度めで最終候補というのは、いい方だとも言われた。しかし、乱歩賞も新人賞である。六十半ばの人間が応募するのは気が引けたし、年齢的なハンデも感じていた。選考委員は、みんな（推理作家協会理事長の今野さんでさえ）年下なのである。

今年の三次選考（四、五編の最終候補に絞られる）が行われるという四月初旬、電話はなかった。中間発表は四月下旬発売の「小説現代」に載るのだが、僕の応募作は最終候補には残らなかったということだ。初めての応募で二次選考を通過したときには喜んだものだが、その翌年は二次通過では満足できず、昨年は最終候補までいったので、今年は候補作に残らなかったことでひどく落胆した。

「ラ・ラ・ランド」（二〇一六年）の中で、女優志願（小説家志願より多そうだ）のエマ・ストーンは、オーディションを何度も落ち続けて屈辱を味わい、「私は、もう充分傷ついた」と涙を流した。あの気持ちが、よくわかる。

二十代後半から三十代にかけて僕は純文学を志し、八十枚ほどの短編を「文学界」や「群像」の新人賞に応募していた。しかし、一次選考を通り作品名と作者名が掲載されるのがせいぜいだった。文学界新人賞の七十篇ほどに残り、そのときの受賞作が芥川賞候補になったことから「芥川賞候補まで七十分の一だった」などとわけの分からないことを言っていた。

村上春樹さんが受賞した「群像」新人賞にも、同じ頃に応募していた。文学好きの友人から「今度の群像新人賞の受賞作は、絶対に読め」と言われたのが「風の歌を聴け」だった。あの頃からカウントすると、この四十年間で僕は十数回、新人賞に落ち続けてきたことになる。もう充分に傷ついた。

映画コラムを書き続けて五冊の本になった。最初の本では、内藤陳さんに「読まずに死ねるか」と言ってもらえたうえに賞もいただいた。しかし、僕は今も小説を出版したいという「夢」を棄てられないようだ。若い頃、酔いつぶれては「叶わない夢なら、夢など持ちたくなかった」とつぶやき、すねたように「夢はいらない花ならば、花は散ろうし夢も散る」と「東京流れ者」の一節を帰宅する夜道で口ずさんだものだ。

しかし、今年、乱歩賞の候補に残れなかったことを知った夜、僕の頭に浮かんできたのは是枝監督の「海よりもまだ深く」(二〇一六年)の樹木希林の言葉だった。売れない小説家(阿部寛)の母親(樹木希林)は、台風の夜、眠れないまま息子と会話し、こんなことを口にする。

——いつまでも失くしたものを追いかけたり、叶えられない夢を追いかけても、毎日、つまらないでしょう。幸せっていうものは、何かをあきらめなけりゃ手に入らないのよ。

●ダメな男の情けなさを阿部寛が演じた

篠田良多(阿部寛)は二十代で島尾敏雄賞(シブイ!!)を受賞して「無人の食卓」という作品集を出版したが、その後は鳴かずとばずの売れない中年の作家だ。喰えないから、今は探偵事務所の調査員をやっている。

それでも出版社との縁は切れておらず、昔なじみの編集者から「マンガの原作をやってみませんか」と誘いを受けるが、純文学作家としてのプライドから見栄を張り「今、仕上げを急いでいる作品がありまして。聞いていませんか。××さんから」といかにも嘘くさい言い方で、文芸担当編集者の名前を挙げる。

文芸からマンガ担当に移ったらしい編集者は、「それだったら、僕もそっち読みたいなあ」と作家の顔をたてる。しかし、マンガ編集者は、良多がギャンブルに詳しいから原作の話を提案したのだ。良多は生活能力はないくせに、無類のギャンブル好きなのである。

良多は賃貸の団地に住む母親の留守に部屋に入り、金目のものはないかと物色するような男だし、父親の形見分けと称して質草になりそうなものを手に入れようとする男である。あちこちに借金があり、小説の取材と称して勤めている探偵事務所の仕事でも、夫から妻の浮気調査を依頼されたにもかかわらず、浮気の証拠写真をその妻に売って金を自分の懐に入れるような男だ。偽の報告書を作ることなど、何の痛痒も感じていない。

おまけに、その金を競輪につぎ込みスッてしまう。そんなことだから、妻（真木よう子）には愛想を尽かされて離婚になり、ひとり息子にも月に一度しか会えない。その妻に新しい恋人ができると、ストーカーのように尾行し、年下の同僚に未練たらたらに「もう、したかな」などと口にする。最低のダメ男だ。

ここまでダメな息子でも、母親にはかわいい子供である。夫には苦労させられたが、息子には「お金、困ってるの？」と気を遣う。息子が珍しく一万円を「小遣いだよ」と言ってくれたときには、娘（良多の姉）に電話して喜びを伝える。息子が高校生のときに鉢に植えたオレンジの木を、ベランダで大事に育てている。

何十年も暮らした公団住宅らしき賃貸の団地から分譲の方に移りたいのが望みだが、夫と死に別れてセイセイしたのか、毎日を楽しみながら暮らしている。彼女にとっては、今が最も楽しく幸せなのかもしれない。

分譲に住むクラシック通のインテリ（橋爪功）の部屋で開かれる週に一度の鑑賞会に出て、先生の関心を惹こうと課題曲の背景などを事前に調べる。年金暮らしで、とりあえず満足している。だから、息子が小説というものに囚われ、離婚し、フラフラと暮らしているのを見て前述のような言葉を口にする。

そのくせ照れてなのか、「私、今、すごーくいいこと言ったでしょ。今度のあんたの小説に書いてもいいわよ。メモしなさい」と言う。良多は憮然と「憶えたよ」と答える。良多は、探偵事務所の仕事で会った浮気妻が口にした印象的な言葉を手帳にメモし、安アパートの机の前の壁に貼ったりしている。いつか小説に使うつもりなのだ。

壁には多くのメモがあり、様々なフレーズが書かれている。僕も同じようなことをしているからわかるが、そんなメモから文章の構想が湧いたりする。それを母親も知っているのだろう。息子に「もう夢を棄てて、地道に生きてもいいんじゃないか」という意味のことを言いながら、息子が小説を書く役に立てばうれしいという気持ちも彼女にはあるのだ。

●完全に自己を肯定できる人はどれほど存在するのだろう

「海よりもまだ深く」のキーワードは、「こんなはずじゃなかった」と「なりたいものになれた？」だろう。良多は家庭教師とラブホテルに入る写真をネタに男子高校生を強請り、「あんたみたいな大人にだけはなりたくない」と言われると、「なりたい大人になんか、簡単にはなれねぇぞ」とムキになって言い返す。

台風の夜、ふたりで籠った公園の遊具の中で息子に「パパは、なりたいものになれた？」と問われ、「パパはまだなれていないけど、そういう想いを抱いて生きることが大事なんだ」と、まるで説得力のない答えをする。本当にそうなんだろうか。母親の言うように「失ったものを追いかけたり、叶わぬ夢を追い続けたりせず、そんなものをあきらめて」楽しく幸せに生きるべきなのではないのか。

「海よりもまだ深く」の人物で見るなら、別れた妻の新しい相手（小澤征悦）が主人公とは正反対の存在として登場する。彼は年収が一千五百万あるらしく、自分に満足して生きている人間なのだろう。自分の生き方に迷いなど抱いていないように見える。彼は樹木希林が言うような「叶えられない夢などさっさと棄てて、現実の仕事に精を出し裕福な生活を送っている」人間なのかもしれない。

その結果、楽しく幸せな生活を送り、新しい美人の恋人を得たし、その相手の子供にも実の父親のように接することができる。そんな人生に満足すれば、幸せに生きていけるのだ。彼は、良多の小説を読んでも「何だかよくわからなかった。時間の無駄?」と口にする。生きていくうえで小説など必要としない人種なのである。

しかし、「なりたいものになれた」と、完全に自己を肯定できる人はどれほど存在するのだろう。夢を実現し、「私が望んだものに私はなれた」と幸福感を感じている人はどれほどいるのだろうか。あるいは、「こんなはずじゃなかった」と一度も思わない人はいるのだろうか。人は誰でも「こんなはずじゃなかった」と悔やみ、昔夢見た「なりたいもの」になれなかったと、慚愧の念に耐えながら生きていくものではないのだろうか。

だから、夢をあきらめられない人間は不幸だ。叶わぬ夢を、見果てぬ夢を、見続けるから彼は常に満足できない。幸せだと実感できない。「まだ、なりたいものになれていない」と、夢が彼を駆り立てる。「なりたいものになれていない自分」を責める。なりたいものになれないことで傷つき、落胆する。失意に沈む。「こんなはずじゃなかった」と悔いる。

こんなことを書くと、もちろん「おまえはどうなんだ?」と、僕自身に向かっても矢が飛んでくる。開き直るようだけれど、僕が夢をあきらめられる人間だったら、毎週、こんな文章を書いてはいない。夢を棄て、失ったものを忘れ、樹木希林のように気楽な年金生活を送っているだろう。

それができないから、僕にやすらぎはやってこないのだ。幸せだと実感することがない。こうなったら、死ぬまで「なりたいものになる夢」を、あきらめきれぬとあきらめるしかないのだろう。やれやれ。

五十五年後に出版された続篇

アラバマ物語／カポーティ／25年目の弦楽四重奏

●村上春樹さんはあの決めゼリフをどう訳したのか

先日、気になっていた二冊の翻訳本に目を通した。一冊は、うっかりして出ているのを知らなかった村上春樹さんが訳したレイモンド・チャンドラーの「プレイバック」である。昨年末に出版されたのを、数ヶ月たった今年の三月末に気づいたのだった。

「プレイバック」と言えば、あの有名なフィリップ・マーロウの決めゼリフが出てくる小説だ。村上さんも巻末に書いているが、「僕がレイモンド・チャンドラーの『プレイバック』を訳しているというと、大抵の人は同じ質問をした」という。あのセリフをどう訳すか、そればかりを訊かれたらしい。

僕は、最初に読んだ清水俊二さんの訳文になれているから、ずっと「しっかりしていなかったら、生きていられない。やさしくなれなかったら、生きている資格がない」と記憶してきた。

しかし、生島治郎さんは「タフでなくては生きていけない。やさしくなくては、生きている資格はない」と訳し、それを基にして角川映画「野性の証明」（一九七八年）が「タフでなければ生きられない」とテレビスポットのキャッチコピーに使い、手垢にまみれたフレーズになった。原文は「ハード」だから、それを「タフ」と訳すのはどんなものだろうと、僕は生島訳には違和感を感じてきた。

村上春樹さんは後書きで矢作俊彦翻訳バージョンまで引用し、「ハードでなければ生きていけない。ジェントルでなければ生きて行く気にもなれない」を紹介している。矢作さんは、原文の「ハード」と「ジェントル」を生かしたかったのだろう。

以前にも書いたことがあるのだが、僕は小鷹信光さんがエッセイ集（確か「パパイラスの舟」）の中で紹介していた、小泉喜美子（生島治郎こと小泉太郎さんの元妻）さんが訳したというバージョンが気に入っている。少し違っているかもしれないが僕の記憶では、「情けをかけてちゃ生きていけねぇのよ。でもな、情けのひとつもかけられねぇようじゃ生きていく資格はねぇんだ」というものである。まるで、木枯し紋次郎みたいではないか。

ちなみに村上春樹版「プレイバック」では、ベッドを共にした女性から「これほど厳しい心を持った人が、どうしてこれほど優しくなれるのかしら?」と言われ、マーロウは「厳しい心を持たずに生きのびてはいけない。優しくなれないようなら、生きるに値しない」と答えている。「ハード」を「厳しい心」と訳したのには、村上さんなりの思い入れがあるのだろう。

ただし、このマーロウのセリフが有名なのは日本に限ったことらしく、「どうやら日本人の読者がこの『優しくなければ…』に夢中になっているほどには、英米人の一般読者や研究者はこの一言にとくに注目しているわけではないようだ」と村上さんは書いている。

ちなみに僕の「映画がなければ生きていけない」という本のタイトルだけど、最初の本（メルマガ編集部が出してくれた五〇〇部限定版）の巻頭に書いたように、このマーロウのセリフが基になっている。たぶん、誰も気づかないと思うけど、その巻頭のフレーズに僕はこう書いているのです。

しっかりしていなければ　生きていけないし

やさしくなれなければ　生きていく資格はないけれど
やっぱり…映画がなければ生きてこれなかった

●まさかアティカス・フィンチが白人優位主義者だったとは!!

気になっていたもう一冊の本は、ハーパー・リーの「見張りを立てよ」だった。アメリカで出版されたというニュースを読んだのは、二年ほど前のことだ。「アラバマ物語」の主人公の弁護士アティカス・フィンチが、実は人種差別主義者だったというニュースが流れ、「うそだああああああああああああ……」と僕は思ったものだ。

そのニュースから一年足らず、今度は作者のハーパー・リーの訃報が流れた。ハーパー・リーは「風と共に去りぬ」のマーガレット・ミッチェルと同じく、一作めが圧倒的な大成功をおさめたことで二作めが書けなかった女性作家である。ふたりとも南部出身で、南部の物語を書いたのも共通している。

マーガレット・ミッチェルの場合は、「風と共に去りぬ」が全世界で売れたため、その著作権の管理やマネージメントに追われて次作が書けなかったと伝えられているのだが、ネル・ハーパー・リーはまだ三十代前半だったときに出した「アラバマ物語」がいきなりベストセラーになり、アメリカで最も知られているピューリッツァ賞までとったものだから、それを超える作品を書こうとして悪戦苦闘したのかもしれない。

「アラバマ物語」は日本では暮しの手帖社が出版し、半世紀を経た今も版を重ねている。ペーパーバック・サイズの日本版の表紙は、映画のスカウトの写真が印刷されている。

もう十数年前のことになったけれど、アメリカの映画協会が「映画史上のヒーロー・ベスト一〇〇」を選んだことがある。僕は、日本で放映されたそのテレビ番組を見たことがある。そのとき、ランボーやスーパーマン、インディ・ジョーンズなど並いるヒーローたちを抑えて一位になったのは、「アティカス・フィンチ」だった。

アティカス・フィンチが一位に選ばれたことで「アメリカ人も棄てたもんじゃないな」と僕は口にしたが、本当のところは「アティカスを一位に選ぶなんて、アメリカの観客は素晴らしいじゃないか」と思っていた。

ハリウッド映画で僕が最も好意を抱いている（?）のは、「アラバマ物語」だ。大根役者と言われたグレゴリー・ペックが、僕は昔から好きだった。「子鹿物語」（一九四六年）と「ローマの休日」（一九五三年）と「アラバマ物語」（一九六二年）は、十代の頃から何度も見返してきた。

ペックは「アラバマ物語」でようやくアカデミー主演男優賞を受賞し、今ではハリウッド史上の名優のひとりとされている。キャリアは五十年以上に及び多くの作品に出演したが、「ローマの休日」と「アラバマ物語」は不滅の名作として映画史上に燦然と輝いている。

「アラバマ物語」でペックが演じたのが、一九三〇年代の南部アラバマ州の田舎町の弁護士アティカス・フィンチだった。当時、南部でも特にミシシッピやアラバマは人種差別がひどく、黒人をリンチで殺しても犯人の白人は無罪になるというような時代だった。

そんな頃、アティカス・フィンチは、白人女性をレイプした罪で逮捕された黒人青年の弁護を引き受けることになる。白人(プア・ホワイト)の農夫に「ニガー・ラバー(黒人びいきめ)」と唾を吐きかけられても、毅然として己の信念をまっとうする姿は「映画史上一位のヒーロー」である資格は充分だった。

しかし、「アラバマ物語」の出版から五十五年後に刊行された続編では、そのアティカス・フィンチが白人優位の考えを持つ人種差別主義者だという。「そんなバカな」と僕は思い、翻訳が出るのを待っていた。それは、「プレイバック」と同じく早川書房から昨年末に「さあ、見張りを立てよ」というタイトルで出版されたのだった。

僕はカバーの袖に書かれた内容紹介の「しかし、故郷で日々を過ごすうちに、ジーン・ルイーズは、公民権運動に揺れる南部の闇と愛する家族の苦い真実を知るのだった」という文章につまずき、結局、数ヶ月の逡巡の末、ようやく読む気になったのである。

●キャサリン・キーナーが演じたネル・ハーパー・リー

「アラバマ物語」から二十年後の一九五六年、スカウト(ジーン・ルイーズ・フィンチ)は二十六歳になりニューヨークで一人暮らしをしている。毎年、二週間の休暇を取り帰省しているが、今年は幼なじみの恋人ヘンリーが出迎えてくれた。

ヘンリーはアティカスが息子のように面倒を見た青年で、今は若手弁護士となりアティカスの跡を継ぐ存在だ。アティカスは七十を過ぎ関節炎を患っているが、まだ弁護士を続けている。南部アラバマ州の田舎町メイコムでも黒人の人権意識が高まり、人種隔離政策に対して黒人たちの抗議の声が挙がり始めている。

メイコムに帰省して数日後、スカウトは父アティカスと恋人ヘンリーがある集会に参加しているのを目撃する。それを見たスカウトは吐き気を催し、実際に吐いてしまう。スカウトにとってはそれほどの衝撃なのだが、それは「アラバマ物語」を深く愛してきた僕にとっても同じほどの衝撃だった。

スカウトは心から愛し尊敬してきたアティカスに裏切られたと絶望し、二度と故郷に戻らないつもりでニューヨークに帰ろうとする。しかし、叔父の説得によって父と対決することを決意する。アティカスは、一体どんな言葉で娘の批判に応えるのだろう。

翻訳者の後書きによると、「この小説は『アラバマ物語』の続篇として構想されたのではなく、『アラバマ物語』を推敲していく過程で放棄した原稿をまとめたもの」という。その原稿が半世紀ぶりに発見され、刊行されたのだ。

「アラバマ物語」はスカウトことジーン・ルイーズが六歳の頃のアラバマ州メイコムでの出来事を回想する形式になっていたが、最初は一九五六年の時点から二十年前を思い出す構成になっていたのだろう。結局、ハーパー・リーは「アラバマ物語」一作だけで、その後、新しい作品は書けなかったということらしい。その一作だけで名声が確立し、経済的にも成功してしまったのが、作家としては不幸だったのかもしれない。

「アラバマ物語」のスカウトは作者自身であり、作中に出てくる近眼でチビの友だちディルはトルーマン・カポーティがモデルであるのは有名だ。つまり、ハーパー・リーとカポーティは幼なじみなのである。そして、ハーパー・リーは生涯を通じてカポーティの友人だった。

カポーティが代表作「冷血」を書いた時期を映画化した「カポーティ」(二〇〇五年)では、フィリップ・シーモア・ホフマン演じるカポーティは何かとハーパー・リーに電話をする。創作について、あるいは人間関係の悩みについて、カポーティは「ネル」と呼んで彼女を頼るのだ。カポーティには男性のパートナーがいて彼も作家なのだが、異性の幼なじみであるハーパー・リーには何でも言える関係だったらしい。

「カポーティ」でハーパー・リーを演じたのは、キャサリン・キーナーだった。素敵な、味のある大人の女優である。「カポーティ」ではアカデミー主演男優賞にフィリップ・シーモア・ホフマンがノミネートされ受賞したが、受賞はしなかったものの助演女優賞にキャサリン・キーナーもノミネートされた。

キャサリン・キーナーとフィリップ・シーモア・ホフマンの相性はよいらしく、「25年目の弦楽四重奏」(二〇一二年)ではヴァイオリン奏者とヴィオラ奏者という音楽家同士の夫婦を演じた。ベートーヴェンの弦楽四重奏が素晴らしいうえに、今は亡きフィリップ・シーモア・ホフマンとキャサリン・キーナーが印象深い演技を見せる。

世界は掛け替えのないものばかりか?

世界から猫が消えたなら/メトロポリス/道

●利根川の二匹の猫と遊ぶのが散歩の途中の日課になった

四月中旬から再び、四国の実家の裏の一軒家で生活している。一日の生活サイクルは、自宅にいるときとほとんど変わらない。早朝に目が覚めるものだから、六時頃には散歩に出る。七時過ぎに戻り、掃除と洗濯をし、シャワーを浴びてから朝食を作る。十時くらいになると実家に顔を出し、両親が飼っている年老いた猫と遊ぶ。

二ヶ月ほど離れていたので忘れられたかと思ったが、警戒心が強い猫なのに僕の顔を見ても逃げなかった。頭から首をなでると、ゴロゴロとのどを鳴らす。無愛想ではあるが、とりあえず喜んでいるらしい。子猫の頃はかわいかったのに、成長するに従って顔が黒くなり、今では姪に「盗人顔」などと言われている。もう十年以上も実家で暮らしている。

自宅にいるときには、一年半ほど前に娘が拾ってきた猫をかまうのだが、この猫は体に触られたり抱かれたりするのが嫌いで、抱き上げようとすると怒って牙をむく。ときにはひっかく。四国で数ヶ月過ごして帰ると僕のことはすっかり忘れていて、最初は警戒して逃げた。

数日して慣れると、以前のように餌をねだって僕の足に頭突きをするようになった。早朝だと家族はみんな寝ているので、たったひとり起きている僕に「ゴハン、ほしい」と意思表示するしかないのだ。鶏のささみをゆでて細かくほぐした餌（これを作るのも僕の役目だった）を皿に載せてやると、しばらく眺めた後、がつがつと食べ始める。

ただ、我が家の猫は食事には恵まれているせいか、きちんと全部を平らげない。いつも少し残す。「ぜいたくだなあ、利根川の猫たちは、いつだって全部きれいに平らげるよ」と猫に言い聞かせ、残ったささみをラップに包みポケットに入れる。

以前に書いたことがあるが、利根川のほとりの雑木林に捨て猫され、その横の畑の持ち主であるリリー・フランキーに似たおじさんが去年の七月から育てている三匹の猫に会うのが散歩のときの楽しみになった。ただ、一番体が小さかった子が昨年十二月の頭から見あたらないと思っていたら、暮れに「車にひかれて死んだのよ」と犬を散歩させていたおばあさんに教えられた。

以来、自宅にいるときは毎朝、利根川の二匹の猫と遊ぶのが散歩の途中の日課になった。しかし、一月に母親が入院したので一ヶ月半ほど四国で生活していたため、利根川の猫たちとは別れなければならなかった。人なつっこい猫たちで僕の姿を見つけると、遠くから走り寄ってくる。僕の足下にまとわりつき、僕を見上げてニャアニャアと鳴く。

僕はひざまずき、猫たちをなでてやる。雄の三毛は僕の足の上に座り込み、気持ちよさそうに目を閉じる。犬のチンみたいな顔をした雌の猫は、僕の足の間をぐるぐるまわり、ときどきニャアと鳴いて膝に身をすりつける。猫たちとの蜜月、至福のときだった。

その猫たちと一月中旬から二月末まで別れていたのだけれど、自宅に戻った翌日、利根川へいってみると別れる前と同じように僕を見つけて走り寄ってきた。自宅の猫が僕のことを忘れ、警戒して逃げていったのとは正反対である。散歩から戻って、かみさんに「利根川の子たちは、前と同じように寄ってきて足にまとわりついたよ」と言うと、「誰にでもなついてんじゃないの」とにべもない。

確かに人に慣れている猫たちで、何人かの人が餌を与えているらしい。しかし、僕が帰るときには、雌の猫はずっと追いかけてきて足にまとわりつく。彼女のテリトリーの境界なのか、道の分かれ目にくると前足をそろえた猫座りをして、ずっと僕を見送ってくれる。そんな姿を見ると、胸が痛くなった。

どうして、こんなに猫好きになったのだろう。四国でも朝の散歩の途中で猫を見かけると、立ち止まらずにいられない。飼い猫だろうか、野良だろうかと気になり、ちゃんと食べているのだろうかと心配になる。無責任な餌やりは迷惑だと言われているし、住宅地のことだから、ただ心配するだけだが、散歩を終えて帰ってきても見かけた猫の姿が浮かんでくる。

さらに、利根川の猫たちは元気にしているだろうかと気になり始める。リリー・フランキー似のおじさんは、毎日、朝と夕方に餌をやっているはずなので、「心配しなくても大丈夫」と言い聞かせる。しかし、追いかけてきて寂しそうな目をして猫座りする姿を思い出し、一人暮らしのせいか、ひどく切なくなった。

●語り方がうまく過去のいきさつが謎解きのように描かれる

猫と映画が重要なモチーフになっている映画が「世界から猫が消えたなら」（二〇一六年）だった。原作がベストセラーになっていたし、青年が脳腫瘍で余命幾ばくもないと宣告されて始まる物語だというので、あまり見る気にはなれなかったのだが、映画の評判は悪くないし、何しろ「猫と映画好き」の僕だから、これは一応見ておこうかと思った。

それに、あまり大きな声では言いたくないが、僕は宮崎あおいが好きなのだ。すべてを見ているわけではないので断言はできないけれど、彼女が出た映画には基本的に駄作はない（と思う）。それに、「世界から猫が消えたなら」というタイトルは、当然、逆説的ニュアンスであろうと思われた。

明日、死ぬかもしれない主人公の設定はあまりに安易だし、手垢にまみれていると思うが、これはひとつの寓話（あるいは説教話）であり、リアリティを求める物語ではない。「ファウスト」の変形だと思えば、わかりやすいだろう。つまり、「明日死ぬとして、何かをこの世から消すことで一日生き延びられるとしたら、あなたはどうしますか?」という設問なのである。

その語り方がうまく、過去のいきさつが謎解きのように描かれるため、「ああ、そうだったのか」という驚きと納得がある。使い古された設定も、表現や時制の描き方で新しく見せられる。

主人公（佐藤健）は郵便局に勤める青年だ。自転車に乗っているときに意識を失い、病院で診察を受け脳腫瘍の末期で手の施しようもないと宣言される。その日、部屋に帰ると自分と同じ姿の男がいて「悪魔」だと名乗る。「この世から何かをひとつなくせば、一日命が延びる」と悪魔は話し、「何をなくすかは私が決めるのだ」と宣言する。

悪魔が最初になくそうとするのは電話だった。「最後に誰かに電話しなくてもいいのか」と、悪魔はささやく。そう言われて彼が電話をするシーンはないのだが、彼はかつての恋人（宮崎あおい）に電話をしたことが、次のシーンの会話でわかる。

彼は、古い映画館の前で立っている。映画館の中から宮崎あおいが現れるが、彼女は憮然とした表情でとまどいを見せている。その会話から、ふたりがかつては恋人同士だったが別れたのだとわかり、「最後に電話する相手がわたしなの？」と宮崎あおいは口にする。やがて、ふたりが知り合ったきっかけ、何度もデートしたときの回想などが描かれる。

その途中、涙を流しながら何かを叫ぶ宮崎あおいのシーンがあり、それはふたりが別れることになったシーンなのだろうかと観客に思わせる。しかし、そのシーンの謎解きは、後半になって描かれる。それは観客の予想を裏切るものだったし、この映画のハイライトシーンでもある。こういう伏線と謎解きがいくつもあるのだが、これは映画的手法なのだろうか。あるいは、原作もこのように展開されているのだろうか。

宮崎あおいは映画館に住んで働いているように、無類の映画好きという設定だ。ふたりが知り合ったのは、宮崎あおいが佐藤健の家に間違い電話をかけたとき、佐藤健がフリッツ・ラング監督のドイツ時代の代表作「メトロポリス」（一九二六年）を見ていて、宮崎あおいはその音楽を電話で漏れ聞き、「もしかして、今、フリッツ・ラングの『メトロポリス』見てますか？」と訊いたからだ。

おいおい、ちょっとやり過ぎじゃないか、と僕は思った。だいたい「メトロポリス」はマニアックすぎるだろう。しかし、この映画には、さらなるシネフィル（映画狂）が登場してきたのだった。

●「最後に見るべき一本の映画」とは何なのだろうか

悪魔は電話を消し、電話の消滅と共に電話にまつわる過去も消えてしまう。間違い電話で知り合ったふたりの過去も消えてしまうのだ。そして、次に悪魔は映画を消そうと言い出す。「映画なんて、この世になくてもいいものじゃないか」と、悪魔は言う。

もちろん、この世には様々な人がいて、一度も映画を見たことがない人に僕も会ったことがある。その人にとっては、この世から映画が消えても何の痛痒も感じないだろう。だが、主人公が大学時代に知り合ったタツヤ（ツタヤと呼ばれる）は徹底したシネフィルで、卒業した今はビデオ店の店長をやっている男だ。

大学時代、階段教室の隅で「キネマ旬報」を呼んでいるタツヤ（濱田岳）に「映画、好きなの？」と主人公は声をかけ、ふたりは親友になる。タツヤは主人公に次々と見るべき映画（DVD）を持ってくる。見終わった映画を返すと、「次はこれだ」とタツヤは学食のテーブルに「メトロポリス」を置く。

ここで、なぜ主人公が（普通の人がほとんど見ないだろう）「メトロポリス」を見ていたかの謎が解ける（ホントに、こういう細かな伏線と謎解きばかりだ）。タツヤというキャラクターなら、フリッツ・ラングの「メトロポリス」を出してきても納得できるのだ。

大学を出ても、ふたりのやりとりは続く。「映画は数え切れないほどある。だから、ぼくらのやりとりも永遠に続く」とタツヤは口にする。しかし、主人公が死ぬことを知ったタツヤは、「最後に見るべき一本の映画」を探せない。

主人公が死んでいなくなることで、この世界は何か変わるのだろうか。電話や、映画や、猫がなくなることで、この世界は何か変わってしまうのだろうか。

それが、この映画が設定した疑問なのだが、当然、それは「世界は、掛け替えのないもので出来ている」という結論へ向かう。電話も、映画も、猫も…消えてしまったら、この世界はまったく別の世界になってしまうのだから、何ひとつとして「消えていいもの」はないのだと…。

しかし、本当に「世界は掛け替えのないものばかりで出来上がっている」のだろうか。もしかしたら、「消えたっていいもの」はあるんじゃないか、とへそ曲がりの僕は考える。しかし、そう思ったとき、かつて十代の僕が感動した、あの言葉が浮かんできた。

それは、フェデリコ・フェリーニ監督の「道」（一九五四年）の中で、「聖なる愚者」であるジェルソミーナ（ジュリエッタ・マシーナ）に向かって、綱渡り芸人（リチャード・ベースハート）が口にしたセリフだった。

――前に本で読んだが、どんなものでも何かの役に立っている。たとえば、この石だって。

――どの石？

――どれでもいい。何かの役に立っているんだ。

――何の？

――それは、僕に訊いてもダメだ。神様が知っている。人がいつ生まれ、いつ死ぬか。この石もきっと何かの役に立っている。無用のものなどない。君だって、君だってそうだ。石ころだって何かの役に立っているのだ。まして、猫や映画は…。猫と映画がこの世界から消えてしまったら、僕はきっと生きていけないだろう。

結局、やっぱり酒井和歌子様

切腹／人間の條件／日本の青春／いのち・ぼうにふろう

●昨年に生誕百年を迎えた日本映画の巨匠

岩波書店から昨年末に発行された「映画監督　小林正樹」というぶ厚い本を読んだ。昨年は、小林正樹監督の生誕百年で、没後二十年の節目だったという。一九五二年に「息子の青春」で監督デビューし遺作になった「食卓のない家」（一九八五年）

まで、上映時間が九時間を超える「人間の條件」六部作を一本と数えれば全部で二十作品。寡作な映画監督だった。

僕は初期作品は見逃しているけれど、九作めの「黒い河」(一九五七年)から「人間の條件」(一九五九年～一九六一年)「からみ合い」(一九六二年)「切腹」(一九六二年)「怪談」(一九六五年)「上意討ち　拝領妻始末」(一九六七年)「日本の青春」(一九六八年)「いのち・ぼうにふろう」(一九七一年)「化石」(一九七五年)まで、どれも好きな作品として深く記憶に刻み込まれている。

ただし、膨大にあった記録フィルムを膨大な時間を使って整理し編集した「東京裁判」(一九八三年)は二七七分という長さに怖れをなし、公開時に気になってはいたものの見逃してしまい、未だに見ていない。

また、円地文子の小説を映画化した「食卓のない家」は、一九七二年に起きた浅間山荘事件と連合赤軍事件を題材にした作品なので、公開当時(事件から十年以上が経過していたが)ではまだ見る気にはなれなかった。実際の事件に取材したもので、浅間山荘に立て籠もって警官や民間人を殺し、多くの仲間を「総括」の名でリンチして殺した、犯人の学生たちのひとり(中井貴一)の父親(仲代達矢)を主人公にして物語が展開する。

浅間山荘の攻防とその後に判明したリンチ殺人事件は、あまりの凄惨さで日本中にショックを与えた。逮捕された学生たちは鬼畜のように報道され、その家族にも厳しい非難の目が注がれた。ある学生の父親は自殺したのではなかっただろうか。そんな中、息子は独立した人格であり、家族が詫びる必要はないという姿勢を貫いた父親がいた。彼の主張はメディアで流れ、多くの人が彼を非難した。

息子が犯した大罪を父親が詫びるのはあたりまえ、という日本的な感情論が彼を取り囲んだ。そんな状況になったら、家族は崩壊する。円地文子はそれを小説にし、小林正樹が映画化した。今なら、僕も冷静に見られると思うけれど、その映画に出資したのはバブル期に全盛だった貸しビル業者で、彼は「食卓のない家」のDVD化を頑なに拒否しており、現在、見ることができない状態だという。

小林正樹監督は、日本を代表する四人の監督が結成した「四騎の会」のひとりだった。他の三人は、黒澤明、木下惠介、市川崑である。一般的には、小林正樹監督の名が最も知られていなかったのではないか。それに、四人の中では一番の年下(最年長の黒澤と六歳違い)だった。

今回、改めて小林正樹監督へのインタビュー、スタッフやキャストの証言、詳細なフィルモグラフィーを読んで、改めて僕はその四人の中では小林正樹監督作品が最も好きだと認識した。監督は自身のベスト作品を「切腹」と言っているが、これは異論のないところだろう。

ただし、「切腹」によって、小林正樹監督は黒澤路線にいくのではないかと、公開当時は思われていたらしい。それは僕には意外だった。「切腹」には、敗者の視線、低い位置からの視点がある。それは黒澤作品には存在しないものだ。

その後の小林作品に三船プロで撮った「上意討ち　拝領妻始末」があるので、よけい黒澤路線に似ていると思う人がいるかもしれないが、剣の達人とはいえ家付きの妻に気をつかって生きる婿養子を演じた三船敏郎は、黒澤作品とはまったく違うキャラクターになっている。

昔、僕は小林正樹監督がたいして歳の違わない木下恵介監督の助監督をやっていたと知って意外に思ったことがある。作風が全く違うからだ。しかし、初期作品を見ると松竹の伝統的ホームドラマを撮っているし、木下恵介の脚本を元にした作品もある。僕が見た「黒い河」が、当時の松竹作品としては異色だったのだ。

僕が「黒い河」を見たのは、公開から十数年後のことだった。東京に出てきてすぐ、銀座並木座という名画座で見た。有馬稲子が美しく、仲代達矢が演じたやくざに目を付けられ、犯されて彼の情婦のようになってしまうのが納得いかなかった。彼女はまじめな学生（渡辺文雄）に好意を持っていたのに…と、若い僕は憤慨したものだ。

●まとめて上映すると九時間以上かかる作品がヒットした

「人間の條件」は「第一部・純愛篇」「第二部・激怒篇」が公開され、十ヶ月後に「第三部・望郷篇」「第四部・戦雲篇」が公開。その一年二ヶ月後に「第五部・死の脱出篇」「第六部・曠野の彷徨篇」が公開された超大作で、まとめて上映すると九時間以上かかる。

僕が大学生の頃には、公開から十数年が過ぎていたけれど、繰り返しどこかで「人間の條件」一挙上映が行われていた。オールナイト上映も頻繁にあった。梶（仲代達矢）と妻の美千子（新珠三千代）が抱き合うポスターを、今も僕は思い出す。しかし、その長さに怖れをなし、「人間の條件」（原作は高校生のときに読んだ）も僕はなかなか見ることができなかった。

意を決して（覚悟を決めて）見た「人間の條件」は素晴らしかった。鉱山での朝鮮人や中国人鉱夫の処刑や軍隊内の陰湿ないじめも描かれるが、梶という主人公のある種のさわやかさが全編にあふれていて、見終わっても暗く落ち込むことはない。描かれるのは暗い戦争の時代であり、あくまでヒューマニストであろうとする梶の生き方は苦難に充ちているけれど、どこかに希望がある。夫婦の愛の美しさがある。落後する初年兵をかばい続ける梶の強さが見る者を力づける。

今回、「映画監督　小林正樹」を読んでわかったのは、梶には小林監督自身が色濃く投影されているということだ。そして、「黒い河」で印象的な役に抜擢された仲代達矢は、その後の小林作品に欠かせない役者になった。

僕が初めて見た小林正樹監督作品は、「日本の青春」だった。なぜ、僕がその映画を東宝の封切りで見ているかというと、酒井和歌子が出ているからだった。

その年の三月、「さらばモスクワ愚連隊」と「めぐりあい」の二本立てを見にいき、「めぐりあい」の酒井和歌子にすっかり夢中になった十六歳（高校二年生）の僕は、彼女の出演映画の追っかけになっていたのである。

当時、僕は遠藤周作の作品を愛読していて、シリアスな「沈黙」からユーモア小説の「どっこいショ」（表紙のイラストは柳原良平だった）まで幅広く読んでいた。「日本の青春」は、その「どっこいショ」が原作なのだった。しかし、「めぐりあい」と同じく酒井和歌子が黒沢年男と恋人同士を演じた「日本の青春」は、暗く重厚な作品だった。

主演は、（もしかしたら初めて）シリアスな役に挑んだ藤田まことだった。彼は冴えない無気力な中年男で、特許事務所を開設しているが、部下たちからも軽んじられている。妻は口うるさく、浪人生の息子は反抗的だ。彼の青春時代は戦争のまっただ中で、下宿先の娘（新珠三千代）とは別れ別れになり、親友は戦死し、自身は軍隊で上官に殴打されて片方の耳が聞こえなくなっている。

そして、現在の変化のない日常のシーンに、戦争中の過去がインサートされる。そんなある日、浪人中の息子が防衛大学を受験すると言い出し、戦争の悲惨な経験を持つ主人公は猛反対をする。

不思議なことに、僕は息子（黒沢年男）が防衛大学を受験すると言い出すきっかけになるシーンを、なぜかよく憶えている。町で知り合い、憧れを抱いた私服の男（菅貫太郎）が自衛官であることを知り、彼と話すうちに黒沢年男は「国を守る」意義に目覚める。

五十年近く前に一度しか見たことのないそのシーンをよく記憶しているのは、たぶんいつも悪役を演じる菅貫太郎が青年に影響を与えるさわやかな自衛官として登場したからだろう。しかし、そのエピソード自体には僕は共感しなかった。僕は理解できないのに吉本隆明の「共同幻想論」を脇に抱え、香川大学生が開くマルクス勉強会に参加するような高校生だったのだ。

●「日本の青春」は今では見ることのできない映画

「日本の青春」は小林正樹監督作品の中では、「食卓のない家」と同じように今はなかなか見られない。名画座にかかることもほとんどなかったし、今もソフト化されていない。だから、僕は四十九年前の六月に一度見たきりなのだ。

主役は藤田まことだし、その初恋の相手である新珠三千代と再会し、現在の物語が動き始めるので、酒井和歌子の出演シーンはそれほどない。それほどないけれど、やはりもう一度見てみたい作品だ。酒井和歌子は黒沢年男の恋人役であり、彼女の父親（佐藤慶）は戦争中に藤田まことを殴った上官であり、現在は成功した実業家である。主人公は、再び彼と対決しなければならなくなる。

「日本の青春」が公開された頃、長期政権だった佐藤栄作首相は、自衛隊を増強し、第三次防衛計画が進行していた。世界中でスチューデント・パワー（当時、メディアはそう名付けた）が爆発していた。フランスで五月革命が起こったのは、たったひと月前のことだった。

復帰前の沖縄では、五月二日に嘉手納基地入り口で「ベトナムに平和を！市民連合」（ベ平連）のデモ隊とアメリカ兵が衝突し、五月末には日本大学で全学共闘会議が発足した。六月二日にはアメリカ軍のＦ４Ｃファントム戦闘機が九州大学の構内に墜落した。六月十六日には、国鉄横須賀線の電車内で時限爆弾が爆発し二十九人が死傷した。

こう書くと、一体どんな時代だったのだと思うけれど、世の中は何かと騒がしかったものの、今と同じようにほとんどの人は平和に生きていた。僕は大ヒットしたオリヴィア・ハッセー（後に布施明と結婚しましたね）主演の「ロミオとジュリエット」を見にいったり、「卒業」のヒットによって一般的にも知られるようになったサイモンとガーファンクルのレコードを買って聴いていた。

ラジオからはピンキーとキラーズの「恋の季節」がひっきりなしに流れていた。前年の秋に来日したツイッギーが拍車をかけたミニブームで、若い女の子たちのスカートがやたらに短くなった。

そんなときに僕は酒井和歌子を目的に「日本の青春」（併映は森谷司郎監督の社会派ドラマ「首」だった）を見にいき、社会意識に目覚めたのだった。当時、「問題意識の低い奴」という罵り語が存在したが、僕はそう言われるのを恥と思った。そして、「意識の高い奴」は反権力を標榜し、左翼であらねばならなかった。だから、その頃の僕が「日本の青春」の黒沢年男に共感することはなく、戦中派の主人公を描いた反戦映画として見た。

ところで、小林作品としてのベストは「切腹」だが、僕が一番好きなのは「いのち・ぼうにふろう」である。仲代もいいけれど、佐藤慶、岸田森、草野大悟、近藤洋介などがいい。そして、ラストのワンシーンに出てくる酒井和歌子がいい。それまで一度も会ったことがない彼女のために、無法者たちは命を懸ける。いのちをぼうにふるのである。

川島雄三作品で輝いていた女優

夜の牙／昨日と明日の間／あした来る人／銀座二十四帖

●原節子と同年代の女優だった月丘夢路の死

先日、月丘夢路さんが九十五歳で亡くなったという訃報が新聞に載った。原節子の死ほど大騒ぎはされず、テレビニュースでも取り上げたところはほとんどなかったのではないか。世代的には、原節子とほぼ同じである。調べてみると一歳だけ年下だった。小津安二郎監督の「晩春」(一九四九年)では、原節子の親友の役をやっている。

「晩春」の原節子は父親(笠智衆)の再婚話に反発して友人のところにいき、「不潔だわ」と心の中の思いをぶちまける。その気の置けない友人役を月丘夢路は演じて印象に残る。巨匠と言われる監督の作品にはあまり出なかった人だが、映画史上の名作「晩春」によってスクリーンに若き日(といっても二十八歳だけど)の面影を残すことになった。

僕は昔から、成熟した女性に惹かれる傾向があったのかもしれない。子供の頃に見た月丘夢路は「和服を着た大人の女性」として記憶に残っている。月丘夢路は、戦後に遅れて製作を再開した日活の専属になった。石原裕次郎が登場して日活が全盛期を迎える前、日活の屋台骨を支えた人気女優だった頃の彼女を鮮明に憶えている。

石原裕次郎が登場した後、初期の裕次郎作品ではヒロインも演じている。裕次郎の初期作品の相手は、ほとんどが後に結婚することになる北原三枝である。ムード・アクションになると、浅丘ルリ子との黄金コンビが成立する。月丘夢路が出演した裕次郎作品は数本あるが、最も記憶に残っているのが「夜の牙」(一九五八年)だ。

街の片隅の診療所で医者をやっている裕次郎は、場末の人間たちに人気がある。やくざには「兄貴」と呼ばれ、若い女スリ(浅丘ルリ子)にも慕われている。しかし、ある日、自分が死んだことになっていることに気づく。一体、誰が、なぜ…という展開になるのだが、裕次郎作品としては珍しい本格的なミステリなので印象に残る。

謎解きとサスペンスがあり、楽しめる作品だ。監督は前年に「勝利者」「鷲と鷹」「嵐を呼ぶ男」を撮り、裕次郎を不動の人気者にした井上梅次である。「夜の牙」は、大ヒットした「嵐を呼ぶ男」に続いて、井上・裕次郎コンビが作ったものなのだ。その職人監督・井上梅次と結婚していたのが月丘夢路だった。

月丘夢路は宝塚出身だった。名前からそうではないかと思っていたが、死亡記事に書かれていた。戦争中の作品で銀幕デビューし、戦後すぐの頃から活躍した。その頃の宝塚出身者としては、淡島千景、八千草薫、新珠三千代などがいるが、月丘夢路は彼女たちよりは先輩で同期には乙羽信子と越路吹雪がいた。ちなみに乙羽信子と越路吹雪は親友だったという。

同じ頃、松竹歌劇団(SKD)出身の女優もたくさんいた。黒澤明監督「野良犬」(一九四九年)で銀幕デビューした淡路恵子を始め、草笛光子、芦川いづみ、桂木洋子、野添ひとみなど幅広くいて、映画界には貢献した。少し後の世代になると、倍賞千恵子と倍賞美津子の姉妹が有名だ。

戦後遅れて製作を再開した日活は、スタッフやキャストを多く松竹から引き抜いた。今村昌平監督(小津監督の「東京物語」

の助監督を務めている）や鈴木清順監督なども松竹からの移籍組だ。同時に女優陣も何人かが移籍した。北原三枝も月丘夢路も松竹から日活に移った女優である。このふたりは松竹の大ヒット作「きみの名は」（一九五三〜一九五四年）で重要な役を演じている。

月丘夢路は川島雄三の松竹時代の作品「昨日と明日の間」（一九五四年）に出演し、川島雄三監督と共に日活に移籍する。この作品の原作は井上靖で、航空会社を立ち上げようとする若き起業家（鶴田浩二）のキャラクターが興味深い。戦後九年、日本が明るい未来に向かっていた頃の空気感がよく描かれていた。主人公につきまとう奔放な昔の恋人（淡島千景）に対して、品があり謎に充ちた人妻を月丘夢路が演じた。

●川島雄三監督作品に出た月丘夢路が印象的だった

現在でも日本映画界の巨匠と言えば、黒澤明、小津安二郎、木下惠介、市川崑、溝口健二、成瀬巳喜男などが挙げられる。それらの監督と月丘夢路はあまり縁がなく、出演作は「晩春」「二十四の瞳」（一九五四年）くらいだろうか。僕が月丘夢路が好きなのは、川島雄三監督作品に出た彼女が印象的だったからだ。「昨日と明日の間」に続いて、ふたりは日活で「あした来る人」（一九五五年）と「銀座二十四帖」（一九五五年）を作る。

十本足らずだが、日活時代の川島作品には駄作がない。北原三枝を使った「愛のお荷物」（一九五五年）、北原三枝と新珠三千代が出た「風船」（一九五六年）、新珠三千代の代表作になった「洲崎パラダイス　赤信号」（一九五六年）、南田洋子のメロドラマ「飢える魂」「続・飢える魂」（一九五六年）、そしてあの「幕末太陽傳」（一九五七年）に至る。

日活時代の川島作品に出演した女優は、月丘夢路、北原三枝、新珠三千代、芦川いづみ、南田洋子、左幸子などである。現在から見ると、多彩な女優陣だ。その中でも、月丘夢路は「和服」のイメージであり、「人妻」役が多かった。「飢える魂」「続・飢える魂」のヒロインは南田洋子なのだが、僕はよく月丘夢路と混同する。南田洋子がずっと和服で登場するのと、不倫の恋に身を灼く人妻役だからだろう。もしかしたら、川島監督も月丘夢路をイメージしていたのかもしれない。

ちなみに「飢える魂」は、小林旭のデビュー映画である。しかし、DVDソフトのパッケージに小林旭と南田洋子をあしらっているのは、いかがなものかと思う。やはり主役の三橋達也を出すべきではないだろうか。この頃、三橋達也は日活の主演男優だった。裕次郎出演の「勝利者」は、三橋達也の主演作である。その後、東宝に移籍し、主演したり脇にまわったりして、高齢で亡くなるまで現役を続けた。

さて、井上靖が紡ぎ出す物語の登場人物としてはおなじみの「ブルジョワのミステリアスな人妻」は、清楚でありながら妖艶さを見せる存在だ。夫は金持ちで何不自由のない生活を送りながら、充たされない思いを抱いて生きている。彼女は情熱的な人物に出会い、夫にはないものに心惹かれていく、というのが割に多いパターンだった。

戦後、井上靖が注目されるきっかけになった「猟銃」もそんな物語だったけれど、それ以降、井上靖はベストセラー作家として戦国物、恋愛物を多く書いた。後にノーベル賞受賞まで噂される文豪になったが、現在では当時のベストセラー小説（たとえば「その人の名は言えない」など）はほとんど入手できない。しかし、そんな小説を映画化するとき、ヒロインのイメージは月丘夢路がぴったりだった。

●シリアスな物語を喜劇調に仕上げる不可思議な演出

「昨日と明日の間」の主人公は旅先で人妻らしき謎の女性と出会い、その後、彼女が自分が航空会社に投資を依頼している関西財界の大物（進藤英太郎）の夫人だと知る。その夫人との関係がどうなるのか、航空会社の起業は順調にいくのか、という興味でドラマは進むのだが、主人公は井上靖の小説ではおなじみの情熱型の青年だ。

同じように「あした来る人」も、冒頭、東京に向かう列車の中で人妻である月丘夢路が知り合うのは、「かじか」を研究している若い学者（三國連太郎）だ。彼は知り合った月丘夢路の気持ちも考えず、東京に着くまで「かじか」についてまくしたてる。話の内容はまったくわからないものの、その情熱と勢いに月丘夢路は好意を持つ。そして、研究のための資金援助になるかもしれないと、自分の父親（山村聰）を紹介する。

山村聰は関西財界の大物経済人で、成功した人間だ。訪ねてきた三國の援助は断るが、その研究に関連する事業をやっている関西の経済人を紹介する。東京と関西（たぶん芦屋に住んでいる）を行き来している山村聰は、若いデザイナー（新珠三千代）のパトロン（純粋な後援者）になっていて彼女の銀座の店に出資している。恋愛関係はないのだが、それが山村聰の一種の道楽なのだ。

一方、娘の月丘夢路の夫（三橋達也）は山岳家で、仲間とヒマラヤ遠征を計画しており、その費用の援助を山村聰に頼んでくる。たまたま三橋達也は新珠三千代と知り合い、彼女の店の二階を遠征隊の準備のための事務所として借りることになる。一方、月丘夢路は夫に対する不満からか、三國連太郎の「かじかバカ」ぶりに惹かれていく。

しかし、ここに出てくるふたりの男は、「かじか」の研究と山登りというように対象は異なるが、どちらもひとつのことに夢中で情熱を傾けているという意味では、よく似たキャラクターだ。しかし、月丘夢路は三國連太郎に惹かれ、新珠三千代は三橋達也に惹かれていく。そこに、月丘夢路の父親で新珠三千代のパトロンである山村聰がからんでくるという複雑な関係になる。

そんな複数の男女の関係を川島雄三監督は見事に整理し、人間関係のおもしろさを描き出した。夫婦がそれぞれ別の男女に惹かれるというダブル不倫になりかねない物語だが、何しろ六十年も前の話だから淡いプラトニックな恋愛劇になっている。たぶん、そういうところが僕の好みに合っているのだと思う。

「あした来るひと」では、月丘夢路はずっと和服だった。新珠三千代が服飾デザイナーとして洋装を通すから、対比という意味でもずっと和服にしたのかもしれない。どちらかと言えば、月丘夢路はくっきりとした顔立ちの派手めの美人である。性格的にも、はっきりした役をやっている。そのキャラクターと和装の取り合わせが印象的だった。

同じく川島雄三監督と組んだ「銀座二十四帖」でも、月丘夢路は和装を通す。こちらは夫と別れている娘のいる役だった。タイトルバックに流れるのは、森繁久彌が唄う「おいらは銀座の雀なのさ〜」である。ナレーションも森繁が楽しそうに担当している。森繁の喜劇調の語りが、この映画のトーンを大きく左右する。

主人公は、銀座で花屋をやっている三橋達也だ。花屋の店員役でデビューしたばかりの浅丘ルリ子が出演している。ある日、三橋達也は銀座のギャラリーで一枚の絵を見る。その絵に描かれていたのは、若き日の月丘夢路だった。三橋達也は銀座の外れに住む月丘夢路と知り合う。その家には大坂から姪の北原三枝が出てきて滞在しているのだが、彼女は旅館の前で毎日絵を描いている大坂志郎と知り合う。彼は警察官で、その旅館を見張っているらしい。一方、三橋達也は銀座の夜の世界に探りを入れ始める。

こういった犯罪がらみの物語なのだけれど、森繁のナレーション、北原三枝と大坂志郎の軽快なやりとりなどで、明るい作品に仕上がっている。川島雄三は月丘夢路と三橋達也の大人の恋愛感情と、大坂志郎と北原三枝の軽快でカラフルな現代風恋愛の両方を描き、シリアスな物語を喜劇調に仕上げるという器用で不可思議な演出をしている。ラストに悪玉の死があるのに後味がいい。やはり、鬼才(奇才?)というべきだろう。

描かれ続けてきた「男たちの愛」

怒り／ブエノスアイレス／日曜日は別れの時／御法度

●三つの物語が重なり合い錯綜し映画は進んでいく

「怒り」(二〇一六年)を見て一番心に沁みたのは、妻夫木聡と綾野剛が演じたゲイ・カップルの物語だった。特に綾野剛の表情や細かな動きがすごい。終始、正体のわからない表情を浮かべている。もしかしたら残虐な殺人犯かもしれないと観客に思わせなければならないし、自信のなさそうな曖昧な表情と中性的な仕草が本当のゲイじゃないかと思わせる。

以前から、うまい人だと思っていたけれど、「怒り」に出ている芸達者な人たちの中でも特に印象に残る演技だった。そのせいか、ラストで妻夫木聡が涙を流すシーンで、僕も一緒になって泣いてしまった。妻夫木聡と綾野剛は激しいセックスシーンも演じていて、ウォン・カーウァイ監督「ブエノスアイレス」（一九九七年）のレスリー・チャンとトニー・レオンを思い出した。

「怒り」は冒頭、八王子の住宅のバスルームで殺されている夫婦のシーンから始まる。壁も床も、いたるところ血まみれである。ピエール瀧と三浦貴大の刑事が室内を調べている。壁に「怒」と大きな血文字が描かれているのを若い刑事が発見する。不気味なオープニングシーンだ。すぐに話は一年後に飛び、三つのエピソードが並行して描かれる。

まず、家出して歌舞伎町の風俗店で働く娘（宮崎あおい）を見つけて連れ戻しにきた、千葉の漁港で働く父（渡辺謙）が登場する。娘は父と漁港に戻り、そこでフラッとやってきてアルバイトとして働いている若い男（松山ケンイチ）と恋に落ちる。父は男の素性を怪しみながらも、ふたりが一緒に暮らすのを認める。

一方、ゲイを公言して都会暮らしをしているエリートらしき男（妻夫木聡）が登場し、ゲイたちの集まる場所でひとりの若い男（綾野剛）を拾う。彼を自宅に連れ帰り、「おまえを信用していないんだ。この部屋のものを盗んでいなくなったら通報するぜ。ゲイがばれるのを嫌って泣き寝入りする奴もいるけど、俺、そういうのないから」と挑戦的に言う。

その言葉に「ありがとう。僕を信用してくれて」と綾野剛は答える。確かに、妻夫木聡は口とは裏腹に、彼に深い愛情を感じ始めている。

妻夫木聡の母親は死を迎えるためにホスピスに入っているが、綾野剛は勤めている妻夫木の代わりに彼女を献身的に看病する。妻夫木は母の葬儀の後、綾野剛に「一緒に墓に入るか」と口にし、相手の反応を見て「冗談だよ」と打ち消す。

沖縄の孤島に現れたのは、謎のバックパッカーの男（森山未來）だ。ある日、少女（広瀬すず）は友人の少年に頼んで、無人島へ船で連れていってもらうが、誰もいないと思っていた島でキャンプしている男と出会い驚く。食料や水をどうしているのか気になった少女は、誰にも言わずに再び島へ男の様子を見にいき仲良くなる。

ある日、少年と那覇市へ映画を見に出かけた少女はバックパッカーの男と出会い、少年と三人で居酒屋で食事をする。飲み慣れない泡盛を飲んだ少年は酔ってふらふらといなくなり、バックパッカーの男と別れた少女は夜の那覇市を探しまわるが、アメリカ兵たちのたまり場の飲み屋街に迷い込んでしまう。

こうして東京のゲイ・カップル、千葉の漁師町の若い男女、沖縄の少年少女と謎の男の三つの物語が錯綜しながら進んでいく。観客には、三人のうちの誰かが残虐な殺人者なのだとほのめかされる。綾野剛には、犯人の特徴とされる三つ並んだほくろがある。逃亡中に整形手術をした病院の、監視カメラに写っている犯人の姿が松山ケンイチに似ている。妻夫木聡は、綾野剛を疑い始める。渡辺謙も松山ケンイチに疑惑の目を向け、姪（池脇千鶴）に相談する。

まったく異なる物語が重なり合い、錯綜し、クライマックスに向かって映画は進んでいく。それぞれ劇的な展開があり、様々な謎と疑惑が提出され、やがて終局を迎える。そのラストの高まりが感動的だったのが僕にとってはゲイ・カップルの物語で、僕は妻夫木聡と一緒に涙を流してしまった。妻夫木聡と綾野剛の熱演が報われたのだ。

●ゲイ役ばかりくるようになったらどうする、綾野剛

「怒り」に出ている役者はみんなうまいけれど、改めて池脇千鶴のうまさに感心した。渡辺謙の姪の役で「おじさん」と呼んでいる。娘に甘い父の代わりに、娘にも厳しいことを言う。しかし、そこに深い愛情を感じさせるのだ。数シーンにしか登場しないが、「もしかしたら、おじさん、愛子は幸せになんかなれないと決めつけてない？」と渡辺謙に説教（忠告？）するいいシーンがあり印象に残る。

それとはまったく次元の違う感想だが、男同士でディープなキスをする妻夫木聡と綾野剛を見ながら、「役者も大変だな」と下世話なことを思ってしまった。綾野剛は同じ吉田修一原作の「横道世之介」（二〇一二年）でも勘の悪い世之介にハッテンバの公園にまでついてこられ、「俺は男しか愛せないんだ」とカミングアウトする。「今後、ゲイ役ばかりくるようになったらどうする。綾野剛」と、僕は余計な心配をした。

ハリウッド映画で初めて男同士のキスシーンを出したのは、ジョン・シュレシンジャー監督の「日曜日は別れの時」（一九七一年）だった。監督自身がゲイで、前作の「真夜中のカーボーイ」（一九六九年）も金持ち女相手のジゴロになって儲けるつもりで、ニューヨークに出てきたカウボーイ（ジョン・ヴォイト）が男娼になる物語だった。カウボーイはホームレスの男（ダスティン・ホフマン）と知り合うのだが、そのふたりの関係もホモ・セクシャルな匂いがした。

当時、日本で「ゲイ」という言葉は一般的ではなく、女性の同性愛者は「レズ」、男の同性愛者は「ホモ」と呼ばれた。その頃、僕は同性愛の存在をまったく知らなかった。

高校二年の時に読んだ大江健三郎の短編に同性愛をテーマにした作品があり、同性愛の存在そのものを知らない僕はその短編が理解できず、大人びていた友人に「『つきあってください。人間同士の愛です』というセリフが出てくるけど、あれはどういう意味なんだ？」と訊き、初めて男同士の愛というものを知ったのだった。

その後、大江健三郎の影響を受けた漫画家・宮谷一彦の作品で、ビジュアルとして男同士のセックスシーンを目にして激しい衝撃を受け、愛読していた司馬遼太郎の「新選組血風録」の

中の一篇「前髪の惣三郎」を読んで「衆道」の存在を知った。ちなみに、後年、大島渚監督は「前髪の惣三郎」を「御法度」（一九九九年）として映画化し、新選組内部の男色関係を赤裸々に描いた。

●僕は様々な分野で活躍するゲイの人と会った

僕自身が男にとって欲望の対象になるのだと気づかされたのは、上京して映画館通いをしていた頃、今はなくなった新宿伊勢丹の向かいの地下にあった映画館で痴漢に遭ったときだった。たぶん、フェデリコ・フェリーニの映画（「8½」だったと思う）を見ていたときだ。僕の尻を誰かが触っているのに気づいた。

最初、僕は女性に間違われたのだと思った。当時、十八歳の僕は痩せていて、ヒョロヒョロとした体型で五十キロの体重しかなく、ウエストも七十センチを切っていた。僕は振り向き、男であることをアピールし再びスクリーンを見つめたが、今度は僕の背後で荒い息が聞こえてきた。気味悪くなった僕は、席を移った。それでも、自分が同性愛の対象と見られたのだとは気づかなかった。

初めて男性に誘われたのは、すでに結婚していた二十代半ばのことだった。かみさんと映画を見た帰り、新宿三丁目にあった地下のトイレ（後にハッテンバだと知った）に入った。用を足していると、横からの視線を感じて顔を向けた。隣で用を足していた、三十過ぎぐらいのサラリーマン風の男性と目が合った。相手は、ニコリと笑った。僕は、無表情で視線を戻した。

僕は早々にトイレを出たのだが、かみさんも女性用に入っていたので、トイレを出たところの柱にもたれて待つかたちになった。先ほどの男性が出てきて、ハッとした表情になった。

まずい、と僕は思った。勘違いされたのだ。男性は一度は僕の前を通り過ぎたが、引き返してきて僕の前に立った。ますます、まずい…と僕は思った。「ねえ、お茶飲まない？」と彼は言った。

本当にまずいぞ、と僕はあわてた。何て断ればいい？　相手を傷つけずに断るにはどうすればいい？　僕は同性愛の人に偏見を持っていないと伝えつつ、どう断ればいいのだ、とパニックに陥った。

ハリウッド映画に登場する乱暴なホモ嫌いのアメリカ男なら、「失せやがれ、このホモ野郎」とでも言うのかもしれないが、そんなことを言ったら自らの性的嗜好に後ろめたさ（当時はまだまだ偏見がひどかった）を抱いて生きているであろう目の前の男性に、永遠に残る精神的な傷を与えてしまう（とまでは考えなかったけれど）。

結局、僕の口から出た言葉は、「ツ、ツ、ツマを待ってますから」だった。「せっかくのお誘いではありますが、僕は結婚していてストレートなのです。誤解させるように柱にもたれて待っていて、ヘンに期待させてしまったみたいで、大変に申し訳ありませんでした。ご容赦いただきたい」と伝えたつもりだったが、緊張して吃音になった。

あれから四十年が経って、僕は様々な分野で活躍するゲイの人と会った。デザインや映像・写真関係の専門誌を出している出版社で働いていたので、僕が出会った人の中にはグラフィックデザインの神様と言われている人もいた。

高名な写真家もいた。高倉健やカトリーヌ・ドヌーヴのヘアメイクを担当したヘアメイクアップ・アーティストもいた。もちろん、誰もが知っている映画評論家もいた。みんな、穏やかで知的で物腰のやわらかな人たちだった。彼らは、そろって静かに話した。

今、国や州や区（渋谷区!!）によっては同性婚も認められるようになり、同性愛（最近はもっと広い意味で「性的マイノリティ」というのかな？）に対する偏見も徐々になくなりつつある。とても、よいことだと思う。

そんな偏見をなくすことに、映画も少しは役立ってきたのではないだろうか。ルキノ・ヴィスコンティ監督（バイセクシャルを公言していた）の「ベニスに死す」（一九七一年）を始め、「男たちの愛」は様々な作品で描かれ続けてきたのだから。

ホントにやるの？

華岡青洲の妻／女体／肉体の門／愛のコリーダ

●何十匹もの猫に「死んだふり」をさせるのは可能だろうか

その日は、猫たちの受難の日だったのかもしれない。このところ、早朝の散歩の途中で顔見知りになった黒猫がいる。まだ一歳にもなっていないのではないだろうか。僕はキキ（もちろん「魔女の宅急便」です）と名付けて、毎朝、挨拶をする。

キキも僕を待っていてくれる。完全に気を許しているわけではないが、僕の姿が見えると近寄ってくる。その朝、僕が「猫通り」と名付けた道に近づくと、近所のおじいさんが家の周囲を掃除していた。

ちょうど僕が角を曲がり「猫通り」に入ったとき、おじいさんはキキに罵声を発して追い払うところだった。キキは、一瞬、僕の方を見てから反対側へ走っていった。何も追い払うことはないだろうとムッとしたが、近所の家にとっては猫の排泄物などの迷惑がかかっているのだろうと思い直した。

僕はおじいさんに頭を下げて通り過ぎ、三十分ほど散歩をしてから再び「猫通り」に戻ってくると、キキがいた。「大変だな」と僕は声をかけた。

帰宅して洗濯をし、二階の物干場にあがったときだった。僕の家の裏は駐車場になっていて、広く見晴らしはよい。駐車場と道の境にふたりのおばさんがいて、何かしきりに叫んでいる。どうも、車の下に逃げ込んだ猫を散歩途中の犬が追っているらしい。ワンワンと吠える。「××ちゃん、ダメよ。ひっかかれるわよ」などと気楽におばさんは言っているが、特にリードを引く様子もない。

猫が車の下から走り出ると、犬が勢いよく追いかけた。何とリードをつけず、放して散歩させていたらしい。猫が必死で逃げるのを、短い足のくせに犬が追いかける。

猫と犬は角を曲がって見えなくなったが、おばさんたちは急ぐ様子もなく犬を追った。「猫をいじめるんじゃない。犬はリードをつけて散歩させるべきじゃないのか」と、僕は物干場でつぶやいた。

そのとき、不意にある映画のワンシーンが思い浮かんだ。「華岡青洲の妻」（一九六七年）という、当時、ベストセラーになった小説の映画化だった。原作者の有吉佐和子は出す本が次々とベストセラーになり、映画化が続いていた。

アルツハイマーなんて病名すらなかった頃に老人問題を書いた「恍惚の人」、食物汚染をテーマにした「複合汚染」などである。「華岡青洲の妻」は姑と嫁の確執を描き、話題になったベストセラーだった。

監督は増村保造、江戸期に麻酔薬を開発して名を残す華岡青洲に市川雷蔵、その母に高峰秀子、その才色兼備の高峰秀子に幼い頃から憧れ、やがて彼女に望まれて華岡青洲の妻になるのが若尾文子だった。医師の華岡青洲は外科手術のための麻酔薬の研究に没頭するが、その試薬の人体実験に姑と嫁が競うように志願する。その嫁と姑の壮絶な戦いが話題になっていた。

僕が思い出したのは、華岡青洲が弟子たちに命じて犬や猫をいっぱい集めてきて実験に使うエピソードである。毒性の強い植物から麻酔薬を作るために、薬を与えすぎると死んだり障害が出たりする。その適度な分量を、犬や猫を使って試すのである。そして、大量の犬や猫が死んでいく。特に猫が何匹も死んでいるシーンがあり、僕には本物の猫の死体に見えた。

何十匹もの猫に「死んだふり」をさせるのは可能だろうか。犬と違って猫に芸をさせるのは、難しいのではないか。特に何十匹もそろって「死んだふり」をしなければならない。しかし、その猫たちは本物としか見えなかった。もしかしたら、本当に殺したのだろうか。あるいは、保健所で殺処分された猫を大量に借りてきたのか。増村監督ならやりかねないぞ。そんなことを考えた。

華岡青洲のふたりの妹は醜い肉腫ができて、苦しみながら死んでいく。姉に続いて、妹までもが同じ病になったとき、村の人々は「犬や猫を多く殺したから、その祟りにちがいない」とささやく。麻酔薬を飲まされ、狂って死んでいく猫もいたのだ。犬は祟らないかもしれないが、猫は祟るよなあ、と僕も映画を見ながら思ったものだった

●本当にやっていなくてもやっているように見える映画の方が好み

犬に追われて逃げる猫を目撃して、僕が「華岡青洲の妻」を思い出したのは、「猫をいじめるな」と思ったからだろう。「華岡青洲の妻」は映画としては増村作品らしく力強くおもしろいが、昔から僕はあの猫がいっぱい死んでいるシーンが気になっている。本物の猫に見えるし、本当に死んでいるように見えるからだ。映画では、ときどき動物の死骸が登場するシーンがある。おそらく作り物なのだろうけど、あまりによくできているので気になったりする。

映画は、本当に見える、本物に見えることをめざしてきた。リアリティの追求だ。見せ物的要素の強い映画は、サイレント時代から危険な撮影を行ってきた。バスター・キートンなど、アクロバティックなシーンばかりやっている。観客をハラハラさせる必要があるからだ。

バスター・キートンは本人が危険な演技をやったけれど、スタントマンという職業は映画の登場と共にできたのだろう。危険なことを本当にやって撮影する。しかし、主演スターにはさせられないから、スタント専門の職種が生まれた。

しかし、映画のリアリティとは、一体何だろう。僕は本当にやっていなくても、やっているように見える映画の方が好みである。たとえば、ヒッチコック作品。巨大な自由の女神像の上での追っかけ、崖の大きな岩に彫刻された巨大な大統領の顔の上での格闘など、絶対に本当にはやっていないけど、ヒッチコックの絶妙な映像テクニックによって、ハラハラドキドキさせられる。有名な「サイコ」のシャワーシーンでも、細かなカット割りと編集で殺人シーンを構成し、ショックを与えた。

僕は古い人間だから、直接的な描写でリアルに感じさせるのは、あまり好きではない。そのせいか、五〇年代のハリウッド映画や日本映画を見ているのが好きだ。そこには直接的なセックスシーンも登場しないし、残酷でグロテスクな描写もない。ナイフで刺されて人が殺されるとしたら、それは壁に映る影で描写されたりする。しかし、様々なタブーは年月と共に消えていき、アメリカではポルノ解禁の影響か、ハリウッド映画のセックスシーンで男女が激しく動くという表現が登場するようになった。

暴力シーンもどんどんエスカレートするし、特殊技術もどんどん発展し、目を背けたくなるグロテスクな死体が登場したりする。最近は、デジタル技術と相まって、本物より本物らしく見えるのだが、僕はリアルであればあるほどしらけた気分になることもある。最近のハリウッド映画をあまり見なくなったのは、デジタル処理によるものばかりだからだ。ただし、SF映画はデジタル・テクノロジーのおかげで格段におもしろくなったし、哲学的なテーマが扱われるようになった。

●本当にやっているところを撮りたいという誘惑？

僕はリアルとリアリティは違うと思うのだけど、映画を創る人たちは、本当にやっているところを撮りたいという誘惑から逃れられないのだろうか。僕の好きな酒井和歌子主演作品「めぐりあい」(一九六八年)を撮った恩地日出夫という監督がいる。彼は監督になったばかりの頃、「女体」(一九六四年)という団令子主演の作品で、実際に牛を殺してしまった。原作は、何度も映画化された田村泰次郎の「肉体の門」である。

戦後、パンパンたちがルールを決めて焼け跡の建物で暮らしている。ヒロインはボルネオ・マヤ。そこへ復員兵が入り込んできて、彼をめぐり様々なトラブルが起きる。「肉体の門」で話題になったのは、「男と只では寝ない」という掟を破ったパンパンがリンチされるシーンや、復員兵が牛を殺すシーンなどだった。もちろん、牛を殺すのは食べるためである。恩地監督は、そのシーンで本当に牛を殺してしまったのだ。後に出版された恩地監督の著書「砧撮影所とぼくの青春」には、そのことが詳細に書かれている。

同じ年、日活も「肉体の門」(一九六四年)を野川由美子主演で映画化した。監督は鈴木清順。復員兵の役は宍戸錠だった。牛を殺す場面はあるけれど、もちろん殺したように見せているだけだ。それよりは、女たちの下着(スリップ)を赤、青、黄、緑などに色分けしたり、スタジオの背景を真っ赤にしたりといった清順美学の方が印象に残る。恩地監督の「女体」は記念すべき団令子主演で作品としてもよくできてはいたが、本当に牛を殺したことで恩地監督はしばらく仕事を干された。

そういえば、大島渚監督が「愛のコリーダ」(一九七六年)を創ると聞いたときも、本当にそこまでやる必要があるのだろうかと思った。愛人の局部を切って持ち歩いていた阿部貞事件の映画化で、主演の俳優たちに本当にセックスをさせると話題になっていたからだ。日本で撮影したが、本当のセックスシーンが映っているので現像はパリで行った(フランス資本が入っていた)。

最近、聞いた話では主演女優が見つからなかったときには、監督の妻の小山明子がサダをやる覚悟だったという。結局、主演女優の松田某は消えてしまったし、相手役の藤竜也はこの作品の後、数年、仕事がこなかったという。

やっぱり、僕はリアルとリアリティは違うと思う。本当のこと、本物を撮るのはドキュメンタリー作品だ。フィクションなら、本当らしく見せればいいのだと思う。よく「迫真の演技」と言われるが、真実に迫る演技ではあるけれど、真実ではないのだ。そんなことは百も承知で観客は見ている。

だから、役作りのために歯を抜いたとか、人を殴るシーンで思いっきり殴ったとか、三國連太郎を熱演の人のように持ち上げるのには、僕は違和感を感じてきた。昔の日活作品のように、殴り合いの真似をしているのが映像ではっきりわかるような映画の方が、僕はほのぼのとした気分になる。だから、動物を本当に殺したりしないでくださいね、特に、猫は…。

死は自分で選べるか？

君がくれたグッドライフ／或る終焉

●日本では十代から四十代まで死因のトップが自殺

「生まれたときは別々でも、死ぬときは一緒だ」という決めゼリフは、昔の物語にはけっこう使われていた。やくざ映画なら主人公が殴り込みに向かう途中、「ご一緒させていただきます」と待っていた相棒の心意気を表すのにはぴったりのセリフだった。また、恋愛物の場合には、ふたりの強い絆を確認し愛を誓い合うといった場面で説得力があった。

男と男でも、男と女でも、一緒に死ぬというのは結びつきの強さを表したのだ。しかし、こういうセリフが陳腐になり、今は誰も使わない。「生まれたときは別々でも、死ぬときはバラバラだ」というギャグが流行ったこともあるけれど、元のセリフが一般的ではなくなってしまったので、ギャグとして成立しなくなった。

ところで、「生まれたときは別々でも、死ぬときは一緒だ」というセリフは、生まれるのは自分でコントロールできないけど、死は自分でコントロールできる（選べる、決められる）ことが前提になっている。「子供は親を選べない」と言われるように、「いつ」「どこに」「どんな親の元に」「どんな環境で」生まれるかは、自分の意志では決められない。それは、運不運が支配する運命の領域だ。

一方、死は自分で決めようと思えば決められないことはない。先日、日本人の自殺率についての記事が新聞に掲載されていたが、世界でもかなり高い自殺率らしい（ちなみに国別の順位を見ていて驚いたのは、リトアニア、ラトビアなどが上位にいたことだ。宗教観などによって国別の違いはあるかもしれないが、バルト三国はそんなに自殺したくなるような国なのか？　ロシアに虐められすぎてきたからなのか？）。

日本では十代から四十代くらいまでは、死因のトップが自殺だという。キリスト教のように「自殺は罪」という観念がないから、日本では「自殺によって救いを求める」傾向が強いのかもしれない。死ぬことで「楽になる」という発想が日本にはある。「楽にしてやるぜ」と悪役が凄むのは「殺してやる」ことだし、断末魔に苦しむ患者を見て家族が「早く楽にしてやってください」と医者にすがるシーンも見かけることがある。とどめを刺すのは「楽にしてやる」慈悲の行為として受け取られる。「死は楽になること」だから、自殺は「救い」になるのだ。だから、日本では「自死」「自殺」「自決」「自裁」といった様々な言葉が存在している。自殺を、責任をとる、自らを裁く、といった肯定的な意味合いで捉える言葉も存在する。死は自分で決められるから、このような言葉が日本には昔から存在したのだろう。

しかし、人は本当に自分で死を選べるのだろうか。最近、「尊厳死」という言葉が使われ始めている。しかし、「安楽死」という言い方が、「尊厳死」に変わったということではないらしい。医師が患者の意志を確認して自殺幇助をするのが安楽死（不治の病の患者に死に至る注射をするなど）で、延命治療をしないという消極的なのが尊厳死だと定義する人もいる。「尊厳死」という言葉には、最近の終末医療に対する批判が感じられる。いろんな管をつながれて無理矢理生かされるより、尊厳ある死を迎えたいということだろう。

「尊厳死」は認めるが、医師が積極的に自殺を幇助する「安楽死」は認めないという国は多い。医師が致死剤を投与して患者を死に至らしめても罪に問われない国は、オランダ、ベルギー、スイス、ルクセンブルクなどヨーロッパの国とアメリカのいくつかの州だけだ。僕は「人間としての尊厳を持って死ぬ」よりは、「安楽に」死にたいと思っているが、日本ではそれはかなわないことなのだろうか。苦痛と恐怖がなく、安らかに死んでいけたら文句はない。

●ベルギーへの自転車旅行には深刻な目的があった

昨年公開された二本の映画で、「安楽死」が描かれていた。一本はドイツ映画「君がくれたグッドライフ」（二〇一四年）である。冒頭、何人かのエピソードが並行して描かれる。室内で自転車漕ぎをしているのはハンネスだ。妻のキキが心配そうに見つめている。女性と別れ話でもめている女たらしの男、性生活がうまくいっていない夫婦などが登場する。

やがて彼らが友人同士で、毎年、長期休暇をとって自転車旅行をしている仲間だとわかる。今年の目的地ベルギーを決めたのはハンネスで、「ベルギーには何もないじゃないか」と友人は文句を言っている。キャンプ用品などを積んで走り出すと、ハンネスの体調が悪そうだ。それをキキが心配そうに見ている。

一緒に旅行するメンバーには、ハンネスの弟もいる。実家の兄もいつもは参加しているのだが、今年は怪我で欠席である。そこで、仲間たちはハンネスの実家に寄る。ハンネスの実家でみんなでテーブルを囲んで食事をしているとき、ハンネスの母親がいきなり涙ぐむ。様子がおかしいので、一同は不審に思う。キキがハンネスに目配せして、「みんなに話したら」と言う。

ハンネスが口を開き、自分がＡＬＳ（筋萎縮性側索硬化症）にかかっていることを告白する。ハンネスの父親も同じ病気で、体が動かなくなって長く寝たままになり死んでいった。ハンネスは、そんな風になって死ぬのを待つだけの人生はいやだという。みんな、ハンネスがベルギーを選んだ理由に気づく。すでに事前の検査や面接も終え、ベルギーに着けば安楽死できる手はずになっているのだ。

母親は「お父さんが寝たきりになっても、生きててくれれば私は幸せだった」とハンネスの決心を翻そうとし、弟は「なぜ事前に言ってくれなかったのだ」と怒り出す。仲間たちもハンネスの安楽死に向かってペダルを踏むことをためらう。しかし、翌朝、全員がハンネスと共に再び自転車で出立することを選ぶ。

そこから、ベルギーに到着するまでに様々なエピソードがあり、新しい人物が仲間に加わったりする。妻のキキも、とうとう本心を口にする。しかし、ハンネスの決意は固い。自分には少しずつ死に向かうだけの人生しか残っていないこと。やがて体が動かなくなり、惨めな思いをするのは父を見て知っている。体が動くうちに自分の意志で、自分の望む形で死を迎えたい、と思っている。

見ている方は、結末がどうなるのか予想がつかない。安楽死を中止すれば、徐々に衰えていく死を選んだことになるし、安楽死を決行すれば、三十半ばの人生に自分で幕を下ろすことになる。自分だったらどうするだろう、と答えを迫られる。僕は「安楽死を選ぶだろうな」と口にした。まったく治る望みはないし、すでに体の衰弱を自覚しているのだ。

ベルギーが近づくに従って、仲間たちの口は重くなり、陰鬱な雰囲気が漂い出す。ひとつの深刻な状態が周囲に波及し、仲間たちも今まで露わにしてこなかった問題に直面せざるをえなくなる。やがて、ベルギーに着き、ハンネスは医者を訪ねるが、医者は別に急病の患者が出て、決行は延期されることになる。さて、ハンネスはどうするのか?

「君がくれたグッドライフ」は邦題が的外れなのだが、シリアスなテーマをそれほど重くなく描き好感が持てる作品だった。ドイツ映画で俳優もまったくなじみがないため、テーマがよけい際立つ感じだった。これを顔なじみのハリウッド俳優が演じていたら、何となく嘘くささを感じたかもしれない。結末に僕は納得したが、一年後、再び自転車旅行するエピローグは必要ないと僕は思う。

人が死んでいくのを、これほどあっさりと描いた（現実がそうなのだろう）作品は知らない。死は自分で選べることを明確に描いた作品だった。死んでしまえば当人はいなくなり、残った人間たちは再び生きていかねばならない。そんなものだ。

日本人でもベルギー（あるいはスイス）にいけば、安楽死できるのだろうか。不治の病といった明確で現実的な理由がなければ、ダメだろうか。芥川龍之介のように「漠然とした不安」では、理由にならないか。

●寡黙でストイックな描き方の映画の主人公もストイック

「或る終焉」（二〇一五年）は、寡黙な映画だった。主演のティム・ロスのセリフも少ない。映画が始まって十五分くらいは、まったくセリフがない印象だ。会話も描写もストイックだし、主人公の生き方も極端にストイックだった。僕が好むタイプの映画である。僕は、間をおかずに二度見た。一度見ただけでは理解できなかったこともあるけれど、もう一度見たいと強く思わせる力が作品にあふれていたからだ。

何の予備知識もなく見たから、オープニングシーンで「サイコ映画」なのかと僕は思った。車のフロントガラス越しにある家が映る。車が二台駐車している。そのショットが長く続き、メインタイトルが出る。やがて家の中から若い女性が出てきて車に乗り込み走り出すと、こちらの車も動き出し跡を尾ける。しばらく尾行するショットが続き、いきなりネットで少女の写真を検索して見ている男のショットになる。どう考えても、サイコ映画じゃないか。

次はシャワールームで、やせ衰えた全裸の女性の体をティム・ロスが無言で洗っているシーンになる。やっぱり、これはサイコ映画ではないかと、その時点で僕はまだ思っていた。それに、ティム・ロスという俳優は、サイコ役にもピッタリだ。きっと、目をつけた若い女性の情報をネットで調べ、跡を尾け、拉致監禁し、飼育するのを快楽とするサイコに違いないと予想しながら僕は見続けた。

シャワールームから女性を抱えてベッドに横たえ、体を丁寧に拭き、簡単服を頭から着せかける。やせ衰えた女性は明らかに病身で、末期の患者のように見える。次のシーンは、彼女の妹一家らしき数人が彼女を見舞っている。少女がふたり、母親に言われて女性に別れを告げる。

そのとき、ティム・ロスが「彼女、ちょっといいかな」と声をかけ、まるで看護士のように振る舞う。あれ、ちょっと違うぞ、とようやく僕は気づいた。

女性の葬儀らしいシーンになる。ティム・ロスが黒いスーツで出席している。あの女性とティム・ロスはどんな関係なのだろうと思っていたら、女性の姪だという若い女が声をかけてくる。そのやりとりで、ティム・ロスが看護士だとわかる。しかし、その夜、バーのカウンターでひとりで飲んでいたティム・ロスに隣のカップルが話しかけ、ティム・ロスは「最近、妻を亡くした」と答える。結婚していた年数を訊かれ、「二十一年」と言うのだ。やはり、変な男かなという気がしてくる。

彼が次に担当したのは脳梗塞で倒れた元建築士の老人だ。彼は建築士の仕事の話を聞き、書店で建築の本を書う。書店員に「建築家ですか」と問われて「イエス」と答え、患者の建築士が設計した個人の邸宅を「建築士の弟」と名乗って見せてもらいにいく。やっぱり、どこか変でミステリアスな主人公である。

彼の介護は献身的だ。患者からも信頼されている。しかし、あまりに患者に尽くすため、周囲の人間から不審な目を向けられる。建築士の娘や息子は「父親は彼に操られている」と言い出し、「セクハラで訴える」と彼の会社の上司に連絡する。患者とは会わないことを条件に訴訟はやめると言われるが、患者に会いにいき娘に冷たくあしらわれ、訴えられて職を失う。

そして、冒頭のシーンの続きのショットになる。若い女性の乗った車を尾行し、女性が降りた跡を尾けていき、彼女と並ぶ。そこから、意外な展開になる。

主人公は寡黙でストイックで、ほとんど自分のことを話さず説明しない。映画も同じスタイルだ。寡黙でストイックな映像で、説明しない。だから、一度見ただけでは理解しづらい部分もある。観客が想像力をフルに働かせないといけない作品だ。

職を失ったティム・ロスが昔の事務所のボスに紹介されたのは、末期のガン患者だった。彼女は放射線療法を受けているが、副作用ばかり出てガンの進行は止まらない。彼女は治療を拒否し、死を迎えようとする。

ティム・ロスの看護士は、プロフェッショナルで、献身的で、死に対しても心を騒がせず（表面上はまったく変わらない）に立ち向かえる。患者たちは深く信頼し、彼に何でも打ち明け相談し、依頼する。そして、末期ガンの患者は、あることを彼に頼む…。

僕が神と仰ぐジャン＝ピエール・メルヴィル監督の作品のように、映像は厳しく冷たくストイックで、セリフはほとんどなく、説明しない。会話の中で出てくる過去の出来事が、きちんと描写され、何があったのかわかるように説明されると思っていると、肩すかしをくわされる。わずかなセリフで、観客は想像しなくてはならない。

ただし、必要最低限の情報は観客に示される。そして、唐突に終わる。人が死んでいくのを淡々と描き、見事な感銘を残す。しばらく、立ち上がれない。凄い映画を見た。

やっぱり海が好き

虎鮫島脱獄／パピヨン

●海から五キロ近く離れているのに海抜四メートル?

先日、散歩をしていて大通りのガードレールに「海抜四メートル」という表示板を見つけた。市か県が設置したものらしい。僕が今住んでいる場所は、海まで四キロから五キロはあるだろう。歩いて一時間くらいはかかる。一度、川に沿って海まで散歩しようと歩いてみたが、「あそこまでいけば海が見えるな」という場所で挫折した。すでに、片道四十分は歩いていたからだ。「あそこまでいって帰ったら二時間近くになる」と、帰りの距離を思って心が挫けた。しかし、それだけ離れているのに、海抜が四メートルしかないのか、と少し驚いた。

十数年前だろうか、高潮と台風が一緒になったとき、高松市の海辺がかなり浸水した。僕が子供の頃に高い塀の周りを自転車で走って遊んだ高松刑務所（松島大学と呼んでいた）は、海からけっこう離れているのに、そのあたりまで水に浸かったという。友人の自宅も床上浸水になった。

高松市は讃岐平野にあるのだけれど、相当に平らな陸地らしい。確かに、子供の頃から坂にはなじみがなかったから、東京に出たときは坂道が多いのに驚いたものだ。近くのため池の数メートルある土手に登ると、高松の港に建つビルがよく見えるし、その向こうの瀬戸内海の島も見える。やっぱり海が近いのだと実感する。

子供の頃は、自転車でよく海にいった。夜中に起きて友だちと自転車を走らせ、源平合戦で有名な屋島の壇ノ浦近くの海辺で投げ釣りをやったりもした。高校は高松港まで歩ける場所だったので、感傷的な気分になると港へいき、赤灯台を眺めて自己憐憫に浸ったりした。霧の深い夜など、霧笛がボーッと聞こえてくる。

夏の海水浴には、塩屋や松原が続く津田などにいったものだ。小学校の臨海学校は塩屋の浜が多かった。高松港から船で二十分の女木島では、よくキャンプをした。そう言えば、今はすっかり「アートの島」になった直島には、小学六年の臨海学校でいったことがある。島の小学校の教室にクラス全員で泊まった。その頃、精錬所のあった直島は「禿げ山の島」だった。

村上春樹さんの「海辺のカフカ」で、カフカが家を出ていきつく場所が高松だった。カフカ少年は、高松駅の近くで讃岐うどんを食べる。その後、海辺の奇妙な図書館が出てくるが、その場所を僕は津田の松原を思い浮かべながら読んだ。高松という地名は出てきたが、その他の場所は具体的には書かれていない。村上さんの頭の中で作られた場所だろうし、実際の場所を思い浮かべながら書いたとしても現実の場所ではない。

しかし、土地勘のある僕は、読んでいるとどうしても具体的な場所のイメージが浮かんでくる。「海辺のカフカ」には、高松市内の神社が出てくる。その神社は、石清尾八幡宮のような気がした。栗林公園の近くにある大きな神社だ。「八幡さん」と呼ばれていた。「八幡さんのお祭り」には、子供の頃によくいったものだった。

●僕が偏愛する映画は海に関連するものばかり

先日、何回目になるかわからないが、「冒険者たち」(一九六七年)をまた見ていた。プロジェクターで左右二メートルほどの大きさに上映すると、なかなか雰囲気がいい。「冒険者たち」を見ていて、僕がこの映画を偏愛する理由のひとつに「海」があるのだと思った。映画として大好きなのだが、十六歳の僕がこの映画を宝物のように思うようになった理由のひとつには、間違いなく「海」がある。明るいコンゴの海、そして、あの要塞島が浮かぶ海がなければ、「冒険者たち」は成立しない。

ラストシーンでは、要塞島に打ち寄せる波の音しか聞こえない。ひとり生き残ったローラン(リノ・ヴァンチュラ)を捉えたカメラはぐんぐん上昇し、海面にポツンと小さくなった要塞島があり、クレジットタイトルが海面に重なる。フランソワ・ド・ルーベのテーマ曲が静かに流れ始める(アラン・ドロンの「愛しのレティシア」が重なるバージョンは、リバイバル上映のときのものだ)。

海が出てくる映画は無尽にある。アラン・ドロンで思い浮かべても「太陽がいっぱい」(一九六〇年)があり、荒れた海のシーンから始まる「リスボン特急」（一九七二年）がある。「冒険者たち」のリノ・ヴァンチュラで思い出すと、ロベルト・アンリコ（ロベール・アンリコ）監督と組んだ「ラムの大通り」（一九七一年）が浮かんでくる。

夏休みが長いフランスでは、「夏のバカンスもの」という映画ジャンルがあり、「青い麦」（一九五三年）「ひと夏の情事」（一九五九年）「赤と青のブルース」（一九六〇年）などを思いだす。

フランス映画ではないけれど（ドイツ人がアメリカ人とイギリス人とフランス人を使って監督した）、南仏とパリが舞台の「悲しみよこんにちは」（一九五七年）も同じジャンルだ。エリック・ロメール監督にも「海辺のポーリーヌ」（一九八三年）を始め何本もある。

海辺のシーンが出てくるだけで、僕は心が静かになる。落ち着く。癒される。あんな海辺を歩いてみたいと思う。ちょっと思い浮かべると、「いそしぎ」（一九六五年）のタイトルバックのシーン、「ジュリア」（一九七七年）でリリアン・ヘルマン（ジェーン・フォンダ）とダシール・ハメット（ジェイソン・ロバーズ）が夜の浜辺で語り合うシーン、「男と女」（一九六六年）のドーヴィルの海岸を犬を連れた老人が夕日を浴びて散歩しているシーンなどだ。

北野武の海のシーンも印象的だった。「あの夏、いちばん静かな海。」（一九九一年）や「ソナチネ」（一九九三年）「HANA－BI」（一九九七年）の海の美しさが忘れられない。

「冒険者たち」にオマージュを捧げているとしか思えない、リュック・ベッソン監督の「グレート・ブルー（グラン・ブルー）」（一九八八年）も海の映画だった。素潜りの名人たちの映画だから海ばかりが出てくるのは当たり前なのだけど、オープニングシーンから海面を疾走するカメラに興奮したものだ。ジャン・レノもあの映画で初めて見たのだった。ヒロインのロザンナ・アークエットも人気が出たが、最近は「6才のボクが、大人になるまで」（二〇一四年）でアカデミー助演女優賞を受賞した妹のパトリシアの方が知られているかもしれない。

●海で隔絶された孤島は絶好の刑務所になる

改めて考えてみると、僕が偏愛する映画は海に関連がある。「ビッグ・ウェンズデー」（一九七八年）はサーフィンの映画だから全編ほとんど海だし、「めぐりあい」（一九六八年）では岩場に寝そべる、酒井和歌子の白い水着姿が脳裏に焼き付いている。

「おもいでの夏」（一九七〇年）は、ひと夏を島で過ごす少年の物語だ（これはハリウッド映画で「夏のバカンスもの」のジャンルに入るだろうが、僕としては「少年の初体験もの」ジャンルに分類したい）。もちろん、海がまったく出てこない作品でも好きなものは多いし、感銘を受けたり、忘れられない作品はあるが、何度も見たくなる偏愛する映画には海が出てくるものが多い。

明るいイメージがある海だが、海の中に孤絶する島は絶好の刑務所になる。昔から海で囲まれた島は、罪人たちを収容する場所としても使われてきた。オーストラリアはイギリスの罪人が送られる地の果てだったし、フランスには「悪魔島」があった。フランスやイギリスは、たくさんの植民地を持っていたからだ。

日本でも、昔から「島流し」の刑罰があった。ナポレオンも島に流されたが、崇徳上皇も讃岐に流され、俊寛は鬼界ヶ島に流された。世阿彌は佐渡に流され、木枯らし紋次郎は八丈島に流された。八丈島の罪人たちは赦免になるのを待ちわび、赦免花が咲けば、御赦免船がくると喜んだ（と笹沢佐保さんは書いていた）。

監獄島を舞台にした映画には、古いところでジョン・フォード監督の「虎鮫島脱獄」（一九三六年）がある。この作品では海は脱獄を不可能にしている難関なので、海の美しさというものは描かれない。荒れる海、禍々しい海がモノクロームで捉えられ、主人公にとっては絶望を感じさせるものになっている。

物語はリンカーン大統領暗殺から始まり、犯人の怪我を治療した医師が共犯に問われる。大統領暗殺で殺気立つ大衆を鎮めるために、裁判で有罪になった医師は重罪の囚人を収容する虎鮫島に送られる。そこから脱出できるかどうか。後半のサスペンスは、さすがにジョン・フォードだ。

「虎鮫島脱獄」も実話ベースらしいが、「パピヨン」（一九七三年）はフランス人の元脱獄囚が書いた体験談が世界的ベストセラーになり、映画化権をハリウッドが獲得し、スティーブ・マックィーンが主人公パピヨン（胸に蝶〈パピヨン〉の刺青をしていることからの通り名だ）を演じた。彼は無実の罪でフランス領にある「悪魔島」に送られる。送られる船中で知り合うのが経済詐欺犯のルイ・ドガ（ダスティン・ホフマン）である。

大学生で初めて見たとき、経済詐欺でフランス中の人間に憎まれているという設定がよくわからなかったが、十年ほど前、日本でも投資詐欺で捕まった投資コンサルタント会社の社長がいた。彼のところに莫大な資金を預けて、運用を依頼していた多くの企業年金基金が破綻する事態になった。

その結果、企業年金基金が解散になったり、大きく法制度が変更された。その社長は、企業年金を頼りにしていた多くのサラリーマンの憎しみを買った。彼らの老後を不安に陥れたからだ。ルイ・ドガは、そんな経済詐欺を働いたのだろう。

いつ殺されるかわからないルイ・ドガをパピヨンが守り、資金力のあるルイ・ドガがパピヨンをバックアップするという契約が成立し、ふたりはコンビになり十数年の年月の間に深い友情が生まれる。そして、ラストシーン、年老いたふたりが断崖絶壁に立つ。何度も脱獄を試みたパピヨンは、あきらめない。その断崖絶壁から青い南の海に飛び込む。しかし、ルイ・ドガはついに飛び込めない。

陽光にあふれた南洋の美しい紺碧の海が、ふたりの前に違う姿を表す。パピヨンにとって、その海は「自由」に続いているものだ。ルイ・ドガにとっては、死への入り口に見えたのかもしれない。海は天候によってまったく違う顔を見せるが、立ち向かう人間の内面によっても違う顔に見えるのかもしれない。もっとも、波の穏やかな瀬戸内の海を見て育った僕は、荒れた海に慣れていない。あくまで、海は美しいものだと体に沁み込んでいる。

「非情のライセンス」を作詞した監督

キイハンター／Gメン75／組織暴力／新幹線大爆破

●「非情のライセンス」が一日中テレビから流れた日

六月十六日は、一日中「キイハンター」のテーマ曲「非情のライセンス」が流れた日だった。僕は、この歌を歌詞カードなしで歌える。「あーあ、あの日愛して燃えて〜」と聴くと、千葉真一の顔が浮かんでくる。この後に「Gメン75」のラスト・クレジットでしまいていた。実は、ときどきユーチューブで聴ざき由理が歌う「面影」を聴く。

「キイハンター」(一九六八年四月〜)はヒットして五年も続いたが、その後は「アイフル大作戦」(一九七三年四月〜)「バーディ大作戦」(一九七四年四月〜)が一年ずつ放映され、「Gメン75」(一九七五年五月〜)が再び何年も続く人気番組になった。東映が製作したアクションドラマ・シリーズである。監督は深作欣二、佐藤純彌が主に担当した。同時期、深作欣二は代表作「仁義なき戦い」(一九七三年)を撮り、佐藤純彌は「新幹線大爆破」(一九七五年)を撮っていた。

「キイハンター」のメインキャストでは丹波哲郎、千葉真一、野際陽子、谷隼人、大川栄子という名前が浮かんでくる。番組がきっかけで千葉真一と野際陽子が結婚し、後に谷隼人と松岡きつこが結婚した。野際陽子は、倉本聰の脚本で放映中の「やすらぎの郷」に出演していたので元気なのだと思っていたが、数年前からガンを患っていたという。

野際陽子の葬儀が六月十五日に行われ、その翌日は各局のニュース番組やワイドショーは長い時間を割いて報道したが、ある局は谷隼人をゲストで呼んでいて久しぶりに彼の顔を見た。残念なのは、松岡きつこが出てこなかったことである。もっとも、谷隼人と松岡きつこが結婚するきっかけになったのは、「バーディ大作戦」だったと思う。

「キイハンター」のメンバーの中でマスコット的存在として出演していたのは、僕が好きだった大川栄子である。好きだったわりには、僕は大川栄子が出ている映画としては工藤栄一監督の「十一人の侍」(一九六七年)しか思い浮かばない。密命をおびた主人公(夏八木勲)は偽装して脱藩しなくてはならず、愛妻（宮園純子）を置いて若い武家娘（大川栄子）と駆け落ちしたことにする。

夏八木と大川栄子は江戸へ出てふたりで長屋住まいをしているが、そこへ愛妻が訪ねてくる。そのときの大川栄子が好きだった。去年、たまたま「徹子の部屋」に大川栄子と河原崎健三が出演していて、初めて河原崎健三と結婚していたのを知った。大川栄子は年を重ねていたが、昔と変わらない清楚さだった。

「キイハンター」の頃は、アイドル女優的な人気があった。

さて、野際陽子はテレビの人である。亡くなって出演作を調べてみたが、代表作はテレビドラマばかりである。公開予定の遺作「いつまた、君と」が久しぶりの出演作ではないだろうか。僕が初めて彼女を見たのは、「赤いダイヤ」というテレビドラマだった。女優に転身して、すぐの出演である。主人公が慕い続けるマドンナ的な役だった。「赤いダイヤ」とは小豆のことだ。先物取引、つまり小豆の相場を張る相場師が主人公だった。

原作は、当時のベストセラー作家の梶山季之。主演は大辻伺郎（二代目）だった。なぜ「二代目」がついているかというと、父親も大辻司郎という名で活躍した役者で息子は自死の直前七三年に司郎と改名した。放映はもっと長かったと思っていたけれど、一九六三年九月からの三ヶ月だった。僕は小学生で、父と一緒に見ていた。ちなみに野際陽子の実質的な女優デビューは、テレビドラマ化された「悲の器」だったという。文芸賞を受賞した高橋和己の小説だ。僕の青春時代の愛読書だった。

●「非情のライセンス」や「面影」を作詞した映画監督

「キイハンター」のテーマ曲「非情のライセンス」も「Gメン75」のラストに歌われた「面影」や「追想」も、作詞を担当したのは佐藤純彌である。一時期、東映大泉撮影所の若手監督として深作欣二と佐藤純彌は並び称せられていた。監督第一作は「陸軍残虐物語」（一九六三年）だが、その後も深作欣二が監督した「狼と豚と人間」（一九六四年）の脚本を共同で担当している。

深作より二歳年下で、千葉真一主演「風来坊探偵　赤い谷間の惨劇」（一九六一年）で監督デビューした深作から、きっちり二年遅れて監督デビューした。ちなみに深作欣二は、監督デビューした年に「風来坊探偵」シリーズなど五本も監督している。千葉真一主演で四本、丹波哲郎主演が一本ある。彼らは、深作組の俳優だった。

当時、東映は観客をさらに取り込もうと第二東映を立ち上げており、製作本数を一挙に増やさなければ、系列館に上映作品を配給できない状態だった。二本立てで週替わり。月に何本の作品を供給しなければならないのか。監督になったばかりの深作欣二は、一時間程度の併映作品とはいえ、フルに働かされていたのだろう。

日体大を出てテレビ「七色仮面」の二代目の主演でデビューし、続く「アラーの使者」の主演で人気者になったが、本編では新人俳優に過ぎなかった千葉真一の主演だった。つまり、B

級扱いである。しかし、それだから自由に撮れたのかもしれない。「風来坊探偵　赤い谷間の惨劇」は、当時、好評を博した。僕は、小学校の四年生だったけれど、予告編を見たことを今も鮮明に憶えている。

深作欣二が注目されたのは、六作目の社会派ドラマ「誇り高き挑戦」（一九六二年）だ。鶴田浩二と丹波哲郎が主要キャストだった。深作欣二、佐藤純彌、丹波哲郎、千葉真一などは、若い頃から「同じ釜の飯を喰った仲間」だったのだ。丹波哲郎は若い頃（彼にも若い頃があったというのが、何となくおかしい）から大物ぶりを発揮して、ほとんどセリフを覚えず（脚本を読まず）に現場に入ったという。

現場では、そこら辺中にセリフを書いたカンニングペーパーを貼り、それを見ながら演技するものだから「自然と芝居が大きくなった」と、テレビのトーク番組で深作欣二が語ったことがある。丹波哲郎は深作の言葉を聞いて、豪快に笑っていた。ある俳優はテレビのトーク番組で「丹波さんに現場で『ここは、どういう場面なんだ』と聞かれ、脚本の大筋を話すと『そうか、そういう話だったのか』とうなずいた」と話していた。

佐藤純彌は、六〇年代後半に「組織暴力」（一九六七年）シリーズをヒットさせ、深作欣二と並び、東映大泉撮影所の主要監督になった。「組織暴力」も丹波哲郎、千葉真一などが主要キャストを担っている。その頃に、テレビシリーズ「キイハンター」をスタートさせるのだが、それが五年も続く番組になるとは思っていなかっただろう。

今のテレビ界では考えられないが、「キイハンター」は全部で二百六十二話あるそうだ。工藤栄一監督も担当し、脚本には後に「金八先生」で当てる小山内美江子も参加している。ちなみに、小山内美江子の息子の利重剛は高校生の頃、初期のぴあフィルムフェスティバルに八ミリ作品が入賞したのがきっかけだったのか、岡本喜八監督作品「近頃なぜかチャールストン」（一九八一年）に主演した。

●六〇年代に東映大泉撮影所を担った監督や俳優たち

「キイハンター」を思い出すと、深作欣二監督や佐藤純彌監督や彼らと縁の深かった役者たちを思い浮かべる。その佐藤純彌は、高倉健の最高傑作（と僕が思う、という但し書き付きだが）を撮った監督である。高倉健の東映専属時代の最後の作品「新幹線大爆破」は、演技者・高倉健の最高傑作だと僕は思っている。フリーになった第一作「君よ憤怒の河を渉れ」（一九七六年）も佐藤純彌監督である。

高倉健は、佐藤純彌監督を信頼していたのだろう。中国で大ヒットした「君よ憤怒の河を渉れ」には、何度見ても涙ぐむシーンがある。気取ったしゃべり方の中野良子が今でも好きなのは、この映画のヒロインを演じた彼女が素晴らしいからだ。それは中国人も同じらしく、今も彼女は向こうでは大女優である。

その後の角川映画「人間の証明」（一九七八年）「野性の証明」

（一九七八年）も佐藤純彌が監督をした。「人間の証明」にはがっかりしたが、「野性の証明」は高倉健が出てくると、さすがに締まる。ヒロインを中野良子が演じたのは、「君よ憤怒の河を渉れ」で高倉健が彼女を気に入ったからだろうか。

しかし、その後、佐藤純彌監督は「未完の対局」（一九八二年）や「敦煌」（一九八八年）などの中国と合作の大作ばかり撮るようになった。二十一世紀になってからは、テレビの仕事以外には「男たちの大和／YAMATO」（二〇〇五年）や「桜田門外ノ変」（二〇一〇年）がある。どちらも、それなりに面白く見たが、若き佐藤純彌監督の鋭さはなくなっていた。

二十一世紀になってからの佐藤純彌監督の仕事で僕の印象に残っているのは、WOWOWドラマ「イヴの贈り物」（二〇〇七年）である。原作は白川道の短編で、主演は舘ひろし。若きヒロインはNHKの朝のドラマの主演をやる前の貫地谷しほりだった。「スウィングガールズ」（二〇〇四年）に出ていたのは知っていたが、僕はこのドラマで顔と名前が一致した。

ドラマの音楽を担当した宇崎竜童も出演していた。石倉三郎も印象的な役だった。苦界に堕ちた若い女性を中年男が救うという古くさい物語なのだが、ハードボイルドな雰囲気が好きだった。舘ひろしも抑えた演技で、いつもと違って渋かった。監督名がクレジットされたとき、僕は「佐藤純彌だあ」と叫んだものだ。「キイハンター」以来、佐藤純彌監督はテレビでもよい仕事を残している。

もう一度見たい半世紀前の映画

恋するガリア／女王陛下のダイナマイト

●アマゾンでは「恋するガリア」の中古CDに一万の値がついていた

四国にいる間、ほとんど実家の裏の一軒家周辺で過ごしている。朝の散歩、買い物、実家へ両親の様子を見にいくといった日常である。実家では、猫のタマともしばらく遊ぶ。車を運転するのは、両親を乗せてスーパーへいったり、病院へいったり、補聴器の店にいったりするくらいだ。

朝の散歩では、まず神社にお参りし、出会う猫たちに挨拶する。運動不足にならないように一時間近く歩いているし、自分ひとりの買い物は歩いていっている。こちらの人たちはほとんど車か自転車なので、歩いている僕は目立って仕方がない。先日も琴平電鉄のターミナル駅である瓦町まで歩いたが、五十分足らずの間、ほとんど歩いている人に出会わなかった。

毎日、家の周辺だけで暮らしているのだけれど、二週間に一度ほど街中に出る。高校時代からの友人と瓦町駅で待ち合わせ、飲みにいくのだ。彼は関西の大学を出て故郷に戻り、役所を勤めあげてから再就職し、六十五歳で完全にリタイアした。僕と違って、今は孫の世話で忙しい。

その彼に連れていってもらったのが、田町商店街にあるMという店だった。中古レコード、CD、VHS、DVDを売っているのだが、食事もできるし、夜はショットでウィスキーも飲める。最初に連れていってもらったとき、「役所の先輩が退職してやっている」ということだった。

店内は古いLPレコードのジャケットが飾られていたり、映画スターのサイン入りポートレートが壁に掛かっていたりする。アン・マーグレットのサイン入りポートレートは、僕もほしくなってしまった。飾られたLPレコードのジャケットで目立つのは、若きシルヴィー・ヴァルタンである。

そのジャケットを見たとき、僕は友人に「ウルトラマンのバルタン星人は、シルヴィー・ヴァルタンからきているの、知ってたかい」と思わず言ってしまった。店でかかっている音楽はジャズかポピュラーで、女性ヴォーカルが割に多いが、一度、クリフ・リチャードがかかっていたことがある。

入口横のカウンターには音楽雑誌や映画雑誌の新刊も置いてあり、「キネマ旬報」も揃っている。レコードやCDが多いのだが、一面の壁は映画ソフトの棚になっている。ただし、VHSテープがほとんどで、テープの間にDVDソフトが少し並んでいるくらいだ。

ちょっとほしくなる作品が多く、僕がLDで持っていた「愛を弾く女」（一九九二年）もあった。プレイヤーが壊れてLDを処分してしまったので、「愛を弾く女」は今は見られない。ただし、こちらではVHSの再生機を持っていないので、買っても自宅へ送って見なければならない。

先日、その棚でサミュエル・フラー監督の「拾った女」（一九五三年）のDVDを見つけた。昔に見てはいるのだが、リチャード・ウィドマークのファンであるので持っていたいと思った。しかし、根がケチなので千五百円が高いと感じてしまう。以前、その店で一枚五百円のクラシック作品を五枚ほどまとめ買いしたが、同じクラシック・シリーズなのに「拾った女」は入手しづらいので高いのだろう。

そう思って棚を見ていたら「恋するガリア」（一九六五年）のDVDがあった。テーブルに戻り、友人のスマホでアマゾンで検索してもらうと、中古DVDに一万円を超える値が付いていた。ケチな僕は決心し、「恋するガリア」を買った。三千円だった。

●映画がファッションや音楽の情報源だった時代があった

「恋するガリア」は公開される前から、映画雑誌で主演のミレーユ・ダルクのファッションやヘアースタイルなどが話題になっていた。六〇年代半ばの話である。まだ、映画がファッションなどの情報源として成立していたのだ。特に海外の情報収集には、まだまだ映画が役立った。

ビートルズだって、地方の若者は「ビートルズがやってくるヤァ！ヤァ！ヤァ！」（一九六三年）や「HELP！ 四人はアイドル」（一九六五年）が公開されたことでファンになった人間も多い。その映画で初めて、演奏するビートルズを見たのだ。

当時、音楽もファッションも流行の中心はイギリスだった。ミリタリールック、モッズルックも、みんな映画で流行した。だから、映画雑誌が映画の中のファッションを特集することもあった。

ミレーユ・ダルクは「恋するガリア」によって、一躍、フランスの若手トップ女優になった。ブリジット・バルドーやミレーヌ・ドモンジョ（タイムボカンのドロンジョ様は彼女の名からきているらしい）のような肉感的グラマー女優ではなく、痩せて男の子のような体つきで、オールヌード（背中側からだけど）を披露しても、あまりセクシーではなかった。

映画の後半では胸も見せちゃうのだが、ほんとに小さくて、僕は十代半ばで性欲の絶頂期にあったくせにまったく興奮しなかった。ブラジャーがいらないんじゃないか、と思った（映画の中で彼女はノーブラを通す）。もっとも、僕はスレンダーガール（死語か）が好きだったから、ミレーユ・ダルクは好みだった。スカートではなく、パンツ・スタイルがよく似合った。

「恋するガリア」の監督は、ジョルジュ・ロートネル。この作品以降、ミレーユ・ダルクを使い続けた。ミレーユ・ダルクは六〇年代末から、ナタリー・ドロン（「サムライ」に出演している）と別れたアラン・ドロンと同棲し始めるが、ふたりが共演した「愛人関係」（一九七三年）と「チェイサー」（一九七八年）はジョルジュ・ロートネルが監督した。

ちなみに、フランス文学者の鹿島茂さんのエッセイによれば、世界的ベストセラーの「マディソン郡の橋」は、フランスでは劇化されたという。主演は、年を重ねたドロンとミレーユ・ダルク。劇中、ミレーユ・ダルクがドレスをパッと脱ぎ、ライブでオールヌードになる場面があり、変わらぬ美しさに劇場中がどよめいたとあった。

ちなみに、僕が見た最新のミレーユ・ダルクは、アラン・ドロンが久し振りに出たフランスのテレビドラマ「刑事フランク・リーヴァ」（二〇〇三～二〇〇四年製作）だ。ドロンはマフィアに潜入して壊滅させた刑事で、報復を逃れて長くフランスを離れていた設定だった。

旧友の警視（ジャック・ペラン）に乞われて数十年ぶりにパリ警察に復帰し、再びマフィアと対決する。ミレーユ・ダルクは、フランク・リーヴァの昔の恋人というアラン・ドロンの実人生と重なる役だった。その時点で、一九三五年生まれのドロンは六十八歳、一九三八年生まれのミレーユ・ダルクは六十五歳だった。しかし、ふたりとも、とてもそんな年には見えなかった。

ミレーユ・ダルクには、変わった出演作がある。ジャン＝リュック・ゴダール監督の「ウィークエンド」（一九六七年）だ。日本公開は一九六九年の秋だったが、僕は翌年に新宿紀伊國屋ホールで見た。週末に郊外へ向かう車の渋滞が延々と続くのを移動撮影しているシーンをよく憶えているが、細かいところは忘れてしまった。

アンナ・カリーナを失ったゴダールは、この作品ではミレーユ・ダルクを起用した。やがてゴダールはアンヌ・ヴィアゼムスキー（ノーベル賞作家フランソワ・モーリアックの孫ですね）という新しいミューズを得て、「中国女」（一九六七年）を作った。やっぱり、ミレーユ・ダルクはジョルジュ・ロートネル監督にとってのミューズだったのだろう。

●「冒険者たち」と並ぶリノ・ヴァンチュラの代表作

ジョルジュ・ロートネル監督は、「恋するガリア」でミレーユ・ダルクを人気女優にし、翌年には「太陽のサレーヌ」（一九六六年）で再びミレーユ・ダルクをヒロインにして撮っているが、同じ年に「女王陛下のダイナマイト」（一九六六年）を作った。主演は、リノ・ヴァンチュラである。

ヴァンチュラの相棒役は、僕の好きなミッシェル・コンスタンタンだ。このふたりを見れば、誰だってフレンチ・ノアールだと思う。鶴田浩二と高倉健が出ていれば、やくざ映画と思うのと同じだ。しかし、これは犯罪コメディというジャンルになるだろう。痛快なアクションが続く徹底した男性映画であり、その中に紅一点的にミレーユ・ダルクも出ていた。

僕が「女王陛下のダイナマイト」を見たのは五十年前のことだけれど、「とにかく、面白かった」という記憶が今も強く残っている。ラストシーンも鮮やかだ。リノ・ヴァンチュラは、この作品の後に「冒険者たち」（一九六七年）に出演した。彼の絶頂期の一本である。邦題は日本の映画会社が勝手につけたもので、当時、イギリスのものは何かと「女王陛下の××」と言われた。有名なのは、「女王陛下の００７」である。ビートルズもレコードが売れて外貨をいっぱい稼いだから、女王陛下から勲章をもらい「女王陛下のビートルズ」になった。

この映画では、リノ・ヴァンチュラは足を洗った元ギャングで、昔の仲間に逃亡資金を貸したことから金塊強奪計画に巻き込まれ、イギリスのギャング団と戦わなければならないはめに陥る。フランスの元ギャング対女王陛下のギャング団なのだ。

ミレーユ・ダルクは、リノ・ヴァンチュラの仲間の元奥さんとして登場した。それも、ずいぶん経ってから出てくるのだ。イギリス・ギャング団に追われたヴァンチュラたちは、彼女のところに逃げ込む。ミレーユ・ダルクはボーイッシュで、アクションもこなしたと思う。

おかしいのは、イギリスのギャング団がモッズ・ルックで、ビートルズや当時のロック・グループを連想させるスタイルなのだ。当時、流行した帽子をかぶっていたし、細身でくるぶしが見える短いパンツ・スタイルである。彼らは、何でもかんでもダイナマイトで破壊する。

見どころは、彼らに追い詰められたリノ・ヴァンチュラたちの反撃である。「冒険者たち」では、最後にドイツ軍が残した手榴弾をギャングたちに投げつけたヴァンチュラだが、ここではダイナマイトに火を点けて投げる。ということで、邦題が「女王陛下のダイナマイト」というふざけたものになったわけだが、とぼけた邦題が示すようにコミカルな要素も多い。

加えて犯罪ものとしてのシリアスさと、アクションシーンがほどよくシェイクされ、極上のカクテルができあがった感じだった。こういう、シャレたギャング映画はなかなかない。

僕には一度だけ見て、もう一度見たいと切望する作品が何本もあるけれど、「女王陛下のダイナマイト」はそのトップにあがる。今もＤＶＤは出ていない。「恋するガリア」も十数年前に出たＤＶＤが中古市場で流れているだけらしいが、「女王陛下のダイナマイト」をどこか出してくれないかな。

ミステリアスな年上の女

鞄を持った女／年上の女／影の軍隊

●「年上の女」という言葉には魅力的なニュアンスがある

クラウディア・カルディナーレの「鞄を持った女」（一九六一年）を、久しぶりに見ていたら「年上の女」という言葉が頭の中に浮かんできた。「鞄を持った女」は、一本の広い道を男女が乗ったスポーツカーが走ってくるシーンから始まる。車が停まり、女が降りてくる。男が「早くすませろよ」と言う。女は茂みの中に入っていく。男は車のトランクを開け、女の鞄を見下ろす。

女を置き去りにするのかなと観客は思うが、女が帰ってきて車に乗り、再び走り出す。しかし、結局、女は鞄と共に置き去りにされる。男は金持ちの放蕩息子で女たらしらしく、ローマのクラブでバンドの歌手をやっていた女に適当なことをいって連れ出し、面倒になって置き去りにしたのだ。

一方、大きな屋敷には十六歳の少年がいる。兄が帰ってくる。先ほど、女を置き去りにした男だ。「誰かきても、いないと言え」と言う。しばらくして電話があり、女が「××という人はいないか」と訊いてくるが、少年は「いない」と答える。どうも、初めてのことではないらしい。

その後、大きな鞄を持った女が屋敷を訪ねてくる。しかし、少年は頑なに「そんな男はいない」と答える。ところが、途方に暮れた女に同情し、ホテルを紹介して泊まれるようにする。翌朝、女を訪ねた少年は、持ち金がない女に金を貸し、いろいろ親身になって世話を焼く。少年は、年上の女に惹かれているのだ。

女は、もちろんクラウディア・カルディナーレである。若くしてデビューしたカルディナーレだが、その時点ですでに子供がいた。同じように、映画の中で演じたバンドの歌手の役は、若くして産んだ子を預けている設定だった。神父に「少年の憧れる気持ちを利用した」と言われ、「私は娼婦じゃない」と答えるシーンがあるように、カルディナーレには汚れ役が似合う。だいたい、いきなり車から降りて小用を足すヒロインなんて、この映画以外では見たことがない。しかし、そんな女性でも少年には女神に見えるのだ。少年を演じたのは、ジャック・ペラン。実年齢は十九歳だったが、十六歳の初々しい少年が似合った。数十年の後、「ニュー・シネマ・パラダイス」では成功した映画監督を演じた。

最近、「熟女好き」という言葉をテレビで聞いて、いやな気分になった。僕が好きだった「青い麦」（一九五三年）や「おもいでの夏」（一九七〇年）なども、「熟女好き」映画ということになるのだろうか。どちらも十代半ばの少年が夏の避暑地で、年上の女性によって初体験をする物語である。

「年上の女」という言葉には、ミステリアスで魅力的なニュアンスがあるけれど、「熟女好き」には即物的で下世話な雰囲気があり、響きも下品だと思う。日本語全体がそういう方向に向かっているのは、若い人の言葉遣いを聞いていてわかっているが、僕も年寄りらしく「日本語の美しさはどこへいったんだ」と嘆くことにしよう。

●上昇志向が強く強烈な野心を抱く労働者階級の青年の恋

「年上の女」というタイトルで公開されたのは、ローレンス・ハーヴェイとシモーヌ・シニョレが出た一九五八年の作品だった。この作品で、シモーヌ・シニョレはアカデミー主演女優賞とカンヌ映画祭の主演女優賞を獲得した。確かに、それに値する演技である。

若い頃は脇役の多い女優で、三十を過ぎて「嘆きのテレーズ」（一九五二年）でヒロインをつとめ高い評価を得た。僕はずっと「フランスの杉村春子」と呼んでいた。フランスの女優（生まれはドイツらしい）がイギリス映画にフランス人の役で出演し、英語をしゃべってアカデミー賞を受賞したわけである。

同じくローレンス・ハーヴェイも「年上の女」の打算的な貧しい青年の役で注目され、ハリウッドに進出した。ローレンス・ハーヴェイは典型的なイギリス俳優である。ハンサムというには顔がきつすぎるし、陰がありすぎる。目も鋭い。

しかし、「年上の女」によってアカデミー主演男優賞にノミネートされ、アメリカ映画界に目を付けられオファーが続く。何と、絶頂期のエリザベス・テイラーの相手役に抜擢され、「バタフィールド8」（一九六〇年）に出演し、リズに初のアカデミー主演女優賞をもたらせ、デュークことジョン・ウエインの監督主演による大作「アラモ」（一九六〇年）に出演し、杓子定規な堅物トラビス大佐を演じた。

「年上の女」は貧しい田舎町から地方都市へ、鉄道で向かうジョー（ローレンス・ハーヴェイ）の姿から始まる。不遜で、挑戦的で、野心に燃えた目をしている。当時、イギリスはまだまだ階級の壁が厚かった。ジョーは貧しい労働者階級の生まれだが、上昇志向が強く、不相応な野心を抱いている。

街に着き、彼は勤め先の役所に顔を出す。職場の同僚が下宿を手配してくれる。ある日、同僚に誘われて街のアマチュア劇団の公演を観にいくが、そこで団員のスーザンに惹かれる。スーザンは街の富豪で有力者の娘だ。彼女には、いつもエスコートしている男がいる。その男は上流階級出身で、第二次大戦にパイロットとして出征し、捕虜になったが脱走し、英雄として勲章をもらっている。

ジョーもパイロットとして戦争にはいったが、ほとんど捕虜収容所で過ごした軍曹だ。スーザンの恋人は、そのことでバカにしたように「軍曹」とジョーを呼ぶ。彼は労働者階級出身のジョーがスーザンにちょっかいを出すのが許せない。階級的な差別を繰り返す。今やジョーにとって、スーザンを自分のものにすることは、その男を見返すことであり、階級社会への復讐を果たすことである。

彼はスーザンに惹かれているのか、スーザンを利用して自分の野心を実現しようとしているのかわからなくなる。だが、スーザンの両親はジョーに心を惹かれ始めている娘を危ぶみ、ふたりの仲を裂くためにスーザンを南仏に旅に出し、ジョーには故郷の街に好条件の仕事を用意する。しかし、スーザンの父の画策を知って、ジョーは転職を断る。

打算に満ちた自分がイヤになる時もあるのだろう、ある夜、ジョーは夫に冷たくされている劇団の主演女優アリス（シモーヌ・シニョレ）を目撃し、やさしく送っていく。アリスはフランスからきて教師をしていたが、イギリス人の夫と結婚した女性だ。夫が秘書と浮気旅行に出かけるのを知りながら、耐えている。

アリスは、二十五歳のジョーより十歳近く年上である。しかし、ふたりは恋に落ちる。アリスといるときのジョーは、顔つきが違う。こういうとき、役者はすごいなと思う。愛し合うふたりの顔は、違って見えるのだ。確かに、どちらも主演賞にノミネートされる演技である。役者の演技がすごいと、見ている方には強い説得力が伝わる。しかし、年上の人妻と愛し合った青年は、一体どうすればいいのか。

●シモーヌ・シニョレという女優の凄さを初めて知ったとき

こう言ってはナンだけど、シモーヌ・シニョレは美人ではない。僕が初めて見たシモーヌ・シニョレは、「パリは燃えているか」（一九六六年）だったから、中学生には「単なる太ったおばさん」にしか見えなかった。それに、オールスターキャストの作品だから出番が少なかったこともあり、印象は薄かった。

若い頃のシモーヌ・シニョレは美人ではないけれど魅力的だったのだと知ったのは、「嘆きのテレーズ」を見たときだった。アンリ＝ジョルジョ・クルーゾー監督の「悪魔のような女」（一九五五年）では、華奢で美人の監督夫人ヴェラ・クルーゾー（「恐怖の報酬」のヒロイン）と一緒に出てくるので、大柄なシモーヌ・シニョレは損をしている感じだった。

そのシモーヌ・シニョレが「年上の女」では、美しく見える。ジョーという野心家の青年の本質を彼女は見抜き、愛し包み込む。年上の女のやさしい愛情が見る者に伝わってくる。だから、ジョーも一度は彼女の離婚を待つつもりになる。しかし、夫がやってきて「絶対に離婚しない。今度は見逃すが、次は身の破滅だぞ」と宣言する。

同じ頃、南仏から帰ってきたスーザンは、親から禁じられたが故にジョーへの想いを募らせ、ジョーに体を許す。ある日、スーザンの父に上流の倶楽部に呼び出され、「スーザンと結婚しろ」と言われる。彼女は妊娠したのだ。労働者階級出身のジョーは、成功を手に入れる。しかし、アリスへの愛を抱いたままスーザンと結婚しなければならないのか。野心が実現しそうになったとき、ジョーは自分が本当に望んでいたものに気づく。

シモーヌ・シニョレは、実生活ではイブ・モンタンと長く結婚していたことで知られる。イブ・モンタンは常に女性との噂があった艶福家である。ふたりの離婚の噂は何度も出た。しかし、シモーヌ・シニョレは「年上の女」のアリスのように耐えた（モンタンとシニュレは同い年だったけど）。

その忍耐が限度を超えたのは、イブ・モンタンがハリウッドに呼ばれ「恋をしましょう」（一九六〇年）でマリリン・モンローと共演したときだった。マリリン・モンローは共演者とすぐに恋仲になる女優だった。このときもイブ・モンタンとできてしまい、それは誰もが知ることになった。それを知ったシモーヌ・シニョレは、自殺未遂を起こす。そんなに愛した相手だったのに、シニョレの死後にモンタンは再婚し、六十四歳で子供を持ち世界中の話題になった。

「年上の女」のシモーヌ・シニョレは美しいが、その十一年後に彼女はジャン＝ピエール・メルヴィル監督の「影の軍隊」（一九六九年）に出演する。ドイツ軍に占領されていた時代のパリでレジスタンスに参加する人々を、クールに、ハードに、淡々と描いた名作である。

シモーヌ・シニョレが演じたのは、レジスタンス組織のグループのリーダーである。彼女は「鉄の女」だ。組織のために仲間を見殺しにせざるを得ないときには、冷徹に断を下す。裏切り者は、ためらわずに処刑する。ドイツ軍の本拠に乗り込むときには、勇敢で恐れを知らない女になる。見事なリーダーである。仲間たちは彼女に絶対の信頼を寄せる。

しかし、あることから彼女の娘がドイツ軍の人質になり、彼女は自白を迫られる。自分が死ぬのは覚悟している。だが、最愛の娘は…。「影の軍隊」のラスト、シモーヌ・シニョレの表情が忘れられない。

このシーンは涙なくしては見られないが、安易な観客の涙などは拒否される。これほど厳しく、冷徹なラストシーンを僕は知らない。初めて見た高校生のとき、僕はしばらく映画館の席を立てなかった。シモーヌ・シニョレという女優の凄さを初めて知ったときだった。

激しい恋は「猫の恋」

嵐が丘／激しい季節

●背の高い夏草から二匹の猫が飛び出し一目散に走ってきた

三ヶ月ぶりに自宅に戻り、翌朝、利根川のほとりまで散歩に出かけた。畑の隅で暮らしている猫たちに会うためだ。自宅の猫は僕のことを完全に忘れていて、僕が「ただいま」と言って玄関に入った瞬間、娘の部屋に逃げ込み、そのままずっと出てこなかった。

翌朝、散歩に出かける前に警戒しながら姿を見せ、僕をずっとうかがっていた。元々、警戒心の強い子だったが、僕が人差し指を出すと、以前は匂いをかぐように鼻を近づけていたのに、何と威嚇するような声を出し背中を丸めた。攻撃の姿勢である。おいおい、と思いながら僕は家を出た。

利根川までは歩いて二十分ほどだが、少し大まわりをした。猫たちがいるだろうか、僕を見て逃げはしまいか、などと否定的な想像が湧いてくる。結果を怖れて、結論を先送りにする心境だった。それでも、散歩に出て三十分ほど歩くと、猫たちがいる畑が見えてきた。畑の横の野原が三ヶ月のうちに背の高い夏草に覆われ、ほとんどのものを隠している。

冬の間は、その野原で猫たちとじゃれていた。最初に会ったときは三匹いたのに一匹は車にはねられ、昨年暮れからは二匹で仲良く暮らしている。畑の持ち主で猫たちに餌を与えているリリー・フランキー似のおじさんによれば、昨年の七月に捨てられていたというから、ちょうど一年になる。人間で言えば二十歳過ぎの成猫になった。

畑の前にいくと、猫たちはいなかった。しばらく立っていると、背の高い夏草の中から二匹の猫が飛び出してきた。僕を目指して一目散に走ってくる。雄と雌なので僕は「ジョンとメリー」と名付けていた（最初「ボニーとクライド」が浮かんだけど悲劇的結末を迎えるので、ハッピーエンドの「ジョンとメリー」にした）が、メリーが真っ先に走ってくる。

まるで、両腕を広げて「会いたかったよ〜」と言いながら駆けてくるようだった。その後ろからジョンが悠然とやってくる。それでも、ジョンも僕の顔を見て「ミャー」と鳴いた。二匹の猫が僕の足に身をすり寄せグルグルまわる。見上げてミャーと鳴く。「どこいってたんだよう〜」と言っているようだった。

気になったのは、メリーの毛並みが変わってしまい、ひどく痩せたように思えることだ。ジョンの方は、ひとまわり大きくなった気がする。僕の足に寄り添うように座り込んだ二匹の背中をなでていると、毛に何か絡んでいるのに気づいた。最初は何か皮膚病にでもかかっているのかと心配したが、夏草の実が絡みついて取れないようだ。それにしても、こんなに猫に思い入れて、会えただけで幸福感に充たされるとは、一体どうなっているのだと我が身を振り返った。

その時、少し離れたところから見ている子猫に気づいた。ジョンによく似ている。まだ、生まれて一、二ヶ月といったところか。メリーが生んだのだろう。子猫を生んだから体つきや毛並みが変わってしまったのかもしれない。子猫の後ろから、もう一匹、子猫が現れた。白と黒でレッサーパンダみたいな顔になっている。

メリーが身を起こし、ゆっくり子猫たちに近づいていく。そういえば、春先、ジョンがメリーの首を甘噛みし、身を寄せるのを見てドキッとしたことがあった。僕は、見てはいけない閨房の秘密を見てしまったような気になったものだ。下世話に言えば、「きみたち、そういう仲になったのね」という感覚だった。

●「猫の恋」には情熱的で激しいというイメージがある

俳句の季語に「猫の恋」がある。春の季語である。春は猫の恋の季節。その二、三ヶ月後に子猫たちが生まれる。「猫の恋」には情熱的で、激しいものというイメージがあり、「猫の恋」という言葉だけでそれを表現している。その激しさを表した俳句としては、「おそろしや　石垣崩す　猫の恋」を思い出す。

正岡子規の句である。石垣を崩してでも会いにいく、その情熱を「おそろしや」と詠ったものだ。激しい恋を連想させる。「猫の恋」としているが、どことなく人間のことに重なる印象がある。「猫の恋」のように激しい恋をしてみたい、と寝たきりの子規は思っていたのではないだろうか。

「激しい恋」という言葉を浮かべると、僕は村上春樹さんの「スプートニクの恋人」の冒頭の文章を思い出す。「22歳の春にすみれは初めて恋に落ちた。広大な平原をまっすぐに突き進む竜巻のような激しい恋だった」と始まり、「それは行く手のかたちあるものを残らずなぎ倒し、片っ端から空に巻き上げ、理不尽に引きちぎり、完膚なきまでに叩きつぶした」と続く。

一体どういう恋なのだ、という興味が湧き起こる。冒頭から読者のつかみはオッケーという感じである。それにしても、やはり恋に落ちるのは「春」なのだなあ。しかし、「激しい恋」とはよく言われることだけれど、それはどのような恋のことをいうのだろうか。「恋」とは相手に執着することだから、最近ではストーカー扱いされる危険性もある。

僕は「激しい恋」と聞くと、「嵐が丘」のヒースクリフとキャサリンの恋を連想する。あれこそ、真の激しい恋なのだと思う。十代半ばで読んだとき、その凄さに圧倒された。以来、あの物語を越える激しい恋にはお目にかかったことはない。作者のエミリー・ブロンテは司祭の家に育ち、一生、結婚もせず生きた人で、恋をしたことがあるかどうかもわからない。だからこそ、あんな激しい恋が書けたのだろう。

「嵐が丘」は何度も映画化されているし、吉田喜重監督が松田優作を主演にして日本の室町時代に移して映画化した「嵐が丘」（一九八八年）もあるけれど、やはりウィリアム・ワイラー監督によって最初に映画化された「嵐が丘」（一九三九年）

が一番いい。ヒースクリフはローレンス・オリヴィエである。「嵐が丘」撮影のためにオリヴィエは愛人のヴィヴィアン・リーを連れてハリウッドにいったのだが、そのヴィヴィアン・リーがプロデューサーの目にとまり、「風と共に去りぬ」(一九三九年)のスカーレット・オハラに抜擢された。インド生まれでイギリス人の女優が南部の女を演じることになったのだ。

原作は、物語が終わったところから始まる。語り手の人物が嵐が丘の屋敷に泊まる。彼は、その屋敷で幽霊のような女性の姿を見る。それを聞いた屋敷の粗暴な主人ヒースクリフは、「キャサリン、私の前に姿を見せてくれ」と闇に向かって叫ぶ。その時点で、キャサリンはすでに死んでいるのだ。

映画版は時系列を整理していたと思うが、ラストシーンはヒースの生い茂る嵐が丘の荒野を抱き合ってさまようヒースクリフとキャサリンの霊魂だったと記憶している。この世で添い遂げられなかったふたつの魂は、死んで結ばれるのである。そういえば、「ガラスの仮面」でも劇中劇として「嵐が丘」が取り上げられていた。

●複雑な戦時下で燃えあがる青年と人妻の激しい恋

「激しい」という語が入っているからか、「激しい恋」と聞くと僕が連想するもう一本の映画が「激しい季節」(一九五九年)だ。これは名訳だと思っている。「激しい季節」という言葉が想起させる何かが昔から僕は好きだった。そのタイトルを聞いたときから見たくて仕方がなかった。

ヒロインをエレオノラ・ロッシ＝ドラゴが演じているのも楽しみだった。ピエトロ・ジェルミ監督の「刑事」(一九五九年)では殺される婦人、パヴェーゼの小説をミケランジェロ・アントニオーニ監督が映画化した「女ともだち」(一九五六年)ではデザイナーの役をやっていたが、何と言っても「激しい季節」で青年に一途に愛される人妻の役が最も似合っていた。

イタリア語のタイトルは「ESTATE VIOLENTA」だから、直訳すると「激しい夏」あるいは「暴力的な夏」だろうか。それを「激しい季節」と変えると、ニュアンスがまったく違ってくる。時代設定は、第二次大戦中のイタリアだ。イタリアは、複雑な政治状況になっている。

ムッソリーニはヒトラーと組んで日独伊三国同盟を結び連合国側と戦争を始めたが、途中、パドリオ政権が連合国側と秘密裡に休戦協定を結んだ。そのため、ムッソリーニ支持派と内戦状態になり、ムッソリーニ派をバックアップするドイツ軍によりローマを占領される。ドイツ軍に抵抗するレジスタンス活動も起こる。内田樹さんによれば、「ドイツの傀儡政権だったフランスは第二次大戦の敗戦国で、ドイツ軍と戦ったイタリアは戦勝国」であるという。

そんな複雑な時代(一九四三年)に、青年と子持ちの人妻の激しい恋を描いたのが「激しい季節」である。青年(ジャン＝ルイ・トランティニャン)はファシスト党の高官の息子で兵役を逃れて避暑地にやってくる。戦争中だというのに、高級避暑地で遊びまわっている上流階級の子弟たちがいる。青年もその仲間になる。

ある日、ドイツ軍の戦闘機が浜辺に機銃掃射をする。青年は少女を救い、その母親（エレオノラ・ロッシ＝ドラゴ）と知り合い、激しく愛し合う関係になる。その頃、ムッソリーニが失脚しパドリオ政権が樹立される。ファシスト党の青年の父親は逃亡し、青年も兵役を逃れられなくなる。そして、愛し合うふたりは、手に手を取って列車で逃れようとする。

ところで、「激しい恋」というけれど、「激しくない恋」というものはあるのだろうか。「おだやかな恋」と書いてみても、何だか形容矛盾のような気がしないでもない。「恋」とは自分以外の誰か（特に異性である必要はない）に強く執着することだから、精神的には異常事態だと思う。寝ても覚めてもその人のことが頭から去らず、その姿を見ると喜びに打ち震え、気がつくとその姿を求めている。

猫の場合は直情径行で、まっすぐに求愛行動に突き進むが、常識や自意識のある人間の場合はそうはいかない。求愛しても拒否されるのではないかという怖れもあり、なかなか行動できない。ときには、遠くから見つめるだけで終わる恋もある。しかし、そんな場合でも、心の中では激情が渦巻いているはずだ。激しい想いが炎のように燃えている。

僕自身の過去を振り返ると、残念ながら「激しい恋」のかけらも見つからない。好きになった女性は何人かいたが、悲しいことに「見つめる恋」の記憶しか残っていない。思い切って行動に出た場合は、ことごとく失敗した。ロクな結果にならなかった。自尊心もひどく傷ついた。

だいたい、自尊心が傷つくのを気にしているようでは、本当に恋をしていたのかと疑ってしまう。結局、今も美しい記憶として残っているのは、「見つめるだけだった恋」だ。いわゆる、忍ぶ恋である。すべてをなぎ倒すような激しい恋ではなかった。忍ぶれど色に出にけり…だったかもしれないけれど。

裕次郎に導かれて…

赤い波止場／赤いハンカチ／二人の世界

●八月末をもって閉館するという挨拶文が張り出されていた

小樽築港駅を出ると広いコンコースがあり、そこから広大な敷地のショッピングモールにつながっていた。その自動ドアを入り、延々と続くモールの中を歩き続けた。冷房の効いた中を歩けるのがありがたい。五百メートルほど歩いたところにあるイタリア料理店で昼食を摂り、再びモールの中を歩き始めようやく抜けきると、北海道だというのに強い日差しに晒された。

見渡すと、多くのヨットが陸揚げされているマリーナがあった。海に係留されているヨットも多い。美しい光景だった。駐車場も広い。その手前に、体育館のような大きな建物があった。見ると建物の壁面に「yujiro」というレリーフがあった。「あれだ」と僕は叫んだ。まさか、かみさんが「あそこよ」と言った。そんなに大きく立派な建物だと思っていなかった。

しかし、考えてみれば日本で最も人気があった映画スターの記念館である。それくらいの規模であっても当然なのだった。広い駐車場の端、記念館の入口の横には大きなヨットが太い柱に貫かれて宙吊りになっている。あれは、きっと裕次郎が愛した自身のヨットに違いない。僕とかみさんは、北海道では百年ぶりだという暑さの中、「石原裕次郎記念館」に向かって歩き始めた。

僕には、記念写真を撮る習慣がない。しかし、そのときばかりは違った。石原裕次郎記念館の入口を背景にして、「写真、撮ってあげるわ」というかみさんの言葉に素直に従った。僕自身のカメラはうっかりバッグに入れたまま駅のコインロッカーに入れてきたので、かみさんのスマホでの撮影である。恥ずかしかったが、僕は入口の前に立った。

その後、僕は記念館の中に入った。そこには、石原まき子さん（北原三枝と名乗っていた美しい姿が甦る）の署名入りの「みなさまへ」という挨拶文が張り出されていた。八月末をもって閉館するという内容だった。

ことの起こりは、四国の実家から千葉の自宅に戻る途中、今年は山陰をまわって帰ろうと思い立ち、自宅のかみさんに連絡したときだった。国内も海外もあちこちいっているかみさんは、「夏だったら北海道がいいんじゃない」と言う。「北海道？」と、まったく想定していなかった僕は驚いたが、北海道には仕事で一回いっただけだし、釧路に飛んで道東をまわっただけだな、と思いめぐらした。

その瞬間、小樽だ、と頭の中で声がした。思わず「裕次郎記念館がある」と口にしていた。「小樽って、札幌・小樽コース？」と、かみさんは気の乗らない返事だった（後で知ったが、かみさんは小樽・札幌・富良野・旭山動物園はいったことがあったらしい）。

電話を切った後、しばらくしてかみさんからメールが入った。「石原裕次郎記念館は今年の八月いっぱいで閉館だって。もう、小樽にいくしかないね」という文面だ。これはきっと、石原裕次郎様のお導きに違いないと僕は思った。一度はいかねば…と思いつつ、二十数年間いくことがなかった僕を、裕次郎の魂が呼んだに違いない。

そういうことで、七月十一日の夕方、僕は小樽駅に降り立ったのだった。小樽駅の今は使われていない四番ホームは「裕次郎ホーム」と名付けられ、裕次郎の等身大の写真がモニュメントとして立てられていた。その横に立ち、小樽にきた感慨に僕が耽っていると、何とホームのスピーカーから「きみの横顔～

素敵だぜ〜」と「二人の世界」が流れてきた。

●裕次郎には様々な世代のファンがいて思い入れのある作品が違う

石原裕次郎記念館に展示されているリストで、裕次郎が出演した映画作品が一〇二本だと知った。出演作の中には、ボクシング部員としてワンシーンだけ出たデビュー作「太陽の季節」(一九五六年)、ハリウッド映画「素晴らしきヒコーキ野郎」(一九六五年)、勝新太郎主演の「人斬り」(一九六九年)、ワンシーンだけ出た「戦争と人間　第一部　運命の序曲」(一九七〇年)、友情出演として出た最後の出演作「凍河」(一九七六年)などもあり、主演作となると九十数本になる。

七〇年代半ばからは、「太陽にほえろ」「大都会」「西部警察」といったテレビシリーズばかりになる。亡くなったのは三十年前の七月十七日、享年五十二だった。一〇二本のリストを、僕は「見た」「見ていない」と数えていった。実に七十四作品を見ていた。

たぶん、初めて見たのは父に連れられていった「風速40米」(一九五八年)だと思う。六歳の夏である。これは間違いない。その映画での裕次郎の登場シーンは鮮明に憶えている。北原三枝などの女子学生たちが山で嵐に遭い、山小屋に逃げ込む。そこに先にいるのが石原裕次郎で、彼の足の長さを強調するために脚から登場し、股越しショットで女子学生たちが捉えられる。後に見直して、僕は自分の記憶の正しさを確認した。最後の出演作「凍河」は五木寛之の原作で、若い精神科医と繊細な女性患者の恋物語だが、僕は見ていない。だから、スクリーンで最後に見た裕次郎は「反逆の報酬」(一九七三年)になる。

石原裕次郎記念館でも感じたことだが、長く活躍した裕次郎は様々な世代のファンが存在し、それぞれが大切な作品を持っている。僕より十歳上の世代は、初期裕次郎作品に非常に思い入れを持っている。映像作家のかわなかのぶひろさん、写真家の丹野清志さんなどである。

初期の裕次郎作品で最もヒットしたのは「嵐を呼ぶ男」(一九五七年)だが、作品的な完成度で言えば「俺は待ってるぜ」(一九五七年)「錆びたナイフ」(一九五八年)「赤い波止場」(一九五八年)がベスト3だろう。主題歌は、すべてヒットした。

かわなかさんは酔うと必ず「赤い波止場」を唄う。「裕次郎を殺してはいけない」という会社の方針があったから、ラストシーンで裕次郎は逮捕されただけだった。しかし、裕次郎に初めて手錠をかけた映画として話題になった。裕次郎自身は作品の中で死にたかったそうだが、会社が許さなかったのだ。初めて死ぬことができたのは五年後、「太陽への脱出」(一九六三年)だった。

僕より十歳若い世代は、「太陽にほえろ」以降の石原裕次郎が印象に残っているらしい。僕も石原プロ製作のテレビドラマは見ていたけれど、映画の裕次郎のよさは、どのシリーズでも出ていなかった。石原プロの社長であり、ドラマの中では中間管理職になった裕次郎は、部下たちの活躍を温かい目で見守る存在でしかなかった。

だから、印象に残っているのは、若き松田優作であり、渡哲也である。特に倉本聰がほとんどの脚本を書いた「大都会　闘いの日々」の渡哲也（大病から復帰したばかりだった）は素晴らしかった。妹を演じた仁科明子の可憐さも忘れられない。あの頃、まさか松方弘樹と結婚するとは夢にも思っていなかった。

僕より若い世代には「西部警察」への思い入れが強いのかもしれない。石原裕次郎記念館でも「西部警察」関連の展示は多かったし、アニバーサリーショップでも「西部警察」関連グッズが取りそろえられていた。それに車である。「西部警察」で使用されたスポーツカーや特別仕様の車、それに撮影機材などが豊富に展示されていた。

それだけ石原プロとして力を入れていたのだろうが、アクション偏重でドラマとしての味わいは薄くなっていったと僕は思う。車を爆発させたり燃やしたり、刑事がショットガンを撃ちまくったり、テレビとしては画期的だったかもしれないけれど、僕は地味な刑事ドラマだった「大都会」が好きだった。

●裕次郎作品には海外作品を換骨奪胎した翻案ものが多い

僕らの世代にとって、最も思い入れの強い裕次郎作品は、何といっても「赤いハンカチ」（一九六四年）である。「おとーふやさーん」「おいしいんですのよ、私のおみおつけ」というセリフでニヤリとできるのは、僕らの世代だと思う。この何でもないセリフを、矢作俊彦さんは何度も自分の小説の中に登場させている。

その他には「夕陽の丘」（一九六四年）「二人の世界」（一九六六年）がある。いわゆる中期裕次郎の「ムードアクション」と呼ばれる作品群だ。ほんの数年間に、石原裕次郎の代表作が数多く作られた。最も知られているのは「夜霧よ今夜も有難う」（一九六七年）だろう。

「太った裕次郎は我らの敵だ」と書いた矢作俊彦さんは、少し太り始めた裕次郎が演じたムードアクションの主人公たちが大好きなのに違いない。初期作品の「リンゴォ・キッドの休日」ではフェリーノ・ヴァルガスという人物を登場させ、「二人の世界」へのオマージュを捧げた。

さらに二十五年後、高い評価を得た「ららら科學の子」では物語の下敷きとして「二人の世界」を使い、この裕次郎映画に対する深いこだわりを感じさせた。大沢在昌さんも「二人の世界」を見たとき、日本離れしたハードボイルドでキザなセリフが、石原裕次郎の口から出ることで現実のものとして定着している日活（無国籍）ムードアクションの世界に感心したという。

「二人の世界」は日本へ向かう豪華客船の中で、フィリピン国籍のフェリーノ・ヴァルガス（石原裕次郎）と戸川玲子（浅丘ルリ子）が出会うところから物語が始まる。その船にはヴァルガスを探る日本人の週刊誌記者である川瀬（二谷英明）が乗っている。

川瀬は、フェリーノ・ヴァルガスが十五年前に殺人犯として海外逃亡した北条修一ではないかと疑っている。フェリーノ・ヴァルガスこと北条修一は、時効が迫る中、無実を晴らすために日本に向かっているのである。矢作俊彦さんの「ららら科學の子」は、学生運動で罪を犯して中国に逃亡していた主人公が日本に戻ってくる物語だった。

それにしても、裕次郎作品には海外作品を換骨奪胎した翻案ものが多い。「赤い波止場」はジャン・ギャバン主演のフランス映画「望郷（ペペ・ル・モコ）」（一九三七年）の翻案である。「帰らざる波止場」（一九六六年）は、フランソワーズ・アルヌール主演のフランス映画「過去を持つ愛情」（一九五四年）の翻案だ。妻を殺した男と夫殺しの疑惑をもたれている女との恋愛劇だった。

その設定を、誤って恋人を射殺したピアニスト（石原裕次郎）と、富豪の夫を殺した疑惑で刑事につけまわされている女（浅丘ルリ子）に置き換えた。さらに石原裕次郎記念館でも人気だった「夜霧よ今夜も有難う」は、ポスターに「甦るカサブランカの世界」と書かれているように、完全に「カサブランカ」（一九四二年）の翻案である。

そんなことを思い出しながら、記念館をじっくりと僕は見た。二時間近くが経っていた。僕は、完全にミーハーなファンになっていた。展示室を抜けると、アニバーサリーショップだった。「yujiro」のサインが入ったグッズがたくさん売られていた。

普段、記念品というものを買わないのだが、僕はじっくりとグッズを見て、サインが刻印されたキーホルダーと、裕次郎作品のリストが印刷された、「石原裕次郎　想い出の映画手拭」を買った。

それは「石原裕次郎記念館」特性のビニール袋に入れられ、「yujiro」のサインが印刷されたシールで閉じられている。中身を取り出すためには、そのシールを破らなければならないが、もったいなくて破ることができない。もう一枚買っておくべきだったなあ。

落ちぶれる

東京五人男／羅生門／七人の侍

●黒澤作品のプロデューサーはなぜピンク映画の監督になったか

一年ほど前に出た本だが、先日『「世界のクロサワ」をプロデュースした男　本木荘二郎』を読んだ。著者は、鈴木義昭さんである。ピンク映画の世界に詳しく『ピンク映画水滸伝・その二十年史』などの著書もある。「竹中労、映画評論家の斎藤正治、白井佳夫らに師事」とプロフィール紹介にある。

四十年以上前だが、僕は斎藤正治さんが司会をした「日活ニューアクション上映会」にいったことがある。その頃、白井さんは『キネマ旬報』編集長だった。竹中労は気鋭のルポライターで、ちょっと強面の評論家でもあった。その三人に師事できたのは、ちょっとうらやましい。鈴木さんは、僕より少し下の世代になる。

その本は「東京の京橋にあるその試写室のスクリーンに、女性の裸体が延々と映し出され、絡み合う男女の声が長時間に亘って聞こえたのは、異様なことだった」というフレーズから始まった。その日、ある監督のピンク映画が京橋のフィルムライブラリーでまとめて上映されたのだ。

それぞれの作品の監督名は違ったが、すべて同一人物が監督したものであるという。その人物が、本木荘二郎だった。その名前は、黒澤明監督の「素晴らしき日曜日」(一九四七年)に製作者としてクレジットされており、以降、「酔いどれ天使」「静かなる決闘」「野良犬」「醜聞」「羅生門」「白痴」「生きる」「七人の侍」「生きものの記録」「蜘蛛巣城」までの十一作品を製作した。

そんな人物がなぜピンク映画の監督になったのか、という謎がこの本を読み進めさせることになる。本木荘二郎は東宝の前身PCLで黒澤明と共に助監督をしていたが、戦争中にプロデューサーに転身し、十六年にわたって数多くの作品を製作した。その初期作品のひとつが「東京五人男」(一九四五年)である。

終戦の秋に撮影され、その年の暮れに公開された作品だ。喜劇を得意とした斎藤寅次郎監督である。空襲で瓦礫の山になった東京が写しとられている。横山エンタツ、花菱アチャコ、古川ロッパ、柳屋権太楼、石田一松が出演した。今見ると、復員の様子、食料の配給事情など、終戦直後の状況がよくわかる資料的な価値もある。数年前、僕も見る機会があった。

巻末の本木荘二郎のフィルモグラフィを見ると、一九四三年に黒澤明が脚本を書いた「天晴れ一心太助」の製作に始まり、一九五九年までは黒澤明監督作品、マキノ雅弘監督作品、成瀬巳喜男監督作品など映画史に残るものを多く製作している。

しかし、一九六二年に「肉体自由貿易」(高木丈夫名義で監督)というタイトルが現れ、翌年からは「女が泣く夜」「不貞母娘」「仮面の情事」といったタイトルが続く。その後、一九七七年まで十五年間にわたって膨大なピンク映画の作品名が列挙されている。東宝時代が十六年だから、ほぼ同じ年数をピンク映画界で過ごしたことになる。

第一章の扉ページに一九七七年五月二十七日付けの「夕刊フジ」の記事の複写が掲載されていた。縮小されているから記事の内容は読めないが、見出しはわかる。「映画バカ一代　ポルノ戦線に死す」と大きな見出しがあり、「羅生門」「七人の侍」など黒澤映画のプロデューサーだった本木荘二郎(六十二歳)さんが、「二十一日、新宿のアパートでひとりぼっちの往生」とある。

その記事の後半には「来月二十三日、三船敏郎、谷口監督らが追悼会」とあった。谷口監督とは黒澤明の盟友・谷口千吉監督であり、八千草薫の夫である。しかし、ピンク映画時代の本木の弟子を自認する山本晋也が黒澤明に電話して本木の死を告げたとき、黒澤は「本木とは縁を切ったから」と答えた。

本木荘二郎は北新宿の第二淀橋荘七号室で孤独に死んでいったが、その部屋は彼自身が借りているものではなかった。仕事仲間の俳優が借りている部屋であり、彼は死ぬときも自室では死ねなかったのだ。「晩年、ほぼホームレス状態になっていた本木荘二郎」は、金に困っていたという。

東宝を去ることになったのも、金にルーズだったからである。加えて女好きで、女性関係もいろいろあり、女優の妻とは離婚し家を出ることになったのだ。結局、ピンク映画の世界で映画作りを続けたが、その後もあちこちに借金をした。傍から見れば、金と女で失敗して落ちぶれ、孤独死した哀れな人生である。

●世界的巨匠の黒澤と己の人生を対比することはなかったのか

同じ映画会社で助監督となり、同じ部屋で暮らしたふたりの青年は、やがてプロデューサーと監督としてコンビを組み、世界的な名作を作り続けた。日本映画で初めて外国の映画祭のグランプリも受賞する。しかし、一方は金と女で失敗して落ちぶれ、一方は世界的な巨匠に昇り詰める。

この極端に異なる人生を対比するとき、人は何を思うだろう。人生の不可解さ、理不尽さだろうか。そこには、「セ・ラ・ヴィ（それが人生だ）」とつぶやいてすませられない何かがある。

ピンク映画の世界で名前を変え、数え切れないほどの映画を作りながら、本木荘二郎は何を考えていたのだろう。世界的巨匠となっていく黒澤明を見ながら、己の人生を対比することはなかったのだろうか。

テレビで「あの人は今」といった番組がよく作られる。飽きもせずに作られるということは、それなりに視聴率が取れるのだろう。つまり、人々は「昔、有名だった人」が今どうなっているのか、興味があるのだ。

僕などは、そんな番組で「今も幸せに生きている」ことがわかるとホッとするのだけれど、多くの人は「あんなに一世を風靡した人が、今はこんなことになっている」という結果を見たいのかもしれない。

そこには、平家物語の冒頭のフレーズにあるような「諸行無常」「盛者必衰」を好む日本人のメンタリティがあるのかもしれないが、ただ「落ちぶれた有名人」を見たいという意地悪な心理があるだけかもしれない。人生ってそんなものだよなあ、と安心したいのだろうか。

だから、成功者である黒澤明の人生は人々の興味をひかない。もちろん、黒澤明にも様々なことがあった。尊敬していた兄の自殺もあった。美術の道をあきらめた。自殺未遂を起こしたこともある。しかし、映画界に入り、世界的な巨匠になった。成功した人生である。ノーベル文学賞を受賞した大江健三郎の名を知らない人は多いだろうけど、黒澤明の名を知らぬ日本人はいない。

「世界のクロサワ」である。長寿をまっとうし、子孫に様々な遺産を残した。息子は黒澤スタジオや黒澤作品の諸権利を受け継ぎ、娘は映画界で衣装デザイナーをやりながら「黒澤」の名で料理店を開いている。その店には黒澤が描いた絵コンテが飾られ、多くの政治家たちも利用すると聞いた。黒澤明の成功によって、黒澤一族は繁栄しているわけである。

一方、今や誰も本木荘二郎のことなど知らない。映画のクレジットタイトルで気にするのは出演者と監督名くらい。製作者の名など目には留めても、記憶することはない。本木荘二郎の本のために、鈴木義昭さんは黒澤明監督の写真の掲載許可を求めたが、息子の黒澤久雄氏から「本木という人物にウチは大変な迷惑を被った経緯があるので、彼をテーマとする本に黒澤プロとしては協力できない」と返事があったと書いている。

死後四十年も経つのに、そんな仕打ちを受ける人生って何？と僕は思った。黒澤明がその名声を確立したのは、ほとんど本木荘二郎が製作した作品によってだった。「羅生門」「七人の侍」「生きる」などである。しかし、本木の存在はほとんど知られていなかった。鈴木義昭さんの本によって、僕は初めて本木荘二郎の生涯を知った。

ベネチア映画祭グランプリ作品を製作したプロデューサーは、ほとんどホームレスになり、知人の部屋で孤独死するまでに落ちぶれてしまったが、ピンク映画界の女優たちやスタッフたちの証言によると、屈折したルサンチマンや過去の栄光にすがるようなところは微塵も感じさせなかったという。しかし、心の中では何を思っていたかはわからない。

僕はピンク映画が東宝や松竹、東映などのメジャーが作る作品に劣っているとは思わない。僕の若い頃には、ピンク映画界には若松孝二がいたし、大和屋竺がいた。その後、本木荘二郎を師匠と呼ぶ山本晋也を師匠として、「パッチギ！」の井筒和幸監督や「おくりびと」の滝田洋二郎監督なども出ている。周防正行監督だってピンク映画の出身だ。それでも、東宝で作品を作っていた本木は、ピンク映画を量産する我が身をどう見ていたのだろうか。

●己に恥じないことをしていれば自分を憐れむことはない

僕は、自己憐憫に浸る人間が許せない。落ちぶれた己を憐れむのは、恥ずべきことだと思う。どんな境遇にいても、己に恥じないことをしていれば、自分を憐れむことはない。自尊心を持っていられる。「俺も、昔はな」と過去の栄光にすがるのは、今の自分を恥じているからだ。憐れんでいるからだ。

『世界のクロサワ』をプロデュースした男　本木荘二郎」を読んでいて心が沈まなかったのは、本木荘二郎がピンク映画界の多くのスタッフや女優や俳優に愛されていたから、過去の栄光をちらつかせることがなかったから、映画作りが好きでピンク映画であっても映画作りの喜びを感じていたからである。おそらく、借金だらけで自分の部屋さえなくした状態であっても、他人から見れば落ちぶれたと見えても、本木荘二郎自身は己を恥じず、憐れみもせず、ただ映画を作っていた。

もっとも、そんな風に僕が思えるようになったのも、長く生きてきたからだ。四十を過ぎた頃から、ある種の自信のようなものが生まれた。「他人がどんな風に見ようと関係ない。己に恥じないことをしていれば、どんなに落ちぶれても、尾羽打ち枯らしても、自尊心を保っていられる。惨めになることはない」という信念だった。

しかし、思い出してみれば、若い頃の僕は将来の不安にとらわれ、社会の敗残者になることを怖れていた。落ちぶれて、みじめに生きていかねばならなくなったならば、自分は耐えられないだろうと思っていた。大学卒業のときに大手出版社の入社試験を軒並み失敗し、何とか小さな出版社に潜り込んだけれど、講談社や小学館に入った高校時代からの友人たちと比較し、僕は自分の人生を惨めに感じていた。

本木荘二郎の本を書いた鈴木義昭さんに会った頃の僕が、そうだった。四十年近く前になる。鈴木義昭さんは、白夜書房が出していた雑誌「ウィークエンド・スーパー」に書いているライターだったと記憶している。当時から新宿ゴールデン街には、「銀河系」という酒場があった。僕は同じ編集部の先輩であるH女史に連れられて、初めて入った。

当時の僕は酒場のルールも知らず、ボトルキープの意味も知らなかった。「銀河系」では、いくら飲んでも(当時の僕はあまり飲まなかったけれど)五百円ですんだので、安いなあと思っていたが、それはH女史がキープしていたボトルを飲んでいたからだと、しばらくして知ったくらい無知だった。

「銀河系」には映画評論家の松田政男さんを始め、映画関係者が多く集まっていた。僕はそこで「V・マドンナ大戦争」の中村幻児監督など何人かの監督に会ったし、伝説の「無人列島」(一九六九年)を監督した金井勝さんにも会った。H女史は多くの映画界の人脈を持っていたが、それは「銀河系」人脈だったのかもしれない。そんな客のひとりが鈴木義昭さんだった。

字面を記憶しているから、たぶん名刺をもらったのだろう。「銀河系」では、一、二度顔を合わしただけだから僕のことなど憶えてもいないだろうけれど、僕の方は十年後に書店で鈴木さんの本を見つけて「いい仕事をしているなあ」と思ったものだった。

しかし、鈴木さんに会った頃の僕は将来の不安にとらわれていたし、就職時の挫折を引きずっていた。この社会で生き抜いていけるか、まったく自信はなかった。

大量虐殺者の素顔

アイヒマン・ショー：歴史を映した男たち／ハンナ・アーレント／サウルの息子

●小学生たちも「アイヒマン」という名前を知っていた

アイヒマンが何者か知らないのに、「アイヒマン、アイヒマン」と口にして騒いだ。人の名前だとは思えず、何かの怪物だと思っていた節もある。それがユダヤ人を大量虐殺したナチの将校だと理解したのは、ずいぶん後のことだ。それでも、当時、十歳にもならない小学生たちも「アイヒマン」という名前を知っていた。

一九六一年の初夏。僕は小学四年生で、まだ九歳だった。前年の暮れ、教室の後ろでおしくらまんじゅうをしながら、意味もわからず「アンコ反対、アンコ反対」と騒いでいたのと同じだった。その頃、僕らがテレビで夢中になっていたのは「月光仮面」や「七色仮面」「少年ジェット」などだった。しかし、もしかしたらイスラエルで行われていた「アイヒマン裁判」の映像は、日本のテレビニュースでも流れたのかもしれない。

「アイヒマン・ショー／歴史を映した男たち」(二〇一五年)は、アイヒマン裁判をテレビ中継し、その映像を世界中に配信した男たちの物語である。今も記録映像として残るアイヒマン裁判の様子は、彼らによって撮影されたのである。もちろん、この映画にも実際のモノクロームの記録映像がふんだんに使われている。

そのため、カラーの横長画面がスタンダードサイズのモノクロ画面に頻繁に切り替わるが、そんなことはまったく気にならない迫力が画面から伝わってくる。また、検事側の証人として出てきたホロコーストを生き延びたユダヤ人たちの証言は、記録音声として俳優たちが演じるフィクション部分に重なるが、その衝撃的な内容は見る者に強く迫ってくる。

アメリカ人テレビ・プロデューサーのミルトンがイスラエル政府にアイヒマン裁判のテレビ中継の許可を取るところから物語はスタートした。前年、アルゼンチンでイスラエルの諜報機関（モサド?）によって逮捕されたアドルフ・アイヒマンのニュースは世界を駆けめぐり、彼がイスラエルのエルサレムの法廷で裁判に掛けられることは大きな話題になっていたのだ。

日本からも新進気鋭の芥川賞作家である開高健がイスラエルにわたり、アイヒマン裁判を傍聴しその記録をまとめた。開高健は、その後、アウシュビッツ収容所を訪ね、さらに東欧諸国をまわり、岩波新書で「声の狩人」「過去と未来の国々」というルポルタージュを発表する。

時代は一九六一年だ。まだまだテレビの映像技術は発達していない。しかし、ミルトンは世界中にアイヒマン裁判の様子を知らせることに情熱を燃やす。彼はディレクターに赤狩りで仕事を失ったドキュメンタリー映画監督レオ・フルヴィッツを起用し、中継実現に向けて邁進する。

中継を可能にするには判事三人の了承が必要で、テレビカメラを目立たなくするために壁を改造し、テレビカメラを隠してしまう。また、現地スタッフも揃えるが、その中には収容所から生還した年輩の人物もいる。ミルトンの元には「中継を中止しないと家族は皆殺しだ」という脅迫状が届く。戦後十六年、まだまだ「ナチの残党」などと騒がれていた頃である。

裁判が始まる。画面には、実際の映像が多用される。アイヒマンによく似た俳優を使っており、本物のアイヒマンと切り替わっても違和感なく見られる。カラーからモノクロになるのに、この辺の編集は見事だ。監督のレオはアイヒマンの正体を映像で捉えようと、次第にのめり込んでいく。「なぜ、アイヒマンばかり映す?」と責められ、アイヒマンの人間的な反応を捉えたいと彼は答える。

アイヒマンは収容所から生還した証人たちの体験を聞きながら、まったく反応を示さない。中継スタッフの中には、証人たちの話を聞いて胸を詰まらせ、気分を悪くする人間さえ出ているというのに…。「おまえは、何者なのだ」とレオは、ブラウン管に映るアイヒマンにつぶやく。

●アイヒマンは思考を停止し命令に従っただけの凡庸な小役人

アイヒマン裁判を傍聴し発表した文章によって、非難を浴びることになったのは、哲学者のハンナ・アーレントである。彼女自身もナチスの強制収容所を逃れ、アメリカへ亡命したドイツ系ユダヤ人である。その伝記映画が「ハンナ・アーレント」(二〇一二年)だった。

ドイツ、ルクセンブルク、フランスの資本によって製作され、ドイツ人の女性監督によって演出され、ドイツ人女優によって演じられた。ハンナ・アーレントはアイヒマン裁判を傍聴し、人々が「ユダヤ人を大量虐殺したアイヒマンは怪物」と思いたがるのに対して、「アイヒマンは思考を停止し命令に従っただけの凡庸な小役人」と書いた。いわゆる「悪の凡庸」である。

それは、アイヒマンが裁判の間ずっと言い続けた「私は命令に従っただけであり、私に責任はない」という主張を肯定したと受け取られたのかもしれない。また、ハンナ・アーレントは、ユダヤ人の中にもナチ協力者がいたことも指摘した。それも、「すべてのユダヤ人が犠牲者だった」と主張する(したい)ユダヤ人社会の反発を招く。世界中から、ハンナ・アーレントに対しての非難が湧き起こる。

しかし、彼女が主張したかったのは、同じ状況に追い込まれれば、「誰でもがアイヒマンになってしまう可能性がある」ということだったのではないか。彼女は裁判の間中、アイヒマンを観察し続け、そのことを感じ取った。だが、当時、特にユダヤ人たちにとって、そんな主張をする人間はナチを擁護しているとしか思えなかったのだろう。

ハンナ・アーレントは「ナチは私たちと同じように人間であ

る」と書いたが、「アイヒマン・ショー／歴史を映した男たち」のレオも「なぜ、被告席のアイヒマンばかりを映すのか。なぜ、悲惨な体験をした証人たちに迫らないのか」と問われ、「アイヒマンがどういう人間か知りたい。私たちは誰でもがファシストになる可能性がある」と答える。

それは、ハンナ・アーレントと同じ問題意識であり、自分の中の「内なるアイヒマン」に対して自覚的であり、ユダヤ人大量虐殺という歴史的犯罪を自分たちの問題として捉えようとしたからである。

しかし、現地採用の年輩スタッフは「私は絶対にファシストにはならない」と頑なに主張する。彼自身、収容所の生き残りだったのだ。彼は、被害者意識に凝り固まっている。

高校生のときに読んだ月刊ＣＯＭ掲載の「解放の最初の日」という樹村みのりさんのマンガが僕の中に深く刻み込まれている。ユダヤ人の少年がナチの強制収容所に入れられるが、ある日、ユダヤ人たちに対するナチの兵士たちの扱いを見て、「彼らを脅えさせてはいけません」と言い出し、自分ならもっとうまくやれると提案するのだ。

彼の提案は採用され、彼は清潔さを保つためにと説明してガス室に同胞を送り込む。死体の処理も合理的に行い、積極的にナチに協力する。やがて、ナチは敗北し、収容所が解放される。しかし、その解放のトラックに乗っているのは、ナチに協力した者たちばかりである。中には、死体から金歯を盗んでいた者もいる。

「解放の最初の日」は、僕に人間社会の複雑さを教えた。「アンネの日記」などを読み、単純に「ユダヤ人はナチに迫害され虐殺された被害者」と思っていた僕は、ひどく衝撃を受けたものだ。実際に、収容所でそういう事実があったかどうかはわからない。樹村さんが史実を調べて描いたのかどうかも知らない。

しかし、その短編は、人間社会の持つ業のようなものを感じさせ、普遍的な何かを描き出したのだと僕は思った。虐げられた者は、さらに自分より下の人間を作ろうとする。虐げられた者は、いつでも虐げる者に転換する。それが、人間という存在だ。私たちは、同じ状況に置かれれば、もしかしたらアイヒマンになるのかもしれない。そんなことを十六歳の僕は考えた。

●ユダヤ人たちを大量に処理する労働を手伝わされるユダヤ人

昨年のキネマ旬報ベストテンに入った「サウルの息子」（二〇一五年）というハンガリー映画が描いたのが、樹村みのりさんの「解放の最初の日」と同じ状況だった。「ゾンダーコマンド」という存在が映画の冒頭で説明されるが、それはユダヤ人たちを大量に処理する労働を手伝わされるユダヤ人収容者たちのことである。大量殺人とひと言でいっても、一日に千人というハイペースで殺すとなると、大変な労働力が必要になる。

そこで、ナチの兵士たちは監視役になり、実際の労働はユダヤ人収容者の中から選んで行わせた。ゾンダーコマンドたちは、収容されたユダヤ人たちの衣服を脱がせて整理し、ガス室に追い込み、ガスが引くと大量の全裸の死体を運搬する。死体を積み上げて燃やしたり、大きな穴に放り込んで埋めたりする。重労働である。しかし、ゾンダーコマンドである間は生きていられる。

ゾンダーコマンドのひとりであるサウルは、ある日、ガス室で生き残った少年を見つける。医療室に運び入れると、ユダヤ人医師がいる。サウルは「死んだら遺体を私に渡してほしい」と頼み込む。しばらくして、少年は息を引きとる。それから、サウルの遺体への異常な執着が描かれる。その少年の遺体を彼は隠し、ユダヤ人収容者の間をまわってユダヤ教のラビを探そうとするのだ。サウルは「息子の葬儀をしてやりたい」と口にする。

そのラビ探しが延々と描かれる。カメラはサウルひとりを描くように彼に迫り、背景ははっきりとはわからない。しかし、全裸の死体が物のように引きずられたり、死体の山が映ったりする。そのたびにゾッとするのは、キャメラワークにリアリティがありすぎるからだ。その世界に自分が入り込んだような気分になる。

まるで、サウルと共に収容所内をさまよっているかのようだ。そこでは様々なことを見聞する。新しく到着したユダヤ人たちは、収容所で行われていることを知っており、監視兵たちの言葉を聞かず一斉に騒ぎ出す。ナチ親衛隊の兵士たちが容赦なく銃撃する。人々はパニックになり、サウルも巻き込まれる。

それでも、サウルは死んだ少年を息子だと思い込み、ユダヤ教式の弔いをラビに施してもらえなければ天国にいけないと、ラビ探しを続ける。ゾンダーコマンドはいくつかの組に分かれているが、その組の間には縄張り意識や対立がある。

サウルの組の中には、反乱を画策している者もいる。サウルのラビ探しによって、収容所内の様々な動きが浮かび上がってくる。やがて、サウルの所属する組は近々、全員がガス室送りになるらしいと伝わってくる。

ユダヤ人の大量虐殺の細々した仕事はユダヤ人自身にやらせる、とナチが考えるのは当然だ。強制労働の対象が同胞の処分なのであるから、これほど残酷なことはない。しかし、それを担えば自分の命が長らえるのであれば、人はそれに従うだろう。日本人捕虜たちも、シベリアの収容所に長く強制収容されたが、そこでも同じようなことがあったという。

胡桃沢耕史の直木賞作品「黒パン俘虜記」を読めば、日本人捕虜間の無惨な話に胸を締めつけられる。日本人捕虜たちの間で、生き残るための悲惨ないじめや裏切りがある。ソ連兵に取り入り、仲間を売り、自分だけは生き残ろうとする人間たちがいる。それは、どんな人間の集団でも起こり得ることである。

だから、戦後七十年以上が過ぎても、繰り返し繰り返し「ユダヤ人ホロコースト」の物語が作られるのだろう。「人間に、なぜそんなことができたのだろう」と問いつづけることで、普遍的な人類の業として捉えようとしているかもしれない。ナチが消滅した後もナチ的なものは存在しているし、復活の気配さえある。

ひとつの民族を滅ぼす意図の下で行われた大量虐殺は、セビリア、ボスニア・ヘルツェゴビナ、ウガンダなど様々な場所で起こってきた。今なら、アイヒマン裁判を傍聴したハンナ・アーレントが指摘したことは、多くの人に理解されるかもしれない。「六百万人のユダヤ人を殺した男は、思考を停止し、命令に従っただけの小役人であり、私たちもアイヒマンになる可能性はある」と言われ、僕らは「絶対にない」と言い切れるだろうか。

西川作品にまつわる××について

蛇イチゴ／ゆれる／ディア・ドクター／夢売るふたり／永い言い訳

●女性監督が活躍する日本映画界の中でもトップランナーか

三回、夏休みで「映画と夜と音楽と…」を休載し今回から再開するのだけれど、これで十九年目に入ることになる。メルマガ「日刊デジタルクリエイターズ」に毎週、映画コラムを書き始めたのが一九九九年の八月下旬だった。「日刊デジタルクリエイターズ」の夏休み明けからのスタートだったのである。

最初は「デジクリトーク」として始まったが、途中からタイトルを「映画と夜と音楽と…」をモジっているのだが、大した意味はない。「あなたと夜と音楽と…」に変えた。また、数年前にメルマガ連載をやめて、自分のブログで書き続けることにした。それにしても、丸十八年間を書き続けてきたのかと思うと、ちょっと感慨深いものがある。何しろスタートしたのは二十世紀だったし、僕もまだ四十代だった。

夏休みの間に読んだ本の一冊に、西川美和監督の「映画にまつわるXについて2」がある。西川監督は数年に一本しか作らない（作れない）ので、本編としては「蛇イチゴ」（二〇〇三年）「ゆれる」（二〇〇六年）「ディア・ドクター」（二〇〇九年）「夢売るふたり」（二〇一二年）「永い言い訳」（二〇一六年）の五本しかない。

西川監督の新作が公開されると僕は必ず見ているわけだから、たぶん作品を評価しているのだろうけれど、好きな監督かというと何となく違う気がする。たとえば、同世代の女性監督としては、「かもめ食堂」（二〇〇六年）の荻上直子監督（一九七二年生まれ）、「百万円と苦虫女」（二〇〇八年）のタナダユキ監督（一九七五年生まれ）の作風については僕は明確に好きだと言えるのだが、西川美和監督（一九七四年生まれ）の作品については、単純に「好きな映画」と言いにくいのだ。

西川監督作品はどれも評価が高く、いろいろな映画賞も受賞している。キネマ旬報ベストテンに入る作品ばかりだ。「ゆれる」は二位だったし、「ディア・ドクター」は一位だった。それに、自ら脚本を書くので、脚本での受賞も多い。それを小説化すると、三島由紀夫賞の候補になったりする。

初めて先に小説として書いた「永い言い訳」は直木賞候補作品となり、それを自ら脚本にして映画化する形になった。今のところ小説作品だけである「その日東京駅五時二十五分発」は、広島出身の彼女が書かずにいられなかったのだろうが、文学の世界で高い評価を受けている。才媛である。うらやましいほどの才能だ。

誤解しないように念を押しておくと、僕も西川監督作品は高く評価しているし、新作を楽しみにしている。公開されると必ず見る。しかし、どこかに微妙な違和感のようなものを感じるのだ。雨上がり決死隊の宮迫が主演した「蛇イチゴ」以来、その微妙な何かが僕をして「西川監督作品が好きだ」と断言させないのである。

それは、いったい何なのだろう、と永く思ってきたが、エッセイ集「映画にまつわるXについて2」を読んで、何となくわかった気がした。この本は「永い言い訳」を発想し、小説を書き、それを映画化していく数年間を、自らが赤裸々（ここまで書いていいのかなと思うくらい）に明かす、文字による製作舞台裏の公開だった。映像によるメイキングと違って、監督のメンタルな部分が明かされているのが、とてもおもしろい。

それで、僕が何を納得したかというと、「この人は非常に頭がいい」ということだった。文章は明晰で、自己についても謙虚や自惚れとはまったく異なるレベルで客観的であり、分析力は確かで、必要なら己の生活や過去の失敗などを明かすことができ、それを無理に茶化して道化を演じることもない。

たぶん優等生だったのだろうと思ったら、僕が二度失敗した早稲田大学第一文学部の出身だった。エッセイの中で、大学生の時にカメラマンのアシスタントをしていたと書いていたので、てっきり日芸写真学科とか専門学校かと思っていたのだ。僕は早稲田一文出身者には無前提的に降伏することにしているので（会社員時代に信頼していたスタッフふたりは、共に早稲田一文出身だった）、そのエッセイを読んで感心してしまったのだった。

●是枝裕和監督は入社試験の面接で彼女の才能を見抜いたのか？

これは西川監督自身も書いていることだが、彼女は映像製作関係の仕事を志望して、いくつかの会社を受けた。そのひとつがテレビマンユニオンであり、その入社試験の面接官が今や日本を代表する監督になった是枝裕和さんだった。テレビマンユニオンの試験は落ちたが、是枝監督から「フリーでいいのなら仕事をしないか」と電話があり、是枝監督や諏訪敦彦監督などの現場を経験する。

是枝監督作品では監督助手的なポジションとして、監督がオッケーを出したシーンにダメ出しをしたりする役だったという。二十代半ばでそんな得難い経験をし、是枝監督の勧めもあり、二十八歳で脚本監督を務めた「蛇イチゴ」（製作は是枝監督）でデビューし、新人監督に与えられる栄誉や賞をほとんど獲得した。

もちろん、西川監督本人の才能と実力（二十八歳で大勢のスタッフを指揮するのは力業だと思う）があったのは間違いないが、是枝監督がそれを見抜いたことを凄いと僕は思ってしまう。是枝監督は、二十三歳の就職志望の女子大生の中に何を見いだしたのだろう。「こいつは才能があるぞ」と確信したのだろうか。

出版社に勤めていた頃、僕はリクルート担当者として多くの面接を経験した。数え切れない若者たちを見た。最終的には面接官たちの討議によって合格者が決まるのだが、その討議は常に紛糾した。全員が一致して推すことはほとんどなく、面接官によって推薦者はバラバラだった。僕が推した人の中にも、その後、あまり活躍しなかったり、編集者として不向きだったりという人物はいた。そんな時、面接官たちは「人を見るのはむずかしいな」と嘆きあったものだ。

昔の映画会社では監督の元に数人の助監督が付き、その中から監督に育つ人が出てくる。たとえば、木下惠介監督門下では小林正樹監督、吉田喜重監督、勅使河原宏監督、脚本家の山田太一さんなどがいる。しかし、現在の映画界の状況で、是枝監督と西川監督のような師弟関係は珍しい。

西川監督はエッセイ集の中で是枝監督を「師匠」と書いているし、二十代半ばの自分を是枝監督は助手として常に身近に置いていたことで、自分が「マスコット的存在」あるいは「愛人」として見られていたのではないかとさえ書いている。気負いも衒いもなく、そうすんなり書けるのが凄いなあ、とまた感心してしまう。自身を冷静に分析し、客観的に見ることは、なかなかできることではない。

ということから、僕が西川監督作品に感じる「かすかな違和感のような何か」が何となく僕にはわかってきたのだ。つまり、それは「西川監督作品が理知的過ぎるのではないか」ということだった。もっと、くだけた言い方をすると「西川美和監督作品には、どこか理屈っぽさを感じる」のである。

それは、もしかしたら西川監督が自身の発想（自分が見た夢が元だったりするという）を徹底的に分析し、膨らませ、集中して脚本化（小説化）し、すべての登場人物の生い立ちまで作り上げ、完全な世界を構築した上で映像化しているからかもしれない。現場で演出をするとき、彼女の中には、ひとつの世界が完成しているのだ。すべての登場人物は、生まれてからそのシーンに登場するまでの人生が把握されているのである。

しかし、それは、ある種の不完全さが醸し出す、曖昧さやゆるさを許さないのではないか。「蛇イチゴ」の賽銭泥棒で暮らしている行方不明だったやくざな長男が、自分の祖父の葬儀にぶつかり家族と再会してしまうという設定には、ナンセンスでバカバカしいおかしさがあるし、「ディア・ドクター」の過疎の村の偽医者に心酔する若い医者という設定にも、同じようにナンセンス喜劇の要素がある。

「夢売るふたり」での焼けた店を再建するために、夫婦で結婚詐欺を始めるという設定も同じである。それを喜劇にすることも可能だけれど、どちらかと言えば西川監督は、そんなブラックな喜劇的設定からシリアスな方向にいくことが多い。ユーモアはあるのだけれど、作品としては「笑えない」方向にいくのだ。そこには、人間に対する冷徹な（見方によっては意地悪な）視線がある。

●西川監督は「嘘」を物語を進める原動力としてきたが…

高く評価された二作目「ゆれる」は、笑える要素などまったくないシリアスな作品だった。その作品からは、キリキリと見る者に強く迫るものをぼくは感じた。見るのが、つらくなったのだ。田舎で暮らす兄（香川照之）と都会で派手な生活を送る売れっ子カメラマンの弟（オダギリジョー）。兄が好きだった女（真木よう子）を気まぐれのように抱いて棄て都会に出た弟。その女を自分が営むガソリンスタンドで雇い、ずっと保護してきた兄。

ある日、弟が母親の一周忌で帰ってくる。ガソリンスタンドで昔の女と出会った弟は、その夜に女と再び関係を持つ。翌日、兄弟と女は吊り橋のある渓谷にいく。女は弟と一緒に東京へいくと言い出す。弟が写真を撮っていると、兄と女が吊り橋の上にいる。そして、女が落ちる…。兄は、女を突き落としたのだろうか。そんな物語である。

僕が最初に見た西川監督作品が「ゆれる」だった。映画を見て、理解できない何かが残った。それを知りたくて、僕は小説化された「ゆれる」を買った。カバーは吊り橋の写真である。しかし、小説は映画とはまったく異なるものだった。

第一章は「早川猛のかたり」となっていて弟の一人称、第二章は「川端智恵子のかたり」で吊り橋から落ちて死ぬヒロインの一人称、第三章は「早川勇のかたり」で兄弟の父親の一人称、第四章は「早川修のかたり」で兄弟の伯父の一人称、第五章で再び「早川猛のかたり」で弟の一人称に戻り、第六章で「早川稔のかたり」で初めて兄の一人称になる。第七章で「早川猛のかたり」になり、物語はクライマックスを迎える。そして、エピローグ的に第八章「岡島洋平のかたり」で兄弟を等しく見る人間の視点を提出する。実に巧妙に設計された小説だった。

映画「ゆれる」と小説「ゆれる」は、まったく別のものである。同じ主題が展開されていても、まるで違う解釈が生まれる。やっぱり、西川美和はただ者ではない、という思いが強くなった。そして、小説「永い言い訳」が出版されたとき、僕はそれを手に取ったのだった。その書き方も、不思議な構成になっていた。

それを映像化するときには、逆にシンプルにせざるを得ない。だから、映画化された「永い言い訳」の方がずっとわかりやすくなっている。そして、「映画にまつわるXについて2」を読むと、監督は手の内をすべて晒している。そのうえで、僕は映画化された「永い言い訳」を見た。そして、今まで西川作品に感じていた、「違和感のようなもの」が薄まっているのに気づいた。

「永い言い訳」は、二十年連れ添った妻が友人とバス旅行に出て事故で死んだとき、妻の留守に女性編集者と自宅でセックスしていた小説家の物語である。主人公の衣笠幸夫（本木雅弘）は売れている小説家だが、本名が有名な野球選手と同じなのでペンネームにしている。

二十年連れ添った美容師の妻（深津絵里）は、結婚以来ずっと「サチオくん」と呼んでいて、そのことにサチオは苛立つ。妻に髪をカットしてもらいながら、「編集者がきたときくらいは、サチオくんと呼ぶのをやめてほしい」と言う。その後、妻が親友とバス旅行に出かけると、サチオはすぐに愛人を自宅に招き入れる。ふたりは、夫婦のベッドでセックスする。翌朝、ふたりがソファで睦みあっていると、妻が事故で死んだと警察から連絡が入る。

旅行会社が開いた遺族への説明会で、サチオは感情をむき出しにして「妻を返してくれよ」と叫ぶ男と出会う。一緒に死んだ妻の親友の夫で、トラック運転手の陽一（竹原ピストル）である。彼には小学六年生の息子と就学前の娘がいる。彼らをフランス料理屋に招待したサチオだが、娘が甲殻類アレルギーで大騒ぎになり、陽一は娘を連れて病院へ走る。

息子を預かったサチオは彼らのマンションにいき、息子が母親の死で中学受験をあきらめたことを知る。娘と帰ってきた陽一にサチオは「彼はあきらめきれてないよ」と言い、仕事で留守が多い陽一に代わって、自分が子供たちの面倒を見に通ってもいいと提案する。ノートとパソコンさえあれば仕事はできるのだと…。

「蛇イチゴ」では「おいしい蛇イチゴがある」という嘘が象徴的に提出され、「ゆれる」では女をつり橋から突き落としたのかどうかという虚実が描かれた。「ディア・ドクター」では偽医者の嘘が、「夢売るふたり」は結婚詐欺という嘘が、物語を進める原動力になった。しかし、「永い言い訳」では設定の中心に「嘘」は存在しない。

もちろん、人間を描くときに「嘘」は重要な要素だが、「永い言い訳」の物語を進めるのは「残された者の後ろめたさ」である。妻が死んだときに他の女とセックスしていた男、その妻の死を悲しめない男、彼は「死んだ人間の復讐」を感じているのだ。そんなダメ男の心情が、妻が死んで以来、髪を伸ばしっぱなしにしている主人公から伝わってきた。

密告者の悲哀

トランボ　ハリウッドで最も嫌われた男／黒い牡牛／スパルタカス

●ジョン・ウェインとロナルド・レーガンはゴリゴリのタカ派だった

ジョン・フォード監督作品に出演したジョン・ウェインはすばらしい。アトランダムに挙げても「捜索者」「黄色いリボン」「静かなる男」があり、「リバティ・バランスを射った男」は何度見ても泣く。また、ハワード・ホークス監督と組んだものには、「赤い河」「リオ・ブラボー」などがある。

ジョン・ウェインが六十を過ぎて初めて「勇気ある追跡」でアカデミー主演男優賞を獲得したとき、僕は我がことのように喜んだものだった。ガンに冒された体をおして出演した遺作「ラスト・シューティスト」は、ドン・シーゲル監督らしい作品で僕はとても好きだった。

ただ、ジョン・ウェインの政治的立場は好きではなかった。今生きていたら、彼はおそらくトランプ大統領を絶賛しているだろう。選挙応援も買って出たのではあるまいか。トランプ大統領はロナルド・レーガン大統領を尊敬しており、彼が行った政策をなぞろうとしているらしい。

ジョン・ウェインとロナルド・レーガンは、ハリウッドの俳優たちの中でも極端なタカ派でゴリゴリの共和党支持者だった。レーガンは二流の主演俳優だったが、ジョン・ウェインはアメリカを代表する大スターだった。高校生の頃、ジョン・ウェインが監督主演した「グリーンベレー」（一九六八年）を見にいった。ベトナム戦争真っ盛りのときに、「アメリカの正義」を謳いあげた時代錯誤としか思えない反共映画だった。

「グリーンベレー」では、ベトコンたちは雲霞のように押し寄せるエイリアンと同じ扱いだった。三角の傘をかぶり、アメリカ人から見ると無表情で不気味な東洋人の顔をしていて、殺しても殺しても押し寄せてきた。アメリカ兵たちは、アメリカに従順であるベトナムの善良な農民たちを救い、教え導き、自由の国を築こうとしているのだった。

ベトナム戦争に批判的なキャラクターとして、「逃亡者」で人気者になったデビッド・ジャンセンがリベラルなジャーナリストとして登場するが、彼はベトナムで戦うアメリカ兵たちの現実と英雄的行動を知ってタカ派に転向する。東洋の果てのようなベトナムの内戦に、アメリカが介入する大義を見出すのである。

ジョン・ウェインは、アメリカの英雄だった。白人で、男らしくて、豪放磊落。アメリカが世界で一番偉大な国だと思っている白人労働者たちの理想だった。トランプ大統領および彼を熱烈に支持する人々が夢見る「アメリカ男」の典型だった。（映画の中では）彼は勇敢で、死を怖れず、何より男の誇りを大切にした。

「コレヒドール戦記」（一九四五年）では、卑怯なジャップどもに負けてフィリピンを撤退しなければならなかったが、必ず帰ってきてジャップに目にもの見せてやると誓い、「硫黄島の砂」（一九四九年）では双方に多大な犠牲を出した硫黄島の戦いでジャップを殺しまくり、アメリカを勝利に導いた。

擦鉢山に星条旗をたてる兵士たちは、太平洋戦争の勝利の象徴だった。しかし、ジョン・ウェインには従軍経験はなかった。彼が撃つのは、常に空砲だった。

●ダルトン・トランボの赤狩りに対する戦いを描いた作品

第二次大戦が終わると同時に、東西対立が始まった。ソ連はアメリカの敵国になり、アメリカに暮らす共産主義者は「アメリカ的なよきものに対する裏切り者」だった。共産主義者は弾劾され、排斥された。一九四七年、戦争終結から二年足らずのとき、ハリウッドでも共産主義者狩りが始まった。レッドパージである。

プロデューサーや監督、シナリオライターなど十九人の人々が、下院の非米活動委員会に召還されるという噂がハリウッドを覆った。そんな頃、ハリウッド一ギャラの高いシナリオライターであるダルトン・トランボは、仲間たちと「合衆国憲法修正第一条」についてのパンフを制作し、タカ派である「アメリカの理想を守る映画人同盟」の集会で配布しようとする。

「合衆国憲法修正第一条」とは、「思想信条および言論の自由、結社の自由」を保障するものである。つまり「国民が頭の中で考えることを、国家が裁くことはできない」とダルトン・トランボたちは主張し、「政府による公聴会に召還される義務はない」ことを訴えようとしたのだ。そのトランボたちの集まりに自宅を提供したのは、有名な俳優のエドワード・G・ロビンソンだった。

しかし、タカ派の「映画人同盟」議長ジョン・ウェインはロナルド・レーガンと組み、ハリウッドの共産主義者およびリベラリストたちを首にし仕事を奪おうとする。そこに、ハリウッド・ネタで人気のゴシップライターであるヘッダ・ホッパーが加わる。彼女は読者への影響力をバックに映画会社のボスを脅し、リベラルな人々の首を切らせる。

「トランボ　ハリウッドで最も嫌われた男」（二〇一五年）は、ダルトン・トランボの赤狩りに対する戦いを描いた作品だった。「ハリウッドで最も嫌われた男」というサブタイトルは見当外れで、「ハリウッドのブラックリストを終わらせた男」とつけるべきだろうが、「赤狩り」時代を知らない人には「ブラックリスト」がよくわからない。

共産主義者およびシンパ、さらにリベラルと目された人々がブラックリストに載り、不当に仕事を奪われ、生活を破壊され、中には自殺に追い込まれたのが、集団ヒステリーともいうべき「赤狩り」の時代だった。そして、「アカども」を憎み、彼らの仕事を奪ったひとりがジョン・ウェインだったことを、この映画では明確に描いている。この映画を見る限り、ジョン・ウェインはイヤな奴だ。

集会でパンフを配ろうとしたトランボとウェインは対立する。そのとき、トランボは「きみは自分が勝ったように戦争の勝利を誇るが、私は従軍した。きみの従軍地を言ってみたまえ。きみが映画で撃つのは空砲だけだ」とウェインを挑発する。ウェインが怒り「何が言いたい」と身を乗り出すと、トランボは「殴るのならメガネを取る」とメガネを外して顔を突き出す。

また、その後のシーンでは、エドワード・G・ロビンソンへの仕事を妨害し、彼が音を挙げるのを待って公聴会で友を裏切る証言をさせ、その褒美のように「これからは仕事が殺到する」と高見から言うジョン・ウェインが登場する。そのときのエドワード・G・ロビンソン（本人によく似せていた）の表情が悲しい。密告者の悲哀がにじみ出す。

エドワード・G・ロビンソンは、公聴会で証言を拒否して議会侮辱罪に問われたハリウッド・テン（主にシナリオライターたち十人）の裁判闘争支援のためにカンパを募り、自らはゴッホの絵（彼は世界的な美術コレクターとして有名だった）を売って多額な資金援助をする。彼はトランボに「最高裁判事を買収するのならモネを売る」とジョーク混じりで口にする。

それほど、トランボたちを支援していたロビンソンだったが、ジョン・ウェインやロナルド・レーガンたちの卑劣な妨害によって仕事を干され、公聴会で「共産主義者の知人」たちの名を告白してしまうのだ。「赤狩り」の時代が人々を傷つけたのは、権力が個人に裏切りを強要し、自分の破滅か、友人たちの破滅かを選ばせたことである。ジョン・ウェインたちは、その権力側だったのだ。

●十年以上たってハリウッドのブラックリストは有名無実化していく

ダルトン・トランボが「ローマの休日」（一九五二年）のシナリオを書いたことは、今では広く知られている。トランボの死後、遺族の元に「ローマの休日」で受賞したアカデミー原案賞が贈られた。一九九三年、「ローマの休日」公開から四十年後のことである。

トランボはハリウッドのリベラルな人々の名を載せたブラックリストによって仕事ができなくなって以後、変名でシナリオを書くしかなかったのである。彼は「ローマの休日」を書き、友人のシナリオライター（彼も後にブラックリストに載る）の名前で映画会社に売り込む。また、B級映画ばかり製作していたキング兄弟の会社で、様々な名前を使って数え切れないシナリオを書いた。一本のギャラが安かったから、数多く書くしかなかったのだ。

やがて、トランボたちが別名で書いていることを察したジョン・ウェインやヘッダ・ホッパーたちは、「彼らを雇うと、俳優たちに仕事をボイコットさせ、映画が作れなくしてやる」とキング兄弟を脅しにくる。そのときの兄のフランク（ジョン・

グッドマン）の対応が痛快だ。

弁護士然とした連盟の男を、フランクはバットを振るって叩き出す。「俺たちの映画は、俳優なんて素人でもいいんだ。新聞に書くなら書け。俺たちの客は新聞を読まん」と怒鳴りながら…。そこへ、トランボが「黒い牡牛」のシナリオを持って現れる。そして、公開された「黒い牡牛」（一九五六年）はアカデミーのオリジナル・ストーリー賞を受賞する。しかし、作者とされたロバート・リッチは授賞式の壇上に現れなかった。

トランボたちが仕事を奪われて十数年が過ぎた頃、トランボを訪ねて人気俳優のカーク・ダグラスがやってくる。後に彼の代表作になる「スパルタカス」（一九六〇年）のシナリオの依頼だった。

同じ頃、ドイツ人でヒット作を連発しているオットー・プレミンジャー監督も、ポール・ニューマン主演を予定している「栄光への脱出」（一九六〇年）のシナリオ執筆をオファーしてくる。オットーは第一稿を読んで、「この程度のレベルなら実名でクレジットするぞ。責任をとらせるんだ」と、苦虫をかみつぶした顔で言う。そんな言い方で、トランボを支援する。

ブラックリストに載っている人物を雇うと、映画製作を妨害され、チケットの不買運動が起こると脅されていた時代、そんなことをまったく怖れないオットー・プレミンジャーの存在は珍しい。一方、カーク・ダグラスは共同プロデューサーから「トランボをおろせ」と言われ、ヘッダ・ホッパーからも露骨な脅しを受ける。

しかし、「だったら俺は外れる。撮りなおせ」と言ってカーク・ダグラスは試写室を後にする。完成した「スパルタカス」を見たケネディ大統領は、「すばらしい映画だ。大ヒットするだろう」と絶賛する。何しろ、鬼才スタンリー・キューブリック監督が演出した作品なのだ。

「スパルタカス」「栄光への脱出」には、堂々とダルトン・トランボの名前がクレジットされた。それによって、ハリウッドのブラックリストは有名無実化していく。やがて、エイブラハム・ポロンスキーが自らの脚本で「夕陽に向かって走れ」（一九六九年）を監督し、六〇年代からは本名で書けるようになったトランボも、自らの小説を脚色し監督した「ジョニーは戦場へ行った」（一九七一年）が公開され、話題になる。

その前年、リング・ラードナー・Jrが脚本を担当した「M★A★S★H」（一九七〇年）がヒットした。彼らは、レッドパージを受けた代表的な人たちだった。それらの映画が公開された頃のことは、僕も鮮明に憶えている。

「トランボ　ハリウッドで最も嫌われた男」は、一九七〇年になり、シナリオ協会の賞をもらったトランボが壇上で挨拶するシーンで終わる。彼の挨拶を聞いている招待客の中には、年老いたエドワード・G・ロビンソンがいる。

彼は複雑な表情だ。「あの不幸な時代。誰もが傷ついた」とトランボが言う。最も傷ついたのは、自己の破滅か、友人の破滅かを権力に迫られ、友人の名を明かすことで裏切らざるを得なかった、エドワード・G・ロビンソンのような人たちなのかもしれない。

エドワード・G・ロビンソンは数年後、ガンに冒された病床でアカデミー名誉賞の受賞を聞き、この世を去った。トランボはそれより六年長く生き、一九七九年、七十三歳で亡くなった。トランボが亡くなる三ヶ月前、ジョン・ウェインはガンのため七十二歳で死んでいた。トランボとウェインは二十世紀のアメリカで、ほとんど同じ時間を生きたが、まったく異なる生き方を選んだ。

権力者はメディアを嫌う

大統領の陰謀／ニュースの真相

●権力者は裸の王様になることが最も愚かであると僕は教えられた

加計学園問題で「行政がゆがめられた」と前文部科学省事務次官の前川さんが新聞で証言すると、すぐに読売新聞が前川さんが事務次官時代に出会い系バーに通っていたということを大きく報じた。これは、後に前川さんが現役時代に警察官僚あがりの自民党代議士を通じて注意されたことがあると証言し、官邸から情報が出たと推察されることになる。

読売新聞（かつて滝田ゆうは読捨新聞と称した）の記事の後、官房長官は記者会見で「文科省の天下り問題で責任をとって辞めるべきときに、地位に恋々としていたような人」と、前川さんに対する人格攻撃をした。人格攻撃をして「胡散臭い人」のイメージを植え付け、「そんな人の言うことは信用できない」という印象操作（首相がバカのひとつ覚えのように口にした）を狙ったのだ。権力がひとりの人間をつぶそうとした露骨な行為だった。

そんな露骨な権力の意図が成功したのが、沖縄返還を巡る日米の秘密協定をスクープした毎日新聞の「西山記者事件」だった。沖縄返還に伴い発生する莫大な経費を日本が肩代わりするという、日米の密約を証明する資料を毎日新聞の西山記者が入手し、野党議員にリークした事件である。政府はその資料の存在を認めたが、その入手方法に問題があるとした。

西山記者が外務省の女性事務官と「情を通じ」（当時、そう表現されたと記憶している）不正に入手したもので、公務員法違反などで起訴されたのだった。当時、僕は二十代だったが、あのときの手のひらを返すような世間の反応をよく記憶している。世紀のスクープがいつの間にか男女の痴情事件に変わり、日米の密約のことはどこかへ消えてしまった。日米の密約こそが問題だったんじゃないか、と僕はいきまいたものだった。

西山事件のときの宰相は佐藤栄作だった。現首相の祖父の弟である。現首相もメディアを選別し、自分に批判的なメディアを攻撃し、ときには総務省の放送行政を通じてテレビ局へ圧力をかけたりするが、佐藤栄作もメディアを選別した。露骨にメディアの選別を実行した最初の宰相かもしれない。彼は長期政権を終えるとき、記者会見場から新聞記者たちを追い出しテレビカメラだけを残させたのだ。

新聞は自分の言葉を正確に伝えないが、テレビカメラは自分が話すことをストレートに国民に伝えてくれるからというのがその理由だった。現在、アメリカのトランプ大統領が自分に批判的なメディアを「フェイクニュースだ」として選別し、自分に迎合的なメディアを優遇しているけれど、日本の首相だって同じだったのだ。トランプと違い、日本の現首相はもっと巧妙にメディア選別、メディア・コントロールをやっている。メディア側が自主規制する形で、政権に迎合しているのだ。

要するに、権力者は自分が批判されることが嫌いなのである。僕は、少年の頃、権力者は裸の王様になることが最も愚かであると教えられた。そのためには、周囲にイエスマンを配置してはならない。「王様は裸だ」と、指摘してくれる人材を置かねばならない。それが、人の上に立つ人間の度量である。そう学んだ。

だから、自分に批判的なものには、謙虚に耳を傾けなければならない。一国の首相であるなら批判的なメディアをこそ歓迎し、自分の政策や方針に迎合的であったり、提灯持ち的なメディアを喜んでいるのは意味がない。

しかし、そう考える権力者は見たことがない。現首相は選挙の応援演説で批判的な人たちに向かって、「こんな人たちに負けるわけにはいかない」と言った。テレビのワイドショーのコメンテーターも、現政権の露骨な提灯持ちジャーナリストばかりが目立つ。これは、テレビ局側の配慮なのだろう。政権に睨まれて放送免許を取り消されたら、元も子もないのだ。メディアの現場だって、忖度する。

●アメリカのジャーナリズムは日本よりはましだと思っていたが…

アメリカのジャーナリズムは、日本よりはましだと思っていた。ジャーナリズムは、権力のチェックが使命である。権力は堕落する。これは間違いない。常に厳しい批判にさらされることで、その堕落を少しは防ぐことができる。「大統領の陰謀」(一九七六年)などを見ると、アメリカのジャーナリズムの気骨に感心する。しかし、「ニュースの真相」(二〇一五年)を見ると、権力とメディアの関係は日本とそう変わらない気がしてきた。

テレビ局の経営者は、ニュースの真相よりはテレビ局の利益と存続を優先するし、政界との結びつきもある。彼らは、ニュース番組の現場スタッフの真相を突き詰める熱意を削ごうとすることもある。現場への圧力だ。テレビ局にしろ、新聞社にしろ、営利企業である限り、それは起こる。

「60ミニッツ」というニュース番組は、アメリカ三大ネットワークのひとつであるCBSの看板番組である。長年、そのキャスターを務めたダン・ラザーは、アメリカで最も信頼される人物のひとりだった。「ニュースの真相」では、そのダン・ラザーをロバート・レッドフォードが演じている。説得力のある話し方、落ち着いた雰囲気、包容力を感じさせる物腰、深い知識と教養、レッドフォードがアメリカで最も信頼されたキャスターを存在感たっぷりに見せる。

ヒロインはプロデューサーのメアリー・メイプス。ケイト・ブランシェットが演じている。原作はメアリー・メイプスの手記であり、実際の出来事を描いている。そう思って見ると、この映画を作ったことが、アメリカの自由度を表している気がする。元大統領のスキャンダルである。存命の人も多い。まだいろいろ差し支えがあるはずだ。日本で同じテーマで製作することは無理だろう。

二〇〇四年、ジョージ・ブッシュが二期目の大統領選挙を戦っているときである。メアリー・メイプスはブッシュがベトナム戦争への派遣を逃れるために、コネを使って州兵のパイロットになり、さらにその期間中、特別に基地の勤務を免れていたという情報を得る。

調査チームは、軍関係に強いチャールズ中佐（デニス・クエイド）、ジャーナリズムについて大学で教えていたルーシー、それにダン・ラザーに憧れてジャーナリストになったマイクである。

彼らの調査が始まり、ブッシュの軍歴について次第に明らかになる。テキサスの石油関係の重要人物に頼まれて、ブッシュの息子ジョージ（現大統領）を州の軍隊に入れたという議員のインタビューもとれる。そして、ブッシュが特別に基地での勤務を免除されていたことを示す文書を持っている、元軍人が現れる。

しかし、その文書はオリジナルではなくコピーだった。そのコピーの真贋の鑑定を数人の専門家に依頼する。結果は半数の専門家が本物と判定し、半数がオリジナルではないので真贋判定は不能という結果になる。また、メアリーはサインの筆跡鑑定を依頼し、本物との報告を受ける。そして、ダン・ラザーと共に上層部を説得し、放送に踏み切るのだ。

しかし、放送直後、ブッシュ陣営を支持するブログで文書に対する疑問を呈せられる。その文書が書かれた時代には存在しないフォントが使われているというのだ。その文書はワードによって作成されたもので、その時代にはワードは存在していない、したがって偽物だという告発だった。

そこから、他のメディアによる告発も始まる。まるで、従軍慰安婦問題で朝日新聞が取材源の曖昧さを認めた後に起こった、朝日新聞バッシングを見ているようだった。

●ひとつの瑕疵を追及し本質の問題をすりかえるのが権力の手口

メアリーは次第に窮地に追い込まれていく。しかし、ダン・

ラザーは揺るがない。メアリーへの信頼が、彼を迷わせないのだ。だが、文書を提供した中佐が入手経路を告白し、にわかに文書に対する信頼性が薄らいでいく。やがて、CBSは文書が偽物である可能性は否定できないという結論を出し、ダン・ラザーに番組中に詫びさせる。

ダン・ラザーは長く務めた「60ミニッツ」のキャスターを降板する。また、メアリーたちはCBSが依頼した外部の調査委員会による調査を受ける身になる。そのメンバーは保守系の人物が多く、番組は反共和党・反ブッシュに偏向していたのではないかという査問のようになる。メアリーの政治的ポジションも、過去にわたって調べ上げられる。

メアリーは捕虜になったイラク兵たちへの拷問があったことをスクープしたり、メディアとして反権力を貫いてきたプロデューサーだ。その過去の仕事が政権からは煙たがられ、憎まれていたのだろう。ここぞとばかりにバッシングを受ける。他のメディアも、彼女のスキャンダルを暴こうとする。この辺は、どこの国でも同じだなあと思う。溺れる人間に石を投げ、首吊りの足を引っ張るのだ。

メアリーは調査委員会に招聘されることになり、ダン・ラザーに紹介された弁護士に相談する。弁護士は「委員会に反論をするな」とアドバイスするが、結局、彼女は委員会メンバーの理不尽さに耐えられず、自説を展開する。ニュースの内容はおおむね真実だが、ひとつの文書の真贋が不確実だからと言って、ブッシュの軍歴に対する疑念までがなかったことになるのは納得いかないと…。こういう強いヒロインを演じると、ケイト・ブランシェットははまる。

メアリーのジャーナリストとしての信念は「質問しなければ、何もわからない」である。つまり「質問することで真実に近づける」と、彼女は思っている。質問することが、ジャーナリストの仕事だと信じている。権力者たちは、質問されることを嫌う。一方的な発表だけで、すまそうとする。日本の官房長官の定例記者会見を見ていてもそうだ。

今年、その官房長官の定例会見で異変が起こった。東京新聞の女性記者の鋭く執拗な質問に、官房長官がタジタジとなった。彼女が質問するのは、ジャーナリストとして当然のことだ。しかし、その女性記者は政権に嫌われ、先日の新聞によると政府が東京新聞に「不適切な質問があった」として抗議したという。いつもの現政権のやり方だな、と僕は思った。

首相を筆頭に、メディアへの抗議・攻撃・恫喝を繰り返してきたのが現政権だ。経営者に圧力をかけ、現場に自主規制を強いる。現場が政権の意向や経営者の考えを忖度し始めたらメディアは終わりだが、現場で働く人の多くはジャーナリストである前に勤め人である。我が身が大事だし、長いものには巻かれる。「ニュースの真相」を見ると、そこはアメリカでも基本的には変わらないらしい。

孤独な老人は猫を飼う

ブロークン　過去に囚われた男

●二ヶ月ぶりの高松では近所の公園に五匹の猫が住み着いていた

七月初旬に千葉の自宅へ戻り、二ヶ月たって再び高松の実家に帰ってきた。四月初旬から三ヶ月ほど高松にいて、その間、毎朝の散歩で近くの神社周辺で暮らしている猫たちと顔見知りになった。

中でもキキと名付けた（「魔女の宅急便」の黒猫から名付けたつもりだったけれど、キキは主人公の名前でしたね）黒猫は、僕を見ると近づいてきて「ニャーオ」と鳴く仲になった。彼女（彼女かもしれないが）は、黒猫とはいっても毛並みが悪く、近くで見ると少しグレーがかって見えた。病気なのか、ときどき「ゴホッ」と咳をするし、体も小さい。目はグリーンに見えたが、目やにが目立つときもあった。

毎朝、僕が神社の近くにいくと、神社の前の民家のガレージに駐車している車の下で待っていた。僕がじっと立って待っていると、最初は警戒しながら近づいてきた。そんなことが続いて、警戒心は少しずつ薄れていったようだ。

あるとき、神社でお参りをして振り向くと、足下にキキがいたことがある。じっと、僕を見上げている。僕のお参りが終わるのを待っていたのだろうか。雨の日は、神社の軒下で待っていた。雨に濡れたみすぼらしい姿で涙を誘う。元々、病気なのか手並みにムラがあり、哀れを誘うところがあった。他にもう一匹、黒猫がいたが、その猫は艶やかな黒い毛並みで視線も凛としていた。

七月初め、自宅へ帰るのでしばらく会えなくなると、何日か前から話していたのだけれど、キキに通じたかどうかはわからない。最後の日には、「元気で待ってろよ」と声をかけたが、心なしか心配そうな顔をしていた気がする。自宅でいる間、キキのことがずっと気になっていた。

九月初旬に再び高松に戻ると、翌朝、すぐに神社へいった。顔の真ん中が黒く、僕が「鼻グロ」と名付けた大柄な斑の猫はいた。あの毛並みのよい黒猫もいた。屋根の上でじっとしていたのは、二ヶ月前にはまだ小さかった三毛猫だ。キキとよく一緒にいた。二ヶ月前には見かけなかった茶色の猫もいた。しかし、キキはいなかった。

それから二週間、毎日、早朝、昼間、夜と時間帯を変えて神社とその近辺を歩いているが、キキには出会わない。他にいくところなんかないはずだ。やっぱり死んじゃったのだろうか、と考えると胸の奥が痛くなった。

千葉の自宅と高松の実家をいったりきたりの生活だし、ひとり暮らしだから猫を飼うのは無理だと考えて、野良猫と散歩する猫好き老人の関係を保っていたが、やっぱり保護すべきだったのかと後悔する。先日、地方ニュースで香川県がまた犬の殺処分数が日本一になったこと、猫と合わせると全国四位であることが報じられた。まさか、殺処分されたのではあるまいな、とまで考える。しかし、あきらめきれず、毎朝、キキがいた場所を散歩している。

それにしても、実家周辺の猫の動向は激しく変化する。数度見かけただけで、いなくなった猫も多い。二ヶ月前にはいなかったのに、今度帰ってきたら近所の公園に五匹の猫が住み着いていた。茶トラ、キジトラ、三毛、レッサーパンダ風、それに白猫である。まだ、生まれて数ヶ月から半年くらいだと思う。「安易な餌やりが野良猫を増やす」と言われるけれど、誰かが餌皿を置いてキャットフードをやっている。

先日、茶トラの子猫が餌をせっせと食べているのを見たら、何だか切なくなってしまった。また、自宅に戻る前に少しなついていた茶トラが近所の田圃の周辺で暮らしているのだが、先日、散歩の途中で出会い「生きてたか」と喜んだ。その後、しばらく僕の後をついてきて、道の角で前脚を立てた猫座りをした。しばらくして振り返ると、まだじっとこちらを見つめている。たまらなくなった。

●深い孤独の中に生きる老人を癒すのは猫よりほかにいない

七十半ばになったアル・パチーノが主演した「ブロークン 過去に囚われた男」（二〇一四年）の主人公マングルホーンは、出演シーンの半分くらいは子猫を相手にしていた気がする。画面のどこかに子猫がいるか、彼が子猫を抱いているか、子猫に話しかけているのだ。何しろ、猫のレントゲン写真が出てくるし、子猫の手術シーンが詳細に描写される。そこまでやる必要があるの、と思うくらいだった。

僕はおもしろく見たが、客が入らないと思われたのか、劇場公開はされなかった。確かに地味で、ちょっと抽象的でわかりにくい作品だけど、老人の孤独は身にしみてよくわかる。ベルイマンの「野いちご」（一九五七年）のように、老人を主人公にすると人生の深さが描ける気がする。

マングルホーンは小さな鍵屋を営んでいる。車に子供が閉じこめられて呼ばれたり、古い金庫を開けてくれと頼まれると店名を描いたバンで出かけていく。ひとり暮らしで、家に帰るとファニーと名付けた子猫に話しかける。現在の心配はファニーが食べ物を吐き、便をしないことだ。この子猫のエピソードが映画の主要なストーリーになっている。

病院でレントゲンを撮ると、飲み込んだ鍵が小腸で詰まり、腸閉塞を起こしているという。念のため別の病院の獣医の意見も聞き、マングルホーンはファニーの手術に同意する。その費用はけっこう高いので、分割での支払いにしてもらう。そして、子猫の手術の様子が詳細に描かれる。

マングルホーンはいつも金曜日に銀行へいく。窓口のドーンという年輩の女性は犬を飼っていて、互いにペットの報告をし合う仲だ。また、ある夜、気分を変えるために出かけたゲームセンターで、マングルホーンはギャリーという男と再会する。かつてマングルホーンを「伝説のコーチ」と呼ぶ。ギャリーは今も尊敬しているらしい。

ギャリーは日焼け・マッサージサロンを経営していて、ぜひコーチにもきてほしいと名刺を出す。ギャリーの話では、マングルホーンの息子のジェイコブも少年野球チームにいたが、親子は今は疎遠になっているらしい。「ジェイコブは成功したらしいね」とギャリーが言うと、「親はこんなだがな」とマングルホーンは答える。

そのジェイコブのオフィスをマングルホーンは訪ねる。金融関係の仕事をしているらしい息子は、詐欺まがいの口調で取引の電話をしている。父親を高級レストランに連れていくが、つまらないことで親子は言い争いになる。「母さんとは話すかい」とジェイコブが言い、「いや」とマングルホーンは答える。ふたりは離婚したらしい。「妻を愛したことはない」と彼は言う。

気まずい気分で息子と別れ、マングルホーンは孫娘と遊ぶ。しかし、子供相手でも気むずかしい老人である。結局、彼が愛情を注ぐのは子猫のファニーだけなのだ。そして、彼は出すあてもなく、クララへの手紙を書き続ける。クララは昔の恋人なのだろうか、彼にとっては「完璧な女性」なのである。

ある日、老人たちの集まりにドーンを誘ったことから、ふたりはデートをする間柄になる。ドーンを演じているのは、「ピアノ・レッスン」（一九九三年）のホリー・ハンターだ。彼女は人生を肯定的に生きている女性で、毎朝、新鮮な気持ちで新しい日を迎えているという。「友だちは人生を豊かにしてくれる宝よ」と、ポジティブな生き方をしている。

そのドーンにマングルホーンは、「自分のボートにファニーを抱いて乗り、海の彼方に消えていくのが夢だ」と語る。ネガティブな夢である。偏屈で、短気で、根暗な老人を、しわがれ声のアル・パチーノが迫真の存在感で見せる。過去を振り返ることでしか幸福感を得られず、老いた先の死を待ち望む日々。その孤独は深い。彼の孤独を救うのは、猫だけである。

●非情な警部も猫を相手にしたときには「猫なで声」を出した

孤独な老人には猫が似合う。彼の孤独を救えるのは、猫だけしかいない。ジャン＝ピエール・メルヴィル監督の「仁義」（一九七〇年）でヴールヴィルが演じた初老の警部は、数匹の猫を飼っていた。誰もいないアパルトマンに帰って彼が最初にやることは、猫たちに餌を与えることである。アパルトマンの中で、捜査で何日も帰ってこない警部を猫たちはおとなしく待っているのだ。

彼は一匹一匹の名前を呼びながら餌皿に餌を出し、水の器に新しい水を満たす。護送の途中で逃げられた犯罪者を探し出すために、堅気になっていた昔の仲間の息子を薬物保持容疑で逮捕し、息子の刑期を取引材料として密告を促すという卑劣な手段を用いる非情な警部も、猫を相手にしたときには「猫なで声」を出していた。

第二次大戦が終わって間もないアメリカ。日系移民が多く住む島で弁護士を開業するマックス・フォン・シドーは、漁業を営む日系移民の男が殺人罪で起訴された事件を引き受ける。島の白人たちは日系人に対する偏見を抱いたままだし、まだ十年前にしかならないパール・ハーバーへの攻撃を忘れていない。日本人は敵であり、日系人たちは感情のわからない不気味な存在なのだ。

そんな中で、マックス・フォン・シドーは日系人青年の弁護を引き受ける。人種偏見が判決を左右してはならないと、彼は力説する。弁護のために様々な資料を読み込む。そんな彼のデスクの上をアメリカン・ショートヘアの子猫が歩く。資料読みの邪魔をする子猫を、マックス・フォン・シドーは愛おしそうになでる。「ヒマラヤ杉に降る雪」（一九九九年）の中の最も心暖まるシーンだ。

老人とは言えないが、孤独であることは共通している「ロング・グッドバイ」（一九七三年）のフィリップ・マーロウ（エリオット・グールド）も猫によって救われている。原作者のレイモンド・チャンドラーが愛猫家だった（タキという黒猫を抱いた写真が残っている）ので、脚本家が原作にはない猫を登場させたのではないかと川本三郎さんは書いていた。

マーロウは夜中に猫の餌を切らして買いにいく。いつものキャットフードがない。仕方なく別のものを買い、いつもの缶に入れ替えて猫に与えるが、猫は食べない。最初に見たときは笑ったが、今なら猫が食べないのは当然だとわかる。猫はキャットフードのラベルを見て食べるのではなく、匂いでわかるのだ。いつもと違う餌は食べないだろう。その猫が、友人に裏切られたマーロウの心を癒す。

ところで、今朝、散歩の途中、キキとよく一緒にいた小さな三毛猫と出会った。高松に戻って、何回か民家の屋根に寝そべっているのを見かけたが、路上で出会うのは初めてだった。僕が彼（彼女かもしれないが）の前に身を屈めると、三毛は見上げて「ニャーオ」と鳴いた。

間違いなく、僕のことを憶えていた。しかし、その後、威嚇するように牙を剥いた。甘えているのではない。怒っているのかもしれない。

三毛がもう一度、「ミャーオ」と鳴いた。「おまえが勝手にいなくなったから、キキは死んでしまったじゃないか」と、責められている気がした。

三十年の馬鹿騒ぎ

仁義の墓場／暗黒街の顔役

●「やすらぎの郷」にはいろいろな昔の映画が使われていた

倉本聰さんの久しぶりの連続ドラマ「やすらぎの郷」が話題になっている。もっとも、九月いっぱいで終わりそうだ。八千草薫が演じていた九条摂子が死に、その摂子に純愛を捧げ続けてきた「やすらぎの郷」のスポンサーである、芸能界のボス加納英吉（織本順吉）が死んで、一気に最終回に向かっている。

主人公の脚本家・菊村栄は倉本聰さん自身を思わせるし、他の出演者も本人に近いキャラクターを演じている。女優たちの若く美しい頃のプロマイドやスチール、過去の映画などがときどきインサートされ、懐かしい思いにとらわれることもある。

加賀まり子が演じるマヤという女優も、もちろん彼女自身を想像させるが、若い頃のスチールで使われたのは「月曜日のユカ」（一九六四年）ではなかっただろうか。これは、僕が小学生のときに公開された作品で、才人監督・中平康の代表作のひとつになった。

小悪魔と呼ばれた時代の加賀まり子主演で、彼女が演じたユカは金持ちの愛人（当時は二号と言った）だった。パパと呼ばれるパトロン役は、なんと加藤武だ。そのパパに隠れて会っている若い恋人が中尾彬である。

「月曜日のユカ」には、シナリオに若き倉本聰さんが加わっている。斎藤耕一との共作だった。斎藤耕一はスチルカメラマンから監督になった人である。「囁きのジョー」（一九六七年）で監督デビューし、後にアート・シアター・ギルド（ATG）で「約束」（一九七二年）や「津軽じょんがら節」（一九七三年）などを作るが、シナリオだけに参加することもあったらしい。

若い頃、倉本さんは日活作品の脚本を多く書いている。それにしても、五十三年前の小悪魔的なイメージを今も持続している加賀まり子はすごい。

認知症のしのぶ（有馬稲子）の付き人で愛人という役で藤木孝が出ていたが、相変わらずおかっぱ頭みたいなヘアースタイルだったので嬉しくなった。ロカビリー歌手として人気が出た彼は、六〇年代前半に何本か映画に主演し、その後、悪役などを多く演じてきた。僕が思い出すのは、加賀まり子と共演した「涙を、獅子のたてがみに」（一九六二年）という篠田正浩監督作品だ。

ストーリーはエリア・カザン監督でマーロン・ブランド主演の「波止場」（一九五四年）にインスパイアされたところがあるけれど、僕は好きな映画である。「涙を、獅子のたてがみに」の加賀まり子は純情なウェイトレスを演じているが、若く溌剌としていて美しい。また、妖艶な人妻を演じた岸田今日子が印象に残る。

波止場の労働者役で若き近藤正臣（「やすらぎの郷」に老デ

ィレクター役で出演している）が出ているが、セリフもなく、ほとんどエキストラと同じ扱いだった。彼が注目されるのは、今村昌平監督の「『エロ事師たち』より　人類学入門」（一九六六年）の坂本スミ子の息子役である。タイトルクレジットには、「近藤正臣（新人）」と出ている。

八千草薫が演じた九条摂子という女優は戦前から活躍していた設定になっているが、八千草薫自身は戦後にデビューした人である。宝塚を経て映画デビューした。「やすらぎの郷」の中で彼女自身が見ていた昔の映画は、「夏目漱石の三四郎」（一九五五年）だと思う。この映画を僕は見ていないが、服装などから彼女が演じているのは、おそらく美弥子である。八千草薫は二十四歳だった。おでこが目立つが、美しさの絶頂にあった。

僕が印象に残っている若き八千草薫というと、文芸映画の巨匠と呼ばれた豊田四郎監督の「雪国」（一九五七年）だ。川端康成の有名な小説である。駒子を岸恵子、島村を池部良が演じ、八千草薫が葉子を演じた。おとなしい純情な役ばかりだった八千草薫だったが、「雪国」では駒子と島村に敵意を抱き、いつも怒りの表情を見せていた。「駅長さーん、駅長さーん」と、夜汽車の窓を開けて呼ぶ姿が新鮮だった。

●芸能界のボス役の織本順吉が最期に口にした辞世の句

芸能界のボスを演じた織本順吉は、いろいろな映画やテレビドラマに出ていた人である。「仁義なき戦い　完結篇」（一九七四年）では早川組長を演じていたのをよく憶えている。三部・四部で室田日出男が演じていた早川は、年をとって織本順吉になったわけだ。

織本順吉の実年齢は九十歳。「やすらぎの郷」では、百歳近いフィクサーを演じていた。元海軍の参謀で、戦後は芸能プロ社長として芸能界を仕切ってきた男という設定である。裏社会にも通じていて、政財界にも影響力を持っていた。その男の最期に石川力夫の辞世の句をしゃべらせていた。例の「大笑い三十年の馬鹿騒ぎ」である。

渡哲也が石川力夫を演じた「仁義の墓場」（一九七五年）で、刑務所の屋上に昇った石川力夫は頭までかぶった毛布から顔を見せ、ニヤリと笑って身を投げた。その房の壁には「大笑い三十年の馬鹿騒ぎ」と描かれている。石川力夫は水戸の出身だった。

同じ水戸出身の深作欣二監督は、個人的な興味が強くあったのではないだろうか。「仁義の墓場」は深作監督の最高傑作だと僕は思う。しかし、もう一度見ろと言われると二の足を踏む。主人公の石川力夫の生き方が凄まじすぎるのだ。初めて見たとき、こんな人間がいるのか、と衝撃を受け口も利けなくなった。

「仁義の墓場」で渡哲也は渾身の演技を見せる。せっかく大病から復帰したというのに、この映画を撮ってから再び入院した。渡哲也は「仁義の墓場」を撮る前後、倉本聰さんと多く仕事をしている。まず、ＮＨＫの大河ドラマ「勝海舟」は倉本さんが脚本を担当し、主演は渡哲也だった。

しかし、渡哲也は病気で倒れ、長期入院する。代役は松方弘樹である。ところが、NHKとのトラブルで嫌気がさした倉本さんは北海道へ逃避する。それが、倉本さんが富良野に移住するきっかけになった。

一方、渡哲也は長期入院している間に「くちなしの花」が大ヒットする。このおかげで「経済的には助かった」と、どこかで渡哲也は話していた。このときの病が癒えて、復帰第一作が「仁義の墓場」だった。そこで無理をしたのか、再び渡哲也は入院した。やがてテレビドラマ「大都会―闘いの日々―」(一九七六年)で復帰する。

その脚本を書いていたのが倉本さんだった。渡哲也の役名は黒岩刑事。再び深作監督と組んだ「やくざの墓場　くちなしの花」(一九七六年)の主人公も黒岩刑事だった。ということで、倉本さんが「やすらぎの郷」の織本順吉の最期の言葉で「大笑い　三十年の馬鹿騒ぎ」と言わせたのは、「仁義の墓場」の印象が強かったからではないかと僕は推察した。

その言葉を聞いた石坂浩二演じる菊村栄は、やすらぎの郷に帰って高井秀次(藤竜也)と白鳥(上條恒彦)に織本順吉の臨終の様子を話すのだが、「最期に『大笑い　三十年の馬鹿騒ぎ』と言った。昔の極道の辞世の句だそうだ」と説明していた。

この石川力夫の辞世の句に倉本さんとしては、強い思い入れがあるのかもしれない。僕も機会があれば、死ぬときにこの辞世の句を引用するつもりだった。ただ、僕の場合は何の説明もなく、七十で死ぬのなら「大笑い、七十年の馬鹿騒ぎ」と言うつもりだった。引用ではなく、剽窃。つまり、パクリである。

●石川力夫の自殺から三年後に公開された「暗黒街の顔役」

石川力夫は、戦後すぐに新宿で闇市を開き、「光は新宿から」というフレーズで有名になった和田組マーケットの和田組に属していたやくざである。自分の親分である和田組長を日本刀で襲い、全治一ヶ月の重傷を負わせた。「仁義の墓場」で親分を演じていたのは、ハナ肇だった。狂犬のような石川力夫が現れると、腫れ物にさわるように応対していた。

石川は府中刑務所に収監され、やくざ社会からは「関東ところ払い」を食らう。大阪でシャブ中になり、再び東京に戻るが、人を殺して再び刑務所に入る。その刑務所で自殺する。そのときの辞世の句が「大笑い　三十年の馬鹿騒ぎ」であり、彼の墓には「仁義」の二文字だけが彫られているという。

石川力夫が自殺したのは、一九五六年二月二日のことだった。戦後の十年間を駆け抜けた極道だった。石川力夫が残した辞世は、当時、有名だったのかもしれない。確かに人殺しの極道が残すには、何だか心に残る辞世の句ではある。三年後のことだが、この辞世の句を映画の中で使ったのは岡本喜八監督だった。

「暗黒街の顔役」(一九五九年)は鶴田浩二のやくざが主人公だが、彼は最後に傷つきながら車を運転して殴り込みに向かう。

死を覚悟したそのとき、鶴田浩二は「三十年の馬鹿騒ぎか」と自嘲気味に口にする。「暗黒街の顔役」には、東宝の役者が勢ぞろいした感がある。

三船敏郎は自動車修理工場のオヤジの役だった。平田昭彦も、似合わないやくざを演じている。冒頭に金融業者の社長が殺されるシーンがあり、その殺し屋を演じた佐藤允が怖かった。鶴田浩二はやくざで、弟（宝田明）をかばう兄でもある。同じタイトルのハリウッド映画もあり、当時は「暗黒街」や「顔役」という言葉はよく使われていた。しかし、現在、どちらも死語になってしまった。

三船敏郎と鶴田浩二は、ほとんど同じスタッフ・キャストで撮った「暗黒街の対決」（一九六〇年）でも共演しているし、それ以前に稲垣浩監督版「宮本武蔵」（一九五四年）では、三船が武蔵を演じ、鶴田が佐々木小次郎を演じた。このとき、お通を演じたのが八千草薫だった。このお通役で八千草薫は人気を不動のものにした。「やすらぎの郷」の九条摂子はある監督を「先生」と慕い続けて生きてきた設定だったけれど、八千草薫自身も、親子ほど年の離れた谷口千吉監督と生涯をまっとうした。

ところで、石川力夫の辞世の句は、彼の自殺当時（昭和三十一年）、かなり有名になったのだろうか。「暗黒街の顔役」のシナリオを書いたのは関沢新一。東宝で数多くのプログラム・ピクチャーを書いている。彼は印象に残っていた石川力夫の辞世の句を、死を覚悟した主人公の最期のセリフにした。

それほど有名だったとすれば、倉本聰さんも同時代の事件として石川力夫の死を知っていたかもしれない。石川力夫が死んだとき、倉本さんは二十一歳、まだ東大生だったが、若かった故にその辞世の句は印象に残ったかもしれない。

誰も信じられない世界

われらが背きし者

●いつ何が起きるかわからない不安感が消えない映画

ジョン・ル・カレ原作の映画化「われらが背きし者」（二〇一六年）は、全編、緊張感を感じる映画だった。サスペンスフルというより、いつ何が起きるかわからない不安感が消えない。手に汗握るというのではない。何でもないシーンでも、身を乗り出してスクリーンから目を離させない力がある。原作が持つ力なのだろう。

つまり、ストーリー自体に読者（観客）を鷲掴みにする魅力があるのだ。そして、何が起こっているのか、これから何が起こるのか、常に先を知りたいという強い欲求が湧きあがる。原作者が制作総指揮に加わっていることも、スクリーンを凝視させ続ける力を生み出すことに寄与しているのかもしれない。

ジョン・ル・カレの小説を初めて読んだのは、中学生のときだった。もう、五十年以上前になる。初めて買ったハヤカワ・ノヴェルズの新刊「死者にかかってきた電話」である。ル・カレの処女作だ。

すでに、世界的ベストセラー「寒い国から帰ってきたスパイ」は日本で翻訳され、「スパイ小説の金字塔」のキャッチフレーズで版元は売っていたが、僕は順番に読まなければならないという幼い潔癖さによって、ちょうど翻訳されたばかりの第一作から読み始めた。しばらくして、二作目の「高貴なる殺人」が翻訳され、それも読了した僕はようやく「寒い国から帰ってきたスパイ」を読む資格を得たのだった。

ちょうど、「寒い国から帰ってきたスパイ」が映画化されたときだった。アレック・リーマスを演じたのはリチャード・バートンだったが、ヒロインはクレア・ブルームというあまり美人ではない女優だった。彼女がチャップリンの「ライムライト」(一九五二年)のヒロインだったことなど僕は知るよしもなく、「なぜ、もっと美人女優を使わないのだ」と不満に思っていた。

もっとも、僕が映画化に関して不満だったのは、邦題が「寒い国から帰ったスパイ」(一九六五年)だったことだ。なぜ、「帰ってきたスパイ」ではないのか、と「ザ・スパイ・フー・ケイム・イン・フロム・コールド」と、習い始めたばかりのカタカナ英語の発音で僕は怒りを表明した。

しかし、次に翻訳されたル・カレの「鏡の国の戦争」(映画化されたのは一九六八年)は、中学生には難しすぎた。当時、ミステリマガジンで書評を担当していた石川喬司さんは、ル・カレの小説を「アタマ・スパイ」と名付けた。リアルなスパイの世界を描いているのかもしれないが、十代半ばだった僕には「ジェイムズ・ボンド」や「ナポレオン・ソロ」の方が向いていたのである。

そして「ドイツの小さな町」に至り、僕はついに読み通すことができず、以降、ル・カレの新作を敬遠することになった。その結果、スマイリー三部作も読まなかったし、何十年ぶりかで買った「リトル・ドラマー・ガール」も読み通すことができなかった。

ル・カレを再び読んだのは、「ティンカー・テイラー・ソルジャー・スパイ」だった。その映画化作品「裏切りのサーカス」(二〇一一年)がよくできていたからだ。そして、「誰よりも狙われた男」(映画化は二〇一三年)、なぜか版元が岩波書店に変わった「われらが背きし者」(映画化は二〇一六年)と続けて読んでいる。相変わらずのル・カレ節。五里霧中で読み進むと、少しずつ霧が晴れていく感じである。

ル・カレの原作で映画化されたものは、調べると十二本。テレビドラマ「高貴なる殺人」を除いて、僕はすべて見ていた。日本未公開だった「死者にかかってきた電話」(一九六七年)も数年前、WOWOWで放映されたときに見た。その結果、僕は「ル・カレ原作に外れなし」と改めて確認した。特に二十一世紀になってからの作品は、どれも名作ぞろいと言えるだろう。

●プロローグで描かれた残虐な殺人がどうつながるかという興味

二十一世紀になって最初に映画化されたル・カレ原作の「テイラー・オブ・パナマ」(二〇〇一年)はジェフリー・ラッシュが好演していたし出来もよかったが、グレアム・グリーン原作でキャロル・リード監督の「ハバナの男」(一九六〇年)に似ている気がした。もしかしたら、ル・カレはグレアム・グリーンにオマージュを捧げていたのだろうか。

「テイラー・オブ・パナマ」はル・カレが製作総指揮だが、脚本も彼自身が担当している。続く「ナイロビの蜂」(二〇〇五年)は、主人公(レイフ・ファインズ)の殺される妻役のレイチェル・ワイズが印象に残る。レイフ・ファインズは外交官の役で、こういう役をやると似合う。

それからずいぶん経って、「裏切りのサーカス」(二〇一一年)をル・カレは製作総指揮した。ル・カレ、八十歳のときである。七〇年代に発表したジョージ・スマイリー三部作の一作目「ティンカー・テイラー・ソルジャー・スパイ」が原作で、タイトルもそのままなのだけれど、わけのわからない邦題になった。

「サーカス」が「イギリス情報部」を指す言葉だと知らないと、この邦題は意味不明だ。映画の中ではしきりに「サーカス」という言葉が飛び交う。「裏切りのサーカス」も、全編、緊張感の漂う作品だった。不穏な空気が常に流れている。ホラー作品のような不気味さが漂う。

その後、フィリップ・シーモア・ホフマンの遺作になった「誰よりも狙われた男」(二〇一三年)を経て、「われらが背きし者」に続く。どちらも製作総指揮としてル・カレがクレジットされている。八十を過ぎても旺盛な創作欲を見せるル・カレだが、映画化にも強い意欲があるのだろう。

「われらが背きし者」の原作は、テニスのシーンから始まったと記憶しているが、映画はプロローグとして残虐な殺人が描かれる。空中で回転する黒人ダンサーから始まり、それがバレエ公演だとわかる。それを見ている母と娘らしいふたり連れがいる。一方、年輩の男と彼より少し若い男が出会い、抱擁をする。親しい間柄らしい。

シーンは変わり「モスクワ」とクレジットが出て、大勢の男たちがテーブルについている。先ほど年輩の男と抱擁していた男が、書類にサインをする。次のシーンは雪原の中の一本の道を走る高級車だ。先ほどサインした男が妻と娘(バレエ公演を見ていたふたりだ)を乗せて走っている。その先で事故なのだろうか、トラックが停まっていて、その横にパトカーらしき車がある。銃を構えた警官とおぼしき男が立っている。

男が車を停めると、警官がやってくる。銃を構えた警官が立っているのを見た頃から、僕にはすでに予感があった。たぶん、どんな観客も、そこに不穏な空気を感じるはずだ。案の定、男と妻はいきなり射殺され、娘は車を逃げ出す。警官が笑みを浮かべて「コートを忘れてるぞ」と呼びかける。娘が振り向くと、警官は無慈悲に射殺する。

●一体何が起こるのだろうという強い関心が湧き起こる

本編は、「モロッコ」のクレジットと共に始まった。ユアン・マクレガーが黒人女性と寝ようとしている。しかし、黒人女性は「やっぱりダメ」と言って身を離す。次のシーンは、高級レストランでテーブルに向かうユアン・マクレガーと黒人女性だ。ふたりの間には気まずい空気が流れている。

他に数人のロシア人らしき男たちがいて、高価なシャンパンを飲んでいる。その中で大きな声で話しているのは、プロローグで殺された男を抱擁していた年輩の男である。その男ディマは、黒人女性に置いてきぼりにされたユアン・マクレガー(ペリーと名乗り、ロンドンの大学で詩を教えていると言う)を強引に自分のテーブルに誘う。

この冒頭から、一体何が起こるのだろうという強い関心が湧き起こる。年輩の男は愛想はいいが、何となく不気味で怪しい。彼についているボディガードのような男たちも正体不明だ。しかし、ディマと名乗った男は、再び強引にペリーをパーティに誘う。断ったペリーに、男は賭を提案する。

ディマはペリーにカードを見せろと言い、ディマは一瞬見たカード番号を当ててみせる。特殊な能力だが、これも後半の伏線になっている。ペリーは派手なロシア式パーティに同行し、美しい女に紹介される。しかし、その女も妙に謎めいている。だいたい、そのパーティの出席者たちが怪しい。タトゥーだらけのロシアン・マフィアのような男がいる。

こんな風に、始まった途端、スクリーンは緊張感に充たされ、不穏な雰囲気が漂い、怪しい男たちが跋扈する。何が目的なのか、主人公は何に巻き込まれるのか、不安に感じながらも、早く物語が進まないかと気が急く。プロローグで描かれたエピソードが、いつ本編とつながるのかが気になって、スクリーンから目が離せない。

しかし、意外に早くプロローグの謎はディマによって明かされる。ところが、それからがメインの物語になっていくのだ。後は、ハラハラしながら見続けるしかない。怪しい男に見えていたディマに、いつの間にか感情移入している。それは、ペリーがディマに友情を感じ始めているからに違いない。つまり、観客はペリーに感情移入するが故に、緊張感を強いられるのだ。

「寒い国から帰ったスパイ」以来、ル・カレ作品にはスパイとして敵方に潜入する物語が多い。映画化された中でも女優がスパイに仕立てられる「リトル・ドラマー・ガール」(一九八四年)があり、出版社の社長がイギリス情報部の依頼でソ連に潜入する「ロシア・ハウス」(一九九〇年)があった。

「われらが背きし者」もそのひとつだが、ここでは相手が血も涙もない極悪非道なロシアン・マフィアであることで、擬装工作がいつバレるかという、ハラハラドキドキの度合いが高まることになる。加えて、イギリス情報部内の権力争いが描かれ、いつ裏切られるかわからないという、強いサスペンスが醸し出される。

スパイ・ストーリーの基本は「誰も信じられない。誰もがいつ裏切るかわからない」ということだ。その中に詩を教えている素人のプロフェッサーが妻と共に巻き込まれ、友情を感じた相手のために命をかけて戦うことになる。彼をサポートしているはずのイギリス情報部だって信用できないのだ。その怖さが、「われらが背きし者」を見ている間、観客に緊張感を強いる。

ホッと息つく暇もない。ああ、やっと救われたかと思った瞬間、ル・カレによって裏切られる。作者が登場人物に対して無慈悲であればあるほど、物語はおもしろくなる。意外性に充ち溢れる。そんなどんでん返しの場面で、ユアン・マクレガーのアップになる。その表情だけで、観客は何が起きたのかわかる。相当、すれっからしの観客である僕も呆然とした。

祝!! カズオ・イシグロ

日の名残り／わたしを離さないで／上海の伯爵夫人

●女中頭への秘めた慕情を仄かに描き出し人生の重みを感じさせる

カズオ・イシグロがノーベル文学賞を受賞した。両親とも日本人だが、本人は英国籍を取得し、ずっと英語で小説を書いている。確か、五歳までは長崎で育ったはずだ。父親の仕事の関係でイギリスに渡り、そのままイギリスで暮らしている。アンソニー・ホプキンスが主演した「日の名残り」(一九九三年)の原作者として映画ファンには知られている。

「眺めのいい部屋」(一九八六年)や「モーリス」(一九八七年)など、ジェイムズ・アイヴォリー監督は古い時代のイギリスを格調高く描く人だが、「日の名残り」もその一本である。アンソニー・ホプキンスがイギリスの執事という仕事を重厚に演じ、女中頭(エマ・トンプソン)への秘めた慕情を仄かに描き出し、人生の重みを感じさせる作品だった。

カズオ・イシグロのもうひとつの代表作として「わたしを離さないで」がある。僕が買ったハードカバーは、すでに十刷を越えていたから、当時、日本でもベストセラーになっていたのだろう。翻訳小説が売れない中では珍しいことだった。それから、しばらくしてキャリー・マリガン主演の「わたしを離さないで」(二〇一〇年)が公開された。僕が初めてアンドリュー・

ガーフィールドを記憶にとどめた映画である。

ところで、今回の受賞のニュースで新聞やテレビが、日本でも劇化やテレビドラマ化された「わたしを離さないで」を紹介していたが、どのニュースも内容紹介でネタバレをやっていて「いいのかい」と僕は思った。初めて読むとき、「あのこと」を知らないで読むのと知って読むのとでは、大きな違いがある。

「わたしを離さないで」は、大人になり、自分の運命を知り、そのことを受け入れ、あらかじめ決められていた仕事に就いている若い女性の語りで始まる。奇妙な仕事が語られ、子供の頃に集団生活をしていた学校時代が回想され、徐々に「あのこと」が明らかになっていく過程が重要なのではないだろうか。

確かに、最初の章からある予感がある。しかし、「あのこと」は明確には書かれていない。ただ、奇妙な仕事に、奇妙な呼称がついているだけだ。ヒロインは、仲のよかった少年と少女の今を語り、彼らに会いにいき、不思議な会話を交わす。その会話や子供時代の回想から、「あのこと」が次第に浮かび上がる仕掛けになっているのだが、勘のいい人は早くにわかってしまうかもしれない。

僕は何の情報もなく読み始めたので、「あのこと」を明確に読みとったのは半ばまで読み進んだときだった。もちろん、それまでにある予感はあったし、「もしかしたら…」と思ってはいた。しかし、明確に「あのこと」がわかると、それまでの奇妙な会話や子供時代の不思議な出来事が、まったく別の意味を持って立ち上がってくる。

それによって、描かれる世界を深い悲しみが覆うのだ。ヒロインが仲間たちとある町にいき、そこで古い音楽のテープを手に入れ、そのテープの音楽を聴くというだけのエピソードが印象深く心に刻まれるのは、「あのこと」が背景にあるからだ。その曲がタイトルになった「ネバー・レット・ミー・ゴー」である。

「わたしを離さないで」の映画版は、小説と違って最初からヒロインの環境や生活を映像で見せることになるので、早くから「あのこと」は観客にわかるだろう。それでも、「あのこと」が次第に描き出される形になっているから、それによってヒロインたちの深い悲しみが伝わってくる。

しかし、やはり、あの全編に漂う悲哀感は、カズオ・イシグロの文章を読むことによって（翻訳だったけど）強く印象付けられるものだろう。

「わたしを離さないで」を読みながら僕は、フィリップ・K・ディックの「アンドロイドは電気羊の夢を見るか」を思い出した。映画化された「ブレードランナー」（一九八二年）と違い、原作にはある深い悲しみが描かれている。主人公は狩られる側に感情移入していくし、次第に自分自身のアイデンティティが崩れ始める。それが、映画ではストレートに伝わってはこなかった。

●「上海の伯爵夫人」は戦前の上海の雰囲気が魅力的だった

カズオ・イシグロが脚本を書いた映画に「上海の伯爵夫人」(二〇〇五年)がある。一九三六年の上海を舞台にしている。翌年、第二次上海事変が起こる。日中戦争の本格的な始まりだ。当時、上海にはフランス租界など列強の進出があり、国際都市として様々な国の人物がいた。もちろん、日本人も多く進出していた。スピルバーグ監督が「太陽の帝国」(一九八七年)で描いたのと同じ頃の上海である。

「上海の伯爵夫人」の主人公ジャクソン(レイフ・ファインズ)はイギリス人で、ある事件で家族を失い自らは盲目となり、抜け殻のようになって上海をさまよっていた。そんなある日、あるクラブでジャクソンは亡命ロシア貴族のソフィア(ナターシャ・リチャードソン)と出会う。

一九一七年にロシア革命が起こり、多くのロシア貴族が満州や中国に逃げてきていた時代だ。革命から十九年後の上海。ソフィアは子供の頃に父母や叔母たちと共に逃げてきたのだろう。ソフィアは旧ロシアでは貴族だったのだが、家族を養うためにクラブ・ホステスとして働いていた。ソフィアの叔母を演じているのがヴァネッサ・レッドグレーブだった。

一方、ジャクソンは日本人の実業家であるマツダ(真田広之)と出会う。しかし、謎めいた言動をするマツダは、何を考えているのかわからない。ジャクソンは賭で大金を得、クラブを開き「白い伯爵夫人」と名付け、ソフィアを店に雇い入れる。

ふたりは惹かれあっているのだが、過去に深い傷を負っているらしいジャクソンは心を開かない。やがて「白い伯爵夫人」には、国民党、日本軍、英米の情報部員などが集まり、複雑な政治状況を反映した謀略の場になる。

僕がレイフ・ファインズを気にいっているためか、「上海の伯爵夫人」は、ストーリーの細かなところは忘れてしまったが、とても好きな映画だ。印象的なシーンがいくつか記憶に刻み込まれている。映像は格調高く、美しい。戦前の上海の雰囲気が魅力的だった。

この時代の上海を描いた映画は何本も見ているが、無国籍都市の雰囲気があって、思わずディック・ミネの「夜霧のブルース」や「上海帰りのリル」などを歌いたくなる。冒険小説の舞台にも向いているらしく、生島治郎さんの「黄土の奔流」も上海の租界のナイトクラブから始まったと記憶している。生島さんは上海生まれだった。僕の父も上海で終戦を迎えている。日本人にはなじみのあった都市である。

戦前の上海はロマンチックで創作欲をそそるのか、カズオ・イシグロは「わたしたちが孤児だったころ」で、やはり戦前の上海を舞台にしている。「上海の伯爵夫人」の方が「わたしたちが孤児だったころ」より後だから、小説を書くために調べた上海を舞台にして脚本を書いたのかもしれない。

「わたしたちが孤児だったころ」は、上海の租界で暮らしていた主人公が十歳のときに両親が行方不明になり、イギリスに連れ戻された主人公はホームズのような探偵になって、両親の失踪の真相を探るために再び上海に戻るという物語だったと思う（けっこう昔に読んだので、ちょっとあやふやだけど）。

●ヴァネッサ・レッドグレーブとの母娘共演作は「上海の伯爵夫人」

「上海の伯爵夫人」が印象に残っている理由のひとつは、ヴァネッサ・レッドグレーブと実娘のナターシャ・リチャードソンが共演しているからだ。ナターシャ・リチャードソンは、ヴァネッサ・レッドグレーブとトニー・リチャードソンとの間にできた娘である。トニー・リチャードソンと言えば、僕らの世代では忘れられない監督だ。

三十歳のときに「怒りを込めて振り返れ」（一九五八年）を発表し、続いて「土曜の夜と日曜の朝」（一九六〇年）「蜜の味」（一九六一年）「長距離ランナーの孤独」（一九六二年）と、「怒れる若者たち」ムーブメントを映画の世界から発信した人である。六〇年代には、「ラブド・ワン」（一九六五年）「マドモアゼル」（一九六六年）「ジブラルタルの追想」（一九六七年）と絶好調だった。

一方、ヴァネッサ・レッドグレーブと言えば、英国演劇界の名優の血を引く名女優だ。お父さんはマイケル・レッドグレーブである。僕の印象に残っているマイケル・レッドグレーブは、「長距離ランナーの孤独」の少年院の偽善的な校長である。

名優マイケル・レッドグレーブは、ローレンス・オリヴィエと同じようにナイトの称号を女王陛下から授けられた。息子のコリン・レッドグレーブも次女のリン・レッドグレーブも俳優として活躍した。

つまり、ナターシャ・リチャードソンはマイケル・レッドグレーブの孫で、日本で言えば梨園のお嬢様である松たか子（叔父が中村吉右衛門だもの）みたいなものである。

そのナターシャ・リチャードソンはリーアム・ニーソンと結婚し、ふたりの子供をもうけた。しかし、「上海の伯爵夫人」から四年後、スキー場での事故で亡くなってしまう。まだ、四十六歳だった。ナターシャ・リチャードソンの代表作というと、やはり「上海の伯爵夫人」になるのだろう。実母だけではなく、実の叔母のリン・レッドグレーブも出演していた。

それにしても、弟のコリンも妹のリンも亡くなり、娘のナターシャにも先立たれたヴァネッサ・レッドグレーブだが、八十の今も現役女優としてがんばっている。イギリス映画の老女役というと、ヴァネッサか、マギー・スミスか、ジュディ・デンチといったところだが、それぞれ持ち味が違うのが凄い。

痛いぞ、北野武監督作品

アウトレイジ／アウトレイジ　ビヨンド／アウトレイジ　最終章

●映画が半分ほど進んだときに「火事です」のアナウンス

数え切れないほど映画館には入ったけれど、映画の途中で「火事です。二階から火が出ました。落ち着いて脱出してください」とアナウンスがあったのは初めてだった。火災報知機の作動と共に自動的にアナウンスされるもので、どこか非人間的で機械的な響きだった。朝の九時五十分から始まった一番の回である。平日とはいえ、ヒット作らしく五十人近くの観客がいた。

しかし、そのアナウンスであわてた人はいなかった。全員、半信半疑という感じではあったが、すみやかに席を立ち、われがちに…というのでもなく、また整然にとも形容できない感じで（上映が終わって普通に出ていく風に）出口に向かう。僕は「マジか」などとつぶやきつつ彼らを見送り、まだひと組のカップルが残ったままなのを確認して会場を出た。そのカップルも席を立ったから、数分のうちに全員がアナウンスに従ったわけである。

しかし、廊下へ出るとシネコンの従業員が「今、確認していますので、この近辺でお待ちください」と言っていた。火災報知器のボタンが押されたのは間違いないらしいが、本当の火事なのかどうかを確認しているという。僕は一度ロビーに出たが、大勢の人がわいわい言っていたので、従業員に「席で待っててもいいの?」と訊いて、再び劇場内に戻った。たったひとり、スクリーンを見つめていると、何となくいい気分になった。

数分後、ポツリポツリと人が戻ってくる。しばらくして若い男性従業員が姿を現し、上映を再開することを告げた。それから五分ほどが過ぎると、元のように五十人ほどの人が戻っていた。ざわめきは、まったくない。結局、中断したのは二十分足らずだったろうか。僕は映写室に近い席だったので、いつ上映が始まるか映写窓を見つめていた。今はデジタル上映だろうから、フィルムを巻き戻す作業もないのだろうなあと考えていた。

しかし、どのシーンから再開するのだろう。ちょうど真ん中あたりのシーンだった。二時間足らずの作品で、五十分ほどが過ぎたところだ。松重豊が演じる警視庁の組織暴力担当刑事が、韓国の政財界を牛耳るというフィクサーの屋敷を訪ねたところだった。

その邸宅に入ったところで画面が消え、真っ白なスクリーンになり、明かりが灯り、「火事です」というアナウンスがあったのだ。再開は、その少し前のシーン、韓国人のフィクサーが襲撃された喫茶店で、松重豊の刑事と上司が話をしているところから始まった。二十分の中断、少し巻き戻して再生…、自宅でDVDを見ている錯覚に陥る。

中高年の観客が多かったが、「アウトレイジ　最終章」（二〇一七年）はヒットしているようだった。平日の朝一番の回に五十人くらい入っているのだから、公開した土曜日から続いた三連休にはけっこう入っていたのではないだろうか。僕は見たくてたまらなかったが、混んでいるのがイヤだったので休み明け早々に見にきたのだ。

その前夜、僕は「アウトレイジ　最終章」を見ている夢まで見た。それほど、公開を楽しみにしていた。「アウトレイジ」(二〇一〇年)「アウトレイジ　ビヨンド」(二〇一二年)は、何度見たかわからない。

どうも、権謀術数、謀略、裏切りが渦巻く権力争いの話が僕は好きらしい。シェイクスピアなら「リチャード三世」が好きだし、司馬遼太郎なら「関ヶ原」が好きだし、やくざ社会の跡目問題でもめる「仁義なき戦い　代理戦争」(一九七三年)「仁義なき戦い　頂上作戦」(一九七四年)がとりわけ好きだし、戦後の政界の権力闘争を描いた「小説吉田学校」(一九八三年)もおもしろく見た。

どんな世界にも権力争いはある。その争いの中で誰が味方で、誰が敵かわからなくなり、人間の本性が見えてくる。

●北野作品とタランティーノ作品の残酷描写は平気で見られる

北野武監督作品が嫌いだという人はいる。わかる気がする。生理的な痛さ、暴力性(そうでない作品もあるけれど)が肌に合わないのだと思う。僕も残酷描写が苦手で、ホラー作品はほとんど見ないのだが、北野武監督作品とクエンティン・タランティーノ監督作品は、どんなに残酷な描写でも平気で見ていられる。

もっとも、このふたりの残酷描写は質も傾向もまったく違う。タランティーノ作品には拳銃で撃たれて頭が破裂するといった描写があるが、大げさすぎて笑いたくなるユーモアを感じるのだ。一方、北野武作品の暴力には「生理的な痛み」を感じる。

「その男、凶暴につき」(一九八九年)の頃から暴力の描き方に独特のものがあると感じていたが、驚いたのは「ソナチネ」(一九九三年)を見たときだった。最初の方で、ビートたけしの村川が組の幹部である矢島健一を一方的に殴るシーンがあった。その描き方が斬新でリアルだった。ホントに痛そうに見えた。暴力の怖さのようなものが伝わってきた。この監督は、本物のやくざが人を殴るのを見たことがあるのではないか、と僕は思った。

「BROTHER」(二〇〇〇年)公開前のテレビの特集番組だった。北野武監督が登場し、ある暴力シーンのことを「あれ、痛いでしょ」とインタビュアーに言っていた。それは、相手の鼻の両方の穴に箸を差し込み、下から突き上げるというシーンだった。初めて見たとき、そのシーンに僕はショックを受けた。誰でも、こんなことはされたくないよな、と思うことがある。鼻に箸を差し込み下から突き上げられるなんて、考えただけでゾッとする。それを北野武監督はやってしまう。

「アウトレイジ」シリーズは、とにかく大勢の人が死ぬ。殺され方は様々で、北野武監督はそれが描きたくて作ってるのじゃないかとさえ思えてくる。痛いシーンの連続だし、わざわざなんでこんな殺し方するの？　と思う場面もある。「アウトレイジ」で言えば、水野（椎名桔平）の殺され方だ。

捕らえられ車に乗せられた水野は頭から黒い袋をかぶせられ、首にロープをまかれる。そのロープの反対側をわざわざ海辺の杭に縛り付け、車を走らせる。ロープがピンと張られ、水野は勢いよく車から飛び出す。その後のシーンで「水野は首がほとんど千切れてましたよ」と刑事の片岡（小日向文世）が大友（ビートたけし）に言う。どう殺すか、どう痛めるつけるか、北野武監督はアイデアを絞り出しているに違いない。

痛いシーンを列挙すると、カッターナイフで小指を切ろうと血だらけになるシーン、そのカッターナイフで相手の顔を×に切りつけるシーン、歯医者の椅子にいる石橋蓮司の口の中を治療用のドリルでかきまわすシーン、覚醒剤を売っている中華料理店のオヤジの耳に菜箸を突っ込むシーン、同じく中華包丁で指を切断するシーン、國村隼に舌を突き出させ下から顎を叩き上げて舌を噛ませるシーン…などなど、一作目の「アウトレイジ」を思い浮かべるだけで、こんなにもある。拳銃で簡単に射殺される方がましだと思えてくる。

●「アウトレイジ　最終章」は銃弾がふんだんに飛び交う展開

「アウトレイジ　最終章」にも様々な殺され方が出てくるが、どちらかと言えば拳銃や機関銃での撃ち合いが主流になっている。特に狭い自動車内での突然の撃ち合いは、この映画の最大の見ものだ。そのせいか、僕は「ゴッドファーザー」シリーズを連想した。

大勢のパーティー客に向かって大友と市川（大森南朋）が皆殺しにする勢いで撃ちまくるシーンには、カタルシスさえおぼえた。「ゴッドファーザー PARTIII」（一九九〇年）でホテルの会場に集まったマフィアのボスたちを、ヘリコプターから機関銃で連射するシーンを僕は思い出していた。

テレビスポットでも流れていたので見た人は多いだろうが、林の中の道に首まで埋められている花菱会の会長（大杉漣）のシーンは誰しもギョッとするだろう。しかし、生理的な痛みは感じない。大杉漣は首まで埋められて大変だっただろうが、北野武監督に命じられれば何でもするしかないのだ。文句は言えない。

何しろ、それまでピンク映画やロマンポルノばかりに出ていた大杉漣を「ソナチネ」で起用し、メジャーな役者（メジャーになってから周防監督の「変態家族　兄貴の嫁さん」の老人役だったのが有名になった）にしたのは北野監督なのだから――。

しかし、首だけ出した大杉漣の場合は、自動車が間近に迫るということはなかったようだ。映画はそのように見せていたが、実際にそんな危険な撮影はしていないのはわかる。編集でごまかしていた。

首まで埋められたうえ、間近をジープが走りまわるという体験をしたのは、水戸黄門になる前の西村晃である。そんな危険な撮影を命じたのは、深作欣二監督だった。「北陸代理戦争」(一九七七年)のワンシーンである。

そんなエピソードを知ると、「殺すで、人ひとり殺すで。当たるで、この映画」と興奮する「蒲田行進曲」(一九八二年)の監督(蟹江敬三)は深作欣二その人ではないかと思う。

たぶん、北野武監督が「アウトレイジ」シリーズで意識したのは深作欣二監督であり「仁義なき戦い」なのだと思う。「その男、凶暴につき」は、最初、深作欣二が監督する予定だった。それが、どういういきさつかは知らないが、深作欣二監督が降りた。そこで、監督経験のまったくないビートたけしが監督することになった。初めてだったとはいえ、それまでビートたけしは大島渚を始め、何人もの監督の現場を見ていた。

僕が初めて見た俳優ビートたけしは東陽一監督作品「マノン」(一九八一年)だった。ヒロイン烏丸せつこのやくざな兄の役である。余談だが、「マノン」は、確か佐藤浩市の映画デビューだったと記憶している。

佐藤浩市が俳優としてデビューしたのは、NHKドラマ「続・続・事件」(一九八〇年)だと思う。大岡昇平のベストセラー「事件」は野村芳太郎監督が映画化したが、その後、NHKが深町ディレクター・早坂暁脚本でドラマ化した。主演の弁護士役は若山富三郎である。これが好評で、富三郎主演で何作か続編が放映された。早坂暁のオリジナル脚本だ。「続・続・事件」は母親(岸恵子)に家庭内暴力を振るう息子(佐藤浩市)の物語だった。

ところで、「アウトレイジ」には、日本のやくざ映画のDNAは感じない。特に今回の「アウトレイジ 最終章」は、日本映画的な要素がほとんどない。「ゴッドファーザー」のようなハリウッド的なものを感じる部分もあるが、たぶん最も近いのはフレンチ・ノアール、もっと言えばジャン=ピエール・メルヴィル監督作品ではないだろうか。

北野武監督作品が、フランスで受ける理由がそこにあるのではないか。フランスにはキタノ・ファンが多い。残虐で暴力シーンばかりの北野武監督作品を僕が偏愛するのも、フレンチ・ノアールを熱狂的に愛し、ジャン=ピエール・メルヴィル監督を神と仰ぐ身だから不思議はないのかもしれない。

古い映画を見ると甦るもの

野良猫ロック　セックス・ハンター

●和田アキ子の人気にあやかった映画がシリーズ化された

先日、久しぶりに「野良猫ロック　セックス・ハンター」(一九七〇年）を見ていたら、初めて見た頃の思い出が甦り、何だか落ち着かなくなった。若い頃を思い出すと、恥ずかしくなるからだ。僕は大学に入ったばかりの十九歳。痩せて、体重は五十キロしかなかった。二十七インチのジーパンを履いていた。昼飯を抜いて映画ばかり見ていたので、まったく太る様子はなく、強い風が吹けば飛ばされてしまいそうだった。

一九七一年、まだ大学は荒れていて、学生会館は閉まったままだった。時々、中庭で異なるふたつの色のヘルメットをかぶり、タオルで顔を隠すようにした連中が角材を振るって殴り合っていた。機動隊が導入されると、校舎の二階から火炎瓶を投げるヘルメット姿の学生もいた。

「野良猫ロック」シリーズは、封切りでは見ていない。最初に見たのは「野良猫ロック　暴走集団'71」（一九七一年）で、これを一九七一年の春に四国高松の二番館で見てすごく気に入り、友人たちに「ぜひ見るべきだ」と吹聴した。四月になって上京し大学に通うようになった頃、週末になるとどこかの映画館で「野良猫ロック」シリーズ五本立てがかかるようになった。

もちろん、オールナイト上映である。「女番長　野良猫ロック」「野良猫ロック　ワイルド・ジャンボ」「野良猫ロック　セックス・ハンター」「野良猫ロック　マシン・アニマル」「野良猫ロック　暴走集団'71」の五本は、すべて一九七〇年の一年間で制作されたものだ。

監督は「女番長　野良猫ロック」「セックス・ハンター」「マシン・アニマル」の三本が長谷部安春、「ワイルド・ジャンボ」「暴走集団'71」が藤田敏八だった。作風はまったく異なり、藤田敏八監督作品は全編にシラケた雰囲気が漂い、主人公たちは「ごっこ」に夢中になっているように見えたし、笑えるシーンが多かった。

主人公たちは現金輸送車を狙っても、遊び感覚でやっているようだった。それが、時代の気分を映し出し、藤田敏八は若者に支持される人気監督になった。当時の僕も、藤田作品に夢中だった。そして、その年の秋、藤田監督は「八月の濡れた砂」（一九七一年）を撮る。その藤田敏八監督も長谷部安春監督も亡くなって久しい。

長谷部安春監督は、アクションが得意な人だった。後にテレビでもアクションドラマを多く手がけ、「あぶない刑事」をヒットさせた。当時、僕は「女番長　野良猫ロック」や「マシン・アニマル」はさほど感心しなかったが、「セックス・ハンター」だけは大いに気に入り、これも友人たちに「ぜひ見ろ」と勧めていた。

ちなみに「女番長　野良猫ロック」は日活とホリプロの共同製作で、ヒロインはデビュー間もない和田アキ子である。大型バイクにまたがり、和田アキ子が颯爽と登場する。それがヒットしたのでシリーズ化したのだが、和田アキ子は二作目「ワイルド・ジャンボ」のワンシーンにカメオ出演しただけだ。それも、一作目のフィルムの使いまわしだった。ただし、「土砂降りの雨の中で」という曲が劇中で流れた。

●シリーズを代表する顔は梶芽衣子と藤竜也のふたりだった

五本すべてに出演しているのは、藤竜也と梶芽衣子である。藤竜也はどの作品でも輝いているのだが、とりわけ「セックス・ハンター」のバロンの役は光っている。梶芽衣子は脇にもまわったが、「セックス・ハンター」では完全なヒロインでピッタリのはまり役だった。

劇中、ほとんど大きなツバの黒い帽子をかぶっているのだが、その帽子のアップで映画は始まり、顔を上げると梶芽衣子（魔子）の顔になる。ラストは梶芽衣子のアップになり、彼女が顔を伏せて帽子のアップになって終わる。当時の日活ニューアクションと呼ばれた作品群は、若手俳優たちの集団劇だった（唯一、スターとして渡哲也ががんばっていた）が、その中でも藤竜也、梶芽衣子は生き生きとスクリーンの中で躍動した。

「セックス・ハンター」は、基地の街・立川が舞台である。魔子をリーダーとするスケバン・グループがあり、ジープで街を走りまわるバロン（藤竜也）率いるイーグルスというグループがある。そこへ、横須賀から幼い頃に別れた妹を探してハーフの数馬（安岡力也）がやってくる。

タイマン勝負で腕を切られた魔子が基地の近くの草むらで横になっていると、遠くから歌を歌いながら数馬が登場するシーンは、とにかくかっこいい。このシーンで数馬が歌うのは、「禁じられた夜」という曲だ。なかにし礼の作詞である。僕にはスクリーンでしか聞いていないのに忘れられない曲がいくつかあるが、「禁じられた夜」もそのひとつである。

「セックス・ハンター」という、まるでポルノグラフィのようなタイトルをつけられているけれど、ここでの「セックス」は「性別」の意味に近い。子供の頃、米兵にレイプされる姉を助けることができなかったバロンは、そのことで性的不能になっていて、イーグルスのナンバー2であるススム（岡崎二朗）が「俺のもの」と思っていた女が黒人のハーフ（ケン・サンダース）と愛し合ったのをきっかけに、バロンは「おまえたちのナオンは、みんな奴らにやられちまうぞ」と扇動し「ハーフ狩り」を始めるのだ。

イーグルスは立川の街を走りまわり、ハーフと一緒にいる女を見つけると、相手の男を叩きのめし「この街から出ていけ」と追い立てる。ちなみに、その頃、「ナオン」という業界用語を使うのがナウい（これも死語）とされていた。

男性週刊誌「平凡パンチ」でも使っていた気がする。劇中、ナイトクラブで当時人気のあった「ゴールデン・ハーフ」という女性グループが「黄色いサクランボ」を歌うシーンが挿入されるけれど、そのグループ名もこの映画のテーマを補っているのがおかしい。

姉を犯したアメリカ人を排斥するのではなく、犯された日本の女性が生んだハーフを狩るというのがバロンの屈折したところで、初めて見たとき僕は「ハーフ狩り」が何を意味しているのだろうと考えたものだ。

何しろ、脚本を担当したのがクセモノの大和屋竺である。「沖縄奪還・米帝粉砕」の時代だった。基地の街を舞台にしたのも意図的だし、「ハーフを狩る」ということに何らかの意味を持たせているに違いないと僕は思ったのだ。ちなみに、沖縄はまだアメリカに占領されていたし、「米帝」とは「アメリカ帝国主義」の略である。

●スクリーンの若き姿に四十七年の時間が重なって見える

前にも書いたかもしれないが、園子温監督の「愛のむきだし」（二〇〇八年）の中に「野良猫ロックの墓」が出てくる。そのうえ、主人公（西島隆弘）は、かつて梶芽衣子が演じた「女囚701号　さそり」（一九七二年）のコスチュームで女装し、街を歩いた。「女囚701号　さそり」は大ヒットし、主題歌「恨み節」もヒットチャートを駆け上った（後年、タランティーノ監督の「キル・ビル」で使われるとは、予想もしなかったけど）。

しかし、「さそり」のコスチュームは、「野良猫ロック　セックス・ハンター」の魔子の扮装を継承しているのだ。「さそり」の松島ナミのキャラクターは、「セックス・ハンター」の魔子がなければ、生まれていなかった。また、髪をきちんと七・三に分け、サングラスに口ひげという藤竜也のスタイルも、「野良猫ロック」シリーズで固まった。その中でも、「セックス・ハンター」のバロンの印象は強烈だった。

後年、テレビドラマ「時間ですよ」で、船越英二が通う小料理屋（女将が篠ヒロコ）のカウンターの隅で、いつも何も言わずに飲んでいるので人気が出ることになった藤竜也の基本スタイルは、バロン役で確立されたのだった。あれから五十年近くが過ぎ去り、藤竜也はテレビドラマ「やすらぎの郷」（二〇一七年）でも、相変わらず口ひげを生やし無口すぎる役をやっている。

「野良猫ロック　セックス・ハンター」を見ながら、僕は最近の梶芽衣子や藤竜也の姿を思い浮かべた。一九四七年生まれの梶芽衣子は、今年で七十歳になった。一九四一年生まれの藤竜也は七十六歳になる。現在、梶芽衣子は某誌で回想録を連載している。そのうち本にまとまるだろうと僕は楽しみにしているのだが、その第一回でも「野良猫ロック　セックス・ハンター」に触れていた。

撮影当時、二十三歳。そのクールな視線に僕は魅せられていたし、男に頼らない強い女のイメージに全面的に「異議ナーシ」と手を挙げていた。そのイメージを持続し、「さそり」シリーズや「修羅雪姫」シリーズを経て、「鬼平犯科帳」の「密偵おまさ」役でも認められ、今も「強い女」を演じている。

梶芽衣子、藤竜也の他に「セックス・ハンター」で忘れられないのは、安岡力也である。彼の数少ない主演作だ。まだ痩せていたし、歌手として人気があった頃である。体重は、後の半分くらいではなかっただろうか。背が高くスリムだった。見るからにハーフっぽい容貌だから、主演に抜擢されたのだろう。

安岡力也も、当時は二十三歳だった。その後、数多くの映画に出演し、六十四歳で亡くなった。「不良番長」シリーズ（一九七〇～七二年）に出演した縁で、生涯、梅宮辰夫を「アニキ」と慕った。松田優作とは顔を合わせれば、「喧嘩をしたら、どっちが勝つか」と話していた。リドリー・スコット監督作品「ブラック・レイン」（一九八九年）でも強面のやくざを演じているが、ほとんどがやくざの役だった。

古い映画を見ると、出演者たちのその後の長い人生にまで思いをはせてしまう。また、その頃の自分の姿を思い浮かべ、現在の自分と比較する。五十年近くの時間があっという間に甦る。遠くまできてしまった、という思いに捉われる。

あの時代は、本当にあったことなのだろうかと、遙かな昔のことは夢のように見えてくる。記憶は薄暮の世界に似ている、と誰かが書いていた。薄闇の中に、おぼろげな何かの形が浮かび上がる。だが、それが何だったのかはもうわからない。

あの頃、僕は自分が六十半ばまで生きているとは想像もできなかった。十九歳、一人暮らしの四畳半のアパート…、まだ本当の人生には踏み出していなかった。不安と期待に充ちた時代だった。いや、将来の不安ばかりに苛まれていた時代だったのかもしれない。自分が人生にどれほど傷つけられるか、何の予想もできなかった。

もうひとつの「離愁」

離愁／〝青衣の人〟より　離愁

●ラストシーンが心に刻み込まれた「離愁」

「離愁」という言葉は、造語ではないかとずっと思っていた。調べてみると、ちゃんと辞書に載っていて、「別れの悲しみ」と説明されていた。「悲愁」という言葉も気になっていたので調べてみると、「悲しみうれえること」と出ている。「哀愁」は「もの悲しさ。うら悲しい感じ」という説明だ。「旅愁」は「旅行中に感ずる、ものさびしさ」となっていた。

それぞれ有名な映画のタイトルになっている。ヴィヴィアン・リーの「哀愁」（一九四〇年）、ジョーン・フォンテーンの「旅愁」（一九五〇年）、ビリー・ワイルダー監督の「悲愁」（一九七九年）、そしてロミー・シュナイダーの「離愁」（一九七三年）である。

ロミー・シュナイダーの「離愁」については、昔、「愛に関する究極の選択」（「映画がなければ生きていけない」第一巻五二三頁参照）というコラムで書いた（十五年前ですね）けれど、僕がフランス映画好きだということを割り引いても、映画史に残る名作だと思う。

最も美しいロミー・シュナイダーを見ることができるし、ラストシーンは生涯忘れられなくなるだろう。原作はジョルジョ・

シムノンで、結末は映画とは異なっている。タイトルは「列車」で、そっけない。映画のタイトルも「列車」なのだが、日本の配給会社が「離愁」とつけた。ラストシーンの哀切さには、ふさわしいタイトルかもしれない。愛を認めることが命を棄てること…という究極のラストシーンだった。

第二次大戦、ドイツ軍がフランスに侵攻したときから物語は始まる。フランスの片田舎のラジオ商（ジャン＝ルイ・トランティニアン）は、ドイツ軍が攻撃してきたので大勢の人たちと一緒に列車に乗って逃げ出すが、妊娠している妻と娘とは別の貨車に乗せられ別れ別れになってしまう。

途中、謎の美女（ロミー・シュナイダー）が乗ってくる。次第に惹かれあったふたりは、雑魚寝をする人々の間で抱き合い愛を確かめる。しかし、女はユダヤ人で身分証明書もないらしい。大きな街に着いたふたりは夫婦としてナチの検問を通過するが、妻が病院で子供を産んだことを知らされ、男が病室へいっている間に女は姿を消す。

数年後、ナチ占領下の故郷に戻ってラジオ商を続けていた男は、突然、ゲシュタポに呼び出される。男の前につれてこられたのは、ロミー・シュナイダーである。女はレジスタンスだと告げられ、男の妻の身分証明書を持っていたと言われる。「知っているか」と問い詰められ、男は「知らない」と答える。

女も、男を知っているそぶりはまったく見せない。「帰っていい」と言われた男はドアへ向かう。そのシーンの緊迫感に手に汗を握る。男は、そのまま出ていくのだろうか。しかし、男は振り返り、女に近づき、その頬に手を添える。その瞬間のロミー・シュナイダーの表情が忘れられない。

だから、「離愁」は僕にとって特別の映画になっている。しかし、「離愁」という耳慣れない言葉を、大学生の僕は造語だと思ったのだった。そのときに辞書を引けばよかったのに、最近、古い松竹映画の「離愁」という映画をDVDで見て、その言葉がちゃん日本語としてあるのだと知ったのだった。

その映画は、公開時には「〝青衣の人〟より 離愁」（一九六〇年）となっていた。大庭秀雄監督作品で、原作は井上靖である。僕は原作をずいぶん昔に読んでいるのだが、まったく内容は忘れてしまっていた。

●岡田茉莉子が美しい井上靖原作の「離愁」

「離愁」と同じように、僕にとって特別な映画の一本である「秋津温泉」（一九六二年）は、岡田茉莉子百本記念映画である。岡田茉莉子は「秋津温泉」で美の頂点にあるが、それは後に結婚することになる吉田喜重監督が、初めて彼女を撮影したからかもしれない。

「離愁」は「秋津温泉」の二年前、小津安二郎監督の「秋日和」（一九六〇年）に出演した同じ年に岡田茉莉子がヒロインを演じた作品だ。もうひとりのヒロインである女子大生は、桑野みゆきが演じている。同じ年、桑野みゆきは大島渚監督の「青春残酷物語」（一九六〇年）のヒロインを演じており、ずいぶん役柄が異なっている。ちなみに大島渚監督は、「離愁」の大庭監督の助監督だった。

「離愁」は井上靖のロマンス小説の多くがそうであるように、三人の重要な登場人物の一人称的（それぞれ一人称のナレーションが入る）なシーンが重なり合い錯綜し、現代からは考えられないようなプラトニックな恋愛劇が展開される。僕は見ながら「いいよなあ、こんな関係」と独り言を言っていた。

僕が井上靖作品を深く愛するのは、恋愛劇といっても主人公たちは手も握らず、告白もせず、内面のドラマがロマンチックに描かれるからである。あるいは、片想いが片想いだけで終わってしまうこともある。現代の若者が見たら、一体どう思うだろう。

冒頭、琵琶湖周遊船に境道介（佐田啓二）が乗っている。彼はデッキで湖面を見つめる憂愁を漂わせた若い娘に目を留める。ここで「私は」と語るナレーターは、境道介だ。船は竹生島に寄り、そこで一時間の自由時間がある。

時間がきて船に戻ろうとしたとき、境は若い娘が断崖の縁に座り、船に戻る様子がないのに気付く。自殺を疑った境は、木谷れい子と名乗る娘（桑野みゆき）を放っておけず、京都の友人の家に一緒につれていく。れい子は落ち着いているが、叔母に迎えにきてもらうことにしたと語る。

翌日、東京かられい子を迎えにやってきた叔母の三浦暁子（岡田茉莉子）は、境と顔を合わせて驚く。ふたりは五年ほど前に知り合いだったらしい。また、暁子の「ご結婚は？」という問いに、境は二年前に結婚したが、妻は胸の病で長野の実家で長く静養していると答える。

れい子は叔母と境の過去に何があったのか、好奇心が湧いてくる。そんなとき、五年前に結婚した暁子の夫は大学教授で、研究のために半年ほど海外へ出かけてしまう。頻繁に暁子の家を訪れるれい子は、何かとかまをかけて境との過去を聞き出そうとする。

●三人の登場人物の間の視点移動がおもしろい

「離愁」のおもしろいところは、視点の移動だ。小説ではよくあることだが、映画的には特に視点の移動を明確にしなくても映像で描き出すことができるので、それほど意識せず様々な人物の主観ショットをつなぐことができる。

「離愁」では、「私」というナレーションの視点が変わり、暁子の語りになる形で境との過去が回想される。暁子は婚約したばかりの頃、有名な陶芸家の陶芸展で弟子の境と出会ったのだ。その後、父親の使いで陶芸家の工房を訪れ、境の作品を師匠の作品と間違ったことから親しくなり、ふたりで美術館などを巡り始める。

暁子は自分が境に強く惹かれているのを自覚しながら、やはり婚約を破棄できない。結婚式の数日前、もう二度と会わない決意で境にさよならを告げる。そのとき、どちらもはっきりした意思表示はしない。ふたりとも遠まわしな言い方で、好意を告げるだけである。

最近じゃ、中学生でももう少し積極的だろう。暁子には婚約しているという制約があるし、境も結婚を間近にした相手に強く言い募ることで、相手を苦しめるだろうという思いがある。しかし、それから五年後、偶然に再会した暁子は境への想いが消えていなかったことを知る。

そんな叔母の気持ちを見抜いたのか、れい子が境に接近する。ここで、また視点の移動が行われる。今度は、れい子が「私」というナレーターになるのだ。れい子は大学をやめて結婚してもいいと思っていた相手がいるのだが、つまらないことで喧嘩をし、ひとりで琵琶湖に旅に出てぼんやりしているところを境に助けられたのだ。

その境と叔母の過去に興味を持ち、境の工房を訪ねて接近し、やがて境その人に好意を持ち始める。叔母の暁子に「私に嫉妬しているのね」と口にすると、暁子は「なぜ、私が嫉妬するの？」と言う。れい子は境への強い想いを秘めながら、絶対に表には出さない叔母に苛立ちのようなものを感じる。

映画が公開されたのは五十七年も昔のことだけれど、最近の恋愛ドラマより「離愁」の方が僕には理解できる。「秘めた恋」というのは、永遠のテーマなのではないかと思う。昔から「しのぶれど色に出にけり　わが恋は…」という和歌が好きだった。女性とは寝ないことをもって尊しとする古ぼけた美学を持つ僕としては、こういう物語を「ホントにいいなあ」と思ってしまう傾向がある。

結局、境と暁子は互いに好意を感じながら、何も口にせず、手も握らず、別れてしまう（最後に一度だけ情熱的なくちづけを交わすけれど）のだから、内面の葛藤を描く心理的なドラマ展開になる。そこが気に入り、僕にとってのもうひとつの「離愁」になった。

ちなみに北海道出身の境が酔って唄うのがアイヌ語の「ピリカ」だった。その「ピリカ」は、後のシーンで、二度と境の名を口にせず、二度と会わないことを誓い合った叔母と姪によって唄われる。効果的な使われ方だった。

小学校の音楽の時間に習った「ピリカ」を、僕は五十数年経っても憶えていた。彼女たちが唄うのに合わせて口ずさんだ。「ピーリカ、ピリカ、タンドシリピリカ…ヌケクスネ」と僕は記憶していたのだが、何となく細かな部分で違っていたような気がする。

戦前最後に公開されたハリウッド映画

スーパーチューズデー　正義を売った日／野望の系列／スミス都へ行く

●選挙になると必ずかかってきた電話の相手が懐かしい

先日の衆議院選挙は、「何だかなあ、やれやれ」という印象だった。僕は選挙権を得て以来、一度も自民党に投票したことはないけれど、今回も選挙にいった人の三人に一人は自民党に投票したことになる。もっとも、台風で選挙率も五十パーセント強だから、選挙権のある人の六人に一人くらいの計算になるのかな。それで、三分の二の議席を取ってしまうのだから、小選挙区制は考え直した方がいい。

今回は、野党のドタバタが自民党を利したのは明らかだだが、安倍首相は運がいいとしか思えない。いや、自民党が運がいいのだ。阪神淡路大震災時は村山内閣だったし、東日本大震災のときは菅内閣だった。

選挙になると、いつも電話がかかってくる。出版労働組合連合会（出版労連）の家庭書共闘会議事務局長という役職をやっていた頃、事務局次長としてつきあってもらっていたUさんである。彼は筋金入りの共産党員で、電話で「共産党よろしく」と言ってくるのだ。

何しろ生まれは九州の炭住（炭坑で働く人たちの社宅）である。三井三池闘争のときに小学生をやっていた。上京した若い頃は、O電気の労使紛争で活躍したらしい。その後、出版社に入り、書店営業を担当するようになった。ずっと独り身でお城の研究家でもあり、城関係の原稿を頼まれて書いている。最近は、花街（色町）についての本も出版した。

出版労連の中央執行委員の主流派の人たちは、共産党支持者あるいは隠れ党員が多かった。僕も「中央執行委員に出ろ」とずいぶん誘われたが、ずっと断り続けていた。しかし、断りきれず、監査役として出版労連本部役員を二年だけやったことがある。

そのときの労連委員長は、珍しく「主婦と生活社」出身の反主流派の人だった。その頃だったと思うが、労働組合の上部組織に大きな変動が起こった。「総評」と「同盟」がなくなり「連合」が誕生したのだ。しかし、共産党系の産業別労働組合は「全労連」という組織に所属することになり、出版労連内でも正式に加盟するかどうか論議が盛んになった。

結局、出版労連は「全労連」に加わったのだが、五月一日のメーデーでは圧倒的な人数の「連合」に会場の代々木公園を奪われ、錦糸町の片隅にある公園に追いやられることになった。それまでは青山通りを行進していたのに、下町の誰もいない倉庫街や隅田川沿いの道をわびしく行進することになったのだ。

その頃、僕のメーデー参加の唯一の楽しみは、医労連の人たちの姿を見ることだった。看護婦（まだ看護師と言い換えていなかった）さんたちが中心の労働組合である。彼女たちは、仕事着（ちゃんと看護帽もつけていた）姿だったのである。何百人ものナイチンゲールがまとまっている様子は壮観だった。

しかし、「連合」では大型連休の真ん中に行われるメーデー（大手企業の組合は、参加手当と弁当付きで動員していた）が不評で、ついにメーデーを連休の初日に移動することにした。それじゃあメーデーじゃないだろうと思うのだが、それによって五月一日に代々木公園が空くことになった。

そのおかげで、「全労連」は再び代々木公園を使用できるようになり、連休で賑わう五月一日の青山通りを行進できることになったのだ。そういえば、昔、メーデーで青山通りを歩いているとき、倒産したばかりのVAN本社前で社員たちがワゴンセールをやっていたことがある。その後、ブルックス・ブラザーズの青山店になったが、今もそうなのだろうか。

さて、今回の衆議院選挙では「民進党」が分裂し「希望の党」やら「立憲民主党」などになったが、「連合」も混乱した。「民進党」の最大の支持母体が「連合」だったからだ。連合会長と前原代表と小池代表の三者会談で始まった合流話は、小池代表の「選別」発言で連合会長が激怒したという。

だいたい、産業別労働組合の連合体であるのに、かなりライトウイングの小池代表を支持することに無理がある。元々、僕は「連合」を労働者の代表とは思っていなかったが、今回の件では少しあきれた。ところで、「全労連」のことはまったく聞かない。共産党関連の組織はしっかりしているから、少ない人数なりにがんばっているのだろう。

●ハリウッド映画は政治もエンターテインメントに仕上げる

ハリウッド映画ではよく大統領選挙が題材にされるし、政治映画とでも呼ぶべきジャンルのものもある。最近ではジョージ・クルーニーが監督した「スーパーチューズデー　正義を売った日」（二〇一一年）が大統領選挙の内幕を描いていておもしろかった。

ジョージ・クルーニーは政治的な発言もするし、映画で描くのは「赤狩り」だったり「大統領選挙」だったり、硬派のテーマが多い。明らかに民主党支持である。ドナルド・トランプに対する彼の批判的な発言もニュースになったことがある。

政治家が主人公になった映画としては、最近ではニコラス・ケイジ主演「コンテンダー」（二〇〇一年）やトム・ハンクス主演の「チャーリー・ウィルソンズ・ウォー」（二〇〇七年）を割におもしろく見た。どちらも実際にモデルの上院議員がいるらしい。そういう実録の政治ドラマを作る下地がハリウッドにはあるのだろう。

日本映画で政治ドラマを挙げようとすると、山本薩夫監督の「金環蝕」（一九七五年）や森谷司郎監督の「小説吉田学校」（一九八三年）くらいしか思い浮かばない。前者は実際の贈収賄事件がモデルらしいし、後者は政争劇である。

六〇年代半ばは、まだ東西の冷戦のまっただ中だった。キューバ危機から数年経った頃である。その頃、ハリウッド映画で政治的なテーマの作品や政治ドラマそのものが立て続けに公開された印象がある。

ジョン・フランケンハイマー監督は、「影なき狙撃者」(一九六三年)「五月の七日間」(一九六四年)を続けて制作したし、「未知への飛行　フェイル・セイフ」(一九六四年)が公開され、「野望の系列」(一九六二年/日本公開一九六四年)もあった。アメリカで軍事クーデターが起こったり、核爆弾がソ連へ向かったり、大統領が暗殺されたりといったポリティカル・フィクションばかりだった。

今では有名になった、スタンリー・キューブリック監督の「博士の異常な愛情」(一九六四年)も同じ頃に公開になった。ラストシーンでは、軍人が核弾頭にまたがってソ連に落ちていく。あの頃、第三次世界大戦の恐怖、核戦争の恐怖は現実のものとして受け取られていた。

アメリカを中心にして各国は核実験を繰り返し、放射能の雨が降り注いだ。僕は小学生で、「雨に濡れると禿げるぞ」と友だちに言われた。僕らは本気で信じていたものだ。アメリカではソ連が攻めてきたときや核爆弾が落ちたときを想定した訓練を学校で行っていたという。公開される映画も、当然、現実を反映した政治ドラマが増えたのだろう。

●トランプ大統領に関する報道でアメリカ議会の仕組みがわかった

トランプが大統領になり、日本のテレビでもやたらにアメリカの議会制度などが解説され、僕もかなり詳しくなった。それで、改めて「野望の系列」という映画を見てみると実によくわかったけれど、国務長官を任命する話だけで二時間以上のドラマを作るハリウッドの幅の広さには驚いてしまった。

大統領が決まると、日本の閣僚に当たる国務長官や司法長官などが決められるのだが、日本の外務大臣に当たる国務長官の人選は大統領として最も重要な仕事なのである。大統領が候補者を任命しても、上院議会での承認が得られなければ国務長官にはなれない。

「野望の系列」は、ある上院議員が大統領が国務長官の後継候補者(ヘンリー・フォンダ)を決めたという新聞記事を見て、あわてて上院の院内総務(彼も上院議員である)のオフィスにいくところから始まった。おそらく彼らは民主党である。

筋を通すヘンリー・フォンダには敵が多く、その筆頭が対立する党(共和党)の老練な議員(チャールズ・ロートン)である。彼は四十年も上院議員を務めているが、何年か前に議会でヘンリー・フォンダに厳しい追及を受けたことで恨みを抱いている。

院内総務は「彼では、上院の承認を得るのは大変だ」と、ホワイトハウスに駆けつけて大統領に忠告する。しかし、自身の病を自覚している大統領は、「六年間、平和を維持してきたのだ。

私の考える平和外交をやってくれるのは彼しかいない」と、ヘンリー・フォンダの国務長官に固執する。

院内総務は、どうやってそれを実現するか、様々な議員に根まわしし、駆け引きを行う。結局、上院でいきなり承認の議論を行えば票が読めないとして、国務長官候補を別個に調査する小委員会を立ち上げ、その委員長に若手の上院議員を当てることにする。

ここに副大統領(「バイス・プレジデント」と呼ばれるが、上院の議長を務めるので、そこでは「プレジデント」と呼ばれている。議長も「プレジデント」と呼ぶのだと初めて知った)などもからんできて、虚々実々の政治ドラマが展開される。

ヘンリー・フォンダは小委員会に呼ばれて、過去の言動や思想的な傾向を厳しく調べられるのだが、老獪なチャールズ・ロートンが様々な罠を仕掛けてくる。若い頃の共産主義への傾倒も容赦なく暴こうとするのだ。チャールズ・ロートンは、いかにも共和党的な戦争観・外交観を持っていて、まるでトランプのような発言をする。

ところで、日本の衆議院議員は今回の選挙で十名減らしたといっても、四百五十名以上も存在する。アメリカの上院は百名だけだ。五十州から百名だけが選出される。少なければいいというものでもないのだろうが、日本の国会議員は多すぎる。それに世襲議員ばかりだ。

今回、僕は四国高松にいたので、香川一区の選挙戦を観察していたが、自民党の候補者は三代か四代続く世襲(小泉進次郎も四代目だけど)であり、新聞と放送局を保有する家の出である。ある人は「香川県の『市民ケーン』ですよ」と言っていた。対する候補者は、「希望の党」から出た元民進党だった。彼は、かなり善戦して自民党候補を追い上げたが、結局、比例復活だった。

今回の選挙でも感じたが、日本人は政治に関心がなさすぎる。戦後、アメリカから与えられた民主主義は、結局、日本人の血肉になっていない。そのことは、ハリウッド映画と日本映画を見比べてもわかる。戦前、日本で最後に公開されたハリウッド映画は「スミス都へ行く」(一九三九年)だった。

アメリカの民主主義、議会政治の理想を謳いあげた名作だ。政治の汚い部分も描かれるし、主人公は政治的陰謀につぶされそうになるけれど、延々と議会で演説し続ける姿にアメリカの議会政治の理想が見える。「スミス都へ行く」は、一九四一年十月に日本で公開された。日本が真珠湾を攻撃する二ヶ月前のことだった。

「ワルシャワ」で思い出すこと

世代／地下水道／灰とダイヤモンド

●ナチス・ドイツに占領されていたポーランドが舞台の小説

昨年の直木賞候補になっていた須賀しのぶさんの「また、桜の国で」を読んだ。以前に大藪春彦賞を受賞した「革命前夜」、関東大震災から敗戦までの兄妹の人生を描いた「紺碧の果てを見よ」を読んでいたが、現代史をテーマにしてちょっと変わったエンターテインメントを書く人である。

「革命前夜」は東ドイツの音楽学校へ留学した日本人の若者を主人公に設定し、ベルリンの壁が崩壊する前の東ドイツを描いたものだった。秘密警察（シュタージ）によって監視され、密告が奨励される社会である。誰が秘密警察のスパイかわからない。「善き人のためのソナタ」（二〇〇六年）で描かれた、息苦しい監視社会だ。そんな現代史を背景に、ミステリの要素を含みながら主人公の成長が描かれる。

「また、桜の国で」は、一九三八年九月三十日にドイツのベルリンからポーランドのワルシャワへ向かう列車に主人公が乗っているところから始まる。その日は「欧州の、ひいては世界の平和が守られた日として永久に歴史に残るだろう」と新聞に書かれている。ドイツ、イタリア、フランス、イギリスが、チェコスロバキアのズデーデン地方をドイツに割譲することで合意した日だったのだ。

それによって、欧州での戦火は避けられたと人々はホッと胸をなでおろした。それは、ナチス・ドイツを率いるヒトラー総統の要求を、イタリアのムッソリーニが仲介し、イギリスとフランスが戦争を避けるためにチェコスロバキアに犠牲を強いたということだった。

しかし、戦争が避けられたのは、たった一年だったことを僕は知っている。ヨーロッパ征服の野望に燃えるヒトラーは一九三九年九月、ドイツ軍をポーランドに侵入させ、一ヶ月ほどでポーランドを占領してしまうのだ。その後のポーランドでは、悲劇が続く。

ロシアやドイツと違い、ユダヤ人差別のあまりなかったポーランドには多くのユダヤ人が住んでいたが、高い塀を巡らせた狭いゲットーの中に何十万人ものユダヤ人が押し込められる。食料もなく人々は飢え、やがてユダヤ人たちは収容所へ移送される。その後、ゲットーでの絶望的な蜂起が起こるが、ドイツ軍に完膚なきまでに叩き潰される。

「また、桜の国で」を読むと、ロシアとドイツに蹂躙されてきたポーランドの歴史にも詳しくなる。戦前の日本とポーランドの関係、さらに第二次大戦でのポーランドの出来事がよくわかった。

主人公をワルシャワの日本大使館の外務書記生に設定してあるので、当時のヨーロッパの情勢も詳しく書き込まれている。

ヨーロッパに駐在した日本の大使の中にも、英米派とドイツに傾倒する枢軸派がいたのは知っていたが、その対立が日本にも大きな影響を与えたのだ。特に、ナチス・ドイツに共鳴するドイツ駐在の大島大使は、日独伊三国同盟の締結に大きな影響を与えた。

当時、英米派と言われたのは、イギリス駐在大使だった吉田茂である。吉田茂はドイツ派の大島大使を嫌ったという。その大島大使を「杉原千畝　スギハラチウネ」（二〇一五年）で演じたのは、小日向文世だった。杉原千畝は外務省の指令に背いてユダヤ人たちに日本のビザを発行し、多くのユダヤ人を救ったとして「日本のシンドラー」とも呼ばれ、その存在は有名になった。

有名になったから映画にもなったのだが、僕は映画を見て詳しいことを知った。杉原にビザを発行してもらった多くのユダヤ人はシベリア鉄道で満州に入ったが、そこでも杉原に同調する外務官僚がいて、ユダヤ人たちが日本を経由してアメリカなどに渡れるようにしたのだ。

「また、桜の国で」の中にも、少しだけ杉原千畝が登場する。しかし、主人公は杉原千畝よりずっと深くポーランドの人々と関係を持ち、とうとうワルシャワ蜂起にまで参加するのだ。一九四四年、ロシア戦線でドイツ軍が敗走し、ソ連軍がポーランドに侵攻してくる。

ロンドンにあったポーランドの亡命政府は、ドイツ軍に対する蜂起を提起し、レジスタンスたちはワルシャワで一斉に蜂起したのだが、それは大きな悲劇を生む。蜂起は失敗し、ワルシャワは死の街になってしまう。また、ソ連軍も解放軍ではなく、レジスタンスを見殺しにし、戦後のポーランドに圧倒的な支配権を保持し、共産党の傀儡政権を樹立する。

●昨年秋に九十歳で亡くなったポーランドを代表する監督

ポーランドの映画監督で最も有名なのは、去年の秋、九十歳で亡くなったアンジェイ・ワイダだろう。三十歳のときに「世代」（一九五四年）で監督として登場し、「地下水道」（一九五六年）「灰とダイヤモンド」（一九五七年）と、立て続けに問題作を製作した。彼は一九二六年の生まれだから、ドイツ軍が侵攻してきたときには十三歳だった。

ワルシャワ蜂起があったのは、彼が十八のときである。レジスタンスに参加した同世代の少年たちも多かったはずだ。アンジェイ・ワイダ自身も、レジスタンスに関係していたという。

「世代」「地下水道」「灰とダイヤモンド」は「抵抗三部作」と呼ばれ、戦争中のレジスタンス活動、ワルシャワ蜂起、そして戦後の政治闘争が描かれている。監督デビューの「世代」は、ワイダが「作らねばならなかった映画」なのだろう。それだけの思いが詰まった作品である。たった十年前のワルシャワ蜂起を思い出しながら、ワイダは撮影したのではないだろうか。

この作品に俳優として出演している若きロマン・ポランスキ

ーは、「ポーランド映画は、この作品から始まった」と述べている。また、「灰とダイヤモンド」に主演したズビグニエフ・チブルスキーも出ている。ちなみにチブルスキーは、日本では「ポーランドのジェームス・ディーン」と呼ばれた。「灰とダイヤモンド」の日本公開で人気が出た直後、列車事故で早世したからである。

公開当時、日本でもヒットし、後に多くの映画人に（映像的に）影響を与えた「灰とダイヤモンド」で主人公を演じたチブルスキーは、終始、薄い黒メガネを外さない。それは、ワルシャワ蜂起のときに地下水道で長く暮らしたため、目を弱くしたからという設定だった。

戦後、ソ連に占領されたポーランドは、ソ連の傀儡政権である共産党政府が樹立されるが、主人公マチェックは反共産党組織のテロリストなのである。戦争が終わっても、ポーランドの国内でそんな対立が続いていた。彼はモスクワから派遣される共産党幹部の暗殺を命じられ、待ち伏せをする。そして、狙った人間を射殺するのだが、それは人違いだった。そこから、マチェックの彷徨が始まる。

●ワルシャワ蜂起は悲惨な結末を迎えてしまう

マチェックが目を悪くしたというワルシャワ蜂起を描いたのが、「地下水道」である。一九四四年、レジスタンスが一斉にドイツ軍に戦いを挑んだワルシャワ蜂起は無残に失敗し、レジスタンスたちは地下水道に逃げ込む。「また、桜の国で」の後半はワルシャワ蜂起に加わった主人公の行動を描くのだが、その地下道が多くの死体によって塞がれているという描写が出てくる。

映画では匂いは描けないが、「また、桜の国で」では地下水道の強烈な匂いを描写する。下水の匂いに死体の腐臭が加わり、悲惨な地下水道の様子が描き出された。ドイツ兵たちは、その地下水道を火炎放射器で燃やし尽くす。レジスタンスたちは出ようにも出られなくなるのだ。

僕はアンジェイ・ワイダの「抵抗三部作」や「カティンの森」で、ポーランドの現代史を知っているつもりだったけれど、「また、桜の国で」を読んでいろいろと教えてもらった。ロシアとドイツという大国に挟まれて、ポーランドという国は大変な目に遭ってきたのだ。国そのものが消滅していた時期もあった。

一九三九年九月にも、ナチス・ドイツがポーランドに侵攻したことを知ったソ連は、反対側からポーランドに侵攻する。つまり、ソ連とナチス・ドイツがポーランドを二分する。ナチス・ドイツの占領地域から逃れようとした人々は、今度はソ連軍によって逃げ場を失うのだ。その状況は「カティンの森」で描かれている。

ソ連軍は捕虜にしたポーランド軍の兵士たちを、何万人もカティンの森で虐殺し埋める。その森は後にナチス・ドイツが占領したため、兵士たちの死体が発見されたとき、ソ連は「ナチの仕業」と主張し、ナチス・ドイツは「ソ連軍がやった」と反論した。戦後、何十年もたってソ連が虐殺を認め、ゴルバチョフ大統領が謝罪した。

ところで、僕（および同世代の人たち）は「ワルシャワ」と聞くと、「ワルシャワ労働歌」を連想する。「暴虐の雲　光を覆い　敵の嵐は吹き荒れる」というやつである。また、あの時代、ある大学の校舎がバリケード封鎖され、機動隊が導入されてバリケードが解かれた後の壁に描かれていたフレーズが有名になった。「砦の上に我らが世界を」というフレーズだ。もちろん、これは「ワルシャワ労働歌」の「砦の上に我らが世界　築きかためよ　勇ましく」からきている。

そんな時代から二十年もたった頃だろうか、ある日、酒席で僕は少し年上の女性に出会った。酔った彼女は、いきなり「ワルロー唄おう、ワルロー」と言い出した。「ワルローって何だ?」と僕は思ったけれど、彼女の口から「暴虐の雲〜」と出たとき、「ワルシャワ労働歌をワルローって略すかあ」とツッコミたくなった。「インターナショナル」は「インター」（略す方が一般的だ）で通じるけれど…。

しかし、「ワルシャワ労働歌」を高らかに唄うその女性を見て、僕の脳裡にヘルメットをかぶった女性闘士の姿が浮かんできた。僕はポスト全共闘世代だが（内ゲバ世代と言われている）、その当時でも威勢のいい女子学生はいっぱいいたのだ。僕自身はノンポリで、ヘルメットをかぶったことは一度もなく、「ソゴーくん、意識が低いのよ。自己批判しなさいよ」と責められる方だったけれど…。

猫好き作家の映画化作品

宗方姉妹／帰郷／風船

●写真家の岩合光昭さんは猫語が話せるのかもしれない

毎日、雨の日でも早朝の散歩を欠かさない。まだ暗い時間に散歩をしていると、猫たちに出逢う。人のいない道を猫が悠々と横切るし、車の下には丸くなった猫たちがいる。朝の冷え込みが厳しくなって、車の下が少しでも寒さを防げるのだろう。茶トラ、三毛、サバトラ、キジトラ、黒、白、ブチ、様々な猫が生きている。

その姿、仕草、動きを見ているだけで、孤独感が消えていく。だから、猫と逢うと身を屈め、じっと見つめてしまう。そういうとき、なぜか猫は気配を感じるらしく、遠く離れていても動きを止め、こちらに目を向ける。こちらが動かないでいると、猫もじっと動かず見つめてくる。警戒しているのだ。こちらが急な動きを見せると、サッと逃げていく。

ＮＨＫ－ＢＳで放映している「岩合光昭の世界ネコ歩き」は

猫好きの人はよく見ているようだけど、なぜ世界中の猫は岩合さんに無警戒に自然な姿を見せるのだろうと不思議に思う。ある記事で「猫に嫌われないようにしている」と岩合さんは語っていたが、それだけなのだろうか。岩合さんは猫語が話せるとか、何か秘密があるのじゃないだろうか。

僕も猫にはずいぶん馴れて、散歩のときに足下に寄ってきてくれる猫は何匹かいるのだけれど、どの猫も警戒心を完全には解いていない。いつでも、サッと逃げられるような身構えをしている。猫語を話せればいいなと思いながら、人間の言葉で話しかけている。

岩合光昭さんには三十年以上前になるが、取材をしたことがある。当時、僕はカメラ雑誌編集部にいた。岩合さんはアフリカのセレンゲティ自然公園に家族で一年移り住み、動物たちを撮影し「おきて」という写真集を上梓した。三十代半ばのことである。

ネイチャーフォトのジャンルに力を入れていたオリンパス光学は、岩合さんを熱心にバックアップしていて、企業カレンダーに岩合さんの動物写真を採用した。そんなこともあって、僕は岩合さんにインタビューしたのだ。当時、新進の動物写真家だった岩合さんだったが、僕の会社の年輩の編集者たちは「岩合さんの息子さん」と、光昭さんのことを呼んでいた。岩合徳光さんという動物写真の泰斗がいて、光昭さんは息子さんだったのだ。

アフリカのセレンゲティ自然公園に家族で移住して暮らしていた岩合さん一家のことは、その後、NHKでドラマになった。奥さんの視点で描かれていたと思うが、奥さんを演じたのは薬師丸ひろ子だった。ドラマが放映された頃だろうか、渋谷の小さなギャラリーで岩合さんが撮った猫の写真展が開催され、写真展としては異例の客を集め新聞記事にまでなった。

「動物写真家の岩合光昭さんが猫の写真?」と僕は思ったが、それから岩合さんの猫の写真展はあちこちで開催され、デパートの企画展として全国展開されるようになった。そして、いつの間にか「猫の写真なら岩合光昭」が定着した。昔、「アサヒカメラ」一月号に岩合さんの猫の写真のカレンダーが付録について、部数を延ばしたこともある。毎年「アサヒカメラ」一月号で特集していた、篠山紀信さんの過激なヌードより人気があったらしい。

岩合さんが撮影する猫たちを見ていると、本当に猫が好きなのだと伝わってくる。猫好きの人間にはたまらない。やっぱり、岩合さんは猫語が話せるのに違いない。

●猫が好きで好きでたまらなかった「鞍馬天狗」の原作者

猫好きの作家はいっぱいいるが、大佛次郎の猫好きにかなう人はそういないのではないか。自宅には常に十匹以上の猫がいたというし、生涯に五百匹以上の猫を飼ったそうである。猫グッズの収集も多く、最近、「大佛次郎と猫たち」という展覧会も行われた。

川本三郎さんの「老いの荷風」所収「東京と猫を愛した画家、木村荘八」によると、やはり猫好きの木村荘八（画家・文筆家。永井荷風の「墨東奇譚」の挿し絵で知られる）が昭和三十三年に亡くなったとき、「大佛次郎は通夜に出かけた。その時、大佛夫人は木村家の猫たちの食事（カタクチイワシと焼いたアジ）を差し入れに持たせた。通夜の混雑で猫たちの食事が忘れられているだろうからという心づかいだった」という。

大佛次郎と言えば「鞍馬天狗」の原作者だけれど、今では「鞍馬天狗」を知らない若者たちも多いのだろうなあ。僕が初めて大佛次郎を「おさらぎ・じろう」と読むのだと知ったのは、小学六年生のときだった。大河ドラマ「赤穂浪士」が始まったからである。父母が「あれで、おさらぎって読むらしい」と話していたのを憶えている。

長谷川一夫の大石内蔵助だった。赤穂浪士たちの探索を引き受けるニヒルな浪人・堀田隼人を演じた林与一に人気が出た。数年後、僕は原作をおもしろく読んだ。その「赤穂浪士」を始め「鞍馬天狗」「照る日曇る日」「ごろつき船」など、大佛次郎と言えば「時代小説」というイメージが強かったが、「現代小説もいいじゃないか」と思ったことがある。

一九五〇年（昭和二十五年）は戦後五年、まだ日本は占領されていた。その年、大佛次郎の現代小説が二本、映画化されている。小津安二郎が監督した「宗方姉妹」と大庭秀雄が監督した「帰郷」である。「ごろつき船」も映画化されているから、年間三本である。売れっ子作家だったのだ。

「宗方姉妹」で姉を演じたのは田中絹代、妹は高峰秀子だった。高峰秀子が唯一出演した小津作品ではないか。小津監督が松竹ではなく、新東宝で撮影した作品だからかもしれない。古風な姉に対して、高峰秀子は戦後の若い女性を勢いよく演じている。「勢いよく」とは文字通りの表現で、僕は熱演する高峰秀子に違和感を感じた。やはり、成瀬巳喜男監督作品に出た高峰秀子がいいなと思う。

「帰郷」は戦争中、軍の汚職事件の罪をかぶり、東南アジアで行方不明になった男が帰国し、娘と会う話が中心に展開する物語だった。妻は、再婚している。母の幸福を願うなら、父親には会わない方がいいのだが、やはり会いたい気持ちは募る。そんな父と娘の交情が印象に残る。戦争が引き裂いた家族の悲劇である。

父親を佐分利信、娘を津島恵子が演じた。「帰郷」は大佛次郎の現代小説の代表作で人気もあったから、もう一度映画化されている。森雅之が父親、吉永小百合が娘を演じた西河克己監督版「帰郷」（一九六四年）だ。十九歳の吉永小百合が美しい。「帰郷」公開の一ヶ月後、吉永小百合の代表作で大ヒットした「愛と死をみつめて」（一九六四年）が公開され、日本中の観客の涙を涸らした。

●川島雄三監督が映画化した大佛次郎の新聞小説

川島雄三監督も大佛次郎原作の現代劇「風船」（一九五六年）を撮っている。これも森雅之が主演だが、何と彼の役名は村上春樹という。小説家の村上春樹さんは本名らしく、世代的に「春樹」という名前はたぶん「君の名は」の「後宮春樹」からとっているんじゃないかと思っていたが、「君の名は」（最近は「。」付きアニメの方が有名か？）のラジオ放送は一九五二年なので、村上さんが生まれた後のことだ。

大庭秀雄監督によって映画化されたシリーズが公開されるのは、一九五三年から翌年にかけてだった。ということは、「君の名は」の主人公が「春樹」という名前なのは、その頃、「春樹」という名前が多かったからなのかもしれない。ちなみに（どうでもいいけど）、柔道協会（正式名は知らない）の理事に上村春樹さんという人がいる。金メダリストらしい。

さて、「風船」は盛大な葬儀のシーンから始まる。そこにきていたナイトクラブを経営する有名画家の息子である都築（二本柳寛）は、弔問客の中の夫婦を見つけて無沙汰を詫びる。かつて父の有望な弟子で、その後、事業を興し、今は光学会社の社長になっている村上春樹（森雅之）である。都築は戦後しばらく村上家に世話になっていたが、何も言わずに出て、その後、連絡もしていなかったらしい。

都築がいなくなってから、都築の悪口を言い出す妻を村上はたしなめる。森雅之は、紳士的で穏やかなキャラクターを演じるとよく似合う。知的だし、奥深いものを感じさせる。日本画家を目指していたのに、実業の世界で成功してしまった複雑な気持ちも、その表情から伝わってくる。

村上夫婦には、長男の圭吉（三橋達也）と長女の珠子（芦川いづみ）がいる。圭吉は村上の会社の部長だが、女好きの遊び人でモラルに欠けるところがあり、村上は心配している。珠子は知的障害がある（と母親などから言われている）のだが、ピュアでイノセントな少女である。

村上が家庭で心から安らげるのは、珠子と話しているときだけだ。圭吉はバーの女給クミコ（新珠三千代）を愛人にしているが、ある夜、都築の店でシャンソンを歌うミキ子（北原三枝）と出会い、心を奪われる。現代的でドライなミキ子は、都築に心惹かれながら圭吉に近づく。圭吉の心変わりを知ったクミコは自殺未遂事件を起こす。

自殺未遂を起こしたクミコを見舞いもしない圭吉を村上は見限り、自分の会社を辞めさせ他社でやり直させようとするが、父親の気持ちが理解できない圭吉は父を恨む。一方、兄のせいで自殺しようとしたクミコを珠子は献身的に看病する。彼らをそれぞれクールに観察しているのは、都築である。

この二本柳寛が演じたキャラクターがおもしろい。彼がいるおかげで、「風船」は深い奥行きを持った物語になっている。後に小林旭や石原裕次郎に何度も殺されることになる二本柳寛だが、この当時はいい役が多い。成瀬巳喜男監督「舞姫」（一九五一年）では高峰三枝子が何十年も想い続ける心の恋人役だし、「めし」（一九五一年）では人妻の原節子が心を寄せる相手役だった。

「風船」の後半、物語は意外な展開を見せる。かつて京都の裏店の二階に下宿して寺社に通い日本画の勉強をしていた村上は、関西出張のときにカメラ店でその下宿の娘（左幸子）の写真が貼られているのに気付き、彼女が写真のヌードモデルをしながら弟を学校に通わせているのを知り、再び二階を借りることにする。

そして、ときたまそこを足場にして寺社のスケッチを始めるのだが、次第に昔の夢が甦ってくるのだ。やがて、もう初老と言ってもいい年の会社社長は引退し、京都に隠棲することを決意する。彼の元には父を気遣う珠子（彼女も絵を描いている）がやってくるし、下宿の娘も村上を好意の目で見ている…。

僕は川島雄三監督作品はどれも好きだが、「幕末太陽傳」（一九五七年）「洲崎パラダイス　赤信号」（一九五六年）と同じくらい「風船」が気に入っている。三本とも川島監督自らがスカウトした芦川いづみがかわいい。

ちなみに、「洲崎パラダイス　赤信号」のそば屋の店員を演じた芦川いづみもタマコだった。もしかしたら、芦川いづみの役名を考えるとき、「めんどうだから、芦川は全部タマコで通しちゃえ」と考えたのだろうか。小津安二郎監督の「晩春」（一九四九年）「麦秋」（一九五一年）「東京物語」（一九五三年）の原節子の役名がすべて「紀子」だったように。

すべてのことはうまくいく？

誰のせいでもない／めまい／ジョーズ

●ゆっくりした移動撮影が不穏な空気を醸し出す

まるで、ホラー映画のような不穏な「何かよくないことが起きるのではないか」という雰囲気が漂い始め、強いサスペンスを感じる。「怖いことが起きるのではないか」とハラハラする。スクリーンには普通の光景が映っているだけなのに、なぜ、そんな風に感じてしまうのだろう。

雪の積もった道があり、小高いところに小さな家がある。窓からの光が雪を照らしていて美しい。それだけの光景なのに、不吉な予感がするのだ。ヒッチコック監督作品「サイコ」のモーテル奥のノーマン・ベイツの家が映ったときのように…。

まったく予備知識なく見始めたヴィム・ヴェンダース監督の「誰のせいでもない」（二〇一五年）は、どういう展開になるのか、まるで見当がつかず、最後まで予想を裏切られるばかりだったが、見終わって深い感銘を受けている自分に気付いた。

ホラー映画になっても、犯罪映画になっても、サイコパスが主人公に執拗につきまとうような映画になっても不思議ではなかったが、最後まで登場人物たちは普通に生き、普通の生活者だった。ただ、最後のエピソードだけは異常者的な展開だったけれど、それも意外な結末を迎えた。

冒頭、小屋の中で眠っている男（ジェームス・フランコ）が目覚める。小さなノートに何か書き付け、外に出るとそこは凍った湖の上に設置された小屋である。小屋の前で男たちが氷に開けた穴を囲んで魚を釣っている。日本のワカサギ釣りのようなものか。男たちは「トマス」と呼びかけ、「何枚書けた？」と訊く。

肩をすくめたトマスは、「何匹釣れた？」と訊き返す。トマスは車に乗り雪原を走り、自宅へ向かう。途中、一緒に暮らすサラから電話が入り、トマスが作家らしいのがわかる。サラが想いを伝えようとするのとは逆に、トマスはサラとは別れたがっている風にうかがえる。

サラの電話を無視して車を走らせていると、突然、子供の乗ったソリが車の前に滑り落ちてくる。急ブレーキを踏んだトマスは、祈るような思いで車を降りる。車の前を見ると、幼い少年が呆然と座り込んでいる。トマスは少年を立たせ、怪我がないか体を探る。

幸い、少年は傷ひとつない。安堵したトマスは周囲を見渡し、小高い丘に建つ一軒家を見る。夕暮れ時の降り積もった雪原の中で、灯りをともした家が美しい。しかし、なぜかそこに不吉な空気が流れるのだ。それはキャメラワークと描き方によって醸し出されたものである。

たとえば、ソリの子供をはねたかもしれないとき、観客にはトマスの側の情報しか与えられない。だから、トマスと同じようにドキドキして車の前を見ることになり、無傷の少年がいてほっとする。そして、少年の家を探して見渡すと小高い場所に家が見える。その光景は、主観的ショットとして撮影されてはいないが、やはりトマスの見た光景なのだ。

トマスは少年を肩車してその家に向かう。呆然としたまま「クリストファー」と名乗った少年は、このときの肩車が忘れられなくなる。その家から出てきた女性（シャルロット・ゲインズブール）はトマスから話を聞くと、顔色を変え少年に「ニコラスはどこ？」と訊き、半狂乱になって雪原を車に向かって走り出す。

次のシーンでは、トマスの車を女性警官が運転して彼の自宅前にやってくる。後ろにパトカーがついている。女性警官は「あれは事故よ。あなたのせいじゃない」と言うが、トマスは落ち込んだままだ。パトカーが去り、トマスは助手席でじっと座っている。直接的には描かないので、とまどう観客がいるかもしれない。

つまり、ソリに乗っていたのはクリストファーとニコラスという兄弟で、弟のニコラスはトマスの車の下で死んでいたのだ。しかし、そのシーンは描かれないし、サラに「何があったの？」

と訊かれたトマスは「言いたくない」と答えるので、セリフによる説明もない。観客は想像力を最大限に発揮しなければならない。

●ファーストシークェンスですべてのキャメラワークが駆使される

トマスが目覚めて事故を起こし、女性警官に送られて家に帰るまでがファースト・シークェンスだが、そのシークェンスだけですべてのキャメラワークが駆使されているかのようだ。しかし、ゆっくりとしたキャメラの動きなのでドラマを追っていると気付かない。

不安感をかき立てているのは、常にゆっくりと動いているキャメラから醸し出される何かだ。不穏な空気が漂うのは、無表情な人物にゆっくりとキャメラが寄っていったり、スーとなめらかにキャメラが俯瞰になったりするからだ。それは人物の心理を表現する。

ファーストシークェンスだけで、移動撮影、ドリー（トラック）アップ、クレーンショット、ドリー（トラック）&ズームなどが使われる。単純なズームアップやズームバックは使われず、ドリー&ズームを要所で使用しているのが「誰のせいでもない」のポイントだ。

人物に寄るときはトラックアップを使っているので、ズームアップとは背景の変化が異なる。しかし、ドリー（トラック）&ズームを使うと人物のサイズは変わらないのに背景が歪んだように変化する。ファーストシークェンスでは、雪原の中で丘の上の家を見つめるトマスを正面から捉え、ゆっくりとしたドリー（トラック）&ズームが使われていた。

ドリー（トラック）&ズームはヒッチコック監督が「めまい」（一九五八年）で編み出した手法である。昔は移動撮影のとき、レールを引いてキャメラを乗せた台車を動かしていた。ドリーはテレビスタジオで使うような車輪のついた移動撮影台だ。ヒッチコック監督の頃はレールを引いて移動撮影（トラッキング）させていた。

「めまい」で使われた手法は、教会の塔の内部の螺旋階段の模型を造り、それをズームアップしながらトラックバックさせるというものだった。高所恐怖症の主人公ジェームス・スチュワートが愛するキム・ノヴァクを追って螺旋階段を昇るが、途中で下を見てめまいがし昇れなくなるシーンで使われた。

この手法をショッキングなシーンとして発展させたのが、スティーヴン・スピルバーグだった。「ジョーズ」（一九七五年）の泳げない警察署長ロイ・シャイダーが浜辺で椅子に座って監視しているとき、ジョーズが現れる。その瞬間、ロイ・シャイダーにズームアップしながらトラックバックした。

つまり、ロイ・シャイダーの映っているサイズは変化しないが、背景が歪んだように急激に変化する。非常な不安感と衝撃を観客に与える。スピルバーグは観客にショックを与えるために、このドリー（トラック）&ズームを急速に行った。その後、この手法はテレビCMでもよく使われるようになった。

「誰のせいでもない」では、ファースト・シークェンスで丘の上の家を見ているウェストサイズのトマスのカットで使われていた。ただし、すごくゆっくりした変化なので、よほど注意して見ていないとわからない。背景が微妙に変化しているのに、トマスの姿自体には変化がない。ただ、キャメラの動きに気がつかなくても不安感を呼び起こし、何かよくないことが起こるのではないかという予感がする。

また、ラストシーンではいくつものドリー（トラック）＆ズームのカットが畳みかけるように編集されている。中心にある被写体は変化しなくても、ゆっくりと微妙に変化していく背景があり、それは「人生において明確なものは何もない」というメッセージが込められているような気がした。

●曖昧な現実の世界を曖昧なまま表現しようとするヴェンダース

現実の世界は、曖昧さに充ちている。人との会話でも、意志の疎通が明確にできていると確信することはあるだろうか。自分が発した言葉が、正確に相手に伝わっていると思えるだろうか。いや、相手の言葉を自分は間違いなく理解している自信があるだろうか。

人の言葉はどのようにもとれるのではないか。まして、相手の言葉が心の中で思っていることだと確信できるはずもない。心の中で思っているのとは逆のことを口にしているかもしれない。あるいは、相手はこちらが言った言葉を皮肉だと捉えているかもしれない。

ヴィム・ヴェンダースの作品が正体のわからない不安感を与えると思ったのは、ハリウッド映画のように「誰でもわかる」ことをめざしていないからだ。観客に与えられる説明（情報量）が少ないし、セリフも「ひとつの意味しかない」のではなく、多様性がある曖昧な描き方が行われる。解釈次第では、反対の意味にとることもできるだろう。

しかし、それが現実なのだ。ある人が話していることは、その言葉通りの意味ではなく、心の中では、逆のことを思っているかもしれない。それが、現実の人間ではないか。その視点で「誰のせいでもない」を見てみると、まったく別の物語に見えてくる。

トマスは幼い少年をひき殺すという経験をした結果、彼の書くものは以前よりずっとよくなる。内面的な苦悩が、作家としての彼を進化させたのだ。事故の二年後に出した小説は、以前に出した二冊に比べ高く評価される。その出版記念会の帰り、彼は事故現場を訪れ少年の母に会う。

その日、ふたりにささやかな触れ合いがあり、やがてまた数年が過ぎ、トマスには新しい伴侶ができている。彼の新作はよく売れているし、作家としての地位も確保している。さらに数年が経過し、トマスは文学賞を受賞し、裕福になり、大きな邸宅に暮らしている。そんなとき、十六歳になったクリストファーから手紙が届く。

「誰のせいでもない」の原題は「EVERY THING WILL BE FINE」である。これは直訳すれば「すべてはうまくいく」とでもいう意味だろうか。しかし、反語的にも解釈できる。トマスと会ったクリストファーは「不公平だ。あなたは成功したのに、母は…」と口にし、「事故の前の二冊は出来が悪い」とはっきりトマスに言う。

そのとき、トマスが口にする言葉は言い訳にしか聞こえない。事故から十年以上が過ぎ、作家としての成功がトマスを変えたのかもしれない。彼はクリストファーを疎んでいるのだろうか。あるいは、怖れているのかもしれない。

中途半端で曖昧な気分を観客に味わわせたまま、ドリー（トラック）＆ズームの手法で捉えられたトマスの顔がボケてゆき、「誰のせいでもない」は終わる。そんな不思議な映画が僕に深い感銘を与えた。その要素のひとつに、二つのシーンにしか登場しないトマスの父親がいる。

最初に出てきたときの父親は退職してもまだ元気で死んだ妻の悪口を言い、「私のしてきたことは、すべて間違いだった。無駄に時が過ぎ去った」と言う。その老人の悔いが、僕の中に深く残った。それは、老人ホームで最期を迎えようとしていた「トト・ザ・ヒーロー」（一九九一年）の主人公の「私の人生は何の意味もなかった…」というつぶやきと同じだった。そんな言葉が、身の裡に深く残る年齢になってしまった。

七十年後に出た翻訳

私が愛した大統領／シン・レッド・ライン／日本のいちばん長い日

●満州国建国の頃の日米関係は現在の米朝関係に似ている

国書刊行会から今年発行された「ヘンリー・スティムソン回顧録」上下巻を読んだ。といっても、興味のあるところを飛ばし読みしただけだが、やはり歴史の証言として興味深い話ばかりだ。スティムソンは公職に就いて以来、毎日欠かさず日記をつけ、後世の資料となることを意識していたそうだ。

その日記にもとずいた回顧録だから、たとえば日本が起こした満州事変に際しての記述とか、それ以降の日本に対する対応など臨場感にあふれたものだった。満州事変当時、ヘンリー・スティムソンはアメリカ合衆国国務長官だった。トランプ政権で言えば、（更迭されそうだけど）ティラーソンの立場である。つまり、日本の外務大臣に相当する。

満州事変を起こし傀儡政権である満州国を設立した日本に対し、スティムソンは経済制裁などの圧力をかけ、満州からの撤退を要求する。現在で言えば、クリミアを併合したロシアに対してアメリカが経済制裁を行っているようなものである。それに、当時の日米関係は現在の日朝関係を連想させる。

戦前のアメリカは国際連盟には加盟していないが、国際連盟が満州国調査のために派遣したリットン調査団の報告をスティムソンは詳細に検討し、満州国建国は日本の中国大陸への侵略と捉える。この当時のことは、「ラストエンペラー」（一九八七年）を見ていると、割と理解しやすい。

ヘンリー・スティムソンが日本と密接に関わるのは、真珠湾攻撃から日本の敗戦に至る時期にアメリカ合衆国陸軍長官だったからだ。車椅子の大統領フランクリン・デラノ・ルーズヴェルト（FDRと略される）は三期十二年を務め、さらに四選を果たし、一九四五年（昭和二十年）一月から十三年目の任期に入った。副大統領は、ハリーS・トルーマンだった。

しかし、ルーズヴェルトは、その年の四月に急死する。なったばかりの副大統領トルーマンは、いきなり何もわからないまま大統領になる。ルーズヴェルトはヤルタ会談でのスターリンとの密約も誰にも知らせずに死んでしまったのだ。

ちなみにFDRについては「私が愛した大統領」（二〇一二年）を見ると、よくわかる。第二次大戦直前、イギリス国王（「英国王のスピーチ」で描かれたジョージ6世）を別荘に迎えて、様々な駆け引きをするFDRをビル・マーレイが演じている。ドイツとの戦争が現実のものとなりつつあるイギリスは、アメリカの支援が絶対的に必要だった。

その要請に国王自らがやってくる。大戦当初、モンロー主義を唱えるアメリカはドイツとの戦いには参戦せず、イギリスへの物資や武器の提供に留まっていた。結局、真珠湾攻撃がアメリカの大戦参加へのきっかけになった。

ルーズヴェルトが急死したとき、ヒトラーは死者を罵るコメントを発表した。もっとも、ヒトラーはその一ヶ月も経たないうちに自決する。さらに、五月八日、東からはソ連軍に蹂躙（虐殺、強姦、略奪が行われた）され、西からは連合国軍に占領されてドイツは無条件降伏する。

ルーズヴェルトの死に対して首相になったばかりの鈴木貫太郎は丁重な弔辞をアメリカ国民に送り、そのコメントは世界に感銘を与えた。ナチスを逃れて亡命していたトーマス・マンは、鈴木貫太郎のコメントに心を打たれ賛辞を残している。

リメイクされた「日本のいちばん長い日」（二〇一五年）で鈴木貫太郎を演じたのは山崎努だったけれど、通信社の記者にルーズヴェルトの死に対する弔辞を口述しているシーンが描かれていた。

一方、アメリカも太平洋での戦いでは多大な犠牲を出していた。日本の戦後文学や映画では日本軍の悲惨な戦いばかりが描かれてきたが、日本兵の勇猛さはアメリカ兵を震え上がらせ、バンザイ攻撃は恐怖の的だった。

ノーマン・メイラーの「裸者と死者」を読むとその辺は実感できるし、「シン・レッド・ライン」（一九九八年）を見ると、日本兵との白兵戦に対する怖さが生理的に伝わってくる。玉砕覚悟の狂信的な日本兵に対する恐怖は、多くのアメリカ兵のものだった。

特に昭和二十年三月の硫黄島の戦いでは、アメリカ側も二万人ちかい死傷者を出した。さらに、四月から六月までの沖縄戦でも、多くのアメリカ兵が死んでいった。硫黄島の戦いについては、クリント・イーストウッドの二部作「父親たちの星条旗」「硫黄島からの手紙」（二〇〇六年）がよくわかる。

その後、アメリカは九州上陸作戦（オリンピック作戦と名付けられていた）、さらに十一月には相模湾からの関東への上陸作戦を計画していた。しかし、スティムソンは上陸作戦を敢行すれば、数十万人のアメリカ兵の犠牲を覚悟しなければならないと考えた。スティムソンはルメイ将軍が指揮する日本本土への無差別爆撃には批判的で、軍事施設に限定すべきだと主張していたし、三月の東京空襲の犠牲者の数にも心を痛めていた。

スティムソンは早期に日本を降伏させるために、戦前の駐日アメリカ大使であり、その当時は国務長官代理だったジョセフ・グルー、フォレスタル海軍長官とはかり、ポツダム宣言の原型となる文書をトルーマンに提出する。そこには、明確に「天皇制は維持する」ことが盛り込まれていた。

●スティムソンは京都への原爆投下を反対し続けた

ワシントン随一の知日家であったジョセフ・グルーは国務次官に就任した後、終戦の前年（一九四四年）に「滞日十年」という大部の回顧録をアメリカで出版した。

日本と日本人について、正しい認識を持ってもらいたいという願いからだった。日本には狂信的な軍国主義者ばかりがいるのではなく、リベラルな政治家や自由主義者もいるのだと、その本では強調されている。

現在、ちくま文庫から上下二巻の翻訳本が出ているが、それを読むと戦前の日本に対する認識がいろいろ訂正される。グルー夫人であるアリスは幕末にやってきたペリー提督の子孫で、夫婦そろって親日派だった。

グルーは「国体の維持」を約束すれば、日本は早期に降伏すると考え、スティムソンも同調した。しかし、スティムソンは陸軍長官として原子爆弾開発も統括していた。実際の責任者はグローヴス准将だったが、陸軍長官であるスティムソンはすべてを管轄していたのである。

副大統領のトルーマンは原爆開発計画を知らず、大統領を引き継いで初めてスティムソンから知らされた。そのとき、原子爆弾の開発は最終段階に入っていた。七月、ドイツ・ベルリン郊外のポツダムでチャーチル、スターリンと会談中のトルーマンに、スティムソンは原爆実験が成功したことを知らせる。

原爆投下がいつ誰によって決定されたのかは、はっきりしない。しかし、原爆実験の準備が行われるのと平行して、原子爆弾はテニアン島へ運ばれていた。トルーマンはポツダム会談を終え、数日かけて戦艦で大西洋を横断する帰途についたが、その間に日本のどこかへ原爆が投下されることを同行した記者たちに発表した。

記者たちはそれを知っても、本社に知らせる方法がなかったからである。八月六日、広島、長崎、小倉のどこかを標的として日本上空に到達したB29は、広島上空の雲が切れ、街が目視できたため、リトルボーイとあだ名された原爆を投下し、急旋回してテニアン島への帰還に転じた。

原爆投下目標の都市として候補に挙がっていた中に、京都があった。スティムソンは陸軍長官として原爆開発計画の責任者ではあったが、実際の指揮統括はグローヴス准将が担っていた。彼は山に囲まれた盆地である京都は理想的な地形であり、原爆の効果が最も発揮できると考え、京都への投下を強く主張した。

しかし、京都への投下を反対し続けたのはスティムソンだった。スティムソンは夫婦で京都旅行をしたことがあり、個人的には美しい古都を破壊することが忍びなかったし、知日家である彼は「京都は日本人にとって特別の町であり、京都を破壊すれば日本人は永遠にアメリカを許さないだろう」とグローヴスたちを説得し、最終的に京都を目標から外させた。

●日米双方の終戦関係の資料を現在の目で読んでみると…

「日本のいちばん長い日」は文藝春秋から大宅壮一の名義で、終戦から二十数年経った頃に発行された。実際の著者は半藤一利さんだったが、当時は文藝春秋社の社員だったので大宅壮一の名義を借りたのである。

半藤さんは退職後、「歴史探偵」を名乗る作家になり、「幕末史」や「昭和史」など数多くの歴史に関する本を出している。「日本のいちばん長い日」も、発行後に公開された資料や証言を加えて改めて半藤一利名義の決定版を出した。

それを元に映画化したのが原田眞人監督版「日本のいちばん長い日」だった。映画としては僕が高校生のときに見た岡本喜八監督版「日本のいちばん長い日」(一九六七年)の方がよくできていると思うけれど、昭和史的な興味で見ると原田版「日本のいちばん長い日」はおもしろい。

もっとも、僕がグルーの本や半藤さんの「昭和史」などを読み、日米双方の当時の状況を詳しく知ったからかもしれない。高校生の頃の僕には終戦の事情や背景など、何の知識もなかったのだから。それに、岡本喜八版では、阿南陸軍大臣を演じた三船敏郎の切腹シーンばかりがクローズアップされすぎたきらいはある。

原田版でも中心的な人物として阿南陸軍大臣(役所広司)が描かれるが、鈴木貫太郎首相(山崎努)を中心にした視点で展開されるため、阿南陸軍大臣が本土決戦を主張し続けた理由がわかってくる。

当時の陸軍内部は閣議でポツダム宣言受諾を決定すれば、クーデターを起こして軍事政権を樹立し、あくまで本土決戦に臨むという空気だったのではあるまいか。それを回避し、終戦に至らせるためには、陸軍大臣としては、本土決戦を主張し続ける他なかっただろう。阿南陸軍大臣は「国体の維持」が保証されない限りポツダム宣言の受諾には反対と主張し続ける。そのために、ポツダム宣言の正式な受諾は数日遅れてしまう。

そんな日本側の事情を知って「ヘンリー・スティムソン回顧録」を読むと、歴史の皮肉を感じないではいられない。この回顧録がまとめられたのは、終戦後二年しか経っていない一九四七年のことだったが、第二次大戦はすでに過去の歴史として捉えられていた。

大戦後のスティムソンにとっての心配事は、原子爆弾を保有した唯一の国であるアメリカと、大戦後に鮮明になりつつある。ソ連を中心とした共産圏との対立だった。そして、朝鮮戦争が始まり、冷戦まっただ中だった一九五〇年秋、ヘンリー・スティムソンは八十三年の生涯を閉じた。

監督を夢見たこともあった

いつも2人で／ブリット／アメリカの夜

●七十を過ぎたジャクリーン・ビセットも相変わらず美しい

ふたりの女性ミリー（トニ・コレット）とジェス（ドリュー・バリモア）の友情を描いた「マイ・ベスト・フレンド」（二〇一五年）を見ていたら、ミリーの母親役でジャクリーン・ビセットが出てきた。実年齢の七十代と同じくらいの設定だろうが、スリムな体型を維持していてセクシーなコスチュームを身に着けていた。

彼女の役はテレビ女優の設定（実際にも、ずっとテレビ・ムービーに出演していたらしい）だったし、男関係が派手で映画のラストでは三度目の結婚をするキャラクターである。僕は、最初に登場したときには気付かず、二度めの登場シーンで「このセクシーな老女は、もしかしたらジャクリーン・ビセットか？」とまじまじと見てしまった。

ジャクリーン・ビセットは一九四四年のイギリス生まれだから、映画の製作当時は七十を過ぎたばかりである。リチャード・レスター監督に見出され、「ナック」（一九六五年）でデビューしたが、僕が初めて彼女をスクリーンで見たのはオードリー・ヘップバーン主演の「いつも2人で」（一九六七年）だった。

結婚十年で倦怠期を迎えた建築家夫婦が出会いの旅、新婚の旅、友人一家との旅など、何度かのヨーロッパ旅行を回想する物語である。時系列を超越してそれぞれの旅のエピソードが錯綜する描き方で、初めて見た高校一年生のときには「これが映画的な手法なのだな」と興奮したものである。ヘンリー・マンシーニ作曲のテーマ曲も美しく、スタンダードになり、様々なプレイヤーが演奏している。

ジャクリーン・ビセットはオードリーとアルバート・フィニーが初めて出会う学生時代のヨーロッパ旅行で、オードリーの旅の仲間として出てきた。建築士を目指すアルバート・フィニーは、ヨーロッパの古い建築物を見ながらヒッチハイクで旅をしている。途中、数人でグループ旅行をしている女子学生たちに出会う。

一緒に旅をすることになり、アルバート・フィニーはジャクリーン・ビセットに目をつける。しかし、ある日、オードリー以外のみんなが麻疹にかかり、アルバート・フィニーは心ならずもオードリーとふたりだけで旅をすることになる。ジャクリーン・ビセットはフィニーが目をつけるだけあって、オードリーよりずっとセクシーな美女だった。

「映画が好きな君は素敵だ」という様々な人が思い出の映画について文章を書いているエッセイ集で、作家デビューして間もない頃の村上春樹さんが「いつも2人で」について書いていた。その短文を読んで、「なるほどね」と思ったことを憶えている。

新婚旅行のとき、ホテルのレストランで沈黙したまま向かい合って食事している男女を見て、オードリーが「なぜ、彼らは黙って食事しているの?」と訊き、アルバート・フィニーが「彼らは結婚した人々だ(They are married people)」と答える。そして十年後の旅では、彼らふたりも黙ったまま向かい合って食事をしている。そのことを村上さんはうまく書いていて、エッセイを読んで僕は改めて「いつも2人で」を見て確認した。

●「ブリット」の恋人役で一般に知られるようになった

僕がジャクリーン・ビセットをきちんと認識したのは、大ヒットしたスティーブ・マックィーン主演の「ブリット」(一九六八年)だった。「ブリット」は「0011ナポレオン・ソロ」で人気のあったロバート・ヴォーンが政治家の役で出てくるのと、ムスタング(当時はそう表記した)に乗ったフランク・ブリット刑事がふたり組の殺し屋の車を追ってサンフランシスコを走りまわるシーンが評判になっていた。

高校二年生だった僕は、友人の「凄いぞ。坂の多いサンフランシスコの街を走るのだけど、車の中から撮ったシーンは見てると酔いそうだった」という言葉につられて見にいった。確かにカーチェイスは凄かった。監督はイギリス出身のピーター・イェーツ。数年後、「燃えよドラゴン」(一九七三年)のテーマ曲がヒットするラロ・シフリンのジャズ・ベースの音楽もシャープだった。

ジャクリーン・ビセットが登場したのは、ブリットがジャズ・クラブのような店でリラックスした表情を見せていたシーンだった。彼女はブリットの恋人役で、デートの相手だった。「あっ、『いつも2人で』に出てた女優だ」と僕は思った。端役だと思っていた女優が主人公の恋人役で出てきたので、「いい役がとれてよかったね」という温かな気持ちになった(その後、彼女はあっという間に主演女優になったけれど)。

印象的だったのは、ふたりが一緒に車に乗っているとき、ブリットに連絡が入り、ふたりで事件現場のホテルにいくシーンだった。それは、ジャクリーン・ビセットの視点で描かれたシーンである。

ブリットは、ホテルの駐車場に車を駐める。ジャクリーン・ビセットは助手席に座って、彼の用事が終わるのを待っている。ホテルのフロントに向かったブリットは、しばらくしてホテルのフロント係と一緒に出てくる。何か起こったのか、ブリットは客室のコテージに小走りで向かう。それは、ジャクリーン・ビセットが見ているカットとして、ロングショットで描かれる。

不審を感じたジャクリーン・ビセットは車を降り、ブリットを追う。コテージのドアが開かれている。金髪の女が寝乱れた姿で殺されていた。目は開いたままだ。その死体を見て、彼女は絶句する。その気配を感じてブリットが気付き、彼女を外に連れ出す。

次のシーンでは、衝撃を受けたジャクリーン・ビセットがブリットに「あれが、あなたの住んでる世界なの。あれを見て平気なの」と責めるように言う。ブリットは黙ったままだ。星の数ほどある警察および刑事映画で「ブリット」が名作になったのは、一般人代表としてジャクリーン・ビセットを登場させ、その視点で見たシークェンスを入れてあるからではないか、というのが僕の昔からの分析である。

そして、ラストシーン。事件をすべて解決したブリットは自宅に帰る。彼のベッドには、ブリットが住む世界に衝撃を受けながらも、彼を愛しているのであろうジャクリーン・ビセットが裸の肩を見せて眠っている。ふたりの未来を感じさせて、「ブリット」は終わった。

「ブリット」は、一九六八年の暮れに公開された。僕が見たのは、年明けのことだった。一九六九年である。その二週間ほど後のことだ。テレビは学生たちによって封鎖された東大安田講堂のバリケードを機動隊が強行突破し、学生たちが排除される場面を映していた。放水と火炎瓶。学園紛争（「闘争」と書かないと怒る人もいるけれど）という言葉は知っていた。しかし、その実態をまざまざと見せられたのである。

あの映像を見て、多くの高校生たちは同じ思いを抱いたのかもしれない。三月、東大入試は中止になり、僕の先輩たちは京大に志望を変えるか、浪人を選んだ。そして、その年、学園紛争は多くの高校に波及した。僕のいた高校でも、いくつかの事件が起こった。

●映画狂たちにとって重要な作品のひとつが「アメリカの夜」

「シネフィル（映画狂）」あるいは「シネマフリーク」などと呼ばれる人々にとって、特別に重要な映画がある。たとえば、ベルナルド・ベルトルッチ監督の「ドリーマーズ」（二〇〇三年）の登場人物たちは完全な映画狂ばかりだが、彼らはジャン＝リュック・ゴダール監督の「勝手にしやがれ」（一九五九年）を至上の映画としてあがめている。

フランソワ・トリュフォー監督で言えば、彼の長編第一作でヌーヴェル・ヴァーグの代表作「大人は判ってくれない」（一九五九年）もそんな作品のひとつである。そのトリュフォー作品に「映画に愛をこめて　アメリカの夜」（一九七三年）がある。これも、シネフィルたちにとって重要な一本なのだ。何しろ、映画作りの現場を映画にした映画なのだから…。

そして、その「アメリカの夜」のヒロインは、ジャクリーン・ビセットだった。フランス人女優を主に使ったトリュフォー監督としては珍しい。イギリス人だけど、ジャクリーン・ビセットはフランス語が堪能だったらしい。それともフランソワ・トリュフォー好みの美女だったのかもしれない。

トリュフォーは「大人は判ってくれない」以来、自らの分身としてジャン＝ピエール・レオーをアントワーヌ・ドワネルと名付けて演じさせ続けた。しかし、女優はジャンヌ・モロー、フランソワーズ・ドルレアック、カトリーヌ・ドヌーヴ、イザベル・アジャーニ、ナタリー・バイ、ファニー・アルダンなど、数多くのフランス人美女を使い続けた。もっとも、ジャクリーン・ビセットだけが例外ではなく、「華氏４５１」（一九六六年）のヒロインはイギリス女優のジュリー・クリスティーだった。

ところで、「アメリカの夜」とは、ハリウッド映画の手法で、夜のシーンを昼間に撮影してしまうことである。昔の西部劇などを見ているとよく出てきたが、日中撮影でＮＤフィルターなどを使用して、夜のシーンとして撮影するのである。光量を落とし、暗く撮影する。だから空が映ったりすると、雲などの様子で、明らかに昼間なのがわかる。これを「アメリカの夜」と称した。

邦題では「映画に愛をこめて」という余計なものがついているが、映画の撮影現場のエピソードを様々に描き、映画への愛を逆説的に表現したのだろう。ヌーヴェル・ヴァーグの監督たちは、映画製作の現場を見せるのが好きだったが、トリュフォーはそれで一本作ってしまったのだ。

僕が「アメリカの夜」を見たのは、一九七四年の秋だった。就職試験を落ちまくっていた頃である。前年の秋に起こったオイルショックで、ひどい就職難だったし、狭き門の出版社ばかりを受けていた僕は、夏以来すでに十数社の試験を落ちていた。そんな頃に「アメリカの夜」を見て、僕はかつての映画の製作現場への憧れを甦らせた。

高校三年の頃、僕は映画監督になるにはどんな大学へいけばいいのかと本気で考えていた。当時、若手の中では深作欣二監督が日大芸術学部映画学科を卒業していた。僕は日芸の映画学科の入試を検討した。しかし、ある友人が「大島渚は珍しく京大だけど、監督になれるのは、みんな、東大出身者だ」と断言した。調べてみると、確かにそうだった。僕は、映像の世界をあきらめて私大の文学部を受験した。

そして卒業が近づき、文章を書くのが好きなこともあって出版社を受け続けていたのだが、「アメリカの夜」を見た数日後、テレビマンユニオンの募集広告を見て、僕は応募してみようかと考えた。

　当時、映画会社の募集など、すでになくなっていた。大映は倒産し、日活はロマンポルノを量産。松竹は東大卒の映画監督である山田洋次の「男はつらいよ」で何とか息を継いでいた。東映は藤純子が引退し、健さんがフリーになり、実録やくざ路線を突っ走っていた。

　あのとき、結局、僕はテレビマンユニオンに応募しなかったのだろうか。それとも、応募したけど書類選考ではねられたのだろうか。記憶が曖昧だ。現在、テレビマンユニオン出身の是枝監督の活躍を見ると、もしかしたらあのとき…などと、叶わなかった夢を見る。久しぶりに見たジャクリーン・ビセットは、僕にそんなことを思い出させた。

佐々木孝丸を知っていますか？

柳生武芸帳　剣豪乱れ雲／博奕打ち　総長賭博

●以前に読んだ「ブギの女王・笠置シヅ子」の著者に紹介された

高松で「映画の楽校」という名画上映会を主宰している中西博文さんと知り合ったのは、昨年五月、その上映会で話をしてほしいと依頼があったからだ。以来、三度ほど上映会で話をさせてもらった。中西さんは僕と同い年で、映画の体験が似ている。マンガやテレビ番組の話も合う。

　先日、僕が「博多っ子純情」の最終巻を未だに読んでいないのが気になっていると話したら、次に会ったときに最終巻までの五巻を持ってきてくれた。当然、その映画化作品のことも話題にのぼる。

――監督は前田陽一でしたかね。

――いえ、曾根中生です。主演は光石研でした。今や名脇役です。

――曾根中生は、「嗚呼!!　花の応援団」も作ってますね。

――ロマンポルノの監督でしたが、ＡＴＧで「不連続殺人事件」を撮ったのが、初めての一般映画だったんじゃないのかな。

――いや、「花の応援団」の方が先ですよ。

と、まあ、こんな具合である。前田陽一監督の名前が出るところが、さすがにただ者ではない。その中西さんから電話があり、十二月初旬の日曜日にギャラリーＭＯＮというところで「娯楽の殿堂・昭和映画の光と影」というイベントをやるので見にきませんか、と誘ってもらった。

　ＦＭ香川で映画の番組を二十年以上続けている帰来雅基さんとアナウンサーの中井今日子さんが進行役で、高松中劇（この映画館で僕は映画狂になった）などで宣伝担当をしていたギャラリー・オーナーの川添巖さん、東宝の映画館や玉藻劇場（高校生の僕はここでＡＴＧ映画を見た）の支配人だった山本修三さん、西日本放送アナウンサーだった植松おさみさんたちが、香川県の昔の映画館事情について話をするという。中西さんも「昭和映画解説」を担当する予定だった。

当日、夕方にギャラリーに入ると壁には懐かしい昭和の映画ポスターが飾られ、そのポスターの間に川添さんが描いたキャッチコピーが貼られている。どんどん人が入ってきて、なかなかの賑わいになった。最初はスライドを上映しながらの中西さんの解説だ。香川県内の戦後から昭和三十年代にかけての映画館の写真などが映し出された。

「十戒」（一九五六年）が公開されたとき映画館に飾られた、チャールトン・ヘストンのモーゼとユル・ブリンナーのエジプト王の六メートルにも及ぶ絵看板の写真も映り、僕の前の席に座っていた年配の人がその看板を描いた人だと紹介された。さらに香川県でロケされた映画も古いものから紹介されたが、僕の知らない作品もあった。

スライド上映と解説の後、コメンテーターと司会のやりとりで話が進み、二時間ほどでイベントが終わった。その後、僕は中西さんに砂古口早苗さんを紹介された。砂古口さんについては中西さんから事前に聞いていたのだけれど、「ブギの女王・笠置シヅ子」（現代書館）を書いた人である。

僕は本が出た当時に読んでいる。確か朝日新聞の書評欄で紹介されたので読んだのだと思う。大変、おもしろい本だった。笠置シヅ子が香川県出身なので身近に感じていたが、著者も香川県在住だとは知らなかった。砂古口さんは宮武外骨の評伝「外骨みたいに生きてみたい」や「起て、飢えたる者よ〈インターナショナル〉を訳詞した怪優・佐々木孝丸」（共に現代書館）も書いている。

反骨のジャーナリスト宮武外骨については以前から興味があったが、実は香川県出身だと初めて知った。明治期に活躍した人だと思っていたけれど、昭和まで生きていたのだ。砂古口さんは母方の曾祖父が外骨と従兄弟にあたり、宮武外骨研究者としても知られている。

また、佐々木孝丸は僕も好きな俳優だが、彼も香川県で育ったと初めて知った。その人が「インター」の訳詞者だったとは…。佐々木孝丸と聞くと、あの特徴のある重厚な声が甦る。口跡がよく、せりふがはっきり聞き取れる俳優だった。悪役俳優だと言えば確かにそうだが、あの重厚さは簡単に出せるものではない。やはり、ただ者ではなかったのだ。

●「〈インターナショナル〉を訳詞した怪優・佐々木孝丸」を読む

さっそく僕は「〈インターナショナル〉を訳詞した怪優・佐々木孝丸」を読んでみた。佐々木孝丸は大正期からフランス文学の翻訳、雑誌編集、演劇などにたずさわった人であり、エスペランティストとしても日本で第一人者だったなど、興味深い人生が綴られている。大正末期から昭和初期にはアルス（白秋の弟である北原鉄雄が社長で、白秋の詩集なども出していた）の編集者もしていたらしい。

僕が四十年勤めた出版社は、昭和六年創業で北原白秋が命名した。創業者は北原正雄で白秋の従兄弟だった。彼はアルスに勤めていて、自ら出版社を立ち上げたのだ。ということは、佐々木孝丸と北原正雄は共に働いた時期があるかもしれない。創業社長の北原正雄は僕が入社したときは会長で、八年ほど経った頃に亡くなった。八十七歳だったと記憶している。

佐々木孝丸は、千秋実の岳父でもある。娘の佐々木踏絵と千秋実が結婚し、戦後、薔薇座という劇団を立ち上げる。薔薇座が公演した「堕胎医」という芝居を映画化したいと申し込んできたのが若き黒澤明だった。その芝居は黒澤嫌いの僕が珍しく好きな「静かなる決闘」（一九四九年）になった。

黒澤明は俳優としての千秋実も気に入ったのだろう、「醜聞」（一九五〇年）以来、ずっと起用し続けた。「羅生門」（一九五〇年）の僧侶の役は印象深いし、「白痴」（一九五一年）「生きる」（一九五二年）にも出ているし、「七人の侍」（一九五四年）では人情派の侍だった。飯代の代わりに薪割りをしているとき、「野武士を十人ほど斬ってみんか」と言われてズッコケル場面は記憶に残る。

佐々木孝丸も、黒澤作品には一本だけ出ている。「蜘蛛巣城」（一九五七年）だ。シェークスピアの「マクベス」を日本の戦国時代に移した物語である。主人公の鷲津武時（三船敏郎）は妻（山田五十鈴）に唆され、城主（佐々木孝丸）を暗殺する。親友だった武将（千秋実）も殺し、彼の亡霊を見て武時は狂っていく。

ここでは佐々木孝丸は娘婿と共演していたのだ。しかし、誠実そうで人の良さそうな千秋実とは逆で、佐々木孝丸は雰囲気が重厚すぎてちょっと怖い。だから、政財界の黒幕、右翼の大物、暴力団のボス、政治家などの役が多かった。僕は記憶になかったのだけれど、大村文武が主演した東映版「月光仮面」（一九五八年）では、赤星博士つまり「どくろ仮面」を演じていたという。

僕が佐々木孝丸で思い出す映画が二本ある。どちらも冒頭に重要な役で出ている。一本は「柳生武芸帳　剣豪乱れ雲」（一九六三年）だ。ファーストシークェンス、子供の頃に暗殺された親王の三十三回忌の法要が行われている。そこへ、ひとりの老剣士が現れ、「親王を手に掛けたのは、それがしでござる」と親王の母（風見章子）に詫びて腹を切る。

彼は佐々木左門という剣豪で、暗殺者は四人いて彼らの名は柳生武芸帳に書かれているという。柳生十兵衛（近衛十四郎）は武芸帳を求めて佐々木左門の家に向かうと、小太刀を使う左門の娘（藤純子）と出会う。緋牡丹お竜も小太刀を使ったが、それよりこちらの作品の方が早い。

●「総長賭博」の若山富三郎の姿に貴乃花親方を連想する

佐々木孝丸がファーストシーンから登場し、あの心地よい重厚な声が聞けるのは、三島由紀夫が絶賛した「博奕打ち　総長賭博」（一九六八年）である。まるでギリシャ悲劇のようだと評された。脚本は後に「仁義なき戦い」を書く笠原和夫、監督は僕の大好きな「関の彌太ッぺ」（一九六三年）を撮った山下耕作だ。

東映やくざ映画の到達点と言われるのが、「総長賭博」と加藤泰監督「明治侠客伝　三代目襲名」（一九六五年）である。「総長賭博」の冒頭のシーンでは、東京江東地区に強大な縄張りを持つ天竜一家の総長（香川良介）が、弟分の仙波（金子信雄）の紹介で右翼の黒幕（佐々木孝丸）に会っている。佐々木孝丸の明晰なセリフまわしが映画をピリッと締める。しかし、その場で総長が倒れる。

総長は、跡目を早く決めることを中井（鶴田浩二）に託す。中井が継ぐのが筋だが、中井は元々は大阪の組からきた人間なのでと辞退し、寄せ場に入っている松田（若山富三郎）が継ぐべきだと主張する。しかし、仙波は出所を待てないと総長の娘婿の石戸（名和宏）を推し、彼が継ぐことが決定する。石戸は中井や松田とは五厘下がりの弟分なので筋違いなのだが、「松田には私から話します」と中井は承知する。

しかし、出所した松田は「石戸が継ぐのは筋違いだ」と主張して聞き分けない。この松田のかたくなさが悲劇を生む。いつもは悪役の名和宏が演じた石戸もいい役で、仙波の陰謀を知らないまま天竜一家を継ぐことを決意し、松田に侮辱されても耐える。しかし、この映画、何度見ても登場人物の心理が理解できない。

映画としては凄いなあとは思うのだが、中井の恋女房（桜町弘子が最も美しく見える映画です）がなぜ死ななければならないのか、中井の妹で松田の恋女房（藤純子）がなぜ「兄さん、それでも人間なの？　義姉さんが何のために死んだと思ってるの」と桜町弘子の墓の前で中井に言うのか？　ラストの有名なセリフである「任侠道？　そんなものはねぇ。俺はただのケチな人殺しよ。そう思ってもらおう」も、なぜそう言うのか理解できない。

要するに、かたくなに「筋が違う」と主張し、そのためには石戸を殺そうとまで暴走する松田ひとりが妥協すれば、誰も死ななかったんじゃないのか、と思えてくるのだ。今回、久しぶりに見て松田のかたくなな姿から連想したのは、話題の貴乃花親方だった。

日馬富士の暴行問題で相撲協会に報告せず警察に被害届を提出し、暴行を受けた弟子をいっさい表には出さず、相撲協会からの協力依頼も拒み続けるかたくなさがニュースから伝わってくる。なあなあですまされる問題ではないということで、ひとり闘っているのだろうが、組織の中で四十年生きてきた人間としては、それでは通用しないのでは？　と心配になる。

「総長賭博」で言えば、中井は苦労人だから「筋が違う」と思っても組織の平和を優先し、「筋違い」を松田に納得させようとする。清濁あわせ呑む大人の対応だ。しかし、松田は正論を吐き、筋違いを許さない。まるで、だだっ子のように見える。だから孤立し、暴走し、周りに悲劇を生む。

貴乃花親方は、日馬富士側との示談には応じないのだろうなあ。とすると、日馬富士は罰金刑になる可能性が高く、前科がつく。前科がつくと日本への帰化がむずかしくなるという。帰化できないと親方にはなれない。まあ、暴行したのが悪いのだが、貴乃花親方に世間の非難（賛否両論だとしても）が向かうこともあり得るだろう。

筋を通すことも必要だけれど、どこかで妥協点を見出さなければならないというのが、会社組織に四十年勤め（最終的には経営陣という立場を経験した）、労働組合（十三社の労働組合をまとめる立場も経験した）にも二十年以上関わった僕の実践的な対処法なのであるけれど…。

2018

映画がなければ生きていけない

深水三章さんを知っていますか？

女高生　天使のはらわた／楢山節考／アウトレイジ　ビヨンド

●代表作はNHKドラマ「阿修羅のごとく」と書かれていたが…

年明け早々、新聞の訃報欄に深水三章さんの名前があった。暮れの三十日に亡くなったという。七十歳だった。読売新聞では代表作としてNHKで放映された向田邦子作「阿修羅のごとく」だけしか紹介されていなかったが、朝日新聞では今村昌平監督作品の「楢山節考」（一九八三年）「うなぎ」（一九九七年）が紹介されていた。深水さんは「ええじゃないか」（一九八一年）以降の今村作品にはすべて出演している。

ただ、朝日新聞では経歴が「東京キッドブラザース出身」としか書かれていなかったけれど、読売新聞では「東京キッドブラザースを経てミスタースリムカンパニーを立ち上げる」と詳しく書かれていた。深水三章さんがお兄さんの深水龍作さんと一緒に東京キッドブラザースを出て、ミスタースリムカンパニーを旗揚げしたのは七〇年代前半だった。作・演出が龍作さんで看板役者が三章さんだった。ロック・ミュージカル劇団を名乗り、劇団員たちは革ジャンにジーンズ姿で歌い踊った。

ミスタースリムカンパニーの旗揚げ公演は、赤坂の都市センターホールだったと思う。僕が大学の二年か三年だったから、一九七二年か七三年くらいか。級友のTは、その公演を見にいった。Tは、芝居をやっていた大学の先輩たちと親しかったからだ。

その先輩のひとりが河西健司さんで、ミスタースリムカンパニーの立ち上げメンバーだった。トップが深水三章さん、ナンバー2が中西良太さん（昨年「やすらぎの郷」で有馬稲子を乗せて長距離をやってくるタクシードライバーを演じていた）、ナンバー3が河西さんだった。

僕が深水三章さんを初めて見たのは、荻窪と西荻窪の間にあるお寺の本堂の下にあったホールでの芝居公演だった。その芝居は先輩のKさんかOさんが「作・演出」だったと思う。主演が深水三章さんだった。プログラムには「客演」となっていたと記憶している。

舞台に大型バイクが置かれていたのは憶えているが、内容は完全に消えている。今ではまったく芝居を見なくなった僕だが、大学生の頃から就職後の数年間は、先輩たちの公演があると友人たちと一緒に見にいっていたのだ。

深水三章さんが一般的に知られるようになったのは、やはりNHKドラマ「阿修羅のごとく」（一九七九年／続編は一九八〇年）だろう。同じ頃に、人気女優だった萩尾みどりさんと結婚したことも話題になったが、奥さんより知名度は低かった。しかし、「阿修羅のごとく」が放映された後では、「深水三章って誰？」と言う人に「ほら、『阿修羅のごとく』で末の妹・風吹ジュンの同棲相手のボクサーやった人だよ」と言えるようになった。

四人姉妹の末である風吹ジュンがウェイトレスをやっている職場で倒れ、姉の八千草薫がアパートにつれて帰ると、アパートの部屋の外にラーメンどんぶりがふたつ置かれていて、部屋には深水三章さんと女（亜湖でしたね。この頃の亜湖は「桃尻娘」「星空のマリオネット」などに出演して絶好調だった）がいる。亜湖は「籍、入れてないって聞いたけど…」とつぶやきながらスカートを履いて帰っていく。

風吹ジュンは女を連れ込んだことは怒らず、減量中なのにラーメンを食べたことを怒る。さらに、風吹ジュンは「ラーメンのおつゆを全部飲んでるじゃない」と細かい（この細かさは向田邦子さんのきめの細かい脚本の妙ですね）。八千草薫は「この子は、あなたに付き合って何も食べていなかったから倒れたのよ」と責める。そのときの三章さんの憮然とした表情を、なぜか僕はよく憶えている。

●ミスタースリム・カンパニーが関わった日活ロマンポルノ作品

「阿修羅のごとく」放映の一年前の夏、ミスタースリムカンパニーが深く関わった日活ロマンポルノが公開された。曾根中生監督、深水龍作・池田敏春脚本の「女高生　天使のはらわた」（一九七八年）である。その後、「天使のはらわた」シリーズは六作まで作られたが、一作目には深水三章、中西良太、河西健司の三人がそろって出演した。

就職して三年経っていた僕のところにも、「河西さんが映画に出た」とTから連絡があり、僕は人目を忍んで（?）日活の封切館に入った。映画はとてもよくできていて、キネマ旬報の映画評でも取り上げられ、「河西健司の演技に注目」と書かれていた。

その頃、芝居をやっていた先輩のKさんが新宿ゴールデン街で酒場を開いていた。また、大学の同級生だった女性も卒業して数ヶ月後に、やはりゴールデン街で酒場を開いた。さらに、シナリオライターをやっている先輩の奥さん（テアトル・エコーの劇団員だった）も酒場を開いていたので、その頃はあまり呑まなかった僕も、ときどきゴールデン街に顔を出していた。

「女高生　天使のはらわた」を見た少し後、Kさんの店に顔を出すと河西さんがカウンターに入っていた。僕はカウンターの向こうにいる河西さんに映画を見たことを話し、「キネ旬の映画評で河西さん誉められてましたよ」と言うと、河西さんは「おまえ、俺の尻を見たわけだな」と笑った。

ロマン・ポルノだから、もちろん河西さんはセックスシーンも演じていた。それから酒場には知人が何人か現れ、河西さんがロック・ミュージカル風に「アーサまで呑もうぜ、ロクンロール」と歌い、大騒ぎが始まった。僕は二十代半ばで元気だった。あの夜、結局、飲み明かしたのではなかったか。

その頃、僕は「小型映画」という八ミリ専門誌の編集部にいて、毎月、フジテレビにいく仕事があった。雑誌の中にタイトルカードというページがあり、八ミリで複写すればそのままタイトルになるのである。「運動会」とか「誕生会」などといったホームムービー用のものがほとんどで、そのタイトルカードをフジテレビ・タイトルデザイン室のKさんに描いてもらっていたのである。その頃、フジテレビは新宿区河田町にあり、女子医大の向かいだった。

ある日、フジテレビの玄関の受付でデザイン室のKさんへの面会を申し出ると、ロビーで待っていてくれとの返事だった。僕がロビーにいると、深水三章さんが入ってきた。革ジャンにジーンズだった。もう「阿修羅のごとく」放映の後だったと思う。深水さんは受付嬢に用件を告げ、返事を待つ様子だった。

そのとき、僕は「失礼ですが、深水三章さんですよね」と声をかけた。「私、河西健司さんの大学の後輩なんです」と続けた。最初、不審そうだった三章さんは笑顔になり、「ケンの！」と大きな声で言った。しかし、すぐに受付嬢に呼ばれ、僕は頭を下げて別れた。

その数ヶ月後、先輩たちの一人が詩集を出版し、新宿三丁目のレストラン・ジローを借りて出版記念会が行われた。そこに、三章さんもやってきたので、僕は「先日は失礼しました」と挨拶をした。そのとき、「阿修羅のごとく」の話をした。当時、僕は向田邦子ドラマの熱烈なファンになっていたからだ。

「阿修羅のごとく」では無名のボクサーだった三章さんは、「阿修羅のごとくⅡ」ではチャンピオンになったが、ある日、倒れて意識不明になる。あの役は、やはり三章さんにとっても大切な財産だったようだ。

●三十数年前の披露宴にいた人たちの何人かが亡くなっている

「小型映画」編集部にいたので、今村昌平監督の久しぶりの作品「ええじゃないか」は取材したことがある。倍賞美津子や桃井かおりたちが立ち小便をするシーンばかりが話題になったが、この映画には三章さんと河西さんが出演していた。

今村監督が気に入ったのか、三章さんはその後の今村作品の常連になった。「楢山節考」では緒形拳の隣家の息子で、緒形拳が泣く泣く母親を山に背負って捨てにいくのとは対照的に、「死にたくない」とすがる父親を、谷底に蹴落とす役をやっていた。

僕はミスタースリムカンパニーの舞台は見たことがないのだけれど、劇団員たちがそろって歌い踊るところは河西さんの結婚披露宴で見た。ノリノリの音楽に合わせて多くの劇団員がそろって踊るのは、見ているだけでワクワクしたものだ。

その披露宴には東京キッドブラザースの看板役者だった柴田恭平も出席していて、ビンゴで大きな賞品を当て、「ビンゴ」と叫んで出てきて品物を受け取って席に戻るまで、まるで芝居を見ているようで引き込まれた。役者は、常に芝居をしているのだとわかった。

あれから、どれだけの時間が過ぎ去ったのか。河西さんの披露宴で見かけた人たちの何人かは、すでに亡くなっている。トイレで並んだときに背の高さに驚いた（○○○が出ている位置が僕とは全然違った。つまり股下が僕の一・五倍だった）古尾谷雅人さんは自殺した。

僕が「天使のはらわた　赤い印画」（一九八一年）を絶賛しすぎてシラケさせてしまった池田敏春監督も自殺し、「星空のマリオネット」の三浦洋一（美しい宇都宮雅代さんと一緒にきていた）さんも亡くなった。披露宴の司会をしたアナウンサーの林美雄さんも、亡くなってずいぶんになる。さらに、深水三章さんが加わった。

五、六年前、スペイン料理店オーナーシェフで僕の兄貴分カルロスと深夜の新宿で呑んでいたとき（あの頃は、まだ元気だったなあ）、Mという酒場で深水三章さんと数十年ぶりに出会った。深水さんはちょうど引き上げるところだったが、最初のときと同じく僕は「河西さんの大学の後輩です」と自己紹介して挨拶した。「アウトレイジ　ビヨンド」（二〇一二年）で、久しぶりにその姿（マル暴刑事・小日向文世の上司の警察官僚を演じていた）をスクリーンで見たばかりのときだった。

「阿修羅のごとく」のボクサー役から三十四年が経ち、深水三章さんは年齢を重ねて渋い役者になっていた。その同じ時間を、僕も自分の人生を生きてきたのだ。かつて「阿修羅のごとく」を食い入るように見ていた二十六歳の、何事にも自信のなかった、痩せた青年は、高血圧に悩む、頬っぺたのたるんだ、過去を振り返ることしかできない六十男になっていた。

しかし、人生とは、そういうものなのかもしれない。時間だけがすぎてゆき、すべてのものが衰える。「アトハ死ヌダケ」という言葉が、また浮かぶ。それでも、深水三章さんの訃報に接したとき、まったく忘れていた四十五年前の荻窪のお寺の地下ホールが鮮明に甦ったのだった。

猫科の危険な女たち

危険がいっぱい／狼は天使の匂い

●利根川の六匹の親子の猫たちは桜猫になっていた

正月明け、四国の実家から四ヶ月ぶりに自宅に戻った。強風で早朝の飛行機が欠航になり、飛ぶかどうかわからずに高松空港にいったのだが、幸い定時に離陸し、一時間半足らずで成田に着いた。いつも使う格安のジェットスターだった。

ちなみに高松空港は「世界の中心で、愛をさけぶ」（二〇〇四年）で、主人公が倒れたヒロインを両手に抱いて「誰か助けてください」と叫んだ場所である。つまり、「世界の中心」とは、高松空港のロビーだったのである。ちなみに、ハーラン・エリスンの「世界の中心で愛を叫んだけもの」という古いSF小説を何人の人が知っているだろうか。

さて、自宅に帰ると、案の定、我が家の猫は僕を忘れていた。警戒して近寄ってこない。「こいつは誰だ」と目をまるくして見つめてくる。カミサンと娘が「マクギー」と名付けたのだが、「マクギー」と呼びかけるのは何となく抵抗がある。

「マクギー」とは、ふたりが見ているアメリカの犯罪ドラマに登場する若手刑事の名前からとったらしい。検視官の役でデビッド・マッカラムが登場しているシリーズ・ドラマである。実家にいる間は両親が飼っている猫と遊んでいたが名前は「タマ」であり、実家の二階に住んでいる兄夫婦が飼っている猫は「クロ」である。実に古式ゆかしい伝統的な猫の名前ではないか。

自宅の猫は僕をまったく忘れていたのに、翌朝、利根川のほとりまで散歩し、四ヶ月ぶりに再会した利根川の猫たちは僕のことを憶えていた。僕が彼らのテリトリーの中で立っていると、草むらから以前通りニャアニャアと鳴きながらキジトラが出てきた。ゆっくり僕に向かって歩いてくる。

僕が腰を落とすと、膝に身をすり寄せ、僕の背中をまわって反対側の膝に頭をぶつけ、後脚をたたんで前脚だけで猫座りをし、僕を見上げてミャアと鳴いた。「長いこと、どこにいってたんだよー」という感じである。僕が頭から首筋をなでると気持ちよさそうに目を細める。以前は「ジョン」と呼んでいたが、子猫たちが生まれてからは「父猫」と呼んでいる。

母猫はどうしただろうと思っていると、しばらくして草むらから出てきた。以前、数ヶ月ぶりに再会したときには草むらから飛び出して駆けてきたのは母猫だった。しかし、今回は僕の顔を見て動きを止め、「見覚えのある顔だな」という表情をした。それから、父猫が安心して僕にじゃれているのを見て、僕の方にまっすぐに近寄ってきた。

以前は僕の膝をなめたりしたが、そこまでの記憶はすぐには甦らないらしく、僕の手の動きを警戒する様子を見せた。子猫を四匹産んだ後、フサフサしていた毛並みがなくなり、痩せて貧相になっていたのだが、四ヶ月の間に回復し、以前通りフサフサの毛並みに戻り、体重も増えた感じだった。

子猫たちも四ヶ月の間にすっかり大きくなり、父猫や母猫と変わらなくなっていた。一匹は父猫そっくりなキジトラで、これが一番元気に飛び跳ねる。一匹は母猫によく似てフサフサの毛並みだが、母猫と違い薄い茶色である。この子が一番人なつっこい。残りの茶トラとレッサーパンダ風の子は警戒心が強く、遠くから僕を見ていた。

そのとき気付いたのだが、六匹すべてが耳の先を桜の花びらのようにカットされた「桜猫」になっていた。つまり、捕獲され、獣医によって不妊手術を施された後、耳先をカットされて再び放たれた猫たちである。その事情は、翌朝、出会った犬を散歩させているおばあさんによって明らかになった。

そのおばあさんには、以前にも何度か会って挨拶くらいはしていたが、その朝、猫たちに餌を与えていたので「よく懐いていますね」と声をかけたところ、話し好きらしくいろいろと話してくれたのだった。

それによると、ずっと餌を与えているリリー・フランキー似のおじさんの飼育が気に入らず、おじさんと話し合いをして今はおばあさんが主に面倒を見ているらしい。

おじさんとおばあさんは近所同士だという。その結果、おばあさんはボランティアの人と協力して猫たちを捕獲し、不妊手術を施したのだ。「今後は、この子たちに餌をやってもいいですよ」とおばあさんは言う。つまり、猫たちは「地域猫」として、近所の人たちにも認められたのである。

それ以来、以前に増して猫たちに会いにいっている。早朝の散歩は毎日だが、午後や夕方にフラリと散歩に出ると、いつの間にか利根川のほとりに足が向く。六匹全員に会えることもあれば、母猫と子猫二匹という時もあるし、父猫だけが出てくることもある。父猫と母猫とは二年近いつきあいだが、四国にいっている間は会えないから、僕のことをよく忘れないでいるなと感心する。

ときどき、朝、軽トラックで餌をやりにくるリリー・フランキー似のおじさんに出会うが、猫たちはおじさんの軽トラックがやってくると、六匹全員が走り寄っていく。軽トラックを見分けているのだ。やはり、二年間、毎日、餌をやり続けたおじさんにはかなわない、と思いながら帰っている途中、ふっとジミー・スミスに「ザ・キャット」というアルバムがあったなと頭に浮かんだ。

●「危険がいっぱい」に登場した子猫のシーンに流れた曲

自宅に戻って、ジミー・スミスの「ザ・キャット」を探し出した。昔、紙ジャケットの16ビットCDを買っていたのだ。真っ赤なジャケットに黒猫の姿が印刷されている。少しボケた感じで、両の目は赤い。ジャケットを開くと、左のページに黒猫が口を大きく開いているアップの写真が掲載されている。

英文の解説が載っていて、右のページにはジミー・スミスのアップの写真と、アラン・ドロンがタバコをくわえているアップの写真が印刷されている。なぜ、アラン・ドロン？　と思うかもしれないが、「ザ・キャット」そのものがアラン・ドロンの映画と関係があるのだ。もしかしたら、写真の黒猫は映画に出ていたあの子猫かもしれない。

アルバムの一曲目は「『危険がいっぱい』のテーマ」である。二曲目も「危険がいっぱい」（一九六四年）の中からで「ザ・キャット」という曲だ。子猫が登場するシーンで使われている。「危険がいっぱい」の音楽を担当したのは、数多くの映画音楽を担当したラロ・シフリンであり、アルバム「ザ・キャット」のアレンジャーもラロ・シフリンが務めている。

以前、クインシー・ジョーンズの自伝を読んでいたら、アルゼンチンでラロ・シフリンを見出すエピソードが出てきた。ラロ・シフリンはジャズ畑から出た人だが、映画音楽家として成功し、誰でも知っている曲「スパイ大作戦（ミッション・インポッシブル）のテーマ」と「燃えよドラゴンのテーマ」を作曲した。

アルバム「ザ・キャット」には八曲入っているが、冒頭の二曲がラロ・シフリン作曲で、七曲目にはジミー・スミス作曲「ドロンのブルース」が入っている。ジミー・スミスが友人アラン・ドロンに捧げたブルースだ。その他、エルマー・バーンスタイン作曲の「大いなる野望」は、ジョージ・ペパードが主演し、アラン・ラッドの遺作になったハリウッド映画のテーマだし、映画に縁のある曲が多い。

ジミー・スミスはジャズ・オルガン奏者で、非常にユニークな存在だった。一九二五年に生まれ、二〇〇五年に死んだ。ジャズの世界では、唯一無二の存在だった。「ザ・キャット」は代表的なアルバムで、十六歳の僕が初めて買ったジャズ・アルバムの一枚がジミー・スミスの「ミッドナイト・スペシャル」だった。

ところで、僕には「危険がいっぱい」が見たくてたまらなかった時期がある。僕が映画狂になったのは、十三歳の時、二番館で見た三本立てがきっかけだった。一九六四年の秋のことだ。その年の春に中学生になり、NHKで「ひょっこりひょうたん島」がスタートし、十月には東京オリンピックが開かれるという時期だった。

その年の夏、四年前に封切られて大ヒットしたルネ・クレマン監督でアラン・ドロン主演の「太陽がいっぱい」（一九六〇年）がリバイバル公開され、その新聞広告を見た僕は、見たくてしかたがなかったが、ロードショーにいくには小遣いが不足していた。

その二ヶ月ほど後、二番館に「太陽がいっぱい」がかかった。僕は勇んで見にいき、併映の「恐怖の報酬」（一九五三年）と「リオ・ブラボー」（一九五九年）という超弩級プログラムと共に完全にノックアウトされたのだった。そして、「太陽がいっぱい」と同じ監督・主演で「危険がいっぱい」という映画が、その年の六月に公開になっていたのを知った。

「太陽がいっぱい」の犯罪者が主人公という物語の新鮮さとアラン・ドロンの魅力にまいっていた僕は、どうしても「危険がいっぱい」が見たくなったのである。しかし、公開はすでに終わり、二番館にまわる時期も過ぎていた。だから、僕にとって「危険がいっぱい」は、長らく幻の映画になった。

●ルネ・クレマン監督が撮り続けたサスペンス・ロマン

「危険がいっぱい」という邦題は、「太陽がいっぱい」がヒットしたから、二匹目のドジョウを狙って日本の配給会社がつけたものに違いない。フランス語の原題は「LES FELINS」となっている。辞書で引いてみると、「猫科の、猫属の、猫の、猫のような、猫をかぶった」という形容詞としての意味と、「猫科の動物、猫かぶり」という名詞の意味がある。

また、「危険な」という形容詞として使われることもあるらしく、邦題はそこから連想したのかもしれない。映画の内容からすれば、「猫をかぶった」という意味が最も近いかもしれない。「猫をかぶった」「猫科の」「危険な」女たちが登場するからだ。

直訳すれば「猫属たち」とでもなるのだろうか。フランス語で「猫」は「CHAT（TE）」だから、「猫たち」では訳としてはニュアンスが違うのかもしれない。このタイトルで示しているのは、アラン・ドロンを翻弄するジェーン・フォンダたちのことだろうから、「猫科の女たち」という意味を含むのかもしれない。

そういえば、六〇年代、ジェーン・フォンダはフランス映画ばかりに出ていた。「獲物の分け前」（一九六六年）や「バーバレラ」（一九六七年）に出て、ロジェ・バディム監督と結婚した。「ひとりぼっちの青春」（一九六九年）でハリウッドに本格的に復帰し、七〇年代は反体制女優として活躍した。

結局、僕が「危険がいっぱい」を見ることができたのは、公開から十年以上が経った頃だった。「太陽がいっぱい」はよく名画座でもかかったが、「危険がいっぱい」はまったくかからなかったのだ。

それでも、ルネ・クレマン監督が「雨の訪問者」（一九七〇年）「パリは霧に濡れて」（一九七一年）「狼は天使の匂い」（一九七二年）「危険なめぐり逢い」（一九七五年）と、サスペンス・ロマンを撮り続けてくれたおかげで、「ルネ・クレマンのサスペンス映画特集」などが名画座のプログラムに組まれるようになった。

たぶん僕は早稲田松竹で「狼は天使の匂い」と一緒に「危険がいっぱい」を見たのだと思う。十数年焦がれていたせいか、落胆したのは仕方のないことだったと思う。

女たらしのいかさまギャンブラー（アラン・ドロン）はギャングのボスの情婦に手を出し、手下たちにホテルで拉致され連れ出される。途中、何とか逃げ出したドロンは、ある未亡人の屋敷に運転手としてもぐりこむが、そこには未亡人の姪（ジェーン・フォンダ）もいる。

未亡人の屋敷には殺人犯の愛人が秘密の部屋にかくまわれていたり、いろいろややこしいことになるのだが、最終的にはジェーン・フォンダの策略にひっかかり、ドロンがその屋敷から出られなくなる。

つまり、ジェーン・フォンダにからめとられてしまうのだ。モテモテ男のドロンは女たちをうまく操っているつもりだったが、逆にかんじがらめになるという皮肉な結末だった。

後に、クリント・イーストウッドの「白い肌の異常な夜」（一九七一年）を見たとき、何となく「危険がいっぱい」を思い出したものだった。女たちは怖い、という思いと共に…。確かに、女性は猫科だと思う。猫はきまぐれで、誇り高く、決して人に媚びない。猫も、女性も、僕には理解できない存在だが、なぜ、これほど惹かれるのか。

女性にはもう縁がないけれど、猫たちがいなければ、今の僕の生活は味気ないものになってしまうだろう。ポーチのロッキングチェアに腰を下ろし、ボーッと夕陽を眺めるのが僕の理想の老後の姿なのだが、その足元には老猫がいることが必須条件なのである。

誘う女――ドロシー・マローン

三つ数えろ／風と共に散る／翼に賭ける命／ガン・ファイター

●デビュー当時のワンシーンがベストワンに選ばれる女優

ドロシー・マローンが死んだ。人はいつか死ぬものだけれど、ドロシー・マローンとなると、どうしても忘れられない映画のシーンがあり、素通りするわけにはいかない。人によっては「まだ生きていたのか」と反応するかもしれないが、彼女は息の長い女優だった。

一九四三年に十九歳でデビューし、七十歳近くまで出演作（大きな話題になったシャロン・ストーン主演「氷の微笑」）がある。アメリカでは、映画を見ない人にもよく知られている女優だった。六〇年代に大ヒットしたテレビドラマ「ペイトンプレイス物語」のレギュラーだったからだ。死亡記事にも「六〇年代、テレビドラマで活躍」と書かれていた。

ドロシー・マローンは、今年の一月十九日、テキサス州ダラスの介護施設で人生の最期を迎えた。朝日新聞では九十三歳になっていたが、ネットで検索してみると九十二歳となっているニュースもあった。生年が一九二四年と一九二五年の説があるらしい。

生まれたのは一月三十日だから、誕生日を迎える十日ほど前に亡くなったのだ。一九二五年生まれだとすると、僕の母と同じである。二十四年生まれでも母より一歳上に過ぎず、どちらにしても僕は、母と同じ世代の女優を好きだったことになる。仕方がない。映画は若いときの姿を永遠に残すのだから…。

僕が初めてドロシー・マローンを見たのは、十五歳のときだった。ハンフリー・ボガート主演「三つ数えろ」（一九四八年）がテレビ放映されたからである。もっとも、そのシーンに登場した女優がドロシー・マローンという名前だと知ったのは、ずいぶん後のことだ。

中学生の頃から海外ミステリを愛読し、特にハメット、チャンドラー、マクドナルドというハードボイルド作家に夢中になった僕は、チャンドラーの長編第一作「大いなる眠り」を映画化した「三つ数えろ」が見たくてたまらなかったものだから、そのテレビ放映を夢中になって見た。

ワンシーンにしか出てこないドロシー・マローンが印象に残ったのは、彼女がメガネをかけて登場してきたからかもしれない。当時から、僕はメガネをかけた女性が好きだった。ドロシー・マローンが亡くなって、ユーチューブで「Dorothy Malone」で検索してみた。誰か（アメリカ人らしい）が彼女の出演作「ベスト30」を編集した映像をアップしていた。

ベスト10に挙げられた作品は納得がいくものだったが、ベスト2までに主だった代表作は出てしまっていた。僕は「まさか」と思いながら、ある予感を抱いて見ていると、ベスト1になっていたのは、やはり「三つ数えろ」だった。

おいおい、「三つ数えろ」には彼女はワンシーン出ているだけだぞと思ったが、そのシーンはユーチューブにもアップされていて凄い再生回数を誇っていた。やっぱり、あのシーン、そんなに人気があるんだ、と改めて驚いた。そのとき、ドロシー・マローンは二十一歳だった。

●メガネを外し髪を解きセクシーな美女に変身する

私立探偵フィリップ・マーロウ（ハンフリー・ボガート）が富豪に依頼されて、事件に関係があるらしい古書店を調べにいく。目的の店の向かいにある書店に入り、若い女店員に向かいの店主のことを訊くのだが、その他のよけいなことも話題にする。ある本の何年版には誤植があるかね、みたいなことだ。

このシーンで、監督のハワード・ホークスはいたずらを仕掛けている。メガネをかけ、髪を後ろで束ね、ペンを持った女店員ドロシー・マローンはマーロウに妙な目つきをする。誘うような色目である。さらに口を半開きにし、メガネ越しに上目遣いをしてペンを口にくわえる。「土砂降りだから客もこない。早仕舞いにするわ」などと言いながらガラスドアの幕をおろし、ドアの鍵をかける。

マーロウは都合のよいことに、ポケットにラム酒の小瓶を持っている。いっぱい呑まないかと誘い、ドロシー・マローンは引き出しから紙コップを取り出す。マーロウは「メガネをとれば」みたいなことを言う。マーロウが振り向いている間にドロシー・マローンはメガネを外し、束ねた髪を解いてひとふりする。振り返ったマーロウは「見違えたぜ」という表情で「ハロー」と驚きを口にする。

この後、監督はさらにいたずらを発展させる。店の窓越しに雨の降る通りを映す無人カットになり、マーロウがフレームインするのだ。ここでカットを割ると、明らかに時間経過を観客は感じるだろう。女店員とマーロウの間に何事かが行われたのではないか、と感じさせるカット割りである。

五〇年代、六〇年代のハリウッド映画では、メガネをかけ髪をひっつめにした堅物の秘書タイプの女性が、あるとき、メガネを外し髪を解いて、いきなりセクシー美女に変身するパターンが多用されたが、それは「三つ数えろ」でハワード・ホークスが原型を作ったのではないかと僕は思っている。

この映画公開の頃、まだミッキー・スピレインの私立探偵マイク・ハマー・シリーズは出版されていないが、マーロウと違ってマイク・ハマーはやたらに女性に誘惑され、その誘いに積極的にのってしまう。ハワード・ホークスは、この書店のシーンでそんなことを観客にほのめかしている気がするのだ。

このシーンが有名になったからか、ドロシー・マローンには「誘う女」のイメージが定着してしまい、五〇年代にはセクシー女優としてハリウッドで活躍することになる。しかし、脇にまわることが多く、「死の谷」（一九四九年）ではヴァージニア・メイヨにヒロインを譲り、「殺人者はバッヂをつけていた」（一九五四年）ではキム・ノヴァクのヒロインを引き立てた。

そして、アカデミー助演女優賞を得た「メロドラマの巨匠」ダグラス・サーク監督の「風と共に散る」（一九五六年）に至る。ここでは受賞に値する熱演で、ローレン・バコールのヒロインより印象的でエキセントリックな役を演じた。ドロシー・マローンが演じたのは、愛する男（ロック・ハドソン）に振り向いてもらえず男遍歴を繰り返す、ニンフォマニア的な精神に問題のある金持ち女だった。

●ロック・ハドソンと共演した二本の映画でヒロインを演じた

ナチの迫害を逃れてアメリカに亡命し、ハリウッドで監督としてメロドラマを作り続けたダグラス・サークは、ドロシー・マローンが気に入ったのだろう、「風と共に散る」のメインキャストをそのまま使って、翌年には「翼に賭ける命」（一九五七年）を作る。ロック・ハドソン、ロバート・スタックの男優陣である。

しかし、ローレン・バコールは外れ、ヒロインを演じたのはドロシー・マローンだった。もしかしたら、宙返りをする複葉機の翼にぶら下がってスカートがめくれたり、スリップ姿でロック・ハドソンと会話するシーンなどをローレン・バコールが嫌ったのかもしれない。原作は、ノーベル賞作家のウィリアム・フォークナーである。

大戦で撃墜王だった男（ロバート・スタック）は妻（ドロシー・マローン）と子を連れ、親友の整備士とチームを組んで各地で行われる飛行レースに参加している。どさまわりの飛行士たちからは、ふたりの男と旅をしている妻は好奇の目で見られていて、心ない飛行士は子供に「どっちが父親だ」とからかいの言葉を投げる。

飛行レースの取材にやってきた地方紙の記者（ロック・ハドソン）は彼らに同情し、自分の部屋を宿泊所として提供する。記者は、妻に心惹かれる。ドロシー・マローンは自ら誘うことはないし、貞節な妻なのだけれど、その存在そのものが男を誘っている。また、ロバート・スタックは妻に嫉妬し苦しみながらも、妻を利用して新しい飛行機を手に入れようとする複雑さを見せる。

フォークナーの原作だけあって、主要人物三人の心理は一筋縄ではいかない。夫に貞節であるのに、一緒に旅をする整備士との仲を詮索され、知り合った新聞記者にも好意を寄せる美しい妻。アカデミー賞を受賞して自信をつけたドロシー・マローンが、印象に残る演技を見せる。

飛行機に乗ることだけが生きる目的のような元撃墜王は、故障した飛行機の代わりの新型飛行機を得るために、飛行機のオーナーの富豪に妻を差しだそうとする。それでいて、妻が富豪の誘惑にのったとすれば許せない。

テレビドラマ「アンタッチャブル」のエリオット・ネス役で日本でも有名になった、ロバート・スタックのベストの演技である。もっとも、ダグラス・サーク作品の常連であるロック・ハドソンは、ちょっと印象が薄い。

ロック・ハドソンは「ガン・ファイター」（一九六一年）でもドロシー・マローンと共演している。このとき、ドロシー・マローンは四十路が近いが、まだまだ存在そのものが男を誘う力を失っていない。しかし、「ガン・ファイター」で強烈な存在感を見せるのは、ドロシー・マローンの娘を演じた若きキャロル・リンレイ（リンリーとも表記された）だ。

輝くような金髪、溌剌とした肌、屈託のない表情、一途に男を愛する力強さ、それらを体現したキャロル・リンレイと、過去を背負い屈折しながらも成熟した女であり、三人の男に心を寄せられて戸惑いながらも女の歓びを感じる複雑な心境を見せるドロシー・マローン。母娘がひとりの男（カーク・ダグラス）を巡って対立するのも、この映画のひとつのテーマである。

流れ者のカーク・ダグラスはメキシコまで流れ牧場に雇われるが、その牧場主（ジョセフ・コットン）の妻（ドロシー・マローン）は昔の恋人だった。彼女の十代の娘（キャロル・リンレイ）がカーク・ダグラスに興味を持つ。そこへ、男を追って保安官（ロック・ハドソン）がやってくる。彼らは大量の牛をアメリカまで運ぶことになり、保安官と男の対決は仕事が終わった後に延期される。

しかし、キャトルドライブの途中、牧場主は殺され、様々なことが起こる。やがて、目的地に着いたとき、カーク・ダグラスは一途に愛をぶつけてくるキャロル・リンレイを受け入れる決意をするが、ある事実をドロシー・マローンに告げられ、死を覚悟して保安官の待つ決闘の場に赴く。

原題は、何かを暗示しているような「最後の夕陽」。脚本を書いたのは赤狩りで仕事ができなくなり、変名で「ローマの休日」を書いたダルトン・トランボである。そのトランボを「スパルタカス」で本名で起用したカーク・ダグラスの主演。監督は後に「男性映画の巨匠」と言われるロバート・アルドリッチだった。これで、面白くならないわけがない。

複雑で、異色の西部劇に仕上がっている。まるでギリシャ悲劇のようだ。それは、ラストに至って判明する、悲劇的事実が（予測はできるのだけれど）衝撃的だからかもしれない。その事実を告げるドロシー・マローンの表情が忘れられない。成熟した大人の女の顔には、愛する男に悲劇的事実を告げる「復讐の歓び」のようなものがうかがえるのだ。

この作品の後、ドロシー・マローンは活躍の場をテレビに移した。その後、「さよなら、ミス・ワイコフ」（一九七九年）「氷の微笑」（一九九二年）などに出演するが、実質的には「ガン・ファイター」が最後の映画と言える。

ユーチューブには、一九五七年のアカデミー授賞式で助演女優賞を受けたときの映像がアップされていた。三十を過ぎて脂が乗りきった頃である。プレゼンターはジャック・レモン。彼によって名前が呼ばれると、かなり後方の席から立ちあがったドロシー・マローンが舞台に向かう。歓びにあふれてスピーチをする彼女に、ジャック・レモンが腕時計を示しながら「スピーチ切り上げて」とアピールするのが微笑ましい。

その栄光の瞬間から六十一年が経ち、九十三歳の老女優は老衰で終焉を迎えた。

瓜ふたつの人たち

罠にかかったパパとママ／古都／ターミネーター2／ローマの休日

●双子の片方が市井に育ち「お家騒動」に巻き込まれる物語

一月下旬、カルロス兄貴の店である渋谷のスペイン・レストラン「ラ・プラーヤ」の新年会に参加した。カメラマンのカトーくんも出席し、総勢で十数人がワイワイと盛り上がった。大ぶりの牡蛎フライと、直径一メートル近いパエリアパンで作られたパエリアがうまかった。カニと貝がたっぷり入っていた。

みんなで記念写真を撮る段になって、僕が「本職がいるから」とカトーくんを紹介したら彼の仕事の写真の話題になり、カトーくんがずっと撮っている歌舞伎のポスター写真を披露することになった。カトーくんは作品をiPadにポートフォリオとしてデータ化しており、それを見た歌舞伎好きの人が大騒ぎ。歌舞伎ファンは多いのだなあ、と改めて思った。

そのカトーくんが「双子」をテーマにした作品を企画していると聞いたので、数日後、双子に関する短い文章を書いてメール添付で送った。その文章を書いていて、「双子」映画がいくつか浮かんできた。

昔の時代劇ではおなじみだった貴い家に生まれた双子の片方が捨てられるという貴種流離譚、あるいは双子のミステリアスな部分を強調するホラー的な怖い映画など、双子を扱った映画には様々なものがある。双子の映画は一人二役で撮ることになるから、昔はマスキングして片方を撮影したフィルムを巻き戻し、もう一人の方を撮影しなければならなかったので大変だったと思う。

ところで、犬は一度に何匹も子供を産むが安産であるらしく、日本では古来から妊娠すると犬帯を締めるという風習がある。

安産祈願のひとつなのだろう。そのくせ、双子が生まれると「犬腹」「畜生腹」と言って忌み嫌い、片方の子を別に預けて育てたりした。

高貴な家では特にそういうことがあったらしく、殿様の家に生まれた双子の片方が乳母に預けられて育ったりする話がある。そんな風習を元にした代表的な物語が、昭和十五年に山手樹一郎によって書かれた「桃太郎侍」だった。

四国丸亀藩の藩主の子として生まれながら乳母に預けられ、その乳母を実母として育った主人公は、乳母の死に際に初めて真実を知らされたが、長屋の子供たちに読み書きを教えることに生き甲斐を見出し、市井に埋もれて生きようと決意する。しかし、ある日、覆面の武士たちに襲われていた武家娘を救ったことから、お家騒動に巻き込まれる。跡継ぎである若殿が主人公にそっくり（一卵性双生児だから当然だが）だったことから、替え玉になって四国丸亀に乗り込み、若君を暗殺しようとする悪家老一味を退治するのである。

こうした貴種流離譚が昔から様々に伝えられてきたのは、日本人の琴線に触れるものだからである。市井に身をやつして暮らしていた人物が、あるとき高貴な身分の人間だと明かす、その瞬間が大衆に受けるのだろう。

助さんだったか格さんだったかが、最後の最後に「ここにおわすお方を誰と心得る。先の副将軍・水戸光圀公でおわすぞ」と印籠を掲げる瞬間と同じだ。越後の縮緬問屋のご隠居だと思っていたのが実は…となるのである。そのときには証拠が必要だから黄門は印籠を出し、捨てられた双子の片割れには由緒ある懐剣などが証拠として渡されていることが多い。

「桃太郎侍」は「修羅城秘聞　双龍の巻」「続修羅城秘聞　飛雲の巻」（一九五二年）では長谷川一夫によって映画化され、「桃太郎侍」（一九五七年）では市川雷蔵が主演、「桃太郎侍　江戸の修羅王」「桃太郎侍　南海の鬼」（一九六〇年）では里見浩太郎が主演し、「桃太郎侍」（一九六三年）は本郷功次郎が桃太郎を演じた。

ちなみに高橋英樹がテレビで演じた「桃太郎侍」シリーズはタイトルだけを拝借したもので、内容はまったく関係がない。尾上菊之助が主演したテレビシリーズ「桃太郎侍」（一九六七年十月～一九六八年四月）は、前半のクールは完全に原作を踏襲したものだった。姐御タイプのヒロインを、先日亡くなった真屋順子が演じていた。純情タイプのヒロインは、長谷川稀世だった。

●別れ別れに育った双子がめぐり会い物語が動き出す

双子の映画で僕が思い出す一本は、天才子役と言われたヘイリー・ミルズが主演したディズニー映画「罠にかかったパパとママ」（一九六一年）である。原作は、ドイツの文学者エーリッヒ・ケストナーの「ふたりのロッテ」だ。

サマースクールで出会った瓜ふたつの少女ふたり。最初は反発するが、双子として生まれてすぐに両親が離婚し、別れ別れに育ったことがわかり、ふたりは入れ替わってそれぞれの家に戻り、両親を復縁させようとする物語である。

「ふたりのロッテ」は、どちらかというと少女向けの児童文学で、映画もどちらかというと少女向けではあったが、僕は本も読み映画も見た。僕の人生の年代順に「影響や感銘を受けた本」を挙げるなら、まず最初に浮かぶのが、ケストナーの「飛ぶ教室」だからだ。この小説を読んでいなかったら、僕は今のような人間（いいか悪いかはわからないが）には育っていなかっただろう。

十数年前、ドイツ映画「飛ぶ教室」（二〇〇三年）公開に合わせて講談社文庫で新訳が出たとき、僕は久しぶりに再読し、やはり泣いた。したがって、ケストナーに関わるものは必ず読むし、見ることにしている。

ちなみに、ケストナーはユダヤ系ではあったが、ナチス政権下のドイツに踏みとどまり生き抜いた。ナチスはケストナーの著作を禁止し焚書にしたが、自分の本が焼かれる現場をケストナーは見にいったという。ナチスがケストナーに手を出せなかったのは、彼がドイツ国内であまりに人気があり、世界的にも有名な文学者だったからだと言われる。

しかし、いつ拘束され収容所に入れられても不思議ではない状況ではあった。ちなみに、彼がずっと一緒に暮らした女性の名はルイーズロッテ。「ふたりのロッテ」の双子の名前は「ルイーズ」と「ロッテ」だった。

双子が別れ別れに育ち、やがて巡り会う物語としては、川端康成の「古都」がある。京都の老舗の店先に捨てられていたヒロインは美しく育ち、ある日、北山杉の美しい村で自分にそっくりな娘と出会う。

松竹の中村登監督版「古都」（一九六三年）では若く美しい岩下志麻がヒロインを演じ、東宝の市川崑監督版「古都」（一九八〇年）では人気絶頂期の山口百恵がヒロインを演じた。この翌年、山口百恵は引退したので、最後の主演映画になった。この二本、見比べてみてもおもしろい。

●二組の一卵性双生児がひとつの役を演じた「ターミネーター2」

双子を登場させる映画の場合は一人二役ということになるけれど、双子が一人の役を演じた例もある。これは、かなり有名になったから知っている人も多いと思うが、「ターミネーター2」（一九九一年）には二組の一卵性双生児が出演している。ひと組はヒロインのサラ・コナーを演じたリンダ・ハミルトンとその双子の姉である。

低予算のB級SFアクション映画「ターミネーター」（一九八四年）で初めてリンダ・ハミルトンを見たとき、いかにもアメリカ的な女優だな、と思ったことを憶えている。世界的にヒットし、続編が作られるなどと、彼女自身も思っていなかっただろう。

「ターミネーター2」は、第一作とは比べものにならないほど豊潤な資金をつぎ込んで作られたから、コンピュータ・グラフィックスもふんだんに使用されていると思っていたのに、撮影の裏話としてサラ・コナーがふたり同時に画面に登場するシーンは、リンダ・ハミルトンの双子の姉を使ったと知って驚いたものだ。

リンダ・ハミルトンは双子だったのだ、という驚きもあった。未来から送られた新しい刺客は液体金属でできたターミネーターで、どんなものにも姿を変えられる設定である。ターミネーターは様々な人々を殺し、その人間に化ける。ラストの溶鉱炉のある工場での戦いのさなか、ジョン・コナー少年を母親サラに化けたターミネーターが呼ぶ。

その声につられてジョンは母親の前に姿を見せるが、その母親の後ろから傷つきながらもショットガンを構えた、もうひとりの母親が姿を現す。そのシーンを双子の姉妹が演じた。手前のサラ・コナーをリンダ・ハミルトンが演じ、後方の少しボケたサラ・コナーを双子の姉が演じたという。CGで作業するより、たぶん安上がりだし、キャメラのファインダーで視認できる。そっくりな一卵性双生児だから可能だった。

もうひと組の双子は、サラが監禁されている病院の警備員(警官だったかな)を演じた。彼が自販機でコーヒーを買おうとしていると、床に同化していた液体金属ターミネーターが床から盛り上がり、警備員とそっくりに化ける。コーヒーのカップを持って振り返った彼は目の前に自分と瓜ふたつの男が立っているのに驚くが、次の瞬間、液体金属ターミネーターの剣のように長く延びた手に刺し貫かれて、断末魔に身を痙攣させる。ショッキングなシーンだったけれど、てっきりCGだと思っていた。ところが、その警備員(警官)を演じていたのが双子だったのだ。

ちなみに、「そっくり」という意味で「瓜ふたつ」という言葉を使ったが、これは「瓜を縦ふたつに割ったように、よく似ている様」と辞書に出ていた。余談だが、「瓜ふたつ」という言葉で僕は「ローマの休日」(一九五三年)を思い出す。

アン王女と知ってローマを案内する新聞記者ジョー・ブラッドレーは、カフェで仲間のカメラマンを待っている。やってきたカメラマンは「やあ、きみは瓜ふたつだね…(アン王女と)」と口にして、テーブルの下でジョーに足を蹴られる。ジョーは「瓜ふたつって?」と訊くアン王女に、「アメリカでは『きみは素敵だ』という意味で使うんだ」とごまかす。アン王女は「ありがとう」と優雅にカメラマンに応える。

もちろん、「瓜ふたつだね」というのは字幕に出た言葉だから、英語ではどう言っているのか、昔から気になっていて調べようと思いつつ未だに調べていない。この言葉が重要なのは、船上のダンスパーティの後、アン王女がジョーへの恋心に気付き、思い切って「あなたは瓜ふたつよ」と口にするからだ。

この言葉を使って許されない恋を告白したアン王女の切ない

気持ちと、ジョーが適当にごまかした言葉を素直に使うアン王女の純粋さと、そのことの何とも言えないおかしさが観客に不思議な感動を生む。うまい、うますぎる、と僕は昔から思っている。ダルトン・トランボが友人名義で書き、アカデミー賞を受賞した脚本である。

ところで、讃岐弁では「そっくり」という意味で「まっつい」と言う。たぶん漢字で書くと「真っ対」なのだろう。僕も子供の頃に、「同じだ」という意味で「ついや」と言っていた。「対」という意味だと思う。「対」だとすれば、「瓜を縦ふたつに切った両方の断面が対になっている」ことから発した「瓜ふたつ」と同じである。「まっつい」というのは、「真っ白」と同じように強調した言い方だ。ということから、「ローマの休日」讃岐弁バージョンが浮かんできた。

ジョー「遅いやないか」
カメラマン「何言うとんや。これでも、急いできたんで。
(アン王女に気付いて)…あんた、まっついやの、アン…」
ジョー、テーブルの下でカメラマンの足を蹴る。
カメラマン「ッ、何すんや」
アン王女「まっついて…何?」
ジョー「讃岐弁で『あんた、きれいや』いうことやで」
アン王女「ほんま? おおきに」

普通じゃない人たち

●男として入社した主人公が女性に変貌していく自伝小説

飲み友だちのIさん(久しぶりの登場です)にメールで「藤野千夜の『編集ども集まれ!』が面白かったですよ。あれくらいの規模の出版社だと、どこもよく似た雰囲気ですね」と教えられ、藤野千夜さんの「編集ども集まれ!」を読んでみた。タイトルは手塚治虫のマンガ「人間ども集まれ!」からとっているのだと、小説を読んでわかった。

作中に登場するマンガ作品はほとんど読んでいたのだけれど、「人間ども集まれ」は読んでいなかった。「編集ども集まれ!」が昨年秋から話題になっていたのは知っていたものの、藤野さんの小説は読んだことがなかったので二の足を踏んでいた。

しかし、小説の中で「青雲社」と仮名になっている出版社が「日本文芸社」(自費出版専門の「文芸社」ではない)だと、Iさんに教えられて興味が湧いた。もっとも、小説を読めば誰だって日本文芸社だとわかる。最近、ライザップ(作中では「Rザップ」)に買収されたことも書いてある。それまでは、旭通信社こと広告代理店アサツーの子会社だった。そんなことで読み始めたのだが、おもしろくてやめられなかった。

僕は最多時で六十人ほどがいた出版社で四十年勤め、Iさんは日本文芸社とよく似た規模（出版ジャンルも似ていた）の出版社で若い頃に働き、その後、講談社の伝説の編集者で役員だった人が立ち上げた出版社で長く勤務し、役員になった人である。「編集ども集まれ！」は出版社を舞台にした自伝小説だから、Iさんも僕もけっこう「わかる、わかる」とか「あるある」といった声を（内心で）出しながら読んだ。

僕が勤めた出版社は、写真、デザイン、映像製作、イラストなどを専門としていたので、「編集ども集まれ！」のようにマンガ雑誌の世界はわからないが、雑誌中心の出版社だったからおおよその見当はつく。近くには、秋田書店、双葉社、芳文社、少年画報社、角川書店などもあったし、マンガ雑誌の編集者の知り合いもいた。出版労連の関係で知り合った人もいる。

主人公の小笹一夫はずっとマンガ研究会に所属していたマンガ好きで、大学を出て「青雲社」の契約社員としてマンガ雑誌を編集することになる。一年後に正社員に採用され、九年近くをマンガ編集者として勤務する。その頃の話と、二十年後の現在、いくつも賞をとり作家になった主人公が、自伝小説を書くために思い出の場所を取材する話が、交互に現れる構造になっている。

しかし、現在の藤野千夜と思われる主人公の名は「笹子」と表記されている。もう十七年も昔のことになったけれど、僕は藤野千夜さんが芥川賞を受賞したときのことをよく憶えている。彼（彼女と書くべきだろうが）は、女性の姿をしていたからだ。

選考委員の石原慎太郎は、藤野さんを見て「ありゃ何だい」と口にしたそうだ。いかにも偏見に充ちた頑迷固陋な石原慎太郎らしい。当時、マスコミは「女装の芥川賞作家」みたいな扱いをした。まだ、「性同一性障害」という言葉も一般的ではなかった。

「編集ども集まれ！」は藤野さんの自伝的小説であるから、当然、主人公の小笹一夫が笹子へと変わっていく過程がテーマになっている。彼（彼女）は化粧をしピアスをし、髪はボブカットにして、編集プロダクションの親しい女性からは「ササパン（笹子のパンツ）」と呼ばれるゆったりしたパンツを履いて出社する。現在、ユニクロが売り出した「スカンツ（スカート＋パンツ）」の元祖のようなものだった。

彼（彼女）の変化を編集部の人たちは受け入れる。受け入れられない人は、見ない振りをして近づいてこない。しかし、組合結成をめざす人たちからは「組合ができても助けない」と言われ、上司には「自分の立場を危うくしてまではかばわない」とくぎを差される。

しかし、とうとうスカートを履いて出社したことが、会社の引き金を引く。彼（彼女）は退職勧奨を受け、それを拒否して馘首される。九〇年代前半、出版社という緩い環境の中でも周囲の理解はそんなものだった。

●LGBTについての理解が深まる荻上直子監督の最新作

小学五年生のトモは母親（ミムラ）とふたり暮らしだが、ときどき母親は男を追って家を出て育児放棄の状態になる。そんなとき、トモは母の弟マキオ（桐谷健太）を頼る。今回も叔父のマキオの職場である書店にいくと「また？」と（姉であるトモの母を）呆れられ、マキオから一緒に住んでいる女性ができたと告げられる。

「ちょっと変わっているので、事前に話しておく。トモがくるのを、すごく喜んでいる」とマキオは言う。トモがマキオの部屋へいくと、リンコ（生田斗真）が現れてトモはギョッとする。しかし、リンコは母親のように細かい心遣いをし、翌朝にはおいしそうな弁当を持たせてくれる。

トモは次第にリンコに心を開き、マキオとリンコとトモは堅い絆で結ばれる。リンコはマキオの母（りりィ）が入っている介護施設の介護士で、マキオは母をやさしく介護するリンコに心を奪われたのだ。マキオは同性愛者ではない。マキオは、リンコを女性として愛したのだ。

すでに女性の体になり、戸籍も女性に変更する予定だと聞いたトモも、リンコへの理解を深めていく。そんなトモがかわいくて仕方がないリンコは、マキオにトモを本当の娘にしたいと言う。トモも本当の母親のようにリンコを慕う。

しかし、トモと仲のよい男子同級生の母親（小池栄子）は、リンコと一緒のトモを見て異様に警戒する。「異常な人と一緒に暮らしている」と児童相談所に連絡し、マキオの部屋に児童相談所の役人がやってくる。

一方、トモと仲のよい男子生徒は上級生の男子に憧れる気持ちを抑えられない。クラスでは「変態」といじめられている。ある日、彼は上級生の男子に当てて書いたラブレターを母に読まれてしまう。母親は彼に「普通じゃない」と言い、彼は「普通って何？　異常って何？」と訊き返す。母親は「異常は異常よ」と叫ぶ。

僕の好きな「かもめ食堂」「めがね」「トイレット」「レンタネコ」など、独特の世界観と空気を描き出す作品を連発していた荻上直子監督の六年ぶりの新作「彼らが本気で編むときは、」（二〇一七年）を見て、僕はLGBTについて理解を深めた。L＝レズビアン、G＝ゲイ、B＝バイ・セクシュアル、T＝トランスジェンダーの違いがよくわかった。

リンコさんはトランスジェンダーであり、女性の魂を持つ人が男の体に生まれてしまったのだ。リンコさんの中学生時代からのエピソードも描かれるが、母親（田中美佐子）は息子のすべてを肯定して受け入れ、リンコを娘として育てる。すごい母親だと感心した。

●多数派だから「普通」ということになるのだろうか

しかし、「普通」ってどういうことなのだろう。「異常」って何なのだろう。人々が「普通」と思っていることは、本当に「普通のこと」なのだろうか。「普通」を辞書で引くと「他の同種のものとくらべて特に変わった点がないこと。特別でなく、ありふれていること」と出ていた。何だか曖昧である。「普通」とは、結局、それは数の問題ではないのか。大多数の人が同じなら、それは「普通のこと」になる。

しかし、すべての人が同じなんてことはあり得ない。どんなことにも、少数派の人は必ずいる。だとすれば、少数派は「普通じゃない人たち」になってしまうのか。人は自分を基準にして「普通かどうか」を判断する。自分がやっていることは「普通のこと」だと思っているからだ。

大学生の頃、僕の周囲で「下着のシャツの裾をパンツの中に入れるか入れないか」という論争（?）が起こり、それぞれに確認していくと「入れないか」派が主流を占めた。十人のうち七、八人くらいの割合で「入れない」派だったと思う。僕は十人のうち二、三人しかいない「下着のシャツの裾をパンツの中に入れる」派だった。

誰もが自分と同じようにシャツの裾を入れている（腹が冷えないように―という子供の頃の母の教えを守っていた）ものだとずっと信じていた僕は、ものすごい衝撃（?）を受けた。しかし、そのとき学んだのだ。自分が「普通のこと」「当たり前のこと」だと思っていることを疑えと…。

下着のシャツの裾をパンツの中に入れているかどうかは、外見からはわからない。しかし、男性が女装をしていれば、たいていの場合はわかる。ギョッとする。三十数年前の朝、新宿二丁目の交差点で立っていた僕は、目の前に現れた大きな体をした男の人に驚いた。彼（彼女）は、ホットパンツのようなものを履いているので毛臑が目立ち、Tシャツ姿だった。

長い髪を巻き上げていたが、朝だったので化粧はまだしていなかった。ゲイバーと呼ばれる店が多い地域だから、たぶんそんな店の人だろうと想像した。ただし、ギョッとはしたが、その人の存在を「異常」として排斥しようとは思わなかった。そういう人もいるのだ、と改めて思った。

結局、世の中には「自分」と「自分以外の人」しかいない。「自分以外の人」は、絶対に自分とは異なっている。たとえば、その人はシャツの裾をパンツの中に入れないかもしれず、トイレではズボンもパンツも完全に脱がないと便器に座れない（友人にいた）かもしれない。だから、突き詰めれば「普通」なんてないのだ。

「自分以外の人」は「自分」とは違うのが当たり前、と思うべきではないのか。だから、「僕は同性しか愛せない」とカミングアウトされても「そういう人もいる」と納得する。今まで僕は、自分と同じような人になど会ったことはない。ただ、「自分」の価値観や美意識を人にも押しつけようとする人には大勢会った。僕自身、自分の美意識で人を判断してしまうところもある。

ただし、僕の価値観を人に押しつけることだけは避けようと努力をしてきた。自分が異性愛者のストレートだから人もそうあるべきだし、それが普通のことなのだ、と思うような人間ではありたくなかった。しかし、人は努力しなければ、つい自分の尺度で人を測り、自分を基準にして「普通か異常か」を判断してしまう。

今でもときどき、僕は「変な人」と思われることがある。誰だって、「自分」の狭い世界だけで「自分以外の人」を見たら「変な人」に見えるんじゃないだろうか。ちなみに、いつの頃からかシャツの裾はパンツの中に入れないようになった。ただし、多数派に妥協した結果ではない、と声を大にして主張しておきたい。負け惜しみではない（と思う）。

屈折する男――川地民夫

風速40米／野獣の青春／東京流れ者／無頼・黒匕首

●川地民夫がデビューした年に出た「風速40米」を見る

川地民夫が死んだ。七十九歳だった。六十年にわたる俳優人生である。このところ追悼が続く（それでも昨年末に亡くなった早坂暁さんについては書いていない）けれど、日活ファンの僕としては書いておかなければならない。

川地民夫死去のニュースを聞いた日、僕は「風速40米」（一九五八年）を見た。昭和三十三年、川地民夫は銀幕デビューし、十本近くの映画に出演した。「風速40米」は、人気絶頂だった石原裕次郎主演作品である。逗子に育った川地民夫の家の隣は、石原家だった。その縁で、川地民夫は日活に入社したのである。

石原裕次郎に関する本だったか、川地民夫は裕次郎の遊び仲間で、いわゆる後に「太陽族」と呼ばれることになる不良グループのひとりであり、石原慎太郎の芥川賞受賞作「太陽の季節」の主人公のモデルは川地民夫だと読んだ記憶があった。ツルリとした色悪風二枚目の川地民夫は、確かに裕次郎より女の子にはもてそうだった。

昨秋、元「キネマ旬報」編集長で映画プロデューサーの黒井和夫さんと酒席で隣になる機会があり、裕次郎と親しかったという黒井さんにそのことを確かめたところ、「いや、『太陽の季節』のモデルは別にいるんだ。裕次郎の遊び仲間でね」ということだった。

「風速40米」は、山登りにきて嵐に遭った四人の女子大生が、山小屋に避難するシーンから始まる。数人の男たちのグループが先客でいて、酒に酔っている。女子大生たちは隠れて着替えを始めるが、男たちがちょっかいを出す。奥の寝台で寝ていた男が「うるせぇぞ」と声を出し、ベッドから降りる。

もちろん、長い足を強調するように広げた脚しか映らない。

有名な股越しショットだ。「さっちゃん」と声をかけて、奥の寝台から出てくるのが川地民夫だ。彼は四人の女子大生をかばうように立ちはだかる。彼を露払いとして登場するのは、先ほどの長い足の持ち主サツオ（石原裕次郎）である。

裕次郎は北大工学部建築学科の学生で山男。父の再婚の結婚式にも帰省せず、夏休みに山に登ってから田園調布の自宅に戻る。帰る前に建築現場にいる父（宇野重吉）に会うと、再婚で女子大生の妹ができたことを知る。

裕次郎が帰宅してシャワーを浴びていると、義理の妹（北原三枝）が帰宅し浴室にやってきて服を脱ぎ始める。浴室に誰かいると知った北原三枝は、バスタオルを巻いたままベランダに飛び出し、ちょうど通りかかったお巡りさんを呼び止める。このシーンが僕の記憶に深く刻まれていた。

父と一緒に封切りで「風速40米」を見たのは、昭和三十三年の八月のことだった。僕は六歳である。僕が憶えている最も古い映画のシーンのひとつだろう。バスタオルを巻いた女の人が自転車に乗ったお巡りさんを呼び止めるシーンは、六歳の子に性的な刺激を与えたのかもしれない。

そのシーンだけはよく憶えていたが何の映画かはわからず、後年、「風速40米」だろうと見当をつけて確かめたら「ビンゴ」だった。ずっと気になっていたから、何となく納得した気分だった。久しぶりに「風速40米」を見ると、新人ながら川地民夫がずいぶんと優遇されている。裕次郎の大学の後輩で裕次郎の家に居候している役だ。

彼の姉でパリ帰りのシャンソン歌手（渡辺美佐子）は、大手建築会社社長（金子信雄）をパトロンに持ち、裕次郎に好意を寄せる。もちろん、悪役は金子信雄である。十五年の後、「仁義なき戦い」（一九七三年）で金子信雄は山守親分を演じ、組の幹部のひとりとして川地民夫は重要な役を担った。最後は、梅宮辰夫に眉間を撃ち抜かれる役ではあったけれど…。

●鈴木清順監督作品に多く起用された俳優だった

石原家の隣家でなければ、俳優・川地民夫は生まれなかった。しかし、俳優としては裕次郎とはまったく別のタイプである。宍戸錠は、「日活時代で芝居がうまかったのは川地民夫」と語っていた。自身の主演作品「野獣の青春」（一九六三年）の川地民夫の演技を実例にして、当時の日活の俳優たちの中でも抜群の演技をしていたと強調していた。

「野獣の青春」での川地民夫の役は、変態的なキャラクターである。ボスの腹違いの弟で売春組織を束ねている。彼の母親は戦後パンパンをしており、そのことを指摘されると誰彼かまわずカミソリで相手を切り刻む。「野獣の青春」は鈴木清順監督作品であり、清順美学が開花した作品だと言われている。ハッとするシュールレアリスティックな場面が、頻発する作品である。

その中で川地民夫はオネェ言葉のようなニュアンスでしゃべ

る優男のくせに、登場するだけで不気味な雰囲気を漂わせた。宍戸錠が「あんたのお袋、パンパンだったんだってな」とわざと挑発し、テーブルの下でカミソリを持つ川地民夫の手を押さえつけるシーンはなかなかのものだった。この伏線が最後に生きてきて、真犯人を罰することになるのだ。

新聞の死亡記事でも書かれていたが、川地民夫は鈴木清順監督によく起用されている。デビュー当時には主演作が何本もあり、鈴木清順監督作品「すべてが狂ってる」（一九六〇年）でも主演している。

その後、野川由美子主演の「春婦伝」（一九六五年）で川地民夫が演じた役は、同じ原作を黒澤明が脚色した「暁の脱走」（一九五〇年）では池部良が演じたものだ。ちなみに、「暁の脱走」ではヒロインを山口淑子が演じているが、従軍慰安婦ではなく中国の前線に慰問にきた歌手に変更している。東宝が山口淑子に慰安婦を演じさせるのをためらったか、占領下だったからGHQの検閲に通らなかったのだろう。

鈴木清順作品の川地民夫というと、「マムシの辰」を忘れてはならない。「東京流れ者」（一九六六年）の主人公「不死鳥の哲（渡哲也）」に敵対する凄腕の拳銃使いである。

執拗に不死鳥の哲を狙い続け、何度も主人公を窮地に陥れる。オープニングシーンでは不死鳥の哲を痛めつけ、雪国の庄内まで追ったときには線路の上で対決し、熱湯をかけられて火傷をした後は醜い顔を晒して九州まで追ってくる。

その九州の酒場で不死鳥の哲を狙い撃ち、「ほら、あいつはもう起き上がらない。不死鳥の哲は死んだんだ」と叫ぶ。しかし、横たわる不死鳥の哲が「東京流れ者」を口笛で吹きながら身を起こすと、なぜか自らを撃って命を絶つ。主人公も敵役も、とにかくカッコいい作品だった。

●「無頼・黒匕首」で演じた複雑で屈折したキャラクター

「東京流れ者」は全編に清順印が散りばめられ、ワンシーンワンシーンをいかにかっこよく見せるかに徹底した作品だった。ある意味では、日活アクション映画のパロディでもあった。しかし、この作品を通過しなければ、「無頼」シリーズの「人斬り五郎」こと藤川五郎（渡哲也）は生まれなかった。

「東京流れ者」では終始「哲也さん」としか口にしなかった薄幸のクラブ歌手チーコ（松原智恵子）は、「無頼」シリーズでは不滅のヒロインとして登場し、その美しき泣き顔は僕の心の奥に深く深く刻み込まれた。とりわけ「無頼・人斬り五郎」（一九六八年）のラストシーン、出航するフェリーに置き去りにされた松原智恵子は、傷つき倒れた五郎が見つめるサングラスの中に夕陽と共にその姿を現し、永遠のヒロインとなった。

その「無頼」シリーズに登場した川地民夫は、やはり屈折したキャラクターだった。「無頼・黒匕首」（一九六八年）の冒頭、五郎は大勢のやくざを相手に死闘を演じ傷ついている。それを関東から助っ人にきた組の幹部たちと、「若」と呼ばれる組長の息子（川地民夫）がうかがっている。

「俺がやる」と匕首を抜いて出た若を止めようとした幹部（高品格）は、代貸（青木義郎）に「ここで五郎をやれば、若にも箔がつく」と制止される。川地民夫は五郎を狙い、匕首を構えてまっすぐに走る。そこへ、五郎を心配した松原智恵子が現れ、彼女は五郎をかばって刺されて死ぬ。

神奈川の組に戻った川地民夫は、人が変わったようになる。女たちと遊びまわり、父親の組長から説教を受ける。彼は松原智恵子を誤って殺したことから、自暴自棄になっているのだ。ある日、基地の街・立川で、彼は自分が殺した女とそっくりな女（松原智恵子）を見かける。

彼女は田中邦衛の診療所で働く看護師で、兄（中谷一郎）は元やくざで今は足を洗ってジャリ屋をやっている。その兄を頼って、五郎がやってくる。五郎にとって中谷一郎は、（少年院あるいは刑務所）の先輩なのである。五郎は、常に堅気になろうとしているのだが、最後には黒匕首を抜かざるを得なくなるのだ。

立川へ縄張りを広げようとしている川地民夫の父の組は、青木義郎を先頭にして乗り込み地元の組をつぶそうとする。そんな戦いに巻き込まれ、中谷一郎はジャリの採掘権を奪われそうになり、五郎のかつての恋人（北林早苗）の夫（露口茂）はズタズタにされて死んでいく。

若い恋人たちも死に追い込まれ、とうとう五郎は黒匕首を握りしめるしかなくなる。だが、五郎と敵対するはずの川地民夫は、複雑な動きをする。あるときは、五郎を助けたりもするのだ。こういう複雑で屈折した役に説得力を持たせる演技ができるから、宍戸錠は「日活の中でも抜きん出てうまい役者」だと評価したのだろう。

そんな複雑なキャラクターは、「仁義なき戦い」の神原（川地民夫）にもつながっている。山守組幹部だった神原は、組を裏切る形になって敵対する組に近づく。その敵対する組長（名和宏）を射殺した広能昌三（菅原文太）が、広島の安アパートに潜伏しているときに現れたのが神原だった。

神原は山盛親分（金子信雄）に頼まれ、広能を逃がしにきたという。元は仲間だったが組を裏切って敵対する組にいる神原に、山守は「こんななら昌三を逃がしてやれるだろう」と言ったという。このシーンでは、山守の薄気味悪さと、いつ裏切るかわからない神原への疑念が伝わってくる。悪党面ではなく二枚目の川地民夫だから、その薄気味悪さや疑念はよけいに強調されるのだ。得難い役者だった。

無名の男——大杉漣

変態家族　兄貴の嫁さん／ソナチネ／HANA-BI／アウトレイジ　最終章

●四国出身で同じ時代を生きてきた役者への共感

大杉漣の場合、役者として好きだというより、僕とは同じ昭和二十六年生まれ（彼の四十日後に僕は生まれた）であり、同じ時間を生きてきた人間としての興味の方が強かったのかもしれない。それに、彼は徳島県出身だ。同じ四国生まれとしても、僕には何となく共感する部分があった。郷土を誇りとし、徳島での映画祭やコンサートに参加し、徳島のサッカーチームの熱烈なサポーターでもあった。

彼の年齢なら何度も高徳本線で高松駅を経由して本州に渡ったに違いない。僕と同じように今はなくなった宇高連絡船に乗り、瀬戸内海を横切ったはずだ。高校を卒業し上京（大杉漣は明治大学中退という経歴）するとき、もしかしたら同じ列車で乗り合わせていたかもしれないと想像することもある。

一九五一年九月二十七日に徳島県小松島市に生まれ上京した後、大杉漣は芝居の世界に魅せられる。恥ずかしながら告白すると、僕が高校生のときに毎月買っていた雑誌は「COM」と「現代詩手帖」と「テアトロ」だった。「テアトロ」には毎月の舞台公演の写真が掲載され、劇評なども載っていた。

今でも「狂人なおもて往生をとぐ」の舞台写真が記憶に残っている。舞台の真ん中に穴が開いていて、そこから俳優座の新人だった原田芳雄が首を出していた。穴の周囲には、父役の永井智雄や弟を演じた若き古谷一行などが立っていた。

「テアトロ」の記事は新劇（俳優座、文学座、民藝、雲、四季、青年座など）の舞台が中心だったが、早稲田小劇場、天井桟敷、赤テントや黒テントの芝居もレポートされていた。別役実、佐藤信、清水邦夫といった作家たちの名前が甦る。そう、僕も演劇青年だったことがあるのだ。

そんなことを振り返ると、大杉青年が役者を志して劇団に所属し、生活を支えるためにピンク映画や日活ロマンポルノに出演していた「売れない無名の役者」時代の気持ちがわかるような気がする。大杉漣が急逝した二月二十一日の翌日、写真家の長男がテレビのインタビューに答えていたけれど、彼の年齢は三十五歳となっていた。だとすると、ほぼ僕と同じ頃に大杉家にも長男が産まれたのだ。

舞台をやっていれば幸せだったと、テレビのトーク番組で大杉漣が話しているのを聞いたことがある。しかし、それは成功した後に振り返って出た言葉だ。三十過ぎて子供ができて、芝居で家族を養っていけるかどうか、不安にならなかったとは思えない。会社に勤め、毎月、安定した収入を得ていた僕でさえ、その頃の不安感を憶えている。

考えてみれば、僕が初めて大杉漣をスクリーンで見たとき、彼は子供ができたばかりの頃だったのだ。後に「ファンシィダンス」（一九八九年）で一般映画に進出して高い評価を得、「シコふんじゃった」（一九九一年）が評判になり、「Shall we ダンス？」（一九九六年）で誰でも知ってる有名監督になる周防正行の監督第一作「変態家族 兄貴の嫁さん」（一九八四年）で大杉漣が演じたのは、小津安二郎作品「晩春」での笠智衆の役だった。

周防監督が愛してやまない小津作品にオマージュを捧げたピンク映画で、三十三歳の大杉漣は老人に扮し笠智衆そっくりにしゃべっていた。それから十年ほど後、北野武監督作品「ソナチネ」（一九九三年）で注目された大杉漣は、そこから一般的に名前を知られるようになった。四十二歳、厄年のことだった。

●膨大な数の映像作品に出演し続けた自称「現場者」

大杉漣は、テレビを含めれば膨大な数の映像作品に出演している。舞台活動を中心にしてピンク系の映画に出ていた頃から劇団が解散して映像作品にシフトを移した頃までは、ワンシーンだけの仕事などが多かったため出演作が多くなるのはわかるけれど、「ソナチネ」以降も多数の作品に出続けている。「Shall we ダンス？」にもワンシーンだけ出演しているのに、誰もどこに出ているのか探せなかった。

彼には「現場者」という著作があるが、「現場」にいるのがとにかく好きだったのだろう。結局、北野武作品のレギュラー出演者となり、北野武監督が注目され評価されるに連れて大杉漣に仕事が増えていったのは事実である。無名の役者が「無名性」ゆえに抜擢され、その結果、有名になる。北野武作品から出たもうひとりの常連役者・寺島進と同じように…。

「ソナチネ」は、北野武が監督として高く評価された最初の作品だった。深作欣二監督が降板したため主演のビートたけしが監督もすることになった「その男、凶暴につき」（一九八九年）、続く「3－4X10月」（一九九〇年）までは映画界も北野作品をどう評価すればいいか戸惑っていた感があった。

「あの夏、いちばん静かな海。」（一九九一年）で一部の評論家が認め（僕はこの作品で北野ファンになった）、「ソナチネ」によって初めて高く評価されたが客は入らず、北野武監督は「評論家に評価されたって、客は入らねぇじゃないか」と毒づいた。その後、怪作「みんな〜やってるか」（一九九四年）を経て、稀有な青春映画「キッズ・リターン」（一九九六年）で主演のふたりを売り出し、「HANA－BI」（一九九七年）の国際的な評価によって日本国内でも確固とした位置を確保する。

ヴェネチア映画祭金獅子賞を受賞した「HANA－BI」は、大杉漣にとってもエポック・メイキングな作品になった。主人公の刑事（ビートたけし）の相棒で拳銃で撃たれ下半身不随になり、車椅子で暮らしている役を演じた大杉漣は、作品が話題になるのと同時に俳優としての仕事も増えていった。

単なる脇役ではない。世界的な映画祭のグランプリ作品、その助演男優（賞も獲得した）として一般的にも知られるようになったのだ。それから二十年、実に多くの作品に「俳優・大杉漣」は出演した。最近ではテレビのヴァラエティ番組や旅番組にまで出演し、コワモテの役が多かった大杉漣は「意外とお茶目なのね」と、彼の出演した映画など見ない人々にも受け入れられた。

だから、その急死が大事件になり、冬季オリンピックのニュースを差し置いてテレビのワイドショーで多くの時間を占有したのだ。そのことを本人が喜んでいるのかどうかは、わからない。「くる仕事は拒まなかったけど、僕は役者です」と心の中ではつぶやいていたかもしれない。六〇年代末から七〇年代前半、あの疾風怒濤の時代の演劇界をくぐり抜けた人間としては、そういうこだわりが大杉漣の中にはあったであろうと想像するのだ。

●なぜ「アウトレイジ　最終章」まで大杉漣を起用しなかったのか

しかし、結局のところ、僕が最も評価する大杉漣の役は何だったろう、と考えると「これだ」という作品が浮かんでこない。最後に見たスクリーン上の大杉漣は、昨秋公開された北野武監督作品「アウトレイジ　最終章」（二〇一七年）だった。「アウトレイジ」「アウトレイジ　ビヨンド」には多数の男優たちが出演しているが、なぜか大杉漣は出ていなかった。

「アウトレイジ　最終章」での花菱会（新）会長の役も、「アウトレイジ　ビヨンド」で花菱会会長を演じた神山繁の現実の死によって、大杉漣が起用されたのではないか。花菱会の前会長の娘婿が跡を継いだという設定で、大杉漣が登場してきたのである。神山繁が生きていれば、大杉漣の出番はなかったのかもしれないと僕は想像することがある。

もしかしたら北野武監督は、有名になりすぎヴァラエティ番組などで笑顔を振りまいている大杉漣は、「アウトレイジ」シリーズには向いていないと判断したのかもしれない。昔、大杉漣や寺島進などを使ったのは「顔が売れていないからだった」と北野武は語っていた。確かに、「ソナチネ」には当時の有名俳優は出ていない。

主演のビートたけし以外は、一般的には無名（売れていない）俳優たちだった。渡辺哲も、勝村政信も、寺島進（後に「その男、凶暴につき」に出ていたのに気付いた）も、大杉漣も、矢島健一も、僕は「ソナチネ」で初めて顔を覚えた俳優たちである。あの作品では「役者の無名性」を重視し、やくざを演じている有名俳優ではなく、役名でしか判別できない人を選んだのだろう。

その路線は「ＨＡＮＡ－ＢＩ」にも継承された。白竜、寺島進などの常連俳優を起用し、大杉漣を重要な役に抜擢した。妻役を岸本加世子が演じ、たけし軍団の芸人たちも出ているけれど、いわゆる有名俳優は誰もいない。だから、「BROTHER」（二〇〇〇年）でやくざの組長役で渡哲也が出てきたときには驚いたものである。そういうことで考えると、北野武作品における大杉漣の価値は「無名性」にあったのではないか。

俳優として売れてからも、大杉漣はどんな役にも挑戦し「カメレオン俳優」と呼ばれた。ある特定のイメージを持たない、どんな役にもなれる役者、それが北野武監督にとっては魅力だったのではあるまいか。大杉漣は、顔の売れた有名俳優になっても、数多くの作品に出て様々な役を演じることで「無名性」を貫いたのではないか。

大杉漣が死んだ日、僕はある人の通夜に出ていた。一九七五年一月に初めて出会い、四十年にわたってつきあい、退職後は一度も会っていなかった人である。最後に会ったときは、介護施設のベッドの上にいた。その人は、ある意味では僕の人生に大きく関わり、様々な影響を与えた人物でもあった。

若い頃には対立したことも多々あったし、ひどく恨んだこともあった。その人が次世代に仕事や地位を譲り、七十半ばを過ぎて穏やかになった頃からは「ソゴーくん、ソゴーくん」と頼られた。「結局、俺は評価されたし、かわいがってもらったな」と、通夜に出かける日に僕はカミサンに向かって口にした。若い頃の僕から、その人のことを「典型的なワンマン社長」と聞いていたのでカミサンは意外に思ったかもしれない。

通夜で棺の中の顔を見たとき、こみ上げてくるものがあった。お気に入りのベージュの太畝のジャケット、茶色のシャツに四十年前から愛用していたループタイ…、「そういえば、茶色が好きだったな」と思い出した。穏やかな顔で眠っているようだった。

そのとき、その人の机の横に三時間も立たされ、叱られ続けている二十七歳の僕の姿が浮かんできた。途中から「こんなに怒鳴り続けられる情熱は、この人のどこから湧いてくるのか」と僕は考えていた。そんなことでも考えないと、自分が惨めすぎたのだ。

そのことも、今となっては僕自身の印刷に対する知識不足が原因だったのだと冷静に判断できる。そんなことを思い出しながら帰宅し、ネットニュースで「大杉漣急死」を知った。大杉漣の六十六年を想像したら、僕自身の六十六年が甦ってきた。

ふたりのトランペッター

MILES AHEAD マイルス・デイヴィス空白の五年間／ブルーに生まれついて

●ジャズ好き映画監督の代表はクリント・イーストウッドか

ジャズと映画はよく似合う。一時期、フランス映画はモダンジャズばかりを使っていたし、今もジャズ畑出身の音楽家たちが多くの映画音楽を担当している。また、ジャズ好きの監督と言えば、クリント・イーストウッドがいる。

彼は若い頃、ジャズクラブで「バード」ことチャーリー・パーカーの演奏を聴いたことがあり、それが忘れられず「バード」(一九八八年)という映画を作った。若い頃にはジャズクラブでピアノを弾き、小遣いを稼いだこともあるらしい。

イーストウッドは自分の歌にも自信があるらしく、「センチメンタル・アドベンチャー」(一九八二年)では、売れないカントリー・ミュージシャンを演じ自ら歌った。その甥の少年役で息子のカイル・イーストウッドを起用したが、父のジャズ好きは息子に遺伝し、カイルは成長してジャズ・ベーシストになった。

また、「硫黄島からの手紙」(二〇〇六年)「グラン・トリノ」(二〇〇八年)では音楽を担当している。ちなみに「グラン・トリノ」のラストのクレジットタイトルに流れているピアノの弾き語りは、クリント・イーストウッド自身が歌っている。

さて、カンヌ映画祭パルム・ドールを受賞した「バード」では、フォレスト・ウィテカーがチャーリー・パーカーを演じているが、チャーリー・パーカーはモダン・ジャズの変革者として、ジャズ・ファンの中では神のように崇められている。ジャズ・ミュージシャンたちも、みんなチャーリー・パーカーにリスペクトを捧げる。

そのチャーリー・パーカーのバンドメンバーとして採用されたのが、若きマイルス・デイビスだった。「マイルス・デイビス自叙伝」はマイルスの語った言葉を作家がまとめたものだが、その冒頭は以下のように始まっている。

——まあ、聞いてくれ。

オレの人生で最高の瞬間は…セックス以外のことだが、それはディズとバードが一緒に演奏しているのを初めて聴いた時だった。ちゃんと憶えている。一九四四年、ミズーリ州セントルイスだ。ミシシッピ川を挟んで、ちょうどイリノイ州東セントルイスの反対側。オレは一八歳で、リンカーン高校を卒業したばかりだった。(マイルス・デイビス自叙伝)

プロのジャズ・ミュージシャンにとって、バードは神と仰ぎ見る存在だったのだ。そのバードがトランペッターを探していると聞いたウェストコーストの若きトランペッターは、ある日、バードのオーディションに参加した。バードは彼の名前を聞き、即座に採用を決める。彼の評判は、バードも知っていたからだ。

若きトランペッターの名前はチェット・ベイカー。そのエピソードは「ブルーに生まれついて」(二〇一五年)の中で、チェット・ベイカーを演じたイーサン・ホークによって自慢げに語られた。チェット・ベイカーは、白人中心のウェストコースト・ジャズの人気者だった。

ジャズ雑誌の人気投票ではマイルス・デイビスを差し置いて、トランペッター部門の一位になった。彼が白人で、甘いマスクだったからかもしれない。「チェット・ベイカー・シングス」

というアルバムでは女性ヴォーカルのような声でスタンダードを歌い、彼の歌う「マイ・ファニー・ヴァレンタイン」はジャズ界不滅の一曲になった。

●ふたりのジャズ・トランペッターを描いた映画が同時期に作られた

二〇一六年末、ふたりのジャズ・トランペッターを描いた二本の映画が日本公開された。チェット・ベイカーを描いた「ブルーに生まれついて」とマイルス・デイビスを描いた「MILES AHEAD/マイルス・デイヴィス空白の5年間」（二〇一五年）である。

マイルスは一九二六年五月二十六日に生まれ、チェット・ベイカーは三年後の一九二九年十二月二十三日に生まれている。ほぼ同世代である。マイルスがチャーリー・パーカーと本格的に共演したのは一九四五年の秋からであり、チェット・ベイカーがチャーリー・パーカーのバンドに所属したのは、一九五二年から三年にかけてだった。

「ホテル・ルワンダ」（二〇〇四年）でアカデミー主演男優賞にノミネートされたドン・チードルが原案・脚本・監督・主演および製作した「MILES AHEAD/マイルス・デイヴィス空白の5年間」は、タイトル通りマイルスがすべての音楽活動をやめて閉じこもっていた、五年間の最後の日々に焦点を当てて映画化している。

ドン・チードルはマイルスに似せようと努力しているが、顔の造りがまったく違うのであまり似てはいない。ただし、マイルスの特徴的なしわがれ声やしゃべり方はそっくりだった。ドン・チードルはこの作品をよほど作りたかっただろう。

——オレは、一九七五年から一九八〇年の初めまで、一度も、ただの一度もだ、トランペットを持たなかった。トランペットのそばまで歩いていってはじっと見つめて、吹いてみようかと思ったことはあった。だが、いつのまにか、そばに寄ることさえなくなった。どうしたっていうのだろう？　オレにもさっぱりわからなかった。（マイルス・デイビス自叙伝）

文庫版では十五ページにわたって語られる、「空白の五年間」の冒頭はこのように始まっている。マイルスは五十歳を目前にして、突然、トランペットを吹けなくなってしまうのだ。

十八歳からチャーリー・パーカーやディズことディジー・ガレスピーと共演し、三十年にわたってジャズ・トランペッターのトップとして君臨し、常に新しい音楽を追求してきたマイルスは、自分でもわからないまま音楽活動を休止し、自宅に閉じこもってしまうのである。すでに「帝王」と呼ばれ、すべてのミュージシャンからリスペクトされ、世界中に多くのファンが存在していた。

僕も、マイルスの突然の沈黙を不思議がっていた人間だった。ちょうど社会人になった頃だった。マイルスが初めて来日しミュートの音を響かせたのは、僕が中学生の頃だった。新宿の厚生年金ホールだったと思う。

ジャズのアルバムを買い始めたばかりの僕は、そのコンサートにいきたかったが四国高松から東京はあまりに遠かった。そのコンサートは、後にアルバム「マイルス・イン・トーキョー」として発売され、高校生だった僕の少ない小遣いを減らすことになった。当時、LPは二千円ほどもしたのである。

結局、僕が初めてマイルス・デイビスのライブを見たのはテレビ中継だった。七〇年代前半、マイルスは何度か来日し、そのコンサートがテレビ中継されたのだ。マイルスは青いコスチュームで、ずっと下を向いたままミュートをつけたトランペットを吹き続けた。

「MILES AHEAD/マイルス・デイヴィス空白の5年間」は、マイルスが復活する直前、閉じこもって五年近く経った時期の数日間を事実とフィクションを交えて描いている。ローリング・ストーン誌の音楽ライターを名乗る男（ユアン・マクレガー）が閉じられたマイルスの自宅のドアを叩くところから始まり、マイルスの未発表の音源テープを巡る争奪戦へと発展し、再びマイルスがトランペットを手にするまでがスピーディに語られていく。

そして、僕は知っている。復活したマイルスはアルバム「ザ・マン・ウィズ・ザ・ホーン」を出し、続いて「ウィ・ウォント・マイルス」という大傑作アルバムを発表するのだ。

●クスリと縁が切れないまま破滅的な人生を生きた

「MILES AHEAD/マイルス・デイヴィス空白の5年間」ではマイルスの若き日の回想も描かれるが、一度もチェット・ベイカーは登場しない。しかし、チェット・ベイカーを描いた「ブルーに生まれついて」では、マイルス・デイビスに対するチェットの複雑な思いが頻繁に描かれる。人気ではトップになったものの同じトランペッターとして、チェットはマイルスの凄さを認識していたのだろう。

映画で描かれる時期は五〇年代の絶頂期ではなく、チェット・ベイカーが麻薬中毒になり、様々なトラブルに見舞われた六〇年前半である。冒頭、チェットはイタリアの拘置所に入れられ、中毒症状で幻覚を見ている。そこへ、彼の自伝映画を企画したアメリカ人映画監督（どうもエリア・カザンらしい）が現れるのである。

チェット自身が演じる伝記映画。そのシーンがモノクロームで描かれる。ウェストコーストで人気ナンバーワンになったトランペッターとして、ニューヨークのジャズクラブ（バードランドだったと思う）のステージにデビューするシーンから始まった。

そこには、鋭い視線のマイルス・デイビスがいてディジー・ガレスピーがいる。チェットに向かって、マイルスは辛辣な言葉を吐く。その言葉がチェットに重く響く。彼は自分が人気だけではなく、実力もあるのだと自信を得たいのだ。その渇望からか、女にそのかされてクスリに手を出してしまう。

ジャンキーへの道は簡単だった。クスリと縁を切れないチェットの破滅的な人生が始まる。周囲に迷惑をかけ、コンサートツアーに出かけたヨーロッパでもクスリのせいで逮捕される。アメリカに戻り、映画の撮影に入っているとき、昔のエージェントがやってくる。「もう一度、昔のように一緒にやってくれないか」というチェットに、散々に迷惑をかけられたエージェントは冷たい。

ジャンキーはクスリを手に入れるためなら何でもする。ある日、チェットはクスリでトラブルになり、売人たちに殴られて顎を砕かれ映画は中止、そして、トランペットも吹けなくなってしまう。口を血だらけにして、トランペットをもう一度吹こうとするチェット。痩せて頬のこけたたイーサン・ホークの鬼気迫る演技だ。

映画で相手役を務めたことから愛し合うようになった女優志願の黒人女性と共に暮らしながら、クスリを抜き再起を目指す日々が描かれていく。ディジー・ガレスピーに懇願し、再び演奏ができるようになる。エージェントの努力でニューヨークのバードランドへの出演も可能になる。しかし、結局、チェットは再びクスリに手を出してしまうのだ。

愛する人々は去り、二十年後のチェットの死を伝えるクレジットで映画は終わる。破滅的なジャズ・ミュージシャンの人生。しかし、そこからは、何かしら普遍的な「人が生きるうえでの悲しみ」が伝わってくる。

チェット・ベイカーは彼自身を被写体とした「レット・ゲット・ロスト」というドキュメンタリー映画に出演した直後、アムステルダムのホテルの窓から転落死した。事故か自殺かはわからない。一九八八年五月十三日、五十八歳だった。

マイルス・デイビスはその三年後、一九九一年九月二十八日午前十時四十六分(日本時間二十九日午前二時四十六分)、肺炎、呼吸困難などの合併症のため、アメリカ・カリフォルニア州サンタモニカの病院で死んだ。六十五歳だった。「沈黙の五年間」から復活して十年が経っていた。

——オレの人生には、後悔も罪の意識もない。(マイルス・デイビス自叙伝)

五十三階のアカデミー賞

15時17分、パリ行き/ディア・ハンター

●横浜ランドマークタワーのホテルに泊まることになった

一度も海外にいったことがない僕と違い、かみさんはイギリスを含むEU諸国はほとんど踏破し、アジアもベトナム、カンボジア、マレーシア、台湾は旅行済みである。したがって、あちこちの旅行会社からパンフレットが頻繁に送られてくる。二月のある日、「ねぇ、横浜のランドマークタワーのホテルが朝食付き一泊八千九百円で泊まれるわよ。朝食は七十階のレストランよ」と、パンフレットを見ながらかみさんが言った。

「ふーん、安いね」と言ったものの特に泊まりたいとは思わなかったのだけれど、かみさんはさっそく電話をして三月五日の予約を取ってしまった。しばらくして、「三月五日ってアカデミー賞の日だわ」とかみさんが隣の部屋で大声を挙げた。「録画しときゃいいだろ。字幕入りの放映のほう」と僕は自室から怒鳴り返した。

というわけで、三月五日はWOWOWのアカデミー授賞式の事前に行われる、レッドカーペットのレポートを少し見てから家を出ることになった。レポーターは石田純一と松原千明の娘(原健策の孫)だった。横浜までは、ほぼ二時間。ちょっとした小旅行である。僕は雑誌の編集部にいた頃、ロケでよく横浜(港近辺が多かった)を使ったが、きちんと観光をしたことはない。

実は元町にもいったことがなく、中華街はある電機メーカーの新製品発表会の後、接待で連れていってもらっただけだ。昔の日活映画ではやたらに横浜が出てきたけれど、あんな風景が残っているわけもないだろうが、日活映画のディープなファンである矢作俊彦さんの小説を読んでいると、横浜のあちこちにいってみたくなる。

石川町に着いたのは昼前だった。駅前に出ると、少し雨模様である。見慣れぬ制服姿の女子高生たちがまとまってやってきた。「フェリスか」と思わず口にすると、かみさんが「フェリスらしいわよ」と答えた。「フェリスかあ」と僕は改めて感激した。何だかよくわからないが、何といってもフェリスである。

かみさんの予定では古い外交官の洋館を見て、「港の見える丘公園」まで歩くことになっていた。ただ、ものすごい坂道である。後から気付いたのだが、途中で石段になっている脇道に曲がらなければならなかったのに、そのまま僕は坂道を登り続けた。途中で風が強くなった。傘をさしていても役に立たない。ようやく坂を登りきると、御屋敷ばかりが並ぶ山手本通りとなっていた。

ただ、雨風がひどくなったので公園までいくのはあきらめ、フェリス女学院の角を曲がって元町へ向かう坂道を降りることにした。元町のレストランで昼食をとって桜木町に戻り、雨風がひどいからホテルにチェックインしてしまおうと「みなとみらい」を歩いていると、シネコンの看板があった。「おお、イーストウッドの新作やってるじゃないか」と時間を確かめると、ちょうど十分後から始まる予定だ。

ビルの六階にあがり、自販機でチケットを買いホールに入る。平日だというのに半分以上のシートが埋まっている。「さすがイーストウッドじゃのう」と感心しながら、映画が始まるのを待った。かみさんは予備知識がまったくなかったらしいが、僕は実際のテロ事件で英雄的行動をした三人のアメリカ人の若者たち本人が演じている、ということは知っていた。

●テレビ番組の「本人が演じています」的再現ドラマか？

「15時17分、パリ行き／The 15:17 to Paris」（二〇一八年）というタイトルは、西部劇の名作「決断の3時10分／3:10 to Yuma」（一九五七年）をもじっているのだろう。イーストウッドらしいお遊びだが、通じなくてもいいと思っているに違いない。

数年前、ラッセル・クロウとクリスチャン・ベイルによってリメイクされ、「3時10分、決断のとき」のタイトルで日本公開された。原作は西部小説をよく書いていたエルモア・レナードである。日本では犯罪小説作家としての方が有名で、クエンティン・タランティーノ監督の「ジャッキー・ブラウン」（一九九七年）の原作者である。エルモア・レナードはイーストウッド主演の西部劇「シノーラ」（一九七二年）のシナリオも書いている。

そんなことと「15時17分、パリ行き」は、まったく関係ない。列車内の無差別テロを防いだ実話というから、多くの人はもう少し列車内の派手なアクションがあるのかと思っていただろうなあ。スクリーン上で様々なヒーローを演じてきたイーストウッドは、「グラン・トリノ」（二〇〇八年）で自らが演じてきたヒーロー像を否定した。

その後、現実のヒーローに関心を抱いたのか、ここ三作はすべて事実を元にした実在のヒーローを描いている。イラク戦争で百数十人を射殺した狙撃兵を描いた「アメリカン・スナイパー」（二〇一四年）、ハドソン川へ不時着した旅客機の機長を描いた「ハドソン川の奇跡」（二〇一六年）と続いた。どちらの映画も、ラストのクレジットタイトルのシーンに実際の人々の映像を流した。事実だと強調したかったのだろうか。

しかし、今回の作品はどうなのだろう。列車に乗り合わせた乗客役も多くは実際の乗客を使い、救急隊員や警察官たちもそのテロ事件を経験した人たちを登場させているという。映画の最後に主人公たちはフランスの最高勲章レジオン・ドヌールを受勲するのだが、そのシーンには実際のオランド大統領が出てくる。イーストウッドによれば、「演技ではなく再現」であるらしい。その人自身が、そのときにどう動いたかをやってもらったという。

確かに「ハドソン川の奇跡」とは、まったく異なるテイストの作品になっている。それに、「ハドソン川の奇跡」は事故後の調査委員会の話が中心になっていて、ドラマ的な葛藤がある。「15時17分、パリ行き」は、テレビ番組でよくある事実の再現ドラマに近い気がした。それも淡々と描かれる。それにしても、本当にテロリストの最初の一発は、不発だったのか。出来すぎの気がしないでもない。

●クリストファー・ウォーケンの登場で感慨にふける

イーストウッドの新作を見て映画館を出ると、まだ雨風は強かった。ただし、屋根のある動く歩道を利用したので、ランドマークタワーまでは濡れずにいけた。そのままチェックインし、五十三階の部屋に入る。かみさんはすぐにカーテンを開け、窓際に立ち「ほら、街がジオラマみたいよ」などとのたまわっている。

高所恐怖症の僕は、窓に近寄れなかった。遠くを見ることはできるが、真下を見るなどもっての他である。結局、泊まっている間、広い窓の一メートル以内には近づけなかった。かみさんはテレビのスイッチを入れ、いろいろチャンネルを変えていたが、「WOWOWが見られるわよ」と大声を挙げた。

ということで、レストラン街で夕食をすませ、成城石井で酒とつまみを購入して部屋に戻ったのが八時半。テレビの前にソファを移動させ、九時からの字幕入りアカデミー授賞式を待つことになった。毎回、アカデミー授賞式は冒頭の司会者のスピーチが楽しみだが、今年は昨年の作品賞取り違え事件のネタばかりやっていた。

昨年は「俺たちに明日はない」（一九六七年）公開五十年だったので、作品賞発表のプレゼンターにフェイ・ダナウェイとウォーレン・ベイテイが出てきたのだが、今年は「『俺たちに明日はない』公開五十一年を記念して」という紹介で、フェイ・ダナウェイとウォーレン・ベイテイが再び登場してきたので笑った。昨年の失敗もシャレにしてしまうアメリカ的発想は好きだなあ。

九十回目の今年の驚きは、メリル・ストリープのアカデミー賞ノミネート二十一回という記録である。五十一回めで助演男優賞を受賞したクリストファー・ウォーケンがプレゼンターで登場したとき、メリル・ストリープとウォーケンがそろったことに僕はちょっと感激した。同時に「もう四十年前になるのか」と感慨深いものがあった。

日比谷のロードショー館で身を乗り出すようにして手に汗を握り、スクリーンに釘付けになっていた二十六歳の僕自身の姿が浮かんできた。あれほどの衝撃を受けた映画は、そんなにない。「ディア・ハンター」（一九七八年）は、未だに僕の中に強烈な印象を残している。

「ジュリア」（一九七七年）で映画デビューしたメリル・ストリープは、翌年、「ディア・ハンター」でクリストファー・ウォーケンと共に初めて助演女優賞にノミネートされた。その翌年、「クレイマー、クレイマー」で助演女優賞を受賞し、その後、「ソフィーの選択」（一九八二年）「マーガレット・サッチャー 鉄の女の涙」（二〇一一年）と二度も主演女優賞を獲得している。

四十年間に二十一回ノミネートされたということは、ほとんど毎回ノミネートされている印象だろうが、最初にノミネートされた「ディア・ハンター」は彼女にとっても思い出深い作品に違いない。メリル・ストリープにとっては、婚約者だったジョン・カザールと共演した唯一の映画である。

ジョン・カザールという俳優は、「ゴッドファーザー」シリーズのコルレオーネ家の次男フレドで人々に知られているが、「ディア・ハンター」でも故郷の鹿狩り仲間として重要な役を演じている。そのジョン・カザールとメリル・ストリープは舞台で共演し婚約をしていたのだけれど、ジョン・カザールは若くして病没し「ディア・ハンター」が遺作になった。

だからこそ、プレゼンターでクリストファー・ウォーケンが出てきたとき、真っ先に彼女は立ち上がり拍手した。もちろん、その後、全員が立ち上がりスタンディング・オベイションの拍手は続いた。それにしても「ディア・ハンター」公開四十年か。僕も年をとるはずである。

ちなみに、翌日の横浜は快晴。僕は「港の見える丘公園」へいき、大佛次郎記念館と近代文学館を見てきた。どちらも初めてである。猫好き作家で知られる大佛次郎の記念館では、猫の写真展が開催中だった。近代文学館では、企画展として「山川方夫と三田文学展」をやっていた。「エラリィ・クィーンズ・ミステリマガジン」で「トコという名の男」を連載していたとき、交通事故で亡くなった作家だ。

僕が講談社文庫で「親しい友人たち」を読んだのは、たぶん大学生の時だったと思う。坂上弘(「故人」という長編で山川方夫のことを書いている)、田久保英夫など、僕の好きな作家たちを「三田文学」で育てた編集者でもあった。

博覧強記の文学者がいた

真剣勝負/女ざかり

●百円棚から救いだしてきた丸谷才一著「輝く日の宮」

散歩のついでにブックオフを覗いていたら、丸谷才一さんの「輝く日の宮」があったので百円棚から救い出してきた。本人が習作という長編「エホバの顔を避けて」と二作目の長編「笹まくら」は読んでいないけれど、「たったひとりの反乱」以降の長編は必ず読んでいて、「輝く日の宮」だけ未読だったのだ。短編集は初期の「にぎやかな街で」、芥川賞を受賞した「年の残り」、人に「絶対読め」と勧めまくった「横しぐれ」、後期の「樹影譚」など主だったものは読んでいる。それに、おもしろくて一気に読めた評論「忠臣蔵とは何か」も忘れがたい。英文学者で翻訳も多く、日本の古典にも造詣が深く、エッセイストであり、書評家であり、十年に一作くらいのペースで長編小説を出した博覧強記の文学者である。

僕が初めて丸谷才一という名前を知ったのは、中学一年のときだった。一九六四年、二ヶ月ほどで東京オリンピックが開かれようという夏、僕は常盤新平さんが編集長をしていた「エラリィ・クィーンズ・ミステリマガジン」を初めて買ったのだが、そこに「深夜の散歩」という新刊が紹介されていた。著者は、福永武彦、中村真一郎、丸谷才一の三人だった。

「エラリィ・クィーンズ・ミステリマガジン」に最近まで連載されていたミステリ・エッセイで、それが一冊にまとまったものだった。ということから、その三人をミステリ好きな純文学作家として僕は認識した。福永武彦が加田伶太郎の名前で本格ミステリを書いているのも、そのときに知った。福永武彦名義で書いた王朝小説「風のかたみ」も、ミステリ的どんでん返しの見本みたいな作品だ。

さて、丸谷才一さんは書評をまとめた本も多いが、「深夜の散歩」もそのジャンルの一冊である。丸谷さんが書評で取り上げた本には、様々なジャンルのものがある。難解なジェイムズ・ジョイスを翻訳する一方、ミステリも書評の対象として多く取り上げた。僕はグレアム・グリーン全集を揃えているのだけれど、何冊かは丸谷さんの翻訳である。

グレアム・グリーンはノヴェルとエンターテインメントを意識的に書きわけた作家で、多くの作品が映画化されているが、読者はエンターテインメントの「第三の男」や「ハバナの男」も、ノヴェルと言われる「情事の終り」や「権力と栄光」も区別せずに読んでいるのではあるまいか。丸谷さんも、純文学もエンターテインメントも同じように読み、同列に評価していた気がする。

ちなみに僕の手元にある丸谷さんの書評集「いろんな色のインクで」をひもといてみると、「ジェイムズ・ジョイス伝」からエーリッヒ・フロム「愛と性と母権制」、村上春樹「スプートニクの恋人」などと共にジャック・ヒギンズの「密約の地」も取り上げている。

そう言えば、内藤陳さんのお別れの会で大沢在昌さんにお会いしたとき、ちょうど新刊の「新宿鮫・絆回廊」を新聞の書評で丸谷才一さんが誉めていたのを読んでいたので、「丸谷さん、絶賛でしたね」と言ったら、大沢さんは「ありゃ、誉めすぎです」と照れていた。丸谷才一さんに誉められたら、どんな作家もうれしいだろう。その丸谷さんも亡くなって、すでに五年が過ぎ去ってしまった。

●「輝く日の宮」に出てきた宮本武蔵の映画とは?

評論「忠臣蔵とは何か」は、ある仮説を立てて実証していくという推理小説的手法で貫かれていて、読み出したらやめられなかった。それに、その本のおかげで、僕は様々な知識を得た。「輝く日の宮」も同じように、様々な知識が得られる長編小説だった。

短編「横しぐれ」も山頭火について、まるで評伝を読んでいるかのような知識が得られるし、山頭火の自由律の俳句が作品の中に取り込まれ、その俳句の解釈から様々に推論を進めていく小説的おもしろさに充ちていた。「輝く日の宮」の後半は、「源氏物語」には「輝く日の宮」という巻があり、それが抜けているのはなぜかという謎を解き明かすおもしろさで読者をひっぱっていく。

まず、最初の章に「0」と付けられているのが「?」となるが、その意味は読み進めるとわかるようになっている。その章は、いきなり泉鏡花風の文章で始まる。丸谷さんは、ある時期から旧仮名遣いで書き続けているので、ついに鏡花風な文体になったのかと戸惑いながら読んでいると、それはヒロインの杉安佐子が中学生のときに書いた、鏡花を真似た小説の習作であることがわかる。

そして第1章には、国文学者になったヒロインが登場するのだ。実に自由に書かれた小説で、第2章では安佐子の学会での発表が中心になる。作者は「ここからは、彼女の『芭蕉はなぜ東北へ行ったのか』の原稿をそのまま載せ、ただし補足した部分は《》に囲み、原稿にあったのに読まなかった部分は縦線で消すことにしよう」と書く。

さらに第4章は、まるまるシンポジウムのやりとりが、九十頁近くを使って展開される。最初に状況設定などが書かれ、後は人物の名前と発言が戯曲のように書かれていく。また、ときどきト書きのように人物の反応や動き、観客たちの様子が挿入される。

ここで、「源氏物語」専門の女性研究者から「『輝く日の宮』は、最初からなかった」とヒロインは反論され、次第に論争がエスカレートしていくのだ。つまり、第2章を読むと芭蕉の「奥の細道」の研究に詳しくなり、第4章を読むと「源氏物語」に対する様々な説を知ることになる。まるで、国文学の研究書を読んでいるような気分である。

一方、ヒロインの恋愛模様も描かれていて、海外の空港で知り合ったビジネスマンと通い婚（平安時代と同じように男が女の部屋に通う）の仲になり、その相手であるビジネスマンの話もいろいろと出てくるのだが、そのエピソードのひとつがおもしろかった。

彼はニューヨークのパーティであるアメリカ人と親しくなり、そのアメリカ人は「大変気に入っているムサシの映画」があると話す。彼が「三船はいい役者ですからね」と答えると、相手は「いや、ミフネではなくて…」と反応する。「中村錦之助?」とつぶやくと、相手は強くうなずく。

——「キンノスケ！　彼がいい」と男はうなずいて、それから、鎖鎌で向つて来る夫婦者にたぢたぢとなつて、絶体絶命の窮地に陥り、つひに女房がおぶつてゐる子供を人質に取つて戦ふ武蔵の映画を、褒めちぎつた。「あの卑怯なムサシ。すばらしい。あれは偽善的なハリウッド映画には決して出て来ないヒーローですよ」（「輝く日の宮」）

ここで、僕にはアメリカ人が言っている映画が内田吐夢監督の遺作になった「真剣勝負」（一九七一年）だとわかったが、作中のビジネスマンは見たことがなく、アメリカ人の豪華な自宅マンションへいき、ふたりでその映画を見ることになる。そこから三頁ほど、「真剣勝負」の映画が描写される。

丸谷さんは実によくまとめていて、「真剣勝負」を見ていなくてもよくわかる。また、「何か唐突な終り方で、あとで調べたら、内田吐夢の死後に編集されたせいとわかつたが」という文章まで出てくる。これは、やはり丸谷さん自身が「真剣勝負」を好きなのではあるまいか、と僕は感じた。不思議な展開の映画だし、公開当時は評価が低かったと記憶しているけれど、やはりあの「卑怯な武蔵」は必見だと思う。

●丸谷才一さんの小説は「女ざかり」が映画化されているが

丸谷才一さんの映画評やコメントはほとんど記憶になかったので、「真剣勝負」が作中に出てきたのは、ちょっとうれしかった。ただ、博覧強記の人だから、映画もかなり見ていたのではないかと思う。前述の「いろんな色のインクで」の中に「千年紀のベスト100作品を選ぶ」という章があり、選者は丸谷さん以外に評論家の三浦雅士さん、仏文学者の鹿島茂さんが加わっている。

1位が「源氏物語」で、2位に「失われた時を求めて」が入っており、3位がジョイス「ユリシーズ」、6位にフェルメール「手紙を読む女」、7位にモーツァルト「クラリネット五重奏曲」というように文学、音楽、美術、建築作品などが入っているが、映画作品も入っていて、22位に「シテール島への船出」と「8½」が同位で入っている。

他の映画は52位に「キング・コング」、65位に「ワイルドバンチ」と「地獄に堕ちた勇者ども」「暗殺の森」、76位に「七人の侍」「勝手にしやがれ」「北北西に進路を取れ」「去年マリエンバートで」が選ばれていた。同じ本に、フェリーニの「8½」についての丸谷さんの短文が入っていた。

ジョイスの研究家らしく、その短文は『8½』について論じるとき、最も多くあげられる名前はジョイスだといふ。しかしフェリーニ自身は読んでないと答へた。そこでわたしは言ふ。第一に、インタヴューに正直に答へるフェリーニがゐたら、ニセモノに決つてる。読んでないと答へた以上、かならず読んでるはず」と始まっている。九百字足らずの文章だが、そこにはフェリーニに対する深い洞察がうかがえる。やはり、映画を見る目も確かな人だったのだ。

ところで、丸谷才一さんの小説で映画化されたのは、「女ざかり」(一九九四年)だけである。「裏声で歌へ君が代」から十一年、一九九三年に出版された長編「女ざかり」は、「たったひとりの反乱」と同様にベストセラーになった。新聞社の論説委員の女性が主人公である。映画化に際しては、ヒロインを吉永小百合が演じた。

論説委員になって初めて書いた社説が宗教団体の逆鱗に触れ、その宗教団体から多額の献金を受ける政治家が圧力をかけ、ヒロインを左遷させようとする。そんな権力とのかけひきが様々に描かれていく。政治的・社会的な要素が入ってくるのが、丸谷さんの長編の特徴である。

大林宣彦監督にしては、ちょっと異質の作品である。この当時、大林監督は十六ミリカメラを自在に駆使し、細かくカットを割るやり方を試していた。「青春デンデケデケデケ」(一九九二年)と同じ手法だ。独特のリズムが出るが、めまぐるしさを感じる人もいるだろう。あるいは、妙に落ち着かない気分になる人もいるかもしれない。

三十五ミリカメラを三脚に据えて、フィックスで俳優たちの演技をじっくり撮影する映画に慣れている人には向いていない。セリフのやりとりもコマ切れで、しゃべりが速すぎたりする。無名の少年たちが駆けまわる「青春デンデケデケデケ」では効果的だったけれど、どちらかと言えば昔ながらの熱演をするタイプの吉永小百合(他にも、三國連太郎や津川雅彦など)には向いていなかったと思う。

丸谷才一さん自身は、どう思っていたのだろう。

人生をやり直したいか?

リライフ/ペギー・スーの結婚/カミーユ、恋はふたたび

●「もっと別の人生があったのではないか」と思い始める中年期

僕は「人生はつらい」あるいは「人生は苦い」派だから、人生の持ち時間がいくらあるか知らないが早くなくなってほしいと思っている方なので、「もう一度人生をやり直してみないか」とメフィストフェレスみたいな悪魔が誘惑するように耳元で囁いても、「絶対イヤだ」と即座に断ると思うけれど、多くの人は「人生がやりなおせるなら、やり直したい」と思っているらしい。

というのは、そういう物語や映画がけっこう多いからだ。タイムパラドックスをテーマにした「バック・トゥ・ザ・フューチャー」(一九八五年)も、そういう願望から生まれたのだろうし、多くのタイムスリップものも根底は「人生をやり直したい」願望から生まれたのではないだろうか。

そんなことを考えたのは、先日の昼間、何となくかけたWOWOWで「リライフ」(二〇一七年)という若者向けの映画をやっていたので見始めたら、つい全編見てしまいソコソコ楽しめたからである。僕は知らなかったのだが、ネットのコミックサイトで人気が出たコミックが単行本になり、百万部を越す売上げをあげた原作を映画化したものだという。実写版の前にア

ニメ版があり、テレビ放映されたらしい。

見覚えのある人もいたが、どの登場人物も役者名は知らず、唯一知っていたのは市川実日子だけという有様だったけれど、ちょっと胸がキュンとする場面もあった。僕自身、高校の同級生と結婚しているので、高校生の恋愛物語に照れていてもしょうがないのだけれど、やっぱり気恥ずかしくなるセリフやシーンはあった。

物語は二十七歳のフリーターの青年が、ある研究所の人間に「高校生になって人生をやりなおすリライフの被験者にならないか」と誘われ、十年若返って高校三年生を一年経験し、改めて人生をやりなおすというものである。

いろいろ細かな突っ込みどころはあるのだが野暮なことは言わず、二十七歳の経験と意識を持ったまま若返り、今の高校生と一緒に過ごすギャップに笑い、青春を謳歌する設定に浸かってみるのも悪くなかった。人間は二度目だと、やっぱり最初の人生で得た教訓めいたものを生かせるのだろうなあ。

それに、主人公はある女生徒を好きになるのだが、そこに一種のどんでん返しがあり、おっ、この先どうなるんだ、と思わせる仕掛けもあった。ラストは大ヒット・アニメ「君の名は。」にそっくりで、今の若者たちはああいう設定や切なさに反応するのかと勉強になった。

「リライフ」は、「人生をもう一度やり直したい」というテーマを描くより、高校生活を感動的に描くために、十年若返って改めて高校生活を送る主人公の視点を借りた感じだった。どちらかと言えば、「人生をやり直したい」と思い詰めるのは、もっと生活の苦労を経験したり、愛し合って結婚したのに倦怠期に陥り、「もっと別の人生があったのではないか」などと思い始める中年期、いわゆる「ミドルエイジ・クライシス（中年の危機）」の人たちではあるまいか。

もうずいぶん前の映画になったけれど、フランシス・フォード・コッポラが監督した「ペギー・スーの結婚」（一九八六年）がそうだった。夫に愛人ができて別居中の妻が高校の同窓会に出て、パーティで興奮して失神し、気がついたら二十五年前の高校時代にタイムスリップしていたという物語である。

●人生をやり直したいと夢見ても虚しいだけだと思う

ペギー・スーを演じたのは、当時、三十二歳のキャスリーン・ターナーだった。夫役は、当時、二十二歳のニコラス・ケイジである。ふたりとも、四十半ばの倦怠期で別居中の夫婦を演じ、そのまま二十五年前の高校生も演じている。キャスリーン・ターナーの十七歳はちょっとつらいが、ニコラス・ケイジの老けメイクもつらいものがあった。

キャスリーン・ターナーはパラシュートみたいなスカートでポニーテールにして踊ったりするので、ちょっと痛々しいところもあったけれど、若い頃を別の女優が演じていたらまったく違うテイストの作品になってしまっただろう。

もしかしたらコッポラ監督の強い要望に「わかったわよ。私が十七歳を演じるわ」と応えたのかもしれないが、三十二歳のキャスリーン・ターナーの決断に、公開当時、僕は拍手を送ったものだった。彼女自身が演じたから、人生の苦さのようなものが滲み出たのだ。

関係ないけど、初めて見たキャスリーン・ターナーは、素っ裸でウィリアム・ハートのナニ（そこはギリギリ映らなかったけど）をつかんで歩いていた。あの「白いドレスの女」（一九八一年）は、ミステリ映画の傑作だった。二重のどんでん返しも効いていて、悪女もの好きの僕を喜ばせてくれた。当時、僕は双葉十三郎さんの連載を担当していたが、「白いドレスの女」を絶賛した原稿を受け取った。

ちょっと脇道にそれてしまったが、ペギー・スーは高校生活をやり直すことになり、再び将来結婚することになるチャーリー（ニコラス・レイジ）と出会ってしまう。しかし、同じ人生を繰り返したくないペギー・スーはチャーリーを避ける。そこで、新たに孤独な文学青年と出会ったりする。彼女は二度目の人生を、以前の教訓を生かしてやり直そうとするので、一回目の高校生活よりは有意義な人生になる。

しかし、結局、彼女は未来に残してきた子供たちが気になり、元の人生に戻ろうとする。結末は、ハリウッド映画らしく「めでたしめでたし」という感じで終わる。映画を見終わった僕の感想は、「人生をやり直したいと夢見ても、むなしいだけ」というものだった。

「ペギー・スーの結婚」は同窓会で失神したペギー・スーの夢だったのではないか、という解釈ができる。現実には人生をやりなおすのは不可能なので、そういう構成にしたのかもしれないが、やはり、元のさやに収まるという終わり方以外には結末を考えにくい。自分の人生は、自分で引き受けるしかない。投げ出すとしたら自殺するしかないけれど、そう簡単には死ねない。チャップリンが言うように「死が訪れるまでは、生きるしかない」のだ。

だとしたら、嫌々生きるよりは自覚的に生きた方がマシだと思う。積極的に生きろとか、そういうことではなく、どのように生きてもいいのだが、「これは私の人生であり、私はこのように自分で選択して生きている」と自覚して生きるという意味である。つまり、何かあっても、すべて自分の選択だと覚悟することである。他の何かのせいにしない。他人のせいにしない、運命のせいにしない、時代や社会のせいにしない。

●やり直したら幸福な人生が送れると思うのは勘違いである

物語を要約すると、まるで「ペギー・スーの結婚」のリメイクかと思うのが、フランス映画「カミーユ、恋はふたたび」（二〇一二年）だった。日本公開は三年前。製作年では「ペギー・スーの結婚」と二十六年のへだたりがある。何年経っても同じ発想をする映画人がいるということは、「人生をやり直したい」

と考えている人が多いということか。

それにしても、古今東西を問わず、タイムスリップするのはなぜ高校時代なんだろう。やっぱり、一番楽しかった時期なんだろうなあ。性には目覚めてるし、恋のときめきはあるし、その恋が結婚につながる可能性はあるし、社会人になるにはまだ猶予があるし、といった時期を求めると、やはり高校時代になるのだろう。

「カミーユ、恋はふたたび」は、女優でもあるノエミ・ルヴォフスキーが脚本・監督・主演している。ヒロインはまったく美人じゃない中年女性なのだが、その中年女性のまま高校生をやってしまう。十代の女の子のコスチュームを着たりするので、ちょっと引く気分もある。ただし、周囲の人は彼女が十代後半に見えるらしいという設定だ。

カミーユは、二十五年連れ添った夫に女ができて離婚を宣言される。荒れた気分でパーティで飲み過ぎたカミーユが目覚めると、高校生に戻っている。家へ帰ると死んだはずの両親が「カミーユ、どうしたの」と迎えてくれる。学校でも何人かの仲良しグループができて、二度目の高校生活が始まる。

しかし、そこへ結婚することになる夫がかっこいい青年の姿で現れ、カミーユは避けようとするが、彼はカミーユに恋をして、しつこくつきまとう。カミーユも将来結婚し、やがて若い愛人を作って離婚を言い出すことを知りながら、彼に惹かれていく。一方、カミーユはタイムスリップしたことを教師に話すのだが、だれも信じない。唯一、哲学の教師だけが彼女の言うことを半信半疑で信じ、やがて教師はカミーユを愛し始める。

結局、彼女も本来の時代に戻るのだが、その時、哲学教師に会いにいき、二十五年分の歳を重ねた哲学教師との愛を確認する。しかし、彼女は人生をやり直してよかったのかどうかはわからない。僕がこの映画を見て持った感想は、「やり直した人生がマシだという保証はない」ということだった。

つまり、「満足して幸福であり続けられる人生」なんてものはないのだ。どんな人生にも幸福があり、不幸がある。成功があり、失敗がある。失意の時があり、得意の時がある。高揚があり、どん底がある。期待があり、落胆がある。喜びがあり、悲しみがある。苦しみがあり、楽しみがある。出逢いがあり、別れがある。希望があり、絶望がある。要するに、プラスがあれば、マイナスもあるのだ。

それは、どんな人生も変わらない。だとすれば、その人生を生きる人間は、努力するしかないのではないか。夢を実現しようとするか、少しでも楽な生活をしようとするか、貧しくてもいいから楽して生きようとするか、どんな生き方でもいいけれど、自分が選択した生き方を、まっとうしようと努力するしかない。

結論は、「人生をやり直したら、違う（幸福な）人生が送れると思うのは勘違いである」ということではないか。したがって、どんな人生も同じであるなら、もう一度生きろと言われても「イヤだ。絶対にイヤだ」と僕は言う。ようやく、六十六年もつらい人生を生きてきたのだ。

人生には間違いなくゴールがあるのだから、僕はセッセと生きて残り時間を減らし、そのゴールに近づいていくしかない。今まで一生懸命走ってきたのに、また、戻って走りなおせと言われたら、どんなマラソンランナーだって拒否するはずである。できれば、ゴールに至るまで、自覚的に生きていたいと思うけれど…。

膝を抱えて聴いたハスキーヴォイス

奇跡／彼らが本気で編むときは、／追憶

●暗い学生だったと語った池上彰さんの思い出の曲

ジャーナリストの池上彰さんがテレビ番組で「私の思い出の曲」についてコメントしていた。池上さんは一九五〇年八月生まれ。僕より一歳上だけれど、ほぼ同時代を生きてきたから、その思い出の曲のコメントが妙に身に沁みた。池上さんは「私の一曲は、りりィの『私は泣いています』です。実に暗い学生で、下宿でこの歌をじっと聴いていていたんですね」と、いつものしゃべり方で言った。

その瞬間、「私は泣いています」と歌うりりィのハスキーヴォイスが甦り、何もない四畳半のアパートの隅で膝を抱えて、何時間もじっとしている大学生の僕自身の姿が浮かんできた。四十五年前のあの頃、僕も暗い(ネクラ・ネアカという言葉は、数年後に生まれる)学生生活を送っていた。

調べてみると、りりィの「私は泣いています」のシングル盤が発売されたのは、一九七四年三月初旬だった。大ヒットしたのはその後のことだとすれば、僕は大学四年になり、オイルショック直後の不況の中、就職活動に悪戦苦闘していた時期だったことになる。

その年の五月の連休に帰省し、当時は高松で暮らしていたかみさんの実家へいき、「卒業したら結婚したい」と両親に申し出た僕は、何としても生活の基盤を確立するために就職を決めなければならなかった。

しかし、前年秋のオイルショックは、ずっと続いてきた高度成長を打ちのめし、戦後初めて「大卒予定者の内定取り消し」が起こったほどの就職難をもたらせた。文学部フランス文学専攻で、大学紛争によってレポート試験が二年も続いたおかげでようやく卒業できる、卒論も書かせてもらえなかった劣等生を採用しようという企業はなかった。

おまけに、僕はまともに就職活動をすることに後ろめたさがあった。結婚するためという言い訳があったから、僕は出版社の就職試験をいろいろ受けてはいたのだけど、そんなことをしている自分をどこか軽蔑する気持ちがあった。

僕と同じ大学の同じフランス文学専攻を一年早く卒業し、大手出版社の小学館に入っていた高校時代の同級生は、そんな僕に向かって「おまえは、就職活動に本気じゃないところがある」と説教し、初めて僕が筆記試験を通過した集英社の面接試験の直前に下宿に現れ、「集英社はうちの子会社だけど、小学館と違ってワイルドな会社なんだ。『御社一社に絞って受験しました』とハッタリかました方がいいだろう」と自信たっぷりにアドバイスした。

その言葉に従って僕はその通りに面接官に答え、面接は三分で終了した。どうして自分の考えで答えなかったのか、と廊下に出た僕は深く恥じ悔やんだ。

時代は、暗かった。全共闘世代の高揚は潮が引くように消えていき、セクト間の内ゲバばかりが起こっていた。大学の中庭で色の異なるヘルメットをかぶった連中が、角材をふるって殴り合っていた。角材はおろか、すでに鉄パイプが登場していたし、少し後にはとうとうバールが用いられるようになった。

学校へいくのにさえ、命がけだったのだ。二年前の二月に判明した連合赤軍事件は「革命」という言葉に暗い影を生み、幻滅した僕は二度と「革命」という言葉を口にしなくなった。そんな事件が起こったにもかかわらず、その後も内ゲバでの死者はどんどん増えていた。

僕は大学に入った時からノンポリだったけれど、そんな時代のイヤな空気が学内を覆っているのに耐えられなかった。どういうわけか、ノンポリの僕でさえ一度、大学の構内でヘルメットの連中に囲まれたことがある。「おまえは意識が低すぎる。自己批判しろ」と迫られた。

「私、高松に帰ることにした」と後にかみさんになる女性に突然宣言され、彼女のアパートの部屋の整理を手伝い見送ったのは前年の暮れ近く、木枯らしが吹き始めた冬の初めだった。それ以来、下宿と学校を往復し、ときに映画館に籠もるだけになった僕は、自分の将来に不安しか感じられなかった。

それでも彼女とは何度か手紙をやりとりし、五月の連休にかみさんの実家に結婚の許可をもらいにいくことになった。就職も決まらない自分なのに、責任だけが生まれるという憂鬱な気分になりながらも、それを彼女に感じさせてはいけないと言い聞かせた。

ずっと準備していた天井桟敷を借りての友人たちとの芝居公演を途中で放り出し、五月の連休に僕は高松に帰ったのだった。そこにも、後ろめたい気持ちがあった。そんな暗い時代の僕にとって、あのしゃがれ声で歌うりりィの「私は泣いています」は、心の奥底にまで響くような気がしたものだった。

●「夏の妹」出演が「私は泣いています」より先だった？

りりィは一九五二年二月に生まれ、二〇一六年十一月十一日に没した。六十四年間の人生だった。僕とは学年が同じだったから、同時代を生きた人だった。僕はずっと「私は泣いています」が大ヒットしたから、大島渚が「夏の妹」（一九七二年）のヒロイン栗田ひろみのピアノ教師で、父親の再婚相手という役でりりィを起用したのだと思っていた。

十四歳の栗田ひろみは「夏の妹」でデビューし、その後、アイドルとして絶大な人気を集めた。その相手役に人気のあった若手俳優の石橋正次を起用し、「大島渚もアイドル映画を撮るようになったか」と陰口をたたかれた作品が「夏の妹」だった。沖縄がアメリカから日本に返還されたのは、一九七二年の五月。返還されたばかりの沖縄でロケを行い、登場人物たちの関係に、戦後二十七年間アメリカに占領されてきた沖縄と本土の関係を重ねた作品だった。

今回、確認してわかったのは「夏の妹」の公開は、「私は泣いています」ヒットの二年前だったことだ。これは、僕の記憶がまったく違っていたということになる。すると、ＡＴＧ直営館の新宿文化で封切り公開時に「夏の妹」を見たとき、僕は栗田ひろみもりりィも新人女優として見ていたことになる。

新国劇出身の石橋正次には、映画デビュー作品である藤田敏八監督の「非行少年・若者の砦」（一九七〇年）ですでに注目していた（同じ年、日活「あしたのジョー」実写版に主演）が、その後、テレビの学園ものや特撮ドラマ「アイアンキング」に出演して人気が沸騰、その年の初めには最大のヒット曲「夜明けの停車場」を出し知名度抜群の俳優になっていた。

僕は今でも、沖縄の飲み屋街を「シルバー仮面は～さすらう仮面」とギターを弾いて歌いながら歩く石橋正次と栗田ひろみのシーンを記憶している。脚本に加わっていた大島渚一派の佐々木守は、「シルバー仮面」や「アイアンキング」の脚本も書いていたのだ。

りりィも「夏の妹」のときは、まだ二十歳だった。フランソワーズ・アルディみたいな洗い晒しの長い髪で化粧っけもない（ように見えた）りりィは、当時の「先鋭的で、知的で、倦怠感を漂わせた（アンニュイな）、かっこいい」女性だった。まだヒッピー・ムーブメントが現役だった頃の話だ。

新宿ゴールデン街あたりにいけば、カウンターで出会いそうな女性のイメージがあった。アングラ（アンダーグラウンドの略です。念のため）演劇やＡＴＧ（アート・シアター・ギルドです。念のため）映画、ジョルジュ・バタイユの「眼球譚」やスーザン・ソンタグの「キャンプ」、あるいは金井美恵子の詩などを話題にしそうな感じだった。

つまり、僕など怖ろしくて話しかけられないタイプに思えた。そんなりりィを「夏の妹」で見ていたから、「私は泣いています」がヒットしたとき、僕はあのしわがれ声をしみじみと聴いたのかもしれない。

「夏の妹」の次に印象に残ったりりィは、松田優作主演・村川透監督の鳴海昌平シリーズ「処刑遊戯」（一九七九年）の「謎の女」役だった。殺し屋とミステリアスな雰囲気を漂わせる女。

ハードボイルド・ストーリーでは絵に描いたような登場人物たちだが、とにかくキマっていた。りりィのあの声が効果的だった。長い手足を持て余すように動かす松田優作が魅力的だった。

松田優作が鳴海昌平シリーズで確立したキャラクターは、後の角川映画「野獣死すべし」などにつながっていった。僕にとってりりィは、それ以降、僕はりりィの消息を見失った。しかし、「夏の妹」と「処刑遊戯」の女優であり、「私は泣いています」一曲だけの歌手だった。しかし、その間、彼女は音楽活動を充実させ、女優としてもコンスタントに仕事をしていたのを、僕は三十年後に知ることになる。

●突然、年老いたりりィが目の前に現れた気がした「奇跡」

僕の中で三十年以上の長い時間を経て、突然、りりィが復活したのは是枝裕和監督の「奇跡」（二〇一一年）だった。それまでにも彼女の出演作…たとえば「リンダリンダリンダ」（二〇〇五年）「休暇」（二〇〇七年）「グーグーだって猫である」（二〇〇八年）「石内尋常高等小学校　花は散れども」（二〇〇八年）など…を見ていたのに、そこに登場していた女優がりりィだと気付かなかったのだ。

「奇跡」は九州新幹線開通に合わせて企画された作品で、「九州新幹線の福岡発と鹿児島発の一番列車がすれ違うところを見ると願いが叶う」という噂を信じて、少年少女たちがそれぞれの願いを抱いてその場所を目指し旅に出る物語だった。

少年少女は、ある日、ひとりの少女の祖父母の家に泊めてもらうことになる。その祖母を演じていたのが、りりィだった。スクリーンを見ていた僕は、「りりィじゃないか」と驚いて席を立ちそうになった。

それ以降、僕は多くのりりィの出演作を見た。りりィがずっと女優を続け、年相応の役をやっているのだと知った後、「キツキと雨」（二〇一二年）「任侠ヘルパー」（二〇一二年）「GONINサーガ」（二〇一五年）「FOUJITA」（二〇一五年）「リップヴァンウィンクルの花嫁」（二〇一六年）などでその姿を見たが、その間、多くのテレビドラマにも出演していた。

僕は一度も見ていないのだけれど、人気ドラマ「半沢直樹」にも出ていたらしい。そして、彼女の死後も二本の映画が公開された。「彼らが本気で編むときは、」（二〇一七年）と「追憶」（二〇一七年）である。どちらも、出演シーンは多くはないけれど、印象に残る役だった。

「彼らが本気で編むときは、」はLGBT（レズビアン、ゲイ、バイセクシャル、トランスジェンダー）をテーマにした荻上直子監督作品で、少し前に詳しく書いた。育児放棄の姉（ミムラ）の小学生の娘を預かる弟（桐谷健太）が一緒に暮らしている相手は、トランスジェンダーの女性（生田斗真）で、介護施設で働いている。

姉弟の母親（りりィ）がその施設に入っていて、桐谷健太はやさしく母を介護している生田斗真を見て恋に落ちるのである。そのりりィは認知症ぎみながらも、重要なセリフを口にする役だった。すでにこの世にいない人なのだと思いながら見たが、この作品が遺作だとすればよかったのじゃないか、と僕は思った。

五十を過ぎたりりィは老女役や母親役が増えたけれど、良妻賢母型の母親は少なかったと思う。孫の少女の髪をやさしく梳いてやる「奇跡」の祖母役は、珍しいのじゃないだろうか。汚れ役、あるいはダメな母親役が似合った。

降旗康男監督作品「追憶」の母親役が、まさにそういう役だった。主人公（岡田准一）は刑事になっているが、子供の頃、母親は男を作っては子供を置いたまま出ていく、いわゆる育児放棄の母親だった。年老いてもあちこちに借金し、息子に電話をかけてきて金の無心ばかりする。

息子に邪険にされると、電話で「死んでやる」と言って狂言自殺するような、縁を切りたくなる母親だ。それでも、主人公は「薬を飲んだ」と母親から電話があれば、駆けつけざるを得ない。そんな厄介者の母親役が、りりィによく似合った。

りりィは、ガンで亡くなったという。六十四歳は、今の世の中では若死にだろう。おそらく、「追憶」「彼らが本気で編むときは、」の撮影時、彼女の体はすでにガンに蝕まれていたのではないか。しかし、映画を見る限り、そんな様子はうかがえなかった。

「ブラック・レイン」（一九八九年）の松田優作が末期のガンだとはとても思えないのと同じである。りりィにも松田優作にも、改めて役者魂を感じる。そのふたりが共演した四十年近く昔の「死亡遊戯」が甦ってくる。

りりィは、僕にとってはずっと「私は泣いています」の歌手だった。容姿より先に、あのハスキーヴォイスが浮かんできた。しかし、今では多くの映画で老女を演じた女優として僕の記憶に残っている。僕自身、四畳半の隅で膝を抱えていたときから、遥か遠くへきてしまった。若い頃のりりィではなく、白髪頭の彼女の姿が浮かんでくるのも当然かもしれない。

出てくるだけで頬がゆるむ役者

静かなる男／我が道を往く／裸の町

●ジャック・ヒギンスの影響でアイリッシュウィスキーも飲み始める

先日、久しぶりにラフロイグを飲む機会があり、「やっぱり独特の味と香りだなあ」と改めて確認した。ラフロイグを初めて飲んだのは数十年前のことで、当時はかなり高価なウィスキーだった。ただし、クレゾール（消毒薬？）を連想させるような香りに慣れず、「どこがうまいの？」と思ったものだった。

それから様々なウィスキーを飲む経験をし、一時はバーボンばかりだったが、今ではシングルモルトでも、ブレンデッドでも、アイリッシュでも何を飲んでもうまいと思う。アイリッシュ・ウィスキーを飲むようになったのは、ジャック・ヒギンスの小説の影響かもしれない。アイリッシュ・パブでは、ブッシュミルズかジェイムソンを飲む。

そんなことを思い出していたら、村上春樹さんのアイラ島とアイルランド旅行記「もし僕らのことばがウィスキーであったなら」を読みたくなり、久しぶりに本棚から取り出した。「サントリー・クォータリー」誌に掲載したもので、スコットランドのアイラ島とアイルランドを訪ね、ウィスキー醸造所を巡る旅行記である。

アイラ島には七つの醸造所があり、すべてシングルモルトだ。村上さんによれば、癖のある順にアードベッグ、ラガヴリン、ラフロイグ、カリラ、ボウモア、ブルイックラディー、ブナハーブンとなるらしい。やはり、ラフロイグは癖が強い方なのだろう。

もっとも、僕はこの七つの銘柄のうち、ラフロイグとボウモアしか飲んだことがない。それも熟成した年数によって変わる。ラフロイグは十五年か二十年ものを飲んだ。ボウモアは何年ものだったか忘れてしまった。

数年前、WOWOWのドキュメンタリーでリリー・フランキーがボウモアの醸造所を訪ねる番組を放映した。そのとき、アイラ島を見たのだけど、僕もウィスキーを飲むためだけにいってみたいなあ、としみじみ思った。

僕のウィスキー好きは勤めていた会社でも知られていたらしく、退職時の記念品に相棒だった同僚はバランタインの三十年ものを贈ってくれたし、労働組合からはサントリー山崎の十八年ものをもらった。二本合わせると、十万円である。それを僕は、早々に飲んでしまったのだけれど。

――アイルランドを舞台にしたジョン・フォードの映画「静かなる男」の中で、バリー・フィッツジェラルドがウィスキーを勧められ、「水はいる?」と尋ねられて、「わしゃ、水を飲みたいときには、水だけを飲む。ウィスキーを飲みたいときにはウィスキーだけを飲む」と答えるなかなかチャーミングな場面があったけれど、実際にはそういう人はむしろ少数派で、少量の水を加えて飲む人がほとんどである。「そのほうがウィスキーの味が生きるんだ」と彼らはいう。

これは、「もし僕らのことばがウィスキーであったなら」に出てくる一節だ。この文中の「静かなる男」には欄外に村上さんの長文の注釈がついていて、冒頭に「僕は何かすごくいやなことがあると、いつもビデオで『静かなる男』を見ることにしている。だから(当然のことながら)ずいぶん何度もこの映画を見た。何度見ても、素晴らしい映画だと思う」という一文がくる。

このことは、昔、書いたことがあるけれど、ずっと僕の記憶に残っていて、僕も気持ちが落ち込んだときには「静かなる男」を見たりした。この本から、そういう影響は受けたのだけれど、相変わらずウィスキーは水で割らず、けっこうストレートで飲むことが多い。「ストレート・ノーチェイサー」を気取っているのだ。

●アカデミー主演男優賞と助演男優賞の両方でノミネートされた

バリー・フィッツジェラルドは、酔っぱらいの役がよく似合う。そんな先入観ができたのは、「静かなる男」（一九五二年）の馬車の御者役の印象が強かったからだろうか。あの映画にバリー・フィッツジェラルドが出ていなかったら、ホントに味気ない作品になってしまっただろう。

アイルランドの田舎駅、ジョン・ウエインの荷物を勝手に馬車に積み込む、とぼけた小男の御者。チンクシャな顔をし、笑うと愛嬌がほとばしる。狂言まわし的な役で、ウィスキーに目がない。笑わせる演技の間が抜群で、ユーモア漂うキャラクターである。一八八三年にアイルランドに生まれた役者で、ジョン・フォードに雇われて渡米したという。

フォード一家の役者と言えばいいのだろうか。しかし、僕が見たバリー・フィッツジェラルドが出演したジョン・フォード作品は、「果てなき航路」（一九四〇年）「我が谷は緑なりき」（一九四一年）「静かなる男」（一九五二年）だけである。まあ、あまり西部劇には向かないような気がする。

バリー・フィッツジェラルドの代表作となると「我が道を往く」（一九四四年）だが、監督はレオ・マッケリーである。この作品で、バリー・フィッツジェラルドはアカデミー主演男優賞と助演男優賞の両方でノミネートされた。同じ作品で、ビング・クロスビーも主演男優賞にノミネートされたからややこしい。結局、バリー・フィッツジェラルドは、助演男優賞に落ち着いた。

アイルランド出身の老神父フィッツギボン役がバリー・フィッツジェラルドだ。彼が長年愛してきたニューヨーク下町のセント・ドミニックは、金貸しに催促を受けているような貧しい教会だが、そこへ新任神父オマリー（ビング・クロスビー）がやってくる。型破りなオマリー神父に老神父フィッツギボンは眉をひそめ、彼の転任を教皇に進言するが、自身の引退を勧められ、オマリーが教会の新しい神父だと知る。

一方、オマリーは自分は副神父でよいとフィッツギボンに譲り、不良少年たちにコーラスを教えて更正をはかる。そのコーラス団をつれてコンテストに出て入賞する。彼らのレコードが発売され、その売上金で教会の補修もできることになる。ハリウッド調のハッピーエンディングではあるが、これほど感動的な作品はそうない。

もちろん、ビング・クロスビーの存在なくして、この映画は成立しないけれど、バリー・フィッツジェラルドがいなければ、きっと味わいのない作品になっただろう。謹厳実直で、伝統を守る老神父。それでいて、愛嬌があり、独特のユーモアを醸し出す。バリー・フィッツジェラルドというキャラクターに負う部分の多い作品だ。

　彼が主演と助演の両方の候補として取り上げられたのもよくわかる。ラストシーンの余韻は深く、アイルランドへの望郷の念がバリー・フィッツジェラルド自身の人生に重なり、涙なしでは見られない。ハリウッドが持ち得た至宝の一作である。

●ニューヨーク中をロケしドキュメンタリーを見ているような作品

「裸の町」（一九四八年）では、バリー・フィッツジェラルドはシリアスな演技を求められた。出てくるだけで観客の頬がゆるむような役者だったバリー・フィッツジェラルドだが、ここではニューヨーク市警殺人課の老練な刑事を演じた。この映画の公開によって、「セミ・ドキュメンタリー調」という言葉が使われるようになった。

　ニューヨーク中をロケし、ドキュメンタリーを見ているような気分になる作品だ。ジュールス・ダッシン監督は意欲的で才能にあふれていたが、この後、赤狩りに遭いハリウッドを追われた。ヨーロッパで映画作りを続けたが、後にギリシャ映画「日曜はダメよ」（一九六〇年）をヒットさせる。

　「裸の町」は、アパートで殺されていたモデルの捜査を地道に描いている。刑事たちが町を歩くシーン、俯瞰で見せるニューヨークの広さなど、現実の捜査を思わせて斬新だった。モデル殺しには、宝石強盗事件がからんでいることがわかってきて、最後には犯人逮捕のハラハラドキドキもあり、現在につながる刑事映画の嚆矢と言えるだろう。

　すぐれた喜劇役者は名優であることが多いが、バリー・フィッツジェラルドも老練な刑事の雰囲気を漂わせ、アクションにさえ挑んでいる。このシリアスなバリー・フィッツジェラルドを先に見ていたら、「静かなる男」の御者とは別人だと思ったかもしれない。

　僕は「静かなる男」を先に見てしまったが、「裸の町」の方が「静かなる男」より四年早く製作されている。日本公開は一九四八年の十二月二十八日だった。お正月映画だったのだ。その十ヶ月後、黒澤明監督の「野良犬」（一九四九年）が公開される。間違いなく、黒澤明は「裸の町」にインスパイアされて「野良犬」を撮ったのだ。

　刑事が犯人を追うという物語も、ドキュメンタリー・タッチでの撮影も、黒澤明は「裸の町」に影響を受けたに違いない。黒澤明のジョン・フォード好きは有名だが、フォード作品に出たときとは違う「裸の町」のバリー・フィッツジェラルドの演技に驚いたのではないだろうか。

　バリー・フィッツジェラルドは、一九六一年一月、心筋梗塞で七十二歳の生涯を閉じた。「静かなる男」に出たときは、すでに六十四歳だったのだ。調べてみたが、「静かなる男」以降の出演作はないようだ。六十半ばで代表作のひとつを持てたのは幸せだったのではないだろうか。

ちなみに、「静かなる男」のジョン・ウェインとヴィクター・マクラグレンの延々と続く殴り合いは、宮崎駿監督の「紅の豚」（一九九二年）の殴り合いに影響を与えていると思う。いや、影響というより、オマージュなのかもしれない。おそらく、宮崎駿監督もジョン・フォード作品が好きなのに違いない。

狂う女——岩下志麻

五瓣の椿／智恵子抄

●岩下志麻の写真を部屋の壁に貼っていたことがある

十五歳から十六歳にかけて、僕は岩下志麻が好きだった。和服姿で出ていた婦人誌の表紙を切り取り、部屋の壁に貼っていた。なぜ、十歳も年上の岩下志麻だったのだろう。小学生の頃、「秋刀魚の味」（一九六二年）という映画の看板で彼女を見たことは憶えている。山田洋次監督の「馬鹿が戦車《タンク》でやってくる」（一九六四年）の岩下志麻も美しいと思ったが、それを見たのは大学生になってからだ。

僕が好きだった頃の岩下志麻は、映画版「おはなはん」（一九六六年）やベストセラーになった「宴」（一九六七年）などに出演していた。どちらもテレビドラマで評判になった物語だ。その頃、「智恵子抄」（一九六七年）や「あかね雲」（一九六七年）の看板を、自転車を止めてじっと見ていた僕自身が浮かんでくる。当時は、至る所に上映中の映画のポスターが貼ってあった。

なぜ、僕は岩下志麻が好きだったのか。テレビドラマ「花いちもんめ」を見たからだろうか。そう思って調べてみたが、「花いちもんめ」は一九六八年三月二日から四月二十日までの連続ドラマだった。岩下志麻はＮＨＫで毎日放映していた生放送のドラマ「バス通り裏」（一九五八年四月〜一九六三年三月放映）でデビューした人だから、テレビドラマは初めてではないけれど、松竹に入り人気女優となっていたから連続テレビドラマに出るのは珍しいことだった。

「花いちもんめ」は父親（佐野周二／関口宏のお父さん）と五人の息子（川崎敬三、河原崎長一郎、荒木一郎、石立鉄男など）の家庭に腹違いの妹（岩下志麻）がやってくるコメディタッチのドラマだった。脚本は田村孟。松竹ヌーヴェルヴァーグを担ったひとりで、「悪人志願」（一九六〇年）という監督作があり、大島渚や篠田正浩監督の脚本を多く手がけた。その関係で、岩下志麻が主演したのかもしれない。

岩下志麻が篠田正浩監督と結婚したのは一九六七年三月だが、その一年前から一緒に暮らしていたと、先頃出た春日太一さんが岩下志麻にインタビューした「美しく、狂おしく―岩下志麻の女優道」（文藝春秋）に出ていた。僕は結婚したばかりの岩下志麻と篠田監督の写真を婦人誌で見た記憶がある。別に気にはならなかった。

大人の女のひとだと思っていたからアイドル的に好きなのではなく、女優として好きだったのだろうか。その頃、僕がアイドル的に好きだったのは東宝の酒井和歌子だった。世間一般は内藤洋子に傾いていたが、僕は絶対に酒井和歌子派だった。

こちらも「ボーイズライフ」という雑誌に掲載されていたピンナップを切り抜いて、机の引き出しに入れていた。当時、日活なら松原智恵子、東映では大川栄子、大映では梓英子が気に入っていた。

十六歳の頃、ある同級生に「岩下志麻が好きなんだよなあ」と言ったところ、「あの『バス通り裏』に出てた同級生の子だろ」と言われ戸惑ったことがある。「バス通り裏」は何度か見たことがあるけれど、十朱幸代の記憶しかなかったからだ。

「バス通り裏」はNHKディレクターだった辻真先さんが担当していたが、彼は後に「時間よ止まれ」と言って時間を止められる「ふしぎな少年」を連続ドラマにした。そちらは、欠かさず見ていた。手塚治虫さんのマンガとテレビドラマが同時進行していた。辻さんと手塚さんのコラボレーション作品だったらしい。

辻さんは後にミステリ作家になるが、辻さんのサイトへいくと「バス通り裏」時代の岩下志麻のプライベート写真が掲載されている。高校生の岩下志麻だ。

●「五瓣の椿」は前半が倒叙ミステリで後半は本格ミステリ

小津安二郎監督の「秋日和」（一九六〇年）に、ワンシーンだけ出ている岩下志麻のことはよく知られている。原節子を重役室の佐分利信のところに「こちらでございます」と案内するBG（当時はビジネスガールと言った）役である。そのとき岩下志麻は十九歳だが、その後とあまり変わらない容姿だ。すでに大人びていたのかもしれない。

岩下志麻は、その後の三十年ほどはほとんど変化がないように見える。「極道の妻たち」あたりからは年齢（と貫禄）を感じるが、それでも美しさは保っている。しかし、やっぱり僕が好きだったのは、「宴」「智恵子抄」「あかね雲」の岩下志麻だった。二十代半ば、すでに「五瓣の椿」（一九六四年）という代表作を持っていた。野村芳太郎監督との仕事も多く、それぞれが彼女の代表作となっている。

しかし、この時期の岩下志麻の代表作としては、やはり三時間近くある大作「五瓣の椿」を挙げるべきだろう。若い娘が色仕掛けで大店の主人らしい中年男をたらし込み、夜具の上で抱かれながら簪で刺し殺すというショッキングな場面から始まり、観客の心を鷲掴みにしてしまう。まだ二十二、三だった岩下志麻の若い嬌声が耳に残り、媚態が艶めかしい。

前半では、岩下志麻が連続殺人を犯すわけだが、その理由ははっきりしない。しかし、倒叙ミステリとして、大変おもしろくできている。何人めかの狙う相手が悪徳医者（伊藤雄之助）

なのだが、彼を殺そうとして逆に岩下志麻が窮地に陥る場面もあり、ハラハラドキドキするサスペンスが醸し出される。

後半に入り、加藤剛が演じる与力が登場してからは、謎解き中心の本格ミステリになる。ひとつの物語で倒叙ミステリと本格ミステリが楽しめるのだから、アイラ・レヴィンの傑作ミステリ「死の接吻」みたいなものである。

ちなみに、「死の接吻」も二度映画化されている。原作が出たばかりの頃に映画化された「赤い崖」（一九五六年）はロバート・ワグナーの主演、再映画化の「死の接吻」（一九九一年）はマット・デュロンとショーン・ヤングが出ていた。

日本でも連続テレビドラマになり、黒沢年男が野心的な主人公の若者を演じた。もっとも、原作の第一部の倒叙ミステリ部分は犯人の視点で描写しながらその正体を隠しているが、映像化するにあたっては主人公の顔を出さざるを得ず正体を隠すわけにはいかなかった。

「五瓣の椿」がよくできているのは加藤剛の与力が調べ始めると、様々な謎がさらに深まることである。前半の展開で予想していたことが、次々と裏切られる。その謎が次第に明かされていくおもしろさは、さすがに野村芳太郎監督だと思う。松本清張の短編を映画化した「張り込み」（一九五八年）が野村監督の最高傑作だと思うけれど、野村監督のミステリ系列の作品の中には、時代劇ミステリの傑作「五瓣の椿」がそびえたっている。

一般的には「砂の器」（一九七四年）の人気が高いようだけど、結城昌治の「やくざな妹」を映画化した「昭和かれすすき」（一九七五年）なんて小品も忘れがたい。それにしても器用な監督で、すれ違いメロドラマの「あの橋の畔で」（一九六二〜六三年）から岩下志麻の「おはなはん」や「コント55号と水前寺清子の神様の恋人」（一九六八年）まで何でもこなした人だった。

「五瓣の椿」では、岩下志麻の淫蕩な母親役に左幸子がキャスティングされている。この左幸子が素晴らしい。大店のわがままな娘で番頭上がりの律儀な夫を軽蔑し、遊びほうけ、若い愛人を作っては別邸で愛欲に耽る女である。

「美しく、狂おしく——岩下志麻の女優道」の中で、春日太一さんが「殺していいますと、母親役の左幸子さんを殺す場面も凄かった」と訊くと、「取っ組み合いするシーンだったんですよ。それで、本気で行ってしまって。左さんボリュームあるからなかなか思うようにいかないのですが、もう思いっきりの力で引きずり回したんですよ（中略）左さんは全て計算ではなくて本能の赴くままにお芝居するタイプの方だと思います」と岩下志麻は答えている。

この母娘のシーンは作品の肝になる場面で、謎が解かれると同時にヒロインがなぜ何人も殺すのか、その動機が解明されるのだ。

●狂っていく高村智恵子を演じた「智恵子抄」のポスター

さて、どうして僕は十代半ばに岩下志麻を好きだったのか、その答えは、この文章を書き進めているうちに甦ってきた。はっきりと、僕の中に五十年前の記憶が浮かび上がってきたのだ。

それは一冊の文庫本から始まった。十五歳のとき、僕は高村光太郎の「智恵子抄」を買った。現代教養文庫版で「紙絵と詩智恵子抄」という本だ。高村智恵子の紙絵作品が光太郎の詩と共にカラーで掲載されていた。

後半には高村光太郎が書いた「智恵子の半生」という文章、「画室の冬」と題された高村智恵子自身のいくつかの文章、平塚らいてうなどが智恵子を回想する文章などが掲載されていた。昭和四十年（一九六五年）八月に初版が出ているが、僕が買ったのは昭和四十二年（一九六七年）の春だった。高校生になってすぐの頃である。

いやなんです
あなたのいつてしまふのが…

「智恵子抄」の冒頭の詩「人に」は、そのようなフレーズで始まっていた。そのフレーズが妙に身に沁みた。小学校のときに好きだった女の子と中学は別々になり、三年間は離れていたが高校で再会し、毎日、胸をときめかしていた時期だったからかもしれない。

自転車通学をしていた僕は、毎朝、電車通学し商店街を歩いている彼女を追い越すときに胸をドキドキさせていた。そんな十五歳の少年には「智恵子抄」の全編が新鮮だった。そのいくつかの詩を僕は暗唱しながら、自転車のペダルを漕いだ。

人っ子ひとり居ない九十九里の砂浜の
砂にすわって智恵子は遊ぶ。

これは、狂った智恵子が九十九里で静養している頃の詩である。そして、ある日、僕は「智恵子抄」という映画の看板に出会った。そこには、着物を着た岩下志麻が九十九里らしい砂浜に立っている姿が描かれていた。手前に立って彼女を見守るように見つめているのは、丹波哲郎が演じる高村光太郎だ。

看板の下端には「高松松竹」と入っていたと思う。ポスターには、「名匠・中村登監督作品」と刷り込まれていたかもしれない。その映画の看板を、僕は自転車を止めて見つめた。岩下志麻は知っていたが、そのとき僕は、きっと智恵子を演じた彼女に恋をしたのだ。

――これは、私が是非やらせていただきたいって松竹にお願いしたの。高村光太郎の詩集を読んで、ぜひこれは映画でやりたいなと思っていました。

――もともと私は精神科の医者になりたかったんですよね。ですから、ああいう精神に異常をきたした役にとても興味があったんです。

五十年後、「美しく、狂おしく―岩下志麻の女優道」で岩下志麻はそう語っている。女優人生は六十年を迎えるという。多彩な作品が残っている。日本映画史を飾る名女優だと思う。

ちなみに「智恵子抄」の公開は、昭和四十二年（一九六七年）六月五日だった。その日、イスラエルとアラブ諸国は戦闘状態に入り、第三次中東戦争が勃発した。イスラエル軍の奇襲によってアラブ側は大敗したという。そんなこととは一切関係なく、僕は自転車に乗って、毎朝、好きな女の子の姿を探していた。「智恵子抄」のポスターを盗もうかと考えていた。

怨む女——梶芽衣子

野良猫ロック　セックス・ハンター／女囚７０１号　さそり／曽根崎心中

●「目力」と言うにふさわしい梶芽衣子の視線の強さ

「目力」という言葉がいつから使われ始めたのかはわからないが、五十年前にその言葉があれば、間違いなく梶芽衣子に対して使われたはずだ。「オール讀物」に連載されていた梶芽衣子の回想録が文藝春秋から単行本「真実」として発行されたが、その表紙の写真を見れば一目瞭然である。誰もが、キリリとした強い視線に引きつけられるだろう。

まっすぐ見つめる瞳の奥には「冷たい炎」が見える。メラメラと燃え上がる炎ではない。清岡卓行に「氷った焔」という詩があるけれど、梶芽衣子の瞳は「氷った情熱」をたたえている。何かを思い詰めたら、やり遂げるまで突き進む強い意志を抱いているのに、表情はあくまでクールなのである。

僕は中学生の頃、学年誌「中二コース」の映画紹介欄で初めて太田雅子という女優を知った。日活青春映画「青い果実」（一九六五年）が紹介されていたのだ。主役は子役の頃からテレビドラマ（ＮＨＫ「ふしぎな少年」など）に出て人気絶頂だった太田博之（後に小僧寿司チェーンを立ち上げる）と、新人の太田雅子。日活は太田コンビとして売り出そうとしたのだ。

しかし、その後、太田雅子は主役を外れ、裕次郎映画の脇にまわることが多くなる。裕次郎主演の「泣かせるぜ」「赤い谷間の決斗」（一九六五年）などで、同期デビューの渡哲也と共演する。石原裕次郎の相手役は浅丘ルリ子、渡哲也の恋人役は太田雅子という配役である。

それでも、山本陽子よりはマシだったかもしれない。山本陽子は、裕次郎とルリ子コンビの傑作ムードアクション「赤いハンカチ」（一九六四年）では、二谷英明とルリ子の屋敷の女中役でワンシーン登場し、ひと言セリフがあるだけだった。それも背中からのロングショットで、顔なんてほとんど写っていなかった。

太田雅子は「夜霧よ今夜も有難う」（一九六七年）では裕次郎を慕い、裕次郎の昔の恋人ルリ子に嫉妬する役だった。元航海士の裕次郎が営む波止場のレストランの料理人（高品格）の娘で、ボーイをしながらボクシングに励む混血青年（黒塗りの郷鍈治）に愛されている。彼女は裕次郎を慕い続けるが、最後は混血青年と結ばれることになる。

この時期、太田雅子は「生意気な新人」として日活撮影所で有名だったという。「真実」には、「夜霧よ今夜も有難う」でスタッフにいじめられ、高品格に慰められるエピソードが出てくる。また、同期の渡哲也には「お前な、女なんだから可愛がられなきゃ駄目だ」と食堂で説教されたと書いてあった。

多摩川沿いの日活調布撮影所の食堂は、僕も取材でいったことがある。宣伝部の人が「あそこが裕次郎さんの定位置でした」と教えてくれたものだが、「真実」を読んでいてあの食堂が浮かんできた。赤木圭一郎が事故死した場所も教えてもらった。僕が取材したのはロマンポルノを量産していた頃だが、裕次郎、旭、錠、そして藤竜也や梶芽衣子がいた頃のスタッフたちが多く残っていた。

●改名した翌年には十四本の日活映画に出演した

太田雅子が梶芽衣子になったのは、一九六九年のことだった。マキノ雅弘監督が日活で撮った「日本残侠伝」（一九六九年）のとき、マキノ雅弘監督につけてもらった名前である。日活が経営難に陥り、労働組合が力を持ち始めていた頃だった。石原裕次郎を始めスターの多くは、日活を離れ始めていた。その結果、藤竜也や梶芽衣子など若手俳優たちを主人公にした集団劇が登場する。

「日活ニューアクション」と呼ばれたアナーキーな作品群である。藤田敏八、長谷部安春、澤田幸広監督たちが活躍する。一九七〇年、梶芽衣子の出演作は十三本を数えるが、翌年の正月公開だった「野良猫ロック　暴走集団'71」（一九七一年）もその年のうちに撮影は終わっていたから十四本に出たことになる。同じ年の秋からスタートしたテレビ時代劇「大江戸捜査網」にもレギュラー出演した。

「真実」の中でも一章を立てて梶芽衣子が思い出深く語っているのは、やはり「野良猫ロック」シリーズのことだ。同じ年の「反逆のメロディー」「新宿アウトロー・ぶっ飛ばせ」を加えての七本は、この後、何度もオールナイト上映が行われ、僕は繰り返し見ることになる。

ほぼ一年間に集中して作られた「日活ニューアクション」と呼ばれる作品群は、当時の若い映画ファンを熱狂させたものだった。その作品群を象徴する女優が梶芽衣子だった。詩人で映画評論家（加えて建築家）の渡辺武信さんは、「日活ニューアクション」を絶賛した人で、それをきっかけに文芸座で始まった初期からの日活作品のシリーズ上映に通いつめ、「日活アクションの華麗な世界」をキネマ旬報に長期連載した。

「野良猫ロック」シリーズは三本を長谷部安春監督が担当し、二本を藤田敏八監督が撮った。当時は、藤田敏八監督の方が人気があったし、作品的にも注目されていた。「野良猫ロック」

シリーズ以外にも、同じ年に「非行少年　若者の砦」「新宿アウトロー・ぶっ飛ばせ」を撮り、翌年、日活最後の一般映画「八月の濡れた砂」（一九七一年）を公開し、若者たちの支持を受ける。

公開後、ジワジワと話題になったのは、TBSアナウンサーの林美雄さんが担当する深夜のラジオ番組で、繰り返し石川セリが歌う「八月の濡れた砂」をかけたからかもしれない。

林さんは早くに亡くなったが、番組の中で小劇場の芝居を紹介したり、邦画のプログラム・ピクチャーを取り上げることが多かった。

さて、藤田敏八監督は梶芽衣子主演「修羅雪姫」（一九七三年）および「修羅雪姫　怨み恋歌」（一九七四年）を撮っているが、不思議なことに「真実」の中には一度も名前が出てこない。「野良猫ロック　セックス・ハンター」で梶芽衣子のイメージを創り出した長谷部安春監督は、「恩人」として何度も登場する。

大ヒットした「さそり」シリーズの四作目を東映の俊藤プロデューサーに頼まれてどうしても撮らなければならなくなったとき、彼女は監督に長谷部安春を指名する。その他、「真実」の中に登場するのは「仁義なき戦い　広島死闘篇」（一九七三年）で組んだ深作欣二監督、「曽根崎心中」（一九七八年）の増村保造監督だが、「ある別の監督」といった言い方で藤田敏八監督の名は出さない。藤田監督と何かもめたのだろうかと勘ぐりたくなる。

●回想録のタイトルが「真実」になっている意味は？

日活を出て撮った「さそり」シリーズ、その間を縫って東宝で撮った二本の「修羅雪姫」、そして「さそり」シリーズの主題歌である「怨み節」の大ヒット、それらによって梶芽衣子には「怨みを貫く女」のイメージが定着した。何しろ、「修羅雪姫　怨み恋歌」では追いつめた最後の仇が首を吊ってしまったため、その胴体を蛇の目傘の柄に仕込んだ刀で寸断してしまう凄まじさである。

「さそり」のヒロインが無言を通すことを提案したのは彼女自身だということだが、「修羅雪姫」もほとんど無言で仇たちを追いつめ惨殺していく。その間、怨みを抱き復讐に燃える目の演技だけで観客を引きつける。その目には「怨み」が宿っている。

「真実」を読んでいると、これが言いたかったんだろうなあという箇所がいくつかあった。最も印象に残るのが「鬼龍院花子の生涯」の映画化の話である。梶芽衣子は「鬼龍院花子の生涯」の映画化を企画し、鬼政役として若山富三郎のオーケーをとり話を東映にもっていく。しかし、東映からはなしのつぶて。

ところが、突然、東映が「鬼龍院花子の生涯」を映画化することになり、鬼政は仲代達矢、ヒロインは夏目雅子と発表される。さらに、一度も会ったことのない東映の日下部プロデューサーが「ヒロイン以外ならどの役でもいい、と言っている」と人を介して彼女に伝えられたという。企画が盗まれたのだ。冷静に語っているが、彼女の怒りが伝わってくる。

——あの映画が封切られたのは三十六年も前の話ですし、この一件について今さら触れることになるとはまったく思いもしませんでした。ただ近年になって日下部さんが『シネマの極道　映画プロデューサー一代』という本を新潮社から刊行されたことで間違った情報がまるで事実であるかのように世間に広がっているのを知ったため、それを野放しにはできないと思ったのです。(「真実」)

「真実」を読むと、やはり梶芽衣子の強い意志が伝わってくる。そういう人なのだろう。信念を貫く。思いこんだら、やり通さずにはおかない気迫を感じる。だから、増村保造監督と映画を作りたいという彼女の強い思いは、とうとう「曽根崎心中」に結実し、彼女に多くの主演女優賞をもたらせる。

しかし、その後、プッツリと映画出演は途切れてしまうのだ。彼女は活躍の場をテレビドラマに移し、やがて二十八年続く中村吉右衛門主演「鬼平犯科帳」の密偵おまさとして生きることになる。密偵おまさには強い思い入れがあるらしく、「私にとってこの二十八年間はかけがえのないものだったのです」と語っている。

だが、「鬼平犯科帳」への出演を最優先にしたことから、スケジュールを空けることがむずかしくなり、長期に拘束される映画への出演は途絶えてしまった。テレビドラマへの出演が中心になり、僕らは、梶芽衣子の姿をスクリーンで見ることができなくなった。

彼女自身も「二十八年の間には黒澤明監督からオファーを二度いただいたこともあります。けれど作品にとことんこだわっておつくりになる監督とご一緒するには半年から一年近くの日数が必要とされるのです。黒澤映画に出演させていただけるなど、俳優としてはこのうえもなく光栄なことなのですが、それを重々承知のうえで失礼をさせていただくことになってしまいました」と書く。

黒澤作品の梶芽衣子を見てみたかった。「乱」(一九八五年)の原田美枝子の役を梶芽衣子がやったら、おもしろかったかもしれない。

泣き言はいわない

無頼無法の徒　さぶ／なみだ川／斬る

●黒澤明監督が愛した山本周五郎の作品群

岩下志麻の回想録のことを書いたとき、「五瓣の椿」を紹介したら山本周五郎のことが頭から離れなくなった。亡くなって、半世紀が過ぎる作家だが、今も多くの読者がいるらしい。一時期、その小説が頻繁に映画化されたが、森田芳光監督がリメイクした「椿三十郎」(二〇〇七年)以降は、テレビドラマで取り上げられることはあっても映画化作品はないみたいだ。

今は、藤沢周平人気の方が高いのかもしれない。藤沢周平の小説やエッセイはかなり読んだけれど、筆名についての話は読んだことがない。ただし、藤沢さんが四十を過ぎて新人賞を受賞して登場したとき、この人は山本周五郎から一字もらったのかなと僕は思ったことがある。

山本周五郎作品が頻繁に映画化されたのは、六〇年代だった。僕は見ていないが中村錦之助の「暴れん坊兄弟」(一九六〇年)というのがあり、「日々平安」を映画化した「椿三十郎」(一九六二年)から岡本喜八版「斬る」(一九六八年)まで十数本ある。黒澤明は「赤ひげ」(一九六五年)を含めて二本ある。

映画史に残るような作品が多く、「ちいさこべ第一部・第二部」(一九六二年)「青葉城の鬼」(一九六二年)「青べか物語」(一九六二年)「五瓣の椿」(一九六四年)「冷飯とおさんとちゃん」(一九六五年)「なみだ川」(一九六七年)など名作ぞろいだ。黒澤明の二本、田坂具隆が二本、三隅研次が二本、川島雄三、野村芳太郎、岡本喜八と日本映画の巨匠・名匠・鬼才の名前が並ぶ。山本周五郎作品の人気がうかがわれる。ただし、本人は一九六七年に亡くなった。

七〇年代に入ると、黒澤明が「季節のない街」を映画化した「どですかでん」(一九七〇年)を初めてカラーで撮る。巨匠のひとりだった小林正樹監督も「深川安楽亭」を映画化した「いのち・ぼうにふろう」(一九七一年)を完成させた。

翌年には、人気絶頂だったコント55号の萩本欽一と坂上二郎を主演にした「初笑い・びっくり武士道」という作品が公開された。僕も映画の看板は見た記憶があるのだが、監督が野村芳太郎、脚本に加藤泰が加わっているから、ちょっと興味を引く。その次の周五郎作品の映画化は、松田優作主演の「ひとごろし」(一九七六年)までない。

さらに二十年以上の空白があり、「雨あがる」(一九九九年)「どら平太」(二〇〇〇年)「かあちゃん」(二〇〇一年)「海は見ていた」(二〇〇二年)など、市川崑、熊井啓といった名匠の名前が並ぶ。「雨あがる」「どら平太」「海は見ていた」はすべて黒澤明が脚本を書いたものだ。日本映画の巨匠は、山本周五郎作品を愛したのである。

僕が初めて読んだ山本周五郎作品は「赤ひげ診療譚」だった。中学一年生の春休みのことだ。きっかけは、黒澤明監督が映画化し春休み明けに公開されると知ったからだった。「赤ひげ」製作のニュースは新聞や雑誌で読んでいた。特に新人・内藤洋子の記事が多かった。

僕は春休みの課題だった作文に「春休みの読書」とタイトルを付け、春休み中に読んだ二冊の本「赤ひげ診療譚」と「ジャン・クリストフ」(ただし、読んだのは一部だけ)の感想を書いた。山本周五郎とロマン・ロラン。当時、僕はふたりを同列に見て本を選んでいたのだ。その作文は校内誌に掲載され、僕はちょっと鼻を高くした。

●山本周五郎と黒澤明の共通点は「説教ください」ことだが…

原作を読んで映画を見るということを初めてやったのが、「赤ひげ診療譚」だと思う。脚色なんて知らない頃のことだ。僕は四月に公開になった「赤ひげ」を見ながら、原作とはここが違うなと気になって仕方がなかった。

原作は短編連作の形を取っていて、小石川療養所が舞台なのは共通しているし、主人公が若き医師の保本登であり、「赤ひげ」と呼ばれる所長の新出去定が登場するが、第一話は狂女（映画では香川京子が演じた）の話であり、一話一話にそれぞれ中心的な人物が登場する。

そうした形の原作を読んでいたから、その各エピソードをまとめ上げ、三時間に及ぶ長編映画に仕上げていることに戸惑ったのだろう。それでも、最後には感動の涙を流した。自らも何本も映画化し、他の監督が映画化したものを含めると、たくさんの周五郎作品の脚本を書いた黒澤明は本当に周五郎作品が好きだったに違いない。

この原稿を書くので周五郎作品の箴言ばかりを集めた「泣き言はいわない」という本を読み返していて、黒澤明がなぜ山本周五郎の作品を愛したかがわかった気がした。たぶん、ふたりの共通点は「説教好き」なのだ。いっぱい映画を見続けてきたけれど、ある時期から僕は映画を批評的（批判的にではない）に見る目を持ち始めた。そうすると、昔は素直に感動した黒澤作品に、いくつか違和感を感じたのだ。そのひとつが「黒澤作品は説教くさい」ということだった。

小津安二郎監督や成瀬巳喜男監督などと違って、黒澤監督ははっきりとしたメッセージを自作に込める。そして、登場人物の口を借りて、説教をする。黒澤作品に「師と弟子」という登場人物が多いのは、説教を聞かせるためではないかとさえ思う。

「姿三四郎」の矢野正五郎と三四郎に始まり、「野良犬」の志村喬と三船の関係、「椿三十郎」の主人公と若侍たち、「赤ひげ」の新出去定と保本登など、「教え導く者」と「導かれ高みに登る者」という構図が共通する。そして、「教え」は常に「説教くさい」のだ。だから、「泣き言はいわない」の解説を読んで、僕は納得してしまったのだった。

――山本周五郎を評して〝人生派作家〟とする評家が多いのは、山本に箴言を配置した作品が多いこととも連係しているように思われる。山本と青年時代から親交のあった山手樹一郎が、わたくしにこう語ったことがあった。

「山本君の酒は説教酒でしてね。飲むとかれ一流の人生論的な説教が始まる。若いころからそうでしたよ」

したがって、同じ年配の文学仲間たちのあいだでは、山本の箴言にみちた人生論は、ヤレヤレまた始まったかといった雰囲気で敬遠されたものらしい。（「泣き言はいわない」解説・木村久邇典）

山本周五郎の箴言を集めた本の解説なのにこれでいいの？と思うだろうが、周五郎作品が好きな人は彼の人生に対する箴言を読みたいから読んでいるのだ。「説教くさい」黒澤映画はあまり好きではない僕も、山本周五郎作品の人生論的な箴言に深い共感と感動をおぼえることは多々ある。

それに、黒澤作品の中でも「赤ひげ」だけは見るたびに涙する。映画化されても、ほとんどは原作にあるセリフを生かしているからだ。新出去定はこんなことを口にする。

――毒草から薬を作りだしたように、悪い人間の中からも善きものをひきだす努力をしなければならない。人間は人間なんだ

人に指摘されたこともないし、「説教酒」と言われたこともないけれど、僕も根本のところで説教好きの人間なのかもしれない。山本周五郎の作品を好む理由は、彼の箴言に感動するからだろう。でなければ、周五郎作品の中から箴言だけを抜き出して一冊にした、「泣き言はいわない」なんて本を買うわけがない。まず、そのタイトルが自戒の言葉として、僕は気に入ったのだ。

昔、僕は「ぼやきのソゴー」と自称し、「ボヤキとグチは違うのだ。ボヤキには己を客観視するユーモアがある」と力説していたが、山本周五郎の「泣き言はいわない」を買って以来、ボヤキを含めて泣き言をいわないように努力している。

●あまり有名ではないが山本周五郎原作の愛すべき小品たち

山本周五郎原作の映画は三十本近くを数えるが、そのうちの十七本を僕は見ている。その中でも「青べか物語」「いのち・ぼうにふろう」といった、割に知られている作品以外に僕が偏愛するのが、野村孝監督「無頼無法の徒　さぶ」（一九六四年）、三隅研次監督「なみだ川」、岡本喜八監督「斬る」（一九六八年）の三本だ。

「なみだ川」と「斬る」については、以前に書いた記憶があるけれど、「無頼無法の徒　さぶ」についてはまったく触れたことがないと思う。主演は小林旭で、恋人役は浅丘ルリ子である。監督はカルト的人気を誇る殺し屋映画「拳銃《コルト》は俺のパスポート」（一九六七年）の野村孝。僕は日活で山本周五郎作品が映画化されたのが意外だった。

「さぶ」は山本周五郎の代表的な長編だ。経師屋に奉公するしっかり者の栄二（小林旭）には少しノロマの弟分さぶ（長門裕之）がいる。栄二に想いを寄せているすえ（浅丘ルリ子）もいる。ある日、仕事先の大店で大事なものがなくなったと騒ぎになり、それが栄二の道具箱から発見される。

身に覚えのない栄二だが店は解雇され、自暴自棄になりぐれていく。やがて暴れて捕縛され、栄二は寄場に送られる。さぶは出てきたら一緒に店を持とうと言い、栄二を待っている。そして、栄二が出てきたとき、すえが意外な告白をする…。「無頼無法の徒」という余計なタイトルがついているが、「さぶ」

は原作を丁寧に映画化した作品だった。小林旭がいいし、浅丘ルリ子がいい。モノクロームの画面が美しい。

「なみだ川」も市井に生きる姉妹の人情物語だ。姉（藤村志保）はちょっとずれた（今ならテンネンと言われそうな）お人好しの慌て者。妹（若柳菊）はしっかり者で大店の若旦那から「嫁に」と望まれている。父は飾り職人だが、体を悪くして姉妹で面倒を見ている。やくざな兄もいる。

そんな事情もあり、嫁入りをためらう妹のために姉はある嘘をつく。その嘘が誤解を生んで、様々な波紋が広がる。しかし、姉の気持ちは妹に伝わり、最後は涙なしでは見られない人情話に落ち着くのだが、とぼけた藤村志保の名演技が印象に残る。小品だけれど、愛すべき作品である。

「斬る」は三隅研次監督・市川雷蔵主演の同名作品（原作は柴田錬三郎）とは違い、岡本作品の常連である仲代達矢の主演だ。武士崩れの旅人（仲代達矢）と百姓上がりの浪人者（高橋悦史）がある藩にやってくると、七人の若侍たちが奸物の家老を斬って砦山に籠もる事件が起こる。仲代は若侍たちと知り合い彼らに味方するが、高橋悦史は次席家老が若侍たちを討つために集めた浪士隊に入る。

原作は「砦山の十七日」で、お家騒動の渦中に巻き込まれる流れ者という設定では「椿三十郎」と共通する。「椿三十郎」の原作は「日々平安」だが、主人公は映画のようなスーパーマンではない。最初に登場したときは腹ぺこの情けない姿である。「斬る」では、仲代の演じる元武士の旅人が椿三十郎的な活躍をする。浪士隊のひとりを演じた岸田森（岡本作品の常連です）のエピソードに涙を禁じ得ない。

葬儀に戸惑う

お葬式／社葬／おくりびと／遺体　明日への十日間

●できたばかりの東京タワーの文鎮を買ってきてくれた叔父の死

ひと月足らずの間に二度、納棺を手伝った。遺体を数人で持ち上げ、棺の中に移す作業である。ひとりは義妹の義母、ひとりは九十三になる父のひとまわり年下の弟で、僕には叔父にあたる人だった。父には八人の兄弟姉妹がいたが、子供の頃に何人か亡くなって、成人したのは五人。しかし、長男は四人の子供を残して早世し、父には姉と弟ふたりが残った。

五年ほど前に九十三で姉が亡くなり、すぐ下の弟も三年前に亡くなった。この四月に末っ子だった叔父が亡くなったので、父はすべての兄弟姉妹を失ったことになる。九十三年も生きているのだから仕方がないのかもしれない。「ワシもすぐにいくことになる」などとつぶやいている。

先日亡くなった叔父も八十一だから大往生だと思う。亡くなる一週間ほど前に父に会いたがっていると連絡が入り、僕は病院へ父を送った。父は両耳に補聴器を入れているのだが、ほとんど聴こえない。苦しい息をしながら叔父は父と会えて喜んでいたのだけれど、会話は成立しなかった。父は叔父の手を黙って握り病室を出た。

その数日後、九十二歳になる母も見舞いにいきたいというので、父母を車に乗せて病院へいった。そのときには、叔父は酸素マスクをしているものの苦しい息が続いていた。一年ほど前に肺にガンが見つかり治療していたが、ひと月前に急に容態が悪化したという。

すでに意識はなく、会話もできなかった。その叔父の手を握って母は涙ぐんだ。翌日、従兄弟から「父が亡くなりました」と連絡が入った。

叔父は中学を出てすぐ、タイル職人をしていた父の元に弟子入りした。父は二人目の子(僕のこと)が生まれたばかりで、二十七か八になっていた。叔父は十五歳。母は毎日、通ってくる叔父の面倒をみたらしい。日本が占領時代を終え、独立国家になったばかりの頃である。朝鮮半島では、まだ戦闘が続いていた。

父は敗戦後に中国大陸から引き揚げてきて、いろいろな仕事をしていたようだが、最終的にタイル職人になり、その頃は親方として何人か使っていた。僕がものごころついた頃には十人近くの職人が、毎朝、我が家の前に集まり、父からどこの現場へいけばいいか指示が出ていた。親方としては仕事をとり、毎日、段取りをして現場に派遣し、月末になると集金をして封筒に給金を詰め、ひとりひとりに手渡していた。それなりに苦労があったと思う。

その父は僕が大学を出た後にタイル職人を辞めたのに、叔父はずっとタイル職人として生きた。地方紙の訃報欄に叔父は「十河タイル代表」として載ったが、父は「ワシのことかと思う人がいるかもしれん」と口にした。僕が小学校に上がる前、父はオートバイで現場にいっていたが、そのバイクには「十河タイル」と描いてあった。

そのバイクのオイルタンクにまたがっている僕の写真が残っている。昭和三十二、三年の頃だ。その頃、一人前のタイル職人になった叔父は結婚して新婚旅行に東京へいき、完成したばかりの東京タワーに昇り、僕にお土産として東京タワーの形をした文鎮を買ってきてくれた。叔父に長男が生まれたのは、昭和三十五年である。その長男は六十近くになり、初めての喪主に「まったく勝手がわからない」と戸惑っていた。

●伊丹十三監督は義父の葬儀の経験を元に「お葬式」を作った

伊丹十三が監督としてデビューした「お葬式」(一九八四年)を作るきっかけになったエピソードは、「お葬式」が大ヒットした後、雑誌やテレビのインタビューなどで紹介され広く知られることになった。義父の葬儀を取り仕切った個人的な体験が元になっているという。

「お葬式」を私映画として見た人は、葬式の間に愛人が尋ねてきて近くの森の中で主人公（山崎努）がセックスするシーンがあり、「あれも伊丹監督の告白か」などと書いていた。主人公の設定はほとんど伊丹監督自身を連想させるし、実際の奥さんである宮本信子が主人公の妻を演じているのである。

主人公が愛人とセックスしているシーンでは、妻の宮本信子が公園に設置された丸太の遊具に乗って、ブランコのように前後に揺らすカットが挟まれる。僕はあまり好きではないが、セックスを連想させる直喩カットだった。

伊丹監督が「お葬式は映画になる」とひらめいたのは義父の葬式を経験したからだが、初めて身内の葬式を経験すると誰でもなるほどと思うことが多く、それを詳細に描くことで映画になると発想するのは、さすがに才人の伊丹さんだと思う。

映画会社は「お葬式なんて暗い映画がヒットするわけがない」と否定したらしいが、「お葬式」が大ヒットしたものだから、東映は「社葬」（一九八九年）なんて映画を臆面もなく作った。こちらは愛人宅で腹上死した新聞社の社主の葬儀を描いた映画だった。「新聞はインテリが作ってヤクザが売る」というセリフが記憶に残っているように、社葬を巡るドタバタの間に全国紙の販売戦争も描いていた。

「お葬式」の中では、義父の臨終を看取るとすぐに、葬儀の準備に追われる遺族の姿が描かれた。葬儀社が準備したビデオをみんなで見て、葬儀の手順や作法を学ぶシーン。みんな真剣なだけに、おかしさが漂ってくる。厳粛な葬儀なのに滑稽なのである。しかし、自分で体験してみると、あの映画には共感することが多い。

遅かれ早かれ誰でも葬儀の経験はするだろうから、「お葬式」が大ヒットしたのも今となってはよくわかる。八年前、僕も義父の葬儀を経験した。喪主は義弟だったけれど、長女の夫で最年長の僕としては、何かを決めるときにはいろいろと相談を受けることになった。しかし、僕としても身内の葬儀は初めてだから、すべては戸惑うことばかりだった。

湯灌・納棺も初めて経験した。葬祭場の控えの間だった。広い畳の部屋で、遺体を安置し通夜を行う。通夜では線香を絶やさないが、今は蚊取り線香みたいな渦巻き型の線香があり、一度火をつければ十二時間保つというから夜通し起きている必要はない。その通夜の前に畳の部屋で湯灌が行われた。

大きなバスタブが運び込まれ、部屋の隅にあったバルブにシャワーのホースがつながれる。排水用のホースも接続され、遺体はきれいに洗われた。男女ふたりの人が遺体に大きな布をかけたまま、髪はシャンプーしてくれるし、髭も剃ってくれる。湯灌が終わり、改めて化粧をした後、納棺が行われる。遺体に水を飲ませたり、最後の別れをしたり、儀式めいたことが続いた。これも、身内の葬儀を経験しなければ、まったく知らないことだった。

●葬儀で会った従姉妹たちに幼い頃のことを教えてもらう

僕の場合、「人生で必要なすべてのことは、本と映画で教えてもらった」と断言できる。湯灌や納棺の儀式も、義父の葬儀の前に「おくりびと」（二〇〇八年）を見ていたので、実際の納棺を見て「なるほど」と思った。

ただ、今回、立て続けに二度納棺を手伝ったが、それぞれ細かな違いがあった。葬祭場の違いで少しずつ異なるのだから、地域によってはいろいろ大きな違いがあるのかもしれない。

僕はずっと東京での葬儀しか出ていなかったので、高松の葬儀のしきたりに戸惑ったものだ。焼香も名前を読み上げて順番があるとか、来賓の焼香では肩書きまで読み上げるとか、「止め焼香」という役にはそれなりの人を当てるとか、初めて知ったものだった。すべて、葬儀社の人の言うままに従った。

叔父の湯灌は義父のときより、さらに丁寧だった。立ち会っていた家族親戚の全員が叔父に湯をかけ、顔の一部を拭き別れを告げた。やはり男女ふたりが担当し、厳粛な儀式めいた仕草で執り行う。「おくりびと」では、山崎努と本木雅弘の納棺の儀式を見て、遺族が「ありがとう」と礼を言うシーンがあるけれど、目の前で遺体を丁寧に洗いきれいにしてもらっているのを見て叔母は何度も礼を言った。

「入院して、十日間もお風呂に入れなかったから、きれいにしてもらってよかったね」と叔父に話しかける。職人だった叔父は、一日も欠かさず風呂に入った。最後に全身を洗ってもらい、シャンプーやひげ剃りまでしてもらい、新しい着物に着替えさせてもらい、気持ちよく眠っているように見えた。

オーケストラのチェロ奏者だった主人公（本木雅弘）が失職し、妻と故郷に帰ってたまたま納棺師になり、次第にその職業に使命感や誇りを感じていく物語が「おくりびと」だった。最初、妻には納棺師になったことは告げられない。案の定、真実を知った妻は「気持ちが悪い」と口にする。叔父の湯灌・納棺を見ながら、僕も「大変な仕事だな」と思った。眠るように亡くなった遺体ばかりではないだろう。

「遺体　明日への十日間」（二〇一二年）は東北の震災と津波で亡くなった人たちを安置する場所で、懸命に働いた人たちを描いた実話をベースにした映画だが、津波に呑み込まれて亡くなった泥だらけの幼い娘を「洗っていただけませんか」と母親に懇願され、「今は飲み水さえ…」と絶句する葬儀社の社員を演じた緒形直人の姿が記憶に残る。

実家で暮らしていると、冠婚葬祭の「葬」ばかりある。リタイアして一年の半分以上を四国で暮らすようになって三年、葬儀と仏事に何度出たことだろう。父は高齢で、兄も目を悪くして免許を返納したから、運転できる僕に「出ろ」となることが多い。

三年前に亡くなった叔父の一周忌もひとりで車を運転して、讃岐山脈の麓にある寺へ出向いた。しかし、そういう場では子供の頃に一緒に遊んだ従兄弟や従姉妹に会う。僕がすっかり忘れてしまった幼少期の話をしてくれる叔父叔母もいる。

　母方の叔父の四十九日には、年下の叔母に二十数年ぶりに会ったし、先日の叔父の葬儀でも四歳年上の従姉妹に会った。子供の頃、姉のように慕っていた人だ。十歳上の従姉妹にも会い、「十代後半、あんたの家に下宿してたのよ」と言われた。そういえば…と、六十年以上前の記憶がぼんやりと甦る。「もう私も八十だけど…」と、その従姉妹は続けた。長い時間が過ぎ去り、周りの人が少しずついなくなる。

しまなみ海道を走る

新・平家物語／義仲をめぐる三人の女／のぼうの城

●重要文化財指定を受けた武具類の八割が保存されている国宝館

　先日、友人に誘われて「しまなみ海道」の大三島までいってきた。高松から高速道路に乗り、今治市を通って大島、塩で有名な伯方島を抜けて三つ目が大三島だった。その後、生口島、因島、向島を通って尾道に抜けるのが「しまなみ海道」である。

　高松からだと瀬戸大橋で岡山に渡り、尾道側から大三島にいった方が距離が短いということだったが、ちょうど囚人の脱走事件があったとき（その日に逮捕された）なので、検問での混雑を避けて今治市側からのルートをとった。

　今治市は刑務所脱走事件で話題になっていたが、もうひとつの話題である加計学園があり、高速道路から大きな「加計学園・岡山理科大学」の看板が見えて、ニュースでおなじみになった新設の立派な校舎もあった。

　大三島の大山祇《おおやまづみ》神社まで約三時間。僕はまったく知らなかったが、大山祇神社は有名らしく、神社の周囲にはレストランや料理屋、お土産屋などがあり多くの観光客がいた。立派な神社で敷地も広く、国宝館や海事博物館などもある。境内には樹齢三千年と言われる巨大な楠（天然記念物に指定されていた）もあった。

　全国の国宝・重要文化財の指定を受けた武具類の八割が保存されているという国宝館には、平重盛、源義経、木曾義仲、巴御前、武蔵坊弁慶、静御前といった人々が奉納した刀や薙刀、甲冑が展示されていた。刀は反りの大きい古刀で、差すのではなく帯に吊す形のものだった。主に源平時代のものが多いのは、やはり瀬戸内海だからだろう。

　瀬戸内海は、源平合戦の主戦場になった。高松には屋島という台形の山があるけれど、屋島裏の海を舞台にした「那須の与一」の物語が有名である。義経に追われて屋島に逃れた平家は、追ってきた源氏の軍勢を前に船を出し、船に立てた扇を射抜いてみろと挑発する。船は揺れているから、扇の的もゆらゆら揺れている。

弓の名手である与一が指名され、彼は見事に扇を射抜く。その後、平家は屋島から逃れ、壇ノ浦の海に沈む。大三島に向かう高速道路の背景に見えた四国山脈を見ながら、「平家の落人部落はこういうところにあったんだろうなあ」と思いを馳せた。瀬戸内の島々に逃れた平家一族もいたことだろう。

壇ノ浦の戦いというと、やはり木下順二の壮大な戯曲「子午線の祀り」を思い出す。僕は戯曲も読んだが、幸いなことに舞台も見ることができた。今も鮮明に思い出すことができる見事な舞台だった。中心人物は平知盛で、演じたのは前進座の嵐圭史。歌舞伎、能、新劇など様々なジャンルの役者たちで構成され、ギリシャ古典劇のコロスのような「群読」という手法を取り入れ、「平家物語」の世界を構築した。

最近、野村萬斎が再演したというが、それは見ていない。木下順二は平家物語にある平知盛の最後の言葉「見るべきほどのことは見つ、今は早や自害せん」に触発され、この壮大な叙事詩の主人公に知盛を選んだという。僕も「平家物語」の中で最も印象に残るのが、この言葉である。知盛は壇ノ浦に入水し、鎧兜の重みで体は沈んだ。

源平の時代の面白さを教えてくれたもう一本の戯曲は、山崎正和の「野望と夏草」だった。平清盛と後白河法王が対決する、権力を巡る物語である。これも先に戯曲を読み、幸いにも内野聖陽と津加山正種が演じた舞台も見た。保元平治の乱から平家滅亡までを描いたもので、実におもしろいものだった。「平家物語」の冒頭のフレーズ「盛者必衰の理をあらわす」をひしひしと感じたものだった。

さらに、源氏の世になっても権力争いは絶えず、そのおもしろさを教えてくれたのは、大河ドラマ「草燃える」だった。岩下志麻が北条政子を演じ、その弟で純粋な青年武士から権謀術数を駆使する老獪な権力者になっていく北条義時を新人だった松平健が演じた。原作は永井路子の鎌倉ものの小説群。僕はその原作を読み漁り、実朝暗殺までのいきさつを理解した。

●映画界デビュー間のない市川雷蔵が清盛を演じた「新・平家物語」

日本の古典の中では、「平家物語」は群を抜いておもしろい。僕は「太平記」にも挑戦したのだが、途中で挫折した。「平家物語」のおもしろさは、やはり琵琶法師が語るというスタイルだったので、大衆受けする形になったからだろうか。七五調の語りは、耳になじみやすい。

戦前、源平合戦の知識は日本人の基礎教養だったのだが、今の人たちでどれほどの人が知っているだろう。僕の世代でも、知らない人の方が多い気がする。もっとも、僕は見ていないのだが数年前に大河ドラマで「平清盛」なる作品が松山ケンイチ主演で放映されたので、案外、若い人にも知られているのかもしれない。その作品では、平清盛は白河上皇の落とし胤ということになっていたのだろうか。

戦前から戦後、吉川英治は超人気作家だった。その人気作品のひとつに「新・平家物語」がある。昔、仲代達矢の清盛役で大河ドラマになったことがあるが、日本映画界の巨匠・溝口健二が映画化したのは昭和三十年（一九五五年）のことだった。主演は、映画界にデビューして間のない市川雷蔵である。若々しい平清盛だった。眉尻を跳ね上げるようにしていて、武者らしい勇ましさだった。

あの独特の口跡のよさは、デビュー当時からのものだったのがわかる。僧兵たちに囲まれて弓を引く姿も凛々しく、市川雷蔵ファンは必見の作品だ。もちろん、溝口健二らしい奥行きのある画面が格調高く、色彩設計も凝っている。撮影監督は宮川一夫。小津も黒澤も彼と仕事がしたくて、大映で「羅生門」や「浮草」を撮った。それほどの名手だった。

大映で映画化された「新・平家物語」は三部作だった。二部は「義仲をめぐる三人の女」（一九五六年）で、監督は衣笠貞之助である。木曾義仲を演じるのは白塗りの二枚目、長谷川一夫だ。巴御前は京マチ子。若い頃の京マチ子は、気の強い女を演じたら右に出る者はいなかった。「羅生門」のときの鋭い視線を思い出すと納得する。巴御前には、ぴったりである。

三部は僕は未見だが「静と義経」（一九五六年）で、監督は島耕二が担当した。この作品も撮影は宮川一夫だ。淡島千景、菅原謙二がキャスティングされているので、菅原謙二が義経を演じたのだろうか。この頃の菅原謙二というと、柔道ものばかりに出ていた記憶がある。配役のトップが淡島千景なのでおそらく静御前役なのだろうが、三番目にキャスティングされている香川京子の方がイメージ的には合っている気がする。

●本屋さん大賞の受賞作は必ず映画化されるから…

大三島を後にして向かったのは、大島にある「今治市村上水軍博物館」だった。天気はよく、瀬戸内海の島影が美しい。「しまなみ海道」が通じたからか、島の道も広くきれいに整備されている。ただ、旧道に入ると車がすれ違うのも苦労するような道になった。「村上水軍博物館」は海辺にあり、海に向かって建てられた砦のような建物だった。

村上水軍が使っていたという軍船が再現されて、入り口の横に置かれていた。館内の展示や映像での説明を見ると、瀬戸内のひとつの島を完全な海城にしていたという。小さな島が集まる海域だから潮の流れが複雑で、渦を巻いたりして、簡単には島にも近づけなかったらしい。

館内のショップでは和田竜の「村上海賊の娘」のサイン本が売られていたし、出版元の新潮社とコラボレーションした「村上海賊の娘ドラ焼き」も売られていた。「村上海賊の娘」は吉川英治新人文学賞を受賞し、本屋さん大賞を獲得した人気時代小説だ。「村上水軍博物館」としては、村上水軍を有名にしてくれた作品である。

ちなみに、「昨今では、彼らを『村上水軍』ではなく、『村上海賊』と呼ぶことが多い。（中略）『水軍』では、彼らの多様な活動を表現できないため、最近では古文書などに見える『海賊』という呼称を用いることが多くなってきている」とパンフレットにあった。

和田竜は、シナリオのコンクールである城戸賞を受賞した人である。その受賞作を小説にした「のぼうの城」を出版してベストセラーになり、映画化の話が舞い込んだ。当然、映画化された「のぼうの城」（二〇一一年）は和田竜自身が脚本を書いた。この小説が話題になったとき、僕は「タイトルがうまいなあ」と思ったものだ。

「のぼう」とは何？ と誰もが思うだろうが、読めばわかる。「でくのぼう」と呼ばれる主人公。いつの間にか「のぼう様」と領民たちは呼んだという設定なのだった。このすっとぼけた主人公を、野村萬斎が演じた。豊臣秀吉の大群を相手に、小さな城の城主の留守を守る守備兵たちが奮闘する。水攻めに遭い、城外の湖面に船を浮かべて敵の前で踊る設定があり、その踊りは野村萬斎だからこその説得力があった。

和田竜の二作目は「忍びの国」で、これも原作者本人の脚本で、昨年、映画化された。和田竜の四作目が「村上海賊の娘」上下二巻だった。本屋さん大賞受賞作は、一回目の「博士の愛した数式」（二〇〇五年）以来、間違いなく映画化されるので、「村上海賊の娘」も映画化される可能性は高いだろうなあ、そのときはまた「村上水軍博物館」の入場者数は増えるかもしれないな、と考えながら「村上水軍博物館」を後にした。「村上海賊の娘ドラ焼き」は買わなかったけれど…。

社会批判をする孤高の監督

麦の穂をゆらす風／この自由な世界で／わたしは、ダニエル・ブレイク

●引退を表明した老監督が引退を撤回して撮った怒りの作品

日本未公開だった「ヴァーサス／ケン・ローチ映画と人生」（二〇一六年）をＷＯＷＯＷが放映してくれたので、改めて「わたしは、ダニエル・ブレイク」（二〇一六年）と一緒に見たが、やはり心に残るいい映画だった。さらに、八十歳を目前にして引退を表明したケン・ローチが、保守党がイギリス議会の過半数を占め福祉関連の予算を削ったことに怒り、引退を撤回して撮ったのが「わたしは、ダニエル・ブレイク」だと知った。

僕は「麦の穂をゆらす風」（二〇〇六年）以来、日本公開されたケン・ローチの作品はすべて見ている。今、最も尊敬する監督だ。「麦の穂をゆらす風」「ジミー、野を駆ける伝説」（二〇一四年）でアイルランド問題を取り上げ、「この自由な世界で」（二〇〇七年）では移民問題をテーマにし、「ルート・アイリッシュ」（二〇一〇年）では戦争を請け負う民間企業を舞台にし、

「エリックを探して」（二〇〇九年）「天使の分け前」（二〇一二年）「わたしは、ダニエル・ブレイク」ではイギリスの貧困層を描き出した。

ケン・ローチがメッセージするものに僕は共感するのだが、「ヴァーサス／ケン・ローチ映画と人生」で若い頃からの盟友が語るように、彼は「イギリスで最も左翼的な監督」であり、「人間の生活を描くなら政治は切り離せない」という信念を持つ人である。そういう監督の作品だから反発する人もいるだろうと僕は思っていたが、何と「わたしは、ダニエル・ブレイク」は、昨年日本公開された映画を対象とするキネマ旬報ベストテンで洋画部門のベストワンを獲得した。多くの評論家が点数を入れたことになる。

「ヴァーサス／ケン・ローチ映画と人生」の中には、ケン・ローチ作品を「国の恥」だと批判する新聞記事、「ケン・ローチはなぜ自国をけなし続けるのか」と書かれた記事、カンヌでパルムドールを受賞した「麦の穂をゆらす風」を、「ＩＲＡを好意的に描いた映画だ」と弾劾する批評などが出てきた。

政策や権力を批判する作品を撮れば、「自国の恥を海外に晒す」と反応する浅薄な人々はどこの国にもいるのだ。そんな批判にもめげず、ケン・ローチは五十年間…途中まったく映画を撮れない時期もあったが…信念を貫いてきた結果、今では多くの人々からリスペクトを受ける監督になった。もしかしたら、新作はもう見られないかもしれないけれど、ケン・ローチ作品ならいつでも僕は見る用意がある。

しかし、「麦の穂をゆらす風」を「ＩＲＡを好意的に描いた反イギリス的作品」などと批判する人は、本当にあの映画を見たのだろうか。「彼らは見ないで批判する」とケン・ローチは言っていたが、「ケン・ローチの映画など見るのもイヤだ」と拒否する自称・愛国者や右翼的な人はいるのだろう。

「麦の穂をゆらす風」はアイルランド・リパブリック・アーミーの物語ではあるが、イギリスと妥協した指導部と停戦案に反対する民兵たちとの内部抗争を描き、昨日まで一緒に戦っていた仲間たちが殺し合う（兄弟さえも分かれて戦う）悲しさを浮き彫りにして秀逸な作品だ。十年も前に見ただけだが、今も僕の脳裏に鮮明に甦る。主人公の悲しみに充ちた、透き通ったブルーの瞳が忘れられない。

●批判されることに甘んじなければならないのが権力を持つ政治家

先日、亡くなった毎日新聞社の岸井さんのように、ジャーナリストは権力に対して毅然とした態度で臨み、きちんとまっとうな批判をする人たちだと僕は思っていたが、テレビのニュース番組やワイドショーを見ていると、権力にすり寄るコメンテーター、権力の代弁をする提灯持ちジャーナリストなどがけっこういることに唖然とする。特に某通信社の論説委員という肩書きを持つ人など、あからさまに安倍政権を擁護するコメントばかりで見ているのがイヤになる。

また、批判されることに甘んじなければならないのが権力を持つ政治家だと思うけれど、今の政治家はトランプを筆頭に岸信介の孫も吉田茂の孫も他者からの賞賛ばかりを欲し、おまけに恥ずかしげもなく自画自賛を繰り返す。日本にも権力を怖れずに批判するケン・ローチのような監督が登場してほしいものだ。昔は、大島渚、熊井啓、山本薩夫（日共系だけど）など、日本にも政治的なテーマを描く監督がけっこういた。

ケン・ローチは労働者階級出身だがグラマースクールに進学し、オックスフォード大学に進んだ。僕が子供の頃に学んだイギリスは完全な階級社会で、オックスフォードやケンブリッジには裕福な上流階級の子弟ばかりがいると聞いていたが、ケン・ローチは大学で明確な階級的格差を感じたのだろう。思想的に過激というわけではないが、世の中の不正義には決然と意見を言う態度が明確で、その作品を見ていると自然と背筋が伸びる気がする。

しかし、一方的に描くわけではない。たとえば、「この自由な世界で」では、東欧からの移民を斡旋する会社で働くシングルマザーを主人公にしてイギリスの移民問題を取り上げるのだが、ヒロインは単なる正義派ではなく、移民を甘い言葉で誘い搾取する。人材派遣会社をリストラされた主人公は、自らの利益のために不法移民たちに仕事を斡旋する会社を始める。不法移民たちを利用するのだ。

僕が子供の頃に学んだ情報では、イギリスは「揺り籠から墓場まで」という福祉社会だということだった。しかし、ケン・ローチのイギリスの労働者階級の人々を主人公にした作品を見ていると、今のイギリスは福祉をどんどん切り捨てているように思える。「リトル・ダンサー」（二〇〇〇年）や「ブラス！」（一九九六年）で描かれたように炭坑は閉鎖され、労働者たちは切り捨てられた。

サッチャー首相の時代に大きく福祉政策が変わったのだろうか。そのイギリスの変化は、今の日本に似ているのかもしれない。何もかも「自己責任」論で片づけ、弱者を顧みない。「弱者を救う」ためにあるのが政治なのではないか。引退を表明したケン・ローチが、保守党政権になり福祉予算が縮小されるのに怒り、引退を取り消して撮った「わたしは、ダニエル・ブレイク」を見ると、ケン・ローチの怒りに共鳴する。映画の力を感じることができる。そんな、まっとうな映画は少ない。

●貧しい者たちが身を寄せ合うように生きていく姿に涙する

タイトルバックに音声だけが流れて「わたしは、ダニエル・ブレイク」は始まる。ダニエルの支援給付金（日本の生活保護給付と理解して僕は見た）の支給申請に対して、医療担当者が資格審査をしているのだ。女性の声がマニュアル通りの質問を繰り返す。「手を頭より上に上げられるか」とか、「我慢できずに大便を漏らしたことがあるか」といった質問だ。

ダニエルの声は苛立つ。「俺は四十年間、大工だった。しかし、心臓を悪くして医者に就業を止められた。だから、支援金給付を申請している」と言い、「そんな質問は関係ない」と答える。相手は「そんな態度をとっていると、よくありませんよ」と恫喝するように言う。そんな杓子定規な対応に、ダニエルはさらに苛立ち反抗的な返答をする。

結局、ダニエルの申請は「資格なし」という通知書一枚で断られる。不服を申し立てようと役所に赴くが、担当者は規則一点張りで融通を利かせない。申請は、ネットでしか受け付けないと言う。詳しい説明はサイトを見ろと言うだけだ。担当者は役人ではなく、業務委託された民間企業の人間である。コンピュータもネットもまったくわからないダニエルは、どうしていいか途方に暮れる。

そんなとき、やはり支援金申請にきていたふたりの子供（姉のデイジーと弟のディラン）を連れたシングルマザーのケイティが、担当者に規則を楯に不当な扱いを受けているのを見て、ダニエルは「もう我慢ならない。彼女の訴えを聞いてやれ」と口を出す。それでも、担当者は「規則だから」と譲らない。なおも抗議するダニエルに、責任者は「警察を呼ぶぞ」と脅す。

ダニエルは経済的弱者であり、パソコン弱者である。誰もがパソコンを使え、ネットを閲覧できると思うのは間違いだ。しかし、公共機関も企業も経費削減のためにネットを活用する。告知は「詳しくはサイトを見ろ」だし、書類は「ダウンロードしろ」だし、できれば「電子申請」が望ましいという。人件費も削減できるし、書面にする印刷費も郵送費もかからないネットは莫大なコストダウンになるからだ。映画はダニエルの悪戦苦闘を丁寧に描き出す。

役所の年配の女性が見かねてダニエルに教えてくれるが、その女性は上司に呼ばれて叱責される。申請者に個別に教えてはいけない、という規則らしい。時間をとられるし、ひとりひとりにそんな対応をすればきりがない、ということなのだろう。すべては、コストダウンと効率化のためだ。しかし、社会的セーフティネットであるべき役所（日本で言えばハローワークや生活保護の申請窓口など）がそんなことでいいのだろうか。

生活費に困り家具などを売り払い食いつないでいるダニエルだが、知り合った母子を見守るように世話を焼く。母子の家は電気が止められ暖房もないので、窓に断熱効果のある梱包用のプチプチシート（正式名称は何だろう?）を張ったり、ロウソクで照明と暖房効果があるようにしたり、大工の腕を生かして家を修理したりする。子供たちもダニエルに懐く。貧しい者たちが身を寄せ合うように生きていく。

しかし、シングルマザーの生活は一向によくならない。子供たちにだけ食べさせて、自分は飢えている。ダニエルだって金銭的に援助ができる身ではない。彼女は追いつめられていく。一方、ダニエルは心臓の調子が悪くなる。そんなダニエルの部屋に心配した姉のデイジーがやってくるシーンには、心温まるものがある。

ラストシーン、教会で「午前九時の葬儀は、貧者の葬儀と言われています。費用が安いからです」と語り始めるシングルマザーのケイティ。その後の言葉には涙を禁じ得ない。

「バカな男ねぇ」と星由里子は言った

妻として女として／女の座／女の歴史／恋する女たち

●加山雄三は追悼コメントで「澄チャンは永遠だ」と讃えた

西城秀樹と同じ日に死んでしまったがために、本来ならメディアにもっと取り上げられるはずだった星由里子の死が目立たないニュースになってしまった。

もちろん、若大将こと加山雄三はすぐに追悼コメントを出し、「澄チャンは永遠だ」と讃えた。苗字は作品によって異なったが、「澄子」というのが常に「若大将シリーズ」での彼女の名前だった。石井隆作品では、女は常に「名美」であるのと同じだったのかもしれない。

もっとも、石井隆作品とは正反対の脳天気な「若大将シリーズ」だから、別の名前を考えるのが面倒だっただけかもしれない。ちなみに「若大将シリーズ」の二代目ヒロインをつとめた酒井和歌子が何という名前だったかは、まったく記憶にない。

ただし、酒井和歌子は僕にとって永遠のヒロインである。最近、テレビCMで笹野高史の奥さん役をやっているのは、実に許容しがたい。

さて、星由里子を「若大将シリーズ」のヒロインとしてしか記憶していない人に向かって、僕は異議を申し述べたいと思う。当時の映画会社で言えば、日活と東映は男優中心のプログラムを組んでいた。日活なら、石原裕次郎、小林旭、宍戸錠、二谷英明などである。東映は、もちろん中村錦之助、東千代之介、大友柳太朗、大川橋蔵などがいた。大映は大御所の長谷川一夫、市川雷蔵、勝新太郎だ。

しかし、ホームドラマ系の松竹は、どちらかと言えば女優を中心とした作品が多かった。東宝の作品系列は明朗な現代劇が多く、「社長シリーズ」「駅前シリーズ」「無責任シリーズ」「若大将シリーズ」などと、「妖星ゴラス」といったSF映画や怪獣映画でプログラムを組み、その間に巨匠・黒澤明作品、成瀬巳喜男作品、豊田四郎の文芸作品などを公開した。

東宝で女性映画の巨匠と呼ばれたのは、成瀬巳喜男だった。その成瀬作品に星由里子が出演したのは、五十七年前のこと。十八歳のときである。その年、若大将シリーズ第一作「大学の若大将」（一九六一年）も公開されている。一方で若大将の恋人を演じ、一方で巨匠作品でシリアスな演技を見せていた。

「妻として女として」（一九六一年）は、成瀬作品としては「浮雲」（一九五五年）の系列に連なる、ちょっとドロドロした男女関係を描いた作品だった。妻を演じたのは淡島千景であり、女を演じたのは高峰秀子である。大学の建築学科の講師である男（森雅之）は妻がありながら、二十年近くつきあいのある愛人（映画の中では妾と呼ばれている）がいる。

高峰秀子が初めて登場するシーンでは、喫茶店で淡島千景と向かい合っている。何かの打ち合わせらしい。そこへ淡島千景の娘（星由里子）がやってきて、「おばさま、こんにちは」と挨拶し、母に銀座のデパートで見つけた高価な靴を買ってくれとねだる。ふたりの関係はどういうものなのかと見ていると、銀座の酒場にいる森雅之のシーンになる。

森雅之がバーテンと話している内容から、その店を経営しているのは淡島千景で、近々、新宿に新しい酒場を開くことになっているらしい。そこへ、その酒場のママである高峰秀子が戻ってくる。森雅之は彼女を店の外に呼び出し、関西に出張するので熱海で落ち合おうと言う。

淡島千景は、自分が経営する酒場のママに夫の愛人を雇っているのだ。その店の女の子（水野久美）を新宿の新しい店のママにするのを条件に、高峰秀子の日常を探らせている。淡島千景は水野久美に「最近、旅行するって言ってなかった?」と訊く。夫が出張を利用して、高峰秀子と密会することを予測しているのだ。

星由里子はその十八の娘を演じているが、やがて淡島千景は子供が産めない体で、娘も中学生の息子も愛人である高峰秀子が産んだことがわかる。妻と愛人は対立し、「子供を返してくれ」と言ってくる。森雅之を挟んで対立する淡島千景と高峰秀子の言い合いを聞いた星由里子は、高峰秀子を「かわいそうな人だと思うけど、バカよ」と言い捨て、弟を連れて家を出ていく。デビュー間もない十代での演技だが、しっかりしたものだった。

●大人数の登場人物の関係やキャラクターを整理して見せる

成瀬作品の「女の座」（一九六二年）は、「浮雲」や「妻として女として」ほどドロドロしていないので僕は何度も見返す好きな作品だ。東宝女優陣総出演の作品である。渋谷に近い町にある荒物屋。笠智衆と後妻である杉村春子の老夫婦がいて、死んだ長男の嫁の高峰秀子がいる、先妻の子の草笛光子は離れを自分で建てて、お茶とお花を教えている。

後妻の子の淡路恵子は結婚して九州で暮らしていたが、三橋達也の夫と共に東京にもどってくる。後妻の次女の司葉子は、勤めていた会社が倒産。末娘の星由里子は映画館の切符売り場に勤めている。先妻の長女の三益愛子はアパートを経営していて、夫（加東大介）は若い女と駆け落ちし、娘（北あけみ）はアパートに入ってくる若い男に興味津々だ。先妻の次男の小林桂樹は、渋谷でラーメン屋を営んでいる。その妻は丹阿弥谷津子である。

最初、父親が倒れたというので子供たちが集まってくるシーンがあり、そこで大人数の登場人物の関係やキャラクターを整理して見せてしまうのは名人技である。高峰秀子の夫は三年前に亡くなり、中学生の長男がいるのも説明されるし、高峰秀子のたったひとりの妹が団令子であり、劇団の研究生でバー勤めをしていることも簡潔に観客に伝わる。

杉村春子は最初の結婚で産んだ子がいて、成長したその子が偶然にも三益愛子のアパートに入り、珍しい苗字から「もしや」と三益愛子が確認し、数十年ぶりに杉村春子と息子（宝田明）が再会する。

その宝田明に、男など見向きもしなかった草笛光子が一目惚れしてしまう。しかし、宝田明は高峰秀子に惹かれ、一方、宝田明の悪評を妹の団令子から聞かされた高峰秀子は…というように、様々なエピソードが錯綜する。

司葉子と星由里子のエピソードは、気象庁に勤める青山（夏木陽介）にかかわるものだ。小林桂樹のラーメン屋を手伝うことになった司葉子は、毎晩、その店で食事をする夏木陽介（最近亡くなりましたね）と知り合う。妹の星由里子は以前から夏木陽介と知り合いで、「いい人だから」としきりに司葉子と夏木陽介をくっつけようと企てる。

見合いをして結婚話が持ち上がっている司葉子に、「どっちにするか、はっきり決めなさいよ」とつっつくが、司葉子は「青山さんは、いい人だけど…」とはっきりしない。ある日、別々に星由里子から伝言を受けた司葉子と夏木陽介は喫茶店で会い、それが星由里子の企てだと気付く。

その後、台所で高峰秀子と司葉子が話をするシーンがある。「（星由里子から）青山さんて人のこと聞いたんだけど、その人のこと好きなの」と高峰秀子に訊かれた司葉子は、「自分が好きなのよ。青山さんのこと。私をダシにして、あの人、試してるのよ。悪いヤツ」と明るく答える。

しばらくして、同じ台所で司葉子と星由里子が話している。台所にやってきた高峰秀子に司葉子が「見合い相手と結婚するわ」と告げると、星由里子が「青山さんのことどうするの」と口を出す。司葉子は「バカね。まだあんなこと言ってる。自分が青山さん、好きなくせに」と笑顔で言う。そのとき、舌を出す星由里子の表情が忘れられない。

「女の座」は東宝のオールスター映画（昔、正月映画やゴールデンウィーク向けなどでよく作られた）だから、登場人物がやたらに多く、それぞれのキャラクターを生かしたエピソードが描かれる。そのため、人物関係や錯綜する物語の整理が大変なのだが、「女の座」は実によく整理されたオールスター映画の名作だと思う。

暗いエピソードもあるけれど、笑う場面もあるし、司葉子や星由里子など若い美人女優を見る楽しさもある。家族間の金銭に関わる醜い話もある。それでも、ラストシーンで後味よく終わってくれる。司葉子、星由里子の若い頃を見るには、お勧めの作品だ。

●和服を着こなした美しい星由里子が放った「バカな男ねぇ」

成瀬作品に出たいと願った若い女優が監督に直訴したとき、「三十を過ぎたらいらっしゃい」と答えたというエピソードは有名だ。大人の女性を描くことに定評があったから、そんな話がひろがったのだろうか。

星由里子は十七か八で初めて成瀬作品に出演し、二十歳を過ぎると出なくなってしまった女優である。「女の歴史」（一九六三年）以降、彼女は成瀬作品には出演していない。

この年、「ハワイの若大将」（一九六三年）が封切られ、以降、「若大将」シリーズは大人気番組になり、海外ロケが増える。もしかしたら、そちらのヒロイン役が忙しくて、成瀬作品に出られなくなったのだろうか。

中学生だった僕は、「エレキの若大将」（一九六五年）から見始めて、酒井和歌子にヒロインがバトンタッチされるまで見ていたが、その頃、小津安二郎監督の名は知っていたものの、成瀬巳喜男監督はまったく知らなかった。

「女の歴史」は、戦前、戦中、戦後を生き抜いたヒロイン（高峰秀子）の物語である。見初められて商家に嫁いだ高峰秀子は夫（宝田明）との間に息子をもうけるが、夫は戦死する。戦後、結婚披露宴で初めて出会った夫の友人（仲代達矢）と再会し、ほのかな想いを寄せるが、男は闇屋の事件に関わり姿を消す。

息子と義母を抱えて、闇屋をしながら戦後を生き抜いた高峰秀子は、やがて美容院を開き、息子（山崎努）は成長して自動車販売会社の営業マンになる。その息子は母親の反対を押し切って、バー勤めの女（星由里子）と暮らし始めるが、ある日、自動車事故で死んでしまう（それを知らせてくるのが、息子の友人役の若き児玉清）。

息子の死後、星由里子が訪ねてきて妊娠していることを告げる。しかし、高峰秀子は「誰の子かわかるものか」と冷たく突き放す。「私、そんな女じゃありません」と星由里子は怒りを見せ、「だったら堕ろします」と言い捨てて出ていく。

しばらくして、後悔した高峰秀子は後を追い、彼女のアパートへいくと、隣人から「病院へいった」と言われる。呆然として雨の中を歩いているとき、濡れながら帰ってくる星由里子と出会う。

「もう、堕ろしたの」と尋ねると、星由里子は母子手帳を見せる。このシーン、「女の歴史」の中でも特に印象に残る。「女の歴史」は「女たちの歴史」でもあったのだ。子供を残して夫が死んでしまった高峰秀子の歴史、そして同じ境遇になった星由里子の女の歴史が続いていく。あの時、二十歳だったとは思えないほど、星由里子の演技は充実していた。

もう一本、忘れられない星由里子のシーンがある。大森一樹監督・斉藤由貴主演「恋する女たち」（一九八六年）だ。昔、大森一樹監督に取材したとき、「名作を作っちゃったなあ」と自ら言っていたが、大森監督らしい軽妙な作品ではある。ラストシーンは監督の好きな「冒険者たち」（一九六七年）へのオマージュだった。

ヒロインは人気絶頂の斉藤由貴。仲のよい同級生は、おニャンコの高井麻巳子と相楽ハル子が演じた。相楽ハル子の両親は離婚し、母親（星由里子）は小料理屋を開いている。ある日、恋の悩みを打ち明けながら、開店前の店で斉藤由貴と相楽ハル子がビールを飲んでいると、離婚した父親（蟹江敬三）がやってくる。ロシア文学助教授の父親は、書斎に残したままのツルゲーネフ全集の何巻かを取りにきたのだ。

そのとき、母親が帰ってくる音がする。あわてて相楽ハル子は父親を隠し、戻ってきた母親をごまかして父親を裏口から外へ出す。そのとき、父親は本を一冊落としてしまう。店に戻った母親が「あら、ダンナの本じゃない」とツルゲーネフの本（「初恋」が入っている）を拾い上げる。「それ、私が借りたんです」と斉藤由貴が繕う。

星由里子はその本を開き、見返しを見てから本を閉じ、「バカな男ねぇ」としみじみと言う。渡された本を開き、斉藤由貴が見ると「恋する者は弱者なり」と書き込みがある。次のシーンは「初恋」の冒頭を読みながら夜道を歩く斉藤由貴である。

今も僕の脳裏には、四十を越え、和服を着こなした美しい星由里子が放った「バカな男ねぇ」というセリフが刻み込まれている。僕自身に向かって言われたような気がしたのだ。それは、若大将と結ばれるはずだったのに、青大将と結婚してしまい、十数年後に離婚した澄子の言葉のようにも思えた。

しかし、若大将と結婚したとしても、同じ結果を迎えていたかもしれない。結局、人生は長く、正しい決断というものはない。結果として、本人が納得できるかどうかだろう。それにしても、僕が忘れられない星由里子のシーンには、どうして「バカ」というセリフが関連しているのだろうか。

さよならフィリップ・ロス

さよならコロンバス／白いカラス／エレジー／アメリカン・バーニング

●高校生の頃にアメリカのユダヤ系作家たちを多く読んだ

「さよならコロンバス」（一九六九年）という映画を見たのは、一九六九年の秋だった。僕は高校三年生である。その年の一月、東京大学の安田講堂にバリケードを組んで立て籠もっていた学生たちが、機動隊員の発射する催涙弾や放水によって強制的に排除されるのがテレビ放映され、それを見た高校生たちも「何かしなければ」という気分になった。

その結果、高校紛争が全国的に広がっていった。僕の高校も例外ではなく、五月の体育祭で生徒会長として挨拶していた僕の友人は、「国家権力の象徴である日の丸の旗を引きずりおろそう」と、当時の言葉で言えば「造反演説」をして停学処分になり、その後、自主退学に追い込まれた。

体育祭の翌日、僕は生徒総会で生徒会長を処分させない運動を提起したが、オピニオンリーダーとして影響力を持っていた元新聞部部長の「彼は昔の彼ならず」という発言で、生徒総会は「彼は信念を持って行ったのだろうから、その行動の責任をとるべきである」という結論に導かれた。

元新聞部部長は生徒会長とも僕とも友人であったが、元新聞部部長は太宰治の言葉を引用することで、生徒会長が過激派に影響を受けて変化したことを暗に批判したのだろう。その元新聞部部長については、学校のトイレの壁に「民青の親玉Tを殺せ」と書かれたことがあるから、「校則に則った良心的改革派」だったのかもしれない。元新聞部部長の兄は香川県では稀少な存在である日教組の組合員だったから、兄の影響を受けていたのだろう。

その二ヶ月ほど後、夏休み前に元新聞部部長が廊下で受験問題をクラスの仲間たちと出し合い答えているのを見て、僕は一気に受験勉強をやる気をなくした（言い訳になるけれど、その結果、僕は翌年、浪人することになる）。元々、大してやっていなかった勉強を放棄し、現代国語と日本史以外の授業では本を読んで過ごし（他の生徒は受験と関係のない授業では『内職』と称して受験科目の勉強をしていた）、夏休みもほとんど読書ばかりしていた。


その頃、僕が読んでいた作家は主に「第三の新人」と言われた、安岡章太郎、吉行淳之介、遠藤周作、小島信夫、庄野潤三、まだ若手作家だった大江健三郎と開高健だった。それに、アメリカの現代作家をよく読んだ。

当時、アメリカ文壇はユダヤ系の作家が多くいた。J・D・サリンジャーは人気があったし、ノーマン・メイラーも新潮社から全集が出ていたし、ソール・ベローは長編「ハーツォグ」を出したばかりだった。ジョン・アップダイクの「走れウサギ」が大江の「個人的な体験」に影響を与えたという情報を鵜呑みにして（どちらも主人公が「ウサギ」や「鳥〈バード〉」と呼ばれる）、アップダイクにも何冊か手を出した。

しかし、僕が最も気に入ったのは、バーナード・マラマッドだった。当時、日本で翻訳されていた全作（角川文庫から鈴木武樹さんの翻訳で「汚れた白球」「アシスタント」が出ていた）を読んだものだ。それに、集英社文庫で出ていたフィリップ・ロスの「さようならコロンバス」は、薄かったのですぐに読めると思って購入した。

図書館に勤める特に将来の夢もない青年が、プールで女の子と知り合う。彼女には成功したユダヤ人の父親がいるのだが、その父親は青年のことを認めない。ふたりはセックスする関係になるが、避妊のことで口論になったりする。当時、避妊薬のピルは耳にしていたけれど、ペッサリーというのはこの小説で初めて知ったのではなかったかな（僕はそんなことが気になる十七歳だったけれど、未だにペッサリーがどういうものか、具体的には知らない)。

結局、青年は彼女と別れる。ボーイ・ミーツ・ガール・ストーリーである。それが、映画化され公開されたのだ。監督は僕が気に入った「ある戦慄」(一九六七年)の新鋭ラリー・ピアースだった。ヒロイン役は、翌年、「愛とは決して後悔しないこと」というキャッチフレーズで大ヒットした「ある愛の詩」(一九七〇年)でスターの仲間入りをするアリ・マッグローだった。

●クレア・ブルームは離婚の理由を「性的な節操のなさ」と語った

今年、五月二十二日に死んだフィリップ・ロスの記事が新聞に載り、その見出しは「アメリカの最も偉大な作家」となっていた。「えー、まだ生きてたの」と思ったのは、僕が高校生のときに読んでいた作家は大江さん以外みんな亡くなっており、フィリップ・ロスが生きていたのが意外だったからだ。さらに、「最も偉大な作家か?」と見出しに疑問を抱いた。

ウィキペディアを見ると、トマス・ピンチョンやコーマック・マッカーシーなどと共に「現代アメリカの最も重要な作家」と認められていたらしい。また、ウィキペディアでは、「へぇー」と驚く情報が掲載されていた。ロスは一時期、女優のクレア・ブルーム(チャップリン主演「ライムライト」のヒロインです)と結婚していたが、離婚の理由を彼女は「性的な節操のなさ」と語ったという。

その話を読んで、「やっぱりね」と僕は思った。処女作「さようならコロンバス」でも「性」は重要な要素だったが、その後の作品では「性」を主要なテーマに据えた作家だったからだ。

そういう意味ではノーマン・メイラーも「二十世紀に残された文学的テーマは〈性〉の領域だ」と宣言して「彼女の時の時」などを書き、そのメイラーの言葉に共感した大江健三郎は「性的人間」を書いたけれど、僕はなぜかフィリップ・ロスが書く「性的小説」になじめず、その後の作品は読まなくなった。しかし、フィリップ・ロスの小説はアメリカでの評価は高く、それにベストセラーになるほどよく売れた。

ベストセラーになる作品だったから、主要作品はかなり映画化されているのだが、調べてみると日本未公開のものが多い。日本公開された映画化作品は「さよならコロンバス」の他、「白いカラス」(二〇〇三年)「エレジー」(二〇〇八年)「アメリカン・バーニング」(二〇一六年)であり、何と僕はすべて見ていることになる。

そして、どの作品もおもしろく見たのだった。「白いカラス」については、以前にこのコラムで書いたこともある。昨年、見たのは「アメリカン・バーニング」(二〇一六年)だ。これは、イギリス出身の俳優であるユアン・マクレガーが初めて自ら監督したものだった。何だか、僕にとっては、ひどく胸に迫る作品だった。

フィリップ・ロスの作品は自己を投影した、作家とか大学教授といったインテリを主人公にすることが多い。「白いカラス」も「エレジー」も、主人公は初老と言ってもいい大学教授である。ただし、「白いカラス」には、主人公の友人であるユダヤ人作家ネイサン・ザッカーマン（ゲイリー・シニーズ）が出てくる。

ザッカーマンが物語の語り手なのである。ザッカーマンは、フィリップ・ロスのいくつかの作品に登場する作者の分身だ。「白いカラス」ではアンソニー・ホプキンスが演じる主人公と、ザッカーマンが会話をする夜のシーンが印象に残る。ザッカーマンの湖畔の家が印象に残っている。あんな家で原稿を書いて暮らしたい、と思った。

「白いカラス」という邦題は日本の配給会社がつけたのだろうが、黒人であることを偽りユダヤ系白人として生きてきた主人公という設定から発想したのだろう。彼は謎めいた美人の清掃員（ニコール・キッドマン）と知り合い恋に落ちる。ニコール・キッドマンが終始、憂い顔で無口な女性を演じている。

ロスの作品には年の差のある男女の恋愛がよく描かれる。「エレジー」は、まさにそれがテーマだった。主人公の大学教授は、スキンヘッドのベン・〈ガンジー〉・キングスレーだ。彼は三十歳も年下の女子学生（ペネロペ・クルス）と恋に落ちるが、その年の差ゆえに嫉妬と不安を感じ始める。ちなみに、なぜかニコール・キッドマンはトム・クルーズと結婚し、ペネロペ・クルスも彼と交際していた。

●ユアン・マクレガーは初監督作品にフィリップ・ロスを選んだ

「アメリカン・バーニング」は邦題であり、原題は「アメリカン・パストラル」である。邦題は「燃え上がるアメリカ」という意味でつけたのだろうか。意味がよくわからない。「burning」だとしたら、名詞ではないので英語として成立しないのではないか。

昔、「ミシシッピー・バーニング（原題も同じ）」（一九八八年）という人種差別を扱ったアラン・パーカー監督のよい映画があったけれど、「アメリカン」を「アメリカ人」と名詞で使っていると解釈すると、「アメリカン」を「アメリカ人炎上」という意味なのかな。確かに映画を見ると、「アメリカ炎上」と言いたくなる気持ちはわかる。

この作品も語り手としてネイサン・ザッカーマン（「グッドナイト&グッドラック」のデヴィッド・ストラザーン）が登場する。彼が何十年ぶりかで故郷の同窓会に出席すると、ハンサムでアメフトの選手としてハイスクールのヒーローだったスウィードの写真が飾られており、彼はスウィード（ユアン・マクレガー）の生涯に思いを馳せる。

スウィードは結婚して手袋工場を継ぎ、妻（ジェニファー・コネリー）は娘メリーを生む。スウィードは娘を溺愛して育てるが、子供の頃から娘は感受性が強く、テレビニュースでベトナムで僧が焼身自殺する映像を見てショックを受ける。

やがて、メリー（ダコタ・ファニング）は、急進的な革命運動に傾倒していく。両親を「ファシストの豚」と罵る。彼女が大学から戻っているときに町の小さな郵便局が爆破され、主人が死亡する。

警察はメリーを犯人として指名手配するが、スウィードは無実を信じて娘の行方を探す。しかし、娘は行方不明で、スウィードも娘が犯人だと信じざるを得ない証拠も出てくる。

娘が行方不明になって何年も経ったある日、工場のレポートをしたいという女子学生がやってくる。スウィードとふたりになった女子学生は、メリーの伝言を口にする。しかし、ホテルに会いにいくと、女子大生と名乗った女に侮辱されただけだった。それから数年が過ぎ、街でその女を見かけて問いつめるとメリーの居場所がわかり、スウィードは会いにいく。

メリーは革命運動から脱落し、カルト宗教の信者になっている。身体を洗ってはいけないという教えに従い、メリーは汚れきった姿だ。家には帰らないというメリーは、再び姿を消し、スウィードにまた絶望の日々が戻る。やがて長い年月が過ぎていき、娘のことを気にかけながら彼が死んだとき、喪服を身につけて顔を隠した女が彼の墓前にやってくる…。

公民権運動の時代に黒人たちの暴動が起こったり、ベトナム戦争の反対デモが盛り上がったり、世界的に学生たちが反旗を翻した時代に爆破テロが頻発したり、ヒッピームーブメントが起こりカルト宗教に走る人たちが増えたり、六〇年代から七〇年代にかけてのアメリカ社会の問題が娘を通して主人公に降りかかることで、アメリカ現代史を描く作品になっていた。

あの時代、メリーのような女子学生は実際にいた。僕はメリーを見ていて、過激派に誘拐されたメディア王ハースト家の娘パトリシアを思い出した。

彼女は誘拐した過激派に洗脳され、過激派に加わり、資金強奪のためにライフル銃を持って銀行を襲った。七〇年代前半、世界的に注目された不可思議な事件だった。その後、彼女は放送局にテープを送り、両親を「ファシストの豚」と呼んだ。

それにしても、「トレインスポッティング」(一九九六年)でジャンキーの若者を演じて注目され、「スター・ウォーズ エピソードI／ファントム・メナス」(一九九九年)で若き日のオビワン・ケノビを演じたユアン・マクレガーが、監督第一作にフィリップ・ロス作品を選ぶとは思わなかったなあ。

評価基準は「能力だけ」と思いたい

ドリーム／ライトスタッフ

●巨大な部屋でソロバンを使って一日中計算している女性たち

その話を聞いたのは四十数年前のことだが、今も鮮明に憶えている。その話を聞いたとき、強烈なイメージが僕の頭の中に花開いた。体育館のように広い部屋に、整然と等間隔に机が並んでいる。その机に向かって紺の制服を着た数え切れないほどの若い女性たちが腰掛けていて、全員が机の上に置いたソロバンで何かを計算している。

くる日も、くる日も一心不乱に計算を続ける。ほとんどの女性が商業高校の出身で、もちろんソロバンは得意だ。彼女たちは朝きて夕方帰るまで、一日中、計算をし続ける…。そんなイメージが生まれ、四十数年間、僕の頭のどこかに居座っている。

一九七五年、出版社に入社してすぐの頃の話だ。僕は八ミリ専門誌「小型映画」の編集部にいて、その日は編集長についてある人の取材をしていた。インタビューは編集長が行い、僕は黙って聞いているだけだった。録音テープの管理が僕の役割である。取材が終われば、そのテープから原稿を起こさなければならない。

一字一句、正確に起こした膨大な原稿を元に編集長が取材記事を仕上げるのである。時には取材に立ち合っていないテープを起こすことがあったけれど、その日は幸いにも取材に同行させてもらったのだった。

その日、僕が話を聞いていた相手は高名な小児科の医師であり、小型映画界では有名なアマチュア作家であり、ある光学メーカーの社外顧問をしているという人だった。その人に長い時間取材していろいろな話を聞き、後にテープを起こしたのだから、話の内容はよく頭に入ったはずだが、他のことはすべて記憶から消えている。

ただひとつ、その人が話した「昔、光学メーカーの廊下の両側に大きな部屋があり、たくさんの商業高校を出た女性たちが、毎日、ソロバンで計算をしていたんだ。一本のレンズを設計するためにね」という言葉が、四十数年経った今も僕の中にはっきりと残っている。その言葉から浮かんだイメージが鮮明だったからだろう。

コンピュータが導入されてから、レンズの設計は飛躍的に楽になったと光学メーカーの技術者から聞いたことがある。たとえば一眼レフの交換レンズは「○群○枚」と表記されるように、何枚もの凹レンズや凸レンズを組み合わせて作る。

設計では、光が最初のレンズに入り、どう屈折し、次のレンズでどうなるかなど、光軸のシミュレーションなどをしなければならないし、そのためには複雑な計算が必要になる。コンピュータが導入されるまで、それは人の力で行われていた。しかも、ソロバンでやっていたというから、おそらく昭和三十年代までのことではないだろうか。

昭和三十年代、ソロバン能力は高く評価されたものだった。小学生の多くは近所のソロバン塾に通っていた。「読み書きソロバン」という言葉は江戸時代以降、庶民の基礎学力として言われてきた。ソロバン塾はどこにでもあった。僕も小学校の四年か五年生になって通い始め、八級から始めて半年ほどで三級にまで進んだ。ソロバンと暗算である。

暗算は頭の中に架空のソロバンを浮かべ、言われた数字をそのソロバンを使って計算する。「願いましては…」で始まり、「ご和算では…」で終わったときのソロバンの玉の位置で答えが決まる。しかし、昭和四十年代に入り、カシオがすべてを変えてしまった。昭和四十年九月、カシオは電子式卓上計算機を発売する。

「ドリーム」（二〇一六年）という映画を見たときに真っ先に思い出したのが、光学メーカーの広い部屋で毎日、ソロバンを使って光軸計算をしている若い女性たちの話だった。

●人が計算する時代からIBMメインフレームに移行するとき

「ドリーム」は、一九六一年、ガガーリンの有人宇宙飛行の成功によってソ連に先を越されたアメリカが、ジョン・グレンの地球の軌道を周回する飛行を成功させた一九六二年までの時代を背景として描かれる作品である。若きケネディ大統領は「月にいく」ことを約束し、黒人問題は公民権運動で盛り上がりを見せていた。

しかし、南部の州は州法をたてに白人と黒人の隔離政策を続けていた。白人用のトイレがあり、「非白人（カラード）」用のトイレがある。バスでの黒人席は後部であり、白人の学校と黒人の学校は明確に区分されていた。また、冷戦のまっただ中、学校ではソ連が攻めてきたときや、核ミサイルが落とされたときの避難訓練を子供たちに行っていた（ボブ・ディランの自伝にも出てくる）。

そんな時代、NASAはソ連に負けるなと必死で宇宙飛行を実現させようとする。そのNASAで計算を専門に担当する女性たちがいた。彼女たちは、毎日、計算ばかりしている。計算チームの中に「西計算グループ（ウエスト・コンピューティング・グループ）」があり、そこには黒人女性たちだけが集められていた。

その計算チームで働く三人の黒人女性が、エンストした車を直そうとしているシーンから「ドリーム」は始まった。プロローグとしてキャサリンという黒人少女が数学の天才と教師たちに認められ、両親に「この子に教育を」と勧めるエピソードがあるが、本編はその三十数年後の一九六一年から始まるのだ。

三人の黒人女性は、キャサリン、ドロシー、メアリー。ドロシーを演じるのは、僕の好きな太っちょのオクタヴィア・スペンサー。彼女は管理職がいなくなった西グループで管理職の役割を果たしている。キャサリンは計算能力を買われて、ハリソン本部長（ケヴィン・コスナー）が統括するメインチームに異動になるが、そこのスタッフは本部長の秘書以外は全員白人男性である。

メアリーもエンジニアチームのチーフに能力を評価されて異動になる。三人は、それぞれの部署で努力し、困難を乗り越え、偏見と差別に耐え、能力を発揮する。それを、ハリウッド映画らしいエンターテインメントにしているので、見ていて「やったぜ」という気分になる。

まず、キャサリン。新しい部署の近くには「カラード」用のトイレがなく、八百メートルも離れたトイレにいくしかない。部署にあったコーヒーポットからコーヒーを飲むと部署の全員が目を剥き、翌日、「カラード」とシールを貼られた小さなポットが置かれている。

ある日、ハリソン本部長が「毎日、どこへいってるんだ」とキャサリンを責めると、キャサリンはとうとう切れて「トイレです。ここには私用のトイレがない」と訴える。

続くのはハリソン本部長がコーヒーポットのシールをはがし、トイレの「白人専用」という看板をたたき落とすシーンだ。「NASAでは小便の色は同じだ」と言いおいて去るハリソン本部長。ケヴィン・コスナーに拍手した。

一方、メアリーは、NASAでエンジニアになるために、白人のための学校でしか受けられない授業を受けなければならず、裁判所に請願書を提出する。法廷に出頭したメアリーは、「ヴァージニア州法が黒人と白人を分離することを認めている」と言う判事を相手に談判する。

判事が一族の中で初めて軍隊に入ったこと、初めて学士になったことなどを挙げ、「何事も初めてやることで前例になる」と訴え、「肌の色は変えられません。だから前例になる必要があるのです。判事のお力が必要です」と説得し、初めて白人の学校に入学することが許される。その結果、彼女は初めて黒人女性としてNASAのエンジニアになるのだ。

●肌の色によってではなく能力によって評価されることの正当さ

思わず立ち上がり拍手したくなったのは、ドロシーのエピソードだ。彼女は、西グループの全員のことを考えている。ある日、IBMの大型コンピュータが導入されることを知り、コンピュータの勉強を始め、グループのメンバーたちにプログラミングの教育を始める。

導入されたIBMはなかなか稼働しないのだが、ドロシーが設定すると正常に動き始め、その能力を買われて上司で東グループの管理職のミッチェルから、IBM室への異動を命じられる。しかし、ドロシーは「グループ全員でないと受けない」と拒否し、彼女の要望は受け入れられる。その後のシーンが、いかにもハリウッド映画だった。

ドロシーは西グループの部屋に入り、全員に向かって「部署が変わるわよ。もう計算機はいらない」と宣言する。ドロシーを先頭に黒人の女性たち数十人が部屋を出ていく。次のカットは誰もいない廊下だ。勢いのいい音楽が高鳴り（まるでロッキーのテーマである）、廊下の角を曲がってドロシーを先頭に、黒人女性たちが行進するように力強く現れる。

次のカットは彼女たちのしっかりと歩む足下だ。「やったぜ。ざまーみろ」という気分になる。虐げられてきた者たちが、その能力によってリベンジを果たした瞬間である。勝ち誇っていい、あなたたちにはその権利がある、と言いたくなる。うまいなあ、ハリウッドってこういう作り方は…、臆面もなく。

　偏見と差別意識に充ちた白人たちの中で、能力だけが評価基準だというケヴィン・コスナー演じる本部長と、初めて地球の軌道を三回周回することになるジョン・グレンが、肌の色をまったく気にしない人物に描かれていた。特にジョン・グレンは非の打ちどころのない好漢だった。

　アメリカの英雄であり、後に上院議員になり、九十五歳まで生きたジョン・グレンだから、好漢として描くしかなかったのだろう、と意地悪く見ることもできるが、このジョン・グレンの存在が「ドリーム」に気持ちのよい涼風を吹き込んでくれる。観客はヒロインたちに感情移入して見るだろうから、白人だって捨てたものじゃない、と思わせるキャラクターは必要なのだ。

　それにしても、同じ時期のNASAを舞台に描いた「ライトスタッフ」（一九八三年）とは、ずいぶん印象が違う。もちろん「ライトスタッフ」はアメリカ初の宇宙飛行をめざす飛行士たちを描いた気持ちのよい映画だが、振り返ってみれば黒人はひとりも出てこなかった気がする。

「ドリーム」のセリフにもあったけれど、最初の宇宙飛行士の選考基準は身長などの肉体的条件と共に、IQ130以上という条件も付けられていた。それに、おそらく「白人男性」という条件も、暗黙の了解としてあったに違いない。その頃、日本人も南部の人種隔離政策の州にいけば、「カラード」のトイレを使用しなければならなかった。

人は本当のことを話しているのか

三度目の殺人／光

●人は話をしてコミュニケーションをとるしかないけれど…

　僕は、正直な方だと思う。基本的に嘘はつかないし、物事を膨らませて報告したりしない。自分に不利なことも正直に話すし、間違いを認めて率直に詫びる。謝るのに抵抗がないと言えば嘘になるが、謝らないでいて後でバツの悪いことになるよりはましと思って、間違ったと思えば訂正し謝ることにしてきた。

　しかし、自分ではそう思っていても、人から見ればどうなのかはわからない。「ソゴーさん、本当のこと言ってる？」と疑う人がいないとは限らない。本当のことを話しているのに、信用してもらえないことも経験したことはある。

　昔、知り合った人で、話をやたらに膨らませる人がいた。「嘘つき」というより「ほら吹き」に近い人だった。彼は僕より数歳上で、いわゆる団塊の世代。大学時代は全共闘運動真っ盛りで、その中心になって活動した人である。論理を展開するのには長けている。

おまけに論争で負けることを恥とし、相手を論破するまで絶対に譲らないという全共闘世代の見本のような人だった。そういう人だったから、就職すると労働運動に熱中し、活動家として名を馳せた。そんな頃、僕はある労働組合の倒産闘争で彼と一緒になった。ある出版社が倒産し、労働組合が職場を占拠し「会社再建」か「労働債権の確保」をめざしたのである。

その倒産闘争の共闘会議が作られ、出版労連の役員として僕とその人が加わることになったのだ。「組合活動は会議と交渉だ」と言われるほど人と会うことが多いのだが、僕とその人は交渉の場や会議に一緒に出ることが多かった。その人と最初に交渉の場に出て、その後、会議で交渉の経過を報告したときのことだった。

その人が先輩だったから僕は報告をまかせたのだが、その人は「××だと言ってやったんだよ」と報告し、「嘘、そんなこと言ってないじゃん」と僕は隣の席で驚いた。その後、その人の言動を注意していると、そういうことがやたらに多く「おいおい」と僕は思った。

ただし、その人の名誉のために言っておくと、その「膨らませた報告」によって致命的な問題になったことはない。それに、その人は会議での運動方針の立て方などに独特の視点を持っており、感心することも多かった。とはいっても、自分が言ってないことを「××だと言ってやったんだ」などと言うのは気になっていた。

ある時、その人の出身組合の若い執行委員と会ったときに「××さんがこう言ってたよ」と話すと、「ソゴーさん、あの人の言うこと信用しちゃダメですからね」と笑いながら釘をさされた。その人は、そう言われながらも、自身の会社内では愛されているのが伝わってはきたけれど…。

人は本当のことを話しているのだろうか、という問いは本質的なことなのかもしれない。たぶん、あの人も自分が話していることは、本当のことだと思っていた。嘘を言っている、ほらを吹いているという自覚はなかったのではないか。今思い出すと、そう思える。主観的事実と客観的事実の差ではないか。

僕は自己を客観視することを心がけてきたし、人はどう受け取るかと考えて報告するようにしてきたつもりである。それでも、感情的になることは多く、自分の伝えたいことが伝わらないもどかしさは、多々感じてきた。しかし、人は話をしてコミュニケーションをとるしかないではないか。

●本当だと本人が思っていることを口にしているだけではないのか

「万引き家族」(二〇一八年)で話題の是枝裕和監督だが、僕は前作「三度目の殺人」(二〇一七年)にまだ引っかかっている。昨年秋に公開されたが、一度見ただけでは理解できなかった。何か重要なことが描かれているのに、それを自分は受け取れなかったという気分がずっと続いていた。

このところ「家族」を描くことが多かった是枝監督だが、「空気人形」（二〇〇九年）のような別の作品系列がある。「三度目の殺人」は法廷ミステリというジャンルに括られる構成を持っているが、単なるミステリにしては解けない謎が多すぎる。もっと深いものを描こうとしたのではないか、という気がしてならなかった。そこで、改めてＤＶＤで見直してみた。それも三度だ。

しかし、それでもわからないことが多く、僕は視覚障害者のための音声ガイドと聴覚障害者のための日本語字幕をオンにして、四度目の視聴を行った。その結果、僕が見逃していたサインや記号や演出に気付いたのだが、それでもやはり何かがつかめていない気がしてならない。結局、この映画の登場人物に対しては、「みんな、本当のことを言っているのか？」という疑念が深まるばかりなのだ。

どんでん返しらしい証言も出てくるが、それも本当のことなのか信じきれない。また、離婚調停中で妻と共に暮らす重盛（福山雅治）の娘が万引きをして重盛に連絡があり、その場で娘が嘘泣き（かどうかもわからないけれど）で涙を流すエピソードもある。「嘘と本当」を見分けることなどできないのだと言っているのだろうか。

北海道で高利貸しふたりを殺して放火し、三十年刑務所に入っていた三隅（役所広司）は仮釈放になるが、勤めていた小さな食品工場の社長を多摩川の河川敷でスパナで撲殺し、ガソリンをかけて死体を損壊したとして二度目の殺人で起訴されている。弁護を引き受けた摂津（吉田鋼太郎）は、三隅の供述がころころ変わるのに手を焼いて、同じ事務所の重盛と若い川島（満島真之介）に助けを求める。

二度目の強盗殺人となると、死刑は免れない。裁判に勝つことだけが弁護士の仕事だと考えている重盛は、強盗殺人を殺人と窃盗と主張し終身刑に落とすことを狙う。重盛の父親（橋爪功）は裁判官で三十年前に三隅に温情判決を出したのだが、三隅が二度目の殺人を犯したことで責任を感じている。

重盛と川島が殺人現場の河原へいくと、足の悪い女子高生（広瀬すず）がいる。犯行現場には、死体を焼いた跡が十字架の形に残っている。被害者の家を訪れると、先ほどの女子高生が出てくる。被害者の娘である咲江だ。母親（斉藤由貴）は三隅が書いた詫びの手紙を引き裂く。

しかし、ある日、三隅の告白として、被害者の妻に頼まれて保険金目当てで殺したという記事が週刊誌に出る。重盛が拘置所で面会すると、三隅は週刊誌にそう話したという。事件前、三隅の口座に正体不明の五十万が振り込まれている事実もあり、主犯は被害者の妻とした方が三隅の刑が軽くなると計算し、重盛はその主張に乗る。しかし、ある日、咲江が事務所に現れ、予想外の告白をする。

裁くことが、この映画のテーマだ。そして、裁きの十字架が重要なモチーフになる。三隅が飼っていたカナリアたちの墓に並べられた小石の十字架、最後に真実が何なのかわからなくなった重盛がただずむ十字路など、いろいろと複雑な趣向が凝らされている。しかし、それらの細かなことに気付いたのは、音声ガイドと日本語字幕で見たときだった。

判決が出た後、傍聴席にひとり残っていた咲江の前を通るとき、三隅はやわらかなものを両手で包み込むようにし、咲江の前にくると手を広げ、まるで手の中から何かが飛び立ったように目で宙を追う。その動作を、音声ガイドは明確に説明してくれた。ああ、そういうことだったのか、と僕は深くうなずいたのだった。

しかし、それでも、真実が明かされたとは思えなかった。咲江の告白も、本当のことなのかと疑う。彼女の足の障害は川島の調査では生まれつきなのだが、咲江自身は周囲に「子供の頃に工場の屋根から飛び降りて…」と話している。そのことを重盛が指摘すると、咲江は「嘘じゃありません」と答える。また、三隅は「僕のような人殺しの言うことを信用しちゃいけません」と言い、最後に供述を百八十度ひっくり返してしまう。

彼らだけではなく、摂津も重盛にあることを問われ、きちんと返事をせずに「あいつ、そんなこと言ってんのか」とはぐらかす。いや、重盛自身も本当のことなど語っているのか。裁判に有利なことしか語らないではないか。人は本当のことを言っているのだろうか。本当だと本人が思っていること、本当だと思いたいことを口にしているだけではないのか。

●視力を失いつつある写真家と音声ガイドを制作する女性の恋愛

「三度目の殺人」を音声ガイド版で見ようと思いついたのは、河瀬直美監督の「光」（二〇一七年）に心を強く打たれたからだった。「光」は視力を失いつつある写真家と、映画の音声ガイドを制作する女性の恋愛を描いたもので、ここ数年で僕が見た恋愛映画としては出色の出来だった。河瀬監督の前作「あん」（二〇一五年）に続いて、写真家の中森を永瀬正敏が演じている。ヒロイン美佐子は、水崎綾女という女優さん。僕は初めて見たが、美人というよりは個性的で印象に残る。河瀬監督は「萌の朱雀」（一九九七年）で尾野真千子を世に出した人だ。尾野真千子も個性ある魅力的な女優だけれど、この水崎綾女という人もこれから出てくるのではないだろうか。よい映画は、ヒロインも魅力的に見せてくれる。

「光」は、映像を解説する女性の声が流れて始まる。それがある作品の音声ガイドを作る作業だとわかってくる。上映が終わり、モニターとして参加していた視覚障害者の人たちの批評が始まる。「サゾウって何ですか?」と訊かれた美佐子は、「砂で作った裸の女の像です」と言い「わかりにくいですね」と自答する。

彼女が書いてきた音声ガイドを読み上げ、実際の視覚障害者たちに聞いてもらっているのだ。その中のひとり中森はラストシーンのナレーションを、「きみの主観が入りすぎている」と厳しく批判する。つい、強く反論した美佐子は、そのことで中森の存在が気になってしまう。上司に聞くと「才能を評価されていた写真家」と教えられ、写真集を見せられる。その中の「光」を感じさせる作品に美佐子は惹かれる。

美佐子が音声ガイドを担当している作品の監督（藤竜也）が会ってくれることになり、美佐子は気になっていたシーンの解釈などを訊く。ラストシーンの解釈を訊くと、監督は穏やかに話をはぐらかす。美佐子はどう音声ガイドをつけるか迷い始める。何度目かの音声ガイドのナレーション原稿を仕上げ、モニターたちを集めた試聴が始まる。

しかし、今度も中森は厳しい批評をする。その帰路、まだ少しは見える中森が白杖も使わず壁づたいに歩いている姿を見て、美佐子は跡を追う。やがて、美佐子は中森に強く惹かれていく。このふたりの関係がストイックで、僕好みの大人の恋愛劇になっていた。

カメラ雑誌の編集をしていた僕としては、写真家役の永瀬が視力を失った目で二眼レフを扱うシーンやカメラマン仲間との会話など、細かなところに目配せが利いているなと感心して見ていたけれど、音声ガイド制作という仕事を詳しく見せてくれたことで新たな興味が湧いた。

なるほど、音声ガイドをつける作業は、その映画を深く理解することなのだと気付き、今まで音声ガイド付きのＤＶＤ（それほど多くはない）を見るときには、サッサとオフにしていた自分の不明を恥じた。

どんな職業でも専門家に話を聞くとおもしろいというのが僕の経験則だが、音声ガイド制作者にも大いなる興味を持ったのだった。本当の音声ガイド制作者の話を聞いてみたい。

二十分もカットされていた作品

赤い殺意／かぶりつき人生／櫛の火

●キャメラマン姫田眞左久さんの全作品インタビュー集

高松市立図書館の新刊コーナーを見ていたら「姫田眞左久のパン棒人生」という本があり、「これは読まねば」と思って借りて帰った。Ａ５判の分厚い本である。版元はダゲレオ出版。かわなかのぶひろさんのところだ。「月刊イメージフォーラム」一九八六年十二月号から八年間にわたり、断続的に連載されたインタビューが元になっているらしい。

発行は一九九八年七月になっているのだが、どうして今頃になって新刊コーナーに入ったのだろう。きれいな新しい本だった。内容は、戦前に大映から仕事を始めて、戦後、映画製作を再開した日活でキャメラマンを務めた姫田さんに、全作品に沿ってインタビューした資料的価値の高い本だった。

ただ、僕としては「月刊イメージフォーラム」という名前が出てくると、いろいろと思い出すことがある。僕が勤めていた出版社はビデオ雑誌も出していて、ビデオデッキやビデオカメラがよく売れていた頃には稼ぎ頭だったことがある。

その頃、「イメージフォーラム」を主宰する（今は青山学院大学の近くで映画館を備えたビルになっているが、その頃は四谷にあった）かわなかのぶひろさんがダゲレオ出版を立ち上げ、「月刊イメージフォーラム」を創刊することになった。その創刊広告が、僕の勤める出版社が出していたビデオ雑誌に載ったのである。

その創刊広告にビデオ雑誌編集部にいたH女史の名前が筆者としてあったので、ビデオ雑誌編集長が騒ぎ出した。Hさんは8ミリ雑誌をやっていた頃から「自主映画の母」と呼ばれ、自主映画界で若者たちをサポートしてきた人だった。かわなかさんとも知り合いで（新宿ゴールデン街でよく飲んでいたらしい）、「月刊イメージフォーラム」での連載を頼まれたのである。

僕もHさんに連れられて時々ゴールデン街で飲んでいたから、ある夜、かわなかさんと酒場で出会ったことがある。その時、かわなかさんと日活映画の話になり、「君らの世代は『紅の流れ星』だろうが、僕らの世代は『赤い波止場』だ」と言われたのをよく憶えている。なぜなら、僕も「紅の流れ星」（一九六七年）より「赤い波止場」派（一九五八年）だったからである。

さて、僕などは自社の編集部員が他社の雑誌に執筆するというのは、その人の能力が認められたのだから問題ないじゃないかと思っていたけれど、ビデオ雑誌編集長は「競合誌に原稿を書くとは何事だ」と騒ぎ出し、社長にご注進した。当然、社内で公に問題になり、「月刊イメージフォーラム」発売前から内容も見ないでHさんの糾弾が始まった。

結果から言うと、Hさんは会社を辞めざるを得なくなった。僕はHさんが好きだったのと、そんなことでやめる必要ないだろうと思っていたから、かなり憤慨したものだ。後に、僕自身がかわなかさんと飲み歩くようになったとき、「T（ビデオ雑誌編集長）さんが、あんなに狭量な人だとは思わなかったな」と言われたことがある。

かわなかさんはHさんに申し訳ないと思ったのだろうか、創刊して間もない「イメージフォーラム」の巻頭のロング・インタビューに「自主映画の母」というタイトルでHさんを登場させた。Hさんは、その後、ぴあフィルムフェスティバルのディレクターなどを経て、フリーの立場で映画界で活躍した。

僕は、その後、カメラ雑誌編集部から異動して新しく創刊された別のビデオ雑誌の編集長になり、かわなかのぶひろさんを取材したのがきっかけで親しくさせていただき、「青年、青年」と呼ばれながらゴールデン街の酒場を何軒もハシゴすることになった。そんなことで、僕の「映画がなければ生きていけない1999-2002」の巻末解説はかわなかさんに書いていただいた。

●今村昌平監督と神代辰巳監督との仕事を中心に語っている

姫田さんが本の中で最も多く語っているのは、今村昌平監督との仕事だった。今村監督の二作目「果しなき欲望」（一九五八年）以来、「にあんちゃん」（一九五九年）「豚と軍艦」（一九六一年）「にっぽん昆虫記」（一九六三年）「赤い殺意」（一九六四年）と日活での仕事が続き、「復讐するは我にあり」（一九七九年）「ええじゃないか」（一九八一年）まで担当する。

今村昌平監督の助監督だった浦山桐郎の監督デビュー作「キューポラのある街」（一九六二年）も姫田さんの仕事である。日活で娯楽アクション映画に徹した桝田利雄監督とも相性がよかったらしく、監督デビューから付き合い初期の「赤い波止場」も撮影した。

今村監督に続いて姫田さんが多く語っていたのが、神代辰巳監督との仕事だった。神代監督のデビュー作「かぶりつき人生」（一九六八年）から組んでいる。「かぶりつき人生」は田中小実昌さんの原作で、日劇ミュージックホールの人気ダンサーだった殿岡ハツ江が主演した。

日劇ミュージックホールは、銀座のど真ん中でヌードショーが見られると話題だったのだが、もうずいぶん前にマリオンに変わってしまった。ストリップショーというよりストリップ・ティーズといった趣で、「はとバス夜のコース」に入っていて女性客に人気だったという。深夜番組の「11PM」などに登場した日劇ミュージックホールのダンサーが、色っぽいダンスを踊っていたのを憶えている。

その日劇ミュージックホールのダンサーから女優になったのは、「赤い殺意」の春川ますみである。当時、女優が裸になるとかリアルなセックスシーンを演じるのにはまだまだ抵抗があるため、春川ますみが主演に起用されたのは日頃からヌードを見せているダンサーだったからだと僕は思っていたが、映画を見ると春川ますみのフツーのおばちゃんっぽいところがぴったりはまっていて適役だと思った。

今村監督の狙いもそうだったのではないだろうか。以降、春川ますみは名脇役として活躍する。また、最近でもテレビに顔を出している、あき竹城も元日劇ミュージックホールのダンサーだった。他に、アンジェラ浅丘とか松永てるほ、岬マコなんて名前も懐かしい。

彼女らに比べて殿岡ハツ江は「かぶりつき人生」に主演したのに、女優としては大成しなかった。浅黒い肌でスリムな体ながら、エネルギッシュな踊りを見せてくれた記憶がある。ちょっと日本人離れしている風に見えて、案外、日本的な容貌だった。彼女は「無頼・人斬り五郎」（一九六八年）にストリッパー役で登場していて、そのシーンで流れた音楽と共に強く印象に残っている。

刑務所で死んだ弟分（藤竜也）の姉（小林千登勢）を尋ねて地方の小都市を訪れた藤川五郎は、姉が映画館でモギリをしていたと聞き映画館を訪れると、そこはストリップ小屋に変わっていた。そこで、舞台に立っていたのが殿岡ハツ江である。「かぶりつき人生」に主演したのと同じ年のことだった。

その後、しばらく神代監督は映画が撮れず、日活がロマンポルノ路線になってから立て続けに撮り始める。姫田さんも実名で一般映画と変わりなく仕事をし、神代監督とのコンビで名作を残した。

姫田さんの証言の中で僕がエッと驚いたのは、ロマンポルノ作品ではなく神代監督が東宝で撮った「櫛の火」（一九七五年）だった。この前後の神代作品に、二十代半ばだった僕は夢中だったのだ。

「青春の蹉跌」（一九七四年）「宵待草」（一九七四年）「櫛の火」「アフリカの光」（一九七五年）と続く純文学路線である。何しろ、原作が石川達三、古井由吉、丸山健二と新旧の芥川賞作家（石川達三は第一回目の受賞者／丸山健二は当時は最年少受賞だった）である。「宵待草」は長谷川和彦のオリジナル脚本とされていたが、石川淳の長編（「白頭吟」だったと思う）の盗作じゃないかと指摘された。

●古井由吉作品が初めて映像化されたのだったけれど…

——この映画には草刈正雄、ジャネット八田、桃井かおりといった人たちが出たんだけど、出来がすごくよかった。ところが、蔵原惟繕さんがオランダでロケーションした「雨のアムステルダム」と併映になっちゃった。どちらも長かったんですね。「雨のアムステルダム」は二時間を越えていたし、「櫛の火」も一時間四十五分ぐらいあった。そうなると蔵原さんは神ちゃんの先生格でしょ。「切れ」って言えないんですよね。東宝にしても「雨のアムステルダム」をメインにしている。で、「櫛の火」を切らざるを得なくなっちゃった。結局二十分ぐらい切ったわけです。（「姫田眞左久のパン棒人生」）

姫田さんのこの証言に僕は愕然とした。僕は「櫛の火」を封切りで見にいったのだが、「雨のアムステルダム」なんてまったく憶えていない。ショーケンと岸恵子の恋愛ものである。しかし、「櫛の火」のシーンは今も鮮やかに浮かんでくる。

入院している桃井かおりの病室にいる草刈正雄が病院の中庭を見て、そこで別の芝居があり、再び病室にカメラが戻ってくる、いわゆる「3シーン1カット」と言われた神代流長まわしの場面とか、ジャネット八田と草刈正雄が一緒に公園のブランコに乗るシーンなど、倦怠感漂う名シーンだった。

当時、「杳子・妻隠」「男たちの円居」「円陣を組む女たち」「行隠れ」など、僕は古井さんの小説にどっぷりはまっていたから、初めて映像化された古井ワールドに期待したのだった。

しかし、あの作品は二十分もカットされていたのだ。だからみんな怒ってね。姫田さんは「話が分かんなくなっちゃった。オールラッシュを見たときは、ホントすごかったんだよねえ。ガッカリでしたよ」と語っている。

神代監督の倦怠感あふれる朦朧とした曖昧スタイルは、「内向の世代・朦朧派」と揶揄された古井さんの世界を描くにはピッタリだった。だいたい、古井由吉作品を映画化しようと考える人はほとんどいないだろう。あの文体を映像で表現するのは困難だ。

「櫛の火」は、入院していた元恋人が突然自分の胸で死んだ後、主人公が人妻と知り合い逢瀬とセックスを重ねるだけの話だから、そのニュアンスの部分を描き出すのが重要だった。それなのに二十分も切られたら、ニュアンスの部分は失われてしまう。

それでも、「櫛の火」の二年後、古井ワールドの映像化に挑戦しようとする人がいた。芥川賞受賞作「杳子」の映画化である。それが、前述の僕の会社の先輩H女史だった。彼女は古井由吉さんの自宅を訪問して映画化権を取得し、プロデューサーとして自主製作した。

16ミリでの制作だったが、作品は完成し（杳子の姉役の山口小夜子が妖しくてよかった）、ぴあシネマブティックの上映作品として北の丸公園の科学技術館地下ホールで何回かの上映が行われ、当然、僕も見にいった。どちらかと言えば、Hさんに古井さんを紹介してもらえるかと期待しながら…。結局、僕は当時、作品社から出ていた「古井由吉エッセイ全集」三巻のサイン入り本を入手した。それは、Hさんが古井さんに頼んでくれたのだった。

そう言えば、あの頃、僕は「古井由吉論…その曖昧な存在」という文章を四百字詰原稿用紙で三十枚くらい書いたことがあったなあ（と、突然、思い出した）。

ただし、読み返してみると、当時、夢中で読んでいた蓮實重彦さんの文芸評論の文体にそっくりだったので（たとえば「古井由吉的存在」なんて表記）、「こりぁアカン」と机の奥にしまい込んだ。破り棄てるにはちょっと未練があったのだが、その後、原稿は行方不明になった。

それにしても、二十分カットされる前の「櫛の火」を見てみたい。姫田さんはカット版については「ジャネット八田の裸だけがよかった」と言っているけれど、僕としても不純な動機ではなく（?）、ジャネット八田をもう一度見たいのだ。とてもきれいな人だったけれど、野球選手の田淵幸一と結婚して引退してしまった。

村上さんが訳した西部小説

太陽の中の対決／3時10分、決断のとき／追撃のバラード

●村上春樹さんが訳したエルモア・レナードの西部小説

その文庫本は今年の二月に出ていたらしいのだが、僕はまったく知らなかった。ある雑誌の書評欄で紹介されていて、「エッ、

村上春樹がレナード訳したの」とちょっと驚いた。

レイモンド・チャンドラーやロス・マクドナルドを愛読するハードボイルド好きの村上さんだから、エルモア・レナードを訳していても不思議ではないのだが、村上さんが訳したのは西部小説の「オンブレ」と「三時十分発ユマ行き」だった。エルモア・レナードの代表的な西部小説である。

ただし、「オンブレ」は一九六一年にペーパーバックで出版されたもので、「三時十分発ユマ行き」は一九五三年にパルプマガジンに掲載されたものだ。相当に古い小説である。

本のことなら何でも詳しい友人のTによると、「オンブレ」は五十年ほど昔に翻訳が出ていたという。ポール・ニューマン主演「太陽の中の対決」(一九六七年)という「オンブレ」を原作にした映画が公開された頃だ。「オンブレ」は「太陽の中の対決」のタイトルで出ていたのではあるまいか。

僕は映画は見ているけれど、原作が出ていたのは知らなかった。友人のTはあらゆるジャンルの小説を読んでいて、西部小説にも手を出している。僕が大学生の頃だったか、中央公論社から西部小説のシリーズが出たことがあった。僕もちょっと気をそそられたけれど、結局、買わなかった。Tはこのシリーズも買っている。ただし、あまりに売れなくて三冊で打ち切られたという。

「三時十分発ユマ行き」は短い小説だが、それを膨らませて映画化し「決断の3時10分」(一九五七年)として日本公開された。グレン・フォードとヴァン・ヘフリンの主演である。そのリメイクが「3時10分、決断のとき」(二〇〇七年)だ。こちらはラッセル・クロウとクリスチャン・ベイルが主演した。

こうした情報は、「オンブレ」の「訳者あとがき…神話としてのウェスタン」で村上春樹さんが相当に書いている。それを読むと、村上さんが相当なレナード愛読者だとわかる。さらに、その文章の中には、「レナードのもうひとつの傑作西部小説『Valdez Is Coming(バルデスがやってくる)』」も紹介されていた。

僕はリメイク版「3時10分、決断のとき」については、八年前の一月に「父親の誇り・息子の敬意」というタイトルでコラムを書いている(「映画がなければ生きていけない 2010-2012」8頁参照)。同じ短編からの映画化としては最初のバージョンが好きなのだが、リメイク版は父親と息子の関係を深く描いていて、感動的な作品になっていた。

ただし、現代風に脚色しているから、結末に悲劇的な要素もあり、後味としては昔の版に愛着を感じている。それに、僕はグレン・フォードが好きなのだ。今回、原作は初めて読んだけれど、映画は物語を相当に膨らませていたのだとわかった。

「バルデスがやってくる」は「追撃のバラード」(一九七〇年)の邦題で、一九七一年の暮れに日本公開になった。主演はバート・ランカスター。その映画のことも昔に書いたことがあるのだが、どういうことを書いたのか記憶していなかった。

そこで、僕の本の索引で引いてみると、「映画がなければ生きていけない2010-2012」の379頁、「真夏にユキが降った頃…」というコラムだった。

紹介している作品は「ワイルド7」（二〇一一年）と「追撃のバラード」だ。ああ、やっぱり…と僕は思った。僕の記憶の中に限れば、「ワイルド7」と「追撃のバラード」には密接な関係があるのだった。

●「追撃のバラード」から「ワイルド7」を連想した若い日々

「追撃のバラード」の原作である「バルデスがやってくる」について、村上春樹さんは「孤独なメキシコ人バルデスがとことんいじめ抜かれながら、性悪な白人に率いられる強大な悪の一味に立ち向かい、たった一人でそれをじわじわと壊滅させていく」と紹介している。細かい物語を省略して紹介するならば、実に簡潔にまとめられていると思う。

映画では「とことんいじめ抜かれる」シチュエーションに、バルデスが巨大な十字架を背負わされて荒野に追いやられるシーンがある。両手は、十字架の横の柱に縛り付けられている。歩くことはできるのだが、背中を折ったままである。この姿勢を長時間続けるのは拷問だ。

十字架を背負うことは、キリスト教圏では重要な意味があるのだと思う。ただ、日本人である僕が見ると、そういうことはわからない。十字架を背負ったまま荒野をさまよう、バルデスの不屈の精神を感じ取るだけだ。

「追撃のバラード」公開の少し後、「週刊少年キング」に連載されていた「ワイルド7・緑の墓」の中で、悪漢たちの手に落ちた主人公・飛葉が同じ拷問に遭うシーンがあった。巨大な十字架を背負わされた飛葉ちゃんが苦悶するアップのコマを憶えている。おそらく望月三起也さんは「追撃のバラード」を見たんだな、と僕は思った。そういうことで、僕の記憶の中では「追撃のバラード」と「ワイルド7」がつながるのだ。

七年前のコラムでは、その後半に「ワイルド7」にまつわる僕自身の若い頃のことを書いている。今から振り返ると、四十五年も前のことを詳細に僕は書いていた。そのコラムについては、ある人から「『ワイルド7』で人生の思い出を書いちゃうんですね、ソゴーさん」と感心したのか、呆れたのか、わからないコメントをもらったことがある。

自分で読み返してみても、ウームと腕を組んでしまった。もっとも、僕が「日刊デジタルクリエイターズ」というメールマガジンに毎週、コラムを書き始めた最初の数年の頃には、「映画と人生の人」と呼ばれていた。映画をダシにして人生を語っちゃう、と言われたものだった。

僕が会社の先輩だった柴田さんに頼まれて「日刊デジクリ」に連載を始めたのは、一九九九年八月下旬のことだった。まだ二十世紀だった。僕は四十代で、あまり売れないデジタルデザイン誌の編集長だった。メルマガの連載を引き受けた理由は、自分が編集している「デジタルグラフィ（デジタルで描いたもの）」という雑誌の宣伝になるかと思ったからだ。

何しろ、デジタルクリエイターズ向けのメールマガジンだから、ぴったり読者ターゲットじゃないか、と僕は思った。残念ながら、数年後、僕は「デジタルグラフィ」休刊の挨拶を書くことになったけれど、編集長として休刊の挨拶を書くのは二度目だった。編集部員時代に八ミリ専門誌「小型映画」で休刊号の編集後記を書いたから、まあ、実質は三度目である。

「デジタルグラフィ」編集部は僕の他に編集部員がひとりいるだけだったので、それほど会社としては撤退が大変だったわけではないと思う。ただ、僕は会社を辞めるつもりでいた。あるデジタル系メーカーが運営するギャラリーのディレクターはどうかと紹介してくれる人がいて、ギャラリーの所長さんと会ったこともある。

結局、先方がいろいろ忖度し、その話はなくなったのだけど、当時、まだ小学生ふたりの子供を抱えた僕としては、辞めなくてよかったのだろうと今は思う。しかし、当時の僕は屈辱感にまみれ、かなり屈折した気持ちで日々を送っていた。「おめおめと、生き恥を晒してます」などと、親しい筆者に会うと自虐的に口にした。

そんな気分だったこともあったし、充たされない気持ちを抱えていたので、その頃に書いたものには、何かを希求する気分が色濃く出ているように思う。だから、「映画と人生の人」などと言われたのだろうか。

しかし、それから十年以上も経った二〇一一年なのに、僕は「ワイルド7」の映画化をきっかけに、「ワイルド7」と大学生の僕と結婚前だったかみさんのことを長々と書いていた。

それを書いたとき、僕はもう還暦を目前にしていたし、四十代とは、精神的にはずいぶん変わってしまったと自覚していた。会社でも、いつの間にか管理部門に移り、役員になり、出版計画を作成し、キャッシュフローまで見るような立場になっていたのだ。

●二十年にわたって書いてきた文章に変化した気分を読み取る

さらに、七年の月日が流れて今の僕は完全にリタイアして数年になるし、一年の半分以上は実家の裏でひとり暮らしをしている。まだまだ、いろいろな悩みはあるし、ときに「つまらん人生やった」と独り言をこぼしたりしているが、毎日、ある意味では悠々自適で、傍から見れば優雅な老後を送っているように見えるかもしれない。

本を読み、DVDを見て、原稿を買く。洗濯をして干す。買い物をして料理をする。実家の老親ふたりの様子を見にいく。病院に付き添う。猫と遊ぶ。洗濯ものを取り入れて畳む。僕の一日は、それくらいの要素しかない。十日に一度ほど、高校時代の友人と街で会い、居酒屋や焼鳥屋で飲むが、度を過ごすことはない。

思想信条上の理由で「日刊デジタルクリエイターズ」の連載を降りて、もう四年ほどになるだろうか。自分のブログで毎週、文章を書いているが、これは自己満足みたいなものじゃないか、と自問することも多くなった。どれほど読んでもらえているのだろう、と不安になるときもある。

それでも、「映画がなければ生きていけない」シリーズをまとめる目標もあって書き続けてきた。そして、今年で「映画がなければ生きていけない 2013-2015」を出してから三年が経つ。発行は二〇一五年の十一月下旬だった。僕の本は三年に一度のペースで出してきた。今年末に「映画がなければ生きていけない 2016-2018」を出せればいいなと思っていた。

僕も出版社で原価計算をしたり、何社かの印刷会社や用紙会社から見積もりを取り、その比較をしたり、値下げ交渉をしたりということを散々やったので、自分の本のコストと販売部数の関係はある程度わかる。高松の瓦町にあるジュンク堂には、僕の本の四巻目と五巻目が並んでいて、何冊かは売れたと教えてもらったが、六百頁を越える厚さで二千円から二千二百円の値付けは、版元がかなりがんばってくれているとしか思えない。

ということで、六巻目を出してもらえるか、版元の水曜社に問い合わせるのを少し遠慮していたけれど、先日、メールで連絡したら「六巻目、出しましょう」と返事をもらった。だから、そろそろ出版の準備をしなければならない。

最初に七年分の原稿を二巻の本にして出版したのは、二〇〇六年の暮れのことだった。三ヶ月後に第二十五回日本冒険小説協会特別賞「最優秀映画コラム賞」をもらった。あれから、もう十二年近くが過ぎた。

冒険小説協会会長の内藤陳さんが亡くなってから七年になる。いつの間にか、そんなに時間が経ってしまった。自分が書くものは変わってしまった、と思うこともあるけれど、年は重ねたが相変わらず青臭いことを書いていると思うこともある。

そんなとき、村上春樹さんが翻訳した「オンブレ」「三時十分発ユマ行き」を読み、さらに村上さんの後書きを読んで、昔見た「太陽の中の対決」「決断の3時10分」を甦らせ、同時に、昔書いたコラムを読み、二十年書き続けてきた文章に、年と共に変化する自分の気分を読み取り、なぜか諦念のようなものを感じ取ってしまったのだった。

陽の主役・陰の悪役

子連れ狼・死に風に向かう乳母車／仁義なき戦い／仁義なき戦い・広島死闘篇

●僕にとって加藤剛は映画の人であり、時代劇の人だった

六月十八日に加藤剛が亡くなっていたとわかり、七月上旬、テレビや新聞で大きく取り上げられていた。八十歳の名優。最近では「船を編む」（二〇一三年）の加藤剛が印象に残っている。よい映画は、登場人物たちも愛しく思えるものだ。よい辞書を作るために十数年、様々な言語を収集する言語学者の姿は加藤剛ならではの誠実さとまじめさがうかがえ、こんな人間になりたかったなあ、と思わせるものだった。

しかし、僕にとって加藤剛は、時代劇の人なのである。テレビ版「大岡越前」が代表作として紹介されていたが（僕も将軍になる前の吉宗を捕らえるエピソードだった第一回目を見ているが）、やはり映画の人であり、時代劇の人なのである。

事件現場に椿の花弁が置かれている連続殺人事件を捜査する与力を演じた「五瓣の椿」（一九六四年）の加藤剛は若かった。続いて、テレビ時代劇「三匹の侍」（一九六六年）がある。丹波哲郎の柴左近がいなくなり、若手の加藤剛が加わった。そして、小林正樹監督の「上意討ち　拝領妻始末」（一九六七年）では三船敏郎と共演した。

栗原小巻と演じた「忍ぶ川」（一九七二年）と同じ年には、「子連れ狼・死に風に向かう乳母車」（一九七二年）に出演している。さらに言うなら、最近、映画化された司馬遼太郎の「関ヶ原」（二〇一七年）は、三十七年前にTBS開局何十周年かの記念で、三夜連続の九時間ドラマとして映像化されたことがあるのだけれど、加藤剛が演じた石田三成が実にはまり役だった。

俳優座養成所から俳優座に入り、ずっと俳優座の役者として活躍してきた人である。俳優座は映画部を持っていて、俳優座が製作した作品もある。加藤剛は積極的に映画に出演した人だと思う。松本清張原作の「影の車」（一九七〇年）や「砂の器」（一九七四年）なども代表作として挙げられるが、ああいう暗い陰のある役は、あまり向いていないのではないかと思う。

どうしても「誠実でまじめな人」というイメージがあるからだ。僕は小学六年生のときにテレビ版「人間の條件」で初めて加藤剛を見た記憶があり、あのヒューマニスト梶のイメージにぴったりだった。軍隊に入っても己の信念を貫く主人公を演じて、加藤剛は映画版の仲代達矢より向いていたのではないだろうか。

僕にとって加藤剛が時代劇の人である最も大きな理由は、「子連れ狼・死に風に向かう乳母車」の孫村官兵衛が忘れられないからだ。三十四歳、加藤剛は最も充実した役者人生を送っていた頃だと思う。殺陣も見事だった。子連れ狼こと拝一刀（若山富三郎）は、冒頭、あるいきさつから官兵衛に立ち会いを申し込まれ、刃を交える。

じっと対峙した一刀は刀を鞘に収め、「この勝負、負けに致す」と言う。「何故に」と問う官兵衛に、「まことの武士として残しておきたいがゆえに…」と一刀は言いおき、乳母車を押して去っていく。その後ろ姿を見ながら官兵衛は、「また、死に損なったか」とつぶやくのである。この若き加藤剛がすばらしい。

●加藤剛と名和宏が出た「子連れ狼・死に風に向かう乳母車」

以前にも書いたと思うけれど、「子連れ狼・死に風に向かう乳母車」は間違いなくクエンティン・タランティーノ監督の「キル・ビル Vol.1」（二〇〇三年）に影響を与えている。

ヒロインが無理矢理キスしてきた男の舌を噛み切ってペッと吐き出すシーン、日本の居酒屋でものすごい数の相手をヒロインがたったひとりで縦横無尽に斬りまくり、腕や足や胴体が飛び散るシーンなど残酷描写の好きなタランティーノ監督は、映画オタク時代に見まくった日本映画の一本にオマージュを捧げているのだと思う。

それに、「子連れ狼」は英語版の劇画も、アメリカでヒットした。トム・ハンクスの「ロード・トゥ・パーディション」（二〇〇二年）は、アメリカ版「子連れ狼」と言われた。ギャング全盛の頃の時代設定だが、確かに物語のベースは「子連れ狼」だった。

「子連れ狼・死に風に向かう乳母車」で女郎として買ってきた娘に旅籠で劣情を催し、無理矢理くちづけしたために舌を噛み切られてしまうのは、「文句松」という女衒を演じた名和宏だった。

「子連れ狼・死に風に向かう乳母車」の中で、拝一刀親子を別にして、「自分がなりたいキャラクターを選べ」と言われたら、多くの人は孫村官兵衛役を選ぶだろう。それほど毅然としてかっこいい役である。中には僕のような草野大悟ファンがいて、馬上短銃《たんづつ》の名手役を選ぶかもしれない。

彼は川で溺れている大五郎を見て、助けるためにガンベルトを川岸に置いて飛び込むが、川が泳ぐほどの深さがないことに気付く。目の前で、溺れる真似をしていた大五郎が立ち上がる。そのとき、拝一刀が刀を抜いて現れ、あわてて短銃を取りに戻ろうとするがバッサリ斬られてしまう。

また、ワンシーンにしか出なくても印象的な役もあって、官兵衛を取られたのならあの役でもいいや、という人もいるだろう。でも、絶対に誰も選ばないのが名和宏が演じた「文句松」の役である。どうしても、何かの役を選ばなければならないとしたら、映画の冒頭で旅の母娘を犯し官兵衛に斬られる渡り徒《か》士《ち》役の山谷初男の方がマシだと思う。

女衒という嫌われる商売で、宿でにわかに劣情を催して「銭で買った体を俺がどうしようと勝手だ」と言いながら、処女の娘を犯そうとして舌を噛み切られて悶絶死する役なんて、絶対にやりたくないと思うに違いない。しかし、その役を憎々しげに演じた名和宏は名悪役だった。

加藤剛が亡くなった八日後の六月二十六日、その名和宏が亡くなった。加藤剛より五歳年上の八十五歳だった。訃報は加藤剛ほど大きくは扱われなかったが、「名悪役」という見出しの下、小さな写真が添えられて掲載された。

その写真を見れば、名前は知らなくても、多くの人が「ああ、あの悪役の人ね」とわかったことだろう。テレビ「水戸黄門」

などでも悪役を演じたと記事には書かれていたから、悪代官などの役で知られているのかもしれない。

しかし、僕は加藤剛の訃報より、名和宏の訃報に強く反応したのだった。「名和宏、とうとう死んだかあ」と、感慨深いものを感じたのだった。八十五歳、六十年以上の長い役者のキャリアがある。出演作は、数えきれない。何度死んだかも、数えきれない。僕は、名和宏が死ぬシーンをいくつも数え上げることができる。

●加藤剛と名和宏はまったく異なる役者人生だったけれど…

加藤剛が優等生なら、名和宏は不良生徒だった。加藤剛が陽なら、名和宏は陰だった。加藤剛のイメージが「誠実」なら、名和宏のイメージは「陰険」あるいは「悪辣」だったかもしれない。当然のことだが、悪役を演じるようになってから、自ら憎々しげな悪役面を作っていた。

しかし、やくざ映画の名作と言われる「博奕打ち　総長賭博」（一九六八年）の名和宏は、若山富三郎に「渡世の筋が違う」と非難され刺されてしまう役だが、とてもいい役で見せ場もあった。本当の悪役は金子信雄で、名和宏は金子信雄に騙され踊らされてしまう組長だった。名和宏と若山富三郎の間を取り持とうとした鶴田浩二は、最後に金子信雄を刺す。

金子信雄が独特の演技で、強烈なキャラクターとして作り上げ、観客にも妙な人気が出たのが、「仁義なき戦い」（一九七三年）の山守親分である。その山守組と呉市の縄張りを争うのが土居組だった。土居組の組長を演じたのが、名和宏（このときは名和広だった）である。この名和宏は組長然としていて、貫禄もある。

山守に土居を殺せと命じられた広能昌三（菅原文太）は、広島の組に客分として入り込み、その組に挨拶にきた土居に何発も弾丸を撃ち込む。しかし、第一部で死んだ名和宏は、第二部「仁義なき戦い・広島死闘篇」（一九七三年）で生き返り、今度は広島の村岡組の組長を演じた。ここでも、名和宏は貫禄を見せる。一年前に女衒を演じ、舌を噛み切られて悶絶死した人とは思えない。役者やのう、と感心する。

「仁義なき戦い・広島死闘篇」は、村岡組の山中（北小路欣也）がテキ屋の大友（千葉真一）の組との抗争で何人も殺して逮捕され、終身刑になるが脱走して再び大友組の組員を射殺し、最後は追い詰められて自決するのが主たるストーリーだ。

山中は村岡組長の戦争未亡人の姪（梶芽衣子）と愛し合い組長も認めるが、山中が終身刑になると村岡は手のひらを返して姪に再婚を勧める。そのときの名和宏のセリフが、僕の記憶にずっと残っている。「待つ、待つゆうて、ホンマに待ったモンはおらん」と、村岡組長は姪を説得しようとするのだ。「仁義なき戦い」シリーズには名ゼリフがいっぱいあるが、これもそのひとつだと思う。

ところで、日活からキャリアをスタートさせた名和宏は、当初は二枚目役で主演作もあった。昭和三十一年（一九五六年）に公開された「地底の歌」という作品がある。原作は平林たい子。今や「平林たい子賞」まである純文学系の人だが、こんな小説を書いているとは知らなかった。主人公のやくざを演じたのが名和宏で、若いやくざの「ダイヤモンドの冬」を演じたのがデビューしたばかりの石原裕次郎だった。

「地底の歌」は小林旭主演でリメイクされ、「関東無宿」（一九六三年）のタイトルで公開された。小林旭がやくざを斬ると、斬られたやくざはタタタッと走って障子を倒し、スクリーンいっぱい真赤になるシーンなどが注目され、鈴木清順監督の伝説のカルトムービーになった。「ダイヤモンドの冬」を演じたのは平田大三郎。六〇年代の日活映画をよく見ていた人は、顔が浮かんでくるはずだ。

子供たちには夏が似合う

夏の庭　The Friends／恐るべき子供たち

●「夏の庭　The Friends」原作者の映画エッセイを見つけた

ひと月ほど前のこと、友人Tがやってきて「九割引で新刊が買えるからいってみないか?」と言う。僕は彼の言っている意味が飲み込めなかったけれど、ブックオフみたいなものかと思って付き合うことにした。Tが車で連れて行ってくれたのは、高松市の埋め立て地にあるM書店の大きなビルだった。

近くには、教科書販売の取次会社の倉庫もあった。要するに、M書店は取次会社的な業務のために、その大きなビルを作ったらしい。繁華街からは離れているので、車でいくしかなさそうな場所である。一階を覗いてみると、品揃えは充実している。目的の棚は三階にあった。二メートルほどの高さの棚が二十メートルほど続いている。それが五、六列もあっただろうか。すべて新刊であるという。要するに長く書店の棚に並んでいて、出版社に返本不可になったものが並んでいるらしい。

ジャンルなどに分かれてはおらず、アトランダムに棚に収められているので、とにかく棚をずっと見ていくしかないとTは言う。彼はすでに何度か見にきて、掘り出し物を何冊か買ったことがあるのだ。僕も本の背表紙を見ていくのは好きだし、他に客はいなかったので、じっくりと掘り出し物を探し始めた。

確かに古い本ばかりだが、あらゆるジャンルの本があった。高価な全集本もあり、数千円が数百円で買えるので、思わず棚から抜き取ったりした。昔、ほしかった本もある。懐かしい本もあった。僕はいくつかチェックし、棚を全部見終わった後、改めてチェックした中から購入本を選ぼうと思った。

すべての棚を見終わるまで一時間ほどかかっただろうか、これは買おうとすぐに取り出したのは、海野弘さんの「運命の女たち」「パリの女たち」の二冊だった。「やっぱり、あれを買おう」とチェックした棚に戻って手にしたのは、佐藤忠男さんの「映画で世界を愛せるか」と湯本香樹実さんの「ボーイズ・イン・ザ・シネマ」、それにTに勧められたスペインのミステリーだった。五冊買って、千円で数百円のお釣りがあった。

その本は安く買ったからというわけではないが、机の上に積んだままになっていた。海野さんの本はずいぶん読んだので内容も予測がつき、チビリチビリと読むつもりだったけれど、湯本さんの本は気になったままカバーの少年たちの写真を眺めたりしていた。湯本さんは相米慎二監督の「夏の庭　The Friends」(一九九四年)の原作者である。

湯本さんのプロフィールを読むと、一九九二年に「夏の庭　The Friends」を発表し、第二十六回児童文学者協会新人賞と第二十二回児童文芸新人賞を受賞した人らしい。「ボーイズ・イン・ザ・シネマ」がキネマ旬報社から出たのが一九九五年だから、二作目の小説「春のオルガン」を発表したばかりの頃である。コラムは四十本、少年(少女も含むけれど)の出てくる映画が四十本選ばれている。

一回のコラムは千数百字の短文だが、さすがに小説家で自分の子供の頃の思い出を語り、余韻を感じさせるものばかりだった。東京音大出身でオペラやラジオドラマを執筆していたらしい。相米慎二演出・三枝成彰音楽のオペラ「千の記憶の物語」の台本も手がけたという。

音楽的才能があるせいか文章にもリズムがあって、鮮やかに情景が浮かんでくる描写力である。「夏の庭　The Friends」は原作は読んでいなかったが、読んでみたくなった。子供を描くことが多かった相米監督作品の中でも「夏の庭　The Friends」は強く記憶に残っている作品である。

●夏休みの少年たちは老人の姿に「死」を見ようとする

「夏の庭」は小学六年生のサッカー少年三人の視点で描かれる物語だった。彼らは「死」に興味を持ち、近所に住む老人の観察を始める。その老人(三國連太郎)の家は古く、井戸もある広い庭は荒れ放題である。最初、三人を追い払っていた老人は、やがて三人と交流を持つようになる。

三人は庭をきれいにしようと働き始め、草を抜き、花の種をまき、水を撒く。家を片づけ、ペンキを塗る。そんな作業をしている合間に、老人の昔話を聞き始める。老人は、昔、結婚していた女性のことを話し、戦争にいったことを話す。戦争では、ジャングルでやむを得ず、妊娠していた現地の女性を殺したと老人は言う。そんな話が、少年たちに「死」を教える。

少年たちは、老人の別れた妻を捜すことにする。やがて、それらしい人が見つかり、少年たちが老人ホームを訪ねると、その老女の部屋に担任の先生(戸田菜穂)がいる。老女は先生の祖母で、認知症をわずらっているらしい。先生は少年たちが話す老人が祖父ではないかと思い、老人の家を訪ねるが老人は否定する。

やがて、老人に死が訪れる。少年たちは、そんな夏を経験して、人間の「生と死」について何かを学んだのだろう。この時期、相米監督は「お引っ越し」（一九九三年）で両親が離婚する少女（田畑智子）を描き、「夏の庭」で少年を描いた。どちらも、夏の光景の中で少年少女が鮮やかに生きていた。少年少女には、夏が似合う。

その「夏の庭」についても、湯本さんはコラムに取り上げていた。「幼稚園から高校を卒業するまで、私はカトリックのミッションスクールで育った」と書き始め、磔刑のキリスト像を初めて見たときのショックを語り、相米監督とオペラを作っていた頃の思い出を想起する。

それは「夏の庭」を書き始める以前のことだった。「二日酔いでぐったりと稽古場の椅子に座って目を閉じていた監督の顔が、私が幼いころに見ていたキリスト像にあまり似ているので、はっとしたことがある」という。それを読んで、僕は相米監督の顔を浮かべ、「なるほど、ルオーが描くキリストによく似ているな」と思った。

「セーラー服と機関銃」（一九八一年）の公開直前、僕は相米監督にインタビューしたことがある。約束の場所に相米監督は二日酔いで現れた。それは想定していたので別に驚かなかったし、足下は噂通りの下駄だった。髭は顔の下半分を覆っていたが、そんなに濃くないので髭もじゃの感じではなかった。

頭髪はすでに薄くなっていて、少し禿げ上がっていたと思う。面長の顔に丸いメガネを掛けていた記憶がある。その相米監督を思い出すと、確かにキリスト像に似ていないでもない。ただし、こちらの質問にはひと言ボソリと答えるくらいで、インタビュアー泣かせの人ではあった。

さて、湯本さんのコラムを読むと、相米監督とのやりとりがあったから「夏の庭」が書けたのだという。「『夏の庭』は相米さんがいなかったら、決して書くことはなかったものなので、その相米さんがこんな映画を作ってくれて、ほんとうにうれしい」と湯本さんは書いている。

●姉の弟に対する気持ちを描き出した文章が印象に残った

僕は二歳年上の兄がいるだけなので、子供の頃から姉がほしかった。妹でもよかったのだが、できれば姉の方がよかった。そんな気持ちがあるからか、湯本さんのコラムの中で最も印象に残ったのは「恐るべき子供たち」（一九五〇年）を取り上げたコラムだった。このコラムも、鮮やかな光景から書き起こされる。

小学五、六年の頃、夏休みに学校のプールへ弟とふたりで向かっていた湯本さんは、灰色の作業服の男にすれ違いざま、胸を鷲掴みにされる。一瞬のことなので、弟は気付かない。「声も出せないまま、私は歩き続け」たのだが、「おねえちゃん、どうしたの」と訊ねた弟を思いきりつねるのだ。「その夏はことあるごとに、弟を苛めた」という。

彼女は、一緒にいながら姉の危機に気付かず、守れなかった弟に八つ当たりしていたのかもしれない。弟は姉の「強くなれ」という要求を感じ取ったのか、「体を鍛える」ことに執着し始める。空手、合気道、その他いろいろ。それは、弟に守ってもらいたいという姉の願望を感じたからだろうか。

やがて、大人になった今、「時折、どちらともなく、さしたる会話のテーマもなく、のんびりと一緒にお茶を飲んだり、クルマを走らせたり」するらしい。こういう関係は、姉と弟だからできることではないか、と少しうらやましくなった。少なくとも二歳違いの男の兄弟は、こういう関係にはならない。

「恐るべき子供たち」はジャン・コクトーの小説を、ジャン＝ピエール・メルヴィルが映画化したものだ。メルヴィルにとっては、「海の沈黙」（一九四七年）に続く二作目である。描かれるのは、姉と弟の屈折した愛情関係だ。

ポールは病弱で、ある日、彼が好意を寄せる問題児の投げた雪玉を胸に受けて倒れ、別の友人ジェラールに付き添われて帰宅し、そのまま学校にいけなくなってしまう。エリザベートはそんなポールを悪態をつきながらも看病し、彼が眠ると胸の鼓動を聞くように耳を当て、「モン・シェリー」とささやいたりする。しかし、ふたりは何かというと喧嘩ばかりしているし、罵りあっている。

やがて病気だった母が死に姉と弟だけになった家に、ジェラールとエリザベートのモデル仲間アガートが同居するようになる。エリザベートはユダヤ人の金持ちの青年と結婚するが、すぐに相手が自動車事故で死んで莫大な遺産と邸宅を相続する。その広い邸宅で、再びエリザベートとポール、ジェラールとアガート四人の共同生活が始まる。ポールはアガートに悪態ばかりをつくのだが、本当は彼女を愛している。

ある夜、アガートもポールを愛していると、姉のエリザベートに告白する。また、ポールもアガートに愛を告白した手紙を出したことをエリザベートに明かす。しかし、その手紙はエリザベートの手に落ち、アガートには渡らない。エリザベートは、弟ではなくアガートとジェラールを結びつけようとする。

後のジャン＝ピエール・メルヴィル監督の作品群から見ると、「恐るべき子供たち」は異質な感じがする。処女作「海の沈黙」は、後のメルヴィル作品の萌芽を感じさせるものだったし、この作品の後は「賭博師ボブ」（一九五五年）「マンハッタンの二人の男」（一九五八年）と続くので、「恐るべき子供たち」だけが妙に目立つのである。

ジャン・コクトーは自身の小説の映画化を誰にも許可しなかったそうだが、コクトー監督作品「オルフェ」（一九四九年）に出演したメルヴィルには特別に許可したという。結末は悲劇なのだけれど、ここに描かれた姉と弟の関係は、僕のように兄しかいない人間にはちょっとうらやましい気もする。

ペットと会話ができたなら

HACHI　約束の犬／僕のワンダフル・ライフ／ドン松五郎の生活

●いつの間にか僕の足下に二匹の猫がやってきて体をすりつけていた

早朝に散歩するようになって三年以上になる。毎朝、一時間近く歩いている。今のように暑いとますます朝が早くなり、五時半には家を出ている。散歩の楽しみは猫たちに出会うこと。人がまだ出ていないし、車の通行も少ないので、道の真ん中で猫が寝ころんでいたりする。

高松では、近くの公園で毎朝、五匹の猫に会っていた。それから半径一キロくらいの圏内を歩くと、多いときで十匹ほどの猫に会う。公園の猫たちは慣れて近寄ってきたが、道で出会う猫たちは僕がしゃがみ込んで見つめると、じっと目を逸らさずに警戒して見つめ、僕が少し動くとサッと身を翻して逃げる。

高松では実家の両親が迷い込んできた猫を飼っていて、もう十年以上になる。子猫のときは白かったが、いつの間にか全身は薄茶色の毛になり、顔だけが真っ黒である。大阪に住んでいる姪は、たまにやってくると、猫を見て「盗人顔」と言っている。実家の二階には兄夫婦が住んでいるが、そこには十五年ほど生きているキジトラがいる。数年前にガンの手術をしたけれど、その後も元気で暮らしている。

僕は公園で仲良くなった三毛がかわいくて、両親に「もう一匹飼わない？」と訊いてみたが拒否された。僕自身は三ヶ月周期くらいで実家と自宅をいったりきたりしているので、猫を飼うのは難しいからだ。仕方なく、七月中旬に猫たちに別れを告げて自宅に戻った。

自宅には、娘が拾ってきたキジトラがいる。今年の秋で三年になるから、今は二歳と九ヶ月ほどだろうか。自宅に帰るたび、警戒して威嚇する。まったく忘れているのだろうか。自宅に帰った翌朝、散歩に出て、利根川沿いの畑の横に作られた猫たちの小屋の前に立った。「おーい、猫」と呼んでいると、いつの間にか僕の足下に二匹の猫がやってきて体をすりつけていた。

もう二年前になるだろうか。その猫小屋を建てたリリー・フランキー似のおじさんが「捨て猫されちゃったよ」とぼやきながら、三匹の子猫の面倒を見ていた。その後、一匹は自動車事故で死に、雄と雌の二匹が残った。その一年ほど後、二匹の間に四匹の子猫が生まれた。その子猫たちも、もう一歳を過ぎている。六匹ともボランティアの人によって、片耳の先をカットされた桜猫（不妊手術済み）になった。

僕の足下に体をすりつけていたのは、二年前に初めて会ったときに人懐っこく僕に近寄ってきた手並みがフサフサの母猫と、四匹の子猫の中で最初に僕に懐いてくれたフサフサの茶色の毛をした子だった。フサフサの茶色の子は、僕を見つめてニャーと何かを訴えるように鳴く。「悪かったね。四ヶ月近く会いにこれなくて」と詫びた。

その二匹の頭をなでていると、ニャオニャオと小さく声をあげながら畑を横切ってくるキジトラがいた。父猫である。家族を守るためか何度か怪我をして、今でも心なしか後ろ脚を少し引きずっている。父猫とも二年前からのなじみだ。寄ってきた父猫の頭をなでると、目を細めて気持ちよさそうにする。もう一匹、黒と白の斑猫が出てきたが、警戒して近寄ってはこない。それでも、少し離れたところから興味深そうに見つめていた。

●ラッセ・ハルストレム監督はきっと犬好きなのに違いない

散歩していると、多くの犬を連れた人に出会う。一回の散歩で十人はいるだろうか。大きな犬から小さな室内犬まで、様々な犬種の犬を連れて散歩させている。僕は雨の日でも散歩に出るが、彼らも休むことなく犬にレインコートを着させたりして散歩している。先日会った老夫婦は、夫が大きなコリーを一頭連れ、妻が同じような大きなコリーを二頭連れていた。三頭も飼っているらしい。よほどの犬好きなのだろうか。

僕自身は犬が苦手だった。三十半ばの頃、夜、ジョギングしていて放し飼いにしていた犬に出会い、飛びつかれて太股を噛まれたことがあり、さらに苦手になった。その僕が、散歩の途中でかわいい犬に出会うと、思わず手を振ったりしている。猫が好きになって、ペットに対する気持ちがわかったのだろう。

スウェーデン出身のラッセ・ハルストレム監督は、きっと犬好きなのに違いないと、「僕のワンダフル・ライフ」(二〇一六年)を見て確信した。何しろ「HACHI　約束の犬」(二〇〇八年)を作った人でもある。世界的に評価されるきっかけになったスウェーデン時代の作品も「マイライフ・アズ・ア・ドッグ」(一九八五年)である。

「犬のような僕の人生」というタイトルを持つこの作品は、主人公の少年が「ひとりぼっちで宇宙船の中で死んでいったライカ犬より僕はまし」と、自らの不幸を慰める物語である。主人公は愛犬と別れて、田舎で暮らすことになる。そこで、女になりたくないボクシング好きの少女サガと出会うのだが、少年と少女の交流が印象深く描かれる。日本で公開されたのは、三十年前のことだった。

その後、ラッセ・ハルストレム監督はハリウッドに渡り、ジョニー・デップ主演で「ギルバート・グレイプ」(一九九三年)を撮る。その作品で高いところにばかり登りたがる、知的障害のある弟を演じたレオナルド・ディカプリオがアカデミー助演男優賞にノミネートされたが、まだ日本での知名度はほとんどなかった。

その後、日本でホンダのCMにディカプリオが起用され、当時、広告専門誌「コマーシャル・フォト」という月刊誌編集部にいた僕は、そのCMについて制作会社のプロデューサーに取材したことがある。僕がディカプリオの名前を挙げて質問すると、プロデューサーは「よく知ってますね」と驚いた。CMに起用したのに、知名度はあまり期待していなかったのだろうか。「タイタニック」（一九九七年）に出る前のことだった。

ラッセ・ハルストレム監督は「サイダーハウス・ルール」（一九九九年）や「シッピング・ニュース」（二〇〇一年）など、シリアス・ドラマの秀作を作っていて、僕は全作品踏破をめざすほど好きな作家だった。しかし、「ザ・ホークス　ハワード・ヒューズを売った男」（二〇〇六年）あたりから、作品に笑える要素が増え始める。

そして、「ＨＡＣＨＩ　約束の犬」では、ほのぼのとした雰囲気を全編に漂わせるのだ。もちろん、これは忠犬ハチ公の物語を、アメリカの地方の町に移して描いた作品だった。日本からアメリカへ送られてきた秋田犬の子犬を、大学教授のパーカー（リチャード・ギア）が育てることになる。ハチは毎朝、教授を見送り、夕方には駅に迎えにくる。

最近のラッセ・ハルストレム作品はファンタジーの要素が強くなっている気がする。砂漠に水を引いて池を作り、サーモンを放流し釣りがしたいという、イエメンの大富豪の夢を実現するために奮闘する水産学者（ユアン・マクレガー）の物語「砂漠でサーモン・フィッシング」（二〇一一年）は見ていてとても楽しかった。

また、インド料理店をフランスの地方の町で開いたインド人の移民一家と、その料理店の向かいでミシュランのひとつ星を獲得しているフレンチ・レストランのオーナーであるマダム・マロリー（ヘレン・ミレン）との戦いを描いた「マダム・マロリーと魔法のスパイス」（二〇一四年）も、見終わって心がほっこりする作品だった。もっとも、その二本の間にミステリ作品を二本撮ってはいるのだけれど…。

●犬の視点で物語を語るのはうまい手だが日本にも先例はある

「僕のワンダフル・ライフ」は「ワン」に犬である意味を込めた邦題だが、そのセンスはちょっとなあ、という感じである。原題は「犬の（生きる）目的」という意味だ。ナレーションは犬の一人称である。彼は冒頭で「犬が生きる目的は何？」という疑問を投げかける。

彼は犬として輪廻転生を繰り返し、子犬のときに助けてもらった少年イーサンに飼われることになる。ベイリーと名付けられた犬は、イーサンと空気の抜けたフットボールで遊ぶのが好きだった。イーサンは成長し、ハイスクールではアメリカン・フットボールのスター選手になる。クォーターバックとして活躍し、有名大学から奨学金付きで誘いもある。しかし、父は仕事に失敗し、酒浸りになっている。

ある日、カーニバルでイーサンはハンナという少女を見初めるが声をかけられない。ベイリーはハンナのスカートに飛び込み、ふたりが話をするきっかけを作る。イーサンとハンナは恋人になるが、イーサンを妬む同級生の悪戯から自宅が火事になり、イーサンは足に怪我をして、大学をあきらめざるを得なくなる。

失意のイーサンは世をすね、ハンナとも別れてしまう。農業学校に入り祖父の農園を継ぐことにするが、イーサンと別れている間にベイリーは病気になり、そのまま死んでしまう。しかし、転生したベイリーは雌のシェパードに生まれ変わり、警察犬エリーとして活躍することになる。だが、相棒の警官を助けるために犯人に飛びかかったエリーは撃たれて死ぬ。そして、また生まれ変わり、初老になったハンナと再会する。

原作はベストセラーになった「野良犬トビーの愛すべき転生」だという。昔、「ドッグイヤー」という言葉が流行った。「IT業界はドッグイヤーだ」といった使い方である。犬の一年は人間の六年に相当する。つまり六倍のスピードで過ぎていくのだ。それほど変化が早いという意味で使われていた。

つまり、十五年生きた犬は、人間で言えば九十歳に相当する。僕は二十年生きた猫を知っているので、猫の方が寿命が長いのかもしれない。ただし、野良猫の平均寿命は二、三年で、多くが生まれて間もなく死んでしまうらしい。室内で健康に気をつけて飼えば、二十年生きることもあるそうだ。

孤独に四十年を生きてきたイーサンを演じるのは、デニス・クエイドである。一九五四年生まれで、僕よりは若い。僕が初めて彼を見たのは、ピーター・イエーツ監督の「ヤング・ゼネレーション」（一九七九年）だった。自転車レースに夢中の主人公、その仲間の青年を演じていた。

デニス・クエイドが注目されたのは、宇宙飛行士たちを描いた「ライト・スタッフ」（一九八三年）だった。三十五年前である。その後、コンスタントに映画に出演し、一時はメグ・ライアンと結婚していたこともある。年を重ね、顔の皺が増え、渋い役をやるようになり、いい歳の取り方をしてきたと思う。孤独で世の中をすねて生きてきたイーサンの屈折を表現し、四十年ぶりに訪ねてきたハンナに戸惑う姿が初々しい。

犬の視点で物語を語るのはうまい手だと思うけれど、日本にも先例はある。もちろん、夏目漱石の「吾輩は猫である」が嚆矢だとは思うけれど、あれは猫である。犬が語る物語としては、井上ひさし版「吾輩は犬である」とも言うべき「ドン松五郎の生活」がある。原作は朝日新聞で連載されていたと記憶している。僕は本が出たときに一気に読んだ。読み出したらやめられなかった。

その後、「ドン松五郎の生活」（一九八六年）と「ドン松五郎の大冒険」（一九八七年）として映画化された。さらに、十五年も経って「ドン松五郎の生活　大追跡」（一九九二年）が公開されたくらいだから人気があったのだろう。「吾輩は犬である　ドン松五郎の生活」（一九八三年）のタイトルでテレビ・アニメーションとしても放映された。人はペットが人間の言葉を理解している―と夢想するのかもしれない。

灯台のある風景

灯台守の恋／光をくれた人

●叔父の病室に灯台の写真が貼られていた

今年の春、亡くなる数日前の叔父を両親と一緒に見舞ったとき、病室の壁に貼ってある灯台の写真に気付いた。Ａ４サイズのデジタルプリントで、桟橋の突端に立つ赤い灯台が写っていた。従兄弟によると、叔父がタイルを貼った灯台で、その仕事を叔父は誇りにしていたという。

従兄弟が叔父からその話を聞いたのはつい最近のことで、家族揃って灯台を見にいき写真を撮ってきたのだ。叔父は入院してから、しきりに昔の仕事のことばかりを口にしたらしい。その中で、昔、灯台の外壁にタイルを貼ったばかりのときに台風がきて、翌日に見にいくと高波ですべて剥がれ落ちていたときは力が抜けたという話をした。叔父は、その灯台に、二度、タイルを貼ったのだ。

僕の父は戦後、タイル職人になり、僕が生まれる頃には何人かの職人を使うようになっていた。父は、ふたりの弟を雇いタイル職人にした。僕が大学を出た後、五十代で父はタイル職人を辞めてしまったが、弟たち（僕にとっては叔父たち）はふたりともタイル職人として生涯を終えた。

父よりひとまわり下の叔父は今年の春に亡くなったのだけれど、香川県内の灯台の仕事をいくつか手がけた。最近、新築の仕事ではタイル貼りの需要は少なかったようだが、昔の建築物のメンテナンスの仕事は多かった。昔は台所や風呂場、トイレや洗面所などはタイル貼りだった。父も、高松市内の老舗旅館の浴室のタイルを貼ったことを懐かしそうに話す。

叔父がタイルを貼った灯台は、高松港にある有名な「赤灯台」ではなく、別の港にある赤く塗られた灯台だった。高松港の赤灯台は、僕も子供の頃からよく見たものだ。昔の赤灯台は、小林旭の「渡り鳥故郷へ帰る」（一九六二年）の冒頭に写っている。主人公がフェリーで高松港へ帰ってくるシーンがタイトルバックになっているからだ。

現在、高松港のあたりは「サンポート高松」と名付けられ、赤灯台まで続くウッドデッキができており、散歩コースとして人気がある。埋め立ててできた公園には「瀬戸内芸術祭」で作られたオブジェなどが置かれている。

叔父が亡くなったひと月ほど後、高松駅に出たついでに赤灯台までのウッドデッキを歩いてみた。かなり長いコースだが、散歩やジョギングをしている人が多い。中には釣り糸を垂れている人もいる。岸壁からかなり突き出す形になっているので、けっこう水深はありそうだ。

赤灯台は見えているのだが、なかなか近づかない。途中で引き返そうかと思うくらい遠い。それでも何とかたどり着き、灯台をまわって帰途についた。ふっと、今、有人の灯台はどれくらいあるのだろうか、という疑問が浮かんだ。点灯や消灯もセンサーを使って、自動的にコントロールされているのではあるまいか。

灯台守という仕事があるのだと知ったのは、小学生のときに「映画教室」で「喜びも悲しみも幾年月」(一九五七年)を見たからだった。いや、映画を見る前に「おいら岬の～灯台守は～」という主題歌をラジオで何度も聴いていたからかもしれない。映画も主題歌も大ヒットし、木下惠介監督は同工異曲の「二人で歩いた幾春秋」(一九六二年)、「新・喜びも悲しみも幾年月」(一九八六年)を作る。

「喜びも悲しみも幾年月」の中で佐田啓二と高峰秀子が演じる夫婦は、日本中の灯台に赴任する。瀬戸内海の島の灯台にもやってくるのだが、確か男木島だったと記憶している。木下惠介監督は小豆島を舞台にした「二十四の瞳」(一九五四年)も撮っていて、昔の高松港が写っていた。

●船を守るために灯台の光は絶やせない

灯台守に憧れる気持ちは、昔からある。いや、灯台そのものが好きなのかもしれない。「ナイトホークス」という深夜のダイナーの絵で有名なアメリカの画家エドワード・ホッパーは、灯台のある風景を好んで描いた。岬の突端にすっくと立つ灯台である。ホッパーの作品はすべて好きだが、とりわけ灯台の絵には惹かれるものがある。

「天国の日々」(一九七八年)は、ホッパーの絵に影響を受けたような画面作りだったが、他にもいくつかホッパーの絵のようなシーンが出てくる映画があった。岬が映り灯台が出てくると、それだけでホッパーの絵を連想してしまうのかもしれない。

十数年前に見た「灯台守の恋」(二〇〇四年)が印象に残っているのは、きっと灯台のある風景が気に入っているからだ。ケルン人が多く住むフランスの島。もしかしたら、ジャック・ヒギンズが冒険小説の舞台にした島かもしれない。灯台へ渡るのも大変な荒れる海。灯台の描写が細やかだ。灯台マニア(?)が喜びそうなシーンが続く。

灯台守のリーダーは、職人肌の頑固者だ。仕事には厳しい。そこへ、余所者の若者がやってくる。アルジェリア戦争で心の傷を負ったのかもしれない。青年は、灯台守という孤独な仕事に就く。やがて、彼はリーダーの妻に惹かれていく。

ファーストシーン。成長した娘が故郷に帰り一冊の本を見つけて読み始め、それが自分の父母とひとりの青年を巡る物語であることを知る。彼女は母と青年の秘めた恋を知り、自分の父親が若い青年だったかもしれないと思う。物語は、子供たちが母の遺品から秘められた母の恋を知る「マディソン郡の橋」に似ている。

「マディソン郡の橋」を読んで僕の印象に最も残った人物が「おまえにも、おまえの人生があったのだろうが…」と言って死んでいくヒロインの夫であったように、「灯台守の恋」でも魅力的な人物は灯台守のリーダーだった。彼は自分の妻と青年の不倫を知りながら、産まれた子が自分の子ではないと知りながら何も言わず、妻を愛し、子供を育てる。

彼は船の安全のために、灯台を守り続ける。それが仕事であり、自分の使命であることを強く感じているからだ。無愛想で、ぶっきらぼうで、妻に愛情を示すこともない。妻が、都会の匂いをさせる知的な青年に惹かれても、それを許容する男である。村中が彼を「寝取られ男」と揶揄しても、耐えられる男である。

灯台を守ることが、彼の仕事なのだ。仕事でミスをすれば、船を危険にさらすことになると知っている。仕事に対しては完璧を求め、厳しく対処する。それを成人した娘は知ることになる。彼女は何を思ったのだろう。本当の父かもしれない、その本の作家を偲んだのか。あるいは、何も言わず自分を育ててくれた武骨な父の心を想像したのだろうか。

●光を放つふたりが共演した「光をくれた人」

第一次大戦で深く精神的に傷ついたトム（マイケル・ファスベンダー）も、オーストラリアの孤島の灯台守の仕事に就く。近くの港からでも百数十キロ離れた孤島である。「光をくれた人」（二〇一六年）の原題は「THE LIGHT BETWEEN OCEANS」だから、灯台そのものの意味と、抽象的な意味のダブルミーニングのようだ。

邦題は、孤独なトムの心に光を灯したイザベル（アリシア・ヴィカンダー）を意味していると僕は受け取った。近くの港町でトムは兄ふたりを戦争で亡くしたイザベルと出会い、彼女によって心の傷を癒していく。美しく、知的なアリシア・ヴィカンダーが魅力的だ。

孤島の生活が魅力的に描かれる。最初、トムひとりで住んでいるときも、イザベルと結婚しふたりで暮らしているときも、孤絶した生活がうらやましく見える。灯台があり、小さな家がある。畑を耕し、野菜を作る。ときどき、生活物資を届けてくれる小さな船が寄る。その船長に日々の報告を記した日誌を託す。灯台を守り、船の安全を祈る。

やがて、イザベルが妊娠するが、流産し、島に小さな墓ができる。イザベルは、二度目の妊娠をする。しかし、ある日、イザベルは早産の気配を感じる。その妻を前にして、トムは「僕は何をしたらいい？」と戸惑うだけだ。医者には連れていけず、誰にも救いを求められない孤島なのである。イザベルは「この子を救って」と叫ぶ。

このシーンで、僕は少し息苦しくなった。トムが「僕は、何をしたらいい？」と言うしかできない気持ちが手に取るようにわかった。四十年前の僕がそうだった。二十代半ば、夜に妻が苦しみ始めた。僕は戸惑い、青梅街道に出てタクシーを拾い、アパートに戻り、妻を乗せて病院へ向かった。考えてみれば、僕らが住んでいたアパートは、杉並消防署の裏だったのだから救急車を呼んだ方が早かったのかもしれない。

しかし、あれは最初の流産のときだったのだろうか。あるいは、二度目のときだったのか。記憶が重なっている。三度流産した妻は、子供はできないとあきらめた。ところが、結婚して七年を過ぎ、長男が生まれた。だが、あのまま子供を持てなかったらどうしたろうと、「光をくれた人」を見ながら僕は考えていた。

ふたりめの子を死産したトムとイザベルは、ある日、ボートに乗った男と赤ん坊が流れ着いたのを見つける。男はすでに死んでいた。イザベルは赤ん坊を手放せなくなる。報告しなければいけないと言うトムを説得し、イザベルは赤ん坊を育てる。トムも幸せを感じる。しかし、トムは後ろめたさを拭えない。

ルーシーと名付けた娘が二歳になり、洗礼を受けさせるために町の教会にいったとき、トムは墓地にたたずむ女性（レイチェル・ワイズ）を見かけ、その墓碑銘を見る。そこには海に出て行方不明になった夫と、生まれたばかりの赤ん坊の名前が書かれていた。トムは彼女に、「あなたの夫は神に召されたが、赤ん坊は愛されて育っている」という匿名の手紙を出す。しかし、それはイザベルから娘を奪うことになる。

「光をくれた人」が僕の心に深く残ったのは、四十年前の自分の経験を呼び覚まされたこともあるが、灯台のある孤島が舞台になっていたからだ。幸せそうに暮らす、流産をする前のふたりの姿が記憶に刻まれた。それらのシーンだけが、明るく輝くように描かれていたからかもしれない。

マイケル・ファスベンダーとアリシア・ヴィカンダーは、本当に輝いていた。彼らは、この作品で共演し、恋に落ち、結婚した。「キー・ラーゴ」（一九四八年）のハンフリー・ボガートとローレン・バコール（ボギーの子を宿していた）が特別の輝きを放つように、彼らは光を放っている。そのふたりの背景には、灯台がすっくと立っていた。

あとがき

巻頭に「二十年目の最後の挨拶」を書いたというのに、しつこく「あとがき」を書くことにしました。本全体が個人的なことばかり書いているので、今更、改まって書くこともないのですが、二十年間、ほとんど毎週、けっこうな長文を書いてきたことの「ひとくぎり」をつけることにしたので、ちょっと感傷的になっているのかもしれません。

出版社に入社し最初に八ミリ専門誌の編集部にいたことで、若い頃から時々、映画関係の原稿を依頼されることがありました。その後、カメラ誌やビデオ誌、デザイン誌などを担当しましたが、個人的に映画が好きだったこともあり、誘われて「出版人の映画の会」などにも参加し、その機関誌に原稿を書かせてもらったりしていました。

そんな原稿がけっこう溜まったので、少部数の私家版「映画がなければ生きていけない」を出したのが、三十代半ばだったでしょうか。また、会社の先輩でデジタルデザイン誌の編集長だった柴田忠男氏が独立し、初めてのネットマガジンを立ち上げた時に連載を持たせていただき、映画についてのあれこれを書かせてもらいました。

その後、柴田さんが「日刊デジタルクリエイターズ」という日刊のメールマガジンを創刊し、「連載をやらないか」と誘われ、一九九九年夏から週一のペースで映画を中心にした原稿を書き続けることになりました。柴田さんには「映画と人生の人」とからかわれましたが、映画をネタに人生を語ってしまうのが僕のスタイルになりました。

「日刊デジタルクリエイターズ」は配信数をどんどん増やし、最盛期は三万人を超える読者を獲得し、現在も続いています。その創刊十周年記念（だったと思いますが）で、僕のコラムを含めて何人かの方の原稿を本にしてくれることになりました。五百部限定で二千円で頒布。

それが二ヶ月ほどで完売しました。その本は、それまでの七年間のコラムの中から僕が四十篇を選び出しテーマごとに分けて編集したもので、思い入れの強いコラムが集められています。

先日、あることを検索していたら、最近、メルカリで限定版「映画がなければ生きていけない」が千六百円で売買されていたことがわかりました。その本には001～500までの通し番号が振られているのですが、確か200番台の本だったと思います。十三年前の本が今も八掛けで売られていたのと、買う方がいたことにちょっと驚きました。001～020は僕が持っていたのですが、あちこち贈呈して今は五冊しか手元にはありません。

限定版が二ヶ月ほどで完売したことで、水曜社の仙道社長から出版の話をいただき、そのおかげで一九九九年から二〇一八年までのすべてのコラムを六巻の本の形で残すことができました。最初の二巻を出したのが二〇〇六年の年末でしたから、干支がひとまわりしたことになります。ずっと、お付き合いいただいた水曜社さんと仙道社長に、改めてお礼を申し上げます。

現在は「映画と夜と音楽と」というタイトルでブログでコラムを続けていますが、今後は週一回の更新ではなく、ゆっくりしたペースになると思います。最近、取り上げたくなる映画に出会うことが少ないのも理由のひとつですが、二十年書き続けてきて息が切れたのが大きな理由です。加えて、じっくりと小説を書きたいという気持ちが強くなってきたこともあります。そちらは、出版できるかどうかはわかりませんが……。

最後になりましたが、ぶ厚い本にお付き合いいただいた読者の皆様に感謝いたします。

わ

や

ら

ま

な

は

た

さ

か

『映画がなければ生きていけない』 シリーズ登場映画全索引

☆＝「1999 〜 2002」 ★＝「2003 〜 2006」 ◇＝「2007 〜 2009」 ◆＝「2010 〜 2012」 ○＝「2013 〜 2015」 ●＝「2016 〜 2018」

あ

本書は二〇一五年九月～二〇一八年八月まで筆者ブログに掲載されたコラムをまとめたものです。

著者 十河 進（そごう・すすむ）

1951年香川県生まれ。中央大学仏文専攻卒業後、出版社に勤務する傍ら映画コラムを執筆。エッセイ集「映画がなければ生きていけない1999-2002／2003-2006」により第25回日本冒険小説協会特別賞「最優秀映画コラム賞」受賞。大沢在昌氏著「天使の爪」(角川文庫)、矢作俊彦氏著「マンハッタン・オプ3」(SB文庫)、香納諒一氏著「梟の拳」(徳間文庫)の解説を書くなどハードボイルド・ミステリにも造詣が深く、自らも「キャパの遺言」で第62回江戸川乱歩賞候補となる。

筆者ブログ http://sogo1951.cocolog-nifty.com/

映画がなければ生きていけない 2016-2018

発行日 二〇一八年十二月十九日 初版第一刷

著者 十河 進

発行人 仙道 弘生

発行所 株式会社 水曜社

〒一六〇—〇〇二二 東京都新宿区新宿一—一四—一二

電話 〇三—三三五一—八七六八

FAX 〇三—五三六二—七二七九

www.suiyosha.hondana.jp/

本文DTP 小田 純子

装幀 西口 雄太郎（青丹社）

印刷 日本ハイコム 株式会社

本書の無断複製（コピー）は、著作権法上の例外を除き、著作権侵害となります。

定価はカバーに表示してあります。乱丁・落丁はお取り替えいたします。

©SOGOU Susumu 2018, Printed in Japan

ISBN978-4-88065-456-6 C0074

映画がなければ生きていけない

十河進

Vol.1 1999-2002 2000円 ISBN978-4-88065-183-5 C0074

Vol.2 2003-2006 2000円 ISBN978-4-88065-184-2 C0074

Vol.3 2007-2009 2000円 ISBN978-4-88065-228-3 C0074

Vol.4 2010-2012 2000円 ISBN978-4-88065-307-5 C0074

Vol.5 2013-2015 2200円 ISBN978-4-88065-375-4 C0074

水曜社

全国の書店でお買い求めください。価格はすべて税別です。